BO MARSCHNER

· ZWISCHEN EINFÜHLUNG UND ABSTRAKTION ·

Pas de bizarreries de la nature.
Tous les cas sont particuliers. Tous les cas sont généraux.
Pas de faits rigoureusement renouvelables. Pas de faits
rigoureusement non-renouvelables.

Question de profondeur d'analyse.

Quand on aura analysé à fond cas le plus particulier,
on saura combien éléments communs et retrouvable ad libitum;
combien éléments vraiment individuels (uniques).

Seule proportion varie.

JULES ROMAINS: LES HOMMES DE BONNE VOLONTÉ

Tome XII: LES CRÉATEURS

Chapitre VII: Résidus de la Tempête.
Un Programme de Recherches

Den Mitarbeitern des
Anton Bruckner Institut Linz
gewidmet

BO MARSCHNER

ZWISCHEN EINFÜHLUNG UND ABSTRAKTION

STUDIEN ZUM PROBLEM DES
SYMPHONISCHEN TYPUS
ANTON BRUCKNERS

Habilitationsschrift

AARHUS UNIVERSITY PRESS

2002

Studier og publikationer
fra
MUSIKVIDENSKABELIGT INSTITUT
AARHUS UNIVERSITET
VI

Zwischen Einfühlung und Abstraktion
Studien zum Problem des symphonischen Typus Anton Bruckners

Copyright: Bo Marschner und Aarhus University Press 2002
Deutsche Übersetzung: Karl Antz
Einband-Illustration: Poul Ebbe Nielsen
Satz und Layout des Verfassers
Druck: Narayana Press, Gylling

ISBN 87 7288 931 4

Herausgegeben mit Unterstützung der Fonds
Aarhus Universitets Forskningsfond
Statens humanistiske Forskningsråd
G.E.C. Gads Fond

Aarhus Universitetsforlag
Langelandsgade 177
DK-8200 Århus N
Fax: +45 8942 5380
www.unipress.dk

INHALTSVERZEICHNIS

Vorbemerkungen

DIE FOLGENDEN Untersuchungen zur Problematik der Typisierung im symphonischen Werk Anton Bruckners, mit denen ich mich an der Universität Aarhus habilitierte, sind ein Resultat langjähriger Studien innerhalb dieses Bereiches. Eine Rechtfertigung dieser lang andauernden Arbeit darf ich einzig darin erblicken, dass ihr Ergebnis unter den Forschungsarbeiten der letzten Jahrzehnte zu dieser Werkgruppe wohl zu denen zu rechnen ist, die in ihrer Anlage am weitesten reichen.

Meine Vorliebe für die Musik Bruckners reicht weit in mein Leben zurück – soweit ich mich erinnere bis in mein vierzehntes Jahr; und diese Musik hat mich seither in ihrem Bann gehalten, ungeachtet vieler anderer musikalischer Faszinationen gleicher Intensität aber niemals ähnlich nachhaltigen und tiefen Einflusses auf mein Dasein. Diese Bedeutung wurde von mir lange als schicksalhafte Verbindung empfunden, zugleich jedoch als eine, die zu einer gewissen Auflösung bestimmt war (im Gegensatz zu der Bindung, die für manche "Brucknerianer" zu bestehen scheint).

Bestimmend für die Thematik der Abhandlung war die Erkenntnis der persönlichen Notwendigkeit, Klarheit darüber zu erlangen, inwieweit ein Schematismus in Bruckners Symphonien – der zu einem gewissen Grad als minderwertig betrachtet wird – das reale Phänomen ist, als das er in der Regel dargestellt wird, oder ob ich mich auf eine im Innersten überzeugte Auffassung würde verlassen können, dass eine dieser Musik innewohnende sublime Qualität auch sozusagen intellektuell haltbar ist. Diese Aufgabe forderte eine nüchterne und kritische Einstellung, und ich darf wohl sagen, dass ihre Lösung eine Differenzierung des ursprünglichen, mehr unbedingten Verhältnisses mit sich geführt hat, das ich zu dieser Musik hatte (ohne dass die Liebe dazu indes gemindert wurde). Hierzu haben letzten Endes die Begriffe *Einfühlung* und *Abstraktion* als Bezeichnungen für psychisch formgebende Kräfte und damit auch für ästhetische Formungstendenzen mit entscheidendem Gewicht beigetragen – ein Grund, diese beiden Begriffe den Haupttitel der Abhandlung bilden zu lassen.

Die Arbeit, die 1998 beendet wurde, ist in allem Wesentlichen in Isolation von vorhandenen Gesprächspartnern im Arbeitsalltag entstanden, teils als Folge meines betont persönlichen Anliegens, teils weil Bruckner-Forschung in Dänemark fast naturgemäß eine solitäre Beschäftigung bedeutet. Großen Dank bin ich dem Übersetzer der Abhandlung, Herrn Karl Antz schuldig, mit dem eine enge, zur Freundschaft gewordene Zusammenarbeit geführt wurde. Die Übersetzung des Einleitungskapitels lag zuerst in den Händen von Herrn Matthias Zwirner, dem hier ebenfalls gedankt sei. Die Verantwortlichkeit für den endgültigen Text habe ich selbstverständlich in vollem Umfang selber zu tragen.

Für die künstlerische Gestaltung des Einbandes danke ich des weiteren meinem Schwager, Chefarzt Dr. med. Poul Ebbe Nielsen, der aus seiner reichen malerischen Produktion zwei Bilder zur Verfügung stellte, welche in meinen Augen dem Geist Brucknerscher symphonischer Außensätze recht nahe kommen.

Gleichermaßen gedankt sei dem *Aarhus Universitets Forskningsfond* sowohl für ökonomische Bewilligung zweier Forschungssemester in den Jahren 1994-95 als auch wegen einer großzügigen Geldspende für die Übersetzung der Abhandlung. Ebenso danke ich dem *G.E.C. Gads Fond*, der dazu in erheblichem Maße beitrug; dem *Statens humanistiske Forskningsråd*, von dem die Druckkosten getragen wurden, sowie Herrn Professor Dr. Herbert Vogg, dem Leiter des Musikwissenschaftlichen Verlags Wien, für die freundliche Genehmigung zur Wiedergabe einzelner Partiturausschnitte.

Die wohl größte, allerdings schwerlich genügend auszudrückende Dankbarkeit schulde ich jedoch meiner engsten Familie: Lisbet, Clara und Marie, besonders für die vielen Opfer, die sie bereitwillig und liebevoll auf dem Altar der Arbeit brachten.

Dennoch sei die Abhandlung meinen Kolleginnen und Kollegen vom *Anton Bruckner Institut* gewidmet, dem recht unwienerischen Charakter dieser Arbeit zum Trotz. Das geschieht in gutem Angedenken ihrer wiederholten Einladung zur Teilnahme an der zentralen Gemeinschaft der Bruckner-Forschung – vor allem an den Linzer Bruckner-Symposien – und nicht weniger als Dank für die Freundschaft, die sie mir in ihrem Kreise bewiesen haben.

Århus, im September 2001:   *Bo Marschner*

Hinweise und Abkürzungen

Partiturausgaben:

Wo nichts anderes angemerkt ist, beziehen sich Hinweise auf den Notentext Bruckners auf: *Anton Bruckner Sämtliche Werke. Kritische Gesamtausgabe. Hrsg. von Leopold Nowak* (= Neue GA). Musikwissenschaftlicher Verlag, Wien 1951 ff.

Als Hauptquelle zum unvollendeten Finalesatz der 9. Symphonie wurde benutzt: *Anton Bruckner IX. Symphonie d-Moll. Finale. Rekonstruktion der Autograph-Partitur nach den erhaltenen Quellen. Aufführungsfassung von Nicola Samale, John A. Phillips, Giuseppe Mazzuca und Gunnar Cohrs.* Adelaide 1992. Als Partitur zur *Ouvertüre in g-Moll*, WAB 98, 1996 in der NGA veröffentlicht (Bd. XII/5, Hrsg. von Hans Jancik und Rüdiger Bornhöft), wurde statt dessen die Herausgabe Arthur D. Walkers (1969) benutzt (Edition Eulenburg 6488), die auf den beiden Hauptquellen zu diesem Werk basiert.

Lokalisierung von Werken und diesbezüglichen Einzelteilen:

Eine bestimmte Version einer Symphonie wird durch eine kleinere "hängende" arabische Ziffer nach der Nummer der betreffenden Symphonie (römisch beziffert) angegeben, vgl. folgende Beispiele:

III_1 = Symphonie Nr. 3, [1.] *Fassung von 1873*.
IV_2 = Symphonie Nr. 4, [2.] *Fassung von 1878/80*.

Der Hinweis auf einen bestimmten Satz innerhalb eines Werks geschieht wie folgt: Nach der Symphonieangabe, gefolgt von einem Schrägstrich, wird die Nummer des Satzes durch eine arabische Ziffer samt Punkt angeführt:

V/3. = Symphonie Nr. 5, 3. Satz.
VIII_1 /4. = Symphonie Nr. 8, *Fassung* [1] von *1887*, 4. Satz.

Verkürzende Hinweise auf bestimmte Themengruppen (I-III) innerhalb eines gegebenen Satzes werden durch eng gesetzte römische Ziffern angeführt; zum Beispiel:

III_3/1., II = Symphonie Nr. 3, *Fassung* [3] *von 1889*, 1. Satz, Themengruppe II.

WAB, mit beigefügter Zahl, gibt die Werknummer Bruckners laut Renate Grasberger: *Werkverzeichnis Anton Bruckner*, Tutzing 1977, an.

Taktangaben:

In Verbindung mit Symphonien, die in mehreren Fassungen vorliegen, beziehen sich Taktangaben, wo keine besondere Version angegeben wird, auf die Fassung, welche der Verfasser als die repräsentativste ansieht. Dies betrifft folgende Werke bzw. Fassungen:

Symphonie Nr. 1: I_1 (*Linzer Fassung*).
Symphonie Nr. 3: III_2 (*Fassung von 1877*).
Symphonie Nr. 4: IV_2 (*Fassung von 1878/80*).
Symphonie Nr. 8: VIII_2 (*Fassung von 1890*).

Bibliographische Abkürzungen:

Diese sind grundsätzlich angeführt wie in *The New Grove Dictionary of Music and Musicians* (siehe des weiteren S. 448).

Bände des *Bruckner-Jahrbuchs* werden auf folgende Weise angegeben (Beispiel): *BrJb 1987/88*. Die Schriftenreihe *Bruckner-Symposion. Bericht* wie folgt (Beispiel): *BrS 1988. Bericht*. In beiden Fällen mit implizitem Druckort: Linz (und einem späteren Erscheinungsjahr).

Die Abkürzung *Göll.-A.*, mit Angabe von Band- und Teilband-Nummer, verweist auf: August Göllerich, Max Auer: *Anton Bruckner. Ein Lebens- und Schaffensbild. I-IV.* Regensburg 1922-1937. – Beispiel: *Göll-A. IV/3.*

Terminologische und sonstige Abkürzungen:

Tonorte sind durch kursiv gesetzte Buchstaben angegeben. Nicht-kursivierte Tonbezeichnungen bedeuten *Tonarten* bzw. Akkorde auf dem angegebenen Ton, wobei Dur-Tonarten groß geschrieben werden (z.B.: Cis) und Moll klein geschrieben (cis).

Beispiele für zugefügte Ziffern und sonstige Zeichen in Verbindung mit tonalen Funktionsangaben oder Akkordbezeichnungen und deren Bedeutung:

Dom.^{7}: Dominant-Septakkord; D^7: D-Dur-Septakkord.

Es^{+6}: Dreiklang mit zugefügter Sexte; mitunter als S^6 (*Sixte ajoutée*-Subdominante) angegeben.

A^3: A-Dur-Dreiklang mit Oberstimme in Terzlage; entsprechend: A^8: in Oktavlage.

C$_3$: C-Dur Sextakkord; entsprechend: C$_8$: Grundakkord.

°D oder °Dom.: Moll-Dominante (entsprechend: °S); $^+$D oder $^+$Dom.: Dur-Dominante (entsprechend: $^+$S); S$_n$: neapolitanische Subdominante (= $^>$II$_3$).

°3, °9 (u.dgl.): kleine Terz, kleine None; entsprechend: $^+$3, $^+$9 (u.dgl.). – ^{b5}: verminderte Quinte.

$\nearrow$: stellvertretende Tonika (VI. Stufe im Trugschluss). – D̸D : unvollständige Doppeldominante (Wechseldominante) = VII^7.

P : Parallel-Akkord (z.B.: DP : Dominant-Parallele). – v : Variant-Akkord (z.B.: Tv: Tonika-Variante).

Abl.: Ableitung
Exp.: Exposition
FS.: Festschrift
IBG: Internationale Bruckner-Gesellschaft

Mediantische Tonartsrelationen (zwischen Dur-Tonarten) werden wie folgt angegeben: M̲: große Unterterz-Beziehung (-Affinität); m̲: kleine Unterterz-Beziehung; M̄: große Oberterz-Beziehung; m̄: kleine Oberterz-Beziehung.

m.: Mitte; o.: oben; u.: unten
m.Auft.: mit Auftakt
Rp.: Reprise/Reprisenteil
Ültg.: Überleitung
Vh.: Vorhalt.

Pluralform wird bei Kürzungen durch "hängende" Wiederholung des letzten Buchstabens angegeben, vgl. folgende Beispiele:

HTh (Hauptthema), Plural: HTh$_h$; STh (Seitenthema), Plural: STh$_h$; T. (Takt)/T$_t$; Thgr. (Themengruppe)/Thgr$_r$

Kürzungen von Instrumentennamen folgen einer verbreiteten Praxis und werden grundsätzlich als selbsterklärend angesehen. Ausnahmen: Tb.= Tuba; Trombone oder Posaune = Pos.

Bemerkungen zur Zitatpraxis:

Syntaktische Änderungen in Verbindung mit angeführten Zitaten sind in eckigen Klammern gesetzt. In gewissen Fällen wurde der Inhalt solcher Klammern geringfügig geändert, mit Rücksicht auf die Lesbarkeit der aus dem gegebenen Zusammenhang gerückten und gegebenenfalls gekürzten Zitate. Gelegentliche Einschübe des Verfassers – in eckigen Klammern angeführt – werden durch die Initialen *B.M.* vermerkt.

EINLEITUNG

Problemstellung und Zielsetzung

1 · Zur Einführung

DIE WISSENSCHAFTLICHE Behandlung von Anton Bruckners symphonischem Werk zeigt heute wie auch früher ein Bild, das, übergeordnet betrachtet, von einer beträchtlichen Ungeklärtheit gekennzeichnet ist, soweit es eine Reihe von grundlegenden Fragen namentlich formalästhetischer und kompositionstechnischer Art betrifft, aber auch was das Zugehörigkeitsverhältnis zu Traditionslinien und konkrete Einflüsse angeht.[1]

Die gegensätzlichen Positionen haben sich im Laufe der Zeit hingegen recht deutlich verschoben: während Bruckners Symphonik in den früheren Phasen ihrer Rezeption noch recht umstritten war, war ein charakteristische Zug des vertrauenswürdigeren Teils der damaligen Fachliteratur der Umstand, dass sie sich bemühte, die vorherrschende Auffassung zu korrigieren, nach welcher Bruckners Symphonien als überwiegend "formlos" bzw. als unlogisch gebaut, von stückweiser Aneinanderreihung einigermaßen zufälliger Einzelabschnitte geprägt beschrieben wurde.[2] Völlig anders stellen sich – weiterhin aus übergeordneter Perspektive – die Bruckner-Analysen eines späteren Zeitalters dar: hier ist die übliche Auffassung eher die, dass es sich bei dieser Musik um eine ausgesprochene formale Orthodoxie handelt, indem grundlegende Vorgehensweisen sich von Werk zu Werk fortsetzen, nicht nur betreffs der tektonischen Anlage, sondern auch was die dynamischen Verlaufskurven angeht. Ebenso und namentlich beruhe dieser Sachverhalt auf einem hohen Grad an Voraussehbarkeit der thematischen Charaktere und gleichermaßen der Formungs- und Bearbeitungsprozeduren, die sich in Exposition, Entwicklung bzw. Durchführung und wiederholender bzw. abschließender Gestaltung der einzelnen Satzformen manifestieren. Kurz: die Brucknersche Symphonie wird unter dieser Betrachtung als in ihrer gesamten Formung und Erscheinung betont *typisiert* gewertet.

Mitbestimmend für die Gegensätze zwischen älteren und jüngeren Forschungspositionen war auch der rezeptionshistorische Umstand, dass die gewichtigsten früheren Beiträge zu diesem Thema, die analytisch fundierten Darstellungen

---

[1] Siehe A. von Massow: "Anachronismus als Moderne. Zur Eigenart eines kompositorischen Prinzips in der Musik Anton Bruckners", in: Albrecht Riethmüller (Hrsg.): *Bruckner-Probleme. Internationales Kolloquium 7.-9. Oktober 1996 in Berlin* (= Beihefte zum *AMw*, Bd. XLV). Stuttgart 1999, S. 153-171; des weiteren E.Th. Hilscher: "Auseinandersetzung mit der Tradition. Bruckner-Symposion 1997 *Bruckner – Vorbilder und Traditionen*", in: *Studien und Berichte* (= IBG-Mitteilungsheft) 49, 1997, S. 26 f.

[2] Vgl. demgegenüber die Apologie R. Louis' in (ders.): *Anton Bruckner*. München, Leipzig 1905, S. 211 ff. Des weiteren C. Brüstle: *Anton Bruckner und die Nachwelt. Zur Rezeptionsgeschichte des Komponisten in der ersten Hälfte des 20. Jahrhunderts*. Stuttgart 1998, S. 21 ff.

von August Halm, Ernst Kurth, Alfred Orel, Robert Haas und Frank Wohlfahrt (die weiterhin zu den umfassendsten Einführungen in das Gesamtwerk gehören), von einer alles dominierenden und zu Zeiten gleichsam überwältigenden Bewunderung für ihr Objekt gekennzeichnet sind. Durch diese Wissenschaftler und, neben ihnen, eine Reihe anderer, weniger profilierter Autoren ist ein außerordentlich schmeichelhaftes Bild von Bruckner als einem Synthetiker der gesamten "klassischen" musikalischen Periode, zumindest bis hin bis zu J.S. Bach, und gleichzeitig als einem Komponisten *sui generis*, im eigentlichen Sinne unabhängig von seiner Zeit, gezeichnet worden.[3]

Dass das hier errichtete Monument revidiert werden musste, sowohl in seiner Ganzheit als auch im Einzelnen, ist nur allzu einleuchtend. Der Prozess dieser forschungsmäßigen Revision ist allerdings als umfassend und radikal anzusehen und führte dazu, dass eigentlich nur ein kleiner Rest all der Bemühungen, die sich im besseren Teil der älteren monographischen Literatur vorfindet – im Verein mit dem Bekenntnis zum Komponisten, das darin herrscht –, bis heute als Grundlage weiter gehender wissenschaftlicher Tätigkeit überlebte. Im Grunde gilt dies einzig für den zentralen Begriff der *"symphonischen Welle"* in Ernst Kurths formdynamischem Denken[4], – einen im dortigen Zusammenhang überaus umfassenden Hauptbegriff, dessen differenzierte Phänomenologie nichts desto weniger bisher nur in begrenztem Umfang zum Gegenstand weitergehender, detailbezogener Forschung gemacht wurde und fast noch weniger zum Anlass tiefergehender immanenter Kritik. Der Großteil von dem aber, was sonst geleistet wurde – mit Ausnahme eines Teils der Beiträge August Halms, die noch heute hohen Respekt genießen, und zwar mit Recht – dürfte aus dem Blickwinkel der avancierten Forschung gesehen den Status nahezu fossiler Information bekommen haben, eines Bruckner-Verständnisses, das einigermaßen identisch ist mit der Reproduktion eines populär-verschönerten und somit simplifizierten Bildes des Komponisten. Das gilt auch, und nicht zum Geringsten, für die Standardbiographie von August Göllerich und Max Auer, in welch hohem Maße diese auch bis zum heutigen Tag als primäre Zitatquelle dient.

Eine grundsätzlich modernere Haltung zur Werkuntersuchung in breiterem Format ist eigentlich erst nach ca. 1960 erkennbar[5] und weist als deutlichstes Kennzeichen eine komplexere Wertung ihres Objektbereiches auf. Mit ihrem Gegengewicht zu früheren panegyrischen Darstellungen in Form einer wohltuenden Nüchternheit (zu Zeiten sogar einer gewissen Skepsis) zeigen solche Beiträge unmittelbar einen eher verlässlichen Charakter. Sie haben, teils voraussetzend,

---

[3] Beides am ausgeprägtesten behauptet in Ernst Kurth: *Bruckner.* I-II, Berlin 1925, (Neudruck Hildesheim 1971), hier z.B. S. 593-596, bzw. S. 14-17.) Des weiteren A. Halm: *Die Symphonie Anton Bruckners.* München ³·1923, S. 101 f. – Der letztgenannte, oben angeführte Topos ist noch bei C. Dahlhaus zu finden, vgl. *Die Musik des 19. Jahrhunderts.* (= Neues Handbuch der Musikwissenschaft, Bd. 6). Laaber 1980, S. 220.

[4] Kurth, *op.cit.* S. 279 ff.

[5] Dazu seien als wichtigste Beiträge angeführt: Die Monographien von M. Dehnert (1958), E. Doernberg (1960) und W.F. Korte (1963) samt die Dissertationen über Bruckners liturgische Vokalmusik von W. Kirsch (1958) und H.-G. Scholz (1961).

mehr aber noch als Teil ihrer Ergebnisse, zu einer Auflösung des Großteils der ästhetischen und anderen ideologischen Fronten geführt, welche die ersten rezeptionsgeschichtlichen Phasen prägten. Es erfolgte eine andauernde Bereinigung, zunächst in Bezug auf die früher dominierende, vielfach trivialisierende "geistesgeschichtliche" Darstellungsweise; später selbstverständlich auch eine Überschreitung der stilanalytischen Position in ihrer positivistisch wertneutralen Sachlichkeit (die noch Dissertationen wie die James Wilcox' und David Bushlers kennzeichnet). Das geschah durch Anwendung unterschiedlicher Formen der Strukturanalyse, entweder in einem recht radikalen, linguistisch beeinflussten Ansatz (Werner F. Korte), in Form eines wachen und nuancierten *criticism* (Robert Simpson), oder nach analytischen Richtlinien eher ausgeprägter Thema/ Form-dialektischer Art (u.a. Werner Notter, Mathias Hansen, Wolfram Steinbeck, Thomas Röder und Warren Darcy). Zugleich konstatiert man hier wiederum einen vernehmlichen Einschlag von Interpretation, im Sinne einer Stellungnahme zu Grundsatzfragen, die sich durch die theoretische und sachgemäße Beschäftigung mit dem musikalischen Werk stellen.

Fast einstimmig wird in allen diesen Arbeiten das absolute Format Bruckners – oder das, was durch ein Wort wie "Meisterschaftsrang" ausgedrückt oder impliziert werden mag – bestätigt. Zugleich meinten einige dieser Forscher im Namen der Sachlichkeit bestimmte, bisweilen sogar recht starke Vorbehalte gegenüber charakteristischen Seiten dieser Produktion anmelden zu müssen. Etwas zugespitzt könnte man eine solche Ambivalenz in der Haltung zur Brucknerschen Symphonie beschreiben als prinzipielle Anerkennung des einzelnen Werkes, die aber zugleich mit einer untergründigen Skepsis gemischt ist, was die Beurteilung des gattungsmäßigen Ganzen betrifft. Die Grundlage einer derartigen Kritik lässt sich summieren im Konsens dieser Forschung um einen – im Verhältnis zu dem, was sonst für die Gattung im gegebenen Zeitraum charakteristisch ist – vorherrschenden und ungewöhnlich fest umrissenen symphonischen *Typus*, geprägt von einem weitgehenden Schematismus, der bei Betrachtung der gesamten Werkreihe ins Auge fällt.

Wenn diese Position auch durch die letzten Jahrzehnte hinweg einen bestimmenden Rang eingenommen hat, so war sie doch nicht allesbeherrschend, und dies schon gar nicht, wenn man die Behandlung dieser Frage in der älteren Bruckner-Literatur mit einbezieht. Gewiss gehört es aber zu den Seltenheiten, den diametral entgegengesetzten Standpunkt anzutreffen, wie Frank Wohlfahrt ihn noch in den 1940'er Jahren formulierte:

> Die Fülle der Ausdrucksmöglichkeiten innerhalb eines bestimmten Formprinzips kann wohl jene oft gegen Bruckner erhobenen Einwände der formalen Eintönigkeit wirksam entkräften. Daß Bruckner eine ganz präzise Vorstellung vom sinfonischen Bauplan hatte und daß er von ihr nicht abwich, verrät die geniale Zielstrebigkeit seiner gestaltenden Phantasie. Aber diese Zielstrebigkeit führt nicht zu einer Einengung des Schöpferischen, im Gegenteil, sie gewährt diesem Schöpferischen immer wieder neue Anreize. Und sie entäußert sich auch alles Schematischen.[6]

---

[6] F. Wohlfahrt: *Anton Bruckners sinfonisches Werk. Stil- und Formerläuterungen.* Leipzig 1943, S. 23.

Oder in neuerer Zeit, geradezu "rehabilitierend", Robert Simpson, unter den Bruckner-Analytikern einer von denen, die am sensitivsten registrieren, dabei aber ohne sich unkritisch gegenüber seinem Gegenstand zu stellen:

> Precisely because Bruckner is such an original, even idiosyncratic composer, there is a tendency to make "global" statements about his music. In fact there are only a few things that are invariable in his work. These are no more than fingerprints, heavy ones, it is true, but not essentially any more important than the obviously recognizable habit of a striking personality. [...] So far as form is concerned, no two movements of this composer closely resemble each other, and he rarely makes a move without a purpose suited only to the matter in hand.[7]

Diesen Gesichtspunkt scheint auch Paul-Gilbert Langevin beizustimmen:

> La parfaite continuité et, dans le même temps, l'extrême diversité des onze symphonies sont particulièrement sensibles dans l'évolution de leur forme. Chaque s'appuie sur les conquêtes de la précédente tout en apportant ses nouveautés propres, mais se différencie aussi de ses voisines par nombre de traits originaux: en sorte qu'il serait vain de chercher à les enfermer dans un plan-type.[8]

Umgekehrt lassen sich leicht Aussagen einer anderen Art anführen, die nachweisen können, dass die konstanten Züge an Bruckners symphonischer Ausdrucksweise schon vor geraumer Zeit registriert wurden. Einerseits sind nun aber Wertungen wie die folgende, weit ausgreifende – hier gleichzeitig aber auch modifizierende – letztendlich typischer:

> Da wir nun zwar große physiognomische Verschiedenheit unter den Symphonien Bruckners, aber doch ein wesentlich konstantes Ideal von Symphonie in ihnen wahrnehmen, so dürfen wir von diesem seinem reifsten Werk [Symphonie Nr. 9] auf den wesentlichen Willen seiner Vorläufer schließen.[9]

Andererseits dürfen mehrere der gern zitierten Aussagen, die überwiegend in die gleiche Richtung gehen, unter die Kategorie trivialer oder objektiv falscher Anschauungen anzurechnen zu sein. So etwa die Auffassung des Bruckner-Schülers Franz Schalk:

> In der Tat gibt es nichts Primitiveres als die Brucknersche Form. Kaum je ist einer von den Großen mit dem Formproblem sorgloser umgegangen als Bruckner. Er hat sich ein sehr einfaches Schema für seine Sätze zurechtgelegt, darüber offenbar niemals spekuliert und in all seinen Sinfonien ganz gleichmäßig festgehalten.[10]

Nach dieser schon an sich zweifelhaften Behauptung – zumal in Bezug auf die damals noch völlig selbstverständlich vorherrschenden Formkonventionen – folgen dann die unbestreitbar etwas trivialen Detailangaben:

> Hauptthema, hier und da eine Art Introitus vorher, Seitensatz, den er stets charakteristisch mit dem Wort Gesangsperiode bezeichnete, und Schlußperiode für die Ecksätze. Seine Adagios sind alle dreiteilig: Hauptthema, zweites Thema (Gesangsperiode), von denen das erste zweimal irgendwie variiert wiederkehrt, während das zweite nur eine Reprise erfährt.

---

[7] R. Simpson: *The Essence of Bruckner.* London 1967, S. 34 f.

[8] P.-G. Langevin: *Anton Bruckner. Apogée de la Symphonie.* Lausanne 1977, S. 47.

[9] A. Halm, *op.cit.* S. 63.

[10] F. Schalk: *Briefe und Betrachtungen.* Wien, Leipzig 1935, S. 89 f.

Ein anderes Beispiel – hier mit der Novität als entschuldigendem Moment – liefert der heute völlig unbegreifliche erste Eindruck des Dirigenten Hermann Levi von Bruckners 8. Symphonie, c-Moll, als einer Art Kopie der doch markant anders gearteten siebenten in E-Dur:

> [...] was mich besonders erschreckt hat, ist die große Ähnlichkeit mit der 7ten, das fast Schablonenmäßige der Form.[11]

Jedenfalls bleibt festzuhalten: im Gegensatz zur älteren Literatur tritt im Großteil der modernen, analytisch gewichteten Bruckner-Forschung sozusagen als etablierte Tatsache hervor, dass in den Symphonien eine weitgehende Typisierung in Form einer durchgehenden Schematisierung der Themencharaktere und/oder der thematischen Funktionen sowie des Formverlaufs ganz allgemein vorherrscht. Das mag sogar so kategorisch betont erscheinen, dass ein Autor diesen Sachverhalt einerseits zur Grundlage für jegliche Beschäftigung mit dieser Musik erheben kann:

> [...] die "Evolutionstheorie" kehrt so zu den Schemata zurück, von denen jede Betrachtung einer Brucknerschen Sinfonie ausgehen muß[12],

– andererseits offenbar meint, sich darüber hinwegsetzen zu können, die gegebenen Forschungspositionen anfänglich zu diskutieren, um statt dessen mit einer Reihe ganz kategorischer Aussagen loszulegen, von denen die folgenden, überhaupt ersten Sätze seiner Abhandlung, als repräsentativ gelten können:

> Bruckners Sinfonien sind sich in Einzelheiten ähnlich und in der Gesamtform fast gleich. Überblickt man ihre Reihe, so fällt vor allem die Typenkonstanz der Formen und Themen auf; Themencharaktere und Formstrukturen wiederholen sich an den entsprechenden Positionen mit fast stupider Regelmäßigkeit; sie erscheinen "generalisiert" und partizipieren jeweils an einem Schema, das auch bei den anderen Sinfonien Gültigkeit hat.[13]

Dass ein forschungsmäßiges Paradigma, eine regulierende Vorausbestimmung heuristischer Positionen, sich auf Kosten eines früheren normativen Konzepts durchgesetzt hat (bei notwendiger Berücksichtigung der modifizierenden Momente, die jeweils geltend gemacht werden können), dafür soll im folgenden Kapitel näher plädiert werden. Bestätigungen dieses paradigmatischen Gegensatzes hat es schon früher gegeben, so z.B. durch zwei kleinere Beiträge weitgehend identischen Inhalts von Adolf Nowak.[14] Diese, wie auch andere, verstreute Bemerkungen in Arbeiten von Wolfram Steinbeck[15], machen es recht klar, dass der Ursprung des betreffenden gegensätzlichen Verhältnisses in kon-

---

[11] Brief H. Levis vom 30. September 1887 an Joseph Schalk (Göll.-A. IV/2, S. 561).

[12] W. Notter: *Schematismus und Evolution in der Sinfonik Anton Bruckners.* München, Salzburg 1983, S. 12.

[13] Ebd. S. 7.

[14] A. Nowak: "Zur Analyse Brucknerscher Symphonik", in: *NZM* 1974, S. 674-676. Ders.: "Über den Anfang in Bruckners Symphonik", in: Chr.-H. Mahling (Hrsg.): *Über Symphonien. Beiträge zu einer musikalischen Gattung.* (= FS. Walter Wiora [70 Jahre].) Tutzing 1979, S. 151 f.

[15] W. Steinbeck: "Schema als Form bei Anton Bruckner. Zum Adagio der VII. Symphonie", in: *FS H.H. Eggebrecht* [65 Jahre]. (= Beihefte zum *AMw*, Bd. XXIII.) Wiesbaden, Stuttgart 1984, S. 304 f.

kurrierenden und letztendlich unvereinbaren theoretischen Positionen so allgemein anerkannt wird, dass es wenig Sinn macht, die Ehre für diese Beobachtung einem einzelnen Forscher zuzuschreiben.[16]

Eine genauere Diskussion der relevanten wissenschaftlichen Beiträge mit Bezug auf die Hauptfragen der vorliegenden Abhandlung soll, wie gesagt, dem folgenden Kapitel überlassen sein, um die Darstellung nicht vom Anfang an unnötig zu erschweren. Es zeichnet sich, ausgehend von den erwähnten Diskussionsbeiträgen (die sich durch von mir früher vorgelegte, vorläufige Standpunktmarkierungen ergänzen ließen[17]), nämlich keine besonders eindeutigen Richtlinien dafür ab, wie die verschiedenen Positionen oder gar Paradigmen zu modifizieren wären oder wie eine Synthetisierung derselben wohl erfolgen könnte. Dass aber ein derartiges Vorhaben unter anderem auf der Grundlage einer umfassenderen kritischen Diskussion der existierenden thematisch verwandten Forschung durchgeführt werden muss als dies bisher geschah, erscheint mir außer Zweifel zu stehen.

Die Einleitung begnügt sich daher mit einer möglichst überschaubaren und einprägsamen Formulierung der gegebenen Problemstellung. Schon die bisher referierten, scharf umrissenen Richt- und Scheidelinien dienten diesem Zweck, und nach mehr strebt der Rest dieses Kapitels auch nicht, obwohl die Positionen, die im folgenden angegeben werden, als Folge ihrer Radikalität etwas detaillierter beschrieben werden sollen. Solche einleitenden Darlegungen sind indes nur darauf gerichtet, die übergeordneten Bestimmungen der beiden unterschiedlichen Traditionen oder Paradigmen zu verdeutlichen.

2 · Kurth versus Korte

Ein erster Einblick in die Hauptfrage der Abhandlung nimmt seinen Ausgangspunkt wohl am besten in einer Zusammenfassung der theoretischen Prinzipien und Implikationen des sicher überhaupt berühmtesten Beitrages zur Bruckner-Forschung: der Monographie von Ernst Kurth.

Wenn dieser nahezu monströs umfassende Beitrag zum Verständnis von Bruckners Musik – essenziell allerdings nur seiner Instrumentalwerke – im Vorhergehenden einerseits als allgemein anerkannt beschrieben wurde, soweit es sein zentrales kompositionstechnisches Anliegen: die "symphonische Welle" betrifft, andererseits aber als anscheinend oberflächlich angeeignet, wenn nicht sogar furchtsam von den Analytikern der Nachkriegszeit umgangen wurde[18], so

---

[16] Dieser Sachverhalt ist es auch, der die Anwendung des Terminus Paradigma in der Bedeutung, die Thomas S. Kuhn diesem Begriff verliehen hat, bedingt (vgl. *The Structure of Scientific Revolutions*. Chicago 1962). Die dazugehörige Bestimmung, nämlich das Vorhandensein eines prägnanten Anschlusses betreffend Blickwinkel, Methode und Resultaten ist, was das Paradigma des "energetischen" Formbegriffs angeht, prinzipiell durch die jeweiligen Affinitäten Alfred Lorenz', Rudolf von Tobels und Kurt von Fischers zu Kurths grundlegender Sichtweise abgedeckt.

[17] Bo Marschner: "Zum Verhältnis von Persönlichkeit und Werk Anton Bruckner in C.G. Jungscher Sicht", in: *BrS 1992. Bericht*; dort S. 24-26.

[18] Die Erscheinung mehrerer akademischer Abhandlungen über Kurth als Musiktheoretiker lässt je-

ist das nicht nur mit einer Kurthschen Formulierungsweise verbunden, die Carl Dahlhaus, wohl etwas ausweichend, beschrieb als

> die verwirrende, betäubende Sprache [...], in der sich psychologische und musiktheoretische Einsichten mit einer teils physikalischen, teils lebensphilosophischen Metaphorik mischen.[19]

Es handelt sich eher darum, dass sich die analytische Lichtquelle selbst bei Kurth ihrem Objekt auf eine nicht nur sehr persönliche sondern besonders auf eine fundamental anders geartete Weise zuwendet als das in fast jedem beliebigen anderen Typus der Formanalyse der Fall ist. Zum ersten gilt Kurths Interesse in dieser Hinsicht letztendlich gar nicht dem, was er die "Formumrisse" nennt, sondern vielmehr der eigentlichen formenden "Kraft" und ihren Resultaten.[20] Diese Einstellung führt nun aber, anders als man wohl vermuten möchte, nicht zu einer grundsätzlichen Trennung zwischen den Begriffen Formkraft und Form in tektonischem Sinne:

> [...] denn ein rein statisches oder ein rein dynamisches Prinzip kann es nicht geben, da der musikalische Formbegriff in der S p a n n u n g zwischen Dynamik und Statik beruht, und man nur vom Wechsel des Schwergewichts reden kann.[21]

Zum zweiten beinhaltet sein Verständnis des Phänomens oder des "Wesens" der musikalischen Form, das bei ihm geschichtlich zusammengefasst wird durch den Kontrast zwischen den Wiener Klassikern und, diese flankierend, den für ihn weit interessanteren Komponisten J.S. Bach und Bruckner, eine radikale Abgrenzung – als Folge seiner dynamischen Grundhaltung – des Gültigkeitsbereichs der formalen Analyse auf lediglich den Einzelsatz oder das Einzelwerk. Dies ist sicher auch der Grund dafür, dass so gut wie alle die über das Spektrum der einzelnen Symphonien hinaus greifenden konstanten Züge oder Stereotypen seiner Aufmerksamkeit zu entgehen scheinen. Es gibt in seiner speziellen Formanschauung, die Bruckners Musik zu ihrem exemplarischen Objekt erhebt[22] (was die programmatische Akzentuierung der Formfrage in der Monographie zweifellos demonstrieren wollte), im Prinzip nur Platz für Zusammenfassungen gleichgearteter oder verwandter Merkmale entweder als Glied in der Entfaltung der allgemeinen Systematik der Formenergetik[23] oder aber – durchaus sekundär – in

---

doch auf eine Verbesserung betreffs dieser Forschungslage hoffen. Außer zwei älteren, ungedruckten Beiträgen: M. Emborg: *Formbegrebet hos Ernst Kurth* (Magisterabhdl., Universität Aarhus 1973) und E. Johnsson: *Ekspositionsopbygning i 1.-satserne af Anton Bruckners symfonier* (Magisterabhdl., Universität Aarhus 1977) seien genannt: Lee A. Rothfarb: *Ernst Kurth as Theorist and Analyst* (Ph.D. diss., Yale University 1985) und jüngst Wolfgang Krebs' (ebenfalls nicht eingesehene) *Innere Dynamik und Energetik in Ernst Kurths Musiktheorie* (Habil.-Schrift, Univ. Frankfurt a.M. 1996).

[19] C. Dahlhaus: *Musikästhetik*. Köln 1967, S. 117.

[20] Kurth, *op.cit.* S. 233 ff. Hier u.a. durch den fast aphoristischen Kernsatz ausgedrückt: "Form ist nicht das, wovon der Strom des Schaffens ausgeht, sondern worein er mündet."

[21] Ebd. S. 250 (Hervorhebung von Kurth).

[22] Vgl. etwa ebd. S. 241: "Das Schwergewicht rückt bei ihm zur mächtig anschwellenden Auswirkung der gestaltenden Kräfte selbst, während es beim klassischen Formgefühl ungewöhnlich stark gegen die Umrisse, ihre Verdeutlichung und Betonung hinneigte."

[23] So heißt es ebd. S. 1027: "Wie verschieden auch in den einzelnen Symphonien die Grundstimmungen, und wie reich auch die psychische Symbolik, die [...] jedesmal noch ausgedeutet werden könnte, man sieht, wie gewisse formdynamische Gemeinsamkeiten jedesmal die Entwicklung leiten".

Verbindung mit einer mehr pflichtmäßig erscheinenden Erörterung der einzelnen Satztypen im symphonischen Zyklus. Seine Darstellung des letztgenannten Sachverhalts erweist sich bezeichnender Weise denn auch als recht trocken und karg – soweit sich nicht deutlich Momente seiner gewöhnlichen Betrachtungsweise einflechten. Noch charakteristischer aber ist es, dass einem mehr abstrahierenden Abschnitt (den Seiten 486-517) einer mit der Überschrift *Rückwirkung der Gesamtform auf das Thema* folgt, in dem sich seine eigentliche Ansicht der Form auf wohlbekannte Art wieder in Erscheinung tritt, indem u.a. behauptet wird, die einzelnen Themen bei Bruckner seien

> in stets lebendiger Spannung auf die Gesamtform gerichtet, im Hinblick auf sie gebaut und aus ihr erst voll verständlich [...], ebenso wie sie allgemein-künstlerisch nur Teilmomente aus der umfassenden Grundstimmung des ganzen Werkes sind.[24]

Es ist mit anderen Worten infolge Kurth gerade die Singularität oder – mit einer Parallele aus der Begriffswelt der Philosophie – das Monaden-Gepräge und damit der genaue Gegensatz eines Modellcharakters, was die Eigenart einer Bruckner-Symphonie ausmacht. Dies kommt besonders deutlich zum Ausdruck in seiner Behauptung: *"Jedes Werk Bruckners ist ein Weltgebäude"*.[25] Die ungewöhnliche Sichtweise Kurths, wie sie sich bei der Behandlung der einzelnen Werke darstellt, erweist sich durch ihren fast völligen Bruch mit aller schematisch orientierten Analyse[26] als der entscheidendste Gegensatz zu den vorliegenden neueren, von Schema und Modell geprägten Hypothesen.[27]

Das übergeordnete Ziel der Abhandlung dürfte damit deutlich sein: Es geht darum zu verdeutlichen, wie beide hier angeführten Arten von Form- und Werkanalyse – zumindest in ihrer Reinkultur – einer Einseitigkeit unterliegen, wenn sie sich nicht gar vor dem Hintergrund des jeweiligen Vorverständnisses einer Betrachtungsweise verschrieben haben, die sie blind gemacht hat für die Grundmomente der offenkundigen Alternative, die doch in beiden historischen Zeiträumen vorlag, in denen die jeweiligen, eher extremen analytischen Positionen konstituiert wurden.

Eine hier folgende erste zusammenfassende Benennung dieser antagonistischen Positionen führt dann weiter zur zentralen Hypothesenbildung, wie sie andeutungsweise in dem suggestiv formulierten Haupttitel der Abhandlung hervortritt.

---

[24] Ebd. S. 517. Über denselben Sachverhalt meint Werner Korte folgendes (*Bruckner und Brahms. Die spätromantische Lösung der autonomen Konzeption*. Tutzing 1963, S. 54): "Die originale Thematik eines Satzes hat nur relative Bedeutung für seinen Gesamtbau: das Verfahren regelt die großen Bezüge, die Themen passen sich an, bzw. werden angepaßt."

[25] Ebd. S. 599.

[26] Vgl. ebd. S. 251: "Feind der Wahrheit bleibt überall das Schema", zusammen mit (S. 243): "Aber das alte Schema, auch wenn es mühelos wiederzuerkennen ist, zeigt eine ganz veränderte Bedeutung, als Ausdruck einer geänderten Innendynamik".

[27] Vgl. des weiteren Aug. Halm: "Durchdrungen von der Erkenntnis, daß die Form eben kein Rezept, daß ihr Werden ein Lebensprozeß, daß das Formgewordene in jedem einzelnen Individuum von guter, starker, ursprünglicher Musik ein besonderes Gesicht hat und ein Einmaliges ist [...] stellt Dr. Ernst Kurth in seinem Buch über Bruckner den Formbegriff überhaupt so hin, daß das hellste Licht gerade auf diese Seite, die des Werdens somit des Nicht-vorher-Berechenbaren, des stets neu zu Erringenden, des jedesmal wieder Problematischen fällt." (*Beethoven*. Berlin 1927, S. 125.)

1. Die Interpretation von Bruckners formalen Charakteristika, wie sie von Kurth sozusagen in geläuterter Form repräsentiert wird, bestimmt sich als Methode betrachtet zuallererst durch ihren *Einfühlungs*-Charakter. Das erweist sich schon daran, dass seine analytische Vorgangsweise grundsätzlich innerhalb des einzelnen Satzes kontinuierend vorwärts bewegt und somit *im Prinzip* von keinem einzigen Takt abstrahiert. Genauer bestimmt äußert sich die Einfühlung nun aber in einer ganz eigenen analytischen Orientierungsart, die bedingt ist durch die Subsumierung von Detailanalysen unter bestimmte werkspezifische Kennzeichen psychologisch-hermeneutischer Art.

Als Beispiel sei genannt: ein *"gotisches Grundgepräge"* im ersten Satz der 9. Symphonie. Derartige Bestimmungen sind nun aber zugleich in formenergetischen Kategorien verankert, im angeführten Beispiel ausgedrückt durch Benennungen wie "Steilstrebigkeit", "Spannkraft" und "Hochstrebung".[28] Das Ziel der Analyse ist somit, durch Hineinversetzen in die "Wesensart" des Werkes die spezifischen formbildenden Einzelheiten für alle darin enthaltenen energetischen Wirkungsmomente aufzuspüren, wodurch ihr Beitrag zur Konstitution dieser Werkidentität eigentlich erst verdeutlicht wird. Auch diese Vorgehensweise hat ausgeprägt einfühlenden Charakter.

Das Gepräge von Einfühlung wird schließlich, wieder und wieder, als methodischer Programmpunkt in Kurths Darstellung dessen sichtbar, was er – in Form einer Kapitelüberschrift – als *Bruckners Formprinzip* bezeichnet:

> Dann erst erfüllt sich die Forderung, die Form nicht als dem Auge ruhend zu "sehen", sondern als die vom Willen zum Wirkungsbild mitformende Krafteinfühlung zu erleben.[29]

Weniger explizit kommt dies in Kurths ausgeprägt gefühlsmäßigem "Gespür" der Musik oder des Form"prinzips" Bruckners zum Vorschein:

> Dieser phantastischen Gestaltung des symphonischen Lebensstromes muß man das innere Ohr öffnen [...] In ihr liegt etwas Erdrückendes, Niederwerfendes, zugleich eine ekstatische Macht.[30]

Das gleiche erfolgt endlich – eher implizit – in seinem Ausdruck des Charakters der gegensätzlichen Position: zu dem,

> [...] was man seit Jahrzehnten in Schulen als ihr Wesentliches lehrt, indem man von der Formmeisterung [der Klassiker] die Endumrisse abhebt (wie eine Haut *abzieht*, "abstrahiert") und die Schöpferkräfte verschweigt, die gerade dahin trieben.[31]

2. Gegen diese "Einfühlungsmethode" – deren interne Hauptprobleme im folgenden Kapitel (II.8) behandelt werden sollen – stellt sich eine ebenso radikal *abstrahierende* Grundauffassung der Formungsprinzipien in Bruckners Musik, die sich am deutlichsten auf Werner F. Kortes kurzgefasstes Buch über Bruckner

---

[28] Vgl. Kurth, *op.cit.* S. 661 ff.: *"Die Gotik der Symphonie".*

[29] Ebd. S. 252.

[30] Ebd. S. 255.

[31] Ebd. S. 236.

und Johannes Brahms zurückführen lässt.[32]

Dass dieser strukturalistisch inspirierte Versuch einer Offenlegung der formalen Gestaltungsprinzipien in den untersuchten Zusammenhängen in grundsätzlichem und größtmöglichem Kontrast zur erstgenannten Interpretationsweise steht – dessen ist sich Korte bewusst, unterstreicht er dies doch selber; etwa wenn er über seine eigene Methode in Bezug auf Bruckners Werk sagt:

> Seine analytische Nüchternheit muß alle abstoßen, die Schauer und Ergriffenheit in dieser sinfonischen Musik finden.[33]

Die Abstraktion des Vorhabens ergibt sich nun aber – noch deutlicher spürbar in den Bruckner- als in den Brahms-Analysen – aus der Grundprozedur der Methode: Durch eine *"Syntagierung"* – d.h. die graphische Darstellung einer "syntaktischen" Analyse ausgewählter Themen – wird eine Einsicht in das Prinzip (oder vielleicht die Prinzipien) des Komponisten hinsichtlich der Themenbildung gewonnen. Weiterhin folgen aus den Bedingungen heraus, die für die Themenbildung als geltend angesehen werden, genauso eindeutige Aussagen über die Prinzipien der Formbildung auf allen höheren Ebenen des Satzes, ja bei Bruckner sogar über das Verhältnis zwischen den Sätzen im ganzen Zyklus. Darin wird nämlich das Hauptkriterium für die "autonome Konzeption" erblickt, deren Konsistenz nur – auf einem so hohen kreativen Niveau, von dem hier die Rede ist, und nachdem die kompositorische Gestaltung nicht von irgendeiner Art externer, "heteronomer" Motivation geleitet ist – in einer grundsätzlich gegensatzfreien Übereinstimmung zwischen Teilen und Ganzheit bestehen kann.

Für den abstrahierenden Grundzug dieses Systemdenkens ist nämlich kennzeichend – soweit es die Bruckner-Analysen betrifft –, dass *ein* bestimmtes Prinzip zur Regelung sämtlicher Stufen der Formhierarchie ernannt wird. Gleichzeitig aber ist evident, dass bei einem so konsequent entwickelten analytischen Konstrukt – welchen Grad von Tragfähigkeit es haben mag, soll hier nicht entschieden werden – irgendwann in diesem Prozess der "Potenzierung" ein derart hoher Maß an Abstraktion eintritt, dass die Aussagen, die sich aus dem System herleiten, quasi bar eines brauchbaren Informationswerts erscheinen werden. Dies wird in hohem Grad aus dem folgenden Zitat deutlich, dessen (von mir kursiv gesetzte) syntaktische Begriffe aus der Beschreibung der Strukturen hergeleitet sind, die Korte für den Gesamtsatz Bruckners geltend machen will – d.h. sich auf einem Formniveau befinden, das eine Stufe unter der Werkebene liegt, mit welcher das Zitat verknüpft ist. Die betreffenden syntaktischen Strukturen werden dabei als wirksame Begriffe sowohl zwischen den drei Hauptabschnitten der Sonatensatzform als auch zwischen den einzelnen Themen innerhalb der Exposition angesehen – und dazu noch auf der gesamten zyklischen Ebene:

> Die Satzfolge (vier Sätze) ist durch R e i h u n g bestimmt. Für sie wird die s u b - s t a n t i e l l e A s s o z i i e r u n g [...] notwendiges Prinzip. Die Vereinbarkeit der Sätze wird in einer K e t t e n s t r u k t u r legitimiert.[34]

---

[32] Vgl. Anm. 24.

[33] Korte, *op.cit.* S. 66.

[34] *Loc.cit.*

Und doch hebt Korte im abschließenden und zusammenfassenden Kapitel seines Buchs hervor, dass er es vermeiden wollte, Abstraktionen auf formanalytischer Ebene vorzunehmen. Sein Text ist jedoch mit Hinsicht auf Art und Weise der betreffenden Abstraktionen nicht besonders klar formuliert.; gemeint ist vielleicht die Neigung der traditionellen Formenlehre, mit einem präskribierenden, normativen Formbegriff zu operieren:

> Der Irrtum formaler Abstraktion (und der daraus gewonnenen formalen "Erklärungen") ist bewußt umgangen worden. Statt dessen ist die Beschreibung der jeweiligen *Grundverhaltensweise* im creativen Akt des einen und des anderen Meisters versucht worden, wobei – zum Unterschied von der formalen Begriffswelt – die eingesetzten Begriffe *ausschließlich* für den zu bezeichnenden Sachverhalt gelten, für den sie verabredet werden.[35]

Soweit es nämlich das strukturelle Destillat der musikalischen Gestaltungsprinzipien der behandelten Komponisten angeht, bekennt sich Korte eher zu einem abstrahierenden Charakter seiner Methode, indem er seine Darstellung beschreibt als eine

> an Einzelwerken demonstrierte Verhaltensweise, verallgemeinert und im unmittelbaren Nebeneinander beider Meister [...]. Diese Strukturaufzeichnung kann und darf nur den Rang eines Kataloges der Grenzbedingungen haben. D.h., hier wird das Mögliche und das in seinem Raum Naheliegende und bevorzugt Praktizierte benannt [...][36]

Sollte diese Lesart von Kortes Bemerkung nicht stichhaltig sein, und handelt es sich somit um ein Abstecken eines begrenzten Geltungsbereichs der Analysen innerhalb der jeweiligen symphonischen Produktion, so ist die Abstraktion indessen von anderer Art, indem sie sich in der Konstruktion eines Idealtypus äußert. Dieser würde dann in Bruckners Fall durch die siebente und besonders durch die 8. Symphonie repräsentiert sein – die beiden Werke, denen der allergrößte Teil von Kortes Analysen gewidmet ist.

Letztlich unterscheidet sich die Art und Weise von Kortes Untersuchungen, ja sein ganzer Zugang zum Phänomen Bruckner, so stark als nur möglich, und nicht zumindest was die Frage des *"Erkenntnisinteresses"* (Jürgen Habermas) angeht, von dem, was sich in gleicher Hinsicht im Rahmen des alternativen, besonders von Kurth konstituierten Paradigmas geltend macht. Während letzteres sich auf eminente Weise unter eine Geisteswissenschaft nach den Richtlinien Wilhelm Diltheys einordnen lässt, mit einem größtmöglich umfassenden und nuancierten *Verständnis* als höherem Endzweck[37], lässt sich das durch Kortes Untersuchungen initiierte Paradigma, das es in äußerster – und stellenweise erschreckender – Konsequenz repräsentiert, ebenso deutlich charakterisieren durch eine objektivistische, reduktionistische und quasi interesselose Struktur-

---

[35] Ebd. S. 123 f.

[36] Ebd. S. 123.

[37] Das Erkenntnisinteresse ist nach Habermas' Systematik somit von *praktischer* Art, was beispielsweise Kurths Bruckner-Monographie auch in verschiedenen Details ganz konkret bestätigt. Nicht zuletzt wird dort der Apparat der Anmerkungen zu aufführungspraktischen Anweisungen und sohingehender Kritik benutzt.

enthüllung.[38] Ist das eine Paradigma betreffs seiner grundsätzlichen Orientierung eminent synthetisch zu nennen[39], so ist das andere ebenso ausgeprägt analytisch. Auch in diesem Sinne lässt sich die Position Kortes als Ausdruck einer abstrahierenden Theorie betrachten. Das folgende Zitat dürfte dies klar belegen (es lässt sich ohne weiteres als Fortsetzung des vorigen verstehen):

> Hiermit ist nichts "erklärt". Hier ist nur der Versuch gemacht worden, den Sachverhalt "Sinfonie Bruckner", d.h. ihre physiologischen Lebensbedingungen in einzelnen Kriterien zu fixieren. Mehr kann der Historiker nicht hoffen, mehr ist von ihm nicht zu erwarten [...] Denn: seine [Bruckners] schöpferische Verhaltensweise begrifflich zu definieren, zu "syntagieren", heißt ihn als geschichtliche Person erfassen.[40]

3 · Zum Begriffspaar des Haupttitels

Aus den Begriffen *Einfühlung* und *Abstraktion*, die aus hörerer theoretischer Perspektive die beiden Haupttendenzen in der bisherigen Bruckner-Forschung kennzeichnen, konstituiert sich auch die Dichotomie, aus der sich die theoretische Grundlage dieser Abhandlung herleitet. Soll dieser Beitrag indes dazu beitragen, die hier angerissenen Fragen und Probleme in neuer Weise zu beleuchten, einen anderen Ausgangspunkt für die analytische Erfassung der Symphonik Bruckners zu erstellen, so muss dies aus einer Überschreitung des Entweder-Oder erfolgen, das bisher im Verhältnis zwischen den führenden Sichtweisen Geltung hatte, etwa: mittels Abstraktion *und* Einfühlung.

Dies gilt nicht allein für die Entwicklung einer adäquaten analytischen Vorgangsweise. Eine solche "Methode" muss notwendig – was auch für die vorgenannten Paradigmen gelten mag – einer möglichst klar formulierten, jedefalls aber einer implizit zum Ausdruck kommenden Grundauffassung des analysierten Œuvres entstammen.

Namentlich aus solch einer essenziellen Betrachtung der Brucknerschen Symphonie heraus haben die Begriffe Einfühlung und Abstraktion – wohlgemerkt als gemeinsam wirkende Qualitäten – ihre zentrale Bedeutung für dieses Forschungsvorhaben erlangt. Überlegungen über die Funktionstauglichkeit der Begriffe in methodischer Hinsicht blieben nachgeordnet. Ihre Tragfähigkeit in Bezug auf Hypothesen wird in erster Linie selbstverständlich davon abhängen, wie sie konkret auf das musikalische Material einwirken können. Hiermit sind vor allem zwei Dinge gemeint: sie sollen in der Lage sein, eine Erkenntnis oder einen Verständnis-Ansatz zu bewirken, der auf anderem Wege zumindest schwerer erreichbar sein dürfte. Weiterhin ist es wünschenswert, dass sie – zusammen mit anderen methodischen Richtlinien – zu einer praktikablen Strukturierung der

---

[38] Das Erkenntnisinteresse erscheint entsprechend als von überwiegend *technischer* Art, ohne dass dafür (vgl. Habermas) ein eigentliches naturwissenschaftliches Ideal als Leitfaden für Kortes Forschungspraxis postuliert werden müsste.

[39] Vgl. Kurth (*op.cit.* S. 279): "Schon hier liegt die Forderung, die Form synthetisch statt analytisch zu fassen."

[40] Korte, *op.cit.* S. 66. Man vergleiche des weiteren Kortes Aufsatz "Struktur und Modell als Information in der Musikwissenschaft", in: *AMw* 1964, S. 1-22.

Arbeit beitragen können, mit Hinsicht auf die unzähligen gegebenen Entscheidungsmöglichkeiten in Verbindung mit analytischen Untersuchungen eines derart umfassenden Materials wie dem hier vorliegenden.

Es hat daher, in dieser Perspektive gesehen, als ein beruhigender Umstand gewirkt, dass die Schlüsselbegriffe Einfühlung und Abstraktion sich auf eine gewisse Tradition in der ästhetischen Phänomenologie berufen können, im konkretesten Sinne namentlich dank der zwar bejahrten, anscheinend aber immer noch verwendbare Abhandlung *Abstraktion und Einfühlung* des Kunstwissenschaftlers Wilhelm Worringer.[41] Eine weitere Hilfe zur Anwendung dieser Begriffe in "schaffenspsychologischen" Zusammenhängen – mit Musik als dem ästhetischen Medium – ist mit einem in allem Wesentlichen kongruenten, quasi dahinterliegenden Begriffspaar *Introversion* und *Extraversion* zur Hand, wie es in Carl Gustav Jungs psychologischer Typologie vorliegt.[42] In genereller phänomenologischer Hinsicht kann somit gesagt werden, dass die speziellen Hauptbegriffe in nicht unbeträchtlichem Umfang bereits entfaltet worden sind.

Einer näheren Darstellung der Bedeutungsnuancen, die sich in den Termini Einfühlung und Abstraktion, bzw. Extra- und Introversion verbergen, soll nicht in dieser Einleitung vorgegriffen werden. Hier möge nur so viel vorausgeschickt werden, wie nötig ist um einen ersten Überblick über die speziellen Gebiete der Untersuchung zu verschaffen, auf welche diese Leitbegriffe hinweisen.

Einfühlung steht, in knappster Zusammenfassung, für eine Formungstendenz, die durch ein verhältnismäßig ungehemmten, individuelles, schöpferisches Sich-Ausleben in "organisch-lebendige" Formen (Worringer) geprägt ist. Im Gegensatz dazu bezeichnet *Abstraktion* eine Art der Formung, die sich in einer entsprechend charakteristischen Betonung des Gesetzmäßigen samt einer gewissen Erstarrung in absoluter, modellhafter Gestalt oder Form äußert.[43]

Es ist unschwer erkennbar, selbst auf dem Hintergrund dieser erst im Groben umrissenen Erklärungen, dass Kurths eigentliches analytisches Anliegen, die jederzeit äußerst nuancierte Beschäftigung mit den energetischen Detailaspekten von Bruckners musikalischer Gestaltung, genau mit den einfühlungsbestimmten Momenten dieser Musik korrespondiert – auch weil die Art seines Interesses hieran in sich dezidiert einfühlungsgeprägt ist. Entsprechend leuchtet ein, dass Korte und seine spätere *entourage*, indem sie sich im allem Wesentlichen auf die prozedurhaften Aspekte in Verbindung mit Bruckners Symphonik konzentrieren, und besonders auf die Elemente, die hier mehr oder minder zur festen Norm zu tendieren scheinen, das absolute Hauptgewicht auf die abstraktionsbetonten Momente der Werke legen.

Es ist im Verhältnis zu diesen beiden Positionen ein Hauptanliegen der gegenwärtigen Arbeit zu verdeutlichen, dass eben *beide* Formungstendenzen sich in

---

[41] W. Worringer: *Abstraktion und Einfühlung. Ein Beitrag zur Stilpsychologie.* ¹1908, mit späteren Ausgaben 1959 und 1981.

[42] Vor allem in C.G. Jung: *Psychologische Typen.* (= Gesammelte Werke, Bd. 6.) Zürich, Stuttgart 1967.

[43] Siehe die illustrierende Figur S. 131.

Bruckners symphonischem Werk geltend machen, zwar in gegenseitig wechselnder Stärke, dabei aber meist als deutliches Merkmal.

Die näheren Untersuchungen, die aus diesem Gesichtspunkt heraus vorgenommen werden sollen, müssen – außer die in neuerer Zeit oft übergangenen Spuren der einfühlenden Momenten wieder zu verdeutlichen – noch die für eine Mehrzahl der Werke geltenden verschiedenen Fassungen, die bekanntlich zuzeiten in ihren Entstehungsdaten weit auseinanderliegen, besonders betonen und die Relationen zwischen diesen abweichenden Konzeptionen auf spezifischer Weise in Betracht nehmen. Und dies nicht so sehr, weil die Mehrheit der bisherigen Forschung aus praktisch-philologischen Gründen solche Differenzen nur in begrenztem Maße berücksichtigt hat[44], als vielmehr besonders weil das Verhältnis zwischen den einzelnen Fassungen in gewissem Grad symptomatisch in Bezug auf den Hauptgesichtspunkt der vorliegenden Abhandlung erscheint.

Ganz allgemein betrachtet darf das Verhältnis zwischen Urfassung und späterer Bearbeitung als ein Spannungsverhältnis verstanden werden oder – in einer leicht veränderten Anschauung – als ein Ausbalancieren zwischen einer ersten, eher spontanen und für den Komponisten offenbar "unhaltbaren" Konzeption und einer nachfolgenden, reflektierteren und in der Hauptsache normierenden Bearbeitung[45], einer Art Zähmung von "wild wachsenden" kompositorischen Merkmalen.

Die Verhältnisse liegen allerdings nicht eindeutig klar: Auf der einen Seite lässt sich feststellen, dass die Werke, trotz durchgeführter reglementierender Eingriffe, darunter besonders einer Intensivierung der motivischen "Funktionalität" im Rahmen der Formgestaltung[46], gern ihre originären dynamischen Charakterzüge beibehalten – nicht zuletzt gewisse stark einfühlungsbetonte Elemente von verspielter und oft ekstatischer Wirkung. Auf der anderen Seite ist es für diesen formalen Normierungsprozess ein mitbedingender Umstand, dass der Tonsetzer im späteren Teil seiner Produktion gewisse persönlich-typische formale Prozeduren entwickelt; das charakteristischste Beispiel hierfür ist ein verschleierter Übergang zur Reprise in den Ecksätzen, mit einer Reprisenwirkung, die sich gewissermaßen erst mit der Rückkehr der zweiten Themengruppe der Exposition manifestiert.

Gleichzeitig damit, dass solche Verfahrensweisen eine Tendenz zum Normenbruch haben – durch einfühlungsbetonte Nuancierungen einiger der zentralsten

---

[44] Namentlich ist die Zahl der Beiträge, welche das Fassungsproblem in einer prinzipielleren Perspektive behandeln, kleiner als die Anzahl von Spezialstudien innerhalb dieses Forschungsfeldes. Zur ersten Kategorie gehören: D. Cooke: "The Bruckner Problem Simplified", in: *MT* 1969, S. 20 ff., 142 ff., 362 ff., 479 ff., 828; M. Wagner: *Der Wandel des Konzepts. Zu den verschiedenen Fassungen von Bruckners Dritter, Vierter und Achter Sinfonie*. Wien 1980; ders.: "Bruckners Sinfonie-Fassungen – grundsätzlich referiert", in: *BrS 1980. Bericht*, S. 15-24, und F. Grasberger: "Selbstkritik, Überzeugung und Beeinflussung. Zum Problem der Fassungen bei Anton Bruckner", ebd. S. 33-38.

[45] Die einzige deutliche Ausnahme von dieser Hauptregel ist – vielleicht überraschend – die spät erfolgte "Wiener Fassung" der 1. Symphonie, von 1890-91 (vgl. die "Linzer Fassung" aus den Jahren 1865-66).

[46] Vgl. R. Stephan: "Zu Anton Bruckners III. Symphonie", in: *BrS 1980. Bericht*, bes. S. 73.

funktionellen Kategorien der Sonatensatzform: des thematisch Gegebenen und des Abgeleiteten –, haben sie doch auch ein abstrahierendes Gepräge, indem sie sukzessiv den Charakter eines normierenden Moments ausweisen. In anderen Fällen können solche invarianten Vorgänge – wenn nicht gar fast gleichlautende Wendungen – jedoch als reine Stilmerkmale hervortreten, wo nämlich unmittelbar verwandte Formulierungen nicht mit einem bestimmten formalen Stellenwert verbunden sind (siehe Kapitel III, S. 161 f.). Einfühlende und abstrahierende Züge gehen in Bruckners Symphonik im ganzen gesehen ineinander über zu einem Grad, der für die Musik dieser Periode recht ungewöhnlich ist.

Die hier angedeutete Theoriebildung um diese beiden Schlüsselbegriffen soll, wie schon erwähnt, durch die notwendigen Beispiele konkret musikalischer – und sekundär theoriehistorischer Analyse – unterstützt werden. Dies auch auf einer tiefenpsychologischen Grundlage, bewerkstelligt durch Anwendung detailliert korrespondierender Grundbegriffe aus der Charakterologie C.G. Jungs. Über diesen Aspekt der Theoriebildung mag vorläufig folgendes gesagt werden:

Nähere Überlegungen über das Verhältnis zwischen der kreativen Persönlichkeit und dem Charakter des Kunstwerkes (als deren Emanation) haben in Bruckners Fall in den letzten Jahrzehnten in recht geringem Kurs gestanden, zum Vorteil einer im Dienst der Sachlichkeit stehenden Trennung der Werkanalyse – die nach allgemein anerkannter Meinung lange in defizitärer Position verharrt hat – von Untersuchungen einer mehr personalhistorischen Art, besonders in Betreff auf eine kritische, in die Breite wie auch in die Tiefe gehende Revision des gängigen, traditionsmäßig überlieferten Bruckner-Bildes.

Dass das erstgenannte, eine Art Synthese aufsuchende Forschungsanliegen heute eher unterpriorisiert erscheint, darf nicht zum wenigsten der Vorbelastung zugeschrieben werden, der es als Folge der zentralen Position, die es in der Bruckner-Forschung der Vorkriegszeit eingenommen hat, ausgesetzt war, und dies natürlich speziell auf Grund der vielen, besonders in musikalisch-analytischer Hinsicht zweifelhaften Produkte, welche die starke Eingenommenheit von dem synthesebetonten, "symbolisch" sich darstellenden Verhältnis zwischen der Umwelt (besonders in geistigem Sinne), dem Künstler und seinem Werk durch die verschiedenen Formen einer "geistesgeschichtlichen" Optik zutage förderte.[47]

Verschiedene Ansätze zu einer erneuerten Betrachtung der Verbindungen zwischen Charakter und Werk haben sich aber inzwischen ergeben. Hierunter Beiträge, die die Wichtigkeit dieses komplexen Feldes auf eine Reihe diskreter Formalia zu reduzieren geneigt sind und welche somit dahin tendieren, das Verhältnis zwischen Person und Werk zunächst als ein biographisches mehr als ein vorrangig theoretisches Anliegen zu behandeln[48]; wie auch – ganz anders – einzelne, quasi ultimative Erklärungsversuche, die sich als Unterlagen für detail-

---

[47] Als Dokumentation hierzu vgl. M. Hansen: *Anton Bruckner*. Leipzig 1987, S. 19-41; Bo Marschner: "Anton Bruckner als geistiger Lehrer", in: *BrS 1988. Bericht*, S. 157-164.

[48] Ein typischer Vertreter dieser "Reformbewegung" scheint mir Manfred Wagner zu sein, vgl. z.B.: "Zum Formalzwang im Leben Anton Bruckners", in: *ÖMz 1974*, S. 418-426. Auch die übergeordneten Anschauungen in seiner Monographie: *Bruckner*. Mainz 1983 bestätigt eine solche Auffassung.

lierte Interpretationen ebenfalls aus dem Werk verstehen.[49]

Spezifische und zugleich solcherart theorieverbundene Werkanalysen sind allerdings auch – was in der Natur der Sache liegt – schwer durchführbar, besonders wenn sie den Gewinn einer breiteren Akzeptanz anstreben wollen, da sie notwendigerweise psychologische Aspekte implizieren und die Theorien, die sich hier anbieten, Legion sind und darüber hinaus oft in hohem Grad variieren, soweit es ihre epistemologische Grundlage betrifft. Verschiedene Betrachtungsweisen dieser Art wurden versuchsweise angewendet, hierunter auf individualpsychologischer (im Anschluss an Alfred Adler)[50] wie ebenfalls auf graphologischer Basis.[51]

Vergleicht man nun aber die verschiedenen vorliegenden Untersuchungen mit qualifizierten Versuchen einer Persönlichkeitsanalyse Bruckners von fachlich immanenter Art, also auf in erster Linie ästhetisch-biographischer Basis[52], so ergibt sich in diesem Fall trotzdem eher eine einheitlich geprägte als eine gegensatzbetonte Charakteristik. Ein derartiges Bild, wie revidiert es auch erscheinen oder wie plausibel es auch vorkommen mag, kann allerdings aus solchem Grund auch gewiss niemals den Status eines fortan zu akzeptierenden Sachverhaltes erreichen, wonach zukünftige synthesebetonte Analysen sich zu richten haben. Die einigermaßen deutlich profilierte Bruckner-Physiognomik indessen – und es ist meine Überzeugung (in Dissens im Verhältnis z.B. zu Kortes Auffassung[53]), dass jeder Analytiker von einem mehr oder weniger fixierten Persönlichkeitsbild ausgehend arbeiten *muss* – dürfte wohl ganz überwiegend bestärkend wirken mit Hinblick auf die Möglichkeit einer sinnvollen Anwendung der analytischen "Metabegriffe", die im folgenden Zusammenhang anzuwenden versucht werden. Das Kriterium für eine solche Relevanz wird aber letzten Endes in dem Grad der Konsistenz der Interpretation des Œuvres und in der Qualität derselben bestehen, den das Zusammenwirken von Theorie und Analyse zu erstellen vermag.

Die beiden Grundbegriffe Einfühlung und Abstraktion stehen im kreativen Prozess parallel zu – genauer gesagt: erscheinen als Formungstendenzen, die bedingt sind durch – zwei grundlegenden Orientierungsweisen in tiefenpsychologischer Sicht: *Extraversion* und *Introversion* der Libido (d.h. der psychischen Energie als solcher). In Bruckners Fall kann man einerseits von einer "inneren" kreativen Instanz reden, die sich vorwiegend als nach außen gewandt darstellt, als eine spontane, lustbetonte Bindung an die Sinnenwelt. Dies nun tendiert in musikalischem Zusammenhang – als Manifestation einer Einstellung, die mehr von der unbewussten Seite der Psyche herrührt als von dem bewussten Ich – gegen Äuße-

---

[49] Vgl. N. Nagler: "Bruckners gründerzeitliche Monumentalsymphonie. Reflexionen zur Heteronomie kompositorischer Praxis", in: *Musik-Konzepte* 23/24: *Anton Bruckner*. München 1982, S. 86-118. Dieser – etwas süffisant gehaltene – Beitrag stellt sich mit einer soziologischen, bzw. sozialpsychologischen Optik vor.

[50] E. Ringel: "Psychogramm für Anton Bruckner", in: *BrS 1977. Bericht*, S. 19-26.

[51] W.R. Muckenschnabel: "Schweigende Zeugen im Schriftbild Anton Bruckners", ebd. S. 43-63.

[52] Besonders hervorzuheben ist F. Grasberger: "Anton Bruckner zwischen Wagnis und Sicherheit. Aspekte einer Bildrevision", ebd. S. 11-18.

[53] Vgl. das Zitat S. 22.

rungen, die von einer starken Identifikation mit den impulsierenden musikalischen Einzelmomenten geprägt sind, und die sich damit in einer Betonung der Details auf Kosten der Ganzheit äußert.

Auf der anderen Seite steht eine äußere, habituelle Einstellung der Persönlichkeit, die sich bei Bruckner als ausgeprägt nach innen gewandt manifestiert und aus diesem Grund von einer subjektiven, oft abwehrbetonten Reaktion auf die Vielfalt der Objektwelt geprägt ist. Dies bedingt eine ausgesprochen (selbst)kritische Beurteilung und Verarbeitung seiner spontan erfassten musikalischen Hervorbringungen, und dabei nicht zuletzt eine Reglementierung unter Rücksichtsnahme auf einen "äußeren" wie auch einen "inneren" Formkodex.

Im analytischen Untersuchungs-Vorgang dürfen, wenn es um einen so übergreifenden werkbezogenen Zusammenhang geht, wie hier der Fall sein wird, mit aller Berechtigung bestimmte Teile des Gesamtwerks auf Kosten anderer hervorgehoben werden. Es ist in diesem Beitrag somit eine Konzentration hinsichtlich der Problemstellung angestrebt worden, die zur Konsequenz führt, dass den Satztypen des Scherzo/Trio und gleichfalls, mit unbeträchtlicher Abweichung, auch des langsamen Mittelsatzes des Zyklus eine untergeordnete empirische Basis beigemessen wird, da sie beide als bedeutend weniger relevant eben mit Hinblick auf die erörterten formästhetischen und kompositionstechnischen Fragen, die für diese Arbeit im Zentrum stehen, anzusehen sind. Die Fragestellung orientiert sich in allem Wesentlichen an den formal gesehen meist prozessual betonten Sätzen. Als Maßstab für den Grad einer solchen Prozessualität (oder deren dispositioneller Möglichkeit) dient im Prinzip der Grad an thematischer Differenzierung wie auch an Verarbeitung im einzelnen Satztypus. Und bei Bruckner – sowie bei den meisten der übrigen Tonsetzer, die in diesem Zusammenhang relevant sind – ragen hier die eigentlichen sonatenförmigen Sätze, die "trithematischen" Ecksätze, klar über die Mittelsätze hinaus.[54]

Gewissermaßen als Kompensation für diese Benachteiligung, die teilweise – aber jedoch in weit geringerem Grad – auch die Finalsätze gegenüber den Kopfsätzen berührt, werden sämtliche chronologischen Stadien der symphonischen Produktion als grundsätzlich von gleicher Bedeutung angesehen. Dasselbe gilt und wird sich bei der Beleuchtung der verschiedenen Fassungen der einzelnen Werke erweisen, wobei jedoch Unterschiede, die hauptsächlich in instrumentatorischen Retuschen bestehen, nicht berücksichtigt werden.

Referate und Diskussionen einer ganzen Reihe von Beiträgen zur Analyse der Symphonik Bruckners werden einen wesentlichen Einschlag ausmachen, neben und zugleich in Interaktion mit meinen eigenen Analysen. Dies geschieht teils, um nicht in eine Situation der Selbstgenügsamkeit zu geraten, zu der das zentrale theoretische Anliegen der Abhandlung sonst Anlass geben könnte; teils hat es sich einfach ergeben, dass einer der wesentlichen Ausgangspunkte für die Arbeit die wiederholte Feststellung war, dass sich unter den vorhandenen relevanten Forschungen eine nicht unbeträchtliche Menge von Material sowohl

---

[54] Vgl. evtl. Kapitel III, Anm. 7.

prinzipieller als auch detailbezogener Art verbarg, das eine – oft kritische – Aufmerksamkeit hervorrief. Hinzu kommt, dass gerade die Diskussion theoretischer Positionen und ihrer analytischen Implikationen lange Zeit nicht zu den hervortretenden Merkmalen der Bruckner-Forschung gehört hat (was zu einem gewissen Teil wohl daran liegen dürfte, dass lediglich die Habilitationsschrift oder die heutzutage nicht weniger zu Volumen tendierende Dissertation dem Verfasser erlaubt, derartige Fragestellungen ernsthaft zu vertiefen). Es lässt sich in dieser Verbindung schließlich noch hinzufügen: will man, wie das hier beabsichtigt ist, grundlegende Probleme kritisch erörtern, so ist es mit Rücksicht auf die Transparenz der Untersuchung ebenso notwendig für den Verfasser wie angemessen gegenüber den berührten Diskussionspartnern, einer größeren Anzahl von Zitaten Platz zu verschaffen, in möglichst kurzen aber ausreichenden Ausschnitten.

Hiermit dürften die Rahmen der Untersuchung, ihre methodischen Leitfäden und ihre Ziele im Groben vorgezeichnet sein. Die beiden folgenden Kapitel wollen auf jeweils ihre Weise zu den zentralen Fragestellungen leiten: zu den detaillierten und zugleich flächendeckenden musikalischen Analysen, deren einleuchtender Zweck es ist, die notwendige empirische Grundlage für die Behauptung der – vorläufig nur flüchtig beschriebenen – Hauptideen dieses Beitrages zu erbringen.

KAPITEL I

Auseinandersetzung mit der
normgebenden analytischen Forschung

DIE NEUERE Bruckner-Forschung hat, dank ihrer Prägung durch eine kritische Wertung der Heroisierung in der älteren Literatur und, daraus folgend, einer Hervorhebung sachlicher, rein technischer Aspekte bei der Werkanalyse, auf mancherlei Weise zu genaueren und eher diskussionswürdigen theoretischen Ergebnissen geführt, auf der werkanalytischen Ebene wie auch in Verbindung mit den weiteren Umständen, die die Wertung der musikgeschichlichen Stellung des Komponisten betreffen.

Es wäre nun zu fragen, ob diese Situation auch deutliche Fortschritte betreffs der Erkennung der formalen und der übrigen kompositionstechnischen Aspekte bezeichnet, oder ob diese größere Klarheit durch reduzierende Beschneidung einer komplexeren Wirklichkeit erreicht wurde – und damit zu Ungunsten einiger wesentlicher Nuancen in der Vielfalt der tatsächlichen Verhältnisse.

Als Ausgangspunkt einer genaueren Untersuchung dieser Frage bietet sich unmittelbar Werner Kortes Buch *Bruckner und Brahms. Die spätromantische Lösung der autonomen Konzeption* an, das ein neues Paradigma auslösen sollte. Die Wahl begründet sich hieraus, denn in der Bruckner-Forschung der letzten 70 Jahre gibt es – einmal abgesehen von Kurths Standardwerk – keinen Einzelbeitrag, der sich in durchschlagender Wirkung messen ließe mit diesem seinem Umfang nach eher bescheidenen Versuch einer strukturellen Durchleuchtung der symphonischen Gestaltungsprinzipien des Komponisten.[1] Andererseits existiert, soweit mir bekannt, keine eigentliche kritische Stellungnahme zu Kortes einschneidenden Gesichtspunkten und Begriffen.

Dieses Kapitel mag dem Leser um etliches über den Umfang dessen hinauszugehen scheinen, was im allgemeinen eine Untersuchung der vorliegenden Art für die Darlegung des existierenden theoretischen Hintergrundes aufwendet. Daher sei hier betont, dass eine Darstellung, die den Eindruck einer irritierenden Verschiebung des Ausgangspunkts für die eigentliche Untersuchung ihres Themas aus einem "positiven" in einen "negativen" Blickwinkel erwecken mag, nicht aufzufassen ist als Ausdruck eines mephistophelischen Geistes, *"der stets*

---

[1] Außer den Beiträgen, die in den Abschnitten 3 und 4 dieses Kapitels genauer untersucht werden, verweise ich auf M. Hansen: *Anton Bruckner*. Leipzig 1987, besonders S. 147-163. Hansens Auffassung (ebd. S. 333), dass Kortes Buch (hrsg. Tutzing 1963) kaum Interesse weckte und dass die Bruckner-Forschung die Bedeutung seines Beitrages im Grunde kaum bemerkte, hatte 1985, also dem Jahr, in dem sein Vorwort datiert ist, wohl keine Geltung mehr; man vergleiche etwa W. Notters Dissertation (Anm. 50 in diesem Kapitel) wie auch W. Kirsch: "Die Bruckner-Forschung seit 1945, (II)", in: *AcM* 1982, S. 243.

verneint". Die kritisch untersuchende Einstellung gegenüber den Wissenschaft-lern, die die heute repräsentative Bruckner-Analytik begründeten, erfolgt aus einer grundlegend konstruktiven Absicht: sie möchte in erster Linie einen Ausgangspunkt bilden für perspektivierende Ausblicke und Einzeluntersuch-ungen im Rahmen der eröffnenden, diskutierenden Darstellung. Des weiteren sei hier unterstrichen, dass meine Diskussionspartner herangezogen wurden, weil sie unter der Entwicklung des Projekts – und nicht zum mindesten in den Stadien vor der Herausbildung einer Theoriegrundlage und eines Textes – von Bedeutung waren (sowohl *ex positivo* als *ex negativo*) für einen Anteil an dieser Festlegung.

Auch nicht in den nachfolgenden, möglichst systematisch durchgeführten Satz-analysen werden die Beiträge dieses Personenkreises für längere Zeit außer Acht gelassen. Allerdings sind in diesen Kapiteln alle solche Bezüge, so eingewebt in die Analyse sie auch erscheinen mögen, *ex post facto* hinzugekommen. Mit ande-ren Worten wurden Betrachtung und Wertung des musikalischen Textmaterials in dem aus empirischer Sicht zentralen Untersuchungskontext möglichst un-abhängig von jeder bereits vorliegenden analytischen Arbeit durchgeführt. Ein solcher Wechsel des Brennpunkts bedarf seinerseits wohl keiner näheren Recht-fertigung.

1 · Die determinierende Themenstruktur: das Paradigma Werner F. Kortes

Werner Kortes Charakteristik von einem besonderen symphonischen Konzept Bruckners nimmt ihren Ausgangspunkt in seiner Betonung der thematischen Formulierung und ihrer Entwicklung als in überwiegendem Maße *Werkstück*-geprägt[2] – was besagt, dass sie aus jeweils kurz gefassten, in sich abgeschlossenen und prägnanten Grundmotiven besteht, die metrisch eingespannt sind in regelmäßige, "quadratische" Takteinheiten und in additiver Folge (aaa...) oder einem Reihungsmuster (abc...) angeordnet sind, wobei eventuell "substanzielle Assoziationselemente" als Verbindung schaffende Momente zwischen den letzt-genannten motivischen Einheiten (a·b·c...) eintreten können; in solchen Fällen spricht Korte von einer Kettenstruktur.[3]

Dieser Ansatz verdient aus mehreren Gründen eine nähere Aufmerksamkeit. Zunächst einmal fasst Korte diesen Sachverhalt grundlegend anders auf als z.B. Kurth, obschon er dort – strukturell gesehen – nicht wesentlich davon abwei-chend beschrieben wird[4], wohl aber mit mehreren Modifikationen. Dies gilt z.B. im Hinblick auf das Verhältnis zwischen symmetrischen und asymmetrischen

---

[2] Korte, *op.cit.*, bes. S. 39 ff. Er begründet diese Sache in zwei Verhältnissen: dass sie "das für das Komponieren schwerwiegendste Symptom seiner thematischen Erfindung" ausmacht, und dass sie "allgemein wenig beachtet" wurde (S. 24).

[3] Ebd. S. 28 (und *passim*).

[4] Vgl. Kurth: *Bruckner*. Berlin 1925, S. 364 (2. Absatz) - S. 365.

Momenten und vor allem, was die gänzlich anders geartete, dynamische Betrachtungsweise Kurths betrifft.[5] Zum anderen erhält die thematische Ausgangssituation, wie sie von Korte definiert wird, einen Status in der Strukturanalyse, der betreffs ihrer bedingenden Funktion in weiteren Zusammenhängen grundsätzlich nicht weniger prägnant zu nennen ist als die Belastung, der Kurth seinen Überbegriff die "symphonische Welle" aussetzt. Vergleicht man die Funktionsweise der entsprechenden, allerdings ganz anderweitigen, Hauptsache bei Kurth, muss noch die von Korte festgestellte Ausgangslage wesentlich mehr deterministisch bezeichnet werden, teils infolge des konsequenten strukturellen Denkens an sich, teils auf Grund von seiner häufig wiederholten Anschauung der "historisch gegebenen", reduzierten Bedingungen für ein autonomes Konzept im "spätromantischen" Zeitalter, im Verhältnis zu früheren Phasen des 19. Jahrhunderts.[6] Dies besagt, dass die Themenstruktur nicht, wie bei Kurth, als Entfaltung eines zeitlich unabhängigen, in eigentlichem Sinne selbständigen Prinzips mit zahllosen Nuancierungsmöglichkeiten und also auch mit vielen konkreten Formbildungen betrachtet wird, sondern als gewählte und konsequent ausgenutzte technische Arbeitsweise – unter wenigen in der gegebenen geschichtlichen Situation eigentlich möglichen Grundtechniken –, um eine Dialektik zwischen thematischer und formaler Gestaltung zu entwickeln.

Es handelt sich bei Korte um eine deutlich profilierte Theorie, der man, auf den ersten Blick besehen, eine erhebliche Eleganz kaum absprechen kann. Ob dann möglicherweise dieses Reizgefühl auf einer gewissen Verblendung beruht, wird durch die nachfolgende Untersuchung näher zu klären sein.

Unmittelbar erscheint Kortes grundlegende Betrachtungsweise im Gegensatz zu stehen zu August Halms eben so fundamentaler Formbetrachtung, nach der die Thematik der Sonatensatzform eine *Funktion* der formalen Ganzheit ist, wo beim Prinzip der Fuge deren Form eine reine Funktion des Themas ist:

> Die Fuge wird im Grund von einem Gesetz beherrscht: dieses ist eben ihr Thema. [...] Die Sonatenform weist dagegen mehr einen Gang der Handlung auf; diesem dienen die Hauptthemen und die Art, wie sie verarbeitet werden; [...] kurz: alles Geschehen ist hier viel mehr als in der Fuge, ja es ist in erster Linie eine Funktion des Ganzen.[7]

Dieses besondere Gepräge gilt nun allerdings in erster Linie für Beethovens formentwickelnde Beiträge zu dem Sonatensatz – und muss daher nicht notwendig auch für Bruckners Formdenken oder Formverwirklichung gelten. Korte stützt sich allerdings auch in seiner Untersuchung von Brahms' Sonatensätzen auf dieselbe Dialektik. Und eben dieser Teil seiner Schrift verrät vielleicht am deutlichsten einige verkürzende Tendenzen in seinem formanalytischen Beitrag.

---

[5] Korte kann seine Position wohl kaum in stärkerem Kontrast zu Kurth setzen als durch die folgenden Sätze: "Diese thematischen Kernzeilen Bruckners sind "fertige" Gebilde, die ihren melodischen Antrieb mit dem letzten Ton einstellen. Sie sind außerordentlich plastisch, doch fehlt ihnen alles Transitorische, aus sich selbst Herausführende. Sie sind fest proportionierte Werkstücke, die nicht fortweisen und keinen Entfaltungstrieb erkennen lassen." (*Op.cit.* S. 25.)

[6] Vgl. Korte, *op.cit.* S. 19 u. - 21, 67 u. - 69, 71 u. - 74, 83, 108 f., 121 f., 130 m. - 133.

[7] A. Halm: *Von zwei Kulturen der Musik.* München ³·1920, S. 32f., vgl. S. 130 ff.

Liest man Arno Mitschkas materialreiche und überlegt diskutierende Brahms-Dissertation[8], werden gewisse Dinge deutlich: zum einen, in wie hohem Maße Korte bis in konkrete Einzelheiten – wenn auch uneingestanden – unter dem Einfluss von Mitschkas Darstellung steht, sowohl was seine Hauptgedanken betrifft, und hier besonders die Beschäftigung mit thematischem Stoff als Grundlage für die formale Struktur, als auch in Bezug auf die Wahl seiner Schlüsselsätze in analytischer Hinsicht. Zum andern aber auch, dass er sich, dessen ungeachtet, zu Generalisierungen tendiert, auch in Betreff der reichhaltigeren Prozeduren, die Brahms' Themen- und Formtechnik konstituieren. Ich will auf dieser Grundlage keine Wertung von Kortes Ansatz vornehmen; möglicherweise liegt es aber an diesem mehrdeutigen Verhältnis zu Mitschkas Arbeit, dass Kortes Brahms-Essay für die analytische Forschung in Bezug auf diesen Komponisten nicht annähernd die Bedeutung erreichte, wie sie der erste Teil seiner Arbeit in der neueren Bruckner-Literatur bekommen hat.[9]

Kortes umwälzender, geradezu anti-dynamischer Blick machte jedoch den Weg frei für eine ganz wesentliche Erkenntnis zu Bruckners symphonischem Konzept: seine Demonstration einer stetig weitergehenden, *"mutierenden"* Entwicklung der motivischen Kernzeilen – meist unter Beibehaltung eines rhythmisch einheitlichen Gepräges –, mit anderen Worten: des Vorkommens einer dichten *Variantenbildung*.[10] Korte leistete damit ohne jeden Zweifel einen Beitrag zu einem neuen Verständnis einiger charakteristischer Formulierungsprinzipien bei diesem Komponisten – einer Einsicht, die auch den Blick auf weitere Perspektiven eröffnet.

Demgegenüber möchte man es als von weniger Belang ansehen, dass seine Beschreibung eine Auffassungsweise verfolgt, die grundsätzlich von der Wirkungsqualität absieht, die in erster Linie die speziell Brucknersche *klangliche* Einkleidung der Thematik und ihren weiteren Verzweigungen beibringt. Zweifelsohne ist es aber, mehr als alles andere, diese besondere Klanglichkeit[11], die die so gut wie überall erscheinende typische Charakteristik von Bruckners Melodik als weiträumig, entwicklungsgeprägt, ja geradezu als Repräsentant für eine *"unend-*

---

[8] A. Mitschka: *Der Sonatensatz in den Werken von Johannes Brahms.* Gütersloh 1961.

[9] Vgl. z.B. S. Kross: "Brahms und Bruckner. Über Zusammenhänge von Themenstruktur und Form", in: *BrS 1983. Bericht,* S. 173-181; in diesem Beitrag liegt das Hauptgewicht auf Brahms, und ein Einfluss von Korte ist nicht erkennbar.

[10] Ein Ausgangspunkt mag Adornos damals sehr aktuelle Mahler-Studie sein, in dem der Begriff Variante eine wichtige Rolle spielt. Vgl. ders.: *Mahler. Eine musikalische Physiognomik.* Frankfurt a.M. 1960, S. 112 ff. – Eine nähere Diskussion dieses Begriffs findet sich in diesem Kapitel S. 54.

[11] Eine prägnante Formulierung dieses Sachverhalts stammt von Dieter Schnebel ("Der dreieinige Klang oder die Konzeption einer Leib-Seele-Geist-Musik", in: *Musik-Konzepte* 23/24: *Anton Bruckner.* München 1982, S. 15): "Das Besondere an Bruckners Musik rührt in der Tat her von der eigenartigen Präsenz des Klangs [...] Die Themen sind in den Klang eingebunden, wirken eher als sein Äußeres: Gestalt seiner Materie, und nicht so sehr als eigene Gebilde und selbständig geformte Charaktere. Auch der musikalische Fortgang erschließt sich mehr vom Klang her als etwa von der thematischen Arbeit."

liche Melodie" bedingt.[12] Der Gegensatz ist mit anderen Worten zu grundsätzlich, als dass man absehen könnte von dem, was nach Kortes Auffassung die Voraussetzungen für eine Variantenbildung durch stetige motivische Mutation dient.

Stellt Korte z.B. anlässlich des Beispiels, das seinen Bruckner-Analysen als Ausgangspunkt dient, nämlich des Anfangsthemas der 8. Symphonie:

Beispiel 1

folgende Behauptung auf:

> Aber das Auffallendste an diesem "Gedanken", diesem Einfall für eine Sinfonie, ist seine zeilenhafte *Begrenztheit*, die mit Punktum und nachfolgender Pause gefestigte Präzision und Abgeschlossenheit der thematischen Bildung[13],

so erfordert die musikalische Sensibilität einen Einspruch: Zum einen sei betont, dass schon der im 5. Takt ausgeprägt vermittelnde Übergang der 1. Klarinette (allerdings nur in VIII$_2$) zu der rhythmisch korrespondierenden, melodisch mutierenden zweiten Themaphrase den Gegenteil von einer Geschlossenheit ausmacht. Zum andern muss bemerkt werden, dass das abschließende *c/C* in Takt 5 keinesfalls eine grenzsetzende Funktion hat, welche die Bezeichnung 'Schlusspunkt' motivieren könnte, allein durch die Tatsache, dass weder die Phrase noch der Ton *c* die Funktion der Tonika vertritt – in einem c-Moll-Satz! –, wie das Korte vorauszusetzen scheint: die erste Themenzeile impliziert eher b-Moll und verleiht dadurch dem *c* die Funktion der Dominanten-Quinte.[14] Die luftige Antwort der Klarinette auf diese Phrase (VIII$_2$) verstärkt diese schwebende Athmosphäre durch ihre Quintenbewegung *g'-d''*, die die b-Moll-Sphäre transzendiert, indem sie von dem phrasenabschließenden *c* gerechnet *noch* zwei Quinten weiter in dominantischer Richtung hinausreichen. Das könnte wohl dem Anschein nach eine Tonika vorbereiten – die nächste, korrespondierende

---

[12] Als Beispiele: "...bei Bruckner [herrscht] überall die sog. unendliche Melodie, die schon in der Einzellinie nicht immer abtrennen sondern viel häufiger nur ineinanderfließend erkennen läßt". (Kurth, *op.cit.* S. 279.) "Die geschlossene Melodie [tritt] in Bruckners Werken mehr oder weniger in den Hintergrund. [...] Eine Reihe der wichtigsten technischen Merkmale der "unendliche Melodie" Wagners [...] ist in Bruckners Symphonik übergegangen." (A. Orel: *Anton Bruckner. Das Werk, der Künstler, die Zeit.* Wien, Leipzig 1925, S. 183.)

[13] Korte, *op.cit.* S. 25. Das Zitat findet sich unmittelbar vor den in Anm. 5 angeführten Sätzen.

[14] Dieser Werkansatz bezeichnet die einzige Parallele in Bruckners Produktion zum nicht-tonikalen Ansatz des Kopfsatzes von Beethovens 9. Symphonie – dem legendären historischen Urmodell von Bruckners symphonischem Grundkonzept. Die Parallele wird noch deutlicher – obschon sie in der Praxis kaum merkbar ist – wenn man bedenkt, dass der Rhythmus dieses Hauptthemas völlig identisch ist mit dem des "Vorbildes".

Themenphrase indessen, die mit einem *d* ansetzt, entzieht sich, kraft ihrer fortgeführten dialogischen Anlage (Streicher/Holzbläser), weiterhin handfesten Interpunktionen wie auch einer tonalen Fixierung: *Panta rhei.*

Kortes besondere Auffassung der Brucknerschen *"Kurzzeilen"* mit ihren typischen, aber nicht undifferenzierten, Interpunktionen ist offensichtlich für ein Denken in Gegensätzen prädisponiert, wofür er hier scheinbar gerne mit einer gewissen Stumpfheit betreffs des musikalischen Empfindens bezahlt. Das zeigt seine korrekte Auffassung der dynamischen Pausen bei Brahms, etwa wenn er folgendes über das Hauptthema in Brahms' Klaviersonate op. 1, C-Dur, sagt:

> Die Pausen zwischen den Kurzzeilen sind keine Bruckner-Pausen, im Gegenteil: die durchströmende Energie sammelt in ihnen zusätzlich aufgestaute Kraft der Weiterführung.[15]

Beispiel 2

Die vorher genannten drei Prinzipien für den thematischen Aufbau, deren gemeinsame Eigenschaft die Variantenbildung ist, sollen nun, so generalisiert Korte, für sämtliche Außensätze in Bruckners symphonischer Produktion gelten, abgesehen von der 1. Symphonie, wo ein eher traditionell überliefertes Periodenprinzip mit korrespondierenden Halbphrasen als dominierende syntaktische Form hervorgehoben wird. (Mit den nicht numerierten Symphonien in f- und in d-Moll, WAB 99 und 100, befasst er sich nicht.)

Bei genauerer Betrachtung ist aber festzustellen, dass die Finalsätze nicht ganz so unbeschwert analog zu den Kopfsätzen zu beschreiben sind, wie das Korte behauptet[16], wozu noch bemerkt werden muss, dass er an keiner Stelle die thematischen Bildungen der Finalsätze einer Analyse unterwirft. Eine kursorische Untersuchung dieser Sätze, mit Hauptgewicht auf den Anfangsteil – die "bedin-

---

[15] Ebd. S. 75.

[16] Vgl. ebd. S. 64: "Hier sind keine Merkmale zu finden, die etwa – wie bei den Klassikern – schon in der Satzanlage spezielle und charakteristische Kriterien für einen Finalsatz aufweisen. Bruckners Kompositionsverfahren erlaubt dieses gar nicht, im groben sind die letzten Sätze aus der gleichen Konzeption und Bauweise gearbeitet wie die ersten."

gende" Themengruppe –, würde die Gültigkeit dieses seines Gesichtspunkts im wesentlichen auf die siebente und in geringerem Maße die 6. sowie die 8. Symphonie beschneiden (soweit es VIII/4. betrifft, sogar nur die Takte 31-48). Somit ist diese Ansicht als schwach begründet zu nennen. Übergeordnet betrachtet spricht auch die Tatsache, dass die Finalsätze bei Bruckner – und das gilt besonders für deren späteren Repräsentanten – stets größere Probleme betreffs Aneignung und Analyse boten als die Kopfsätze, gegen die vorliegende Erklärung, dass beide Satztypen in formal generierender Hinsicht als homolog aufzufassen seien. Eine andere Sache ist allerdings, dass der architektonische Plan als solcher für die beiden trithematischen Sonatensätzen derselbe ist[17] – was nun allerdings nicht so sehr auf identischen syntaktischen Voraussetzungen beruht.[18]

Entsprechend kann seine Differenzierung der verschiedenen syntaktischen Typen in chronologischer Perspektive nur mit einigen Vorbehalten hingenommen werden. Hier wird die Behauptung eines konsequenten Entwicklungsgangs betreffs der Hauptthemen der Kopfsätze aufgestellt, insoweit die Symphonien 2-5, abgesehen von Nr. 3, angeblich auf eine additive Syntax aufbauen; die Nummern 3 und 6 sollen sich auf eine Reihungssyntax stützen, und die drei letzten Symphonien verfolgen seiner Meinung nach die noch weiter entwickelte kettenförmig strukturierte Gestaltungsweise.

Hier gibt es nun gleich mehrere Einwände:

(1.) In der Symphonie Nr. 2 lässt sich das ungewöhnlich lange und kontinuierliche Hauptthema nicht als rein additiv aufgebaut ansehen: so ist T. 7-8 (Vc.) nicht eine Addition aus T. 5-6 (3-4), besonders kraft des selbständigen Rhythmus jener Motivgestalt. Entsprechend diesen Takten (7-8) ist T. 21 (Vl.1), der eine Sequenzbildung veranlasst, als ein Reihungselement aufzufassen.[19] Dasselbe gilt, und zwar noch weit deutlicher, für das von Korte syntagierte Hauptthema der 5.

---

[17] Vgl. P.-G. Langevin, *Anton Bruckner. Apogée de la Symphonie*. Lausanne 1977, S. 51: "La caractéristique essentielle d'un Finale brucknerien réside en effet dans la quasi-identité de sa coupe formelle avec celle du premier mouvement." – Die Bezeichnung *'coupe formelle'* zeigt, dass hier von einer Formeinteilung auf der übergeordneten Ebene die Rede ist; die Terminologie ist mindestens seit Anton Reichas Kompositionslehre bekannt (1818-26), mit Präzisierungen wie 1. *La grande coupe binaire*, 2. *La coupe ternaire*, 3. *La coupe du Rondeau* etc. (*Traité de Haute Composition Musicale*, in Carl Czernys zweisprachiger Ausgabe (*Vollständiges Lehrbuch der Composition*. Wien 1834): Bd. X, S. 1158 f.)

[18] Als divergierender Gesichtspunkt sei z.B. der von A. Halm erwähnt: "Bruckner pflegt seine letzten Sätze mit einer mächtigen und zugleich ziemlich jähen Steigerung zu beginnen. Gleich hier zeigt sich sein Empfinden für das besondere Wesen des Finale [...] er beruft sich hier auf die Kraft der schon erstarkten Musik". (*Op.cit.* S. 133). – Vgl. 80 Jahre später W. Steinbeck: "Das noch vorsichtig setzende der Kopfsatzexposition weicht also [im Finale, *B.M.*] endgültig dem Durchbruchsprinzip. Und dementsprechend sind die Finale-Hauptthemen gemacht: aktionsreicher ansetzend, drängender in der Rhythmik, "gespannter" im Tonumfang und insgesamt gleichsam "auftrumpfender" schaffen sie dem Finale von Grund auf ein erhöhtes, selbst schon gesteigertes Aktionsniveau." (*A. Bruckner: Neunte Symphonie d-Moll.* (= Meisterwerke der Musik. Werkmonographien zur Musikgeschichte, Bd. 60.) München 1993, S. 37. – Nachfolgend zitiert als *Neunte Symphonie.*)

[19] In eben diesem HTh-Komplex erscheinen des weiteren einige eher reine Fortspinnungs-Momente: T. 16-18, 24-26 (Vl.1) die in einem syntaktischen Notenbild nach Kortes Vorgangsweise nur schwierig einen berechtigten Platz fänden (er hat diesen Themenkomplex auch nicht syntagiert).

Symphonie[20], wobei er nicht genauer begründete Auslassungen vornimmt: hier sind die Takte 63 m.Auft. bis 70 zunächst ein eindeutiges Reihungselement, das nachfolgend in Fortspinnungs-Manier fragmentiert wird. Entsprechend werden die Takte 71-78 über ein neues Motiv entwickelt und repräsentieren also in der Syntax dieses Hauptthemas ein weiteres Reihungselement.

(2.) Der Aufbau des Kopfthemas der 3. Symphonie – zu dem Korte keine Syntagierung beifügt – erweist sich als ziemlich widerspenstig bezüglich seiner syntaktischen Begriffe. Ist z.B., so wäre zu fragen, die motivische Hauptzeile, das berühmte Trompetenmotiv T. 5-12, als das zu verstehen, was Korte ansonsten als Mutation angibt, d.h. auf der Basis des prä-thematischen Bratschen-Elements Takt 1 ff.? Dass das letztgenannte zur stärker verdichteten Motivbildung der Vl.1-2 in Takt 3 ff. führt, lässt sich wohl nicht leugnen. Aber der Begriff der Mutation wie auch die Bezeichnung Reihung sind kaum als relevant anzusehen für eine Charakteristik der Entwicklung, die innerhalb dieses schichtengeteilten Kontinuums abläuft. Eine Beschreibung dieses Ansatzes für den Formprozess müsste wohl eher auf eine Differenzierung zwischen verschiedenen Graden stofflicher Verdichtung in einer Art musikalischer "Wachstumskultur" gründen, wo ein vorläufiges Maximum der Gestaltbildung mit der thematischen Hauptidee des Satzes in Takt 5 (Trp.) erreicht wird:

Beispiel 3 a-c

Einen weiteren zweifelhaften Fall von Reihenbildung bietet der darauf folgende Themenverlauf. Ein Reihungselement lässt sich wohl konstatieren zwischen dem Phrasenabschluss in Takt 12 (Trp.) und der neuen Phrase des 1. Horns in T. 13 ff. Dieses wird aber kompliziert durch den phrasenverbindenden Einschub in T. 11-13, Fl. und Ob.[21], der obendrein ein Additionsmoment einfügt, nämlich zwei stufenweise Abstiege, über eine Quinte und dann eine verminderte Quinte. Nachfolgend wird die Reihungs-Syntax abgebrochen, tatsächlich gleich nachdem sie betätigt wurde – das neue Motivelement wird nämlich reell nicht weitergeführt, sondern nur in fragmentierter Form ostinat wiederholt, T. 15-17 ff., bis hin zum Kulminationsthema T. 31, mit einem Minimum an Variantenbildung: *f-e*

---

[20] *Op.cit.* S. 30.

[21] In III₁ ist dies zwar anders geformt, grundsätzlich aber steht hier in T. 11-15 dasselbe.

→*a-e*, z.B. in T. 22-23 (Ob., Kl.). Man kann also hier nur ganz übergeordnet von einer Reihung reden insoweit als der gesamte ausgedehnte Themenkomplex aus drei verschiedenen motivischen Hauptelementen besteht: a [b] c mit einem vorangestellten "prä-thematischen" (T. 1 ff., Vla.) und dann einem "embryonalen" Themenglied (Vl₁, T. 3 ff.). Vergleicht man aber diesen komplizierten Ablauf mit dem Hauptthemenkomplex im Kopfsatz der 6. Symphonie, wie er in komprimierter Form in Kortes Syntagierung erscheint, wird deutlich, dass die syntaktischen Verhältnisse innerhalb dieser beiden Zusammenhänge allzu verschieden voneinander sind, als dass sie füglich auf dieselbe Formel zu bringen wären.

(3.) Bei seiner Demonstrierung einer Kettenstruktur innerhalb eines Reihungsprinzips scheint Korte mehrmals sogar minimale Korrespondenzen zu akzeptieren. Das Kriterium für eine Kettenbildung ist ja nach ihm das Vorhandensein eines "substanziellen Assoziationsmoments" zwischen kontrastierenden Elementen. Im Hauptthema des Kopfsatzes der 7. Symphonie sei das verbindende Element zwischen den beiden Motiveinheiten etwas so vages wie *"Halbe- und Viertelgänge gleicher Kantabilität"*[22] – das assoziative Moment kann denn also hier wohl kaum als substanziell verankert beschrieben werden. Entsprechend sieht er im 2. Satz desselben Werks

> ein Musterbeispiel für gruppierte Reihung.[23] Nimmt man die Übernahme der 16tel-Figuration aus dem B-Abschnitt in A' (und A'') in acht, so erkennt man die innere Assoziierung der Teile zu einer typischen Kettenstruktur.[24]

Die Einlösung findet sich seiner Auffassung nach in den langen, ununterbrochenen Gruppen von begleitenden Sechzehntelfiguren mitten im A'-Teil (T. 101 ff. – im A''-Teil (T. 157 ff.) handelt es sich um schmückende Figurationen in sechzehntel-*Sextolen*). Die Parallelen, die sich hier zu Elementen aus dem B-Teil finden, erweisen sich aber als viel zu schwach, um eine signifikante Beziehung zu bezeichnen; die einzigen, die eventuell in Frage kämen, sind im folgenden Beispiel eingeklammert:

(Beispiel wird fortgesetzt)

---

[22] Vgl. seine Syntagierung, *op.cit.* S. 31.

[23] Dies bedeutet, dass zwischen den beiden Themengruppen des Satzes eine Reihung mit Kettenstruktur wirksam sei.

[24] *Korte, op. cit.* S. 61.

37

Beispiel 4 a-b

Was die Bedingungen für die eigentliche Themenbildung bei Bruckner angeht –
so wie sie Korte wertet –, lässt sich zusammenfassend feststellen, dass seine
Kriterien in erster Linie eher für die 3 bis 4 letzten Symphonien gelten – wobei
Korte sich merkwürdigerweise nirgendwo auf die 9. Symphonie bezieht[25] –, und
dass sie eine bis in Einzelheiten gehende und bedeutende Relevanz für die 8.
Symphonie haben. Dieses Werk erhält denn auch allein schon mehr als die Hälfte von Kortes gesammelter analytischer Aufmerksamkeit.

Was das Phänomen der Variantenbildung selbst betrifft, ist hier die Rede von
einem analytischen Begriff von grundsätzlich großer Bedeutung für das Verständnis von Bruckners Verfahrensweisen betreffs der primären Themenbildung
sowie für eine thematische Entwicklung, die bereits im Expositionszusammenhang ansetzt. Zugleich ist aber festzuhalten, dass Kortes Darstellung jedenfalls
einer Präzisierung des Sachverhalts bedarf, dass ihr Status in den früheren
Werken geringer ist als bei den späteren. Ein Problem eigener Art, mit dem sich
Korte in seinem Beitrag nicht befasst, betrifft das Verhältnis zwischen den freieren Korrespondenzen innerhalb des syntaktischen Prinzips, die er in seiner
Darstellung als grundlegend für Bruckner anführt: die additive Themenstruktur
– deren interne Modifikationen als Varianten definiert werden – sowie andere
Formen von Korrespondenzen, etwa paarweise, freiere Motivbezüge, die typisch
innerhalb einer Perioden-ähnlichen Syntax vorkommen, mit Vordersatz- und
Nachsatz-Elementen. Und sicherlich sind bei Bruckner Satz- sowie Gang-geprägte
thematische Entwicklungsweisen weit typischer als die periodenhaften; dennoch
kommt man in einem so systematisch konzipierten Versuch einer Zusammenfassung konstruktiver Prinzipien wie dem vorliegenden nicht umhin, solche
und ähnliche Terminologien aus dem Sprachvorrat der allgemeinen Formenlehre zu vermissen. Die Hervorhebung typischer "spätromantischer" Formungs-
Elemente und -Prozeduren, die in Kortes Schrift programmatischen Charakter
annimmt, scheint zu einem gewissen Grad auch das Ergebnis einer terminologischen Sonderentwicklung zu sein.

Und eben diesen Hang, aus der Reihe zu tanzen, wenn es um die Heuristik der
Analyse geht, entdeckt man – in noch weit deutlicherem Maße – an Kortes Erläu-

---

[25] Die einzige Stelle, wo er dieses Werk überhaupt erwähnt, bezieht sich auf die großformale
Einteilung (ebd. S. 51).

terung einiger großformalen Verhältnisse in Bruckners Symphonien. Auch seine diesbezüglichen Folgerungen werden gezogen vor dem Hintergrund motivisch-struktureller Umstände, die als bedingende Momente fungieren.[26]

Die Generalisierung eines thematischen Reihungsprinzips über eine gruppierte Reihenbildung zwischen den Themengruppen bis hin zu dem satzformalen Niveau führt im letztgenannten Zusammenhang so weit, dass den Hauptkategorien der Sonatensatzform die Funktion als real wirksame Formelemente bei Bruckner schließlich aberkannt wird.[27] Es wird wiederholt betont, dass der fortdauernde, im eigentlichen Satzanfang einsetzende Prozess der motivischen Mutation die Bezeichnungen Expositions-, Durchführungs- und Reprisenteil zu reinen Nominalbestimmungen macht.[28] Und hierin sieht Korte wohl eine *"Zerstörung des alten Funktionszusammenhanges"*; zugleich und besonders aber eine konsequente Weiterentwicklung der geschichtlich entwickelten Dialektik von Thema und Form im Sonatensatz:

> Der alte Sinnzusammenhang wird zu einer neuen Möglichkeit umgeschaffen und umgewertet. [...] Seine [Br.s] schöpferische Verhaltensweise [ist] aus der innersten Auflösung und zugleich Neugestaltung des Tradierten hervorgegangen.[29] [...] Keiner der Nachfahren, auch Mahler nicht, kann diesen geschichtlichen Rang des Schöpfers Bruckner beanspruchen.[30]

Dabei gibt es nun aber mindestens zwei Probleme:

Zunächst unterscheidet Korte auch weiterhin nicht klar genug zwischen den einzelnen Stadien in Bruckners symphonischer Produktion – in seiner konsequenten Deduktion von Formbedingungen aus thematischen Grundbedingungen wird er vielmehr ein Opfer seines eigenen Systemdenkens. Der interessante Sachverhalt, auf den er aufmerksam macht, ist – um es noch einmal zu sagen – besonders mit den letzten drei Symphonien verknüpft[31] und zeigt sich vornehmlich in einer bewussten Verschleierung des Reprisen-Augenblicks im Formverlauf, womit zugleich eine charakterliche Nuancierung des kapital wichtigen

---

[26] Vgl. das einleitende Kapitel, S. 20.

[27] Die Reihenbildung zwischen Themengruppen impliziert ihrerseits für Korte eine Situation, in der statt des traditionellen thematischen Hauptgegensatzes innerhalb der Exposition *"ein relatives Verschiedensein, ein abgestuftes Nacheinander"* herrscht. (*Op. cit.* S. 33.)

[28] So bes. S. 50 u. – Vgl. außerdem z.B.: "...als Funktionsbestimmungen der Sonatensatz-Struktur praktisch aufgehoben" (S. 35); "Die alten Begriffe, die auch Bruckner geläufig waren, blieben sekundäre Steuerungsvokabeln" (S. 46).

[29] *Loc. cit.*

[30] Ebd. S. 45. Um eines genaueren Verständnisses der letzten Zitatstelle willen sollte hervorgehoben werden, dass – laut Korte – Brahms' entsprechend geschichtlich bedingtes Formproblem, das er jedoch völlig anders behandelte, zu einer "Einbehaltung des tradierten Gehäuses", bzw. einer "Einpassung thematischer Teile in das "Gehäuse" (ebd. S. 90, 92) führte; allerdings dann auch mit der Tendenz, dass "ein autonom Ganzes" sich im Einzelfall auf der Grundlage "der Essenz des individuellen Einfalls" entwickelte (ebd. S. 21). – Eine genauere Beschreibung des typisch Brahmsschen *"Gruppierungsmodells"* findet sich bei Korte S. 102 ff.

[31] Mit einer bemerkenswerten Antizipation im Finale der annullierten d-Moll-Symphonie, WAB 100 (1869). Außerdem wird der erste Satz der 6. Symphonie von der hier angedeuteten Problematik berührt, womit wir uns aber genauer in Kapitel V befassen wollen.

Formmoments, welches die Wiederkehr des thematisch *Gegebenen* bezeichnet, hervorgebracht wird. Solche und ähnliche Umstände kommen in den früheren Symphonien selten vor, ungeachtet des Grades an fortlaufender Variantenbildung aus der thematischen Substanz; die formalen Hauptkategorien sind dort in ihren jeweiligen traditionellen Identitätszügen beibehalten.

Zum andern bezieht sich Korte einer zweifelhaften Argumentation, wenn er sich als Beleg für eine so starke Relativierung dieser formalen Stadien auf Bruckners *"Werkstatt"* beruft.[32] Dieser Ausdruck dürfte immerhin als Inbegriff von Kortes eigener Interpretation eines kreativen Universums zu verstehen sein; jedenfalls ist seine Beschreibung weniger geprägt von einem Bemühen, sich adäquat zu den begrifflichen Bedeutungen zu verhalten, die sie für den Komponisten selbst hatten. Dieser Frage wird sich der folgende Hauptabschnitt, Kapitel I.2, näher widmen. Zunächst wäre zu diskutieren, inwieweit sein Gedankengang, wie er im folgenden Zitat prägnant ausgedrückt wird, in Verbindung mit der praktisch hörenden wie auch der geschichtlich-analytischen Auffassung der formalen Prozedur im Sonatensatz eigentlich angemessen ist:

> In Wahrheit wiederholen sich Reihung und Kette der Exposition als werkbestimmendes Verfahren im "Schema" des ganzen Satzes: Exposition, Durchführung und Reprise sind aufgereihte Durchführungsgruppen. Die "Exposition" ist die erste Selbstdurchführung einer Groß-Gruppe, die "Durchführung" ist die zweite Durchführung dieser Groß-Gruppe (wobei mit ihrer inneren Struktur freier verfahren wird), und die "Reprise" stellt deren dritte Durchführung dar (wobei wiederum die alte Abfolge der Glieder eingehalten wird).[33]

Das Hauptproblem an Kortes formaler Erläuterung ist dies: eine Potenzierung des Charakters der Expositionsgruppen, welcher von ihm als *"ein relatives Verschiedensein, ein abgestuftes Nacheinander"* bezeichnet wird,[34] hinauf zum großformalen Niveau schwächt die Aufmerksamkeit auf gerade den Sachverhalt, auf welchen Bruckner zweifelsohne hinleiten wollte – und das gilt besonders für seine späten Werke: nämlich die eigentlichen, wenn auch bisweilen subtilen qualitativen Unterschiede zwischen durchführender und "wieder aufnehmender" Themengestaltung. Mit anderen Worten: in dem Augenblick, da ein formaler Begriffsrealist wie Bruckner Verstecken spielt mit den entscheidenden Zäsuren innerhalb des formalen Aufbaus, wächst gerade die Bedeutung der respektiven Satzcharaktere in ihren formal *kategorialen* Aspekten, und zwar in einem Umfang, der genau dem Grad an formfunktionaler Verschleierung entspricht. Dass eine "mitspielende" Betonung formaler Orthodoxie bei Bruckner als gewolltes, notwendiges Gegengewicht zu "liquidierenden" Formkräften betrachtet werden kann, soll ebenfalls im nächsten Hauptabschnitt erörtert werden.

Mit anderen Worten wird es hier wichtiger als je zuvor, den Ort der Reprisen-

---

[32] Vgl.: "Diese Interpreten verstehen offenbar viel vom "Sonatensatz" und von der "Formenlehre"; von Bruckners Werkstatt haben sie wenig begriffen." (Korte, *op.cit.* S. 50.)

[33] *Loc.cit.*

[34] Vgl. Anm. 27.

bildung zu begreifen, hierunter eventuell auch ihren präliminären, vorgegebenen Ort. Rechtfertigen lässt sich eher Kortes Gesichtspunkt zu Bruckners Variantenbildung als Ausdruck eines permanent durchführenden Zustands im Zuge seiner Wertung des nominellen Durchführungsteils als qualitativ weniger deutlich profiliert (gegenüber der Exposition) – besonders, wie man hinzufügen muss, betreffs des *prozessualen* Aspekts des Formverlaufs –, was denn auch seine generelle Charakteristik von Bruckners Durchführungsprozeduren motiviert, mit Begriffen wie *"Engführung, Umkehrung, Augmentation und charakteristische Umschaffung einer Themensubstanz".*[35]

Als Beispiel für einen solchen schwer auszugleichenden Gegensatz, der bei einer Konfrontation mit einer normaleren analytischen Interpretationsweise zu Tage kommt, soll hier eine analytische Demonstration von Kortes Hand herangezogen werden. In seiner Betrachtung des Kopfsatzes der 7. Symphonie ersetzt er zunächst – *"was dem Sinn der Satzanlagen nach dringend erwünscht ist"*[36] – die üblichen Bezeichnungen der Hauptabschnitte der Sonatensatzform mit den neutralen – und übrigens von Bruckner selbst verwendeten – Nomenklaturen: erste, zweite und dritte Abteilung. Das Hauptkriterium für Kortes Abgrenzung der "zweiten" von der "dritten Abteilung" ist, dass alle drei Themen der Exposition in ursprünglicher Reihenfolge durchgeführt sind bei Buchstabe M[37] (Takt 233), woran sich nun eine Wiederaufnahme des *"Thema A"* [d.h. Hauptthema] anschließt; diese doch recht untraditionelle Plazierung der Reprise nimmt er aber gerne in Kauf auf Grundlage seiner besonderen Prämisse: dass die 2. Abteilung bei Bruckner nur eine neue Weise ist, eine ursprüngliche Themenfolge "durchzuführen"[38]; allerdings bemerkt er:

> Die drei Themen [erfahren] zwar eine eindringliche charakteristische Verwandlung, doch bleibt die 2. Abteilung in kleinen Ausmaßen.[39] [...] Die 3. Abteilung ("Reprise") ist durch die breiteste Ausarbeitung von A [HTh] (ab Buchst. [*recte:*] M) gekennzeichnet, welche erst spät (bei O) die E-Dur-Fassung des Hauptthemas für kurze Zeit zitiert.[40]

Diese analytische Absurdität liegt keineswegs an Kortes Mangel an *common sense* oder an einer Unfähigkeit seinerseits, den tatsächlichen – und hier nicht einmal besonders raffiniert angeordneten – Reprisenpunkt in diesem Satz zu finden:

> Wer nur formal denken will, wird sich an die E-Dur-"Reprise" [T. 281] halten und allenfalls von der Verwischung der Grenze zwischen Durchführung und Reprise sprechen. [...]

---

[35] Korte, *op.cit.* S. 66.

[36] Ebd. S. 53.

[37] Wie bei Korte steht, Buchstabe H, handelt es sich hier wohl um einen (wiederholten) Druckfehler: H (Takt 165) bezeichnet den ersten Takt im Durchführungsteil (2. *Abteilung*). Kortes Darstellung der Ereignisse bei Buchstabe "H" zeigt allerdings deutlich, dass er M meint.

[38] In dieser Verbindung nimmt er keine Rücksicht auf die interludierenden Elemente von Thema III unter der Bearbeitung des Hauptthemas (T. 171 f., T. 179-184).

[39] Kortes Proportionen sind: 1.: 164 Takte, 2.: 68 Takte, 3.: 180 Takte Coda: 31 Takte. Die korrekten Proportionen der Großform sind: 164+116+132+31 Takte.

[40] Korte, *op.cit.* S. 53.

Sie hätten noch einen Schein des Rechtes, wenn es nach O eine echte, originale Reprise gäbe, aber gerade sie findet nicht statt.[41]

Es wäre allerdings zu fragen, wer sich denn "formal", bzw. formalistisch verhält: Korte will dem traditionellen Analytiker besten falls einen "Schein des Rechts" geben, im Fall die Reprise sich tatsächlich als *Wiederholung* manifestierte – was sie zugestandenermaßen nur zu einem gewissen, allerdings wesentlichen Grade tut; als *Wiederaufnahme* der Exposition mit deren Themen ist das Reprisenmoment völlig indiskutabel. Grundsätzlich und unter allen Umständen ist er also gewillt, sein spezielles Einteilungskriterium festzuhalten, nämlich die identische – zugleich aber um jedes mal variiert gestaltete – Themenfolge 1: ABC (= Exposition); 2: A'B'C' (= "Durchführung"); 3: A''B''C'' (= "Reprise").

Hier ist nun wiederum die Rede von einer formalen Verallgemeinerung auf sparsamer und nicht repräsentativer empirischer Grundlage: zusammen mit dem Finale der 1. Symphonie ist dieser Satz der einzige vorkommende Fall, wo die Themenfolge der Exposition in der Durchführung genau reproduziert wird. Überhaupt kommt es nur selten vor, dass dieser Satzabschnitt alle drei thematischen Instanzen der Exposition involviert: außer den hier angeführten Zusammenhängen ist dies nur in II/1. und in beiden Aussensätzen der 9. Symphonie zu finden.

Des weiteren kann Kortes Argumentation nur eines bedeuten – und dies ist nicht minder gravierend: die tonalen Verhältnisse werden als ein ganz unwesentliches formales Einteilungskriterium gewertet.[42] Ein Reprisenteil eines Satzes in E-Dur kann für ihn problemlos mit einer invertierten, stark verkürzten und enggeführten Ausgabe des Hauptthemas in c-Moll beginnen, bei Takt 233[43], und darf mit der für Bruckner entschieden zielgerichteten Hauptbewegung zur Tonika fortsetzen: d-Moll (Takt 261 ff.) → Es^9-Es^7 (T. 276-280), um in E-Dur zu enden bei Takt 281 (Buchst. O). Jedwede musikalische Sensibilität spräche für einen Einsatz der Reprise an diesem Punkt; für Korte handelt es sich offenbar aber in erster Linie um eine fortlaufende Beschäftigung mit demselben Thema und aus eben diesem Grund nicht um einen markanten Einschnitt, ungeachtet der Tatsache, dass die Tonika zu einem bestimmten Zeitpunkt unter dieser "Themabearbeitung" erreicht wird und dass ebenfalls die ursprüngliche musikalische Gestaltung des Hauptthemas eben hier – und zuerst hier – sich deutlich abzeichnet. Im Gegenteil meint er:

Entscheidend für die eigentliche Reprise im Werksinne Bruckners ist die Wiederaufnahme des ursprünglichen Zusammenhangs A B C.[44]

---

[41] Ebd. S. 50.

[42] Sein Beweggrund muss sein, dass die allgemein starke chromatische Aktivität in Bruckners Harmonik die übergeordneten tonalen Ziellinien illusorisch gemacht hat – was sich aber als unhaltbar erweisen lässt, in Details wie auch in allgemeinem Zusammenhang.

[43] Das Thema wird im 1. Abschnitt der Durchführung (T. 165 ff.) in H-Dur behandelt, der Dominanttonart. Vgl. die weitere tonale Entwicklung von seiner Wiederaufnahme in T. 233 an!

[44] Korte, *op.cit.* S. 50.

Dass das Hauptthema ab Takt 281 während der ersten neun Takten der Reprise simultan in originaler und frei umgekehrter Gestalt erscheint, bedeutet keinesfalls eine entscheidende Schwächung seiner formalen Realität als solcher: vor allem ist hier zu beachten, dass es sich um die erste vollständige Wiedergabe des 23 Takte langen Themas seit der Exposition handelt. Des weiteren setzt das Thema erst hier auf die gleiche Weise ein wie am Satzanfang, mit der breit kantablen Phrasierung der Celli. Endlich hat die simultane Umkehrungsgestalt der Fl. und Vl.1 – besonders im Zusammenhang mit den Kontrapunkten von Ob.1 und Trp.1 – eine "erworbene" reprisenhafte Wirkung: frühere, in jeder Hinsicht eindeutige Reprisenanfänge bei Bruckner manifestierten sich auf ähnliche Weise wie hier mit der Hinzufügung einer kontrapunktierenden "Gloriole" (vgl. IV/1. T. 365 ff. sowie besonders auch mehrere langsame Sätze in ihren zweiten, schließlichen Reprisenanfängen). Und noch weniger vorbehaltlich ist die Reprisenqualität in den nachfolgenden Takten 290-302.

Somit sind es – nachdem das Hauptthema komplett durchgeführt wurde – allein die drei kleinen Ausklangswellen in sequenzierter, sprunghaft modulierender Entwicklung (D^6_4, Es^6_4, E^6_4 etc., T. 303-318), die einen gewissen Durchführungsgeprägten Kontext ausmachen, und das kann kaum ein Dementi einer *"echten, originalen Reprise"* Anno 1883 begründen, wenn man etwa mit der Situation in Brahms' ungefähr gleichzeitigen symphonischen Werken vergleicht.[45] Dies um so weniger, als die chromatische Ausdünnung zum unisonen Anfangston *e* des Seitenthemas den entsprechenden Abschluss im expositionellen Kontext zwar variiert, zugleich aber reprisenhaft bestätigt: durch die chromatische Umspielung des Dominanttones (vgl. hierzu S. 181).

Kortes – im Verhältnis seiner Wertung von Brahms – recht rigoroser Gesichtspunkt zu Bruckners Sonatensatzform: *"'Reprise' ist nur die Wiederkehr der ursprünglichen Substanzfolge"* ist an und für sich weder neu noch original, indem er möglicherweise von Alfred Orel übernommen wurde:

> Es kehrt also in der Durchführung in gewissem Sinne die Exposition wieder, so daß der ganze Satz drei in der Motivanordnung gleiche Teile zeigt. Vielleicht liegt in diesem Moment der innere Grund für die Verschmelzung von Durchführung und Reprise in den späteren Werken Bruckners.[46]

---

[45] Das musste Korte auch bekannt sein: zu Brahms' Modell der Sonatensatzform, das er als kritische, werkspezifische Anpassung der Einzelheiten der Form an das *"traditionelle Gehäuse"* darstellt, vgl. Anm. 30, fügt Korte folgende Bemerkungen an, die – wenn man nicht in prädeterminierten Gegensatzstellungen zwischen Brahms und Bruckner denkt – sich ohne weiteres auf letztgenannten überführen lassen: "Seit Bestehen der Sonatensatz-Konzeption haben die Reprisen stets Veranlassung zu Überlegungen gegeben. Reprise war nicht eigentlich Wiederholung, sondern das Wiederauftreten der ehemaligen Exposition unter veränderten Bedingungen: eben nach der Verbindung einer Durchführung mit der vorangegangenen Exposition. Brahms hat den Eintritt der Reprise besonders kritisch auf die eben vorgeführte Durchführung eingerichtet. [...] Die B- und C-Gruppen [die Themen II und III, *B.M.*] bleiben intakt." ebd. S. 110. Vgl. S. 128: "Der Umbau des ersten Themas reicht von Kürzungen bis zur Beschränkung auf Zitate".

[46] A. Orel, *op.cit.* S. 94. – Wie in Kapitel V gezeigt werden soll, kann man eine andere, spezifischere Begründung für eine Reprisen-verschleiernde Technik bei Bruckner anführen.

Bei Korte wird diese Betrachtungsweise nun allerdings zu einer Art Axiom erhöht, dem teils wiederum äußerst interessante prozedurale Nuancierungen innerhalb einer Reihe von Außensätzen widersprechen – mehr dazu in Kapitel V dieser Abhandlung –, die aber teils auch unglücklich vorkommt, selbst wenn man sie als Wahrheit mit Modifikationen hinnimmt, indem sie mehr schadet als nützt: nicht nur sind die Prämissen der Theorie recht problematisch, sondern eine Anwendung dieses Gesichtspunkts sperrt für eine präzisere, satzspezifische Wertung der Art und des Grades der Verschleierung in den formalen "Grauzonen", von der hier die Rede ist, wie er auch die hieraus folgende, notwendige Aufmerksamkeit auf den entscheidenden Punkt innerhalb dieser Zone distrahiert.[47]

2 · Formaler Nominalismus oder Begriffsrealismus bei Bruckner

Für Kortes theoretische Schärfe symptomatisch, gleichzeitig aber irgendwie verantwortlich für ihre fehlende Effizienz, ist seine Vorliebe für bestimmte Begriffe, und hier ganz besonders Metaphern, für die kompositionstechnische Praxis: Ausdrücke wie *Werkstatt* und *Handwerkzeug*. Bei Korte erscheinen die Mittel als geradezu bedingend für die Ergebnisse. Ziemlich unterbetont wird dagegen die Existenz einer vermittelnden, reflektierenden – fast möchte man sagen einer relativ souveränen – Instanz in Bruckners *"Komponierstube"*, dem Ort, der in Kortes Augen erscheint als

> einmalige Mischung von Handwerkerwerkstatt und inspirativem Zwang genialer Erleuchtung und missionarischer Unverdrossenheit.[48] [...] Diese Komponierstube lebte von einem schablonenhaften Modell, das doch nur aus den Elementen des verwandten Handwerkzeugs vorgestellt werden konnte. Addition, Mutation, Reihung und Assoziierung [...][49]

Korte war offenbar der Ansicht, dass er sich mit Hilfe der Auffassung, dass der Tonsetzer eines solchen Zwangs der Mittel unterlag, einem Verständnis von Bruckners Werk über die geschichtliche Person entziehen könne. Auch was diesen Punkt betrifft, erwuchs ihm eine Gefolgschaft, obschon bereits sein Leitsatz über den rechten Betätigungsfeld des Historikers – der auch in der vorliegenden

---

[47] Vgl. die Situation im Kopfsatz der 8. Symphonie: Laut Constantin Floros ist die Reprise bei Buchstabe L, T. 225, zu setzen ("Zur Antithese Brahms-Bruckner", in: *Brahms-Studien, Bd. 1*, Hamburg 1974, S. 84), während Werner Notter (siehe Anm. 50) dieselbe Stelle als *Reprisenvariante* bestimmt, wobei er allerdings keinen eigentlichen Reprisenmoment bestimmt (betr. Quelle S. 102). Keiner von ihnen, und z.B. auch nicht A. Orel, der dem rechten Zusammenhang näher kommt (*op.cit.* S. 85 f.), hat den entscheidenden Moment in T. 283 m.Auft. entdeckt (VIII$_2$; in VIII$_1$ T. 293 m.Auft. Diese Stelle erscheint in der ersten Fassung in etwas anderer Gestalt). Auch Korte diskutiert die Frage (*op.cit.* S. 52 f.) und kommt zu folgendem, für ihn charakteristischem, unscharfem Ergebnis: "Die "Durchführung" reicht bis zum zweiten Thema, oder umgekehrt reicht die "Reprise" bis weit in die "Durchführung" zurück."

[48] Korte, *op.cit.* S. 24. – Die Aussage leidet unter einem typischen sprachlogischen Bruch, ist ansonsten aber eine ausgezeichnete Illustration der wirkenden Kräfte *Einfühlung* und *Abstraktion* in dieser schöpferischen Praxis. (Im Zitat werden sie in umgekehrter Reihenfolge spezifiziert.)

[49] Ebd. S. 54.

Einleitung zitiert wurde (S. 22) – als Symptom eines anti-humanistisch Reduktionismus die meisten Leser wohl eher abzuschrecken vermöchte:

> Doch gibt es keinen anderen Weg, um die *historische* Situation eines Meisters zu erkennen, um überhaupt *Geschichte* darstellen zu können. Denn: seine schöpferische Verhaltensweise begrifflich zu definieren (zu "syntagieren") heißt ihn als geschichtliche Person erfassen. [...] Mehr kann der Historiker nicht hoffen, mehr ist von ihm nicht zu erwarten.

Ein bestimmtes Problem soll in diesem Abschnitt genauer untersucht werden: die Frage, inwieweit Bruckners Einstellung zum formalen Kodex sowie zum zeittypischen Formproblem in Verbindung mit diesem Kodex als *nominalistische* Position anzusehen ist, so wie sie von Korte bestimmt und von Werner Notter weiter kolportiert wurde.[50]

Besonders Notters Deutung dieser Anschauung hat eine solche Diskussion an eben dieser Stelle motiviert. Die Bestimmung 'formaler Nominalismus' ergibt sich bei beiden aus einer abstrahierenden Analysenform, für die der Modellbegriff eine übergreifende Funktion hat und, kraft dieser Abstraktionstendenz, gewissermaßen als verabsolutiert hervortritt. In diesem Zusammenhang wird nun jeder Versuch einer Einbeziehung des Komponisten, als Charakter oder als Typus, in das Verständnis des Werkes aufgegeben – und das vermutlich ganz bewusst. Verschärft ausgedrückt – an sich aber übereinstimmend mit dem *"Dictum des Strukturalismus, dass es die Strukturen sind, die stellvertretend für das Subjekt denken"* [51] – mag es besonders bei Notter ab und zu aussehen, als komponierte ein Modell mit Bruckner, nicht aber dieser innerhalb des von einem Formkodex gegebenen Rahmens, oder aber – wenn man denn die entgegengesetzte Position einnehmen und sich *begriffsrealistisch* ausdrücken möchte –: eher innerhalb einer Form*idee*.

Die fundamentale Frage eines begrifflichen Nominalismus contra eines ebensolchen Realismus stellt sich prinzipiell mit sukzessiv größerer Schärfe, je höher das Begriffsniveau ist, auf das man sich einstellt. Stellen wir zuerst, von einem übernommenen Beispiel ausgehend[53], eine Gradierung auf: 'warm', 'Wärme', 'Temperatur', 'Energie'.

Es fällt leicht, die Qualität 'warm' als reines Attribut einer Menge von Einzelgegenständen aufzufassen, da die Realität in diesen Gegenständen selbst mit ihrer gegebenen Empfindungsqualität 'warm' besteht; der Realitätsgrad des Begriffs folgt "nach" dem Ding, an das er sich knüpft und immer geknüpft ist.[52] Dies drückt die nominalistische Position aus. Etwa eben so einfach verhält es sich mit dem Phänomen 'Wärme'; weniger dagegen mit 'Temperatur'. Aber:

> Wenn wir zu einem noch höheren Gattungsbegriff aufsteigen, [...] dem der Energie, so schwindet zwar der Charakter des Dinghaften [...]; damit eröffnet sich aber auch der Konflikt über die "Natur" der Energie, nämlich ob sie rein denkmäßig abstrakt sei, oder

---

[50] *Schematismus und Evolution in der Sinfonik Anton Bruckners.* München, Salzburg 1983.

[51] A. Jørgensen: "Ernst Cassirer og de symbolske formers hermeneutik", in: *Slagmark*, 24 (1995), S. 42.

[52] Scholastisch wurde diese Position in der Bestimmung *universalia post res* ausgedrückt.

ob sie etwas "Wirkliches" sei.[53]

Betrachten wir das Problem nun in formalästhetischer Beleuchtung, führt die nominalistische Bestimmung also dazu, dass Gattungsphänomene auf höherem begrifflichem Niveau, wie etwa der übergeordnete Formalbegriff Sonatensatzform – im Charakter eines *Universale* –, ihre substanzielle Bedeutung verlieren und zu abstrakten Terminologien werden, ohne weiteren realen Inhalt als ein Akzidenzverhältnis um konkrete individuelle Phänomene. Anders gesagt hat der Formtypus keine immanente Existenz im Verhältnis zu den konkreten Einzelrepräsentanten, sondern bloß die Bedeutung eines Namens für diese, und er besitzt folglich hauptsächlich eine Funktion auf sprachlicher Ebene, die die Zuordnung des Begriffs zu Einzelfällen ermöglicht.

Wie es bei Korte aussieht, erhält die nominalistische Zuordnung einen Schein leerer Konvention; das zeigt sich an seinem Verhältnis zu den formalen Hauptkategorien, die laut ihm in Bruckners Fall zu disqualifizieren sind (vgl. die Zitate S. 39 f.). An sich stimmt dieser sein Gesichtspunkt überein mit der latenten Implikation einer nominalen Definition, nämlich – mit Worten, die Theodor W. Adorno zur Charakterisierung eines formalen Nominalismus bei Gustav Mahler benutzte: einer *"Kritik der Formen aus dem spezifischen Impuls"*.[54] Kortes Alternative zur "konventionellen" Formauffassung, und in Sonderheit sein völlig umwertendes Verständnis der formal wirksamen Momente bei Bruckner: die relative Nivellierung der formalen Prozesse, die in den Bezügen auf die 7. und 8. Symphonie demonstriert wurde, hebt gleichzeitig die nominalistische Position bei ihm selbst hervor – obgleich diese nun alternativ und in eben diesem Sinne nicht mehr konventionell ist: seine Ersatzbegriffe funktionieren selbst nur als konkrete sprachliche Applikationen auf eine genau umgrenzte und von ihm eben so genau definierte kompositionstechnische Situation. Hier wird keine Metaphysik bzw. Ontologie in formaler Hinsicht betrieben[55], wie das z.B. bei August Halm der Fall ist (mehr dazu in Anm. 80).

In Werner Notters Darstellung sieht die Sache nun allerdings anders aus. Wie gesagt spricht auch er Bruckner eine nominalistische Position zu – hier, wie in vielen anderen Angelegenheiten, sicher in engem Anschluss an Korte. Nun geschieht es aber in einer gesammelten kompositionstechnischen Perspektive: Bruckners gesamtes Konzept einer Symphonie wird für Notter fast gleichbedeutend mit der Explizitierung einer Nominaldefinition:

---

[53] C.G. Jung: *Psychologische Typen* (= Gesammelte Werke, Bd. 6). Zürich (Stuttgart) 1920, ⁹·1960, S. 29.

[54] Th. W. Adorno: *Mahler. Eine musikalische Physiognomik.* Frankfurt a.M. 1960, S. 138. – Allerdings dürfte deutlich sein, dass der *"spezifische Impuls"*, so wie Korte einen solchen begreift, in Bruckners Situation auf andere, enger gefasste Weise zu verstehen ist als in Mahlers wie auch in Brahms' Fall: dort wird er durch die formbedingte Themenstruktur bestimmt, so wie diese in der Korteschen Auffasung verstanden wird.

[55] Vgl. auch seine Definition des epochalen Begriffs "romantisch" in musikalisch-ästetischem Zusammenhang: "Unter dem Begriff des 'Romantischen' werden hier präzise verstanden: Werkmittel und Werkvorstellungen, wie sie in den Generationen von Schubert über Wagner ausgebildet wurden, und wie sie dort beschrieben werden können." (*Op.cit.* S. 19.)

Seine [Br.s] zwiespältige Antwort – richtig gelesen – lautet: "Sinfonien kann es nur noch dann geben, wenn man sich selber ein Modell verschafft und an ihm entlangkomponiert; ob das noch Sinfonien sind, bleibt offen." Soviel Reflexion hätte man angesichts des schematisierten Modells, dem sich dieses Œuvre verpflichtet weiß, kaum erwartet.[56]

Ob Notter denn nun Bruckners Einstellung korrekt "gelesen" hat, mag bezweifelt werden. Aber vor dem Hintergrund einer derart extremen Deutung einer kreativen Grundanschauung und einer eben so extremen Zusammenfassung der gesamten kompositionstechnischen Grundstrukturen der symphonischen Produktion kann es kaum überraschen, wenn Bruckner schon zu Beginn seiner Abhandlung bezeichnet wird als

ein extremer "Nominalist", der seinem sinfonischen "Begriff" nicht mehr als schematische Bedeutung einräumt, um ihn erst allmählich mit Material, mit geschichtlichen Erfahrungen im Fortgang von einem Werk zum nächsten anzufüllen.[57]

Auch dieser Gesichtspunkt mag zu näherer Kritik einladen. Vorläufig soll aber vor allem die Frage gestellt sein, inwieweit Notter hier überhaupt die Positionen 'Nominalismus' und 'Realismus' richtig verstanden hat. Zweifel melden sich bereits in eben demselben argumentativen Zusammenhang an:

Brahms explizitiert [...] im Gegensatz dazu [...] stets ein und denselben kammermusikalisch ausgewogenen sinfonischen "Allgemeinbegriff" [...] Brahms käme es nie in den Sinn, eine Sinfonie zum Modell erniedrigen und dieses Modell in der Abfolge von einem Werk zum nächsten verschärfen und verbessern zu wollen; bei ihm hat nicht der entwicklungsgeschichtliche Zusammenhang der Werkreihe, sondern das je einzelne Werk das sinfonische Problem zu lösen.[58]

Dies ist wohl eher ein Ausdruck für einen formalen Nominalismus, eine *"Kritik der Form aus dem spezifischen Impuls"*; und umgekehrt dürften in Verbindung mit Bruckner die Begriffe Modell wie auch Schema – so wie sie hier dargestellt werden – als zwingende, bestimmende Matrizen zu verstehen sein in derart hohem Maße, dass ihr Status den Charakter eines bloßen Allgemeinbegriffs transzendiert und ihm eine *"immanente Existenz* [zugeschrieben wird,] *nämlich als die Formen oder Wesenseigenschaften der Einzeldinge.*[59]

Allerdings ist hier zu berücksichtigen, dass Notter – in Übereinstimmung mit der Bedeutung einer nominalistischen Bestimmung – auch mit einem kritischen "Eingriff" gegenüber dem emphatischen Formbegriff bei Bruckner operiert; soweit mag seine Argumentation tragkräftig erscheinen. Nicht zum mindesten hier zeigt sich aber seine radikale strukturalistische Auffassung (vgl. ad Anm. 51): ein solches Korrektiv oder leitendes Prinzip wird nämlich eigentlich nicht in der schaffenden Instanz begründet, und es wird auch nicht, wie bei Korte, auf thema-

---

[56] Notter, *op.cit.* S. 111. (Dass es sich um ein fiktives, hypothetisches Brucknersches Räsonnement handelt, leuchtet sicher ein.)

[57] Ebd. S. 16.

[58] *Loc.cit.*

[59] Also Ausdruck für einen Begriffsrealismus in aristotelischem, nicht in platonischem Sinne. Scholastisch bestimmt: *universalia in rebus* (nicht: *universalia ante res*). (Übersetztes Zitat aus dem Artikel "Universaliestriden", in: *Politikens filosofileksikon.* Kopenhagen 1983, S. 439.)

tische Strukturbedingungen zurückgeführt, sondern in Gegenteil auf das symphonische Modell als solches:

> Nicht ganz zu unrecht erscheint Bruckners sinfonische Großform als kritiklos adaptiertes Gehäuse, als *"Schema, über das der Meister offenbar niemals spekuliert hatte"* [Fr. Schalk]. Doch hinter dem "Schema", dem Modellcharakter des sinfonischen Gebildes, könnte selber das "spekulative", kritische Prinzip stehen; die Schematisierung "spekuliert" vielleicht auf eine kontinuierliche Fortentwicklung des vorgefaßten Modells, auf eine Evolution, die nichts als die permanente Kritik des Modells an sich selber meint.[60]

Wer "spekuliert", das ist hier wohl in erster Linie Notter selbst, und zwar so, dass eine Einfärbung seiner analytischen Grundbegriffe mit metaphysischen Obertönen kaum von der Hand zu weisen sind. Jedenfalls stellt dies erneut die Bestimmung Nominalismus betreffs der Funktionalität von Bruckners Formauffassung in Frage. Diesmal nicht mit Blick auf die praktischen Konsequenzen aus der zugeschriebenen Position – eine genauere Diskussion von Notters Abhandlung erfolgt im nächsten Hauptabschnitt –, sondern aus einer rein begriffsanalytischen Kritik.

Die naheliegende und relevante Möglichkeit einer Ermessung der Bedeutung, die der Formbegriff in grundlegendem Sinn für Bruckner hatte, auf der Basis einer Betrachtung des Komponisten selber, ist sicher keine unlösbare Aufgabe. Hier wollen wir also das durchzuführen versuchen, was Korte und Notter nicht taten und mit Konstruktionen auf der Basis reiner Werkbetrachtungen ersetzten; teils um der Korrektur und Ergänzung willen – teils und besonders aber, weil ein genaueres Verständnis dieser Formauffassung in essenzieller Bedeutung notwendig erscheint. Zweck dieses Versuchs ist der Nachweis justierter Richtlinien für eine Orientierung in der formalen Topographie, wenn in folgenden Kapiteln die Werke unter der Lupe genommen werden sollen – mit dem Ziel, eine maßgebliche Reichweite des behaupteten Modellcharakters bzw. der durchgängigen Schematisierung näher zu bestimmen.

Die Wertung von Bruckners Verhältnis zum eigentlichen Formbegriff, ob sie nun auf einer Betrachtung des Komponisten als Charakter oder "Typus", als Schüler, Lehrer oder eben komponierende Person vorgenommen wird, scheint deutlich jede Spekulation einer nominalistischen Einstellung bei ihm dementieren zu müssen, in dieser Hinsicht wie letztendlich in jedem relevanten Kontext. Im Gegenteil war für Bruckner eine allgemeine Neigung charakteristisch, sich Begriffe und Dinge in einem transzendenten, bisweilen geradezu belebten Aspekt vorzustellen.[61] Die für ihn wesentlichsten Phänomene und Begriffe hatten, soweit man das beurteilen kann, in seiner Vorstellungswelt einen ausgesprochen *numinosen*[62] Charakter und nahmen folglich einen metaphysischen Wirklich-

---

[60] Notter, *op.cit.* S. 9.

[61] Beispiele hierfür finden sich in meinem Symposion-Referat: "Zum Verhältnis von Persönlichkeit und Werk Anton Bruckners in C.G. Jungscher Sicht", in: *BrS 1992. Bericht*, S. 19-29.

[62] Das *numinose* bezeichnet bei dem Theologen Rudolf Otto (*Das Heilige*. Breslau [7]·1922) die irrationalen Bestandteile der Kategorie 'heilig' nach Ausschaltung der moralischen Komponenten dieser

keitsaspekt an; sie besaßen als solche real existierende Wesenseigenschaften. Walter Robert Muckenschnabel meint in seiner graphologischen Charakteristik von Bruckner sogar:

> Die Ergebnisse dieser Untersuchung sollen [...] nicht ohne den Vorbehalt – und zugleich Arbeitshypothese – vorgelegt werden, daß Anton Bruckner überhaupt nur von einer metaphysischen Betrachtung her ganz zu verstehen ist.[63]

Eine solche Zuschreibung selbständiger Wesensqualitäten nahm Bruckner auch in grundlegenden Zusammenhängen musiktheoretischer Art vor: Nicht nur gab er sklavisch die gesamte pedantische und in mancher Hinsicht veraltete – deswegen aber keineswegs unfruchtbare – harmonische Lehre an seine Schüler weiter, die er sich unter seinen Studienjahren bei Simon Sechter angeeignet hatte, er praktizierte auch – obwohl er dieses System nicht nur souverän meisterte, sondern in seiner eigenen, bedeutend weiterentwickelten Harmonik dessen Grenzen weit überschritt – eine Einzeichnung der harmonischen Fundamentaltöne in seine Partituren, obwohl diese im betreffenden Zusammenhang als rein abstrakte Hinzufügungen aufgefasst werden müssen. Laut Bruckners Schüler, dem Polyhistor Friedrich Eckstein, bedeutete Sechters satztheoretisches System aber

> weit mehr [...] als die Grundlage alles tieferen Musikverständnisses [...]: es war ihm Ausdruck höchster Logik und Gesetzlichkeit, nicht nur der Natur, sondern weit mehr noch, alles sittlichen Seins und der göttlichen Gerechtigkeit.[64]

Eine Aussage von Bruckner in Briefform, aus der Endphase seiner Ausbildung als Komponist, beleuchtet weiterhin seine dogmatische und respektvolle Einstellung gegenüber der Form als Grundlage der symphonischen Komposition, und hier eher in realem als in irgendeinem nominell-abstrakten Verstand:

> Nur mit Compositionen kann ich nicht ausrücken, da ich noch studieren muß. Wir haben bereits die Instrumentation und dann die Symphonie, wo auch nur, wie Du weißt, Sonatenform ist.[65]

Der zentrale Inhalt dieses Zitats ist die Vorstellung, dass eine bestimmte Kompositionsaufgabe, hier die Symphonie, eine unabweisbare Forderung an einen a priori gegebenen formmäßigen Rahmen stellt. Bruckner gehörte, jedenfalls rein altersmäßig, zur ersten Komponistengeneration, deren Ausbildung auf einem "normierten" theoretischen Verständnis der Sonatensatzform gründete, nämlich vor dem Hintergrund einer deduktiven Kodifizierung dieses Formtypus – nicht nur in theoretischem Sinne, sondern auch, und nicht minder wesentlich, in einer pädagogischen Zielstellung – durch Hermann Birnbach[66] und besonders Adolf

---

Kategorie.

[63] W.R. Muckenschnabel: "Schweigende Zeugen im Schriftbild Anton Bruckners", in: BrS 1977. Bericht, S. 44.

[64] F. Eckstein: Erinnerungen an Anton Bruckner. Wien 1923, S. 60 (vgl. ebd. S. 30).

[65] Brief an Rudolf Weinwurm vom 7. Sept. 1862 (M. Auer: Gesammelte Briefe, neue Folge. Regensburg 1924, S. 46).

[66] H. Birnbach: "Über die verschiedene Form größerer Instrumentalstücke aller Art und deren Bearbeitung", in: Berliner Allgemeine musikalische Zeitung, Jg. 4 und 5, 1827-28 (passim).

Bernhard Marx[67], bei dem die Form auf moderne Weise als fundamental drei-geteilt beschrieben wird. Aktuell, soweit es Bruckner betrifft, sind hier besonders die konservativer geprägten Darstellungen der Sonatensatzform als auf über-geordneter Ebene zweigeteilt, durch Johann Christian Lobe[68] und Ernst Friedrich Richter[69], die allerdings beide außerdem mit einer sekundären Unterteilung des 2. Teil operieren, entsprechend dem Durchführungsteil und der Reprise.

Diese neue Situation – so muss man sie bezeichnen, trotz der Existenz anderer älterer Beschreibungen der verschiedenen Satztypen, so auch des *"Ersten Allegro"* des Sonatenzyklus'[70] – führte sicherlich zu anderen Bedingungen für die Kom-ponisten, was ihre Formauffassung angeht. Jedenfalls wurden einerseits kritische Impulse aktiviert, die zu alternativen formalen Lösungen führten, d.h. zu Modi-fikationen des Formschemas, wie man das bei Berlioz, bei Schumann[71] – in sym-phonischem Zusammenhang besonders in seiner 2. und 4. Symphonie[72] – und nachfolgend bei Liszt sieht; und andererseits entstand eine Verhärtung des allmählich durchnormierten Formmodells, die zu einem regulären formalen Akademismus führte.

Bruckners Platz in dieser Perspektive ließe sich wohl eher außerhalb dieser Extre-me anordnen als irgendwo zwischen ihnen. So ist es einfacher aufzuzeigen, was in seinem Fall *keine* Geltung hat: es lässt sich keine Berührung feststellen mit einer Schumann- oder Liszt-haften "nominalistischen" Position, und selbstver-ständlich nähert er sich eben so wenig einem formalen Konventionalismus in der Praxis – letzteres aber wohl, soweit es das Verständnis der Form*begriffe* und den Umgang mit diesen als solchen betrifft.

Ein derartiges Beispiel für Bruckners Festhalten an den lehrbuchhaften Begriffs-grundlagen in eher konservativem, normengebundenem Verstand[73] ergibt sich aus seinem Verständnis bzw. seiner Anwendung des Begriffs *Thema*, wo er sich

---

[67] A.B. Marx: *Die Lehre von der musikalischen Komposition*, Bd. 3. Leipzig 1845. (Bruckner benutzte von Marx' Lehrbuch, wie es scheint, im wesentlichen nur Bd. 4, den Instrumentationsteil.)

[68] J.C. Lobe: *Lehrbuch der musikalischen Komposition*. Bd. 1(-4). Leipzig 2.1850 (-1867).

[69] E.F. Richter: *Die Grundzüge der musikalischen Formen und ihre Analyse*. Leipzig 1852.

[70] Zuerst von J.A.P. Schulz mit dem Artikel "Symphonie" in: J.G. Sulzer (Hrsg.): *Allgemeine Theorie der schönen Künste* (1774), über H.C. Koch: *Versuch einer Anleitung zur Composition* (1793) und *Musikalisches Lexikon* (1802) bis zu A. Reicha: *Vollständiges Lehrbuch der musikalischen Compo-sition* (französische Originalausgabe 1818-26) sowie C. Czernys *Anleitung zum Fantasieren auf das Pianoforte* (1829).

[71] Die neueste zusammenfassende Studie hierzu ist Joel Lesters "Robert Schumann and Sonata Forms", in: *19CM* 1995, S. 189-210. Lesters Allgemeinbegriff für die Prozeduren, die begründen, dass *"individual solutions to structural issues characterize all of Schumann's sonata forms"* (S. 203), ist: *"tonal and thematic narratives"*.

[72] Vgl. C. Dahlhaus: "Studien zu romantischen Symphonien", in: *JbSIM* 1972, S. 110-115 [2. Symphonie], und A. Newcomb: "Once More 'Between Absolute and Program Music': Schumann's Second Sym-phony, in: *19CM* 1984, S. 233-248, sowie K.H. Wörner: *Das Zeitalter der thematischen Prozesse in der Geschichte der Musik*. Regensburg 1969, S. 29-34 [4. Symphonie].

[73] Schon Bruckners sporadische Einträge in die Partituren von Bezeichnungen wie [2., 3.] *Abtheilung, Gesangsperiode*, bzw. *Gesangsgruppe* etc. sind recht signifikant für die tatsächliche Bedeutung, die alle derartigen tektonischen Elemente in seiner Formvorstellung einnahmen.

besonders auf die spezielle hierarchische Bedeutung zu beziehen scheint, die dieser Begriff im ersten Band von Lobes Kompositionslehre einnimmt. Zwar operiert Bruckner bisweilen auch mit Begriffen wie *Hauptthema, zweites Thema* u. dergl.; die Bezeichnung *Thema* als solche benutzt er aber anscheinend nur so, wie das auch bei Lobe der Fall ist, nämlich mit Bezug auf das unbedingt wesentlichste, formal meist vorbestimmende Material im Werk, nämlich das Hauptthema im ersten Satz.[74] (Bei Bruckner ist das spezifische Kriterium hierfür natürlich die prägnante Wiederkehr und Erhöhung dieser Themeninstanz in beiden Außensätzen; was das Finale betrifft, vor allem in codalem, apotheotischem Zusammenhang.)

So operiert Lobe mit einer Einteilung des Sonatensatzes in *Periodengruppen*, unter denen die Exposition bei ihm vier umfasst, worunter wiederum besonders die erste bemerkt wird, die schlicht als *Themagruppe* bezeichnet wird; dann folgen *Übergangsgruppe, Gesangsgruppe* und *Schlußgruppe*.[75]

Eine begriffsrealistische Formanschauung – in aristotelischer Auffassung –, wie sie sich entscheidend bei Bruckner zu manifestieren scheint, wurde innerhalb der klassischen Formenlehre selbst zum Ausdruck gebracht, und zwar in deren Bestimmung einer zentralen Funktion des Formschemas selbst: seine apriorisch "bestimmende" Gegengewicht gegenüber dem eigendynamischen Verlauf der musikalischen Motivik. So bestimmte A.B. Marx das kooperative Verhältnis zwischen schematischen, "Anlage"-bestimmten und individuellen, "ausführenden" Momenten[76] im formalen Gestaltungsprozess – mit dessen namentlich seit Beethoven begegneten frei verlaufenden *Satz-* und *Gang*-Strukturen – folgendermaßen:

> Dem Triebe des Motivs, sich in das Unbestimmte hin fortzusetzen, tritt die bestimmende Form entgegen; ihretwegen muß das Motiv aufgegeben oder geändert werden.[77]

Es liegt – in Übereinstimmung mit diesem Gedankengang – nahe, Bruckners Auffassung der traditionellen Kategorien der Form: Themen, "Hauptperioden" samt der Interpunktionen zwischen diesen als apriorisch wirkende, außerdem aber auch unmittelbar Identität und Orientierung schaffende Elemente zu ver-

---

[74] Bruckner bezeichnet mit dem Wort *Thema* bisweilen sogar das Hauptthema des 1. Satzes auch da, wo dieses in einem späteren Satz wieder auftritt (vor allem im Finale). Siehe etwa III$_2$/4., T. 341-342.

[75] Lobe, *op.cit.* S. 314 f. – Bei E.Fr. Richter, dessen oben angeführte Schrift die Formenlehre-Grundlage für den Unterricht Bruckners bei Otto Kitzler (seit ultimo 1861 bis medio 1863) war, wird der Hauptthemateil der Exp. auf üblichere Weise bezeichnet als: *Erster Hauptgedanke;* darauf *Verbindungs-,* bzw. *Übergangsperioden; zweiter Hauptgedanke* sowie *Schlußsatz.* (Richter, *op.cit.* S. 27.)

[76] Die Begriffe 'Anlage' (Formentwurf) und 'Ausführung' (Formgebung) beziehen sich auf eine ältere Unterscheidung innerhalb des späteren Gesamtbegriffes 'Form'. Dieser wurde von Johann Georg Sulzer (*Allgemeine Theorie der schönen Künste*, 1771-74) lanciert und von Heinrich Christoph Koch (in seinem *Versuch einer Anleitung zur Composition*, 1-3. Rudolstadt u. Leipzig (1782-93. Neudruck Hildesheim 1969), 2. Teil) weiterkolportiert, vgl. dort S. 97 ff. – Bruckner besaß und aneignete sich die beiden ersten Teile des letztgenannten Werks, vgl. R. Flotzinger: "Zur Bedeutung des Selbststudiums in Bruckners musikalischer Ausbildung", in: *BrS 1988. Bericht*, S. 51 ff.

[77] Marx, *op.cit.* Bd. 1. Leipzig ^{2}1841, S. 41.

stehen. Die Trivialität einer solchen Auffassung würde wohl in einem gewissen Maß reduziert, wenn man mit den analytischen Prämissen in Verbindung etwa mit Beethoven vergleicht. – Carl Dahlhaus:

> Man kann zwar die Themen einer Beethovenschen Sonatenexposition zusammen mit dem Prinzip der "kontrastierenden Ableitung", das der "Verbindung der Hauptgedanken" zugrunde liegt, ohne Gewaltsamkeit als "Anlage" bezeichnen; doch ist der Grundriß der Exposition nicht mehr durch eine immer gleiche "interpunctische Form" bestimmt, sondern erwächst aus der Besonderheit der Thematik, und sofern die Form selbst "poetisch" – zu einer Sache der "Erfindung" statt der Konvention – wird, ist die Dichotomie zwischen [...] Anlage und Ausführung aufgehoben: Der Sonatensatz wird gleichsam insgesamt zur Anlage, zum individualisierten Entwurf.[78]

Es ist nämlich – selbstverständlich – auch die Tatsache zu beachten, dass Bruckners Sonatenorganismus sich markant von dem Beethovens wie auch Brahms' unterscheidet. Hierzu trägt als wohl einleuchtendstes Moment der formale Charakter bei Bruckner bei, den Heinrich Schenker apodiktisch mit dem Ausdruck *"grandiose Isolierzellen"* beschrieb.[79] Soll eine solche Charakteristik der Prägnanz des "architektonischen" Moments heute als akzeptabel gelten – bei Schenker war sie integrierter Bestandteil einer Abstandnehmung von Bruckners Formungsweise –, will dies doch zumindest in seiner Funktion aufgefasst sein als Komplement zu dem eigenartigen dynamischen Formkonzept, dem Kurth den Hauptteil seiner analytischen Aufmerksamkeit widmete: den starken expansiven Kräften im Großen wie im Kleinen; den vorherrschenden Satz- und Gangelementen der Motivik, wie auch den sich daraus ergebenden symphonischen "Wellen", stellt sich konsequent der "bestimmende" Gegendruck der *Formanlage* entgegen.[80]

Abschließend gibt es guten Grund, sich wieder Kortes wesentlicher Beobachtung des motivischen Gestaltungsprinzips bei Bruckner zuzuwenden: der Variantenbildung. Auch die Präsenz dieses Phänomens veranlasst einen seiner Folgerung entgegengesetzten Schluss. (Der im vorhergehenden angeführte Einwand, dass die Variantenbildung vor allem für den späten Bruckner charakteristisch ist, hat weder auf die eine noch auf die andere Weise hierauf Einfluss.) In Kortes Optik disponierte, wie dargelegt wurde, die kontinuierliche Variantenbildung für einen eher permanenten Durchführungscharakter, oder jedenfalls für eine nur relative Unterschiedlichkeit zwischen den Hauptstadien der Form. Der springende Punkt in diesem Zusammenhang war die Funktion der Reprise, die Korte als realiter

---

[78] C. Dahlhaus: *Die Musiktheorie im 18. und 19. Jahrhundert.* Bd. 2. (=Geschichte der Musiktheorie, Bd. 11.) Darmstadt 1989, S. 213.

[79] H. Schenker in der Zeitschrift *Zukunft* (Berlin) Nr. 5, 1893, S. 137.

[80] Aug. Halm scheint eben für eine Habilitierung einer solchen "disziplinierenden" Wirkungsweise zu sprechen, wenn er folgendes zur *"Relevanz des Formschemas"* sagt (*Die Symphonie Anton Bruckners*. München [3.]1923, S. 52): "Der Sonate von Mozart hielt dies [das Schema] weniger stand, als der von Beethoven und der Symphonie von Bruckner; also der guten Form gegenüber bewährte es sich besser. [...] Es erweist sich aber als um so besser, je ernster man es nimmt, je mehr man es sagen läßt. Bruckner, der die überlieferte Form so respektierte, hat ihren tiefsten Sinn gerade entdeckt, ihren Geist ganz befreit; den Geist, den zu suchen manche der "Form" absagen zu müssen wähnten."

außer Kraft gesetzt ansah, auf Grund der verschiedenen, regelmäßig vorkommenden Modifikationen – jedoch namentlich in den späteren Werken.

Akzeptiert man nun die mutierende Variantenbildung als charakteristisches Prinzip der Motiventwicklung[81], lässt sich Kortes Gesichtspunkt dennoch problematisieren eben auf der Basis der notwendigen Sonderung zwischen dieser Technik und auf der anderen Seite der *entwickelnden Variation*, wie dieser Begriff von Schönberg formuliert wurde (mit einem Hinweis nicht zuletzt auf die Musik von Brahms).[82]

Es scheint nämlich in etwa Einigkeit darüber zu herrschen, dass die Variantenbildung, verstanden als Bezeichnung für einen eher kontinuierlichen und zugleich eher unmerklichen, sozusagen uncharakteristischen Variationsprozess – im Gegensatz zur entwickelnden Variation –, das Identitätsverhältnis zwischen den einzelnen Varianten eher betont als an ihm rüttelt; während das letztgenannte Prinzip eine – in der Regel weniger zahlreiche – Reihe von eher ausgeprägt *verschiedenen* motivischen Umformungen mit sich bringt.[83] (Man vergleiche Arnold Schmitz' bedeutungsmäßig identische Bezeichnung *kontrastierende Ableitung*.)

In der entwickelnden Variation wird also die spezifische Einzelheit pointiert, und die Änderung von einer Gestalt in die nächste wird folglich in gewissem Sinn wichtiger als die Grundgestalt selber. Das bedeutet nicht, dass das Ganzheitsmoment in der Variationsbildung abgeschrieben würde – es ist nun aber die Rede von einer *"verborgenen Wiederholung"*, wie sie vieleicht am deutlichsten von Anton Webern formuliert wurde:

> Etwas, was scheinbar etwas ganz anderes ist, ist eigentlich dasselbe. Der weitestgehende Zusammenhang ergibt sich daraus.[84]

---

[81] Einen – leider nicht näher relatierten oder auch nur begründeten – Dissens im Verhältnis zu diesem Gesichtspunkt drückt Manfred Wagner aus: "Nicht Variation sondern Entwicklung, nicht Umspielen, sondern Wachsen sind die Kriterien der Brucknerschen symphonischen Kunst." (*Die Melodien Bruckners in systematischer Ordnung. Ein Beitrag zur Melodiegeschichte des 19. Jahrhunderts.* Diss. (masch.), Wien 1970, Bd. 1, S. 63.)

[82] "Brahms der Fortschrittliche", in: A. Schönberg: *Stil und Gedanke.* Hrsg. Frank Schneider. Leipzig 1989, S. 99 ff.

[83] Vgl. Schönberg: "Entwickelnde Wiederholungen entstehen durch Variation; sie [...] erzeugen neues Material (Motivformen) für die darauf folgenden Formteile. Manche Variationen sind jedoch [...] nur lokale Varianten, die nur geringen oder überhaupt keinen Einfluß auf die Fortsetzung haben."
Diese wie auch eine Reihe von Schönbergs übrigen Aussagen zum Begriff entwickelnde Variation werden von R. Brinkmann angeführt und kommentiert, vgl. "Anhand von Reprisen", in: *Brahms-Analysen. Referate der Kieler Tagung 1983.* (= Kieler Schriften zur Musikwissenschaft Bd. XXVIII.) Kassel etc. 1984, S. 116 ff.
Walter Frisch dagegen tendiert zu einer Generalisierung des Begriffs auf jede Form der Variation und beruft sich in diesem Zusammenhang ebenfalls auf Schönberg, vgl. sein *Brahms and the Principle of Developing Variation.* Berkeley etc. 1984, S. 10 ff.

[84] A. Webern: *Der Weg zur Neuen Musik.* Wien 1960, S. 57. Auf dieser Basis scheint C. Dahlhaus seine konsequenteste Beschreibung dieses Phänomens zu gründen: "[ein] Verfahren, aus einem eng begrenzten Material, im Extrem einem einzigen Intervall, weitreichende Zusammenhänge herauszuspinnen." ("Brahms und die Idee der Kammermusik", in: *Brahms-Studien*, Bd. 1, 1974, S. 46.)

In einer von Carl Dahlhaus' Untersuchungen zu diesem Begriff wird ein anderes Moment betont – die formale Individualisierung:

> [Die Umharmonisierung] kann also als "entwickelnde", in den Formverlauf eingreifende – und nicht als bloß "umfärbende", auf den Momentaneffekt beschränkte – Variation gelten.[85]

Umgekehrt betont Theodor W. Adorno, der wohl in Sonderheit die Bezeichnung Variante in der Musik dieser Periode geprägt hat, und zwar in Verbindung mit Mahlers Motivtechnik, in seiner Beschreibung der freieren Variantenbildung die *Gestaltqualität* als das konstante und darum primäre Moment quer durch die einzelnen Varianten – also die Dominanz der Identität über die Verschiedenheit.[86] Seine diesbezügliche Charakterisierung könnte Wort für Wort auf Bruckners Variantentechnik gemünzt sein:

> Durchweg bleibt der allgemeine Umriß der Mahlerschen Themen intakt. Es sind Gestalten, so wie die psychologische Theorie vom Vorrang des Ganzen über die Teile den Terminus verwendet. Inmitten dieser zugleich drastischen und vagen Identität jedoch ist der konkrete musikalische Inhalt, vor allem die Folge der Intervalle, nicht fixiert.[87]

Für das Reprisenphänomen muss dies beinhalten, dass Abweichungen im Verhältnis zur Thermenaufstellung der Exposition – Einzelheiten, die obendrein typisch erst eine Weile nach dem eigentlichen Reprisenmoment, dem Augenblick der thematischen Restitution, entwickelt werden – ohne Bedeutung sind für den tektonischen, oder vielleicht besser: den *kategorialen* Aspekt der Formbildung, d.h. die prinzipielle Markierung der einzelnen Hauptzonen in der Sonatensatzform.[88] Auch auf dieser Grundlage, die sich hier obendrein mit Kortes eigenen Hauptprämissen für seine Ansicht über Bruckners formale Eigenart deckt, zeigt sich seine Auffassung also als kritikwürdig, soweit es seine Entgegnung des Status und der Bedeutung der traditionsgebundenen Formkategorien bei diesem Komponisten betrifft.

---

[85] C. Dahlhaus: *Zwischen Romantik und Moderne*. Mainz 1974, S. 49.

[86] Korte ist konsequent in *seinem* Gesichtspunkt, insoweit er behauptet: "Es gibt nur ein Original, aber zahllose Mutationen der Zeile sind denkbar. [...] Nach dem schöpferischen Belieben wird eine im Kern nicht als kausale Einmaligkeit vorgezeichnete oder vorgebildete Mutation vorgenommen." (*Op.cit.* S. 26.)

[87] Adorno, *op.cit.* S. 117. (Bei Bruckner ist meist der Rhythmus der hauptsächliche identitätsschaffende Faktor in der Variantenbildung.)

[88] Eine weit stärkere "Problematisierung" entsteht bei Bruckner um die Grenze der Sonatensatzform zwischen Exposition und Durchführung, indem er zwischen ihnen eine Art neutraler Zone etabliert, die mit sich führt, dass die Musik nach dem grenzsetzenden Doppelstrich mehr oder weniger bruchlos fortgesetzt wird. Eigentlich ist es dies, was überrascht, besonders im Lichte von Bruckners angeeigneter Formenlehre – Richters oben erwähntem Lehrbuch –, welche die Sonatensatzform als übergeordnet zweigeteilt darstellt, mit der Exposition gegenüber der Durchführung samt Reprise als nur sekundär geteilter zweiter "Hälfte".

3 · Der entwickelnde Schematismus bei Werner Notter

Werner Notter hat in seiner Dissertation *Schematismus und Evolution in der Sinfonik Anton Bruckners*[89], die in fundamentalen Aspekten deutlich von Korte inspiriert ist, die Begriffe Schema und Modell als die ganz zentralen in der Beschreibung der Brucknerschen Symphonie zu zementieren versucht. *Schema* versteht sich in diesem Zusammenhang als eine wiederholte Prozedur thematischer bzw. gestaltender Art über einen kürzeren oder längeren Verlauf, von einem Bestandteil eines Themas bis hin zum vollständigen Satz. *Modell* seinerseits bezeichnet die durchschematisierte werkmäßige Ganzheit.[90]

Es lässt sich nicht verleugnen und mag daher sogleich festgestellt werden, dass diese Arbeit zu den problematischsten Beiträgen zur Brucknerforschung in neuerer Zeit gehört. Sie ist sicher prätentiös, oder vielleicht besser: selbstsicher in ihrem Anschlag, nämlich der Einleitung der Abhandlung. Die analytische Einlösung der proklamierten Grundsätze lässt aber so viele Wünsche offen, soweit es Vollständigkeit[91] und Genauigkeit im Detail angeht, dass ein Nachweis etlicher vorliegender Schwächen und Fehler dieser immerhin als Buch vorliegenden Arbeit sich nicht vermeiden lässt. Meine Arbeit sieht es aber selbstverständlich nicht als ihre Aufgabe an, umfassender in diesen Schwächen aufzuräumen. Hier geht es zunächst einmal nur um eine Wertung von Notters übergeordneten Gesichtspunkten und Vorgangsweisen. Des weiteren wird in den nachfolgenden Kapiteln hierauf verwiesen in Zusammenhängen, wo eigene Untersuchungen sich ohnehin mit Einzelheiten im Werk befassen, bei denen Notters Behandlung derselben eine wesentlichere Korrektur erfordert.

Sieht man so unmittelbar ab von der Diskrepanz zwischen theoretischem Programm und analytischer Ausführung desselben, wäre es – auch gegenüber Notter selbst – wohl angemessen, die Aufmerksamkeit zunächst auf den Blickwinkel zu richten, unter dem sich seine Arbeit als selbständig gegenüber Korte erweist. Dieses Moment ist seine Vorstellung der allmählichen Entfaltung des symphonischen Modells durch eine kontinuierliche *Entwicklung* desselben – und folglich auch seiner schematischen Bestandteile. Diese Folgerung scheint Notter vor dem Hintergrund einer – von ihm als solcher betrachteten – mehrmaligen Tendenz in der Bruckner-Literatur zu ziehen: Ansätze, vor dem Hintergrund der Menge an Schematismen und primär ausgehend von einem oder wenigen bestimmten Einzelwerken, zur Projizierung eines symphonischen Idealtypus, *"dem [aber] kein einzelnes Werk ganz gerecht wird, weil es durch Abstraktion gewonnen wurde."*[92]

---

[89] = *Freiburger Schriften zur Musikwissenschaft* Bd. 14. München, Salzburg 1983.

[90] Vgl. Notter, *op.cit.* S. 7.

[91] Die Abhandlung umfasst substanziell nur 105 Druckseiten, und ihre Nutzung von Hintergrundliteratur begrenzt sich im großen und ganzen auf Zitate von solcher Kürze, dass sie als Ersatz für die eigenen Worte des Autors dienen. Eine Diskussion mit den Quellen findet so gut wie nicht statt.

[92] Ebd. S. 8 f.

Was Notter an einer solchen Vorgangsweise abstößt, ist nicht nur ihre Tendenz zu einer *Reductio ad abstractum*, es hängt auch mit der folgenden Betrachtung zusammen:

> Wenn es sich immer um das gleiche geschichtslose Modell, denselben zeitlosen "Ideal-typ" handelte, dann könnten sich die Sinfonien innerhalb der Grenzen des Modells beliebig unterscheiden, weil ihren Unterschieden keine prinzipielle Bedeutung zukäme. [...] Bei einem identisch durchgehaltenen [...] Modell läge die Betonung auf der Vielfalt der aus dem Modell abgeleiteten Gestalten.[93]

Eine unmittelbare Aporie bei einem solchen hypothetischen Zusammenhang lässt sich allerdings nicht nachweisen, und Notter argumentiert denn auch nicht für etwas derartiges. Wenn er die Alternative hierzu betont, scheint eher die Rede von einer Entscheidung auf der Basis eines Zwanges in der Sache zu sein. Dass nämlich bei Bruckner das Modell selbst Ausdruck einer unumgänglichen Wirklichkeit ist, daran hegt Notter keinen Zweifel:

> Hingegen: wenn das Modell eine Entwicklung durchmachte, dann müßten sich die Struk-turteile nicht nur mehr oder weniger schematisch wiederholen, sondern kritisch aufein-ander Bezug nehmen, damit eine unumkehrbare Abfolge entstehen kann. [...] Bei einer Evolution [...] käme es in der Analyse auf die kleinen Schritte, auf die genaue Verfol-gung einzelner Elemente, auf geschichtliche Kontinuität an, – und dazu bietet eine Schematisierung die beste Grundlage.[94]

Was hier auf seine Weise als "sichere" Entscheidung erscheinen mag, nämlich eine Position auf der Seite der "Evolutionstheorie" (wobei Notter dieses Wort selber benutzt, wie hier in Anführungsstrichen) – und niemand, nicht einmal Friedrich Blume, würde wohl letztendlich leugnen, dass die Entwicklung von Bruckners ersten zu seiner neunten Symphonie einen beträchtlichen Umfang erreicht[95] –, das bedeutet in der Realität den Akzept der schwersten, in kleinste Einzelheiten gehenden Beweisbürde, wie Notter sie in den oben angeführten Gültigkeitsbedingungen selbst skizziert hat. An einer Stelle seiner Darstellung scheint er sich dieser Tatsache auch bewusst zu sein:

> Wie unwahrscheinlich ist die Erwartung, daß eine durchschematisierte sinfonische Form irgend eine Entwicklung vollzieht.[96]

Notter hat nun aber – unglücklicherweise oder symptomatisch für die Schwierig-keit seines Vorhabens – eine praktische Prozedur gewählt, die für eine Demon-stration der Reihen von Schemen wie auch deren allmählicher Entwicklung denkbar ungünstig ist. Seine analytischen Kommentare, bei denen meistenteils gar nicht von detaillierten Analysen gesprochen werden kann, verlaufen näm-lich konsequent Satz für Satz, Werk für Werk, statt sich – was angemessener

---

[93] Ebd. S. 9. – Dies entspräche Brahms' Formverwirklichung innerhalb des formalen *"Gehäuses"* (Korte).

[94] *Loc. cit.*

[95] Namentlich in Anbetracht von dessen grandioser Vereinfachung: "Es geschieht der Größe Bruck-ners kein Eintrag, wenn man ausspricht, daß von der Symphonie Nr. 1 bis zur Symphonie Nr. 9 Grundriß, Anlage, Einzelformen, Instrumentation, Klangsprache, Tonalitätsverhältnisse usw. ein-ander grundsätzlich gleich bleiben." MGG[1.], Bd. 2, Sp. 368 (vgl. ebenfalls die Fortsetzung).

[96] Ebd. S. 11.

wäre – jeweils auf ein bestimmtes thematisches/formmäßiges Schemenmoment zu richten mit dem Ziel eines optimalen Nachweises von dessen Anwesenheit in den Werken, wo es sich konstatieren lässt. Versucht man seine Beobachtungen selbst auf diese Weise zu systematisieren, stellt man eine doch recht mangelhafte Deckung für kategorische Aussagen in der Einleitung wie etwa die folgende fest:

> Bruckners Sinfonien sind sich in Einzelheiten ähnlich und in der Gesamtform fast gleich. Überblickt man ihre Reihe, so fällt vor allem die Typenkonstanz der Formen und Themen auf; Themencharaktere und Formstrukturen wiederholen sich an den entsprechenden Positionen mit fast stupider Regelmäßigkeit; sie erscheinen "generalisiert" und partizipieren jeweils an einem Schema, das auch bei den anderen Sinfonien Gültigkeit hat. Das sinfonische Gebilde ist in sich durchschematisiert; nicht nur Themencharaktere, sondern auch formale Funktionen gerinnen zu plastischen Schemata, die das ganze sinfonische Gebilde besetzen und sich in anderen Werken jederzeit wiedererkennen lassen.[97]

Für den Nachweis von solchen Aufsehen erregenden Behauptungen hätte man wohl gern den Preis einer Analysenform bezahlt, die Notters weitgehenden Vorbehalten in puncto Vollständigkeit entsprächen:

> Eine evolutionsbezogene Analyse kümmert sich [...] nicht um die "ganze Partitur" mit ihren unermeßlichen harmonischen und kontrapunktischen Reichtümern, sondern um die Schemata, aus denen sie sich zusammensetzt, – auf die Gefahr hin, selber schematisch zu erscheinen. Man analysiert "schematisch", weil Bruckner die klassisch-Beethovensche Sinfonie in verhärtete Schemata auflöst und weil sich in ihnen Form und Thema in bestimmten Verhältnissen arrangieren, um ein objektives sinfonisches Gebilde zu erzeugen, das dann eine Evolution zurücklegt.[98]

Trotz solcher Lizenzen scheint die "schematische" Analyse aber allzu oft ihr Ziel – die Schemen und ihre "Evolution" – zu vergessen, um sich lieber freizügigeren Beschreibungen von großem und kleinem, historischen Ausblicken u.dgl.m. zu widmen.

Allerdings sind auch die eigentlichen Hauptbegriffe Modell und Schema mit mehreren internen Problemen in Notters Darstellung verknüpft. Hierzu gehören als unwesentlichstes Instanz Formulierungen mehr oder weniger selbsterfüllenden Charakters wie diese:

> Tatsächlich verhindert der Schematismus des Modells, daß die Evolution frei ausschwingt; sie kann im besten Falle nur den Modellcharakter bestätigen, "verifizieren", wie es in Bruckners 9. Sinfonie geschieht; sie kann aber niemals aus dem schematisierten Zustand selber herausführen, in dem sich das Modell befindet.[99]

Undurchschaubar wird hier aber vor allem das detaillierte Verhältnis zwischen dem Modell als der durchschematisierten Ganzheit und seinen verschiedenen schematischen Konstituenten. So wie das Verhältnis thesenmäßig charakterisiert wurde, ist das Modell als eine grundsätzlich feste Summe von Schemata zu verstehen, die a priori gesetzt sind und die dann in Werk auf Werk in variierter und entwickelter Form reproduziert werden.

---

[97] Ebd. S. 7. Vgl. außerdem S. 20, letzter Absatz.

[98] Ebd. S. 12.

[99] Ebd. S. 113.

So unmodifiziert kann das Verhältnis aber wohl nicht gemeint sein. Schon in der Einleitung wird darüber Unklarheit verbreitet, der aber hier nicht abgeholfen wird; besonders wünschenswert wäre eine genauere Justierung der plötzlichen Unbestimmtheit, die im nachfolgenden Zitat ins Verhältnis zwischen Modell und Schemata eindringt – etwa nach Art der Frage, was zuerst war: die Henne oder das Ei?:

> Bruckner dürfte überhaupt der einzige Komponist von Bedeutung gewesen sein, der solch eine Evolution zustandegebracht hat, weil er der einzige war, der sein eigenes musikalisches Medium, die Sinfonie, zum Modell und dieses Modell zu vereinzelten Schemata abkühlen ließ.[100]

Allerdings wird erst spät in der Analyse der Einzelwerke deutlich, dass Notter mit seinen verbundenen Hauptbegriffen inkonsequent operiert. Das Modell ist z.B. nicht eine so fixierte Größe, dass es nicht auch für *quantitative* Bereicherungen offen stünde, d.h. dass seine Evolution auch die Möglichkeit der sukzessiven Aufnahme neuer Schemata birgt. Nur muss man sich dann fragen, ob die Hauptbegriffe damit in ihrem Zusammenhang nicht einen beträchtlichen Teil ihrer theoretischen Stringenz verlieren. Im folgenden Zitat, das sich auf den ersten Satz der 9. Symphonie bezieht, wird die Katze völlig überraschend aus dem Sack gelassen:

> Von all den schematischen Strukturen war in der "nullten" Sinfonie noch wenig zu spüren. Dennoch wirken Crescendo, Variantenreprise, "Nachdurchführung" und Epilog sehr "alt" und gesetzt. Tatsächlich haben diese Schemata eine lange Geschichte hinter sich. [...] Bereits der Schlußsatz der "nullten" Sinfonie besitzt einen Reprisenepilog; Crescendo-Strukturen tauchen schon in der dritten Sinfonie auf.[101]

Umgekehrt finden sich auch Beispiele dafür, dass ein einmal gesetztes "Schema" erst in einem wesentlich späteren Werk reproduziert wird. Dies wird mit größter Deutlichkeit sichtbar an dem, was Notter als thematische Überleitung – zwischen Haupt- und Seitenthema – im Kopfsatz der 1. Symphonie bezeichnet, einem Phänomen, das er erst an der entsprechenden Stelle im ersten Satz der 9. Symphonie wiederfindet. Nichts desto weniger erhält es den Status eines Schemas, mit den Erwartungen, die sich damit verbinden:

> Die 1. Sinfonie schiebt eine Passage zwischen das 1. und 2. Thema (T. 38-44); so kristallisiert sich die Überleitung zum Schema aus, – ein Schritt über die Parallelstelle der "nullten" Sinfonie hinaus, die diese Frage nicht aufgeworfen hat.[102]

Tatsächlich ist es eines der persönlich-originalen Momente in Bruckners symphonischer Form, dass sie sozusagen keine funktional gesehen überleitenden Stadien im üblichen Sinne zwischen den ersten beiden Themengruppen der Exposition besitzt[103], weder in der Form eines selbständigeren, mediierenden Ab-

---

[100] Ebd. S. 12. (Auch die Fortsetzung befördert nicht gerade ein näheres Verständnis.)

[101] Ebd. S. 37.

[102] Ebd. S. 62. Übrigens scheint Notter dieses "Schemenelement" in seiner Besprechung der 9. Symphonie (vgl. ebd. S. 31) wieder vergessen zu haben.

[103] Vgl. Halm, *op.cit.* S. 104 und Kurth, *op.cit.* S. 484 f. – Die Ansichten betreffs der thematisch-funktionellen Kategorie 'Überleitung' bei Bruckner divergieren markant und werden in Kapitel III

schnitts noch mit einer – wie das in solchen Zusammenhängen öfter vorkommt – motivisch bzw. dynamisch aktivierenden, bisweilen Durchführungs-geprägten Funktion; also dem entsprechend, was in Bruckners Formenlehren-Grundlagen *"Verbindungs-, bzw. Übergangsperioden"* genannt wird.[104] Auf derartige reguläre Überleitungspassagen stößt man nur in den Finalsätzen seiner ersten beiden Symphonien: WAB 99/4. T. 37-59 und I/4. T. 32-38.[105]

Notters Lokalisierung dieses sehr unvollständig entwickelten "Schemas" beruht denn auch auf einer analytischen Fehleinschätzung: es ist ihm entgangen[106], dass die "überleitenden" Takte nur die Kongruenz – in entspannter Form – zum Entladungselement des Hauptthemas (HTh$_b$) in T. 18 ff. bezeichnen, wodurch die HTh-Gruppe den Verlauf a b a' b' annimmt und somit der übergeordnet zweigeteilten, thematisch korrespondierenden Anlage A A' folgt, die die Hauptnorm der Kopfsätze ausmacht – ausgenommen hiervon sind nur die 4. und die 9. Symphonie. Beachtenswert ist aber, wie sich die diastematische Übereinstimmung mit einer Verschiebung der Betonungen verbindet:

Beispiel 5 a-b

Entsprechend, aber auf keineswegs ähnliche Weise haben die Takte 77 ff. im Kopfsatz der 9. Symphonie – motivstrukturell gesehen wesentlich weniger greifbar geformt[107] und unter einem tektonisch unendlich weiteren Horizont – den Charakter einer ausklingenden *"Nachwelle"* (Kurth), die nur kraft ihrer Weite und vor dem Hintergrund des manifesten Abschlusses des Hauptthemas in T. 75 und

---

genauer behandelt. Ein regulärer Gegenpol zu Kurths extremer Position in diesem Anliegen scheint sich besonders in Mathias Hansens Auffassung einer *"Permanenz der Überleitung"* in Bruckners Instrumentalstil abzuzeichnen, die eng mit Kortes Gesichtspunkten zur mutierenden Variantenbildung verknüpft ist; vgl. sein *Anton Bruckner*, S. 145 o. (außer S. 143, 146, 160, 163).

[104] Vgl. Anm. 75.

[105] Außerdem wird die Möglichkeit, die Takte 51-74 in IV/1. als Überleitungsphase zu betrachten, in Kapitel III genauer diskutiert (vgl. S. 170 f.).

[106] W. Steinbeck übrigens auch, da dieselbe zweifelhafte Wertung in seinem Beitrag "Zu Bruckners Symphoniekonzept oder: Warum ist die *Nullte* 'ungiltig'?" erscheint (in: *Probleme der symphonischen Tradition im 19. Jahrhundert. Kongressbericht Bonn 1990*. Tutzing 1990, S. 545-569, dort S. 552 f.). – Beide mögen ihre Auffassung auf Alfred Orels Deutung dieser Passage als "motivisch selbständige Überleitung [...] typische Einfügung" stützen, vgl. Orel, *op.cit.* S. 78.

[107] Dies ist ein Beispiel dafür, dass die Variantenbildung im späten Schaffensphase als Motiventwickelndes Prinzip so charakteristisch geworden ist, dass sie gelegentlich in reguläre Unsicherheitsbezüge umschlägt – ohne dass man aus diesem Grund den Begriff *entwickelnde Variation* anzuwenden versucht wäre.

dem viel späteren Eintreten des Seitenthemas in T. 97 eine Bezeichnung als Überleitung honorieren kann. Was sich aber jeder Deutung in dieser Richtung entzieht, ist der einmalige Mangel an Prägnanz oder Entwicklung in diesem eminent ausklingenden Abschnitt: die Takte leiten eben gerade nicht "über", sondern führen zu einem Abschluss[108], und das ungewöhnliche an der Breite wie auch dem Charakter dieses Abschnitts beruht auf der außerordentlichen Prägnanz des vorhergehenden Verlaufs, mit dem Hauptgewicht auf dem umständlich vorbereiteten Kulminationsthema, dem eigentlichen Hauptthema des Satzes, in den Takten 63-75, mitsamt der dahin führenden dynamischen Steigerung seit Takt 39.[109]

Kehren wir zurück zum prinzipiellen Punkt in Notters Thesenbildung. Hier scheinen eklatante Widersprüche zu bestehen: ist das "Schema" nur bedingt dadurch, dass es *"sich reproduzieren läßt"*[110], folgt daraus nicht, dass es notwendig regelmäßig oder auch mehr sporadisch in der Werkreihe auftritt. Umgekehrt kann ein Schema offenbar als solches kulminieren, und zwar in Bruckners letztem Werk, kraft einer regulären Umdefinierung. Gerade zur 9. Symphonie heißt es also:

> Die Schematisierung hat sich auf den Themencharakter geworfen und haftet nicht mehr an der Form; damit ist auch die Evolution dieses Schemas zu Ende gekommen.[111]

Das ist nun aber höchst verwirrend: hieß es doch schon zu Anfang der Abhandlung, dass

> Themencharaktere und Formstrukturen sich an den entsprechenden Positionen [...wiederholen..;] sie [...] partizipieren jeweils an einem Schema, das auch bei den anderen Sinfonien Gültigkeit hat.

Abgesehen von einem recht unklaren Verhältnis wie diesem gibt eine solche theoretische Offenheit Anlass zu der Frage, wieweit sich alles, das für eine weniger voreingenommene Betrachtungsweise Anspruch auf das Prädikat von "Vorstadien" zu schematischen Elementen erhebt, wohl berechtigt innerhalb des Modellbegriffs als faktuellen, permanent gültigen Bezugsrahmens werten ließe? Fordern solche Elemente nicht eher eine individuelle Qualifizierung, mit der

---

[108] In beiden letztgenannten Passagen dominiert als Intervall-Element die fallende Oktave, in die auch die weiten Intervalle anderer wechselnder Motivpartikel ab T. 79 m.Auft. – Septimen und Sexten in Hbl₁ und Hr₁ – allmählich ausmünden (T. 89 m.Auft. - T. 92).

[109] Dieser Gesichtspunkt wird auch von Peter Gülkes Beschreibung vertreten: "Nach dem großen Unisono [...] "tropft" das Pizzikato herab; da erinnert die Musik 24 [recte: 20] Takte lang nur an gehabte Anstrengung und kümmert sich nicht darum, wie das in den Gesamtvorgang motivisch eingebettet werden könnte – eine Erholung der Musik von dem Überschuß der gewalttätigen Formulierung des Unisonos." [...] Auf etwa entsprechende Passagen – früher galten sie, vermittelnd zwischen Schwerpunkten stehend, als die redundanten – stürzt [Brahms'] Motivierungssucht sich mit besonderer Verve, dort feiert die strukturelle Verdichtung besondere Triumphe. Bruckner interessiert das nicht. Er läßt da plötzlich nur atmen, nur Dimensionen klingen, er hat ein archaisches Vertrauen in die Kategorien, in die er seine Musik einträgt." ("Über die Zeitgenossenschaft Bruckners", in: *BrS 1987. Bericht*, S. 19.)

[110] Notter, *op.cit.* S. 34.

[111] Ebd. S. 32.

Typisierung als perspektivischem Fluchtpunkt für eine formal-stilistische Entwicklungsbetrachtung?

Überhaupt ergeben sich große Schwierigkeiten aus der fundamentalen Voraussetzung für Notters gesamte Theorie, dass das Modell, welches er von vornherein als prinzipiell festgefügt und dessen Entwicklung er gewissermaßen schon im frühesten Werk vorgespiegelt sieht, gleichzeitig erst in der 9. Symphonie kulminiert – oder möglicherweise erst dort als eigentliches Modell erscheint.[112] All dies war enthalten in der oben referierten Aussage, dass die Evolution des Modells in gerader Linie verläuft und dass sie zugleich als irreversible Unternehmung konzipiert war (vgl. S. 56 sowie das folgende Zitat):

> Dabei ist Bruckner großzügiger verfahren [als Brahms], indem er sein sinfonisches Ganzes [...] als Modell, und die Abfolge der Werke als Evolution gefaßt hat.[113]

Vermutlich um Schemata und Modell optimal festzuhalten – tatsächlich aber bereits hier mit der Folge einer Verschleierung der entwicklungsmäßigen Perspektive – befasst sich Notter in seiner Abhandlung zunächst mit der annullierten d-Moll-Symphonie, von der er irrtümlich – allerdings absolut nicht als einziger – annimmt, dass sie schon 1863-64 komponiert wurde[114], und dann mit der 9. Symphonie. Dies besagt, dass der Einführung seines Modellbegriffs *"auf Minimalniveau"*[115] unmittelbar die Demonstration des *"paradoxen höchstentwickelten Urmodells"* folgt.[116]

Diese Vorgangsweise ist problematisch schon dadurch, dass die theoretischen Voraussetzungen für dieses Konstrukt mit dem Nachweis der korrekten Werkchronologie zusammenbrechen: nach der Schülerarbeit WAB 99, der f-Moll-Symphonie, mit der sich Notter nicht befasst, folgte die 1. Symphonie, danach erst die annullierte Symphonie in d-Moll, WAB 100, und dann die zweite samt die nachfolgenden Symphonien. Problematisch um so mehr als Notter das "Minimalniveau" von WAB 100 als notwendige Bedingung ansieht, die in der Modellvorstellung selbst enthalten ist – in welcher Instanz auch immer er sie sich als wirksam vorstellt[117]:

---

[112] "Bruckners gesamtes œuvre vollendet sich in der neunten Sinfonie." (Ebd. S. 29.)

[113] Ebd. S. 11.

[114] Korrekt: 1869, d.h. zwischen den Symphonien Nr. 1 (1865-66) und 2 (1871-72). Vgl. P. Hawkshaw: "The Date of Bruckner's 'Nullified' Symphony in D Minor", in: *19CM* 1983, S. 252 ff.; Bo Marschner: "Die chronologischen Probleme der 'Nullten' Symphonie Bruckners", in: *BrJb* 1987/88, S. 53-62, und L. Finscher: "Zur Stellung der 'Nullten' Symphonie in Bruckners Werk", in Chr.-H. Mahling (Hrsg.): *Anton Bruckner. Studien zu Werk und Wirkung* (= FS. Walter Wiora [80 Jahre]). Tutzing 1988, S. 63-79. – In seinem Artikel "Symphonie" (MGG², Sachteil, Bd. 9, Sp. 82) meint Finscher allerdings wiederum entgegengesetzt, dass *"es wahrscheinlich eine erste Fassung 1864/65* [!] *gegeben hat."*

[115] Notter, *op.cit.* S. 15. Ebd. S. 16: "Die "nullte" Sinfonie gibt der Evolution dieses Modells die Startbedingungen, die "Präadaptationen" vor."

[116] Ebd. S. 13, mit der Fortsetzung: "Die 9. Sinfonie gestattet es, die wirkliche Entfernung der Sinfonien zueinander, ihr kritisches Verhältnis, ihre Widersprüchlichkeit zu fassen; ohne sie wären die Unterschiede relativ, ja gleichgültig".

[117] Was die parenthetische Bemerkung angeht, vgl. folgenden, unklaren Text (den abschliessenden

Die evolutionäre Theorie hat solche dürftig und archaisch scheinenden Vorentwicklungen nicht als biographisch-kompositorische Frühstadien, sondern als notwendige Stufen in der Evolution des Modells zu erklären. Falls eine Evolution stattfindet, dann müssen an ihrem Anfang solche primitiven, abstrakten Komplexe stehen, die allmählich um formale und thematische Momente bereichert werden.[118]

Die Schwierigkeit vergrößert sich noch, wenn er über den tatsächlichen Vorgänger dieses *"Anfangswerks"* sagt:

> Bereits die Erste fußt auf den vorgefertigten Errungenschaften der "Nullten" und gewinnt aus ihnen ein neues Muster. [...] Die Sinfonie spielt mit einer Verve über ihre eigenen Schemata hinweg, die sich Bruckner später nicht mehr erlauben wird.[119]

Ein – längst bestehender – Verdacht, dass es sich bei Notters Vorstellung letztendlich um eine Schreibtischkonstruktion handelt, wird verstärkt, wenn man berücksichtigt, dass Wolfram Steinbeck, der Verfasser der neuesten und umfassendsten Monographie zu Bruckners 9. Symphonie[120], den entgegengesetzten Standpunkt zum Status des Modellbegriffs einnimmt (ohne ansonsten gegenüber Notter einen Dissens zu markieren), nicht nur in diesem Werk, sondern auch in der annullierten d-Moll-Symphonie, also in beiden für Notter "programmatisch" in höchstem Maße entscheidenden Werken.[121] Steinbeck:

> Die Neunte markiert eine Wende im Symphoniekonzept Bruckners.[...] Er hat ein neues Werkkonzept entwickelt, das die Neunte – wie früher die Annullierte auf ihre Weise – von den übrigen Symphonien substantiell unterscheidet. [...] In ihr [der 9. Symphonie] erweist sich, paradox formuliert, die Gültigkeit des Schemas in seiner Durchbrechung oder Aufhebung.[122]

Eine solche Auffassung begegnet einem bei Notter nicht, obwohl er diese Perspektive rein theoretisch zu ahnen scheint. Jedoch vernimmt man hier keine größere Klarheit:

> Brahms läßt allemal durchblicken, daß es sich bei seinen Sinfonien um die Ableger eines persönlichen sinfonischen "Begriffs" handelt. [...] Dagegen scheint es, als hätte sich Bruckner gar keine Rechenschaft über die inneren und äußeren Grenzen seines Modells

---

Absatz der Einleitung): "Dennoch gilt der Satz, daß Bruckner, gerade weil er sich über seinen sinfonischen "Begriff", den Zusammenhang von Schematisierung und Evolution selbst nicht völlig im klaren war, seiner Sinfonie die größtmöglichen Entfaltungsfreiheiten eingeräumt hat, indem er sie nicht an einem vorgefaßten Ideal von kammermusikalischem Ebenmaß auflaufen [wie bei Brahms, *B.M.*], sondern in sich aufquellen ließ, bis sich die inneren Widersprüche von selber lösten oder bis zur grundsätzlicher Unlösbarkeit verschärften." (Ebd. S. 14.)

[118] Ebd. S. 17.

[119] Ebd. S. 16 und S. 61.

[120] W. Steinbeck: *Anton Bruckner: Neunte Symphonie d-Moll.* (Anm. 18.) München 1993.

[121] Die 9. Symphonie nimmt bei Notter unbedingt den ersten Platz ein, soweit es die analytische Spezifikation betrifft (31 Seiten gegenüber ca. 14 für WAB 100 und der durchschnittlich gut sechs Seiten je der übrigen acht Werke).

[122] Steinbeck, *Neunte Symphonie*, S. 15 und S. 17. Notters Gesichtspunkt deckt sich mit Manfred Wagners, hier etwa: "Die beiden letzten Sinfonien zeigen sich formal daher nur als Zusammenfassung bereits einmal vorgenommener Versuche, betreten nicht aber Neuland". (*Bruckner*. Mainz 1983, S. 345, auch S. 346). Meine eigenen nachfolgenden Analysen unterstützen demgegenüber eher Steinbecks Hauptgesichtspunkt. – Was die annullierte d-Moll-Symphonie WAB 100 betrifft, veröffentlichte Steinbeck seine Argumente in dem in Anm. 106 erwähnten Aufsatz, S. 552 ff.; nachfolgend zitiert als: *Zu Bruckners Symphoniekonzept.*

abverlangt, sondern es der Reihe nach "auskomponiert" in der Hoffnung, daß sich der Modellcharakter einmal aufhebt.[123]

Die prinzipielle Kritik zu Notters Entwicklung des von Korte initiierten Paradigmas lässt sich denn also vorläufig zusammenfassen in zwei fundamentalen Verhältnissen: Zum einen und unbedingt wesentlichsten ist es wohl kaum Bruckner, sondern eher Notter, der genauere *"Rechenschaft über die inneren und äußeren Grenzen seines Modells"* ablegen sollte. Zum andern beruht seine Theorie auf einer Entwicklungsperspektive innerhalb zweier Außenbereiche im Werkganzen, wobei in Bezug auf beide so augenfällige Probleme bzw. Gegensätze zu neueren Forschungen bestehen, dass allein diese genügen, um Zweifel am gesamten Fundament seiner Arbeit zu erheben. Eine genauere Wertung dieses Sachverhalts wird aber erst möglich durch erneute Untersuchungen von Bruckners symphonischem Werk unter hierauf bezüglichen Gesichtspunkten.

4 · Die funktionale Interpretation des Schemas durch Wolfram Steinbeck

Im Vergleich zu Werner Notters Abhandlung mit ihrer ungeklärten und dazu oberflächlichen und fehlerhaften Darstellung steht Wolfram Steinbeck mit drei teilweise sich überschneidenden Beiträgen zum Schematismusproblem in Bruckners symphonischer Musik auf wesentlich festerem Grund.[124] Dennoch ist festzustellen, dass auch hier einige übereilte und generalisierende Urteile gefällt werden. Nachfolgend soll dies nachgewiesen werden durch eine Reihe von Kontrollen eher werkspezifischer Art – auch weiterhin vorläufigen Charakters im Vergleich zu später folgenden analysierenden Bemühungen –, die bis zu gewissem Grad auch die Gültigkeit dieses wesentlichsten und letztendlich auch berechtigten neuen Beitrags zur Schematismustheorie anfechten werden. Die besondere Leistung Steinbecks besteht darin, dass gewissen schematischen Elementen präzisere funktionelle, wenn man denn so will: formdynamische, Aufgaben innerhalb der einzelnen Satz- und Werkabläufe zugeschrieben werden.

Diese funktional betonte Auffassung der Reihe von registrierten wiederkehrenden Elementen und Prozeduren ist einerseits der entscheidende Fortschritt innerhalb der Beiträge, die sich grundsätzlich an das Kortesche Paradigma halten; gleichzeitig verrät sich eben diese Grundlage ein weiteres Mal durch die Neigung, bestimmte Züge und Strukturen in Bruckners symphonischem Konzept in stärker stereotypisierter Form darzustellen, als das die tatsächlichen Verhältnisse erlauben.[125]

---

[123] Notter, *op.cit.* S. 11 f.

[124] Außer der in Anm. 122 erwähnten Monographie sowie dem Aufsatz *Zu Bruckners Symphoniekonzept* vgl. W. Steinbeck: "Schema als Form bei Anton Bruckner. Zum Adagio der VII. Symphonie", in: *Beiträge zu einer Problemgeschichte des Komponierens.* (= FS. H.H. Eggebrecht [65 Jahre].) Wiesbaden, Stuttgart 1984, S. 304-323; nachfolgend zitiert als: *Schema als Form.*

[125] Außerdem verrät der Status, der hier den typisch Korteschen Begriffen zugeschrieben wird (z.B.

Wenn Steinbeck, im Verhältnis zu Notter, Bruckners symphonisches Konzept insoweit entscheidend modifiziert, als es für ihn nicht mit der "eigentlich ersten" Symphonie vorliegt, sondern erst mit der dritten etabliert wird, um anschließend Gültigkeit *"auch für die folgenden Symphonien"* zu haben (mit der oben markierten Ausnahme der 9. Symphonie[126]), so drückt das nicht so sehr eine entscheidende Änderung der Wertung des typenmäßigen Charakters der vier früheren Werken aus als vielmehr eine ganz andere Anschauung des eigentlichen Modellbegriffs in Verbindung mit Bruckner.

Diese Einengung des relevanten werkmäßigen Umfangs des symphonischen Modells und seines Grundcharakters begründet sich insbesondere aus einer – völlig übergeordneten – funktionalen Bestimmung. Steinbeck spricht von diesem Konzept auch als der kompositionstechnischen *Außenseite* von Bruckners – im Vergleich etwa zu Beethoven – fixierter "symphonischer Idee", womit er zugleich die individuellen Bedeutungen einer Reihe von "inneren", eher werkspezifischen Momenten betont. Sein Hauptkriterium für diese "Idee" besteht in ihrem *Monumentalcharakter*.[127] Während Notters fundamentaler Gesichtspunkt maximalen Spielraum für die *Entwicklung* innerhalb der Rahmen des Modells ließ, und das bis zu dem Grade, dass weder die rudimentärste (für ihn WAB 100) noch auch eine eher Ausnahmen-geprägte Entwicklungsstufe (die 1. Symphonie) uncharakteristisch oder etwa weniger relevant genannt werden könnte als spätere Stadien auf dem Weg des Modells, – während es sich bei Notter so verhält, wird bei Steinbeck das symphonische Typengepräge wesentlich genauer, sozusagen kritischer bestimmt; das Konzept in prägnantem Sinne wird z.B. als so festgefügt aufgefasst, dass es benutzt werden kann um zu erklären, warum ein Werk, das in grundlegender Weise hiervon abzuweichen scheint, annulliert werden konnte.

Denkt man sich den Begriff 'Monumentalität' als Hauptbestimmung in einem typologischen Zusammenhang, lässt sich nicht leugnen, dass eben mit und seit der 3. Symphonie ein spezifischeres Konzept für die Sicherung eines solchen Charakters vorliegt als das je zuvor der Fall war: das eigentliche *Thema* des Werkes – das Hauptthema des Kopfsatzes – erfährt seine Apotheose im Abschluss des Finales; und Choralelemente werden ein entsprechend wiederkehrendes Ereignis in der Monumentalisierung des Formprozesses. Solchen allgemein bekannten Grundprägungen fügen sich in Steinbecks Beschreibung andere, nicht so sehr charakterielle als dynamische, formprozessuale Ausformungen allmählich mehr und mehr standardmäßiger Art.[128]

Neunte Symphonie S. 18 u. - 22), Steinbecks Affinität zu Kortes Paradigma, wenn auch mit gewissen Vorbehalten gegenüber seiner konsequenten Anwendung – mehr dazu später. Zu einer Weiterführung Kortescher Begriffe gehört Steinbecks komprimierende Terminologie *disjunktive Variantenreihung* (*Schema als Form*, S. 307).

[126] Steinbeck, *Neunte Symphonie*, S. 15.

[127] Ebd. S. 17 f.

[128] Hier mag man z.B. Steinbecks formdynamische Differenzierung der Exposition im 1. Satz anführen: Thgr. I mit ihrer sich über weite Verläufe ausstreckenden linearen Entwicklung zu einem – oder mehreren – Höhepunkt(en); die kontrastierende, symmetrisch-bogenförmige und ruhigere Anlage

Diese Betrachtungsweise leuchtet allerdings nicht völlig ein: wird das Konzept oder Modell solcherart grundlegend aus dem Blickwinkel des Monumentalitätsbegriffs als dem wesentlichsten funktionalen oder zweckbestimmten Fundament betrachtet, so will es scheinen, als seien die konstitutiven Elemente unter diesem Zweck hier bis zu einem gewissen Grade auf eine bestimmte Auswahl derartiger Wirkungsmittel eingeengt. Dagegen spricht zunächst einmal und ganz übergeordnet, dass zumindest auch die ersten beiden "gültigen", d.h. numerierten Symphonien – und außerdem das Finale von WAB 100 – recht deutlich der Kategorie Monumentalsymphonie angehören.[129] Diese Werke enthalten denn auch verschiedene schematische Momente, die eben diesem Zweck dienen, z.B. im Abschluss des Finale von WAB 100 die thematische Integration von Haupt- und Seitenthema (nur den eigenen dieses Satzes) im späterhin üblichen triumphalen, Dreiklangs-sublimierten Kontext (T. 304 ff.), und in den Symphonien 1 und 2 die Coda als die wirkungsvollste Durchbruchsstelle des 1. Satzes für den Hauptthemenkern (oder andere, hierfür besonders bestimmte HTh-Elemente). Und eben den formalen Topos *Themendurchbruch* betrachtet Steinbeck als das unbedingte Hauptagens in der Gestaltung der Monumentalform, und zwar auf mehreren verschiedenen Formebenen.[130]

Dies könnte wie gesagt darauf deuten, dass Bruckners symphonisches Konzept – zu einem gewissen Grade wie bei Korte – wieder einmal in seinen Umrissen zu eng definiert wurde. Allerdings ist dies wohl kaum so kategorisch gemeint, wie es hier referiert wurde – und diesem Referat lag besonders Steinbecks neuester, zum Teil auch didaktisch verpflichteter Beitrag zu Grunde. Namentlich in seinem Beitrag über die Annullierung von WAB 100 beschreibt Steinbeck die Symphonien Nr. 1 und 2 als Ansätze, die auf verschiedene Weise, aber auch in deutlicher Übereinstimmung mit dem später endgültig fertiggestellten Konzept, an dieses Stadium heranführen als eine erste Synthese in der Entwicklung, eine Plattform, die nachfolgend für lange Zeit als universelle Entwicklungsgrundlage dient.[131]

Gleichzeitig unterstreicht Steinbeck, deutlicher als andere Vertreter des hier ge-

---

der Thgr. II sowie die wiederum lineare, aber in mehreren kurzen Ansätzen verlaufende Aufspannung der Thgr. III hin zum Höhepunkt der gesamten Exposition. Schließlich ein viertes, abspannendes Feld von thematisch freierem Charakter. Vgl. z.B. *Zu Bruckners Symphoniekonzept*, S. 561.

[129] Schon ein Vergleich mit der gleichzeitigen symphonischen Produktion, repräsentiert durch J.J. Raff, N.W. Gade, C. Saint-Saëns, den frühen Dvořák (ausgenommen seine 1. Symphonie) und entsprechend P. I. Čaikovskij, berechtigt wohl eine solche Charakteristik.

[130] Der Begriff 'Thema' ist bei Steinbeck in dieser Verbindung grundsätzlich in dem Sinne aufzufassen, den er in Bruckners prägnantem Verständnis desselben hat, also als das eigentliche *Thema* des Werks, Hauptthema des ersten Satzes (vgl. S. 50 f.). So z.B. in *Zu Bruckners Symphoniekonzept*, S. 555: "Die symphonischen Höhepunkte bei Bruckner ereignen sich ab der Dritten bekanntlich als Themendurchbrüche. Die Kopfsatzexposition der Dritten, die dieses Prinzip gleichsam entdeckt hat..." [*B.M.*: mit der Anführung des HTh-"Mottos" als Variante am Schluss der Exposition (allerdings nicht in der ersten Fassung von 1873; III$_2$/1. T. 213 ff.), aber schon mit der individuellen Ausmündung des HTh-Komplexes in ein Kulminationsthema: III$_2$/1. T. 31 ff.] – Vgl. des weiteren Steinbeck: *Schema als Form* (Anm. 124), S. 309.

[131] Vgl. bes. *Zu Bruckners Symphoniekonzept*, S. 554 ff.

meinten Paradigmas, dass die schematische Anlage als die Außenseite der realisierten "symphonischen Idee" zu betrachten ist und dass jedes einzelne Werk folglich auch deutlich individuelle Verwirklichungen dieses Grundkonzeptes enthält.[132] Trotz dieser wohltuenden Konzilianz findet sich aber eben hier auch eine Übereinstimmung mit Kortes fundamentaler Anschauung, indem die individuellen Werkmomente allgemein verstanden werden als Funktionen einer spezifischen Thema/Form-Dialektik:

> Die Aufgabenstellung konkretisiert sich musikalisch in den Themen eines Werkes, aus denen sich auch die Art ihrer Verarbeitung und Ausführung herleitet.[133]

Dieses Ableitungsverhältnis einer Formrealisierung teils aus schematischen Voraussetzungen, teils aus individuellen Bedingungen lässt sich aber offensichtlich nur schwerlich konkret explizitieren, zumindet in einer übersichtlichen Form. In methodischer Hinsicht leuchtet ein, dass hier ein so genau wie möglich definiertes "Formmodell" wünschenswert ist, da es in diesem Falle entsprechend leichter fällt, Momente individuelleren Charakters zu identifizieren mit Blick auf ihre Erläuterung in entsprechendem Grade betreffs des Einzelfalls. Es lässt sich nicht sagen, ob dies die Tatsache begründen kann, dass Steinbeck in seiner Spezifikation des "feststehenden Konzeptes" über einer Anzahl zum Teil markant vorkommenden Ausnahmen von aufgewiesenen Schemenelementen hinwegging – verteidigen lässt sich jedenfalls ein solches Absehen kaum.

Derartige Schematisierungen sind nun zu kommentieren, wobei wir uns mit denen begnügen, die die Expositionen der Kopfsätze betreffen, da diese mehr als andere Formstadien von Steinbeck angegeben wurden[134]:

1) *Der abrupt abschließende "Formblock" der Thgr. I, nach dem Höhepunkt und einer kurzgefassten Entspannungsphase*[135]: In eigentlichem Sinne gilt dies nur für die 3. Symphonie, nicht aber oder nur in geringerem Grad für die folgenden Werke: die Symphonien [**WAB 99**, **Nr. 1** sowie **WAB 100**: überhaupt keine Zäsuren. In der 1. Symphonie liegt der Schluss des dynamischen Höhepunkts schon genau mitten in der Thgr. **Nr. 2**: ein lang gezogener Ausklangsabschnitt *al niente*.] – **Nr. 4**: Eine offene Frage: die Thgr. *endet* auf einem Hochplateau, allerdings sicher "abrupt" kraft der lokalen Tonikawirkung, der eine Pause folgt. – **Nr. 5**: vgl. in vielem Nr. 2. – **Nr. 6**: keine Zäsur, aber bruchloser Übergang zur Thgr. II. – **Nr. 7**: erfüllt kaum eines der angegebenen Kriterien. – **Nr. 8**: vgl. Nr. 6.

---

[132] *Neunte Symphonie*, S. 17.

[133] *Loc. cit.* Übrigens entsprechend, nur schwerer verständlich, bei Notter, und ohne dass hier die Rede von individuellen Momenten wäre, sondern eher von einer Evolution innerhalb den Rahmen des Modells: "[Das Kriterium,] mit dem sich der Fortschritt des Modells wirklich nachvollziehen und bewerten läßt [...] muß sich an den Schemata selber festmachen lassen; es kann sich dabei nur um die Auseinandersetzung von Form und Thema handeln." Notter, *op. cit.* S. 13.

[134] Frühere Werke als die 3. Symphonie werden, wie billig ist, in eckigen Klammern gesetzt, da sie in diesem Zusammenhang nur sekundäre Indizien bezeichnen können. Die 9. Symphonie wird hauptsächlich nicht in die Übersicht einbezogen (vgl. jedoch Anm. 136), da Steinbeck ebenfalls dieses Werk als jenseits des schematisierten Konzepts stehend auffasst.

[135] *Neunte Symphonie*, S. 28 m. (und S. 31 o.)

2) *Thgr. II in A B A'-Form mit eigenem Höhepunkt im Mittelteil*: betrifft nur die **4. Symphonie**.[136] Für die übrigen Werke gilt:

[**WAB 99, Nr. 1**: Die Thgr. fällt in beiden Werken in zwei korrespondierende Abschnitte.[137] **WAB 100**: Die Thgr. hat keine Reprisenanlage; der zweite und letzte, relativ konstrastierende Abschnitt (T. 46 ff.) entwickelt allerdings einen Höhepunkt (T. 52-53). **Nr. 2**: fällt in einen eher weiter verlaufenden Zusammenhang mit Barform-haftem Gepräge: T. 63-72 (a), T. 73-81 (a'), T. 81-97 (b). Vor allem wichtig: keine Reprisenanlage.] – **Nr. 3**: kein interner Höhepunkt im Mittelteil (III$_2$: T. 129-140), erst im nachfolgenden Reprisenabschnitt. – **Nr. 5**: der Mittelabschnitt (T. 131-144) ist ein reines Suspensionsfeld ohne dynamischen oder motivischen Eigeneffekt. – **Nr. 6**: hier sind die Verhältnisse wesentlich komplizierter als sonst: potenzierte, integrierte Liedform: a b a' c = A (T.49-69, °Dom.); B (T. 69-80), ohne Höhepunkt-Element, trotz dem *f*-Takt T. 71, und mit Bezug T. 73 ff. auf den A-Teil (T. 51 ff., Bässe, dann Kl.); A' (⁺Dom.) = a' b' (T. 81-101), b-Bezug (Vl.1 T. 90 ff.) in stark abgeleiteter Form. – **7**: wird praktisch nur von einem Motiv beherrscht; das sehr kurze "Zwischenstück" besteht aus 9 Takten in dreifach doppeltem Kontrapunkt (T. 81-89), ohne eigentliche thematische Funktion und ganz besonders: ohne Höhepunktbildung. – **Nr. 8**: Fällt grundsätzlich in zwei korrespondierende Abschnitte: T. 51-72 mit konsequenter Steigerungsanlage in dynamischer Hinsicht, T. 73-88 mit dynamischer Steigerung samt Fall. Abschluss über selbständige Ültg. zur Thgr. III (T. 89-97).

3) *Thgr. III noch mehr abrupt abgeschlossen als die Thgr. I und immer mit einer dominantisch-offenen Klangakkumulation*[138]: gilt für die Symphonien Nr. 1, 4, 7 und 8, nicht aber: [**WAB 99** und **WAB 100** (die auch in der 3. Satzgruppe keine selbständigen Themen haben). **Nr. 2**, wo die Höhenstrecke der Thgr. in Takt 135 ganze 25 Takte vor dem abschließenden Feld der Exp. fällt. Im dazwischenliegenden Abschnitt erhebt sich sogar ein weiterer – weniger deutlicher – Höhepunkt um T. 146.] – **Nr. 3**: bruchloser Übergang von örtlich tonikalem Hochplateau zum Epilogabschnitt, T. 220 (III$_2$)]. – **Nr. 5**: wie **Nr. 3**, aber in tonaler Ausweichung im Verhältnis zur Schlusstonart der Exp.; vor allem wichtig: kein Ausmünden in einen dominantisch-offenen Klang, und der "Epilog", verstanden als die *p*-Ausklangtakte (III$_2$: T. 209-224), beginnt mit motivischen Ableitungen des früher durchgehenden Motivs (T. 199 ff.). – **Nr. 6**: vollkommen gradueller Übergang zum Schlussabschnitt der Exp., unterstrichen von einem Diminuendo von *ff* bis *pp*, T. 120-129, und ohne jede dominantische Wirkung.

4) *Thema III ständig motivisch abgeleitet aus vorhergehendem Material*[139]: Dies gilt für [**WAB 99** und die Symphonie **Nr. 1** (allerdings ist hier – nach 27 Takten von charakteristischem Thgr. III-Gepräge, mit Bezug auf HTh$_b$ (T. 18 ff.) – das eigentliche, kulminierende Thema III (T. 94 ff.) völlig selbständig.] Ebenso **Nr. 4**: T. 119 ff. ist eine Wiederaufnahme von HTh$_b$ (T. 51 ff.), und schließlich **Nr. 8**, wo die Thgr. III (T. 97 ff.) nach 6 Takten allmählich zunächst von The-

---

[136] *Loc.cit.* Ironischerweise mag es scheinen, als denke Steinbeck hier besonders an den 1. Satz der 9. Symphonie (vgl. den Mittelteil der Thgr. II, T. 105-130, mit dem Höhepunkt T. 123-130). Außerdem vielleicht an das Adagio der 7. Symphonie, einen Satz, den er ebenfalls gründlich untersucht hat (vgl. *Schema als Form*), – auch hier folgt die STh-Gruppe deutlich seiner Charakteristik (siehe bes. T. 49-52).

[137] Der in *Zu Bruckners Symphoniekonzept*, S. 560 graphisch markierte *Mittelteil* T. 53-57 kann keineswegs eine solche Bezeichnung rechtfertigen, sondern ist vielmehr ein echohaftes Nachklingen der Musik der vorhergehenden Takte (in konkretester Form Kl. gegenüber Vl.2, T. 50 ff.).

[138] Ebd. S. 31. Dort auch: *"Abbruchstelle, scharfe Grenze zum 4. Feld"*.

[139] Ebd. S. 30.

ma II (Umk.), dann vom HTh (T. 110, Fag., Ten.-Tb.) "tingiert" wird. In diesem in manchem recht untypischen Satz führen die motivischen Bezüge allerdings auch eine Assimilierung von Elementen aus dem HTh schon in der Thgr. II mit sich (siehe T. 81 ff.), so dass die gesamte Exposition in höherem Grad als sonst gewohnt wie eine kontinuierliche Entwicklung erscheint.

Eigenartig ist, dass die vier Fälle, die Steinbeck als Beispiele für thematischen Zusammenhang zwischen den Themengruppen III und I oder II spezifiziert hat, nun alle einen zweifelhaften Charakter aufweisen. Das gilt für die 2. Symphonie (T. 97-160), wo keine handfeste Verbindung zur Thgr. II festgestellt werden kann, nicht einmal in der Form einer liberaleren Motivableitung; die deutlichste gemeinschaftliche Prägung äußert sich in den nachschlagenden Quinten (die als Unterquarten angebracht sind, vgl. weiterhin S. 232 f.). Die wiederholten rhythmischen Figuren der Trp. T. 122 ff., die obendrein aus der I. Themengruppe stammen, sind kein Integrations-, sondern ein Fremdelement und haben rein begleitenden Charakter. In Symphonie Nr. 3 (III$_2$: T. 173-220) soll die Zugehörigkeit für beide vorhergehenden Themengruppen gelten. Dies begrenzt sich aber auf die (motivisch sekundäre) rhythmische Gestalt der Streicher, die eine Ableitung aus Thema II bezeichnet (in retrograder Form). Ein Ableitungsverhältnis zur ersten Themengruppe erscheint ziemlich gezwungen; allenfalls berührte es die Crescendostruktur im mittleren Element des HTh-Komplexes (HTh$_b$), T. 15 ff. (III$_2$). Dieselben Doppelbezüge werden für die 7. Symphonie behauptet, wären aber noch wesentlich schwerer zu verifizieren. Eine ähnlich unscharfe Identifikation macht sich bemerkbar betreffs Symphonie Nr. 6 (T. 101 ff.) durch einen Hinweis andernorts auf die Hauptthemengruppe als *"aus dem Begleitrhythmus des 1. Themenkomplexes hervorgegangen".*[140] Hierfür sind die Divergenzen allerdings allzu offensichtlich. Tatsächliche, diastematische Reminiszenzen des Hauptthemas erscheinen erst wieder in Takt T. 125 f. (Kl.) und weiter in T. 133 f. (Hbl$_l$), d.h. im nachfolgenden, abschliessenden Expositionsabschnitt.

In der 5. Symphonie – die von Steinbeck hier nicht spezifiziert, aber, ähnlich wie die übrigen nicht angeführten Werke, implizit unter dieses Schema subsumiert wird – zeigt die motivisch gesehen reich variierte Thgr. III (T. 161 ff.) unmittelbar keine Anzeichen eines Ableitungsverhältnisses. Allerdings mag das Höhepunktmotiv T. 199 ff. als subtiler und für Bruckner eher untypischer Bezug auf vorhergehendes Material in Betracht kommen: ganz unmittelbar wird seine gestische Gleichheit mit dem zweiten Motiv der Adagio-Einleitung (T. 15-18) registriert; strukturell, und auf bestätigende Weise, ist eine Verwandtschaft festzustellen kraft der unisonen Führung in gebrochenen Dreiklängen über zwei Oktaven. Weiter wird das von der tonalen Kongruenz gestützt: (1) Ges-Dur → B-Dur, (2) B-Dur → Ges-Dur. Findet sich hier auch ein tatsächlicher Bezug, ist er doch gleichzeitig als stark modifiziert anzusehen (wobei die Inversion nicht einmal das kontroversiellste Element ist[141]). Das Ableitungsverhältnis ist gegebenenfalls ein

---

[140] *Schema als Form*, Anm. 25, S. 309.

[141] Dies wird auch dadurch unterstrichen, dass das Einl.$_b$-Motiv im Laufe der Durchführung (T. 287 ff.) umgekehrt wird.

Ausdruck für die bei Bruckner seltene entwickelnde Variation. Andere Beispiele hierfür sind die Hauptthemen in den Außensätzen der 5. und der 8. Symphonie: im ersten Fall eine – nicht ganz perfekte – diastematische Symmetrie, für die es einen parallelen Fall zu Beginn des Finales der 2. Symphonie von Brahms gibt[142]:

Beispiel 6

Beispiel 7

Eine spezifische Ähnlichkeit zwischen den Themen III und I in den (mit Steinbecks Bezeichnung) "trithematischen" Sonatensatzformen ist weit üblicher und macht sich auch mehr ausgeprägt geltend in den *Finalsätzen*, wie WAB 100 und die Symphonien Nr. 2, zum Teil Nr. 3 (Elemente der Umkehrung) sowie Nr. 4 dokumentieren – letztere allerdings nur mit einer Wiederaufnahme der begleitenden Sextolenfigur, diastematisch aber unverändert –, sowie des weiteren Nr. 5, 6, 7 und 9. Die 8. Symphonie markiert wiederum ihren Sonderstatus, indem hier die Themengruppen II und III enger mit einander verknüpft sind, wie das auch im ersten Satz der Fall war.

Dass die funktionalen Momente – eher in formdynamischem als in motivisch-entwicklungsmäßigem Sinne – eine Hauptrolle für Steinbecks Verständnis der schematischen Anlage des Formverlaufs spielen, zeigt sich wiederholt. Eines der bemerkenswertesten Beispiele hierfür ist seine Interpretation der formprozessualen Bedeutung von der dritten Themengruppe. Allerdings handelt es sich hier zugleich um ein schematisches Moment, das Steinbeck später weniger zu berücksichtigen scheint: in seinem ältesten Beitrag beschrieb er einen funktionalen Mechanismus zwischen Thgr. III und Hauptthema in der Weise, dass das erstgenannte Material quasi die Bedeutung eines Geburtshelfers für das erstere hat, das Thema, welches für ständig wiederkehrende und dabei stets definitivere Durchbrüche prädestiniert ist:

---

[142] Vgl. außerdem Notenbeispiel 9, S. 73.

Als Konsequenz des Steigerungsprinzips wiederum erklärt sich die bei Bruckner so eigentümliche trithematische Anlage der Ecksätze: Die Gestaltung der dritten Themen-komplexe, deren motivischer Ursprung im Grunde im jeweiligen Kopfthema liegt[143], ergibt sich aus der Absicht, mit ihnen die Steigerungen und Höhepunkte zu bestreiten. [...] Diese Art der Steigerung, die die Exposition mit dem 3. Themenkomplex einführt und die "wellenartig" in immer erneuten Ansätzen in der Durchführung erprobt wird, vermag das verdrängte, wenn man so will: verschüttete Hauptthema im Sinne der Durchbruchsidee zu seiner Reprise und zum Höhepunkt zu verhelfen.[144]

Besonders dieses "Schema" erweist sich als die Ausnahme eher als die Regel in der Sonatensatzform des Kopfsatzes wie auch des Finales. In Steinbecks jüngstem Beitrag zu diesem Thema scheint aber auch dies wieder zurückgenommen:

In allen Kopfsätzen bringen die Durchführungen stets die bislang größte Steigerungs-bewegung und mit ihr den ersten tatsächlichen Themendurchbruch. [...] Mehr jedoch hat Bruckner nicht schematisiert. So ist etwa auch der formale 'Ort', an dem dies heraus-ragende Ereignis stattfindet, nicht allgemein festgelegt, sondern von der individuellen Thematik des Satzes sowie vom besonderen Verlauf der Durchführung abhängig.[145]

Namentlich für das Reprisenmoment gilt, dass das Thema III offensichtlich kei-nesfalls den im früheren Zitat angegebenen Status eines Enzyms hat. Am klar-sten, wenn auch nicht nicht völlig damit entsprechend, erscheint die beschrie-bene formdynamische Wirkung in den Finalsätzen der Symphonien Nr. 8 (allerdings nicht in VIII$_1$, nur in der zweiten Fassung (T. 271-283)) sowie Nr. 7 (T. 199-213). An beiden Orten handelt es sich nämlich um eine Kombination von Thema I (HTh) und Thema III im Anlauf zum Reprisenmoment. In VII/4. wird diese Reprise sogar untypisch vom Seitenthema des Satzes repräsentiert; wo-gegen das Hauptthema, das weniger definitiv mehrmals vor der eigentlichen Apotheose dieses sowie des damit nahe verwandten Hauptthemas des ersten Satzes hervorbricht, überall seinem *eigenen* motivischen Kontext entspringt.[146]

Dagegen mag es sinnvoll sein, sich die recht charakteristische Wirkung einzu-prägen, die das Thema III als Treibkraft für den Durchbruch des Hauptthemas *"zum Höhepunkt"* hat, obwohl dies wohl besonders in, oder in der Nähe von, codalen Zusammenhängen eintritt, jedenfalls als eine spätere Begebenheit als das Eintreten der Reprise.[147] Allerdings sollte man sich vor einer eher rigoristisch (form)dynamischen Interpretation dieses Sachverhalts hüten; eben so sehr mag es berechtigt erscheinen, hier eine reguläre architektonische Logik festzustellen,

---

[143] Dies ist eine weitere Begrenzung motivischer Ableitungsmöglichkeiten im Verhältnis zur eben untersuchten Grundlage.

[144] *Schema als Form*, S. 309.

[145] *Neunte Symphonie*, S. 32 (vgl. außerdem S. 33). – Auch Notter geht mit größerer Vorsicht über den Schematisierungsgrad in den Durchführungsteilen bei Bruckner vor, ohne dass allerdings klar wird, in welchem Maße dies denn allgemein für die Gestaltung dieser Abschnitte gelten soll; siehe Notter, *op.cit.* S. 34 u. - 35 o.

[146] Nämlich von den $_b$- und $_c$-Elementen des Hauptthemas (vgl. T. 5 m.Auft. bzw. T. 7-9), da das Thema III in diesem Satz unmittelbar aus HTh$_a$ entwickelt wird.

[147] Eine Ausnahme – mit der Höhepunktbildung *vor* der Reprise – findet sich in der machtvollen *fausse reprise* im 1. Satz der 3. Symphonie (T. 343 (III$_2$), vgl. die eigentliche Reprise T. 431); hier wird HTh$_a$ aber durch das eigene Kulminationselement (HT$_c$) dieses Themenkomplexes ausgelöst.

schlicht kraft der natürlichen Reihenfolge der Themengruppen in der Reprise, d.h. mit einem Angrenzen der dritten Themengruppe an den Schlussverlauf des Satzes. Des weiteren mag hier auch das Hauptthema des Finales zugleich mit dem Thema III oder anschließend an dieses aktiviert sein, wie das z.B. der Fall ist in allen drei Versionen der 3. Symphonie (simultan: III$_3$/4. T. 393 ff.; und mit dem HTh-Element *zwischen* der Reprise von Thgr. III und der "Stretta": III$_2$/4. T. 589 ff., vgl. T. 515 ff.; Apotheose T. 597 ff.).

Eindeutige Beispiele für einen solchen Sachverhalt, den Steinbeck mit freigebiger, generalisierender Hand nachweisen möchte, sind selten zu finden. Ein solcher Fall erscheint im *Finalsatz* der 5. Symphonie, wo die Reprise des Thema III, T. 460 ff., schon nach zwei Takten zum ersten Durchbruch des Hauptthemas aus dem ersten Satz im finalen Zusammenhang führt, und das wohlgemerkt lange – 100 Takte – vor der Coda des Satzes. Ähnliche Bedeutung mag die Formentwicklung im Finale der 8. Symphonie für ihn gehabt haben: hier führt die durchführungshafte Behandlung von Thema III (T. 285 ff.) zu einer dreifachen Themenkollision zwischen diesem und dem HTh$_b$ (VIII$_2$ T. 301 ff.), aus der das erste und auch funktionell gesehen prinzipale Element (HTh$_a$) später aufsteigt (T. 345 ff.), obwohl bislang weder reprisenhaft noch durchbruchsmäßig geprägt; ein solcher Kontext markiert sich erst (in beiden Richtungen) ab T. 437, hier erfolgt dies aber unbedingt vor dem Hintergrund des hauptthematischen Materials selber. Dagegen herrscht in diesem Satz kein Zweifel an der primären formdynamischen Bedeutung von Thema III für den eigentlichen Durchbruch des Hauptthemas aus dem Kopfsatz, T. 619. Einen tentativen Vorläufer in diesem Sinne gibt es in T. 478 f. (Blechbl$_l$), allerdings entsteht er auf "mutierende" Weise durch einen Zusammenhang, der völlig vom HTh$_a$-Material des Finales beherrscht wird, vgl. T. 468 f., T. 470 f., T. 476 f.)

Auch die verschiedenen Momente im Zusammenhang zwischen den Außensätzen interpretiert Steinbeck vor dem Hintergrund eines funktionalen Verhältnisses von formdynamischem Charakter, und wieder führt dies zu einer nicht haltbaren, kategorischen Angabe eines wirkenden Moments hinter einer solchen Funktionalität. Das betrifft das Verhältnis zwischen dem Finale-Hauptthema und dem übergreifenden, eigentlichen Werk-Thema aus dem ersten Satz:

> Soll der alles überhöhende Schluß in der Satz- und Symphonie-Coda nicht aufgesetzt und herbeigeholt wirken, so [...] muß es (wie im Kopfsatz) zum 'Durchbruch' kommen, d.h. sein Auftritt muß im Satzprozeß angelegt und begründet sein. Voraussetzung dafür ist die Verwandtschaft der zum Höhepunkt führenden Themen. Bruckner schafft sie: Alle Hauptthemen der Finalsätze sind unmittelbar verwandt mit denen der Kopfsätze. [...] Die Themenverwandtschaft ist, im Vergleich mit anderen Symphonien, so auffällig und signifikant, daß auch sie als Element des besonderen symphonischen Konzepts bei Bruckner zu gelten hat.[148]

---

[148] *Neunte Symphonie*, S. 37 f. Steinbeck nimmt von dieser Regel die 5. Symphonie aus, wo allerdings – wie im Notenbeispiel 6 nachgewiesen – ein eher latenter struktureller Bezug vorhanden zu sein scheint. Dass dieser sich der Perzeption nicht gerade anbietet, mag Steinbeck gerne zugestanden sein.

Die Ausnahmen sind aber doch recht zahlreich und des weiteren in ihrer Weise ziemlich signifikant, indem sie gleichzeitig die fehlende Haltbarkeit der angegebenen Begründung für einen solchen Schematismus verraten.[149]

In der Symphonie Nr. 3 – dem ersten Werk, das die Durchbruchsidee auf zyklischer Ebene statuiert – besteht ausschließlich eine rhythmische Identität zwischen den jeweiligen Themeninitialen; und diese – sowie, wenn man denn will, die Tonrepetition auf der Punktierungsfigur mitten in der Initiale – kann kaum die Behauptung begründen, dass die Wiederaufnahme des Hauptthemas des Kopfsatzes so motiviert und effektvoll erfolgt, wie das der Fall ist; das wird ohnehin zur Genüge vom eigenen elementaren Charakter des Themas und insgesamt seiner Prägnanz gesichert.

Auch nicht die Hauptthemen der 4. Symphonie (was das Finale betrifft, siehe T. 43 (IV₂)) lassen sich mit dieser Regel einfangen, trotz des gemeinsamen, prononcierten *ces* in den respektiven Es-Dur-Zusammenhängen[150]; sie benötigen aber ebenso wenig wie im vorgenannten Werk, und aus den gleichen Gründen, eine solche Gleichheit.[151]

Beispiel 8 a-b

In noch höherem Maße hat die 6. Symphonie durch und durch distinkt verschiedene Hauptthemen in den Außensätzen (siehe im Finalsatz T. 29 ff.). In diesem

---

[149] Steinbeck betont die Funktionalität einer solchen behaupteten präformierten Themenstruktur: "Bruckner erfüllt mit ihr nicht nur [die Forderung,] in symphonischer Mannigfaltigkeit zugleich Einheit zuschaffen. Vielmehr ist die Themenverwandtschaft auch ein Teil des spezifisch Brucknerschen Prinzips: des Höhepunkt- und Durchbruchsprinzips." (*Loc.cit.*)

[150] Dagegen etabliert Bruckner kurz vor dem Ende der Symphonie, allerdings nur in ihrer frühesten Fassung (1874), eine kontrapunktische Vereinigung der zwei Hauptthemen: das Werk-*Thema* zwingt sozusagen das Finale-Hauptthema unter sich, was denn aber nicht ohne eine entscheidende Umformung desselben vor sich geht: siehe Notenbeispiel 8.

[151] Der selbstbegründende Zusammenhang wird dadurch unterstrichen, dass Bruckner sich lange nicht entscheiden konnte zwischen einer Finalekrönung, an der das Hauptthema des ersten Satzes auf eigentlich motivische Weise abschließend teilnahm (das 1878-Finale, der sog. *Volksfest*-Satz) oder einer, in der dieses Thema ausschließlich rhythmisch markiert wird (das 1880-Finale, vgl. auch die Erstdruckfassung, 1888). Die kritische Gesamtausgabe, Bd. IV₂ in L. Nowaks Edition, konnte (anders als Haas' ältere kritische Ausgabe) Bruckners vermutlich letzte Disposition berücksichtigen – die Partiturkopie, die an den Dirigenten Anton Seidl, New York, geschickt wurde –, wo das Thema wieder rhythmisch *und* melodisch markiert ist.

Fall äußert sich der spezifische, abschließende Themendurchbruch, so wie in der 8. Symphonie, als eine "Reduktion" auf eine elementare, aufgelöste Variante – primär eine Dreiklangs-Umspielung – des Hauptthemas aus dem ersten Satz.

Was nachfolgend die 8. Symphonie betrifft, ist ein Einheitsgepräge zwischen den Hauptthemen der Außensätze sicherlich hier eine Realität, die aber weder unmittelbar aufzufassen noch, einmal erkannt, in irgendeiner Weise auffällig ist: abgesehen von der rhythmischen Verwandtschaft, die der hauptsächliche Garant für die strukturelle Identifikation ist, macht sich dieses Gepräge eher subliminär geltend, als entwickelnde Variation, die für den zyklischen Formprozess größte Bedeutung hat (vgl. Kapitel VI, S. 433 ff.):

Beispiel 9 a-b

Eben als Folge dieses Kontrastes – oder besser: der jeweiligen, voneinander unabhängigen Identitäten der Themen – wirkt denn auch die Wiederkehr des Hauptthemas aus dem Kopfsatz, 90 Takte vor dem Abschluss des Werkes, als überwältigendes aber auch überraschendes Ereignis. Allerdings nicht nur vor dem Hintergrund eines Falles wie dem vorliegenden: man muss praktisch für alle Symphonien mit der Ausnahme von Nr. 7 und möglicherweise von Nr. 2[152] Steinbecks (allgemein formulierte) Auffassung zurückweisen:

> Durch seine Verwandtschaft führt das Finale-Hauptthema aber das Hauptthema des Kopfsatzes überall mit sich. Es klingt mit, wo das Finalthema auftritt. [...]
> Und in dem Augenblick, wo das Hauptthema des Finale in der Coda, im mächtigsten Höhepunkt des Satzes, ein letztes Mal durchbricht, da wird das symphonische Hauptthema in höchster Emphase aus dem tragenden Finalthema mit äußerster Kraftanstrengung gleichsam freigesetzt.[153]

Einer solchen Mechanik wird ausschließlich der Abschluss der 7. Symphonie gerecht, wo das Hauptthema des Finales – nachdem es obendrein gänzlich untraditionell in einer reprisenhaften Funktion zurückgehalten wurde[154] – in der codalen

---

[152] Im letztgenannten Werk erlebt nämlich das Hauptthema des 1. Satzes, das in allen Sätzen eine gewisse Motiv-generierende Funktion hat (vgl., mit Kritik, R. Haas: *Anton Bruckner.* Potsdam 1934, S. 113-116 und später Hansen, *op.cit.* S. 182 ff. – nicht jede Drehfigur in dieser Symphonie hat motivische Signifikanz –), keine Wiederkehr in "formbezwingendem" Sinne, sondern erscheint im Finale nur als einer unter mehreren verschiedenen, diskontinuierten Erinnerungsblitzen (T. 640-655, vgl. auch das aus dem 2. Satz wieder aufgenommene Messezitat T. 547 ff.).

[153] *Neunte Symphonie*, S. 38.

[154] Dies geschieht vor allem dadurch, dass die verschiedenen (späten) Ansätze zu einer Reprise – am deutlichsten T. 275, Tonika – bald überschattet werden von neuen, durchführenden Momenten (siehe T. 283 m.Auft. ff.).

Apotheose sozusagen aus sich selbst das quasi identische, im großen und ganzen nur rhythmisch und tempomäßig ruhigere Hauptthema des Kopfsatzes gebiert.

Wäre umgekehrt die Rede von einem so funktional gebundenen Moment in der Formgebung der Finalsätze seit der dritten Symphonie, wie Steinbeck das hier deutet, dann hätte Bruckner wohl kaum im Finale der 4. Symphonie das Hauptthema des Kopfsatzes schon in der Exposition des HTh-Komplexes des Finales markant zum Ausdruck gebracht (in beiden Versionen, aber auf verschiedene Weise und mit sehr verschiedener Wirkung[155]). In Übereinstimmung hiermit lässt sich durch erlebende Nachprüfung entscheiden, dass die gegebenen Konstellationen zwischen den zwei Hauptthemen (in der letzten Fassung des Werks) – ihre Einfügung in einen engeren zeitlichen Zusammenhang, zu Beginn des Satzes wie auch an seinem Ende – nicht eine Auslösung eines perzeptiven oder ähnlichen ästhetischen Assoziationsverhältnisses zwischen ihnen beinhalten. Von einem "Mitklingen", wie Steinbeck das nennt, kann kaum die Rede sein.

Kann man sich dennoch ohne Vorbehalte Steinbeck anschließen in seiner besonderen Betonung der thematischen Durchbruchsfaktoren als solchen in Bruckners symphonischer Form[156] – dass sie fast universell vorkommen, wurde bereits von Kurth registriert und zu einer Hauptsache gemacht –, so kann ein solches Einverständnis nicht gelten, soweit es die Mehrzahl der motivischen und der damit verbundenen formdynamischen Voraussetzungen hierfür betrifft. In diesen Fragen, die das eigentliche, umfassende Untersuchungsfeld in Verbindung mit der nuancierten Erfassung der Formtypologie Bruckners ausmachen, ist festzustellen, dass das Bild offensichtlich schon bei einer ersten genaueren Betrachtung in der Wirklichkeit wesentlich variierter erscheint als in der etwas zu luftigen Vogelperspektive des Schematisierungsdrangs.

Es scheint zu einem gewissen Grade – mit einem selbstkritischen Bewusstsein der Möglichkeit einer Reaktionsart, die als für einen "Brucknerianer" klassisch erscheinen mag, nämlich einer Prädisposition für eine Polemik aus einer Verteidigungsattitüde – als seien die Analytiker allzu sehr von dem geschichtlich überlieferten Bild Bruckners ausgegangen, mit persönlichkeitshaften Hauptzügen wie Naivität, begrenzter intellektueller Horizont und ein teils autoritätsgeprägter, teils die Umwelt abweisender Starrsinn[157], und als hätten sie dies mehr oder weniger unbesehen als gesicherte Tatsache akzeptiert (bis zu einem Grade vielleicht auch mit dem Bewusstsein des allmählich nicht mehr vorhandenen Risikos dieser Haltung), wenn ihm die Disposition für eine ausgesprochene Stereotypie in seiner musikalischen Formgestaltung zuerkannt wird. Ein Gutteil eben dieser

---

[155] Vgl. IV$_1$/4. T. 11 ff., T. 51 ff. IV$_2$/4. T. 79 ff. (eine Antizipation in rein rhythmischer Hinsicht findet sich T. 63 ff.).

[156] Und bewundernswert sind seine Begründungen für dieses funktionale Moment in einem detailliert analysierten Individualzusammenhang wie dem Adagio der 7. Symphonie, vgl. *Schema als Form*.

[157] So H.H. Eggebrecht: "Versuch über Bruckner", in: *Musik im Abendland*. München 1991, S. 700. (Rein musikanalytisch betrachtet ist dieser Essay in vielem von Korte abhängig.)

"methodischen Rigorosität"[158], die man beim Komponisten festzustellen meint, wird jedoch ironischerweise ebenfalls durch die ungenügende empirische Begründung dieses Sachverhalts demonstriert, die sich in nicht geringem Umfang feststellen lässt.

Umgekehrt geht es aber auch nicht an, den apologetischen Grundsatz vergangener Zeiten über den immer noch bestehenden Mangel an Verständnis für die fundamentale Eigenart von Bruckners musikalischer Formulierungsweise zu perpetuieren. Das wäre ungerecht, schon weil man damit eine Reihe von Details verschweigen müsste, die das Gegenteil andeuten, z.B. die Hervorhebung von originalen und nicht zum mindesten geschichtlich vorwärts weisenden Momenten in Bruckners Kompositionstechnik, die unstreitbar bei diesen Analytikern Ausdruck finden.[159] Und vor allem kann man den meisten der hier bewerteten Forschungsbeiträge ein Reflexions- und Argumentationsniveau nicht aberkennen, das eine grundlegende Konsistenz betreffs der Verhältnisse nachweist – oder ans Licht zwingt –, die zwischen den Einzelheiten des analytischen Paradigmas und spezifizierten geschichtlich-theoretischen Hauptrichtlinien exponiert werden. Gleichzeitig lässt sich aber nicht übersehen, dass sich gegenüber den axiomatisch geprägten Elementen desselben Paradigmas ein ziemlich großer Autoritätsglaube Geltung verschafft, was zu einer sicher etwas zu übertriebenen Wertung dieser Grundlage geführt hat.

Wichtig wäre also doch wohl, einige Momente im herrschenden Mangel an Präzision in den Arbeiten nachzuweisen, die von dem Anliegen eines schematischen Überblicks gesteuert sind. Und hier scheint das wesentlichste Problem verbunden zu sein mit einer notwendigen *Signifikanz* in der Explizitierung des schematischen Inventars, bzw. anderer Formen von ganzheitsgeprägter Betrachtung von Bruckners symphonischem Stil. Diese Frage ist nun unter verschiedenen Blickwinkeln zu behandeln, die eine Aufteilung in die folgenden, vier letzten Hauptabschnitte dieses Kapitels motiviert haben.

5 · Signifikanzprobleme in der Distanz-geprägten Bruckner-Analytik

Die mit der formalen Wertung von Bruckners Symphonietypus eingetretene Radikalisierung, die dazu führte, dass der Begriff Schema aus einem relativ generellen Status als formaler Orientierungsskizze in eher allgemeiner Perspektive sich weiter entwickelte zu einer Funktionalität als ausgesprochenes Regulativ für den formalen Prozess[160], müsste eigentlich weiter dazu führen, dass die

---

[158] Hansen, *op.cit.* S. 150.

[159] Z.B. ebd. S. 146 f., S. 151 f.

[160] Die Radikalität des formkonzeptuellen Begriffs 'Schema' in Verbindung mit Bruckner erscheint deutlichst im Lichte von Kortes Betonung des Sachverhalts, dass der formale Verlauf auch bei dem Form-Nominalisten Brahms deutliche Momente eines Modellgepräges enthält (vgl. z.B. Korte, *op.cit.* S. 102), während gleichzeitig der Modellbegriff oder – wie er es Bruckner vorbehält – das *Schema* in rigiderem, präformiertem Sinne nur mit dem letzteren Komponisten assoziiert wird (vgl. z.B. ebd. S. 112).

Anforderungen an die Signifikanz seiner Bestandteile entsprechend erhöht würden. Diese Forderung meldet sich – neben ihrer Notwendigkeit für die allgemeine Frage zur Wiedererkennbarkeit von Gestalttypen oder Gestaltungsweisen – auch in Bezug auf die Dichte der Elemente innerhalb der formalen Einheiten – typisch des einzelnen Satztypus – und nicht zuletzt betreffs der Existenz der schematischen Momente als "reproduzierte" Bildungen in Werk auf Werk. Derartige geschärfte Signifikanzkriterien konnte der Teil der Bruckner-Literatur, der kraft seiner Entschiedenheit in den theoretischen Voraussetzungen von einer solchen kritischen Verpflichtung betroffen ist, bis auf weiteres nicht honorieren.

Der erste Nachweis von Problemen in dieser Hinsicht ist rein elementärer Art und begründet sich darin, dass die Stringenz von Analysen in generalisierenden Zusammenhängen in keiner Weise Schritt hält mit den differenzierten analytischen Betrachtungen individueller formaler Organismen. In dieser Hinsicht symptomatisch sind schon die unverwechselbaren Paraphrasierungen von Korte, die vorliegen – u.a. bei Notter und Mathias Hansen – und die mehr als anderes dazu führen, dass man hier von einem Paradigma reden kann. Aber auch die Lektüre von Alfred Orels betagter Behandlung des *"Problem[s] der Form"*[161] vermittelt in manchen Punkten den Eindruck, dass diese Präsentation formal-stilistischer Eigenheiten, wenn sie auch in eher kursorisch geprägter Form erscheinen, in den Beitragen späterer Zeiten, und hier in erster Linie bei Steinbeck, weiter wirken. Namentlich erscheint der hier überraschende Mangel an Präzision recht unerklärlich, wenn er nicht auf einen – vermutlich eher indirekten, längst assimilierten – Einfluss von Orels *"stilkritische[r] Behandlung des Stoffes"* zurückgeführt wird[162], die – obwohl sie unleugbar als ein verdienstvoller Beitrag zu nennen ist – als in vielen Einzelheiten revisionsreif erachtet werden muss; einem Schematismusproblem in Bruckners Musik, von dem aktuell die Rede ist, war sich Orel kaum eigentlich bewusst.

Im Lichte des Mangels an wirklichen forschungsmäßigen Fortschritten, der sich als ein gewisses Festhalten an den oben hervorgehobenen heuristischen Grundlagen erweist, erfordert die Situation ganz unmittelbar tiefergehende Untersuchungen als die zur Zeit vorliegenden, namentlich was eine stoffliche Breite betrifft, aber auch auf Grundlage eines möglichst breiten theoretischen und argumentatorischen Bezugsrahmens.

Deswegen wendet auch dieser Beitrag weiterhin viel Energie daran, die Arbeit in offenem und kritischem Dialog mit den an den eindeutigeren Ergebnissen beteiligten Verfassern durchzuführen. Anders als die Situation bei diesen, die sich mehr oder weniger im Kielwasser Kortes bewegen, offensichtlich liegt, kann ich in diesem Stadium meiner Arbeit nicht behaupten, eine abgeklärte Auffassung vom Umfang der Relevanz des Schemabegriffs zu haben. Dass meine unmittel-

---

[161] Orel, *op.cit.* S. 73-96.

[162] Ebd. S. V. – In dieser wissenschaftlichen Attitüde lag programmatisch wohl die Absicht, sich mit konstanteren Zügen quer durch ein breiteres Untersuchungsmaterial zu befassen; in der Praxis erschien dies aber oft etwas diffuser als dominierende oder verwandte Züge.

bare Wertung dieses Sachverhalts ein recht vorbehaltliches Vertrauen in die aktuell dominierenden Auffassungen andeutet, sei gerne eingeräumt. Dies, wie auch der Umstand, dass sich die Hypothesenbildung der Abhandlung auf den Nachweis eines *Teils-teils* – und obendrein in einer auf gewisse Weise gänzlich alternativer Perspektive – eher richtet als auf ein Ergebnis kategorischer Art, kann denn auch in keiner Weise zu einer theoretischen Voreingenommenheit einladen, die zu einer methodischen Selbstisolation führen müsste. Zu den hier geforderten Gültigkeitskriterien gehört ganz im Gegenteil auch eine Argumentations- und Dokumentationsform, die offen ist für eine Wertung von Einzelheiten, grundsätzlich vor jedem auch nur denkbaren Verständnishorizont. Auch dies erfordert, in höherem Maße als es bisher in einer werkmäßig breiten Perspektive üblich war, eine eingehendere Spezifikation der empirischen Grundlage der Untersuchungen.

Das nächste Signifikanzproblem hat einen wesentlich anders sachimmanenten Charakter, da es auf dem grundlegenden Motiventwicklungsbegriff bei Bruckner beruht: der Variantentechnik. Was nun die eher übergeordneten formalen Implikationen dieser Technik wie auch Fragen *en détail* angeht, also Fragen zu Kriterien für eine Substanzgemeinschaft im Einzelfall, besteht offensichtlich im Umgang mit diesem eher vagen Motivbegriff ein Bedarf an Analysen, die von größerer Transparenz geprägt sind, gerne – wie auch im voranstehenden – verstanden als eine intensivierte Diskussion vorliegender Arbeiten, besonders aber in dem Sinne, dass Schlussfolgerungen in solchen Zusammenhängen vor dem Hintergrund einer größeren Klarheit mit Bezug auf ihr empirisches Beleg hervortreten.

Solange dies nicht der Fall ist, wird man wohl auf Dauer sich in einer Situation finden, da einerseits z.B. behauptet werden kann:

> Indem das Mutationsverfahren sich über den gesamten Werkorganismus ausbreitet, wird der Kontrast zwischen thematischer Setzung ("Exposition") – Verarbeitung ("Durchführung") – Wiederherstellung der thematischen Setzung ("Reprise") immer wirkungsloser, letztlich aufgehoben (wir halten deshalb an den Begriffen nur noch wegen der formalen Kennzeichnung von Satzabschnitten fest).[163]

Während man andererseits – vielleicht, wie im nachstehenden Zusammenhang, ohne klaren Verweis auf Kortes entgegengesetzte, nominalistische Auffassung (die übrigens in affirmativer Form im vorigen Zitat hervortritt[164]) – auf den folgenden, völlig anders gearteten Gesichtspunkt stoßen mag:

> Dieses Regulativ [zur Legitimierung des Sonatenformprinzips, unter Einwirkung einer in der Auflösung begriffenen thematischen Identität, *B.M.*] ist die Befähigung der offenen Variantenreihung zur unversehrten Wiedergewinnung der thematischen Substanz, kurz: zur Reprise [...]: Erst aus der vorgegebenen Sicherheit der thematischen Wiederkehr nämlich erwächst der Musik überhaupt das Vermögen zur diastematischen Nivellie-

---

[163] Hansen, *op.cit.* S. 158 (vgl. außerdem S. 145).

[164] Vgl. des weiteren ebd. S. 149: "Anstelle dramatischer Kontraste folgt ein "abgestuftes Nacheinander" [so Korte, *B.M.*], das an keine bestimmte dramaturgische Situation, innerhalb eines Satzes beispielsweise, gebunden ist." (Mit weiterem Fußnotenverweis auf Korte.)

rung; und umgekehrt: erst der weittragende Prozess der Variantenreihung mit seiner Auflösungstendenz macht die Reprise, die Rückgewinnung des thematisch Bestimmenden, zum zentralen Ereignis des Satzes.[165]

Eine konkrete Lösung des Problems soll uns hier nicht beschäftigen; teils mit Rücksicht auf den prinzipiellen Charakter der augenblicklichen Diskussion, teils weil schon in anderem Zusammenhang Stellung bezogen wurde zu diesem Aspekt des Problems (vgl. S. 40 ff.). Dagegen lässt sich die hier hervorgehobene Schwierigkeit weiter verfolgen bis hin in die noch offenere, zugleich aber entscheidende Frage, wieweit die Variantenbildung – die allerdings als syntaktisches Prinzip bei Bruckner nicht überall gleiche Gültigkeit hat, sondern vor allem im späteren Teil seiner Produktion – zu einem regulären Bruch mit aller klassisch-akzeptierter, logisch betonter Syntax und Formgestaltung tendiert. So wird das wohl am kategorischsten von Hansen gedeutet:

> Hier [I/1. T. 28 ff., vgl. auch die vorigen Takte, B.M.] deutet sich ein für das klassische Kompositionsverständnis "ungebändigtes", "undomestiziertes" Element an, das eine Konsequenz aus der kaleidoskopartigen Mutationsbreite der Variantentechnik darstellt. Sie steht zu jeder logisch-entwickelnden Satz- und Werkdramaturgie in schroffem Gegensatz.[166]

Die vorliegende Betrachtung kulminiert in jener allgemeinen Auffassung, dass der Formprozess unter solchen Prämissen nicht mehr eine

> zielgerichtete Bewegung (Entwicklung) [beschreibt], sondern eine kreis- bzw. spiralförmige Entfaltung, deren Ereignisfolge einer Kette von scharnierartig ineinandergreifenden, "kreisförmigen" Ereignissen gleicht.[167]

Dass sich diese Betrachtung nur in sehr bedingtem Maß und gegebenenfalls nur durch einen komplizierten Vermittlungsprozess auch nur teilweise in Deckung bringen ließe mit z.B. Kurths Wertung von Bruckners formalen *Organismen*[168], leuchtet vermutlich ein. Hansens Gesichtspunkt kann sich allerdings in jedem Fall auf konkrete Belege stützen, weswegen dieser Faden in diesem und in späteren Kapiteln unter Formulierungen wie einer vegetativen, resp. einfühlungsgeprägten Gestaltungsweise wieder aufgenommen wird.

Unmittelbar besser vermittlungsfähig eignet sich Steinbecks funktional betonte Interpretation von Kortes zentralem, dahinterliegendem Motivbegriff, der ja nun

---

[165] Steinbeck: *Schema als Form*, S. 308. Um einer detaillierten Wertung dieser Darstellung willen, mit ihrer charakteristischen funktionalen Hauptanschauung, sollte sicher auch die argumentatorische Fortsetzung angeführt werden: "Nun kann aber das beschriebene Reprisenprinzip [...] nicht nur aus der Tendenz des Materials zu melodischer Instabilität begründet werden. Vielmehr erweist es sich auch als Konsequenz eines anderen, gewissermaßen übergeordneten Gestaltungsprinzips: der für Bruckner so typischen und alles beherrschenden S t e i g e r u n g s - und H ö h e p u n k t b i l d u n g. Gerade die Herausbildung nämlich der Höhepunkte in Bruckners Symphonik rechnet in besonderer Weise mit der Wiederholung, der Rückgewinnung des thematisch Bedeutsamen." ebd. S. 309. (Hervorhebung von Steinbeck.)

[166] Hansen, *op.cit.* S. 157.

[167] Ebd. S. 152.

[168] Vgl. ein typisches Diktum Kurths wie: "Statt von Exposition (Hinstellung der Themen) sollte man bei Bruckner von Evolution sprechen." (*Op.cit.* S. 487.)

tatsächlich einen "neuralgischen Punkt" in der Analyse von Bruckners symphonischer Musik erschaffen zu haben scheint. In Steinbecks wesentlicher und nicht unkritischer Reflexion hierzu und durch seine analytische Explizitierung als Konsequenz hieraus wird eben die Eigenschaft *Ziellosigkeit*[169] in der mutierenden Variantenbildung in Frage gestellt – obwohl die letztgenannte Implikation bei Korte nicht annähernd so deutlich intendiert scheint wie bei Hansen.[170] Steinbeck wendet sich in dieser Verbindung gegen den Gedanken eines "konzeptionellen Bruchs" in Bruckners musikalischer Gestaltungsweise und führt weiter an:

> Der sich hierin ausdrückende ästhetische Widerspruch zwischen Schema und innerem Gefüge, den Korte nicht sah[171], wäre nur zu lösen, wenn es gelänge, weder das Schema als pures "Arrangement", noch das Verknüpfungsverfahren als "Mutation" und damit als zufällig auffassen zu müssen.[172]

Ein solches Vorhaben, in dem formdynamische Faktoren wie Steigerungsverläufe und thematische Durchbruchsmomente wieder zu zentralen Kategorien werden, behauptet Steinbeck allerdings nicht im allgemeinen einlösen zu können, dennoch aber jedenfalls in Zusammenhang mit einem Satz wie dem Adagio der 7. Symphonie, wo

> Bruckner doch in der Tat etwas gelungen zu sein [scheint], worum er lange gerungen hat: der Ausgleich zwischen Anlage und Steuerung des motivisch-thematischen Prozesses auf der einen sowie Schema und spezifischem Satzcharakter auf der anderen Seite.[173]

Hiermit sollte wohl exemplifiziert sein, dass eine gewisse Unklarheit herrscht betreffs der analytischen Reichweite des Variantenbegriffs, aber auch der kompositionstechnischen Konsequenzen dieses Charakteristikums in Bruckners Motivtechnik. Solange eine genauere Untersuchung dieser Fragen nicht vorliegt, gibt es also weiterhin einen Nährboden für bestehende Signifikanzprobleme, die sich in diesem Zusammenhang unter anderem und vor allem in Schwierigkeiten äußern, sich innerhalb eines gemeinsamen Verständnishorizonts um einige fundamentale formaltechnische Fragen verständlich zu machen.

---

[169] Vgl. Hansen, *op.cit.* S. 163.

[170] So lassen sich konkrete Belege schwer dafür finden, dass Korte das so meinte, wie es Steinbeck schreibt: "Und die thematische Arbeit beruhe dementsprechend nicht auf einer entwickelnden, sondern auf einer "sprunghaften" Motivabwandlung, d i e i h r Z i e l n i c h t k e n n t." (*Schema als Form*, S. 306 (mit Verweis auf Korte S. 42 f. Meine Hervorhebung.)) In entgegengesetzter Richtung geht wohl eher dessen Aussage (Korte, *op.cit.* S. 24): "Das Schöpferische offenbarte und bewährte sich als ein Dauerzustand, als ein ewiges Machen, Probieren, Tüfteln und doch auf ein weites Ziel hin machtvolles Fortschreiten."

[171] Vgl. Steinbecks Auslegung, *loc. cit.*: "Ein aus sich selbst nicht mehr steuerbarer Ablauf bedarf eines vorgefertigten Formgerüstes, das ihn zusammenhält und ihn vor der Gefahr gänzlichen Ausuferns bewahrt. Das Schema wäre, gemäß dem pejorativen Teil der Wortbedeutung, die Zwangsjacke eines formunfähigen Gefüges." – Dies ist allerdings eine bedenklich gewagte Konsequenz aus Kortes Darstellung.

[172] *Loc. cit.*

[173] Ebd. S. 307, vgl. S. 323: "Schema ist, zumindest in diesem Adagio, nicht von außen diktierte Maßnahme zu Formzwang, sondern die ideale Form einer Idee, der Höhepunkt- und Reprisenidee."

6 · Zyklische Thematik. Weitere Problemstellungen um die Themenkategorie und ihren Status bei Bruckner

Ein drittes Problem, das sich mit der eben angesprochenen Hauptfrage berührt, entsteht, wenn vielerorts in der Bruckner-Literatur die Existenz einer mehr oder weniger allgemein vorkommenden zyklischen Thematik innerhalb des einzelnen Werkes behauptet wird – in Verlängerung einer "Monothematik" auf der Ebene des einzelnen Satzes. Dieses Phänomen wird bisweilen sogar völlig unspezifiziert erwähnt, als handle es sich um ein selbstverständliches, musikalisch leicht verifizierbares Unterfangen. So geschieht das etwa bei Helmut Rösing in Verbindung mit dem schemabetonten Gesichtspunkt in seiner generalisiertesten Form:

> Ein einmal geschaffenes kompositorisches Grundmodell wird, soweit es die Sinfonien betrifft, abgewandelt, zunehmend differenziert und auch modifiziert (besonders bei der 8. und 9. Sinfonie), nicht aber außer Kraft gesetzt. [...] Es wird bestimmt durch die folgenden Konstanten: klassizistischer und streng periodischer Formenbau, überschaubare Gliederung der Themenkomplexe aller Sätze und Ableitung der Themen eines Satzes aus einer Motivwurzel.[174]

Rösings – ebenfalls unspezifizierter – Verweis auf Manfred Wagners Dissertation an dieser Stelle vermittelt uns keine nähere Konkretisierung einer solchen Technik. Eine Suche in der letzteren Abhandlung ergibt nur, oder besser statt dessen, folgende Betrachtung zu einer Monothematik auf satzübergreifender Grundlage:

> Auch Bruckners Werke sind durchaus monothematisch zu nennen. Doch ist der konzeptive Weg dazu wieder etwas verschieden von dem seiner Zeitgenossen Brahms und Wagner. Ist es für Brahms die Grundidee der symphonischen Variation[175] [...], so wird es bei Wagner das Musikdrama, die vierteilige Aussage über einen einteiligen, von einem Punkt ausgehenden Stoff. Bei Bruckner ist es die Entwicklung zum Themenfinale, der geglückten Transkription eines musikalischen Gedankens in fast nicht mehr erkennbare Umformungen, die sich zu einer neuen, diesmal akustisch eigentlich nicht mehr unterscheidbaren Symbiose des Finales aufeinandertürmen. [...]
> "Bruckner kehrt dorthin zurück, von wo die anderen ausgegangen sind". Irgendwie gibt dieser Satz Kurths in philosophischer Form die Antwort im Bezug, und nur im Bezug auf die Monothematik bei Bruckner.[176]

Ob das spezielle Phänomen, auf das Wagner hier seine Aufmerksamkeit konzentriert, denn ein stringenter Repräsentant der Bezeichnung Monothematik ist, das wäre wohl genauer zu überlegen. Hierzu trägt ein Zweifel bei, was er eigentlich mit einer "Entwicklung zum Themenfinale" meint: eine kontinuierliche Entwicklung eines thematischen Ausgangspunkts auf eine abschließende Gestalt in der Finalecoda hin, oder Bezüge zwischen bestimmten thematischen Einheiten, typisch: das Dreiecksverhältnis zwischen dem Beginn des Werkganzen, dem ent-

---

[174] H. Rösing: "Gestalt und Wiederholung in Bruckners Sinfonien", in: *BrJb* 1981, S. 17. (Meine Hervorhebung.)

[175] Gemeint ist vermutlich *entwickelnde Variation*.

[176] Wagner, *op.cit.* Bd. 1, S. 63. (Der in Anm. 81 zitierte Satz schließt den ersten Absatz des obigen Zitats ab.)

sprechenden Ausgangspunkt des Finales[177] (evtl. einer anderen "intermediären" Themengestalt, vgl. das HTh in IV$_1$/3.) sowie seines Schlußstadiums?

Wir werden später zu Wagners Spezifikationen dieser Verhältnisse zurückkehren, nachdem wir uns durch Mathias Hansens Darstellung von der rein terminologischen Unsicherheit befreit haben. Hier ist der Begriff zyklische Thematik offensichtlich in seiner umfassenden und prägnanten Reichweite zu verstehen:

> [...] in den Motiven und Themen [sind] Keimzellen eingelagert, auf denen der Zusammenschluß des gesamten motivisch-thematischen Materials eines Werkes gründet, bzw. gründen kann. Also eine Substanzgemeinschaft, die durchaus an das "Mottowesen" in den Sinfonien von Schumann bis Brahms erinnert.[178]

Dass eine solche zyklische Motivik fast im gleichen Atemzug präzisierend als bei Bruckner von abstrakterer Art beschrieben wird – hier verglichen mit dem Motto-Element der barocken Variationensuite –, das befreit uns nun aber nicht vom Vorhandensein eines Signifikanzproblems. Dieses enthält die folgenden drei Momente:

Zunächst einmal lassen sich mangelhafte Kriterien zur Deckung der behaupteten Fälle von Substanzgemeinschaft feststellen. So entwickelt Hansen z.B. einen motivischen Zusammenhang zwischen Themen aller Sätze der Symphonie Nr. 1 auf der Basis der "Leitintervalle" Sekunde und Terz, in Sonderheit der kleinen Sekunde. Entsprechend für die 2. Symphonie mit der – weit plausibleren – chromatischen, evt. chromatisch/diatonischen Drehfigur (hier sei beispielhaft verwiesen auf die Anfangstakte der Außensätze). Was die 1. Symphonie betrifft – wo man auf eigene Initiative angewiesen ist – seien hier einige mögliche Spezifikationen einer solchen behaupteten Themenverwandtschaft angeführt:

(Beispiel wird fortgesetzt)

---

[177] Gesichtspunkte, die diesen speziellen Zusammenhang betonen, kommen wohl am häufigsten vor: so betreffs der Symphonien Nr. 2 (Mathias Hansen), Nr. 3 (Josef Tröller u.a.), Nr. 5 (Rudolf Klein) und Nr. 7, wo eine Relation schließlich evident ist.

[178] Hansen, *op.cit.* S. 152.

Beispiel 10 a-f

Finden sich in den obenstehenden Beispielen möglicherweise einzelne motiv-ähnliche Intervall-Agglomerationen – solche wurden mit der bestmöglichen Intention angeführt –, so leitet eine solche Qualifizierung zweifelsohne, auf die konkrete Analyse angewandt, zu Schwierigkeiten, die nicht beseitigt, sondern eher verstärkt werden von der Tatsache, dass dasselbe strukturelle Intervall-moment auch in der harmonischen Dimension Geltung haben soll, im Kopfsatz desselben Werkes:

> Die kleine Sekunde kommt in diesem Sinne [d.h. mit Zusammenhang-schaffender Funktion, B.M.] auch in der vertikalen, in harmonischer Progression zur Geltung, wie etwa die Weiterführung des 1. Themas erkennen läßt [I/1. T. 13-17].[179]

Die Argumentation hat jedoch unmittelbar eine Schwäche in dem Sachverhalt, dass chromatische Verschiebungen ein sozusagen allzu allgemeines Element in Bruckners harmonischen Vorgängen sind. Und dies leitet in gewisser Weise auf den nächsten Punkt über:

Thematische Bezüge von der oben behaupteten Art sind nicht nur ungenügend wirksam in struktureller Hinsicht wie auch auf grund ihrer fehlenden perzeptionsmäßigen Durchschlagskraft, die u.a. darauf beruht, dass Gleichheiten sich nicht in eigentlich motivischer Form Geltung verschaffen, sondern eben so oft aus akkompagnierenden Zusammenhängen abzuleiten sind. Im höheren Grad entscheidend ist ihr geringeres Maß an Wahrscheinlichkeit als konzeptuelle Momente im Lichte anderer, meist überdeutlicher thematischer Relationen, die sich in den Zusammenhängen zeigen, wo so etwas zweifelsohne von Bruckner angestrebt wurde. Als Verdeutlichung solcher evidenter Zusammenhänge seien genannt: die jeweiligen Hauptthemen der ersten drei Sätze von IV_1[180] (siehe Notenbeispiel 11); die Öffnungsmotive im 2. und 3. Satz der 5. Symphonie (hier die ersten Takte der jeweiligen Sätze); in den beiden Außensätzen der 7. Symphonie die Dreiklangsbrechung der Hauptthemeninitialen, sowie endlich die primäre

---

[179] Ebd. S. 154 f.

[180] Das neu konzipierte Scherzothema in IV_2 weist keinen Bezug auf das "Motto" auf. Dieser Zug bedingt einen ganz anderen Formplan für das gesamte Werk, der dann höchstwahrscheinlich von der tatsächlich fehlenden Beteiligung des Finale-Hauptthemas an der Mottostruktur ausging, trotz der markanten Gegenwart des *ces* (wie dies auch im Motto vorkommt). Dafür führt das Finale in der spätesten Fassung eine neue, präliminäre Seitenthema-Gestalt ein (T. 93-104), in c-Moll wie ihre Vorlage, die sich auf den Motto-derivierten thematischen Ausgangspunkt des 2. Satzes beziehen lässt (T. 3-5, Vc.). Dagegen ist sie in keiner Weise vergleichbar mit dem grundlegenden Motivkern des Werkes.

Bedeutung der Rhythmusverhältnisse bei der entsprechenden Relation in der Symphonie Nr. 8, dort auch mit einem sekundär unterstützenden Faktor in dem an beiden Stellen vorkommenden aufsteigenden Intervall der kleinen Sexte als charakteristischem Gegengewicht gegen ansonsten nur sehr kleine Intervalle (vgl. Notenbeispiel 9, S. 73).

Beispiel 11 a-c

Hierauf ließe sich vielleicht erwidern, dass solche eher emphatische zyklische Prozeduren in den frühen Werken noch nicht Bestandteil von Bruckners symphonischem Konzept sind, – dass hier vielmehr motivisch verbindende Wirkungsmittel einer anderen eher latenten Art inkorporiert sind. Es gibt aber eher Grund zu glauben, dass es das Legitimationsbedürfnis des Analytikers ist, das für die Ansicht disponiert, dass das Werk einem motivisch-strukturellen Zusammenhang unterliegt, ob dieser auch – wie zuvor dargestellt wurde – nur in Form von vagen Strukturmomenten eingelöst werden kann. Auch vor dem Hintergrund eines Vergleichs mit der Situation bei Schumann[181] und Brahms aber, und in Sonderheit der fehlenden Eingrenzung eines hierzu entsprechenden motivischen "Netzwerkzusammenhangs" bei Bruckner, scheint diese analytische Observanz reif für eine Revision.

Als historisch bedingte Verhaltensweise, also was die Frage ihrer Tradition betrifft, könnte man die Sache auf die Spitze treiben und sie als das Ergebnis einer musikalischen Denkweise erklären, zu deren markantesten Fürsprechern und konsequentesten Exponenten in der Praxis Arnold Schönberg steht. Möchte man nun aber beim Lesen der folgenden, charakteristischen Schönberg-Aussage zu Bruckners Musik assoziieren, träfe man allerdings essenziel an dem vorbei, was für Bruckners Motivtechnik vor allem typisch ist:

> Jeder Musikkundige weiß, daß es in jedem Tonstück gewisse kleinste Teile gibt, welche immer wiederkehren: die sogenannten Motive. Kann man vielleicht auch in den modernsten Kompositionen die Funktion dieser Motive nicht immer oder wenigstens nicht

---

[181] Nur der in der vorigen Anmerkung spezifizierte zyklische Motivprozess in IV_2 und außerdem der in der 5. Symphonie lassen sich vergleichen mit – und möglicherweise unmittelbar kausal relatieren auf – Werke wie Schumanns 2. und 4. Symphonie.

leicht verfolgen, so steht es dagegen außer Zweifel, daß man es in den klassischen Werken fast immer kann. Der Sinn dieser Verarbeitung der Motive, welche desto weitgehender, je kunstvoller das Werk ist, kann nur der einer Vereinheitlichung sein: Es ist immer dasselbe Material, das verarbeitet wird: jede irgendwann und irgendwie auftretende Gestalt läßt sich auf diese Motive zurückführen; der gleiche Gedanke liegt allem zu Grunde; und es steht somit in klassischen Werken, neben der Einheit der tonalen Beziehungen als mindestens ebenso wirksam und von den Meistern mit ebensolcher Sorgsamkeit bearbeitet: *die Einheit der Gestalten, die Einheit des Gedanken.*[182]

Drittens und schließlich führt der springende Punkt in dieser Verbindung wieder einmal – wie könnte es auch anders sein? – zu dem geräumigen Variantenbegriff, der natürlich in Hansens Darlegung der Reichweite einer Substanzgemeinschaft bzw. Monothematik in Bruckners Symphonien impliziert ist. Es würde hierbei eine entscheidende Schwächung des Variantenbegriffs als praktischem analytischem Terminus – im Verhältnis zum Begriff entwickelnde Variation – bezeichnen, wenn man es so sehr erweitern ließ, dass er auch eine Geltung für die weitesten Abstände innerhalb eines Werkes erlangt, statt nur einen eher kontinuierliches Entwicklungsvorgang zu bezeichnen innerhalb relativ begrenzter Abschnitte.

Als richtungweisendes Kriterium soll deshalb vorschlagen werden, dass jedenfalls das rhythmische Identifikationsmoment repräsentiert sein sollte – in Verbindung mit Bruckner –, wenn man alle derartigen nicht unmittelbar einleuchtenden Variantenverhältnisse behaupten will[183]; andernfalls würde man einen weiten Unsicherheitsrahmen in der Wertung der Realitätsverhältnisse von motivischen Bezügen einführen.

Die weit umfassendere Bedeutung dieses motivischen Begriffs führt denn offensichtlich auch zu kaum akzeptablen Ergebnissen. Immer noch in Verbindung mit der 1. Symphonie, aktuell in einem Vergleich der Außensätze, findet sich folgende Behauptung:

> Selbstverständlich sind [I/4. T. 172-207] Punktierung und Triller (= Folge kleiner Sekunden) nichts anderes als die mit dem Beginn des 1. Satzes entfalteten materialen Keimzellen des ganzen Werkes [I/1. T. 2-4].[184]

Die weitläufige Anwendung der halbtaktigen Trillerfigur, das sich in der Durchführung dieses Finales hemmungslos und einfühlungsmäßig in einen *stylus phantasticus*-geprägten Toccata-Abschnitt ausbreitet, erweist sich als eine Anhäufung des zweiten Teilmotivs des Seitenthemas (vgl. Takt 40). Aus welchen Gründen sollte Bruckner dieses Teilmotiv wohl plötzlich als strukturell charakteristisch betrachten? Allem Anschein nach steht die Figur in massiver, isolierter Anwendung da. Abgesehen davon aber, dass die diastematischen wie auch die rhythmischen Verhältnisse wohl kaum überzeugend für die behauptete, weit-

---

[182] A. Schönberg: *Gesammelte Schriften 1.* Hrsg. von Ivan Vojtech. Frankfurt a.M. 1976, S. 227. (Zit. nach M. Hansen: *Arnold Schönberg. Ein Konzept der Moderne.* Kassel etc. 1993, S. 86.)

[183] Derartige Variantenverhältnisse werden üblicher in Durchführungszusammenhängen, namentlich im späteren Teil der Produktion.

[184] Hansen, *Anton Bruckner*, S. 165.

reichende strukturelle Relation sprechen, bewirkt die hier vorkommende "simulierte Durchführung"[185] eher das Gegenteil einer formal perspektivischen Funktion, nämlich eine Isolierung einer topologischen Qualität mit einer eindeutigen Zugehörigkeit zum Seitenthema des Finales: der konstant wirbelnde musikalische Strom kreist in eminentem Begriff um das Naheliegende; die fast manisch festsitzende Halbtaktfigur wirkt in der Fortsetzung des Abschnittes denn auch weiter unter den Auspizien des nachfolgenden dritten Themas (Takt 208 ff.), während sie in der Exposition desselben (Takt 58 ff.) völlig abwesend war.

Auf entsprechend lockerer Grundlage wird dem Hauptthema im Finale der 1. Symphonie substanziell – hier rhythmisch – ein motivisches Teilmoment im ersten Abschnitt der Themengruppe III aus dem Kopfsatz untergeschoben:

Beispiel 12 a-b

Problematisch ist hier der Umstand, dass der letztgenannte Motivkomplex ganze drei simultane Komponenten enthält – in Flöte, Horn und Violinen –, unter denen das von Hansen isolierte Teilmoment, das der Flöte, zum ersten nicht das akustisch dominierende ist, und des weiteren als einziges nicht in der Reprise, die sein konkreter Bezug aus dem ersten Satz ist (I/1. Takt 257 ff.), repräsentiert wird. Hier wird nun das behauptete Ableitungsverhältnis unmittelbar rechtfertigt durch einen Hinweis auf die lockeren diastematischen Strukturmomente des Variantenbegriffs, was gewissermaßen eine apagogische Beweisführung bedeutet, also eine Argumentation unter Behauptung der Unmöglichkeit der gegensätzlichen Situation:

> Da zwischen den Motivkomplexen und ihren Varianten keine logisch-syntaktischen Beziehungen mehr bestehen, können sie auch als ganze ausgewechselt werden. Dieses Moment der Austauschbarkeit [bedeutet] nichts Geringeres als die prinzipiell unbeschränkte Assoziationsmöglichkeit zwischen sämtlichen Motivkomplexen.[186]

Demgegenüber ist zunächst einmal erneut festzuhalten, dass eine solche Alternative doch in der Tat existiert: Bruckner vermag sehr wohl präzise motivische Fernbezüge zu etablieren – wenn sie auch von begrenzter Variationsbreite in gestaltmäßiger Perspektive und charakterlich gesehen von entsprechend begrenzt differenzierter Art sind. In den oben angeführten Beispielen zeigen sich derartige Bezüge mit z.T. leitmotivischer Deutlichkeit. Nach meiner Auffassung – oder

---

[185] Der Ausdruck stammt von Th. Röder: *Auf dem Weg zur Bruckner-Symphonie. Untersuchungen zu den ersten beiden Fassungen von Anton Bruckners III. Symphonie.* Stuttgart 1987, S. 228.

[186] Hansen, *op.cit.* S. 159.

These, wenn man denn so will – sind es nur solche verstreute, aber charakteristische Devisen, die ein intendiertes – und ebenfalls, bei einem Wechsel des Blickwinkels: ein ästhetisch signifikantes – motivisch-relationelles Konzept bei Bruckner bezeichnen.

Des weiteren kann der technischen Argumentation im obigen Zitat zur Bedingung eines willkürlichen Austausches zwischen motivischen Varianten konkret begegnet werden. Sie stützt sich auf den Sachverhalt, dass die Exposition der Themengruppe III in zwei Teile fällt: der oben angeführte motivische Entwicklungskomplex Takt 67 ff., der in einem selbständigen und vollgültigen Thema kulminiert, Takt 94 ff. Es wird von Hansen korrekt und berechtigt hervorgehoben, dass diese Themengruppe in der Reprise allein durch den erstgenannten Komplex repräsentiert wird, der hier eine neue Entwicklung durchmacht (siehe weiter unten). Eine nähere Betrachtung ergibt nun aber, dass die formale Funktion dieser reprisenhaften Änderung nicht auf einer mutativ bedingten Assoziation zwischen dem "eigentlichen" Thema III und dem "vorbereitenden" Komplex bestehen kann: die Bedingungen hierfür sind realiter nicht vorhanden, da eine strukturelle Deckung hierfür kaum deutlicher sich ausdrücken lässt als wie folgt:

Beispiel 13 a-b

Statt dessen besteht das charakteristische Verhältnis darin, dass die Themengruppe III in ihrem Reprisenkontext sich als eine immer deutlichere Hervorrufung von Elementen der ersten Themengruppe formt: derartige Elemente waren mehr als latent bereits in der Exposition vorhanden, mit der Komponente der Violinen (Takt 67 ff.) als eine direkte Weiterführung von HTh$_b$ (vgl. Takt 18 ff., Vl.). In der Reprise (Takt 257 ff.) ist dies auch weiterhin der Fall, die Entwicklung führt hier aber zu einer absoluten Vorherrschaft rudimentärer HTh$_a$-Motive (Takt 277 ff.), durch eine markante Steigerung auf einen Höhepunkt zu; dies indiziert, dass der Satz sich in der Richtung eines codalen Stadiums bewegt. So erfüllt im Reprisenzusammenhang der einleitende Komplex des dritten Expositionsfeldes seine formale Funktion.

Als Komplement zu seiner Vorstellung einer "grenzenlosen" Variantentechnik führt Hansen an, dass die motivische Funktionsweise eine eher in "äußerem" Sinne zusammenfassende Wirkungsform besitzt:

Bruckners Substanzeinheit jedoch ist in dem Sinne "formal" [im Kontrast zu einer Motiv-logischen Mottotechnik bei Brahms, *B.M.*], daß sie vor allem als verschleierndes Gegengewicht zu den variantentechnischen Ereignissen dient. Sie gemahnt eher an die barocke Variationensuite, deren variative Bezüge auf die eingangs gesetzten "Motto" ebenso formal blieben, keinen Einfluß etwa auf die Charaktere der einzelnen Sätze nahmen.[187]

Dies führt den Gesichtspunkt einer abstraktionsgeprägten Qualität wohl auf einen relativen Höhepunkt. Allerdings ist es wohl letzten Endes eher die Betrachtung selbst, die das Gepräge einer Abstraktion trägt: jedenfalls wenn man sie im Licht der Maxime (von C.G. Jung): *"wirklich ist, was wirkt"* anschaut. Tendenzen in dieser Richtung lassen sich aber schon früher feststellen, als man etwa glauben möchte. So formulierte sich Hermann Kretzschmar in seiner Erläuterung der 4. Symphonie zur Klärung seiner – in mancher Hinsicht durchaus berechtigten[188] – Ansicht der Schwierigkeit, den Finalsatz in diesem Werk zu begreifen:

> Die Themen sind nicht so einfach geformt und nicht so bestimmt im Ausdruck, wie er [Bruckner] sie sonst gewöhnlich gibt; zum Teil erhalten sie ihre Bedeutung erst durch den erst bei längerer Vertrautheit zu Tage tretenden Zusammenhang mit Melodien aus dem ersten Satz.[189]

Dies versuchte er nachfolgend mit einer formalen Perspektivierung des Dur-Seitenthemas des Finales zu belegen, – einer in formtopologischer Hinsicht ur-typischen Themengestalt, die doch wohl einer Pseudoerklärung wie der folgenden wirklich nicht bedürfte:

> So soll z.B. das zweite so wichtige Thema des Finale [vgl. Notenbeispiel 14 a] auf das Sextenmotiv im Hauptthema des ersten Satzes bezogen werden [Beispiel 14 b].

Beispiel 14 a-b

Kretzschmars analytische Observation ist wirkungslos: es fehlt ihr eine perspektivierende Funktion, und sie hat obendrein keinen Effekt im Verhältnis zu dem

---

[187] Ebd. S. 152.

[188] Vgl. meine Erläuterung der Problematik des Reprisenmoments in diesem Satz S. 370 ff.

[189] H. Kretzschmar: *Führer durch den Konzertsaal. I. Abteilung: Sinfonie und Suite.* Leipzig 4·1913, S. 788.

"Problem", das sie minimieren will. Anders stellte die Sache sich, wenn er auf das *Seitenthema* im Kopfsatz verwiesen hätte:

Beispiel 15 a-b

– oder auf den Bezug zwischen dem vorhergehenden Moll-Seitenthema im Finale (nur in der dritten Fassung, 1880) und dem ebenfalls in c-Moll stehenden Hauptthema aus dem langsamen Satz. Diese Neubildung – ohne Zweifel ein Ergebnis selbstkritischer Überlegungen[190] – komplettiert zwei andere Zitate von Hauptthemen, aus den beiden anderen früheren Sätzen, die unmittelbar vorher gebracht wurden: in T. 35 ff. ein Zitat aus dem Scherzo, in T. 79 ff. aus dem Kopfsatz. Dies gibt der Hinzufügung einen weiteren, typisch Brucknerschen Sinn.

Fassen wir jetzt die Kritik des im voranstehenden referierten Hauptgesichtspunktes zusammen, um anschließend eine alternative Verständnisperspektive zu skizzieren.

Betrachtet man sie als Leitbegriff zum Verständnis von Bruckners Musik, sind strukturelle Verknüpfungen, die, wie sich in der Realität oft erweist, im wesentlichen nur auf dem Papier – und selbst dort nur gezwungen – eine gewisse Glaubwürdigkeit für sich beanspruchen können, als problematisch anzusehen: solche Momente bilden im perzeptiven Zusammenhang eine kontroversielle und – was wichtiger erscheint – für die analytische Wertung eine unzureichende Grundlage. Solche Formen der "Einheitsbildung" sind aber in hohem Maße das tägliche Brot, von dem die Musikanalytiker der Gegenwart zehren. Im Verhältnis zu dem praktisch-didaktischen Ziel, das Kretzschmar mit seiner Themenerläuterung anstrebte, ist nun aber die Legitimation der neueren Strukturanalyse von gänzlich anderer Art.

Die grundlegende Auffassung des Werkes entspricht innerhalb dieses Paradigmas einem idealen Gegenstand – der in einer im Verhältnis zum Betrachter prinzipiell unabhängigen Existenzform gegeben oder angeschaut wird –, so wie es beispielsweise in einer Darstellung der philosophischen Hermeneutik erläutert wird:

> Das Kunstwerk hat ein Mehr an Bedeutung, das über den Umfang dessen hinausgeht, was in den persönlichen Erfahrungen des Künstlers intendiert ist. Dieses *Mehr* wird im

---

[190] Vgl. etwa die primitive Pizzicato-Quintenpendlung, die in den beiden ersten Fassungen des Satzes (1874 und 1878) zur Brückenbildung zwischen der Hauptthemen- und der Seitenthemengruppe dient.

Charakter der Kunst als Werk aktualisiert, d.h. in seiner äußeren Erscheinungsform, seiner Darstellung und äußeren Gestalt, in der Formung des äußeren Ausdrucks.[191]

Der in eminentem Sinn werkimmanente Status der Struktur mag vor allem deshalb seinen Reiz besitzen, weil er es dem Analytiker als Subjekt ermöglicht, sich hinter überpersönlichen, apriorischen Verstandeskategorien zu verstecken. Oder – wie der Literaturhistoriker Wolfgang Iser das in der Perspektive seiner Wissenschaft ausgedrückt hat:

> weil die Wissenschaft allzu leicht geneigt ist, die Elemente ihrer Theorie den theoretischen Disziplinen, vornehmlich einer textfernen, da systemorientierten philosophischen Ästhetik zu entlehnen – mit dem oft bedauerlichen Erfolg, fiktionale Texte auf die geborgten Prämissen zurückzuschneiden.[192]

Ein empirisches Kriterium, dass zu einem Zurücktreten von einer solchen reinen Immanenz-Anschauung veranlassen kann, leitet Iser aus hier und da vorkommenden, deutlicheren Zeichen für eine ästhetische Umnormierung innerhalb des Rahmens geltender Konventionen ab. Da sich diese Voraussetzung in Bruckners Entwicklung einer persönlichen symphonischen Norm – der, nach Beethovens Umbruch des Genres, wohl wesentlichsten Neuentwicklung in dessen autonom betonten Sparte während des 19. Jahrhunderts – deutlich geltend macht, verdienen Wolfgang Isers heuristische Ausführungen etwas detaillierter referiert zu werden, wobei man ohne weiteres von den spezifisch literarischen Umständen abstrahieren kann:

> Wenn die sozialen und historischen Normen das Repertoire des Romans bilden, so erscheint dieses im fiktionalen Kontext in einer oft differenziert abgestuften Negation. Diese Negation aber hat einen imperativischen Charakter; sie fordert dazu auf, das "Positive" anderswo als im Umkreis des unmittelbar Vertrauten zu suchen. Diese implizite Aufforderung der Negation ergeht natürlich zunächst an den, für den die negierten Normen das Vertraute sind. Das aber ist der Leser [...], dessen Aktivität insoweit beansprucht wird, als er die vom bekannten Horizont sich abkehrende Zielrichtung des Romans als dessen Sinn konstituieren muß.[193]

Diese phänomenologisch geprägte Attitüde zum Werk entspricht eher Roman Ingardens Begriff vom Kunstwerk als einem "intentionalen Gegenstand", also einem Gegenstand, der ein bewußtseinshaftes "Gerichtet-Sein" von einem Betrachter aus wie auf ihn hin voraussetzt. Im aktuellen Zusammenhang, also in einem rezeptionsästhetischen Seitenlicht, mag dieser Begriff so verstanden werden, dass das Werk selbst genauer zu erkennen gibt, wie es verstanden sein will.[194] Die prägnanteste, ja fast schon extreme philosophische Folgerung hieraus

---

[191] H.C. Wind: *Filosofisk hermeneutik.* Kopenhagen 1976, S. 73. (Übersetzung des Zitats.)

[192] W. Iser: *Der implizite Leser.* München 1972, S. 7.

[193] Ebd. S. 8.

[194] Bei Ingarden wird der Begriff Intentionalität (der aus der Phänomenologie Edmund Husserls stammt) vor allem im Zusammenhang mit der komplementären Bestimmung Realität verwendet: die Partitur repräsentiert die eine, unveränderliche Seite des Werkes, die intentionale oder "potentielle" Manifestation eines zeitlichen Phänomens, dessen Bestimmung es ist, in reale Zeit umgesetzt zu werden, in der konkreten Aufführung oder in einer anderen, entsprechenden Form ästhetischer Auffassung *in der Zeit.* (*Untersuchungen zur Ontologie der Kunst.* Tübingen 1962, S. 101, (22) *et passim.*)

habe ich in der Paraphrasierung von Hegel durch Hans Robert Jauß gefunden, einen mit Iser methodisch verwandten Literaturtheoretiker:

> Das Werk gewinne seine substantielle Wahrheit erst für und durch das anschauende Subjekt, sofern *"Betrachter und Werk je am anderen Subjekt das Bewußtsein ihrer selbst erlangen [können]"*.[195]

Oder, in der Deutung von Christoph Hubig:

> [Roman] Ingarden faßt den Werkbegriff lediglich noch als Aufgabe, die sich der Interpretation stellt [,...] er postuliert ein gemeinsames sinngebendes Moment für Autor und Interpret, als obersten Interpretanten[196], [...] als Vorstellung, die der Interpretationsbemühung zugrunde liegt.[197]

Als Alternative zum *abstrakten* Strukturbegriff zeichnet sich meines Erachtens als analytische Leitlinie für eine Beschäftigung mit Bruckners symphonischer Gestaltung ein Kriterium ab, das sein Zentrum in höherem Maße in einer *sinnlichen Evidenz* hat, die sich entweder unmittelbar mitteilt oder als wirksam, als real dadurch erscheint, dass sie durch einen kürzeren Prozess des Mitvollzugs registriert wird, und zwar vornehmlich in der realen Zeitperspektive. Hierdurch wird mit einem Verständniskriterium operiert, das den impliziten Zuhörer – eine Analogie zu Isers Begriff des *impliziten Lesers* – einbezieht, über den es heißt:

> Der implizite Leser meint den im Text vorgezeichneten Aktcharakter des Lesens und nicht eine Typologie möglicher Leser. [...] Dieser Akt bildet eine Grundstruktur des Romans[198].

Ein solcher vorgeschriebener perzeptiver Aktcharakter ist offensichtlich nicht gedacht als kongruent mit einer Enthüllung von Struktur, wie sie sich in einem transzendenten, logischen Subjektbewusstsein spiegelt; er bringt vielmehr mit sich, dass der kompositionelle Status des Werkes eng mit seinem Appell an die

---

[195] H.R. Jauß: "Rückschau auf die Rezeptionstheorie. Ad usum Musicae Scientiae", in: H. Danuser, F. Krummacher (Hrsg.): *Rezeptionsästhetik und Rezeptionsgeschichte in der Musikwissenschaft* (= Publikationen der Hochschule für Musik und Theater Hannover, 3). Laaber 1991, S. 24. (Vgl. evtl. Jauß' Anmerkung ebd., die auf Hegels Originaltext verweist.)

[196] 'Interpretant' bezeichnet laut Charles S. Pierce's semiotischer Theorie ein bedeutungstragendes und an das Verständnis appellierendes Element.

[197] C. Hubig: "Musikalische Hermeneutik und musikalische Pragmatik. Überlegungen zu einer Wissenschaftstheorie der Musikwissenschaft", in: C. Dahlhaus (Hrsg.): *Beiträge zur musikalischen Hermeneutik.* (= Studien zur Musikgeschichte des 19. Jahrhunderts, Bd. 43.) Regensburg 1975, S. 154.

[198] Iser, *op.cit.* S. 8 f. – Als Beispiel einer Kritik, die spezifisch in diese Richtung geht, vgl. aus H.-C. Schmidts "Hans Pfitzner: *Sinfonie cis-Moll op. 36 a*" (Kommentarheft zu cpo Digital Recording 999 136-2, Sp. 5 f.):
"Die zwittrige Stillage aller Pfitzner-Kompositionen, ihre merkwürdige Abseitsstellung hinsichtlich einer in schlüssigen Kategorien unterschiedenen und geschriebenen Geschichte der Musik des 20. Jahrhunderts und die Tatsache, daß man bei Pfitzner nur mit Mühe differenzieren kann zwischen Früh- und Spätstil [...] – diese evidenten Zuordnungsprobleme lassen Exegeten stets ausweichen auf Analysen der strukturellen und formalen Fakten. [...] So stochert man also, lupengenau, in seinen Partituren und findet in der Tat ein strukturell-formales Beziehungsgeflecht, welches – Irrtum – den Nachweis liefern soll, es handele sich, allen mißtrauischen Vorurteilen zum Trotz, doch um Meisterwerke von übergeschichtlicher Konstanz. [...] Es muß nicht so sein. Pfitzner wäre auch anders zu lesen, vor allem: anders zu hören."

Apperzeption des "Lesers" verbunden ist, hierunter die vorausgesetzten oder mitgebrachten Verhältnisse zu Begriffen wie Gattung und Tradition, und verdeutlicht besonders durch Traditionsverschiebungen. Hierzu fügt sich denn auch der Begriff des *impliziten Autors*.[199] Was die letztere, schwer zu handhabende bedeutungsgebende Instanz betrifft, wird das folgende Kapitel genaueres theoretisch grundlegendes und heuristisches Material bieten.

Erst eine derart nuancierte Aneignungsprozedur gibt, der rezeptionsästhetischen Theorie zufolge, einem "Text" den Charakter eines "Werks".[200] Es versteht sich, dass eine solche Lesung gleichzeitig auch das, was an Werkimmanenten Verhältnissen indiziert ist, mitreflektieren muss. Die Begründung für meine doch ziemlich weit gehende Einkreisung des "Strukturproblems" war denn auch ständig der Wunsch, nach *anderen* thematischen Beziehungsarten zu gelangen, die deutlich charakteristischer für Bruckners Kompositionstechnik und Werkkonzept sind als die übrigen hervorgehobenen, in der Realität *prä-thematischen* Strukturmomente.

Dabei muss betont werden, dass das Kriterium einer unmittelbaren oder plausiblen sinnlichen Evidenz nicht aufgestellt wurde, um dem etablierten Begriff 'Substanzgemeinschaft' seine Realität und Wirkung abzuerkennen, indem etwas rigoristischeres an seine Stelle gesetzt würde, mit einem höheren Maße an intersubjektiver Gültigkeit; dass vielmehr der erstgenannte Begriff gegenüber anderen Charakteristika zu kurz kommt, die eben deswegen an seine Stelle gesetzt werden, mit Eigenschaften, die ein höheres Maß an Einfühlung in die Details der konkreten Produktion repräsentieren.

Konkret war es Manfred Wagners erneute Ausführung seines Gesichtspunkts – den man übrigens auch "unterwegs" findet, nämlich in seiner Bruckner-Monographie – einer Monothematik in den jeweiligen Werkorganismen[201], die die hier begonnene Auseinandersetzung mit einer strukturalistischen "Substanz-

---

[199] Der Begriff rührt von Wayne C. Booth: *The Rhetoric of Fiction* her, vgl. Iser, *op.cit.* S. 170 f. – *"The implied author"* kann selbstverständlich in besonderen Fällen beinhalten, dass das Immanenzprinzip und ein rein logischer Strukturbegriff spezifisch verständnisrelevant werden, wie z.B. in Verbindung mit Anton Webern. Andererseits findet man aber selbst bei einem Konstruktivisten wie Brahms den Gesichtspunkt, dass eine "Substanzgemeinschaft" als solche ein zweifelhaftes Analysenkriterium sein kann: als Reaktion auf eine Analyse von Adolf Schubring schrieb Brahms 1869 u.a. : "Ich streite, daß in Nr. 3 [aus *Ein deutsches Requiem*] die Themen der verschiedenen Sätze etwas miteinander gemein haben sollen. [...] *Will* ich jedoch dieselbe Idee beibehalten, so soll man sie schon in jeder Verwandlung, Vergrößerung, Umkehrung deutlich erkennen. Das andere wäre schlimme Spielerei und immer ein Zeichen armseligster Erfindung." (M. Kalbeck: *Johs. Brahms: Briefwechsel, Bd. VII.* Berlin 1915, S. 216.) – Eine kritische Wertung von Signifikanzkriterien für die Strukturbetrachtung in der musikalischen Analyse findet sich bei P. Nielsen: "Tematisk analyse, substansfællesskab, struktur", in: *DMt* 1963, S. 266-274.

[200] Eine Skepsis gegenüber der hier skizzierten Rezeptionsästhetik formulierte Rainer Cadenbach, mit der Behauptung eines defizienten Werkbegriffs als Grundlage dieser Ästhetik, vgl.: "Der implizite Hörer? Zum Begriff einer 'Rezeptionsästhetik' als musikwissenschaftlicher Disziplin", in: H. Danuser, F. Krummacher (Hrsg.): *Rezeptionsästhetik und Rezeptionsgeschichte in der Musikwissenschaft* (wie Anm. 195), S. 133-163.

[201] M. Wagner: "Die Themenbildung bei Anton Bruckner", in: *BrS 1995. Bericht*, S. 69 f., sowie in: *Bruckner.* Mainz 1983, S. 351 ff.

metaphysik" begründete. Er muss als andauernder Fürsprecher der Ansicht betrachtet werden, dass zyklisch durchgehende Motivsubstanzen sich als "modellhaftes" Substrat geltend machen:

> [...] für jedes sinfonische Werk Bruckners [kann] der innere Zusammenhang aller zentralen Themen der Sätze auf eine Grundsubstanz reduziert werden,

– in der 1. Symphonie in der Form des "Vorhalts als Prinzip"; betreffs der 2. Symphonie: chromatische Drehfigur (– beides auch bei Hansen betont); betreffs der 3. Symphonie: ein Quart-Quint-Fall, kombiniert mit einer bogenförmigen Themenkurve; in der 4. Symphonie: kleine Sexte als Akzidenzton zum grundlegenden Quint-Intervall usw.

Wagner ist sich darüber im klaren, dass seine Betrachtungsweise

> phänomenologische Prozesse [... erweist] ohne Rücksicht darauf, ob eine Intention des Komponisten vorlag oder nicht. – Allerdings dürfte die Beschäftigung mit Bach und Beethoven, die Bruckner sein ganzes Leben lang begleitete, ihm den Blick für derartige Vorgänge sowohl rhythmischer als auch thematischer Natur geschärft haben.[202]

Hier mag man sich nun frei nach Laune akzeptierend verhalten – auf "musikgeschichtlicher" Grundlage – oder aber zu Isers Ausdruck von einem "Zurückschneiden auf geborgte Prämissen" assoziieren, der im Zusammenhang mit einem fehlenden Blick für den formalen bzw. kompositionstechnischen Paradigmenwechsel zu sehen ist.

Wählt man den letzteren Eingangswinkel, muss vorerst folgende Frage gestellt werden: inwieweit können Themenkerne wie die hier angesprochenen (die übrigens sprachlich nicht ganz einleuchtend mit der Terminologie *Substanzthemen* bezeichnet werden, als Alternative für den Begriff *Themensubstanz*) ein akzeptables Maß dessen einlösen, was in dieser Verbindung als Bedingung für ästhetische Relevanz auf der Basis von Bruckners kompositionstechnische Standard insgesamt, bzw. seinem speziellen kreativen Grundtypus, zu setzen ist; nämlich eine zu gleicher Zeit strukturell plausible wie auch assoziativ wirksame Funktion im gegebenen Zusammenhang? Meine überwiegend negative Qualifizierung der vorgeführten Exempel basiert auf folgende Überlegungen:

(1.) Ein monothematisches Kriterium wie die Vorhaltbildung (1. Symphonie) lässt sich problematisieren, indem man sich außerhalb der werkinneren, strukturellen Betrachtungsweise stellt: so kann nachgewiesen werden, dass solche Appoggiaturen auch im Vorläufer dieses Werks, der Studiensymphonie WAB 99, häufig vorkommen, in charakteristischer Form und auf thematisch wesentlichen Stellen.[203] Kurth machte als erster auf diesen Sachverhalt im letztgenannten Werk aufmerksam (wobei ihm allerdings einige wesentliche Einzelheiten entgingen) und fand dadurch Stütze für seine besondere, einheitsbetonte Anschauung des "monadischen" Werkganzen.[204]

---

[202] Wagner (1983), S. 351.

[203] Vgl. z.B. 1. Satz T. 6, 13, 38 ff., 96, 100 ff., T. 196 ff. 2. Satz T. 2, 5, 25, 32 ff., T. 47 ff. sowie 4. Satz T. 2, 5-8, 10, 12, 40 ff., 60 ff., T. 92 ff. (Bässe).

[204] *Op.cit.* S. 1104 u., S. 1108 o./m. und S. 1116 u.

Solche "Strukturenbildungen" lassen sich m.a.W. als ein primär stilistisches Phänomen erklären, ohne formale Signifikanz an sich. So kann die immer wieder auftauchende, als zyklisch-thematisches Element recht gut illudierende Quart/Quint-Figur im Scherzo der 3. Symphonie (T. 19-25, vgl. auch T. 2) alternativ bestimmt werden als das regulär archetypische Brucknersche *Scherzomotiv*, das übrigens vielfach in Verbindung mit intervallmäßig engen Dreh- und Wirbelfiguren erscheint[205] – letzteres sei auch erwähnt mit Blick auf eine vorsichtige Relativierung der Rolle der Drehfigur als monothematische Referenzgestalt in der 2. Symphonie. Anders ausgedrückt: handelt es sich um einen so ausgeprägt idiomatischen Komponisten wie Bruckner, muss auch der weitere, stilistische Aspekt hervorgehobener Beziehungen genauer erwogen werden, bevor man sie als Beleg für intern strukturbildende Kräfte wertet.

(2.) Die Behauptung einer thematischen Substanzgemeinschaft als formal konstitutiver Faktor lässt sich nicht ausschließlich durch Darlegung des "reproduzierenden" motivischen Materials untermauern, und besonders dann nicht, wenn derartiges Material sich nicht mit struktureller Evidenz und in topologisch hervorgehobenen, charakteristischen Zusammenhängen zeigt. (Was die 3. Symphonie angeht, ist die Abwesenheit der Quart-Quint-Formel in satzspezifischen Gestaltungen im 2. und im 4. Satz schon ein gravierender Umstand.) Eine tiefere Fundierung des Gesichtspunktes ist selbst dort, wo es konkrete Indizien für diese Betrachtungsweise gibt, notwendig auf der Basis einer Demonstration der Funktionsweise der behaupteten Motivtechnik, und in dieser Verbindung bedarf es einer Explizitierung des Themabegriffs, der einer solchen Motivtechnik zu Grunde liegt, und dessen Aufgabe wohl die Motivierung eines für die ästhetische Auffassung *"vorgezeichneten Aktcharakters"* wäre (Iser). Diese Elemente fehlen allzu sehr in den betreffenden Sektoren der Bruckner-Forschung.

Eine Weise, dies zu erkennen, möchte sich durch Aufstellung einiger konkreter Beispiele ergeben, worauf sich folgende Frage beziehen könnte: lässt sich, als Ausdruck für ein motivisch-formales Konzept, eine Variantenbildung behaupten, die sich von einer Themengruppe zur anderen erstreckt?

(1.) Lässt dich z.B. das Seitenthema in IV/1. dem Hauptthema zuordnen mit dem Hinweis, dass beide Grundmotive auf einem jeweiligen, in beiden Fällen absteigenden Ausgangsintervall beruhen, welches dann durch minimale Erweiterung (°2) dieses Intervalls ausgebaut wird?

Beispiel 16 a-b

---

[205] Vgl. WAB 100 sowie die Symphonien II, III, IV, V, VII und VIII.

(2.) Ist weiter der Anfang des Seitenthemas in V/1. als Ableitung des ersten Motivs in der langsamen Einleitung des Satzes zu betrachten, begründet durch die stufenweise sinkende Melodieführung über einer verminderten Quinte?[206]

Beispiel 17 a-b

(3.) Bestehen endlich im Kern des Seitenthemas von VII/1. mehrere Bezüge auf das zusammengesetzte, weit ausgesponnene Hauptthema[207], durch (a) eine rhythmisch fast identische Initialfigur über drei Takte; (b) einen Doppelschlag, der als eine Diminution der ersten Kadenzformel des Hauptthemas (T. 10-11) erscheint, sowie (c) einen Bezug zwischen den sequenzierten Motivelementen, jeweils T. 12-13 /14-15 und T. 54-55 /56-57?

Solche Fragen lassen sich nicht sinnvoll beantworten, ohne dass die strukturellen Signifikanzkriterien gegen eine Beurteilung der gegebenen Themenelemente als *Gestalten* abgewogen werden, d.h. als perzeptive Ganzheiten, von denen die im obigen Zusammenhang isolierten Einzelmomente nur einen kleineren Teil ausmachen. In einer solchen umfassenderen Wertung spielen auch die tektonischen Verhältnisse zwischen den jeweiligen Themengruppen eine Rolle: in den ersten beiden Fällen sind sie deutlich gegeneinander abgesetzt; im dritten Falle dagegen nicht. Dennoch – und hier fügen sich Betrachtungen weiterer, Detail-übergreifender Verhältnisse noch ein – soll auch die Beurteilung des letzteren Formzusammenhangs zu einer Abweisung der Relevanz dieser Form von Strukturenbildung führen. Hier wäre also Platz zu schaffen für genauere Untersuchungen der Umstände, die darauf deuten, dass die formbildende Bedeutung des Motivs bei Bruckner auf offensichtlichere Prozeduren begrenzt bleibt, wie die zyklische Rundung durch die erneute Einführung des Hauptthemas aus dem ersten Satz, des eigentlichen *Thema* des gesamten Werkes, sowie, damit verbunden, die Anwendung eines satzübergreifenden, unüberhörbaren Mottos (wie etwa in der 4. Symphonie, besonders IV$_1$).

Dies erscheint naheliegend – zunächst einmal auf der Basis von Bruckners allgemeiner Gestaltungsweise, wie sie sich schon im dominierenden Prinzip des Aufbaus seiner Expositionen äußert: einer Aufteilung in tektonisch in sich geschlossenen Gruppen, die in thematisch identitätshafter Hinsicht den Charakter ent-

---

[206] So aufgefasst von Armin Knab, vgl. "Die thematische Entwicklung in Anton Bruckners V. Symphonie", in: *Denken und Tun. Gesammelte Aufsätze über Musik.* Berlin 1959, S. 21 f.

[207] Verdeutlichung von M. Hansens Gesichtspunkt (*op.cit.* S. 256).

sprechend abgesonderter Einheiten hervorheben. Diesem Verhältnis entspricht die prägnante und fundamental eindeutige Erscheinungsform seiner Themen und Motive, ihre Ausformung als formal spezifische *Einfälle*, wie etwa *Gesangsthemen* (Themengruppe II) oder primär rhythmisch und/oder dynamisch profilierte, unisono-geprägte Themen (Themengruppe III). Eben diese Charakteristik wird auch von Bruckners besonderer Durchführungstechnik untermauert, die als absolute Hauptregel die einzelnen Themen als thematische *Instanzen* unangetastet belässt; das wird durch die sozusagen überall benutzten Methoden der Bearbeitung ausgemünzt: melodische Umkehrung sowie Variantenbildung von der für ihn üblichen, eher "zufällig" modifizierenden Art.

Ein anderes, etwas spezielleres Phänomen – dessen Interpretation nun aber wohl insgesamt als risikabel bezeichnet werden muss – soll hier vorgelegt werden, da doch kaum bestritten werden kann, dass es zur Schwächung des Gesichtspunktes eines motivischen "Organismusdenkens" in Bruckners Musik beiträgt. Es betrifft den bemerkenswerten Umstand, dass eine Reihe der Symphonien zumindest ein distinktes Zitat – in Einzelfällen mehrere – aus dem vorhergehenden Schwesterwerk enthält.[208] Allerdings hat diese Art von "Nabelschnur" in allen Fällen keinerlei eigentlich belebende Funktion: das von ihr transportierte Material bezeichnet im wesentlichen abstrakte Assoziationen, was dadurch unterstrichen wird, dass so gut wie keines dieser Zitate in demselben formalen Kontext wie in seiner Quelle auftaucht, und meistenteils nicht einmal in einem damit verwandten Zusammenhang. Diese Reminiszenzen wirken – bis zu gewissem Grad entsprechend den Zitaten des Komponisten aus seinen Messen – Sinn-entleert, wenn man sie als motivische "Aussagen" betrachtet. Sie erscheinen mit anderen Worten – immer noch unter diesem Aspekt – eher als dissoziative denn als assoziative Elemente; man ist versucht, sie mehr als reine Redeweisen aufzufassen: entgegen dem, was sich in einem von Konsequenz und Logik, letztendlich von Prozessualität diktierten Formungsprozess geltend macht, ist es vielmehr – und vielleicht nicht nur an solchen Orten – "etwas anderes", das durch den Komponisten hindurch spricht: ein narratives Element, das, wenn ihm denn eine sinntragende Bedeutung zugeschrieben werden soll, diese in rein symbolischem Sinne hat[209] – kraft einer "tieferen" semantischen Implikation oder umgekehrt als bloßer Topos –, nicht aber als eigentlich konstruktiver Bestandteil eines musi-

---

[208] Das Hauptthema in II/1. (das seinerseits einen deutlichen, obzwar wohl eher zufälligen Vorläufer hat in I/1. T. 137-143) erscheint wieder als Zitat im Anschlag zur Reprise von III/1 (in allen Versionen), vgl. z.B. III$_2$/1. T. 415-426, und außerdem wieder im Finalsatz der Fassung 1873, T. 147-158. – Der Ansatz zur Apotheose der Coda in III/4., T. 579-587 (III$_2$), wird in der Thgr. III in IV/1., T. 153-165, reproduziert; die nachfolgende Blechfanfare hat ebenfalls ihr Gegenstück in III/4., das Parallelverhältnis gilt allerdings nicht, soweit es seine Konsequenzen betrifft. – Das Trio in VI/3. entwickelt ein Motiv, Hbl$_1$ T. 5-8 usw., das eine Übernahme des HTh-Kerns in V/1 ist. – Schließlich enthält die 9. Symphonie mehrere Reminiszenzen der zwei vorhergehenden Werke: der Abschluss des Adagio-Satzes zitiert das Adagio-HTh in der 8. Symphonie (IX/3. Tb$_b$ T. 231 f.) wie auch das HTh aus VII/1. (IX/3., Hr. T. 237-239). Der unvollendete Finalsatz bringt außerdem im Schlussabschnitt der Exposition ein zweizeiliges Choralthema (T. 169-184) von zitathafter Wirkung im Verhältnis zum formal und charakteriell gesehen parallelen Thema in VIII/4. T. 159-166.

[209] Vgl. genauer hierzu S. 237.

kalischen Diskurses.[210]

Auch innerhalb engerer Bereiche, im einzelnen Werk, erscheinen gelegentlich ähnliche, bisweilen zitathafte, andere Male assoziativ geprägte, in keinem Fall aber formal begründete Motivreminiszenzen, die mit den vorher genannten Fällen darin übereinstimmen, dass sie in erster Linie gewissermaßen unbewusst eingebracht erscheinen, dass sie den Charakter vegetativer Formmomente tragen. Am deutlichsten prägt sich dies in der 6. Symphonie aus – deren formales Sondergepräge in unmittelbarer Betrachtung leicht als Ergebnis eher irrational wirkender Einzelumstände aufgefasst werden könnte: im Finale folgt dem nur halbwegs selbständigen Thema III (VI/4. T. 125 ff.)[211] eine neue, lange variative bzw. sequenzierende Entwicklung, T. 145-175, die deutlich als Zitat aus dem Adagio-Satz da steht (T. 5-6, Ob. solo).[212] Und in eben diesem langsamen Satz stößt man auf ein ähnlich vegetativ geprägtes Verhältnis zwischen dem Einleitungsthema und dem durchgängigen Thema im ersten der hier vorkommenden – und eher selten gesehenen – zwei Kontrastabschnitte[213]:

Beispiel 18 a-b

Man bemerke in diesem Beispiel auch das vegetative, fast heterophone Motivspiel schon innerhalb des Adagio-Seitenthemas selbst.

Schließlich – und als drittes – hat die intensive Fokussierung der rigoristischen Strukturanalyse – deren Status hier versuchsweise devaluiert werden soll – auf Partikel-geprägte mehr als auf gestaltmäßige motivische Bezüge ihre eigentliche

---

[210] Darum liegt etwas zweifelhaftes aber auch plausibles in Robert Simpsons milde satirischer Aussage zum Zitat des Hauptthemas von II/1. im Reprisenansatz von III/1. (*The Essence of Bruckner.* London 1967, S. 71): "No doubt it would be possible to discover some ingenious thematic connection here, but it could bring no blinding revelation of larger purpose, sufficient to make everything else convincing. It would rather seem to me that Bruckner's nerves had finally got the better of him."

[211] Dies geht zurück auf die Takte 37-40, Blech, als augmentierte Umkehrung derselben.

[212] Man vergleiche im Finale ganz besonders T. 150 ff. – Kurth beschreibt namentlich dieses Finalemoment als Reaktivierung des Hauptthemas aus dem Kopfsatz (T. 15 f., Bässe, dann Fl., Ob.) und fasst es als Andeutung – allerdings müsste man präzisieren: als äußerst voreilige Andeutung – des obligaten, endgültigen Durchbruchs des HThs aus dem ersten Satz auf. (Kurth, *op.cit.* S. 966 f.)

[213] Etwas skeptischer mag man sein gegenüber einer Wertung der Seitenthemen der beiden Außensätze als verwandt (VI/1. T. 49-54 sowie VI/4. T. 65-68/T. 73 f.); vgl. etwa M. Hansen *op.cit.* S. 239, Notenbeispiel 94 a und b. Entsprechend, d.h. möglich wenn auch zweifelhaft, verhält es sich mit dem Seitenthema im Sonatensatz-förmigen Scherzo der 5. Symphonie gegenüber dem Finale-STh im selben Werk: V/3. T. 23-30, Vl.1, gegen V/4. T. 67-70, Vl.2.

Relevanz (innerhalb des musikalischen Horizonts des 19. Jahrhunderts) in Verbindung mit dem eigentlichen Gegenstück zu Bruckners "Einfallsthematik", nämlich dem Typus thematischen Materials, den Carl Dahlhaus in einer Analyse des Begriffs: Beethovens "neuer Weg" (seit etwa 1802 über einige nachfolgende Jahre) als *thematische Konfiguration* bezeichnet hat.[214] Charakteristisch für diese Themenform bzw. -Behandlung ist, dass die primäre Gestaltqualität der Themakategorie Platz gemacht hat für eine Aufspaltung in mehrere verschiedene Substanzeinheiten des formkonstituierenden "Themas". Eine derartige Verschiebung des Themenbegriffs aus seinem traditionellen Charakter einer *Bezugsgestalt* zu einem *Strukturkomplex* dient, laut Dahlhaus[216], zur Explizitierung einer musikalischen Denkweise, deren Rationale es ist, eine radikale formale Prozessualität zu etablieren. Ein thematisches Substrat, das – im Hinblick auf die übergeordnete formale Zielsetzung – als eine Konfiguration diskreter motivischer Elemente konzipiert wurde, bildet, pointiert ausgedrückt,

> einen Merkmalkomplex, aus dem immer wieder andere Teilmomente herausgebrochen werden, um in einen Formprozeß aufzugehen, der die thematische Substanz gleichsam aufzehrt.[215]

Darum kann Dahlhaus auch von einer solchen Thematik behaupten, dass sie mit einer paradoxen Charakter behaftet sei: *"Die Thematik ist kein Thema mehr."*[216] Dies stimmt völlig mit Peter Gülkes früherer Beobachtung überein – obwohl der Begriff Thema hier als ein in höherem Maße ungebrochenes stoffliches Element aufgefasst wird:

> Nicht, wenn es selbst erklingt, [hat] das Thema seine volle Wirklichkeit, sondern erst im Ganzen, da seine über die Grenzen der Gestalt hinausdrängende Potenzialität sich realisiert. [...] Mithin wäre das Thema nur halb begriffen als individuelle Einzelheit, als unmittelbar Klingendes, ist voll begriffen erst bei Einbezug seiner Funktion und Rolle in jener hinter dem sukzessiv Auseinanderliegenden der klingenden Musik stehenden Hierarchie der Bezüge, in der sich die Ganzheit der Musik realisiert.[217]

Dass eine solche Thematik und eine daraus folgende Themenbehandlung Bruckner fremd sind, werden erst die nachfolgenden, systematisch analysierenden Kapitel näher verdeutlichen. Eine Distanzierung in dieser Hinsicht mag in gewissem Grade plausibel gemacht werden durch den Hinweis auf seine langsamere Temposetzung sowie die u.a. hieraus sich herleitende, eher in sich geschlossene Prägung und isolierte Stellung der thematischen Hauptabteilungen; es versteht sich aber von selber, dass sich mit derart äußerlichen und oberflächlichen Argumenten nichts entscheidend demonstrieren lässt. Das prinzipielle Gegensatz-

---

[214] C. Dahlhaus: *Ludwig van Beethoven und seine Zeit.* Laaber 1987, S. 212.

[215] Ebd. S. 214.

[216] Ebd. S. 208.

[217] P. Gülke: "Kantabilität und thematische Abhandlung. Ein Beethovensches Problem und seine Lösungen in den Jahren 1806/1808", in: *BMw* 1970 (S. 252 f.). – Im übrigen verweist Gülke auf eine weit frühere Aussage von Ernest Newman, die das selbe besagt: "With Beethoven we feel [...] that the themes are not the generators of the mass of the music, but are themselves rather the condensation of this".

verhältnis lässt sich eher begründen aus einer etwas ähnlichen, Moderato-geprägten und obendrein ausgeprägt katabel gehaltenen symphonischen Arbeit von Bruckners Zeitgenossen Brahms. Rein technisch ließe sich ein derartiges Beispiel aus mehreren Werken Brahms' beziehen; das entscheidende Moment war, dass es sich hier um eine verhältnismäßig seltene Ähnlichkeit im unmittelbaren, rein äußerlichen Erscheinungsbild[218] mit Bruckner-Sätzen wie dem einleitenden Satz der 4. oder der 7. Symphonie handelt.

Der Kopfsatz von Brahms' *Symphonie Nr. 2, D-Dur, op. 77* enthält – trotz, oder besser: als Komplement zu seiner Kantabilität – eine thematische Prozessualität von der Art, wie sie von Gülke bzw. von Dahlhaus impliziert wird, und beruhend auf eben den dort beschriebenen Voraussetzungen. Entscheidend für den Unterschied an innerem Habitus der vergleichbaren Sätze, trotz des gemeinsamen "gelassenen" Grundgepräges – ob es sich nun um eine lyrische oder um eine epische Abstimmung handelt –, ist die völlig unterschiedliche Vorprogrammierung in der thematisch-funktionalen Dimension bei Brahms bzw. Bruckner. Dies bedeutet, dass auch die formalen Funktionsweisen der Sätze, d.h. die Art, wie sie einen Formprozess durchführen und – ultimativ – begründen, als fundamental verschieden erscheinen. Und hier ist nur soweit es Brahms betrifft die motivische Substanzgemeinschaft eine deutliche sowohl als auch eine relevante Größe, um so mehr als sie mit einer thematischen Konfiguration zwischen zwei motivischen Bestandteilen – als stoffliche Basis einer Serie von entwickelnden Variationenbildungen – verbunden ist; sie macht sich nicht nur in diesem Satz geltend, sondern auch in zwei weiteren dieses Werkes.

Wie u.a. Reinhold Brinkmann[219] nachwies, ist Brahms' Hauptthema von einer metrischen Zweideutigkeit charakterisiert, die durch das Zusammenspiel zweier Motivebenen entsteht, das jedes für sich eine reguläre Halbsatz-mäßige Taktstruktur besitzt, jedoch um einen Takt voneinander verschoben. So erscheint es, als habe Brahms mit diskreten Mitteln ein Element der Dissoziation im kantabilen thematischen Ausgangspunkt des Satzes unterstreichen wollen, eine Auflösung des *Themas* in einer Motivkonfiguration:

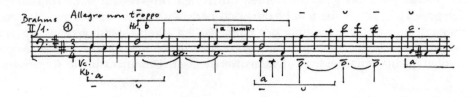

Beispiel 19

---

[218] Vgl. außerdem W. Seidel: "Das Streichquintett in F-Dur im Œuvre von Anton Bruckner und Johannes Brahms", in: *BrS 1983. Bericht*, S. 183-189.

[219] R. Brinkmann: "Anhand von Reprisen", in: F. Krummacher, W. Steinbeck (Hrsg.): *Brahms-Analysen. Referate der Kieler Tagung 1983*. Kassel etc. 1984 (S. 118). Ebenfalls W. Steinbeck: "Liedthematik und symphonischer Prozess. Zum 1. Satz der 2. Symphonie" (ebd. S. 170 f.).

Am deutlichsten erscheint der prozessuale Sinn in der hierdurch intendierten Formidee wohl in der Coda des Satzes – vgl. das folgende Notenbeispiel –, wo die metrische Zweideutigkeit endlich aufgehoben ist – nachdem das Reprisemoment (T. 302 ff.) behändig einer Stellungnahme zum einleitenden "Problem" auswich, indem es das "Vorhang"-Motiv (T. 1f., Vc./Kb.) durch ein anderes Kombinationselement (in Vla.) ersetzte: die erste entwickelnde Variation der Hauptthemen-Konfiguration (vgl. T. 44 ff.), die hier simultan mit dem ursprünglich in den Hörnern vorgebrachten, kantabil geschwungenen Hauptmotiv gebracht wird.

Beispiel 20

So handelt es sich denn in diesem Satz insgesamt ständig um eine Gleichsetzung und eine Interaktion auf verschiedene Weisen von den beiden Initialmotiven: (a) der Drehfigur mit sprunghafter Weiterführung (Terz oder Quarte) zu einem abschließenden Ton, und (b) dem Hauptmotiv des gebrochenden Dreiklangs; sowie darum, dass diese Konfiguration eine Reihe von entwickelnden Variationen ergibt, die charakteriell integriert sind in die verschiedenen Expositionsabschnitte und in die nachfolgenden Teile der Sonatensatzform[220]:

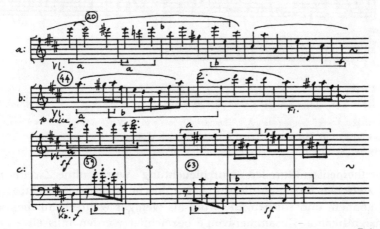

Beispiel 21 a-c

In den seltenen Fällen, wo ähnliche sub-thematische oder in erster Linie strukturell hervortretende Bezüge bei Bruckner sichtbar werden, scheint dies in einer

---

[220] Vgl. außerdem T. 82 ff. (Seitenthema), T. 127 ff. (Vl.) samt T. 136 ff. (Vc., Kb.).

völlig anderen Formperspektive zu geschehen als bei Brahms, nämlich eher als ein zufälliger Bestandteil innerhalb eines Übergangs zu einem bedeutungsvolleren thematischen Durchbruch, eine "Epiphanie" einer bestimmten Themeninstanz, die aber – was charakteristisch ist für seine anders geartete formale Strategie – keineswegs eine der in den gegebenen Entwicklungszusammenhang "eingeschmolzenen" Instanzen sein muss. Dies wird am besten beleuchtet mit dem Hinweis auf das Finale von Bruckners 5. Symphonie, wobei die Argumentation hierfür allerdings zunächst eines kleinen Umwegs bedarf:

Manfred Wagner begründete seine Ansicht zu einer monothematischen Anlage als einem festen Bestandteil von Bruckners symphonischem Konzept bei diesem Werk auf etwas detaillierterer Grundlage, indem er eine thematische Synopsis von Rudolf Klein benutzte, für den derartige Strukturabbildungen typisch sind[221]:

Beispielkomplex 22

(Rudolf Klein:) Bruckners 5. Symphonie. A: 2. Thema des 1. Satzes in der Version von T. 326. B: Thema des Adagio. C. Thema des Scherzo. D. Thema des Finales. E: Fugenthema des Finales (4. Einsatz). Anschließend dessen Spiegelung über die Vertikalachse (Krebs). F: Der Krebs von E als Ausgangsbasis von G: Thema des 1. Satzes.

In dieser themenstrukturellen "Durchleuchtung" wurde ohne Zweifel nicht gesondert zwischen Bezügen, die durch graphische Kunstgriffe sichtbar gemacht werden können, und solchen, die wohl als weniger wahrscheinliche, oder vielmehr insignifikante, Zusammenhänge bezeichnet werden müssen – besonders vor dem Hintergrund eines Hörens in realen musikalischen Etappen und Di-

---

[221] Aus R. Klein: *Das Symphoniekonzert. Ein Stilführer durch das Konzertrepertoire.* Wien, München 1971, S. 168 f. – Entsprechende Versuche einer Demonstration von Substanzgemeinschaft hat Klein in Verbindung mit Brahms' Symphonien vorgeführt, vgl. seinen Aufsatz "Die konstruktiven Grundlagen der Brahms-Symphonien", in: *ÖMz* 1968, S. 258-263.

mensionen. Selbst plausible Themenbezüge – wobei der einzige völlig evidente hier das überall erkannte Identitätsverhältnis zwischen den einleitenden Gestalten der beiden Mittelsätze ist: "B-C" – können in Kleins Synopsen verwickelter erscheinen als eigentlich notwendig: hier etwa in der Art, wie die Bezugskette "E–F–G" die Verbindung zwischen den Hauptthemen der Außensätze tragfähig machen will – eine Substanzgemeinschaft, die sicherlich eine gewisse Bedeutung hat, von der man trotzdem behaupten kann, dass sie im wesentlichen nur als assoziative Hervorbringung funktioniert, deren Bedeutung für den eigentlichen Formprozess aber letztendlich ziemlich untergeordnet ist. Zum Vergleich soll auf meine eigene Visualisierung einer strukturellen Verbindung verwiesen werden, siehe Notenbeispiel 6 (S. 69).

Die beiden hier gemeinten Gestalten – die Hauptthemen des 1. und 4. Satzes – werden erst spät im Reprisenteil des Finales zusammengebracht, ein Sachverhalt, der nicht zuletzt in Bruckners Formkonzept ein spezifisch terminierendes Funktionsmoment zu indizieren pflegt.[222] So wird die Sache hier aber nicht ablaufen: die Kombination deutet sich lange Zeit nur an, und das neue und entscheidende Satzmoment in motivischer Hinsicht ist das erneute Eintreten des Hauptthemas aus dem ersten Satz zwei Takte nach der Rückkehr des III. Themas (V/4. T. 462). In diesem Zusammenhang mischt sich das Hauptthema des Finales vorläufig nur in rudimentärer Gestalt ein, da es tatsächlich eben so gut als Diminution des simultan klingenden, nahe verwandten Themas III benannt werden kann (vgl. T. 465 f./T. 472 f., Hr. 1-2).

Erst später entwickeln beide Hauptthemen eindeutigere Formen, indem sie auf der Grundlage verkürzter Ausgaben allmählich zu vollständigeren Gestalten ausgebaut werden (T. 514-531). Es gibt aber zwei Sachverhalte, die trotz alledem die spezifisch entwicklungsmäßige Bedeutung dieser Interaktion mindern.

Zum einen verschafft die prononcierte kontrapunktische Mechanik selbst, verstärkt durch die rhythmische Gemeinschaft – vgl. die Punktierungsfigur auf dem 4. Taktschlag – dieser "stereoskopischen" Darstellung der thematischen Doppelheit eine gewisse Redundanz und etabliert in diesem Sinne ein Formstadium von ausgeprägter Selbstverständlichkeit.[223] Außerdem vermittelt die wieder aufgenommene Kontrapunktik bald den Eindruck eines Rückfalls in das fugenhafte Durchführungsstadium, indem sie an dessen ständige, zugleich aber in gewisser Weise "aussichtslose", jedenfalls statisch betonte Arbeit am Material erinnert[224];

---

[222] Oder was Fr. Liszt in Verbindung mit seinen symphonischen Dichtungen *"gesteigerte Reprise"* nennt; vgl. z.B. sein *Tasso. Lamento e trionfo* mit der Kombination der zwei ebenfalls verwandten "Tasso"-Themen in T. 532 ff., von denen das rezitativisch gehaltene, einleitende "Lamento"-Thema (Str.) einen Kontrapunkt bildet zum zweiten, eher in sich geschlossenen, charakteristischen Doppelschlagthema (vgl. das erste Mal T. 62 ff.) in der Apotheose des letzteren.

[223] Tatsächlich ist der Zusammenhang erst durch "Manipulation" zustande gebracht, was sich denn auch in der diastematischen Umformung erweist, die notwendig war, damit die Themen sich einander fügten; vgl. z.B. T. 524, Fl., Kl. und Vl.2.

[224] Diese Charakteristik impliziert keineswegs eine herabsetzende Wertung des großartigen Doppelfuga-förmigen Komplexes selbst der Durchführung; die Beschreibung beabsichtigt in erster Linie eine Hervorhebung des besonderen prozessualen Charakters der Fugentechnik gegenüber derartigen

nur bezog das dortige polyphone Motivspiel nicht das Hauptthema des Kopfsatzes ein.

Zum andern wird diese thematische Zusammenführung in den Takten 532-535
von einer neuen, prozessual gesehen aktiveren Assimilation mit dem Hauptthema des Finales abgelöst. Charakteristisch ist, dass diese in der Form von zwei
entscheidenden *Modifikationen* des Hauptthemas aus dem Kopfsatz erscheint,
wobei das Choralthema des Finales in beiden Fällen das "herbeigeholte" Thema
partiell in seinem eigenen Bilde umformt. Das hat gleichzeitig die Wirkung einer
Art Entgleisung des erneut eingeführten und seit da dominanten Hauptthemas.
Dass dies durch zwei verschiedene motivische Partikel im Choralthema bewirkt
wird, die auf die zwei einander unmittelbar ablösenden Hauptthemeneinsätze
appliziert werden, das unterstreicht die entscheidende Intention dieser Manipulation; sie wird in einem weiterhin intensiven *Fugato*-Kontext durchgeführt.

Beispiel 23 a-c

Ein Entwicklungsverlauf wie der vorliegende illustriert meines Erachtens weit
präziser als monothematische Erklärungsmodelle, was mit thematischen Prozessen bei Bruckner beabsichtigt wird: den Weg zu bereiten für die triumphierende
Wiederkehr prägnanter Themen – das bereits erwähnte Moment der "Epiphanie". Diese letzte Transformation des Hauptthemas aus dem Kopfsatz bezeichnet
eben den Gegensatz zu thematischer Homogenisierung, nämlich eine Betonung
der Gestaltqualität bestimmter thematischer Instanzen. Hier drückt sich das als
Hervorzwingung der alternativen Apotheosenwirkung der Coda in der Gestalt
des Choralthemas aus – vgl. Takt 583 ff., wo denn auch das Hauptthema des
Finales dem harmonischen Skelett des Chorals angepasst wird –, während das
Hauptthema des ersten Satzes abgetrennt wird und erst in den abschließenden
Takten des Werkes hervorbricht (T. 626), mit einer Wirkung, die in rein form-
prozessualer Hinsicht wesentlich redundanter ist als beim ersten Male (Takt 462).
Damit soll aber nicht gesagt sein, dass dieser letzte Durchbruch nicht einen weite-
ren starken kathartischen Effekt auslösen kann.

Formprozessen, die durch eher klassische durchführende Prozeduren abgezeichnet werden.

7 · Zur Kritik der Stereotypie 'metrischer Regelmäßigkeit' bei Bruckner

Als kurzer und ausgeprägt beispielhaft beleuchteter Kommentar zu einer Problematik, die wohl auch weniger Bedeutung für die Formbildung zu haben scheint, ist die allgemein erscheinende Tendenz zu einer Vereinfachung der metrischen Verhältnisse in Bruckners Musik zu kommentieren. Die Ansichten zu einer allgegenwärtigen Regelmäßigkeit in dieser Verbindung gehören eindeutig in einen übergeordneten Zusammenhang, dessen zentrale Charakteristik sich mit Kortes Begriff des *Werkstück*-Charakters der musikalischen Formulierung bei Bruckner ausdrücken lässt. Dies z.B. bei Steinbeck zu konstatieren[225]:

> Zu den Grundbedingungen des Brucknerschen Satzes gehört zunächst die metrische Abgezirkeltheit seiner musikalischen Gliederung. [...] Die Abschnitte, [... deren] kleinste Einheit sich stets aus zwei Elementen (Takten) zusammensetzt und dem Prinzip nach hierarchisch aufgebaut ist (1+1, 2+2, 4+4 etc.), [...] mußten aus einer geraden Anzahl von Takten bestehen und nach maximal 16 Takten hatte ein neuer zu beginnen. [...] Diese gewissermaßen symmetrische Gliederung, in der sich die Takte stets zu Taktpaaren zusammenschließen, ist ein grundlegendes Ordnungsprinzip für Bruckner. [...] Zugleich ist es Grundlage dessen, was man das "Blockhafte" bei Bruckner genannt hat.[226]

Dass das Bild tatsächlich nicht ganz so eindeutig wie hier angegeben ist, lässt sich in Details durch Edward Murphys praktische metrische Übersichten für sämtliche numerierten Symphonien, mit dazugehörigen Kommentaren und Statistiken, demonstrieren.[227] Zugleich muss besonders auf einen Sachverhalt verwiesen werden, den man nicht aus diesen Aufstellungen erfahren kann, sondern nur durch Partiturstudien: dass nämlich scheinbar "quadratische" Phrasen häufig über reale Einheiten von 5 oder 9 Takten – oder anderen asymmetrischen Umfängen – decken, die in einer Elision mit der nachfolgenden Phrase abgeschlossen werden.[228] Eben in einem solchen Zusammenhang konstatiert man, dass Steinbeck sich bezüglich eines derartigen metrischen Zusammenhangs wie der elidierten neuntaktigen Phrase in VII/2., T. 53-61 versah, als er ihn als Beispiel für Bruckners "abstrakt" regulierendem Verhältnis zur Metrik verwendete:

> Das schematische Verhältnis Bruckners zur Metrik wird hier im Blick auf seine unterlegten Ziffern deutlich: Der angehängte Schlußtakt (T. 61) ist, obgleich er metrisch der

---

[225] Vgl. ebenfalls das Zitat von H. Rösing, S. 80.

[226] Steinbeck: *Neunte Symphonie*, S. 18 f.

[227] E. Murphy: "Bruckner's Use of Numbers to Indicate Phrase Lengths", in: *BrJb* 1987/88, S. 39-52. Vgl. außerdem T.L. Jackson: "Bruckner's Metrical Numbers", in: *19CM* 1990, S. 101-131.

[228] Timothy Jackson (vgl. voranstehende Anm.) hat in einem anderen Beitrag mehrere andere Verhältnisse konstatiert, die gegen die Vorstellung grundsätzlich regelmäßiger metrischer Muster bei Bruckner sprechen – u.a. sagt er hierüber: "In [certain] cases, one might be tempted to assert that Bruckner's analysis is simply wrong, that it fails to come to terms with the complexities of the music's rhythmic structure. [...] While the music may appear to conform, at least outwardly, to regular 8-measure hypermeter, its internal hyperrhythmic organization may be irregular in subtle ways. In such cases, Bruckner simply notates successive 8-measure phrases; the composer-as-analyst seems to be unaware of subtle asymmetries." ("Bruckner's Rhythm: Syncopated Hyperrhythm and Diachronic Transformation in the 2nd Symphony", in: *BrS 1992. Bericht*, S. 94.)

8. Takt ist[229], mit 1 beziffert und der folgende, nicht mehr periodisch gebundene Über-
leitungsteil zweimal bis 8 durchgezählt. Durch diese musikalisch falsche Zuordnung
entstehen zwar nach dem Anschein nach drei 8-taktige Gruppen (T. 53-61, 61-68 [hierdurch
entsteht die Elision aber gerade, *B.M.*], 69-76), die Erweiterung jedoch der ersten auf
Kosten der zweiten [!] wird nicht erfaßt.[230]

Die Takte 61-68 werden als schematisch verstanden auf der Basis einer Ungerad-
heit – den erwähnten "Kosten" –, die durch den "angehängten" (9.) Takt hervor-
gerufen wird. Dies trifft jedoch nicht zu, auch wenn die Fortsetzung vielleicht,
qua des motivisch-rudimentären Nachklangs, als *nicht mehr periodisch gebunden"* empfunden werden mag – was jedenfalls aber nicht für die ersten 4 Takte
gelten kann: T. 61 ist ja ein neuer Ansatz, und dieser wie auch T. 63 ist unzweideutig ein schwerer Takt – metrisch gesehen also = 1 und 3 –, u.a. kraft ihrer
tonikalen Status; während die Takte 62 und 64 (metrisch = 2 und 4) eben so deutlich leicht sind: dominantisch, und beide motivisch gesehen ausgeprägt auftaktig
– was übrigens auch von den dynamischen Keilen in diesem Verlauf unterstützt
wird.

Dass Bruckner andernorts dezidierte metrische Abstraktionen an den Tag legte,
wie das Steinbeck behauptet, soll nicht verleugnet, sondern eher betont werden.
Wie das nachfolgende Beispiel hierfür erweisen wird, erweckt eben dieser Sachverhalt einen Verdacht: der Umstand, dass Bruckner seine musikalischen "Perioden" numerisch durchregulierte, und weiter: das bloße Bewusstsein um dieses
durchgezählte, durchmodulierte System von taktmäßigen Ganzheiten – diese
beiden Sachverhalte dürften mehreren Analytikern den Weg zu einer notwendigen Aufmerksamkeit auf die zahlreichen metrischen Unregelmäßigkeiten und
Feinheiten dieser Musik verstellt haben. So lässt sich wohl am ehesten verstehen, dass man sich allzu sehr auf das Gegenteil konzentrierte als das – für eine
oberflächliche Wertung – alles beherrschende Verhältnis.

Andererseits sollte man sich vor subtil begründeten asymmetrischen Einteilungen wie der von Paul-Gilbert Langevin mit dem Hauptthema in III/1. (T. 5-12)
vorgenommenen hüten, zu der er sagt:

> Sa coupe en huit mesures réparties suivant deux motifs de trois et cinq mesures respec-
> tivement, correspond aux proportions du nombre d'or.[231]

Hier ist doch die Halbnotenpause in T. 8 metrisch unlösbar verbunden mit der
ersten Teilphrase, wie auch die nachfolgende mit einem erweiterten Auftakt,
nämlich der Triolenfigur, eingeleitet wird und daher ebenfalls metrisch gesehen
eine Länge von 4 Takten hat.

Eine echte asymmetrische Ganzheit ergibt dagegen das berühmte Hauptthema im
Kopfsatz der 7. Symphonie, das sogar von dem Bruckner-Verächter Schönberg als
Demonstrationsobjekt einer metrisch "schrägen", dennoch aber völlig organi-

---

[229] Entweder irrt sich Steinbeck hier, oder er unterscheidet nicht genug zwischen betontem und unbetontem Takt.

[230] Steinbeck: *Schema als Form*, S. 316, Anm. 47.

[231] P.-G. Langevin, *op.cit.* (Anm. 17) S. 134.

schen Melodiestruktur angeführt wurde: (2+) 4+5 Takte, denen 4+5+5 Takte folgen – wobei der letzte Fünftakter mit der nachfolgenden Phrase elidiert ist.[232] Bruckner hat diesen Verlauf allerdings selbst abstrakt, ja fast arbiträr wirkend, als (2+)10+12 skandiert, was mit sich führt, dass keine der beiden Hauptphrasen in seiner Einteilung in irgendeiner Weise einen tatsächlichen Abschluss erreicht. Dies wird jedoch, soweit es die zweite Phrase (T. 12-25) angeht, wie im vorhergehenden Beispiel aus der Einteilungsweise selbst erläutert, die grundsätzlich Phrasenüberlappungen wie die hier gegebene nicht berücksichtigt. Also ist die angegebene Länge des eigentlichen Themenanfangs das eigentliche Problem, da der Schnitt, wenn er denn als real zu verstehen ist, bewirkt, dass die erwähnte Phrase völlig unlogisch den auftaktigen Beginn der 2. Ganzphrase annektiert, und er ebenfalls – motivisch gesehen – diese gleich unmotiviert beginnen lässt.

Beispiel 24

Wenn Bruckner nun aber die ungerade Taktzahl 9 nicht für die erste Phrase akzeptiert hat – gegebenenfalls unter Angabe ihres letzten Taktes mit "1" –, so geschah dies sicherlich auch hier, wie man deutlich aus seinen Kommentaren zu einigen seiner eigenen metrischen Einteilungen schließen kann[233], mit der im allgemeinen vorkommenden Begründung von Zäsuren auf "geraden" Taktwerten: *"weil's fortgeht"*, – etwas, das eben bis zu gewissem Grade hier stattfindet, indem der erweiterte Auftakt von T. 12 eine vorantreibende Kraft erzeugt, die die Zäsur in T. 11 relativiert und somit eine gewisse überbrückende Funktion zwischen den beiden Phrasen leistet.[234] Jedoch: gleich wie diese von Bruckner vorge-

---

[232] Die Fünftaktphrasen fallen alle in 3+2 Takte. In seinem Vortrag "Brahms, der Fortschrittliche" sagt Schönberg hierzu (*Stil und Gedanke*. Hrsg. Frank Schneider, Leipzig 1989, S. 127 f.): "Keine der beiden dreitaktigen Einheiten kann als Dehnung von zwei oder Verdichtung von vier Takten klassifiziert werden. Sie sind beide natürlich." (Dass er nur von zwei Fünftaktphrasen spricht, liegt daran, dass er die Elision gegen Ende der dritten unter ihnen nicht berücksichtigt, sondern diese Teilphrase als einen Viertakter (T. 21 m.Auft. - T. 24) angibt, unter Anführung eines *etc.*!)

[233] Vgl. L. Nowak: "Metrische Studien von Anton Bruckner an Beethovens III. und IX. Symphonie", in: *Beethoven-Studien. Festgabe der Österreichischen Akademie der Wissenschaften zum 200. Geburtstag von L. van Beethoven*. Wien 1970, S. 361-371. Außerdem L. Nowak: "Anton Bruckners Eroica-Studien", in: *Über Anton Bruckner. Gesammelte Aufsätze*. Wien 1985, S. 257-265. (Darin auch der bereits erwähnte Artikel, S. 105-115.) Des weiteren Th. Röders Anmerkungen zu Bruckners metrischen Kontrollen, teils in seiner Dissertation, *op.cit.* S. 159-170, teils im Aufsatz "Eigenes angewandte Nachsinnen – Bruckners Selbststudium in Fragen der Metrik", in: *BrS 1992. Bericht*, S. 107-122.

[234] Man möchte fast versucht sein, den Gesichtspunkt anzuwenden, dass die zweite Großphrase sich als regulär elidiert mit der ersten und damit als aus drei mal fünf Takten zusammengesetzt auffassen ließe; die erste unter diesen (T. 11-15) begänne sozusagen mit einer Pause von 3/4 eines Taktes – dem selben Zeitwert wie der erweiterte Auftakt unmittelbar nach der Pauseneinheit. Eine solche Auf-

nommene Einteilung ("10") die vorhandene Asymmetrie (4+5) niemals zu eliminieren vermag[235], erklärt sein unschuldig wirkender Sektionswert "12" auch nichts über die betonungsmäßigen Zweideutigkeiten aus, die sich in dieser weiterführenden Großphrase mit ihrer realen Formung in Gruppen von 4+5+5 Takten verstecken.

Zwei ergänzende Verhältnisse erfordern in diesen Zusammenhängen etwas Aufmerksamkeit: zunächst machen z.B., laut Murphy, fünftaktige Einheiten ganze 9% von allen von Bruckner selbst bestimmten Phrasenlängen in der 1. Symphonie aus, während diese Einheit in seiner Einteilung anderer Werke wie etwa der 7. Symphonie gar nicht vorkommt, obschon sie, wie es sich wieder und wieder erweist, in der Praxis existieren. Dies weist auf eine gewisse Inkonsequenz betreffs der metrischen "Regulierung" Bruckners. Der Sinn seiner allgemeinen und in Einzelheiten gehenden Buchführung metrischer Ziffern war vielleicht gar nicht so rigoristisch intendiert, wie das die Prozedur selbst mit ihrer Einbefassung sämtlicher Takte in den einzelnen Sätzen vortäuschen mag. Ein anderer Sachverhalt deutet dies zumindest an: in Bruckners metrischen Studien von Beethoven-Symphonien verrät ein nicht selten vorkommender Schematismus in seinen Aufteilungen – der sich als eine rein mechanisch wirkende Anhäufung von lauter 8-Takt-Einheiten zeigt –, dass es hauptsächlich der metrische Status der *übergeordneten* formalen Schnittpunkte war – ein Abschluss auf betontem oder, besonders was die "internen" Phrasen angeht, unbetontem Taktteil –, für den er unbedingt eine Richtschnur finden wollte, und damit eine Unterstützung der metrischen Ordnung in eben dem großformalen Regulativ, das ihm "traditionshaft" mitgegeben war: den Form-"regulierenden" Perioden.[236]

8 · Das Signifikanzproblem in Ernst Kurths Bruckner-Lesung

Es mag als Ausdruck eines Paradoxproblems in der Bruckner-Forschung augefasst werden, wenn – wie das nachfolgend geschieht – behauptet wird, dass analytische Kriterien wie auch empirische Belege für dieselben nicht nur in der abstrahierenden, Überblick-suchenden Betrachtungsweise unzureichend dargelegt sind, son-

---

fassung stimmt jedenfalls gut überein mit dem ausgeprägt ruhigen Pulsieren dieses Themas, das auch in höherem Maße als sonst bei Bruckner Charakter und Formentwicklung des gesamten Satzes beeinflusst, wenn man vergleicht etwa mit den Hauptthemen der Kopfsätze der 3. und 4. Symphonie. (Vgl. hierzu die analytischen Darlegungen in den späteren Kapiteln.)

[235] Man kann reell kaum behaupten, dass Bruckners Einteilung: (2+)10 (+12) irgendeinen Status in Übereinstimmung mit seinem "sekundären" Hauptkriterium habe, wie das denn doch der Fall ist bei so vielen anderen, selbst markanten internen Zäsuren auf geraden Taktwerten. Alternativ wäre das *gesamte* Thema, T. 3-25, als ein eiziger, zusammenhängender und ungebrochener Verlauf zu beschreiben, als Kompensation für den sehr natürlichen, aber vom Komponisten ignorierten Einschnitt in Takt 11.

[236] Vgl. E.Fr. Richters Kapitel "Noch einiges über die Perioden größerer Tonstücke", *op.cit.* S. 41 ff. – Außerdem wird auf die informative Darstellung in Th. Röders Dissertation verwiesen (Anm. 135), S. 159 ff., bes. S. 166-170.

dern dass sie sich – was den letzteren Punkt betrifft – ebenfalls in einem extrem Details aufsuchenden Zusammenhang wie Ernst Kurths Einfühlungs-betonter analytischer Lesung von Bruckner geltend machen. Allerdings ist die Vergleichsgrundlage zwischen zwei derart verschiedenen Forschungsattitüden im Grunde wenig tragfähig, und ihre Möglichkeiten, einander unmittelbar zu vervollständigen, sind entsprechend gering, weswegen man daraus denn auch nicht unbedingt eine weitere Komplikation ableiten müsste.

Unter den grundlegenden Unterschieden bietet es sich an, einen bestimmten herauszugreifen, dem vor dem Hintergrund eines Ausblicks auf die neuere Literaturkritik ein besonderer paradigmatischer Status zu verleihen ist. Betrachtet man die beiden Orientierungsweisen im Lichte der sich im sogenannten *Reader-Response Criticism* geltend machenden, grundlegenden Gesichtspunkte, erweisen sich sogleich einige Unterschiede, die in ihrer Weise eben so fundamental sind wie die, die früher durch die Schlüsselbegriffe Abstraktion und Einfühlung charakterisiert wurden. Vielleicht ist nämlich eines der für Kurths Betrachtungsweise charakteristischsten Merkmale ihre Verwandtheit mit dem wesentlichsten Kennzeichen der *Reader-Response*-Kritik: ihr programmatischer Appell an den Leser und gleichzeitig ihre tatsächliche Einbeziehung eben dieses Lesers in das Verständnis – und radikal verstanden: die Gestaltung – des Textes als Werk, so wie das Wolfgang Iser unterscheidet: bedeutet 'Text' doch bei ihm das geschriebene (die Schrift) und 'Werk' entsprechend *"das Produkt, zu dessen Ausformung der Leser beiträgt"*.[237] (So beruht denn auch die Wahl des Ausdrucks 'Bruckner-Lesung' in der Überschrift dieses Abschnitts gerade auf dieser Unterscheidung zwischen Text und Werk.)

Natürlich macht die gegensätzliche, strukturalistisch definierte Analyse ebenfalls die Texte zu "Werken", insoweit als die Analyse zu transformierten – und notwendig gleichzeitig reduzierten – Wiedergaben des bestehenden, notierten Konzeptes führen. Dies geschieht aber unter anderen Voraussetzungen und darum auch mit einem anders implizierten Verhältnis zum Gültigkeitscharakter der Analyse oder Deutung, wie auch zu den Kriterien hierfür: die Strukturanalyse möchte eine Reihe von quasi objektiven Bezügen im Werk selbst einfangen und stellt sich vor diesem Hintergrund zu einem hohen Grad als ein nachfolgendes, ja abschließendes Stadium in der intellektuellen Beschäftigung mit dem Werk dar, als Ergebnis eines Abstraktionsprozesses.

Dies ist nicht in gleichem Maße und entsprechendem Grad der Fall innerhalb der Gruppe von Kritikformen, die ein gemeinsames Zugehörigkeitsverhältnis zu einer rezeptionsästhetischen Grundlage haben. Daraus folgt ein unmittelbarer Akzept der Subjektivität als mitgegebener Folge der Voraussetzungen und der individuellen Aneignung des Textes von Seiten des Lesers; des weiteren eine Betonung der Intersubjektivität in der Form einer Aufmerksamkeit auf die Be-

---

[237] Pil Dahlerup: *Dekonstruktion. 90ernes litteraturteori.* Kopenhagen 1991, S. 18.

deutung von interpretativen Gemeinschaften[238], und schließlich der Wunsch, in deutungsmäßiger Hinsicht pädagogisch auf den Leser einzuwirken, ausgehend von derartigen eher pluralistischen Grundsätzen, die sich in einem Bemühen sammeln, nach reicheren, oder vielleicht eher offeneren ästhetischen Verständnisformen zu erlangen als den, die durch Strukturanalysen mitgeteilt werden.

Aus diesem Grund wird in dieser "Tradition" auch gerne hervorgehoben oder impliziert, dass die Analyse selbst in höherem Maße ein in Zeit verlaufender Prozess ist, der parallel mit dem Textverlauf und der Textlesung entsteht. Nicht zum wenigsten das letzte, aber auch die oben genannten Charakteristika machen sich bei Kurth geltend; wenn man also verstehen will, was er meint, statt ihn schlicht misszuverstehen, ist dies ein Umstand, den man sich beherzigen sollte (womit allerdings nicht gesagt sei, dass ein solches Verständnis bedeute, dass man mit seiner Lesung einverstanden sein muss.)

Es mag überraschend vorkommen, wenn Kurth vor einem so skizzenhaften Hintergrund gewissermaßen als Vorläufer für diese neuere Strömung in der ästhetischen Kritik dargestellt wird. Das Wagestück hat einen Grund: er scheint sie auch in weiterer Perspektive zu repräsentieren sowie gleichzeitig in einem spezifischeren Sinne. Die ultimative Position, die diese Richtung innerhalb der Literaturtheorie erobert hat, mit der Methodenbezeichnung *Dekonstruktion*, lässt sich nämlich in typischen Spuren in Kurths Formtheorie nachweisen. Allerdings ist das nicht gerade ein Grund, ihn von nun an als "Dekonstruktionisten" zu bezeichnen – umso weniger als der eigentliche Zweck die Beleuchtung der speziellen Frage analytischer Signifikanzprobleme bei ihm ist – obwohl eine solche Deutung auch gegen fundamentalere und chronologisch gesehen überraschende theoretische Charakteristika hin tendieren wird. Eine genauere Aufmerksamkeit erfordert diese Bezeichnung nur, da man in seiner Zielsetzung Elemente einer dekonstruktiven Charakteristik findet, einschließlich der, sich nicht einem Systembau zu verschreiben – wie das z.B. Heinrich Schenker, der andere große Strafprophet im analytischen Diskurs jener Zeiten, tat.

Dekonstruktion meint eine Abweisung einer allgemeinen Gültigkeit bestimmter Strukturen – typischerweise: dominierender theoriekonstituierender Gegensatzverhältnisse – vor dem Hintergrund der Enthüllung eines Dominanzverhältnisses, das sich allgemein als in einem vorherrschenden Erkenntnisinteresse fundiert erklären lässt. Dies ermöglicht und bewirkt eine Umkehrung oder Verschiebung solcher in Zweifel gezogener Strukturen, eventuell begleitet von einer Hervorbringung alternativer Bedeutungszusammenhänge.[239]

---

[238] Beide markant in der Literaturtheorie exponiert, besonders von Stanley Fish. Vgl. Dahlerup, *op.cit.*, Kap. 1.

[239] Die Erläuterung baut primär auf Dahlerup (*op.cit.*), mit dem Risiko einer gewissen Vereinfachung. – In musikanalytischer Perspektive wurde das überaus mehrdeutige Phänomen als solches behandelt von A. Krims: "Disciplining Deconstruction (For Musical Analysis)", in: *19CM* 1998, S. 297-324. Außerdem verweise ich auf R.R. Subotnik: *Deconstructive Variations. Music and Reason in Western Society*. Minneapolis, London 1996, bes. S. 39 ff.

In Kurths Formtheorie erfolgt eine Dekonstruktion des dominanten formalen Strukturaspekts *Form als Umriss*, der architektonischen Formseite, und besonders der Formmomente: thematische Exponierung[240], Gruppenanordnung durch Themenkontrast (Dualismus), sowie thematische Wiederherstellung (Reprise), so wie die Verhältnisse hierzu als typisch für das klassische und besonders das Wiener klassische Formprinzip dargestellt wurden.[241] Sein Ausgangspunkt hierfür ist apologetischen Charakters: Bruckners Form wurde vor dem Hintergrund eines solchen – vor allem ja in der Formenlehre dominierenden – formstrukturellen Hauptkomplexes beurteilt; somit aber auf der Basis von verkehrten Prämissen, da sich gerade bei Bruckner eine alternative Struktur ausdrückt, ein neues Formungsprinzip, und zwar ein formdynamischer Impuls von solcher Kraft, dass er einen "homogenen" Entwicklungszusammenhang in der Formbildung bewirkt.[242] Unter zahlreichen Indizien für diese Dekonstruktion sei das folgende Zitat angeführt, das sowohl den auflösenden als auch den alternativ sich ergebenden Aspekt ausdrückt, und zwar so konzentriert, wie es sonst wohl nirgendwo bei Kurth zu finden ist:

> Wie der Umriß als Kraftlinie Ausdruck der Formgewalt, so wird jeder Formteil ein Ereignis, das die Umgestaltung aus anderem Kunstwillen heraus dartut. Wie Bruckner neue Kriterien fordert, so auch neue formtechnische Begriffe. Auch das Thema ist nicht mehr in altem sondern durchgreifend geändertem Sinne Formkeim, ebenso gewinnt die Teilgruppe andere Bedeutung; alles ordnet sich einem zu neuer Bedeutung hervortretenden Formelement unter: der K r a f t w e l l e als dynamischem Einheitsvorgang des symphonischen Gestaltens.[243]

Das eigentliche Schlüsselwort für diese alternative Struktur ist *Einheit*. Und will man verstehen, in wie hohem Maße hier eine Art Dekonstruktion vorliegt, eine Demonstration einer *différance* (Jacques Derrida), muss hervorgehoben werden, dass die Vorstellung der Einheit in Kurths Bruckner-Lesung nicht eine strukturelle Auffassung auf rein motivischer Grundlage impliziert, z.B. à la Rudolph

---

[240] Vgl. z.B. das Kurth-Zitat in der Anm. 168.

[241] Kurths musikteoretisches Interesse lagerte sich bekanntlich vor allem um die Stilperioden beiderseits des Wiener klassischen Zeitalters und galt dabei vor allem Komponisten ohne "klassizierende" Züge: Bach (nicht Händel), Wagner und Bruckner. Zugleich legt er allerdings Wert darauf, dass dynamische Formkräfte sich auch innerhalb der Wiener klassischen Formtechnik in höherem Maße, als man das früher sehen wollte, geltend machen.

[242] Vgl. sein Kapitel "Bruckners Formprinzip" (*op.cit.* S. 233 ff., *passim.*) – Kurth drückt sich allerdings deutlich methodisch vermittelnder, "traditionsbewusster" aus, als das der Fall ist in den Reihen der späteren Dekonstruktion, wie z.B.: "Das wesentlichste und allgemeinste Kennzeichen für alle Brucknerschen Satzformen ist daher das Durchdringen der E n t w i c k l u n g s d y n a m i k von Steigerungswellen an umfassendere Einheiten, die mit dem überkommenen G r u p p e n p r i n z i p Vereinung suchen." (*Op.cit.* S. 464. Kurths Hervorhebungen.) Gleichzeitig wird im erwähnten Zusammenhang aber deutlich, dass dieses komplizierte Verhältnis besonders für die Scherzi charakteristisch ist und am untypischsten für die Außensätze – die eigentlichen Sonatensatzformen –, wo die Existenz von Gruppenbildungen eher den Status einer pflichtgemäßen Rücksicht auf Konventionen hat. (Vgl. z.B. ebd.: "Bruckner [...] war im bewußten Teil seines Schaffens [...] recht konservativ, wie im unbewußten voraussetzungslos elementar – übrigens eine Zwiespältigkeit, die ihn ganz den romantischen Naturen nahebrachte.")

[243] Ebd. S. 249. (Kurths Hervorhebung.)

Réti[244], und auch nicht eine andere Form eines strukturalistisch geprägten *essentialism*[245]; sondern dass sie sich vielmehr ziemlich alternativ auf eine geradezu ontologische Anschauung der musikalischen Zusammenhänge gründet. Sein Einheitsbegriff hat ein Gepräge von Hypostase; allem Anschein nach ist er als eine Art transzendente Qualität eher als eine immanente aufzufassen.[246] Darum ist für ihn auch der Nachweis der phänomenalen Realitäten – z.B. mittelst einer verbindlichen Spezifikation durch einheitsgeprägte Momente, also konkret die Demonstration einer motivischen Verwandtschaft oder eines Ableitungsverhältnisses – nicht besonders wichtig. Und eben das erschafft das Signifikanzproblem bei Kurth.

Vorhin (S. 19) wurde kurz erläutert, wie Kurth das Gepräge der Einheit, unter Anwendung eines Begriffes wie *Formzeichen*[247], grundsätzlich im Lichte eines bestimmten postulierten, übergreifenden Bewegungscharakters deuten kann, wie es z.B. im ersten Satz der 9. Symphonie geschieht: als *Steilstrebigkeit*, bzw. *Sturzbewegung*.[248] Eine erste formale Vermittlung einer solchen Grundtendenz mag dann in Form einer genaueren Bestimmung des funktionalen Verhältnisses zwischen verschiedenen motivischen Gestaltungen eines solchen Grundcharakters erfolgen; dennoch wird es sich aber, trotz des Bemühens der Vermittlung um eine musikalische Konkretion, typisch um Bestimmungen handeln, die sich in dieser Hinsicht einem eigentlichen empirischen Nachweis entziehen. Zum Kulminationsthema, der eigentlichen Hauptthemengestalt im Kopfsatz der 9. Symphonie (T. 63-75), heißt es etwa statt dessen[249]:

> Die Haupterscheinung ist [...] in umfassendem Sinne der Formwille selbst, der sich überall vorher im Ausbruchsdrang äußerte. [...] Blickt man von da auf den allerersten Anfang zurück, so scheint er motivisch (im engeren Sinne) noch kaum mit dem Hauptthema zusammenzuhängen, sieht wie ein eigenes Einleitungsthema aus; doch über greifbare Motivik hinaus ist es klare Andeutung des Formwillens vom nächsten Thema [T. 19 m.Auft. - T. 26] und vom Ganzen, [...] ebenso wie dies auf den ersten Blick alle die übrigen erwähnten Vorentwicklungsmotive zeigen, unabhängig davon, ob sie schon unmittelbare Motivsplitter aus dem späteren Riesenausbruch des ersten Themas enthalten oder nicht.

Der ontologische Status, den ein solcher Einheitsbegriff in Kurths analytischer Theorie besitzt, zeigt sich in konkreten Verhältnissen[250] wohl nirgendwo deut-

---

[244] R. Réti: *The Thematic Process in Music*. New York 1951.

[245] Vgl. Krims, *op.cit.* (Anm. 239) S. 303 f.

[246] Vgl. M. Heideggers (spätere) Einleitung zu seiner 1929 gehaltenen Freiburger Antrittsvorlesung "Was ist Metaphysik?"(§ 4): "Wie auch immer das Seiende ausgelegt werden mag, ob als Geist im Sinne des Spiritualismus, ob als Stoff und Kraft im Sinne des Materialismus, ob als Werden und Leben, ob als Vorstellung, ob als Wille, ob als Substanz, ob als Subjekt, ob als Energeia, [...] jedesmal erscheint das Seiende im Lichte des Seins." (Zitiert nach der 8. Aufl., Frankfurt a.M. 1960, S. 7.)

[247] Kurth, *op.cit.* S. 662.

[248] Ebd. u.a. S. 667 bzw. S. 676.

[249] Ebd. S. 667 f., vgl. S. 670: "Im ganzen Gefüge all der Linien nichts als Verstrahlung des einen Formgedankens."

[250] In allgemeinerer Perspektive wird das z.B. so ausgedrückt: "Vor allem taucht überall die Frage nach dem Verhältnis von Einzelnem und Ganzem überhaupt auf. Dieses nun beruht in der bei Bruckner ganz ungeheuren geistigen Spannkraft eines stetigen weiten Voraushörens. [...] Jede

licher als in Verbindung mit diesem Satz Bruckners. Und das Geltungskriterium für seine subjektive Lesung von Bruckners Musik erweist sich entsprechend nirgendwo in so hohem Maße suspendiert wie hier, in einem Zusammenhang, der einen weiteren, aber nicht besonders konkretisierenden Schritt in der analytischen Vermittlung des Einheitsgedankens einleitet:

> Blickt man nun [...] zu den Themen des 1. Satzes zurück, so erkennt man, daß sie im Grunde alle nur verschiedene Erformungen ein und desselben formalen Grundwillens sind, und daß hinter ihnen ein gemeinsames unsichtbares Grundthema steht. Einen ungeheuren Formgedanken brachte Bruckner hier zur Erfüllung: die einzelnen Themen [...] sind nur einzelne verschiedene Spielarten eines bestimmten gemeinsamen, mächtig unterhalb der wechselnden Erscheinungsformen erspannten Formwillens, der selbst zu absolut und abstrakt ist, um anders als in seinen energetischen Bewegungsgrundzügen selbst erfühlt und [...] erkannt zu werden. Bruckner schafft hier aus einem metaphysischen Formgefühl heraus. Alle Themen sind im Grunde dasselbe.[251]

Wie hier – wie auch in vielen anderen, ähnlichen Zusammenhängen – deutlich wird, verschafft Kurth seiner ontologischen Einheitsvorstellung eine Wirkung durch den transzendenten, Schopenhauerschen Begriff *Wille* – der erkenntnistheoretisch gesehen denselben Status hat wie *das Ding an sich* bei Kant.

Im Verhältnis hierzu ist die Situation in theoretischer Hinsicht grundsätzlich dieselbe, praktisch-analytisch betrachtet aber unendlich konkreter: eine Frage der Nachprüfung eines Hinweises, zu dem man sich nachfolgend zustimmend oder – wie ich das hier für richtig halte – abweisend verhalten mag, wenn Kurth an so vielen Orten nachweist, wie Bruckners Thematik ihre

> wesentlichsten Merkmale in der Innenstruktur [zeigt], indem der ganze Gestaltungsweg des Themas entwicklungsmotivisch bedingt ist[252]

und dies gleichzeitig, wie hier betreffs des Kopfsatzes der 1. Symphonie[253], der Entwicklung des HTh$_a$ im Verhältnis zu HTh$_b$ (T. 18-24), auf folgende Weise exemplifiziert:

> Wirft man von hier [dem Satzbeginn] einen Blick auf den Höhepunkt [T. 18 ff.], so sind zwar die gleichen Elemente, aber ein ganz anderes Bild vorhanden [. ... Die] groß auswellenden Kurven [des Entwicklungsmotivs in den Violinen, *B.M.*] scheinen ganz neu und sind doch nur breite Ausgießung der Streckungsfiguren, die vordem die punktierte Themenlinie annahm.[254]

Auch in diesem frühen Werk baut der einleitende Satz für Kurth indessen auf einen "im Untergrund liegenden" allgemeinen Bewegungscharakter:

> Wer hier und noch mehr in gewissen späteren Teilen des Satzes die Linienbewegungen an

---

einzelne Entwicklungswelle bei Bruckner zielt [...] auf Späteres und fühlt ebenso zu Früherem zurück; über dem Augenblick steht bei ihm stets die B e s t i m m u n g". Kurth, *op.cit.* S. 307. (Dessen Hervorhebungen.)

[251] Ebd. S. 680.

[252] Ebd. S. 739.

[253] In Verbindung mit Kurths Analyse dieses Werkes richten sich die nachfolgenden Taktbezüge auf die späte Version (die *Wiener Fassung*).

[254] Kurth, *op.cit.* S. 740. (Vgl., nach entsprechenden Richtlinien, z.B. Kurths Kohärenzargument betreffs des unmittelbaren Kontrastes zwischen Haupt- und Seitenthema, ebd. S. 743.)

sich in ihrer reinen Urkraft aufzunehmen vermag, dem offenbaren sie dumpf verborgene Willenszüge, sie tragen etwas von der magischen Wildheit mancher regellos spiraliger Linien aus Formen, Zierrat und Masken asiatischen Volkstums, Schreckmalen eines versteckten Grauens, die hier bis in die überwältigenden, weitbogigen Formbezwingungen hinaufzucken.[255]

Die nicht strukturell fixierte, aber dynamisch-entwicklungsbetonte Formsicht, die Kurths Dekonstruktion des traditionellen Sonatensatzprinzips bezeichnet, wird in etwa konsequent durchgeführt und betrifft also nicht nur die thematische "Aufstellung", sondern auch die weiteren Stadien des Formverlaufs:

> Indem überall die Entwicklungsdynamik das treibende Element ist, das den Satz in seiner ganzen Anlage durchstreicht, [...] erklärt sich auch in rein formalem Sinne für jeden einzelnen Teil der Ereignischarakter, [...] d.h. es gibt keinen Formteil, der nicht seine Bedeutung aus der Gestaltungskraft selbst gewänne, die ihm zutreibt; [...] nichts ist hingestellt, alles hervorgerufen.[256]

Was dies betrifft, versagt es sich Kurth auch nicht, gewissermaßen demonstrativ betont bestimmte Abschnitte in einer anderen formalen Perspektive zu analysieren als man das nach jedem *common sense* tun würde. Das wird z.B. deutlich in Verbindung mit dem HTh_b im Kopfsatz der 4. Symphonie, dem kulminierenden Feld dieser Themengruppe nach dem einleitenden, langen und ruhigen, insgesamt aber entwicklungsmäßig zielgerichteten Verlauf T. 1-50: dieser zweiten Hauptabschnitt der Themengruppe wird, recht überraschend, schlicht als das *"zweite Hauptthema"* des Satzes bestimmt[257] – was bei Kurth 'Seitenthema' bedeutet. Es irritiert hier die relative motivische Homogenität im Verhältnis zum vorherigen Abschnitt[258] Kurth in keiner Weise: er betrachtet sie vielmehr als eine Bestätigung des in seiner Sicht typischsten Charakteristikum für Bruckners Expositionsgestaltung: eine ständig strömende Evolution.[259]

Noch provozierender, zugleich aber immer noch in Übereinstimmung mit seiner grundlegenden Formsicht, ist Kurth in seiner Deutung der Formskandierung des Kopfsatzes der 1. Symphonie: hier hat er, augenscheinlich wohl überlegt und ohne Kommentare zu seiner radikalen Rücksichtslosigkeit, Bruckners Doppelstrich zwischen der Exposition und der Durchführung ignoriert und statt dessen den Beginn der Durchführung auf T. 141 bestimmt – die erneute Aufnahme des Hauptthemas unter einer fremden Maske –, d.h. 37 Takte nach dem Beginn dieses Formabschnitts. Das lässt sich wiederum nur auf der Basis von Kontinuitäts-

---

[255] Ebd. S. 741.

[256] Ebd. S. 484.

[257] Ebd. S. 613.

[258] Vgl. Kap. III, S. 170 f.

[259] Kurth bemerkt sogar selber, dass der 2. Teil der Thgr. I (bei ihm also Thema II) einen ähnlichen harmonischen Entwicklungsgang hat wie der 1. Teil ("Thema I"). In seinen Bemerkungen zum folgenden Expositionsabschnitt (der tatsächlichen Thgr. II) kommentiert Kurth dessen *Gesangs*charakter, betont aber mehr seine "weite[n], teilweise unruhige[n] Entwicklungen", kurz ausgedrückt einige typische Prädikate für eine Brucknersche Themengruppe III. (Vgl. ebd. S. 487.) Das Problem wird damit auf T. 119 ff. verschoben (die Thgr. III in traditioneller analytischer Optik), die Kurth nur als *Höhepunkt* und *Entwicklung* der vorhergehenden zwei Verläufe bestimmt (S. 615-617).

momenten in thematischer Hinsicht erklären, mit dem Unterschied zum vorigen Beispiel, dass Kurth nun eine motivische "Homogenität" als Hintergrund einer entsprechenden Qualität in formkategorialer Hinsicht versteht. Dies wird hier durch das eher ungewöhnliche Verhältnis bedingt, dass das überwältigende Kulminationsthema in der Thgr. III der Exposition (T. 92 ff.) in der ersten realen Phase der Durchführung wiederkehrt – nach einer entspannten Übergangszone, beginnend gegen Ende der Exposition, welche im großen und ganzen ungebrochen 14 Takte nach der graphischen Grenzmarkierung weiter klingt. Dieses Thema wirkt nun weiter als immer noch mächtige Nachwelle des überwältigenden Impulses, den es im Zusammenhang der Exposition bezeichnete. Aber nun hat sich wie gesagt ein Entspannungsfeld dazwischen geschoben; und wie u.a. und besonders eine von standardmäßige Prozedur um den selben formalen Grenzbereich in allen späteren Kopfsätzen zeigt, trägt dies entscheidend dazu bei, dem betreffenden formalen Feld eine Signalfunktion für die Kategorie Durchführung zu geben – zumindest in tektonischer Hinsicht.

Kurth wird somit durchaus mit Recht von Adolf Nowak vorgeworfen, er wolle Zusammenhänge nachweisen – wenn auch nicht in der Form konkreter Bezüge, so doch unter der Bezeichnung *Evolution* – selbst dort, wo für einen unvoreingenommenen Betrachter Kontraste vorliegen. Nowak ist der Meinung – und ich möchte mich ihm nach der voranstehenden Untersuchung von Kurths analytischer Grundhaltung anschließen –, dass diese Art "energetischer" Analyse darauf zielt,

> möglichst alle Einzelheiten des musikalischen Geschehens vom Impetus der Anfangsbewegung her zu verstehen.[260]

Seine eigene Auffassung demgegenüber ist sympathisch, insoweit sie nicht nur die notwendige Korrektur enthält, sondern auch einen Versuch, die Tiefe, und damit vielleicht den eigentlichen Sinn von Kurths Analysenform auszuloten:

> Nicht der Entwicklungsbegriff trifft dieses musikalische Denken[261], sondern eher der des Durchmessens von Gegensatzcharakteren: von dem immanenten Gegensatz des Anfangsimpulses [IV/1. T. 7, vgl. T. 3, B.M.] über die explizite Entgegensetzung [T. 43] bis zum letztgenannten Widerspruch [T. 75]. Dieser motivisch aufweisbare Verlauf impliziert allerdings eine innere Dynamik, der die "energetische" Analyse nachhorchte; für diesen ideellen Bewegungszug, nicht für dessen motivisch-thematische Realität mag der Begriff der Evolution gedacht sein.[262]

Kurths formästhetische Sicht auf Bruckner ist in mehr als einem Sinne eine holistisch geprägte Betrachtung: sie ist ein äußerst eigensinniger, originaler, aber auch fast manisch geprägter Versuch, einige alternative Perspektiven für ein Verständnis einer gleichzeitig persönlichen und traditionsgebundenen musikali-

---

[260] A. Nowak: "Zur Analyse Brucknerscher Symphonik", in: *NZM* 1974, S. 674.

[261] Nowaks Analyseobjekt ist hier IV/1., T. 1-75. Siehe des weiteren den Aufsatz Nowaks: "Über den Anfang in Bruckners Symphonik", in C.-H. Mahling (Hrsg.): *Über Symphonien. Beiträge zu einer musikalischen Gattung.* (=FS. Walter Wiora [70 Jahre].) Tutzing 1979, S. 141-155, wo derselbe Verlauf behandelt wird.

[262] A. Nowak, *op.cit.* (Anm. 260) S. 674 f.

schen Ausdrucksweise zu erzwingen. Die Tiefe der Einfühlung und nicht weniger ihre Intensität ist derart der Vorzug, aber auch die entscheidende Schwäche dieser Deutung. Seine Lesung wird mit einer suggestiven Kraft durchgeführt, die dazu neigt, entweder die Urteilskraft seines Lesers gefangen zu nehmen oder – wohl häufiger – eine Abstoßung des Lesers in diffusem oder bewusstem Widerstand gegen die überredende Rhetorik der Darstellung zu bewirken. Am deutlichsten merkt man vielleicht die risikablen Momente dieser Deutungsmethode dort, wo sie aus zweiter Hand benutzt wird: ihr schwächeres Verhältnis zu solider Dokumentation und analytischer Selbstkritik erweist sich in solchen Fällen als desto klarer. Dasselbe gilt für eine typische Folge dieses Mankos: ein eher verführerisches Verhältnis zu der analytischen Sprache als solcher, und obendrein vielleicht auch ein Mangel an Stringenz im Umgang mit Terminologien.

Die Probleme, die entstehen, wenn man sich zu Kurths Bruckner-Analysen verhält, liegen trotz allem nicht so sehr in ihrer "betäubenden Sprache" (Dahlhaus) als vielmehr in ihrer konsequenten Subjektivität und der beabsichtigten Unschärfe in den dominanten Perspektiven der Dekonstruktion. Dieser Charakter würde wohl ein Vorhaben, "seinen Kurth im Schlaf zu können", ad absurdum führen. Eine Konsultation seiner besonderen und in vielen Fällen wertvollen Gesichtspunkte wird sich indessen auch weiterhin oft lohnen. Bei den weiteren Analysen (in Kapitel III und den folgenden) wird das denn auch hin und wieder der Fall sein.

KAPITEL II

Einfühlung und Abstraktion

Le style c'est l'homme même.[1]

Stil ist die Eigenschaft eines Werkes,
und beruht auf natürlichen Bedingungen,
die den ausdrücken, der ihn hervorbrachte.[2]

DIE AKZENTUIERUNG des Begriffs, den die beiden vorangestellten Zitate ins Zentrum dieses Kapitels setzen, beabsichtigt nicht etwa eine stilistische Untersuchung – im vorliegenden Falle die eines Personalstils – im Sinne einer bis in Einzelheiten gehenden technischen Untersuchung. Wie auch der zweite gemeinsame Hauptinhalt der Zitate, nämlich die persönliche Instanz, verrät, geht es vielmehr um Stil in einerseits weit allgemeinerem Sinne, andererseits aufgefasst als in höherem Maße prägnanzbestimmte Verhältnisse in der Wertung eines gegebenen künstlerischen Gesamtwerks oder einer Gruppe von Werken, als dies in einer traditionellen Stilbeschreibung naheliegend wäre.

Es zeigt sich hier unmittelbar ein grundlegendes Problem dieses Unternehmens: Strebt man durch die Beschreibung oder Analyse des persönlichkeitsgeprägten Habitus eines Komponisten ein Verständnis über essenzielle Seiten seiner Ausdrucks- und Formungsweise an, so kommen zu den Schwierigkeiten praktischer Art, angemessene analytische Methoden und Werkzeuge für diesen Zweck zu finden, auszuwählen und anzuwenden – und hier wird es sich kaum um sonderlich musikwissenschaftlich geprägte Hilfsmittel handeln! – zahlreiche zusätzliche Probleme bezüglich des eigentlichen Ziels der Untersuchung hinzu: Probleme der "Vergegenwärtigung" der Person selbst. Diese sind zum Teil verborgen, zum Teil kommen sie aber zum Vorschein in der – vielfältig gebrochenen und in der Regel auch widersprüchlichen – Rezeptionsgeschichte des Komponisten. Die Person, und in nicht geringerem Maße die Persönlichkeit, lässt sich im Grunde nicht als solche darstellen, sondern nur in der Form eines subjektiven Bildes, oder besser einer Reihe von Bildern – Bildern, die obendrein verschieden sind und sich nicht in jedem Falle in Deckung bringen lassen. Zu diesen Bildern haben nicht allein diejenigen, die die geschichtliche Person auf authentischerer Grundlage geschildert haben, durch ihre Interpretationen mit manchen verzeichneten Zügen beigetragen; auch unsere eigenen besonderen Bedingungen in der aktuellen Situation – somit der individuelle Horizont – üben ihre modifizieren-

---

[1] Georges Louis Leclerc de Buffon: *Discours sur le Style*. 1753 (gedruckt 1773).

[2] Arnold Schönberg: "Neue Musik, veraltete Musik", in: *Gesammelte Schriften 1*. Hrsg. von Ivan Vojtech. Frankfurt a.M. 1976, S. 32.

den Wirkungen aus, was eine jede gegebene Auswahl wie auch Beurteilung des vorgegebenen Materials betrifft.

Möchte man andererseits, im Bewusstsein solcher offensichtlicher Schwierigkeiten, zugeben, dass die eingangs zitierten Aussagen nur den Status eines Axioms haben: eines unbeweisbaren, zugleich jedoch unzweifelhaften Grundsatzes (wobei man sich auf den Klassikerstatus dieses Gesichtspunkts berufen mag: *Stylus virum arguit*), – möchte man dies auch zugeben, so beschränkte sich ihre Bedeutung dennoch auf mehr oder weniger dekorative Ausdrucksweisen, auf ein sogar tautologisch verdoppeltes Motto – und das wäre im gegebenen Zusammenhang sicher fehl am Platze. Es will hier denn auch eine programmatische Grundansicht angezeigt sein. Mit anderen Worten erweisen sich die Zitate als Auftakt zu einer Verdeutlichung ihrer Aussage, und somit beabsichtigen sie auch eine Verminderung der implizierten theoretischen Probleme – die übrigens selbstverständlich mit den obigen sie betreffenden Bemerkungen nicht erschöpft sind.

Was das vorliegende Forschungsprojekt betrifft, besteht das auslösende Moment für die Suche nach der schaffenden Instanz, die sich hinter der musikalischen Materialität verbirgt, in folgendem Sachverhalt: in Bruckners symphonischer Musik lassen sich deutliche Momente einer Differenz zu den "vorherrschenden", also zeitgebundenen Normen einerseits wie auch andererseits eher klassischen, Perioden-übergreifenden Formulierungsweisen konstatieren. Derartige Differenzen haben wiederum einerseits von Anfang an zu Verständnisschwierigkeiten geführt, während es sich andererseits erweist, dass der Komponist trotzdessen diese Differenzen in einem gewissen Umfang bewusst als Ausdruck eines charakteristischen Stils beibehielt, etwa in seinen Revisionen.

Bruckner ist keineswegs der einzige Komponist, der einen solchen Status als "Sonderling" hat. Aber in seinem wie in anderen Fällen war die musikanalytische Praxis nicht ohne weiteres imstande, sich auf derartige Exemplare einzustellen, und insbesondere vermochte sie sie nicht angemessen zu behandeln, also auf der Basis ihrer eigenen, positiv gegebenen Bedingungen. In der musikanalytischen Tradition nimmt augenscheinlich eine bestimmte kompositorische Logik eine Sonderstellung ein, neben der andere, abweichende kompositionstechnische Prinzipien in schlechterem Licht erscheinen oder gar verdunkelt werden, ohne erläuternde Lichtblicke durch Bemühungen um ihr sinnhaftes Verständnis in positiver Bedeutung. Und auch dieser Sachverhalt mag durchaus in erster Linie auf fundamental verschiedenen psychischen Einstellungsweisen beruhen, hierunter besonders in *sinnkonstitutiver* Bedeutung. Meiner Ansicht nach prägt dieser Sachverhalt die schöpferischen Persönlichkeiten wie auch die Schar der Kritiker und Musikanalytiker.

Eine solche Differenz bezüglich einer fundamentalen kompositorischen Logik mag noch einigermaßen fassbar erscheinen, wenn man sie auf Zeitgenossen in der entlegenen Periode eines Ludwig Spohr und eines Franz Berwald appliziert – obschon es in Berwalds Typ eines spätklassizistisch gefärbten Kompositionsstils zahlreiche schlagende Beispiele für Diskontinuität und, von einem logischen Gesichtspunkt aus, sprunghafte Momente gibt. Kritischer wird der Unterschied aber, sobald man etwa Jean Sibelius dem gleichaltrigen Max Reger gegenüber stellt; vergleiche etwa Theodor W. Adornos Notiz zum erstgenannten:

> Wenn Sibelius gut ist, dann sind die Maßstäbe der musikalischen Qualität als des Beziehungsreichtums, der Artikulation, der Einheit in der Mannigfaltigkeit, der Vielfalt im Einen hinfällig, die von Bach bis Schönberg perennieren.[3]

Andererseits lässt sich so auch die normative Grundlage der Kriterien klarer begreifen, und lenkt sich somit die Aufmerksamkeit vermehrt auf das verborgene Mitwirken persönlichkeitsgeprägter Faktoren. Konfrontiert man endlich Arnold Schönberg entsprechend mit seinem Zeitgenossen Leoš Janáček, so erreicht der Gegensatz wohl die größtmögliche Spannweite innerhalb ein und desselben Kulturkreises und Zeitraumes: auf der einen Seite tritt ein Ideal der Prägnanz des "musikalischen Gedankens" hervor, das sich in seiner Radikalität in der Disqualifizierung der Wiederholung in jeder verdeutlichten Form ausspricht, und folglich eine konsequente Entwicklungslogik dieses "Gedankens"; auf der anderen Seite kommt eine exzessive Entfaltung der motivischen Repetition und eine ungehemmte, gar zufällig wirkende Variantenbildung zum Vorschein. Beide Gruppierungen von Eigenheiten des Stils und der Form werden hier in gleichem Maße und gleich einseitig als Prinzipien festgehalten, was zu in der Realität völlig voneinander getrennten kreativen Welten geführt hat.

Dass auch Bruckner in dieser bestimmten Form des Vergleichs grundsätzlich als Repräsentant einer divergierenden Art von kompositionstechnischer Rationalität – einer Qualität, die bei allen genannten Repräsentanten musikalischen Schaffens vorausgesetzt werden kann – zu rechnen ist, und dass er sich somit auf der Seite von Berwald, Sibelius und Janáček befindet, wird besonders von seiner Rezeptionsgeschichte demonstriert, und hier wiederum vor allem in deren früheren Phasen. Der Kernpunkt in der Wertung seiner Musik lässt sich am genauesten mit dem Begriff *Logik*, bzw. Unlogik umschreiben – was diese betrifft, glaubte man einen dezidierten Mangel an logischer Entwicklung zu sehen. Quasi offizielle, höchste Autoritäten damaliger Zeit wie August Wilhelm Ambros und Eduard Hanslick stehen – neben anderen – für die Auffassung eines defizitären Status der Werke in dieser Hinsicht[4], und von den kritischen Aussagen künstlerisch eigenproduktiver Persönlichkeiten gibt es wohl nichts, was ein praktisches Polaritätsverhältnis deutlicher bestätigte als die beiden folgenden Verdikte Johannes Brahms':

> Alles hat seine Grenzen. Bruckner liegt jenseits, über seine Sachen kann man nicht hin und her, kann man nicht reden.[5]

---

[3] Th. W. Adorno: "Glosse über Sibelius", in: *Impromptus*. Frankfurt a.M. 1968, S. 91 f. – Dort auch andere, ebenso paradigmatisch betonte Charakterisierungen von Sibelius' musikalischer Ausdrucksweise wie "Absurdität", "Sinnlosigkeit" und "Zerstörung".

[4] Hier mag – exemplarisch – verwiesen werden auf Rezensionen der Uraufführungen, z.B. folgende Wiedergaben in *Göll.-A.*: IV/1, S. 245 f. (Hanslick) und S. 252-254 (Ambros, beide 1873), IV/1, S. 649 f. (Frey, 1881); IV/2 S. 250 u. - 251 o., S. 255 ff., S. 264 (u.a.m.) sowie S. 271 f. (Kalbeck, Dömpke, Helm und Hanslick, alle 1885), S. 438 f. (Dömpke), S. 447 f. (Kalbeck) und S. 457 (u.a.m.), Helm, alle 1886); IV/3, S. 88 f. (Hanslick, 1890) und S. 213 f. (Heuberger, 1891). Außerdem Rich. Heubergers Nekrolog über Bruckner, gedruckt in M. Wagner: *Bruckner*. Mainz 1983, S. 313-316.

[5] In einem Brief an Elisabet v. Herzogenberg, 12.1. 1885 (*Göll.-A.* IV/2, S. 241).

Er hat keine Ahnung von einer musikalischen Folgerichtigkeit, keine Idee von einem geordneten musikalischen Aufbau.[6]

Andererseits ist keine Antwort Bruckners charakteristischer für seine "Immunität" gegenüber derartigen Aberkennungen kompositorischer oder formaler Rationalität als die Aussage gegen Ende des folgenden Zitats:

> Ich [Josef Kluger, ca. 1890] traf ihn einst in seiner Wohnung, wie er gerade über einem Zeitungsblatt studierte. [...] Auf das Blatt weisend, sagte er zu mir: *Die wollen, daß ich anders schreibe. Ich könnt's ja auch, aber ich darf nicht. Unter Tausenden hat mich Gott begnadigt und dies Talent mir, gerade mir gegeben. Ihm muß ich einmal Rechenschaft ablegen. Wie stünde ich dann vor unserem Herrgott da, wenn ich den anderen folgte und nicht ihm!*[7]

In einigen Erklärungen zu seinen Ansichten über Brahms' Musik im Verhältnis zu seiner eigenen artikulierte Bruckner sogar klar und anschaulich das zwischen ihnen bestehende Polaritätsverhältnis in ausdrucksästhetischem bzw. psychologische Sinne (wenngleich er sich im zweiten der nachfolgenden Zitate, wie auch in dem vorhergehenden, zweifelsfrei mit gehöriger Rücksichtnahme auf den klerikalen Status seines Gesprächspartners äußerte):

> Wer sich durch Musik beruhigen will, der wird der Musik von Brahms anhängen; wer dagegen von der Musik gepackt werden will, der kann von jener nicht befriedigt werden. Offenbar dachte er bei solch' packender Musik zunächst an die seine [...].[8]

> Ich [Anton Meißner, ca. 1883] frug ihn, wie ihm die Kompositionen von Brahms gefielen, worauf er sinnend überlegte und sprach: *Weißt, Anton, wir zwei sind feurige Naturen und Katholiken. Brahms ist für kalte Naturen und Protestanten!*[9]

> *Ja, bei dem [Brahms] ist jeder Takt ausspintisiert, alles gelehrt.* Auf den Kopf zeigend, meinte er: *Wenn ich nur auch so gescheit wäre. Bei mir ist halt alles da drinnen,* auf's Herz zeigend. *Und wie's darin ist, muß es außen!*[10]

Man kann als Konsequenz aller derartiger, in der Realtät doch wohl *originärer* Gegensätze mit dem Kunsthistoriker Wilhelm Worringer eine alternative Sichtweise anwenden, indem man die Betonung in der ästhetischen Wertung von der materiellen Seite der Produktion (von einer "Geschichte des Könnens") auf die schaffenspsychologische Seite verlegt (eine "Geschichte des Wollens"), in Übereinstimmung mit Worringers Ansicht dass *"das Können nur eine sekundäre Folgeerscheinung des Wollens ist."*[11] Sein Gesichtspunkt, dass die verschiedensten

---

[6] Ebd. S. 245 (nach einer Aufzeichnung von Heinrich Groeber, 1895).

[7] Ebd., IV/3, S. 115. – Vgl. auch folgende Aussage: "Da sagt der Hanslick immer, ich hätte keine Form. Keine Form! Ich meine, wenn man den Herrn Doktor einmal so recht am Zahn fühlen tät', was er denn eigentlich darunter versteht [, ...] so glaub' ich, wüßte er's zuletzt selbst nicht recht. Ja, hat denn der Künstler nicht das Recht, sich für sein Werk eine Form zurechtzumachen, die ihm gerade paßt?" (K. Hruby: *Meine Erinnerungen an Anton Bruckner*. Wien 1901, S. 22; umgeschrieben aus der Dialektwiedergabe, B.M.)

[8] Ebd. IV/2, S. 131 f. (nach einer Aufzeichnung von Franz Marschner, 1884).

[9] Ebd., S. 135.

[10] *Göll.-A.* III/1, S. 583 f. (Aussage aus dem Jahr 1885, hier aus der Dialektwiedergabe umgeschrieben). Zitiert mit unwesentlichen Abweichungen in H. Commenda: *Geschichten um Anton Bruckner*. Linz 1946, S. 133; diese Version auch wiedergegeben in: R. Grasberger, E.W. Partsch: *Bruckner – skizziert. Ein Porträt in ausgewählten Erinnerungen und Anekdoten*. (= Anton Bruckner Dokumente und Studien, Bd. 8.) Wien 1991, S. 166.

[11] W. Worringer: *Abstraktion und Einfühlung. Ein Beitrag zur Stilpsychologie*. 1908. (Alle Zitate

Formen von Stilgepräge als Ausdruck für jeweils psychisch eigenständig begründete und somit zweckmäßige Formungsweisen anzusehen seien, mag wie eine Befreiung wirken, nicht zuletzt im Lichte ästhetischer Querelen und geschichtlich perpetuierter Diskussionen hierüber. Worringer:

> Jeder Stil stellte für die Menschheit, die ihn aus ihren psychischen Bedürfnissen heraus schuf, die höchste Beglückung dar. [...] Was von unserem Standpunkt aus als die größte Verzerrung erscheint, muß für den jeweiligen Produzenten die höchste Schönheit und die Erfüllung seines Kunstwollens gewesen sein.[12]

Soll eine solche Anschauung nicht nur als mehr oder weniger einleuchtender theoretischer Grundsatz erscheinen, sondern einen spezifischen heuristischen Wert haben, setzt das allerdings eine Zusammenfassung aller individuell vorkommenden Einstellungs- und Funktionsweisen unter einer kleineren Anzahl typischer Formen psychischer Orientierung und Organisierung voraus. In dieser Richtung gibt es denn auch verschiedene systematisierende Ansätze. Nachfolgend werden einige der wesentlicheren unter ihnen angesprochen, wobei die Auswahl besondere Rücksicht auf die profunden Kenntnisse des jeweiligen Urhebers nimmt oder als Folge einer empirisch besonders gut untermauerten Darstellung vorgenommen wird.

1 · Die Hermeneutik Wilhelm Diltheys und ihre Rolle in seiner humanwissenschaftlichen Verständnisstruktur

Wilhelm Dilthey (1833-1912) gilt als der hauptsächliche Begründer der neueren Geisteswissenschaft: als Wissenschaft betrachtet mit Prätentionen, die mit den Naturwissenschaften vergleichbar sind, zugleich aber in einer reflektierten und betonten Differenz zu deren Epistemologie. Dilthey selbst betrachtete seine Konstruktion der Erfahrungslehre der Humanwissenschaft (oder, mit seiner eigenen alternativen Bezeichnung für die Geisteswissenschaft: "Kulturwissenschaft") in Unterstreichung des Charakters dieses seines Hauptanliegens als Gegenstück zu Kants Erkenntnislehren, als seine *"Kritik der historischen Vernunft"*.[13]

Den Humanwissenschaften – wozu Dilthey auch Staats- und Rechtswissenschaft rechnete – ist gemeinsam und damit bestimmend für alle ihre grundlegenden Erkenntniskategorien, dass sie sich *"naturwüchsig aus den Aufgaben des Lebens selber"* entwickeln und dass sie, indem sie alle *"sich auf die Menschen, ihre Verhältnisse zueinander und zur äußeren Natur beziehen"*, eine gemeinsame fundamentale Grundlage haben in den Kategorien

---

hieraus nach der Neuausgabe München 1959), hier S. 42. – Worringer verweist darauf, dass der Begriff *Kunstwollen* zuerst vom Wiener Kunsthistoriker Alois Riegl lanciert wurde.

[12] Ebd. S. 47. – Worringers spezielles Anliegen, seine theoretische Begründung eines abstraktionsbetonten, anti-naturalistischen Stilwillens, kann (ohne dass das direkt programmatisch aus seiner Abhandlung hervorgeht) als Rechtfertigung der damals Avantgarde-geprägten Kunst kubistischen und expressionistischen Zuschnitts charakterisiert werden, im Gegensatz zu nicht zum mindesten dem sehr einfühlungsbestimmten Jugendstil.

[13] Vgl. z.B. Dilthey: *Gesammelte Schriften*, Bd. VII, Leipzig u. Berlin 1927, Unterrubrik zu Teil III: "Entwürfe zur Kritik der historischen Vernunft". – 'Kulturwissenschaft' als synonym mit Geisteswissenschaft geht explizit u.a. aus Dilthey Bd. VII, S. 70 hervor.

E r l e b e n, in den A u s d r ü c k e n für Erlebnisse und in dem V e r s t e h e n dieser Ausdrücke. Das Erlebte und das Verständnis jeder Art von Ausdruck für Erlebnisse fundiert alle Urteile, Begriffe, Erkenntnisse, welche den Geisteswissenschaften eigentümlich sind.[14]

Diese drei Hauptkategorien, die Diltheys Forschung jedenfalls seit der Mitte der 1880er Jahre begleiteten, suchte er zunächst auf psychologische Theorien anzuwenden; später dann, besonders seit die experimentelle Psychologie das Feld dieser Wissenschaft in Bereiche erweiterte, die für Dilthey nicht mehr überblickbar waren, wurden sie eher auf den Bereich der menschlichen Kulturäußerungen in ihren definitiv fixierten Formen angewendet, also auf ein Operationsfeld innerhalb der spezifisch "materialen" Ausdruckssphäre. Gleichzeitig verschiebt sich der Akzent im Verständnis der Erlebnis- und Ausdruckswelt von einer Ableitung aus psychologischen Richtlinien auf eine reguläre *Hermeneutik*.

Die Tatsache dieser Gewichtsverlagerung scheint unbestritten – Bernhard Groethuysens Vorwort zu Band VII der *Gesammelten Schriften* erläutert dies genauer. Diskutabler ist, welche Reichweite sie für Diltheys ursprüngliche verständnisgebundene Grundanschauung hat. Adolf Nowak scheint z.B. der Ansicht zuzuneigen, dass der Unterschied prinzipieller Art ist, was es ihm dann schwierig macht, einige wesentliche Verhältnisse in Diltheys musikalischer Hermeneutik gegensatzfrei zu erfassen. Meiner Auffassung nach lässt sich aus Diltheys späteren Darstellungen der eigentlichen Grundlage für die Praktizierung der gegebenen Wissenschaften – hierunter auch spezifisch dessen, was Dilthey etwas vorsichtig gerne *"das Studium von Literatur und Dichtung, von Kunst und Musik"*[15] nennt – eher eine bruchlose, kontinuierliche und nur möglicherweise eine neue, stärkere Betonung der text- oder werkimmanenten Aspekte lesen. – Nowak:

> Im musikalischen Ausdruck handele es sich um ein Seelisches, das nicht vor, sondern nur in den musikalischen Verhältnissen erfahrbar ist. Ausdruck, sagt Dilthey, *"ist schaffend"*, d.h. er besteht nicht darin, anderweitig Erfahrbares in ein neues Medium zu transponieren, sondern darin, im Schaffen von Tonzusammenhängen seelische Qualitäten zu erschließen, die ohne das Tonelement unzugänglich und unbewußt blieben. [...] Dabei geht es nicht darum, Musik schlechthin als Ausdruckskunst verstehen zu wollen. Zwar sei in ihr kein Gebilde, das *"nicht vom Erlebten spräche, und doch ist alles mehr als Ausdruck"*[16]. Es ist nicht leicht zu präzisieren, was Dilthey unter musikalischer Bedeutung versteht.[17]

Darauf folgt nun sein – was übrigens für den Beitrag als ganzes ebenso gilt – gediegener, in Einzelheiten allerdings diskutabler Versuch, ein konsistentes Verständnis von Diltheys Gedankenkette zu etablieren. Der springende Punkt ist hier die Deutung des Begriffs *Idee* bei Dilthey, eines für seine Hermeneutik unbedingt zentralen Begriffs, da der Hauptzweck hier die Herausstellung der Idee

---

[14] Ebd. Bd. VII, S. 71 (die vorhergehenden Zitate ebd. S. 70, auf der ersten Seite von Diltheys *Dritte Studie*, "Die Abgrenzung der Geisteswissenschaften"). (Meine Hervorhebungen.)

[15] Ebd., Bd. VII, S. 70 und z.B. S. 221.

[16] Ebd., Bd. VII, S. 221 u.

[17] A. Nowak: "Dilthey und die musikalische Hermeneutik", in: C. Dahlhaus (Hrsg.): *Beiträge zur musikalischen Hermeneutik*. Regensburg 1975 (= Studien zur Musikgeschichte des 19. Jahrhunderts, Bd. 43), S. 22.

in einem Kunstwerk ist, und da diese als präsent beschrieben wird

> im Sinne eines unbewußten Zusammenhangs, der in der Organisation des Werkes wirk-
> sam ist und aus dessen innerer Form verstanden wird.[18]

Nowaks Rekonstruktion von Diltheys Gedankengebäude scheint defizient zu sein in ihrer einseitigen Ortung des Ideebegriffs im inneren Gebäude des Kunstwerks, also nicht in dessen Verbindung mit einer bedeutungstragenden "Sphäre" *um* das Werk als Form und bis zu einem gewissen Grad isolierbar im Verhältnis zu jenem. Der Grund ist, dass Nowak vermutlich zu rigorose Konsequenzen zieht aus Diltheys übrigens deutlicher Zurückweisung – an zentralem Ort, nämlich in seiner Skizze "Das musikalische Verstehen" – von *Erlebnis* und *Ausdruck* als eine Art Kausalverbindung.

Wenn Dilthey hierzu folgendes aussagt:

> Eben das ist ja die höchste Leistung der Musik: daß das, was in einer musikalischen
> Seele dunkel, unbestimmt, ihres Selbst oft nicht merklich, vorgeht, absichtslos einen
> kristallklaren Ausdruck im musikalischen Gebilde findet. Da ist keine Zwiefachkeit
> von Erlebnis und Musik, keine doppelte Welt, kein Hinübertragen aus der einen in die
> andere. Das Genie ist eben das Leben in der Tonsphäre, als wäre sie allein da, ein Ver-
> gessen jedes Schicksals und jedes Leides in dieser Tonwelt, und doch so, daß alles dieses
> darin ist[19],

so schließt Nowak daraus, dass *Bedeutung* sich bei Dilthey in rein immanenten Verhältnissen ausdrücken muss: die Bedeutung eines Tons durch ein Intervall, eines Intervalls durch ein Motiv, eines Motivs durch ein Thema und eines Themas durch seine Bearbeitung und Wiederaufnahme.[19] Entsprechend schließt er, dass die Kategorie *Ausdruck*, die laut Dilthey durch *Ausdrucksschemata* erfasst werden soll, dank ihrer *schöpferischen* Funktion (siehe das Zitat über Anm. 16), als formgebundene Elemente und Zusammenhänge schematischer Art aufzufassen ist. Hier, und nicht etwa auf einer trans-musikalischen Ebene, meint er die Bedeutung von Diltheys Worten zu finden, dass "*d o c h* [d.h. trotz der Tatsache, dass keine musikalische Darstellung unabhängig von etwas erlebtem ist] *alles mehr als Ausdruck [ist]*".[20]

Allerdings stimmt dies nur teilweise überein mit Diltheys stetem Festhalten daran, dass auch das, was er als *Leben, Schicksal, Leid* nennt, "*d o c h* [...] *darin ist*". Wie es auch nur teilweise übereinstimmt mit der oben zitierten zentralen Formulierung der hermeneutischen Aufgabe (siehe das Zitat über Anm. 18): ist die Idee "*wirksam*" in der Formung des Kunstwerks, dann lässt sie sich kaum auf rein musikalische Verhältnisse reduzieren; und soll sie als Idee *verstanden* werden – wenn auch aus der inneren Form des Werkes her –, so muss sie ebenfalls teilweise aus vor-Musikalischem und nicht-Musikalischem bestehen.

Das hier angedeutete Problem lässt sich aber ziemlich zwanglos klären, wenn man – und dies scheint Nowak entgangen zu sein – Diltheys Untersuchungen im Lichte eines älteren, aber immer noch bestimmenden Elements seiner Wis-

---

[18] Dilthey, *Gesammelte Schriften*, Bd. V, S. 335.

[19] Ebd. Bd. VII, S. 222.

[20] Nowak, *op.cit.* S. 23.

senschaftslehre liest: seines Begriffs des "psychischen Strukturzusammenhangs", der in Bd. VI der *Gesammelten Schriften* spezifisch entfaltet wird.[21]

Der Funktionszusammenhang der psychischen Struktur wird wiederholt von Dilthey beschrieben, z.B. als

> die Anordnung, nach welcher im entwickelten Seelenleben psychische Tatsachen von verschiedener Beschaffenheit regelmäßig durch eine i n n e r e e r l e b b a r e B e z i e - h u n g miteinander verbunden sind.[22]

Diese und ähnliche Grundbestimmungen führen zu zwei wesentlichen Folgerungen: zum einen dass psychische Einstellungs- und Funktionszusammenhänge durch eine gewisse *Regelmäßigkeit* (im Verhältnis zur Vielfalt der Individuen) charakterisiert sind, zum anderen durch ihre *Konstanz* in der psychischen Konstitution des Individuums. Diese Umstände führen folglich zum Begriff der psychologischen *Typen*. In der späteren *Dritten Studie* in Bd. VII heißt es z.B. :

> Das Nächstgegebene [in den Geisteswissenschaften] sind die Erlebnisse. Diese stehen [...] in einem Zusammenhang, der im ganzen Lebenslauf inmitten aller Veränderungen permanent beharrt; auf seiner Grundlage entsteht das, was ich als den erworbenen Zusammenhang des Seelenlebens früher beschrieben habe; er umfaßt unsere V o r s t e l - l u n g e n, W e r t b e s t i m m u n g e n und Z w e c k e, und er besteht als eine Verbindung dieser Glieder. [...] Ich wüßte nicht, was dagegen eingewandt werden könnte, wenn an dem Menschen durch Abstraktion dieser Zusammenhang von Erlebnissen innerhalb eines Lebenslaufs abgesondert und als das Psychische zum logischen Subjekt von Urteilen und theoretischen Erörterungen gemacht wird.[23]

Mit den oben gegebenen – von mir hervorgehobenen – drei Kategorien verweist Dilthey auf drei seiner Hauptfaktoren im psychischen Strukturzusammenhang: *Denken, Fühlen* und *Wollen*. Später in diesem Kapitel wird deutlicher, dass Dilthey hiermit Carl Gustav Jungs etwas ausdifferenzierterer und systematisch gesehen konsequenterer Strukturierung vorgegriffen hat – einer Strukturierung teils in einer *Einstellungs*-Struktur, als kennzeichnend für die grundlegende Verwaltung der psychischen Energie als solcher, in der Form des Polaritätsverhältnisses einer *extravertierten* bzw. *introvertierten* Einstellung (bei Dilthey aufgefasst im Begriff *Wollen*), teils in einer *Funktions*-Struktur, mit den rationalen Funktionen Denken contra Fühlen und den irrationalen Funktionen Empfindung contra Intuition (siehe die Illustration auf folgender Seite). Von den letztgenannten erscheint bei Dilthey im wesentlichen nur die Empfindung (von Jung als solche bezeichnet; bei Dilthey *(objektive) Wahrnehmung* genannt).

Diese Beschreibungen zeigen also, dass die psychologische Dimension in der Wissenschaftslehre des späten Dilthey keinesfalls abhanden gekommen ist. Dabei ist Nowak sich durchaus bewusst, dass die Konstruktion *Typus* – oder, besser gesagt:

---

[21] In *Die Einbildungskraft des Dichters. Bausteine für eine Poetik* (1887), *Ges. Schriften*, Bd. VI. Außerdem, in einer expliziten Anwendung des Begriffs, in Bd. VIIs "Erste Studie: Der psychische Strukturzusammenhang", S. 3 ff. und in den beiden nachfolgenden "Studien", deren Datierungen weniger sicher sind: teils nach 1901 (Diltheys Anmerkung zu seiner Beeinflussung durch Edm. Husserls Phänomenologie, Anm. S. 14), teils, soweit es die "Dritte Studie" betrifft (S. 70 ff.), nach 1905 (laut Anm. 1 S. 80).

[22] Bd. VII, S. 15 (Diltheys Hervorhebung).

[23] Bd. VII, S. 80.

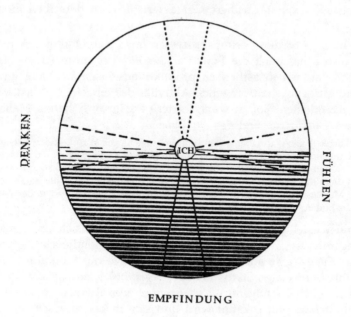

INTUITION

DENKEN

ICH

FÜHLEN

EMPFINDUNG

(Intuitiver Typus, mit Denken als Hilfsfunktion)

Figur

dessen Abstraktion – eine wesentliche hermeneutische Kategorie bei Dilthey bezeichnet[24]; anscheinend ist ihm aber die Bedeutung der psychologischen Typen-
bildung in diesem Zusammenhang entgangen, nicht zum mindesten in Diltheys
Poetik – wie aber aus dem angeführten, übergeordneten wissenschaftstheoreti-
schen Kontext hervorgeht, nicht ausschließlich dort. Dilthey nimmt in diesem
Zusammenhang eine Einteilung literarischer Klassiker vor – eine Einteilung in
zwei Hauptgruppen, die recht genau den Jungschen Einstellungstypen extraver-
tiert und introvertiert entsprechen – und erläutert dieselben, indem er die Repräsentanten der ersten Kategorie dadurch charakterisiert, dass ihr *"Eigenleben
sich der harten und spröden Wirklichkeit fügt"* – wobei ihre Einstellung durch
die positive Gerichtetheit ihres Bewusstseins auf die äußere Welt und durch
dessen relatives Beherrschtsein von dieser Objektwelt bestimmt ist –, während
beim letzteren Typ *"die Wirklichkeit dem Eigenleben angepaßt [wird] und so rückwärts vom Selbst aus die äußere Wirklichkeit beeinflußt"*[25] – wobei die Einstel-

---

[24] Vgl. Nowak, *op.cit.* S. 16-18.

[25] Dilthey, Bd. VI, S. 143. – Zur ersten Gruppe rechnet er Dichter wie Shakespeare, Cervantes und
Dickens; zur zweiten Rousseau, Euripides, Dante und Schiller, während Goethe (den C.G. Jung als
extravertierten Typus gegenüber Schiller stellt) ein "Gleichgewicht zwischen Außen und Innen"
zugeschrieben wird (ebd. S. 136 f.).

lung von der subjektiven Anschauung der Objektwelt durch die reflektive Wertung derselben seitens des Bewusstseins geprägt wird. – Friedrich Schillers Unterscheidung zwischen einem naiven und einem sentimentalen Dichtertypus ist eine allgemeinbekannte, frühere Charakteristik eben derselben Einstellungstypen.[26]

In den psychischen Strukturierungsprozessen oder, wie Dilthey sie auch nennt, *Bildungsprozessen* hat auch die Funktion des *Fühlens* ihren Anteil als – wenn man die Sache auf einen ästhetisch produktiven Zusammenhang anwendet – distinkte und ausdruckshaft prägende Aktivität des einzelnen Künstlers im verhältnis zur eigentlichen Stoffauswahl; letztere erfolgt in höherem Maße aus den Bereichen des *Empfindens* und des *Denkens*:

> Die Wirklichkeit der Wahrnehmungen [Empfindungen], die Wahrheit der Vorstellungen [Gedankenprozesse] ist in diesem Leben mit einer W e r t a b s t u f u n g verwebt, welche von den Gefühlen her über die ganze Wirklichkeit ausgebreitet ist, und von diesen geht dann die Verkettung zu der Energie und Richtigkeit der Willensäußerungen [d.h. der Manifestation einer gegebenen Einstellung, B.M.], die das System der Zwecke und Mittel bilden.

Dilthey verrät wieder und wieder – und auch hier findet sich eine genaue Übereinstimmung mit Jungs empirisch fest fundierter Typentheorie[27] –, dass er mit der Funktion *Fühlen* teils auf derselben "Achse" wie der Funktion *Denken* operiert, kraft ihres rationalen Status als ein *"begriffliches, urteilendes Verhalten"*[28], teils aber auch – hieraus folgend – als Gegenpol zum Denken, indem das Fühlen an der Qualität *Intensität* erkannt wird und sich in der *Wertschätzung* äußert, etwa in Intensitätsgraden von *"Lust, Gefallen und Billigung"* gegenüber *"Unlust, Mißfallen und Mißbilligung"*[29], im Gegensatz zum Denken, das durch Wertungsoperationen innerhalb der Extreme 'wahr' und 'falsch' wirkt.

Schließlich hat der gesamte psychische Strukturzusammenhang bei Dilthey den Status eines autonomen Funktionskomplexes, der die Bewusstseinsprozesse unbewusst steuert oder kompensiert, wodurch auch hier von einem bemerkenswerten Analogieverhältnis zur Jungschen Tiefenpsychologie (im Gegensatz zu der Freudschen Psychoanalyse) gesprochen werden kann:

> So höchst zusammengesetzt nun dieser Zusammenhang des Seelenlebens ist: er w i r k t a l s e i n G a n z e s auf die im Blickpunkte der Aufmerksamkeit befindlichen Vorstellungen oder Zustände; seine einzelnen Bestandteile sind nicht klar gedacht und nicht deutlich unterschieden, die Beziehungen zwischen ihnen sind nicht zu hellem Bewußtsein erhoben, und doch wird er besessen und wirkt; das im Bewußtsein Befindliche ist zu ihm orientiert; es ist von ihm begrenzt, bestimmt und begründet.[30]

So haben wir nun den Punkt erreicht, da wir die Grunddynamik in einem ästhe-

---

[26] In der Abhandlung *Über die ästhetische Erziehung des Menschen* (Cotta'sche Ausgabe 1826, Bd. 18). Vgl. C.G. Jungs diesbezügliche Analyse in *Psychologische Typen* (= Ges. Werke, Bd. 6). 9. Zürich, Stuttgart 1960, S. 70-143.

[27] Vgl. Jungs *Vorrede* und *Einleitung* in *op.cit.* (vorige Anm.) S. [XV-] XVI und S. 1-5.

[28] Dilthey, Bd. VII, S. 49.

[29] Ebd. S. 46.

[30] Bd. VI, S. 143 (Diltheys Hervorhebung).

tischen Produktionsakt, wie sie sich für Dilthey darstellt, beschreiben können; wie wir auch weiterhin das Verhältnis zwischen der besonders akzentuierten *hermeneutischen* Funktionsweise und der Plazierung und Bedeutung der psychologischen Elemente hierin präzisieren können. Erstgenannte unterscheidet sich nicht grundsätzlich von der allgemeinen Konstitutionsweise von Erlebnis- und Ausdruckszusammenhängen:

> Aus der Außenwelt stammt das Spiel der Reize, das sich im Seelenleben als Empfindung, Wahrnehmung, Vorstellung projiziert; [...] dann werden von den Gefühlen aus Triebe, Begehrungen und Willensvorgänge in Bewegung gesetzt.[31]

Dies besagt: (1) "Reizmomente" oder ein "Erlebniszusammenhang" konstituieren den zu behandelnden "Stoff". (2) Ein komplizierter Strukturierungszusammenhang in der Form einer psychischen Struktur mit typenhaften Zügen[32], bestehend in einem Kräftespiel zwischen den unterschiedlichen Funktions- und Einstellungsweisen – bei Dilthey: Empfindung, Wahrnehmung, Vorstellung, Gefühl und Wollen –, filtert eine stoffliche Vielfalt und determiniert in übergeordnetem Sinne Gestaltungsmittel und -weisen. (3) Hierdurch wird ein spezifischer Ausdruck für eine Idee erschaffen, für einen *Sinnzusammenhang*, der sich durch die impulsgebenden Momente, und gefärbt von der Persönlichkeit des schaffenden Künstlers, um den konkreten Ausdruck lagert, sich aber zugleich auch darin verbirgt.

Zur zweiten Aufgabe: für Dilthey gibt es einen Unterschied zwischen "einfachen" und "höheren" Verstehensformen; und die eigentliche Erkenntnisaufgabe der Humanwissenschaften, das hermeneutische Anliegen, ist sichtlich besonders mit Zusammenhängen der letztgenannten Art verknüpft. Konzentriert ausgedrückt wird dieser Unterschied, soweit er den elementaren Zusammenhang betrifft, als die Erklärung des Verhältnisses zwischen dem *Ausdruck* und dem *Ausgedrückten* beschrieben – also durch die allgemein bekannte Beziehung zwischen den semiologischen Ebenen *signifiant* und *signifié*; und soweit er die höhere Verstehensform betrifft, als *"das [Verhältnis] vom Erwirkten zu Wirkendem"*[33], was nun also spezifisch die schöpferische Instanz als Person, als motivierenden Faktor oder – und das wohl wesentlich stärker – als typologische Ausprägung einer kreativen psychischen Struktur einbezieht.

Der späte Dilthey wendet sich mehrfach dieser letztgenannten Verstehensform zu und unterstreicht damit ihre Bedeutung für seine Aufgabe:

> Von dem sinnlich in der Menschengeschichte Gegebenen geht hier das Verstehen in das zurück, w a s n i e i n d i e S i n n e f ä l l t und doch in diesem Äußeren sich auswirkt und ausdrückt.[34]
>
> [...] Die angegebenen Formen des höheren Verstehens [bringen] den Zusammenhang des

---

[31] Ebd.

[32] Hier möchte man einen eher äußerlichen mitbestimmenden Faktor hinzufügen: ideologische Determinanten.

[33] Bd. VII, S. 212.

[34] Ebd. S. 83. (Meine Hervorhebung einer eleganten, zugleich aber wesentlichen sprachlichen Pointe, die bezeichnet, was *hinter* den rein sinnhaften Momenten liegt. – Dilthey wiederholt denn auch mit Nachdruck seine Formulierung etwas später auf derselben Seite, kaum variiert.)

Ganzen zum Verständnis. [...] Das Verstehen [...] in seinen höheren Formen schließt [...] aus dem [...] zusammen G e g e b e n e n auf den Z u s a m m e n h a n g in einem Werk oder einer Person, e i n e m L e b e n s v e r h ä l t n i s. [...] Und in solchem Verstehen öffnet sich das Reich der Individuen, das Menschen und ihre Schöpfungen umfaßt. Hierin liegt die eigenste Leistung des Verstehens für die Geisteswissenschaften.[35]

Mit anderen Worten ist in beiden Zusammenhängen, der produktiven wie auch der verständnisgeprägten Bedeutungserschaffung, *der Sinnzusammenhang* das für Dilthey entscheidende Anliegen. Was in ersterer Verbindung das dahinter-liegend bestimmende ist, ist im letzteren, dem verständnisgeprägten Zusammen-hang, der hermeneutisch gesehen endgültige Bestimmungsort für den Vorgang der Analyse oder Deutung.

Und dieser Sinnzusammenhang umfasst ein psychisches Verhältnis – und somit mehr als rein immanente, d.h. materialspezifische Elemente. Wie das denn auch von Dilthey in einer seiner hermeneutischen Grundsätze ausgedrückt wird: etwas zu verstehen bedeutet

aus sinnlichen Zeichen ein Psychisches, dessen Ausdruck sie sind, zu erkennen.[36]

Nun ist dieses "Psychische" allerdings nicht, oder nicht in erster Linie, etwas akzidentielles, es ist nicht identisch mit bestimmten motivierenden Einzelhei-ten, sondern es lässt sich nur deuten im Lichte – und vielleicht auch nur in der Form – von strukturellen Momenten, oder, wie das Dilthey am deutlichsten ausdrückt: durch *Schemata*. Zwar kann er sich in seiner Erläuterung dieses 'Psy-chischen' oder 'Geistigen' auf scheinbar inkonsistente Weisen ausdrücken: so heißt es in bestimmtem Zusammenhang, dass der Gegenstand der Literaturwis-senschaft

[der] Bezug des sinnfälligen Zusammenhanges von Worten [ist] auf das, was durch sie ausgedrückt ist. Und nun ist entscheidend: dieses ist nicht die inneren Vorgänge in dem Dichter, sondern ein in diesen geschaffener, aber von ihnen ablösbarer Zusammenhang. Und diese Leistungen sind durch ein inneres Gesetz der Poesie mit einander verbunden. So ist der Gegenstand, mit dem [...] die Poetik zunächst zu tun hat, ganz unterschieden von psychischen Vorgängen im Dichter oder seinen Lesern.[37]

Diese Aussage ließe sich wohl so lesen, dass sie einiges von dem, was ich oben auf der Grundlage von Dilthey aufgestellt habe, dementierte. Andernorts – oben-drein im Essay über *das musikalische Verstehen* – sind seine Formulierungen dagegen wieder eindeutig bestätigend im Verhältnis zum voranstehenden De-stillat. Und hier wird deutlich, dass es die eigentliche Verstehens*richtung* ist, die entscheidet, wann die Rede ist von einer fehlerhaften, nämlich psychologisti-schen Verständnisform, wo [a] (siehe im folgende Zitat) [b] erklären soll, und wann eine legitime Verständnisform vorliegt, wo umgekehrt [b] ein Licht auf [a] wirft. Es geht hier um das

nie ganz zu entschleiernde Geheimnis, wie Tonfolgen, Rhythmen etwas bedeutet, was sie nicht selbst sind. Das ist nicht ein psychologisches Verhältnis zwischen [a, *B.M.*] seelischen Zuständen und [b] einem Darstellen derselben in der Phantasie: wer dieses

---

[35] Ebd. S. 212 f. (Meine Hervorhebungen.)

[36] Dilthey, Bd. V: *Die Entstehung der Hermeneutik* (1900), S. 318.

[37] Bd. VII, S. 85

aufsucht, geht einem Irrlicht nach. Vielmehr ist es [b] ein Verhältnis eines objektiven musikalischen Werkes und seiner Teile als einer Schöpfung der Phantasie zu dem [a], was dasselbe bis in jede Melodie hinein bedeutet, d.h. was es dem Hörer sagt über ein Seelisches, das nach den Beziehungen zwischen Rhythmus, Melodie, harmonischen Verhältnissen und dem Eindruck eines Seelischen, das daraus redet, besteht. [...] Das Verhältnis eines Musikalischen zu dem, was es dem Hörer ausdrückt und was so aus ihm spricht zu ihm, ist bestimmt, faßbar und darstellbar.[38]

Dies muss den oben gezogenen Schluss bestätigen, dass dasjenige, was in der produktiven Bedeutungserschaffung das dahinterliegend bestimmende ist, im verständnisgeprägten Zusammenhang das Endziel der Analyse sein soll.

Diltheys musikalische Hermeneutik kann in der hier dargestellten, geradezu programmatisch betonten, kategorischen Formulierung unmöglich zufriedenstellend eingelöst werden – was seine eigenen sparsamen Exemplifizierungen denn auch zur Genüge bezeugen. Akzeptiert man aber seinen Begriff *Schemata* mit den dazugehörigen Verbindungen zu einer Typenlehre[39], erhalten seine Impulse größere Anwendbarkeit. Allerdings muss man einem Missverständnis vorbeugen, dem Dilthey – wie auch mein früherer Beitrag in diesem Zusammenhang – zum Opfer fiel: dass hermeneutische Bemühungen auf der Basis einer Typologie letztendlich dazu führen werden, dass das Individuelle in den Hintergrund trete gegenüber der Erkenntnis von etwas allgemeinerem und in diesem Sinne weniger wesentlichem in ästhetischer oder in psychologischer Hinsicht.

So hat Martin Eybl kritisch angemerkt, dass mein Referat zum Linzer Symposion 1992 (vgl. Anm. 42)

in ein Dilemma [gerate], das die Anwendung fertiger Systeme üblicherweise aufwirft. Jedes Beispiel dient als weiterer Beweis für die Gültigkeit des Systems, verliert aber an Eigenwert. Die Energie, derer sich die schlüssige Anwendung des Modells auf den Einzelfall bedarf, fehlt bei der Diskussion dessen, welches Problem – konkret – der Persönlichkeitsstruktur Bruckners eigentlich durch Jung erklärt werden kann.[40]

Hierauf wäre zunächst zu erwidern – wobei dies die aktuelle Frage eigentlich nicht berührt –, dass mein Beitrag nicht darauf zielte, Bruckners Persönlichkeitsstruktur als solche zu erklären und damit auch nicht in Einzelheiten; dass es vielmehr um bestimmte übergeordnete Züge in seinem Werk ging, die mehr oder weniger deutlich in seinen Formungstendenzen zum Ausdruck kommen, wobei Begriffe einer psychologischen – und einer ästhetischen – Typologie herangezogen wurden. Des weiteren gibt mir die Kritik, soweit sie das wichtigere Problem des Verhältnisses zwischen einer psychologischen bzw. hermeneutischen Erklärung individueller/konkreter contra allgemeiner/generalisierender Verhältnisse angeht, den Anlass, folgende Präzisierung hinzuzufügen:

Die Anwendung eines Typenbegriffs ergibt weder notwendigerweise noch auch tendenziell eine Darstellung von generalisierendem Charakter, mittels des Nachweises von Zügen einer Konstanz "innerhalb des Typus" sowie durch die Hervor-

---

[38] Ebd. S. 222. (Diltheys Hervorhebung.)

[39] Siehe hierzu Nowak, *op.cit.* S. 16-18.

[40] M. Eybl: Rezension von *Bruckner-Symposion Linz 1992*: "Anton Bruckner – Persönlichkeit und Werk", in: *IBG Mitteilungsblatt* Nr. 39, 1992, S. 37.

hebung charakteristischer Unterschiede zu anderen Typen; noch weniger kommt es hier auf den Nachweis der Relevanz einer gegebenen Typentheorie *per se* an, die heute wohl eher als selbstverständlich anzusehen ist. Entscheidend für die Anwendung der hermeneutischen Kategorie 'Typus' ist ihre Nützlichkeit als Unterlage für eine Arbeitshypothese im übergeordneten Vorhaben – das seinerseits natürlich in der analytischen Beschreibung und Bewertung des konkreten künstlerischen Werks besteht.

In diesem Punkt kann ich auf Adolf Nowaks Beschreibung desselben Sachverhalts verweisen – wobei er sich übrigens außerdem auf Diltheys Mitarbeiter und Herausgeber Groethuysen stützt:

> Danach [d.h. in Folge der Anwendung eines heuristischen Typenbegriffs, *B.M.*] soll das Bewußtsein von Typischem lediglich einen Einstieg in Individuelles ermöglichen, ohne daß dieses auf jenes zurückgeführt werden müßte. [...] Es käme [somit] nicht darauf an, einen bestimmten Zeitstil oder Personalstil auf einen der Typen zurückzuführen, sondern es wäre zu prüfen, wie weit die aus der Abgrenzung der Typen gewonnenen phänomenologischen und sprachlichen Differenzierungsmöglichkeiten bei der Beschreibung musikalischer Sachverhalte heuristisch verwendet werden können.[41]

Letztendlich besteht der genauere Anlass, sich mit Diltheys humanwissenschaftlicher Erkenntnislehre zu befassen, darin, dass sich hier wesentliche Zusammenfälle ergeben mit dem, was man in einer eigentlich entwickelten psychologischen Typologie wie der von Jung um 1920 vorgelegten findet. Neben einer Erläuterung dieses Sachverhalts lässt sich auch der Ansatz aufstellen zu einer eigentlichen Verbindung zwischen diesem und ähnlichen, angewandten Beschreibungssystemen und dem musikalischen Werk, das hier behandelt werden soll.

2 · Zur psychologischen Typologie Carl Gustav Jungs und der Kasuistik des "impliziten Autors"

Den Themenbereich des folgenden Abschnitts habe ich im oben erwähnten Symposion-Referat von 1992 schon skizzenhaft dargestellt.[42] Dass sich mehrere der dort angeführten Sachverhalte hier wiederfinden, ist unvermeidlich – wobei jedoch reine Wiederholungen möglichst entgangen werden, um Platz zu schaffen für eine weiterführende Ausarbeitung; wie ich den vorliegenden Abschnitt denn auch nicht durch eine erneute Darstellung des Beispielmaterials zu belasten wünschte, das im bereits veröffentlichten Zusammenhang schon existiert (u.z. besonders auf den Seiten 20-23 dort). Der Leser sei daher aufgefordert, sich mit diesem präliminären Beitrag bekannt zu machen.[43]

Eine Verbindung zwischen den von Wilh. Worringer übernommenen Begriffen *Abstraktion* und *Einfühlung* und C.G. Jungs Begriffen *Introversion* und *Extra-*

---

[41] Nowak, *op.cit.* S. 18.

[42] "Zum Verhältnis von Persönlichkeit und Werk Anton Bruckners in C.G. Jungscher Sicht", in: *BrS 1992. Bericht*, S. 19-29 (vgl. des weiteren S. 46 f.).

[43] In diesem Zusammenhang informativ ist auch das Referat von Eva Marx: "Bad Kreuzen – Spekulationen und kein Ende", ebd. S. 31-39.

version wurde bereits von Jung selbst erwähnt[44], und in den Entstehungsphasen seiner psychologischen Typologie erscheint dieser Zusammenhang als deutlichst möglich gegeben, da er eine introvertierte Einstellung zur Umwelt ursprünglich einseitig mit einer habituellen, d.h. vorwiegend dominierenden Entfaltung eines abstrakten *Denkens* identifizierte – und entsprechend eine extravertierte Einstellung mit einer ähnlichen dauerhaften Dominanz der *Fühlens*/Einfühlungsfunktion.[45] Des weiteren verweist Jung auf eine Reihe weiterer philosophischer und ähnlicher Begriffsgegensätze, die mit seinen zwei Einstellungstypen kongruent sind[46] – allerdings nicht auf Dilthey, bei dem eben diese Sonderung denn auch in einer flüchtiger skizzierten Form erscheint (vgl. Seite 124 f.).

Eben derselbe archetypische Gegensatz stand im Brennpunkt u.a. der medizinischen Psychologie dieser Periode, so etwa in Otto Groß' Theorie über die Bedeutung der "zerebralen Sekundärfunktion" (1902), mit der Annahme, dass in der Reaktion der Gehirnzellen nach der gegebenen Leistung der "Primärfunktion", d.h. in ihrer Latenzreaktion oder der restituierenden Phase, zwei Haupttendenzen sich geltend machen. Diese werden von Groß bestimmt durch ein Kontrastverhältnis in der zeitlichen Dimension – eine kürzere contra eine längere Restitutionsphase im "Arbeitstakt" der jeweiligen Zelle –, die ultimativ zusammengefasst werden als der Gegensatz zwischen zwei Bewusstseins*formen*: einem *"verbreiteten bzw. verflachten Bewußtsein"*, als dem Ergebnis einer kürzeren Sekundärfunktion, entsprechend einer Objekt-bejahenden, Bereitheits-betonten, oder mit anderen Worten einer extravertierten Einstellung, gegenüber einem *"vertieften bzw. geschmälerten Bewußtsein"*[47], als dem Ergebnis einer längeren Sekundärfunktion, entsprechend einer Objekt-reflektierenden, System-integrierenden, mit anderen Worten einer introvertierten Einstellung.[48]

Geht man von dem hier erwähnten Zusammenhang aus, mag sich der Vergleich mit Worringers Erläuterung der abstraktionsgeprägten (introvertierten) Tendenz im ästhetischen Gestaltungsprozess lohnen. Als erster beschreibt er bei der Analyse dieser Gestaltungsweise die psychischen Voraussetzungen für den Abstrak-

---

[44] Frühestens 1913, siehe Jung, *op.cit.* (Anm. 26) S. 546 f. (§ 940-944), im Abschnitt *Anhang* zur Hauptabhandlung; ausführlicher in dieser selbst, ebd. S. 310-321.

[45] Dies geht aus Jungs *Einleitung* zu *Psychologische Typen* (S. 5) wie auch aus seinem Briefwechsel mit dem Kollegen Hans Schmid (1916) hervor, wo Jung die Position des introvertierten Denktypus' einnimmt und hieraus argumentiert, während Schmid seinerseits als ausgesprochen extravertierter Fühlens-Typus erscheint. Der Hauptteil dieses Briefmaterials wurde herausgegeben und kommentiert von H.K. Iselin in: *Zur Entstehung von C.G. Jungs "Psychologische Typen"*. Aarau, Frankfurt a.M., Salzburg 1982. (Ein Reflex des reziproken Gegensatzverhältnisses der beiden "älteren" Haupttypen lässt sich noch in Jung, *op.cit.* S. 304 (§ 542) konstatieren.)

[46] Jung verweist außer auf klassische Gegensatzpaare wie dionysisch und apollinisch, naiv und sentimental besonders auf William James' Unterscheidung zwischen einem *tough-minded* (extravertierten) und einem *tender-minded* (introvertierten) philosophischen Typus (*op.cit.* S. 322-346).

[47] Ebd. S. 301 (§ 539), S. 305 (§ 544).

[48] Was Jungs Beschreibung dieser Hypothese und seine Einwände gegen dieselbe angeht, siehe *op.cit.* S. 293-309. Doch betont er, trotz seiner Kritik (die allerdings Groß' Anschauung nur in geringem Maße zur damals weitverbreiteten "Gehirnmythologie" rechnet): "Die Groß'schen Ansichten decken sich weitgehend mit den meinigen. Sogar meine Terminologie – Extraversion und Introversion – rechtfertigt sich angesichts der Großschen Auffassung." (S. 306.)

tionsdrang und sieht in ihnen – mit seinen eigenen vielleicht etwas drastischen Worten – *ein ungeheures Ruhebedürfnis.*[49] Da seine Beispiele hierfür besonders der Kunst vergangener Zeiten angehören, benutzen seine Formulierungen weitgehend das Imperfekt, was selbstverständlich keineswegs besagen will, dass sie ein ästhetisches Formprinzip beschreiben, das nicht mehr gültig wäre (vgl. Anm. 12).

> Ihr stärkster Drang war, das Objekt der Außenwelt gleichsam aus dem Naturzusammenhang, aus dem unendlichen Wechselspiel des Seins herauszureißen, es von allem, was Lebensabhängigkeit, d.i. Willkür an ihm war, zu reinigen, es notwendig und unverrückbar zu machen, es seinem *absoluten* Werte zu nähern [...], ihnen eine [...] Gesetzmäßigkeit zu geben.[50]

Die hier registrierte Übereinstimmung mit Groß' (wie auch Jungs und Diltheys) Einstellungsdichotomie wird des weiteren unterstrichen durch Worringers Korrelat zwischen einem betonten *Einfühlungsdrang* und dem, was er ein *"Sich-bescheiden mit einer äußerlichen Orientierung innerhalb des Weltbildes"* nennt.[51] Seine Hauptbezeichnung für diesen Gestaltungswillen ist *Naturalismus* – wobei unterstrichen werden muss, dass das essenzielle Verhältnis, das einer solchen Etikettierung zugrunde liegt, nicht das *naturtreue* Verhältnis zwischen Objekt und Wiedergabe ist, sondern das, welches an die Einfühlung appelliert:

> Die Annäherung an das Organisch-Lebenswahre, aber nicht, weil man ein Naturobjekt lebensgetreu darstellen [will], sondern weil das Gefühl für die Schönheit organischlebenswahrer Form wach ist. [...] Das Glück des Organisch-Lebendigen, nicht das des Lebenswahren [wird] erstrebt.[52]

Und Einfühlung, setzt man sie, wie Worringer das ausdrückt, auf die einfachste Formel, ist *objektivierter Selbstgenuss:*

> Ästhetisch genießen heißt, mich selbst in einem von mir verschiedenen sinnlichen Gegenstand genießen, mich in ihn einzufühlen.[53]

Was diese Einstellungsweise angeht, kann Worringer sich mit gutem Gewissen auf die Autorität Theodor Lipps berufen, der hierzu u.a. bemerkte:

> Was ich in [einen sinnlichen Gegenstand] einfühle, ist ganz allgemein *Leben.* Und Leben ist Kraft, inneres Arbeiten, Streben und Vollbringen. Leben ist mit einem Wort *Tätigkeit.*

Und solcherart wird eher der Begriff *Vitalismus* die passendste Bezeichnung des sich ergebenden gestaltungshaften Charakters der Einfühlung, wodurch denn auch eher einleuchtet, dass sich der konkrete Anwendungsbereich für Worringers Typologie des Kunstwillens, die bildende Kunst, auch in den Bereich der Musik erweitern lässt – man vergleiche somit Ernst Kurth. Und dabei soll nachgewiesen werden – wenn es sich denn schon nicht unmittelbar erahnen lässt – dass Bruckners symphonisches Schaffen von beiden Einstellungsweisen deutlich

---

[49] Worringer, *op.cit.* S. 50.

[50] Ebd. S. 50 f. und S. 52.

[51] Ebd. S. 85.

[52] Ebd. S. 62 f.

[53] Ebd. S. 37.

geprägt sind.

Die hauptsächlichsten Charakteristika der beiden Polaritätspaare Extraversion –
Introversion sowie Einfühlung – Abstraktion lassen sich nun im folgenden Schema darstellen, das die Gegensätze in der senkrechten Ebene anzeigt, während die
waagerechte Ebene die Gleichheiten oder Analogien "quer zu" den Polaritäten anzeigt:

Extraversion   Einfühlung

Objektgerichtete und objekt-dominierte Einstellung	**Projektion von Vitalgefühlen in organisch-lebensnahe Formen**
Zentrifugale Libidorichtung	**Betonung des Individuellen**
Erweiterte, aber verflachte Bewusstseinsverfassung	**Energieablauf in vitalbetonte Formen**
Vertiefte, aber geschmälerte Bewusstseinsverfassung	**Erstarrung in absoluten, modellbetonten Formen**
Zentripetale Libidorichtung	**Betonung des Gesetzmäßigen**
Subjektive, reflexive Einstellung	**Abwertung des Indivi-duellen und "Willkürlichen"**

Introversion   Abstraktion

Durch seine Stellungnahme zu Groß' gehirnphysiologischem Erklärungsmodell
für die gegebene bewusstseinsmäßige Dichotomie hat Jung etwas für seine eigene
Typologie essenzielles präzisiert: die beiden Einstellungsformen werden nicht,
wie bei Groß, als individuell gegebene, nicht modifizierbare Qualitäten in gegebenen Persönlichkeiten impliziert, sondern sind als Pole aufzufassen, zwischen
denen psychische Aktivitäten oszillieren können:

> Jedem ausgesprochenen Typus wohnt eine besondere Tendenz zur Kompensation der Ein-
> seitigkeit seines Typus inne, eine Tendenz, die biologisch zweckmäßig ist, da sie das
> seelische Gleichgewicht zu erhalten strebt. [...] Jeder Mensch besitzt beide Mechanis-

men, [...] und nur das relative Überwiegen des einen oder des anderen macht den Typus aus.[54]

Hiermit öffnet sich Jung auch für die Bedeutung von Umwelteinflüssen wie z.B. Erziehung und Sozialisierung im allgemeinen:

> Wie ich schon mehrfach hervorhob, sind Introversion und Extraversion gar keine *Charaktere*, sondern *Mechanismen*, die sozusagen beliebig ein oder ausgeschaltet werden können. Nur aus ihrem habituellen Vorherrschen entwickeln sich dann die entsprechenden Charaktere. Gewiß beruht die Prädilektion auf einer gewissen angeborenen Disposition, die aber wohl nicht immer entscheidend ist. [...] Viele Male habe ich gesehen, daß gewisse persönliche Einflüsse in kürzester Frist auch bei einem ausgesprochenen Typus die Dauer der Sekundärfunktion wesentlich veränderten[55], und daß ebenso der frühere Zustand sich wiederherstellte, wenn der fremde Einfluß wegfiel.[56]

Jungs wichtigster Einwand gegen Groß' Theorie bezieht sich nun aber auf dessen übermäßige Betonung der Sekundärfunktion – als einer jedenfalls damals rein hypothetischen Mechanik[57] –, die Jung geringer bewertet, um die Aufmerksamkeit statt dessen auf die entsprechenden Unterschiede betreffs der Intensität in der primärfunktionellen Aktivität zu richten. In seiner Begründung dieses Sachverhalts gelingt es ihm auch zu beschreiben, wie eine Person zwischen verschiedenen Einstellungsweisen wechseln kann, ohne dass das Unbewusste in der Praxis unbedingt als Scheidemünze im energetischen Haushalt heranzuziehen wäre:

> Ich halte dies [i.e. den Wechsel der Intensität der Primärfunktion] für ein energetisches Phänomen, das von einer allgemeinen *Einstellung* abhängt. Die Intensität der Primärfunktion scheint mir in erster Linie davon abzuhängen, wie groß die Spannung der Bereitschaft ist. Ist ein großer Betrag an psychischer Spannung vorhanden, so wird auch die Primärfunktion besonders intensiv sein mit entsprechenden Folgen. Wenn mit zunehmender Ermüdung die Spannung abnimmt, dann tritt Ablenkbarkeit, Oberflächlichkeit der Assoziation, schließlich Ideenflucht ein, also der Zustand, der durch schwache Primärfunktion und kurze Sekundärfunktion gekennzeichnet ist. [...] Die *gespannte* Einstellung ist nun für den Introvertierten durchaus bezeichnend, während die *entspannte*, leichte Einstellung den Extravertierten verrät. [...] Man gebe dem Introvertierten das durchaus zusagende harmonische Milieu, so entspannt er sich bis zur totalen Extraversion und man glaubt, einen Extravertierten vor sich zu haben. [...] So können die wechselnden Situationen des Lebens ebenfalls wirken und den Typus momentan umgestalten, wodurch aber die Vorzugseinstellung in der Regel nicht dauernd verändert wird.[58]

Die Einstellung des Introvertierten wird also von Jung in übergeordnetem Sinne gekennzeichnet als: (1) *gespannt* (auf der Basis des elementären Charakters, oft unmittelbar erkennbar im muskulären Tonus); (2) *intensiv* oder *tiefgehend*, bedingt von der Richtung der Einstellung auf die Abstraktion der Vorstellungs-

---

[54] Jung, *op.cit.* S. 2.

[55] Jung verweist hier wohl auf Untersuchungen, die denen entsprechen, die er selbst in seinen *Diagnostische[n] Assoziationsstudien* vorlegte. (= Ges. Werke, Bd. 2.) Leipzig 1906.

[56] *Ges. Werke*, Bd. 6, S. 307.

[57] "Niemand hat die Sekundärfunktion der Gehirnzelle je gesehen und niemand könnte beweisen, daß und warum die Sekundärfunktion im Prinzip den qualitativ gleichen Kontraktiveffekt auf die nächsten Assoziationen haben sollte wie die Primärfunktion, die doch ihrer Definition nach von der Sekundärfunktion ganz wesentlich verschieden ist." (Ebd. S. 307.)

[58] Ebd. S. 308 (§549), S. 309 (§ 551).

komplexe, d.h. ihren durchgearbeiteten Status – wobei sie aber gleichzeitig im Verhältnis zu anderen, entsprechenden Komplexen durchaus getrennt, vielleicht geradezu eingekapselt sein können; (3) schließlich, was im voranstehenden nicht berührt wurde, als geprägt von einer *Transzendenz*-betonten, in gewissem Maße belebenden, jedenfalls aber hypostasierenden Vorstellungsweise[59], in der Prinzipien und Systeme höher bewertet werden als Einzelphänomene.

Letzteres mag Anlass zu einer nochmaligen Beleuchtung der in Kapitel I.2 vorgenommenen Behandlung der Dichotomie Nominalismus/Realismus geben, mit Blick auf den Status des Formbegriffs. Für den Introvertierten

> stehen immer die inneren Tatbestände, die Abstracta, Ideen oder Universalia im Vordergrund, sie sind ihm das eigentlich Wirkliche, worauf er alle Einzelerscheinungen beziehen *muß*. Er ist daher natürlicherweise Realist (im Sinne der Scholastik).[60]

Demgegenüber charakterisiert Jung die nominalistische Position – entsprechend typisch für die extravertierte Einstellung – als

> die Leugnung der Substantialität des Gattungsbegriffes. [...] Der [...] Kritizismus löst vom Standpunkt des Wirklichen aus jene Gattungsbegriffe in rein kasuistische und deskriptive Nomina auf ohne irgendwelche Substantialität. Der Akzent liegt auf dem individuellen Ding.[61]

Die zweite Bestimmung in der oben angeführten Zusammenfassung der introvertierten Einstellungsweise soll später genauer im aktuellen kasuistischen Zusammenhang betrachtet werden. Bevor dieser Teil der Problematik in konkreterer Form eingeleitet wird, wären aber noch einzelne theoretische Verhältnisse zu präzisieren:

Das Austausch- oder Ausgleichsverhältnis zwischen den treibenden Kräften hinter den psychischen "Mechanismen" übt seine Wirkung vor allem aus im Verhältnis zwischen dem Bewusstsein auf der einen Seite und den grundsätzlich kompensativen Manifestationen der unbewussten Psyche auf der anderen – dies ist und bleibt, trotz aller der oben dargestellten relativierenden Erläuterungen, das Hauptgesichtspunkt Jungs. Für den schaffenden Künstler gilt als besonderer Umstand in hohem Maße, dass die Dynamik zwischen Bewusstsein und unbewusstem Wirken aktiv, lebendig – und natürlich produktiv ist:

> Schöpferische Begabungen finden eben gerade ihren Vorteil in der Durchlässigkeit ihrer Scheidewand zwischen Bewußtsein und Unbewußtem.[62]

Die vermittelnde, "antreibende" Instanz zwischen ihnen – wie gleichermaßen zwischen entgegengerichteten Funktionen – ist in allgemein-sprachlicher Form durchaus bekannt: wie nicht nur Jung, sondern auch andere vor ihm, etwa Søren Kierkegaard und Richard Wagner anführten: es handelt sich um die *Phantasie*.[63]

---

[59] Weiteres Material hierzu in meinem Symposionreferat *BrS 1992. Bericht* (vgl. Anm. 42), S. 22 f. Eva Marx hat sich in ihrem Beitrag ebd. (S. 35) mit einigen derselben Verhältnisse befasst – unter der zusammenfassenden Formulierung: "Es dominiert eine magische Grundeinstellung."

[60] Jung, Bd. 6, S. 303 (§ 541).

[61] Ebd. S. 28 (§ 36).

[62] Jung, *Dynamik des Unbewußten.* (= Ges. Werke, Bd. 8). Zürich 1948, S. 80.

[63] Vgl. S. Kierkegaard: *Sygdommen til Døden* [*Die Krankheit zum Tode*] (Samlede Værker², hrsg.

Selbstverständlich werden beide Grundeinstellungen – und ebenso die vorhandene Hauptpolarität unter den insgesamt vier verschiedenen psychischen Funktionen – ihre Wirkung zwischen diesen primär wirksamen Energieformen mit mehr oder weniger starkem Gewicht ausüben. Dieser in gewisser Weise modifizierende Umstand muss hervorgehoben werden, besonders da es den Anschein haben möchte, dass dadurch der Typologiemodell als heuristisches Hilfsmittel ins Wanken kommt. Zeigt sich nämlich beispielsweise ein schöpferisches Individuum nicht als durch und durch typologisch eindeutig, sondern erscheint und funktioniert es statt dessen bald überwiegend auf eine, bald auf eine andere Weise – was in gewissem Sinne besagt: als vollerer Mensch –: ist dies der Fall, dann lassen sich scheinbar tatsächlich keine genaueren Einzelaussagen zur Gestaltungsweise des Betreffenden machen, oder jedenfalls nicht auf der Basis dieses Modells.

Eine solche Typologie bietet denn auch meiner Auffassung nach keine unmittelbare Handhabe bezüglich jedweder Analyse eines ästhetischen Personalstils. Jungs Gesichtspunkte zu dieser Frage deuten in die gleiche Richtung, und in dieser Hinsicht stimmt er auch mit Dilthey überein: ohne zum oben angeführten "Strukturproblem" Stellung zu beziehen, gibt er zu, dass man das Kunstwerk als solches nicht mit Hilfe einer psychologischen Analyse erklären kann:

> Obschon beide Objekte [i.e. absichtlich gestaltetes Kunstwerk und seelischer Apparat] in unauflösbarer Wechselwirkung stehen, so kann doch das eine das andere nicht erklären. Gewiß ist es möglich, Rückschlüsse vom einen auf das andere zu ziehen, jedoch sind die Schlüsse niemals zwingend. [...] Die persönliche Psychologie des Schöpfers erklärt zwar manches an seinem Werk, aber nicht dieses selbst. Sollte sie aber letzteres erklären, und zwar mit Erfolg, so würde sich sein angeblich Schöpferisches als bloßes Symptom entpuppen, was dem Werke weder zum Vorteil noch zum Ruhme gereichte.[64]

Andererseits könnte man dies wiederum dahin deuten, dass der Wert einer gegebenen psychologischen Betrachtung sich in erster Linie darauf begrenzt, ein Hilfsmittel für die Entwicklung einer Arbeitshypothese zu sein – also auf eine heuristische Funktion.

Die Bedingungen für eine solche Heuristik sind allerdings stringent zu setzen. Erforderlich ist hier zuerst und vor allem eine genaue Kenntnis der gegebenen Person oder, soweit es eine geschichtliche Person betrifft, ein in Einzelheiten gehendes und deutlich profiliertes Gesamtbild der gegebenen Persönlichkeit. Und im Verhältnis zu diesem Zweck manifestiert sich eine solche geschichtliche Persönlichkeit – und das gilt übrigens genau so für das Studium eines unmittelbar zu beobachtenden Individuums – in allen wesentlichen Punkten durch die Hervorbringungen, die Handlungsweisen und das – gegebenenfalls beurteilbare – Erscheinungsbild der Person. Soll eine solche Heuristik als analytisches Werkzeug fungibel sein, erfordert das weiterhin den Entwurf einer Differenzierung, als

v. A.B. Drachmann, J.L. Heiberg und H.O. Lange, Bd. 15). Kopenhagen 1963, S. 88 f.; R. Wagner: *Oper und Drama*, 2. Teil (Gesammelte Schriften und Dichtungen, IV. Bd.) Leipzig ²·1888, S. 102; Jung, *Ges. Werke* Bd. 6, S. 53 f. (§ 73), S. 61 (§ 83).

[64] Jung, "Psychologie und Dichtung", in: *Über das Phänomen des Geistes in Kunst und Wissenschaft.* (= Ges. Werke, Bd. 15). Olten, Freiburg i.Br. 1971, S. 99 f.

Bestandteil einer näheren Bestimmung der gegebenen Persönlichkeitsstruktur, von Handlungsbereichen, in denen jeweils entweder die eine oder die andere Einstellung dominiert; wie denn auch der Versuch einer Klarstellung gemacht werden muss, in welcher Weise sich das Zusammenspiel zwischen diesen Bereichen praktisch manifestiert, was im vorliegenden Fall besagt: im Verhältnis zum Gestaltungsprozess und dem künstlerischen Werk. Eben dies soll nun in Bezug auf Bruckner skizzenhaft angedeutet werden.

Im vorliegenden Falle erscheint die Situation günstiger als in manch anderen, ähnlich gelagerten Fällen – besonders auf Grund einer stark hervortretenden Prägung seiner Persönlichkeit in ihrem "normalen", äußeren Erscheinungsbild: Bruckner lässt sich, was seine bewusstseinsmäßige Einstellung betrifft, wohl als ein Schulbeispiel für den introvertierten Typus bezeichnen. Dieser Schluss ist sicherlich unvermeidlich, liest man die verschiedenen Beschreibungen (von Jung, Groß und bis zu einem Grade auch Worringer) dieses Einstellungstypus, wie er sozusagen in Reinkultur erscheint, als Unterlage des detailliert überlieferten Bildes der Persönlichkeit Bruckners, das aus dem geschichtlichen, dokumentarischen und anekdotischen Material zustande gebracht worden ist.[65]

Allerdings wäre Bruckner sicherlich nicht ein Komponist von auch nur annähernd dem Format, das wir ihm zusprechen, gäbe es nicht gleichzeitig klare Indizien für einen beträchtlichen Anteil an extravertierten Kräften in seinem gesamten psychischen Energieumsatz. Im letzteren Falle wäre er bestenfalls ein durch und durch symptomgebundener, ja mit großer Wahrscheinlichkeit ein schlicht mittelmäßiger Komponist. Aber – wie der Individualpsychologe Erwin Ringel Bruckners Verwaltung des trotz allem unzulänglichen psychischen Ausgleichs beschrieb, der ihn sicherlich zu einem Neurotiker machte –: er war und blieb *"leistungsgebunden, nicht symptomgebunden"*; und dieser Tatbestand deutet auch schon aktive, kompensierende Züge der Persönlichkeit an.[66]

Diese "kreative" extravertierte bzw. einfühlungsbetonte Seite – das Wirken der intrapsychischen Kräfte – findet folglich, was recht natürlich vorkommt, seinen Ort vor allem in einem einzelnen, aber wesentlichen Bereich: dem rein musikalischen, und hier in erster Linie in der unmittelbaren musikalischen Inspiration und ihrer eher spontanen oder vorläufigen Gestaltung bzw. Fixierung. In Verbindung mit der Nachprüfung der musikalischen Produkte und den mehr oder weniger umfangreichen Revisionsprozeduren, die eine so charakteristische Seite von Bruckners Werkgestaltung ausmachen, und entsprechend in Verbindung mit seiner unterrichtenden Tätigkeit – wo soziale Elemente Geltung erlangen –, in diesen Zusammenhängen treten wiederum die Charakteristika der Introversion bzw. der Abstraktion hervor. Der Hypothese meiner Analyse zufolge handelt es sich bei Bruckners psychischer Funktionsweise um eine ungewöhnlich einfache Strukturierung der introverten und der extraverten Momente – allerdings eine Strukturierung, die auf verschiedene Weisen, namentlich in alltäg-

---

[65] Siehe eine hierzu gehörende Dokumentation in meinem Symposionreferat 1992 (vgl. zuletzt Anm. 59).

[66] E. Ringel: "Psychogramm für Anton Bruckner", in: *BrS 1977. Bericht*, S. 25.

lichen Zusammenhängen, keineswegs unproblematisch war.

Die hier vorgestellte, eher ungewöhnliche Trennung oder Unvermitteltheit dieser Elemente lässt sich auf biographischer Ebene kaum deutlicher belegen als durch folgende Anekdote, die sich um 1864 abspielte, als Bruckner 40 Jahre alt war – allerdings wurde sie dem Biographen August Göllerich erst 35 Jahre später von P. Thaler mitgeteilt[67]):

> [...] Die Glockenstimme seiner besten Altsängerin Marie Gärtner [...] hatte es ihm angetan.[68] Wochenlang trug er seines Herzens Weh und Wonne still mit sich herum [...], kein Konzert, in dem die Angebetete [...] mitwirkte, ließ er aus, wenn er sie darin vermutete. Endlich hielt er's nimmer aus. Sie mußte es wissen [...].
> Bei der nächstbesten Gelegenheit lud er die blonde Bäckerstochter mit ihren Freundinnen ein, seinem Orgelspiele zu lauschen. Dieses sollte gewissermaßen das Präludium zur späteren Liebeserklärung sein.

Diese Vorführung an der Orgel dauerte nun so lange – und Bruckner scheint alles und alle um sich vergessen zu haben –, dass seine Zuhörer sich schließlich mit unterdrücktem Amusement aus der Kirche zurückzogen. Und doch:

> Trotz manchen Schabernacks, den ihm die heitere Linzerin spielte, glaubte er schließlich ihrer Zuneigung doch so sicher zu sein, um sie durch ein bindendes Jawort für immer an sich zu ketten.

Nun beginnt der wichtigere Teil dieser Anekdote:

> Es war bei einem Ausfluge nach Wilhering, den eine kleine Gesellschaft, in der sich auch unser Domorganist und [Marie Gärtner] befanden, an einem schönen Sommertage ins Werk gesetzt hatte. Die Unterhaltung war im besten Gange, die Spaziergänger wurden immer übermütiger; nur unser Bruckner ging still und schweigend an der Seite seiner Begleiterin einher. Plötzlich kam Leben in ihn. Sein Antlitz strahlte; den Blick gegen den blauen Himmel gerichtet, begann er mit Händen und Füßen aufs lebhafteste in der Luft herumzuarbeiten, als ob er eine Orgel vor sich hätte. Das muß nun äußerst lächerlich anzusehen gewesen sein. Die Gesellschaft schüttelte sich vor Lachen; eine Unmenge von mehr oder minder geistreichen Bemerkungen gingen über Bruckner nieder.
> Für Marie G. hatte seit diesem Vorfalle der kleine Roman ein Ende. Als Bruckner hierauf in aller Form um ihre Hand anhielt, holte er sich eine unumwundene Absage. [...]

Die beiden Teile des gesamten referierten Handlungsablaufs gehören zusammen, auch soweit es ihre Deutung betrifft, insoweit ein äußeres, soziales Motiv – nämlich die geplante, aber durch Hemmungen geprägte Werbung – mit einer Aktivität verknüpft wird, mit der sich für Bruckner keinerlei Unsicherheit oder Hemmung verbindet – eben seinem musikalischen Phantasieren. In Situationen der ersteren Art erscheint er, selbst unter ungezwungenen und unverpflichtenden gesellschaftlichen Formen, gedrückt und schweigsam, eindeutig introvertiert geprägt, bis er – da das System dank seiner introversionsbestimmten Bedürfnisse das Gegensatzverhältnis im intensiv konstellierten Komplex[69] zwischen dem inneren Gefühl und seiner mangelnden Erlösung nicht auszugleichen vermag – sich plötzlich und sprunghaft einer extravertierten, vitalitätsbetonten und libidi-

---

[67] *Göll.-A.* III/1, S. 256 ff.

[68] Dieser begründende Umstand ist natürlich in Zweifel zu ziehen, aber es ist in gewissem Sinne typisch, dass er als eine solche mythologisierende Einzelheit in der Anekdote hervorgehoben wird.

[69] Siehe hierzu eine genauere phänomenologische Untersuchung bei Jung, *Ges. Werke* Bd. 6, S. 298-300 (§§ 535-538).

nösen Aktivität zuwendet: er beginnt musikalisch zu phantasieren, wobei er nicht ohne weiteres ein Ende findet oder dieses "befreiende" Engagement zu beherrschen sucht – und das sogar, ohne ein Instrument zur Hand zu haben oder ohne sich, nach der Anekdote zu beurteilen, überhaupt direkt musikalisch auszudrücken, sondern ausschließlich gestisch. Hierin liegt also keineswegs eine Form der Kommunikation – es handelt sich nur um einen bizarren, dabei aber möglichst optimalen Versuch, für sich selbst das Gegensatzverhältnis in der aktuellen Situation zu harmonisieren, um durch diese praktisch wirkungslose Eruption einen notwendigen, aber selbstverständlich weiterhin in keiner Weise adäquaten Ausgleich im psychischen System herzustellen.

Es versteht sich fast von selbst, dass Einfühlung als musikalische Einstellungsart in ihrer reinsten musikalischen – und zugleich in jeder Hinsicht wesentlichsten – Form bei einem Komponisten wie Bruckner als *Improvisation* erscheint. Hier handelt es sich, was unmittelbar einleuchtet, um das, was Worringer *objektivierten Selbstgenuss* nennt, um ein Ausleben durch Einfühlung in eine gegebene Materie und die spontane Formung derselben. Vom Gesichtspunkt der üblicheren gespannten Komplexbeherrschung – und Komplexbeherrschtheit – einer introvertierten Person ist die extravertierte Aktivität im talentierten Wirkungsbereich mit einem größeren Maß an Harmonie und Selbstvergessenheit verbunden (vgl. das Zitat zu Anm. 58).[70] In Bruckners Fall macht sich dies auch geltend in Bezug auf die kompositorischen Resultate, womit sich allerdings nicht für ein direktes Verhältnis zwischen musikalischem Phantasieren und einer Ausarbeitung im konkreten kompositorischen Prozess plädieren lässt; im Gegenteil scheint es keine ausgesprochene Verbindung zwischen diesen beiden Prozessen gegeben zu haben, nach dem vorliegenden Material zu beurteilen, trotz der großen Bedeutung, die das Improvisieren für Bruckners Musikausübung hatte.

Momente einer eher unmittelbaren, rein vitalen und quasi selbstvergessenen kompositorischen Gestaltung machen jedenfalls eine wesentliche Grundqualität von Bruckners Musik aus. Zugleich herrscht kein Zweifel, dass solche Momente unter Arbeitsphasen revidierenden Charakters oft im selbstkritischen Suchlicht des Komponisten standen. Der Hauptzweck dabei lässt sich unter zwei Begriffen zusammenfassen: (1) *Moderierung* einer "übertriebener" oder extatisch geprägten Formulierungsweise, und (2) *strukturelle Fundamentierung* eines lockeren oder weniger bindend begründeten musikalischen Zusammenhangs.

In einer solchen eher ursprünglichen oder präliminären Konzeptionsphase kann man, was die Formgebung betrifft, auch von einer vorherrschenden *vegetativen* Qualität reden. Diese Charakteristik hat hier eine etwas andere Bedeutung als die, welche Karl Grebe mit demselben Begriff verbindet[71], während Frank Wohlfahrt

---

[70] Man vergleiche auch Worringers Zitat von Lipps: "Kann ich der zugemuteten Tätigkeit mich ohne innerliche Gegensätzlichkeit überlassen [Die Registrierung der Gegensätzlichkeit ist umgekehrt das charakteristische Verhältnis für die komplexe Registrierung der introvertierten Persönlichkeit, B.M.], dann habe ich ein Gefühl der Freiheit. Und dies ist ein Lustgefühl. [...] Sie ist das Bewußtseinssymptom des freien Einklangs zwischen der Zumutung zur Tätigkeit und meinem Vollbringen." (Worringer, *op.cit.* S. 38.)

[71] Vgl. K. Grebe: *Anton Bruckner in Selbstzeugnissen und Bilddokumenten*. Reinbek b. Hamburg 1972,

eine Reihe von Beobachtungen zusammengefasst hat, die eher in diese Richtung weisen: in übergeordnetem Sinn unterscheiden sie sich von dem, was Wohlfahrt *Entwicklung nennt* (bei den Wiener Klassikern) oder dem eigentlich *symphonischen* (bei Beethoven), indem er ein *konzertantes* Prinzip – das in der klassischen Periode tendenziell auf überleitende Formabschnitte reduziert wurde – als einen in gewissem Maße übergeordneten, charakteristischen Faktor in Bruckners symphonischer Musik sieht:

> Durch dieses konzertante Moment gewinnt Bruckner aus den kleinsten und unscheinbarsten Begleitfiguren gewichtige melodische Profile, die mit der thematischen Grundidee neue Verbindungen eingehen. Durch die Ausweitung geringfügiger Klanggebilde zu individuellen Klangbildern von greifbarer Anschaulichkeit entsteht somit eine *Architektur aus unaufhörlich fließender Tiefe.*[72]

Eine weitere, hiermit verbundene Distinktion drückt Wohlfahrt durch seine Begriffe *"ornamentale"* contra *"metamorphotische"* Variation aus, die den in der vorliegenden Abhandlung bereits verdeutlichten Unterschied zwischen den Termini *Variante* – als einfühlungsbetont – und *entwickelnde Variation* – als abstraktionsbetont – zu spiegeln scheinen. Und schließlich meint Mathias Hansen offensichtlich den selben grundsätzlichen Unterschied, wenn er die *"ungezügelte, nicht domestizierte"* und (laut Hanslick:) *"anarchische"* Tendenz in Bruckners Musik benennt, die *"zu jeder logisch-entwickelnden Satz- und Werkdramaturgie in schroffem Gegensatz [steht]"* und deren Konsequenz

> keine zielgerichtete Bewegung (Entwicklung) mehr [ist], sondern eine kreis- bzw. spiralförmige Entfaltung, deren Ereignisfolge einer Kette von scharnierartig ineinandergreifenden, "kreisförmigen" Ereignissen gleicht.[73]

Es finden sich zahllose Beispiele hierfür in Bruckners Musik, von denen hier nur eine minimale Auswahl angeführt werden sollen – eine Auswahl, die verschiedene ausgeprägte Typen dessen darstellen, was unter der Bezeichnung einer einfühlenden Formungsweise zusammengefasst werden kann:

In primitivster Form, und zugleich von überaus ekstatisch geprägtem Charakter, mag das wirken wie die fast monomane, ja katatone Wiederholung eines überaus kurzen Figurenelements, wie etwa im Scherzo der 8. Symphonie (in beiden Versionen Buchstabe T). Dieses – kadenzierende und formal zäsurbildende – eintaktige Element, das mit dem Hauptmotiv des Scherzoteils identisch ist, wird in der ursprünglichen Version in allen wesentlichen Einzelheiten unverändert ganze zwölf Male wiederholt, um in der revidierten Ausgabe "moderierend" auf acht Male verkürzt zu werden. Im ursprünglichen Scherzothema (VIII/2. Takt 3 bis 6) gibt es nur zwei Wiederholungen des eintaktigen Motivs (a a a' x).

Eine solche Gestaltungsweise mag man problemlos und ohne innere Widersprüche als in der Bewusstseinseinstellung der "oberflächlichen", objekt- oder vordergrundbetonten Extraversion wie auch der selbstgenießerischen Perpetuierung des lustbetonten Elements der Einfühlung begründet lesen; alternativ mag

---

S. 104 ff.: "Die vegetative Einheit der Brucknerschen Sinfonik".

[72] F. Wohlfahrt: *Anton Bruckners sinfonisches Werk.* Leipzig 1943, S. 11 ff. (Hervorhebung von Wohlfahrt.)

[73] M. Hansen: *Anton Bruckner.* Leipzig 1987, S. 157, S. 152.

man sich – fühlt man sich denn von einer solchen stereotypen Wiederholungs-
prozedur geschmacklich abgestoßen – eher an das katatone Element halten, als
Symptom eines pathologischen Zustands: Katatonie ist bekanntlich ein charakteristisches Element des schizophrenen Krankheitsbildes.

Eine andere, wiederum in erster Linie unbändige – und obendrein geradezu un-
fertig wirkende – Gestaltung findet sich im ursprünglichen Scherzo zur 4. Symphonie; später wurde der Satz, was an sich schon charakteristisch ist, nicht nur
überarbeitet, sondern völlig neu komponiert.[74] Im Gegensatz zu den meisten
frühen Scherzoanfängen – ausgenommen der der Symphonie Nr. 2 – beginnt
dieser Satz nicht mit einer figuralen Einleitung zu einem Themenkern, sondern
umgekehrt mit diesem selbst:

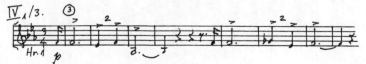

Beispiel 25

Bemerkenswert ist aber vor allem, was nach diesem für den gesamten Satz zentralen, bis zum Überfluss immer wiederkehrenden Appellmotiv folgt, nämlich
eine ziemlich amorphe, eruptive Klangmasse ohne irgendeinen eigentlichen Fixpunkt oder ein vorgespiegeltes Ziel, wie das ganz im Gegensatz kennzeichnend
ist für die einkreisenden Figurenbewegungen der früheren Scherzosätze. Statt
dessen wird hier, um es denn so auszudrücken, rein musikalischer Rohstoff
geradezu in den Raum geschleudert (siehe Notenbeispiel 26), unter einem kräftig
anwachsenden Crescendo, das plötzlich im leeren Nichts einer Generalpause
endet – und das zu wiederholten Malen: nämlich nach so gut wie jeder Wiederaufnahme des Hornmotivs, das selbst nur schwach mit der übergeordneten
Tonart des Scherzos Es-Dur koordiniert ist – meist erscheint es in b-Moll.

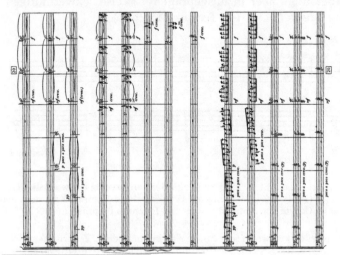

(Beispiel wird fortgesetzt)

---

[74] In dieser Version wurde das Werk zu Bruckners Lebzeiten nicht aufgeführt: der Scherzosatz er-
klang isoliert zum ersten Mal unter August Göllerich in Linz am 12. Dezember 1909.

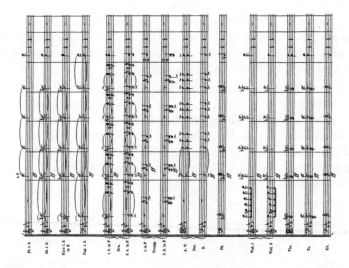

Beispiel 26

In diesem Fall sind die Kriterien für die Bestimmung 'einfühlungsbetont' die unverarbeitete Daseinsform des Materials und die offensichtliche elementare Freude des Komponisten an der bloßen Anwendung, nicht aber Raffinierung dieses "rohen"[75] musikalischen Einfalls, der statt dessen in seinem fast kosmisch fremdartigen stofflichen Urzustand verbleiben darf.[76]

Ein drittes Beispiel betont in erster Linie und direkter ein konzertantes Moment. Es handelt sich um einen Ausschnitt aus dem prä-codalen Stadium im Finale der annullierten Symphonie in d-Moll, WAB 100, speziell T. 260-271 (die angeführte Formtopologie wird so ab Takt 252 definiert). Soll hier überhaupt eine motivische Repräsentation vorliegen, muss das Kernelement zu Beginn dieses kürzeren Abschnitts (Vla., Vc. T. 260 f.) verstanden werden als Ableitung aus dem – ebenfalls Deszendenz-betonten, aber in ausgeprägterer Weise schwermütigen – einleitenden Thema des Satzes (Vl. T. 1-3; Tempo: *Moderato*).

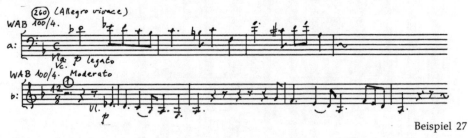

Beispiel 27

---

[75] Wilhelm Seidel hat andernorts den Unterschied zwischen dem angesprochen, was bei Claude Lévi-Strauss *Le Cru* und *le Cuit* (1964) heißt, in Bezug auf Bruckners und Brahms' Kammermusik: "Das Streichquintett in F-Dur im Œuvre von Anton Bruckner und Johannes Brahms", in: *BrS 1983. Bericht* (S. 187 f.).

[76] Genauere analytische Einzelheiten zu diesem Satz finden sich in Th. Röders "Zu Bruckners Scherzo: der "responsoriale" Thementyp, die Kadenz, die Coda und der Zyklus", in: *BrJb 1994/95/96* (S. 76). Hier wird u.a. davon geredet, dass "dieses Scherzo ganz deutlich seine Eigenständigkeit behauptet, indem es gar sich selbst Ziel ist", – eine Formulierung, die eine so ausgeprägt extravertierte Musik wie diese sehr gut charakterisiert.

Wenn das so sein soll, handelt es sich allerdings um eine nicht einmal assoziativ bedingte sondern eher unbewusst wirksame, unpräzise thematische Verbindung; und das motivische Element wird denn auch auf entsprechend diffuse Weise ausgesponnen, wie man sieht, wenn man T. 262 im Vergleich zum "Modell" in T. 261 betrachtet. Diese "verdünnende" Entwicklung wird nun in einer rein Toccata-geprägten Passage intensiviert, T. 264-271. Melodisch führend, aber ohne Beziehung zu thematischem Stoff, ist Vl.1; die Harmonik hält sich in der Schwebe als Folge beständiger chromatischer Verschiebungen, und das einfühlungsmäßig aktive Reizmoment – beim Hören stellt sich leicht die Registrierung eines nicht ohne weiteres begründbaren, rein sensorischen, genussvollen Schauerns ein – wird durch den polyrhythmischen Faktor 2 gegen 3 (Triolen) in Verbindung mit dem lebhaften Tempo (*Allegro vivace*) verstärkt.

Ein in mancher Hinsicht ähnlicher Abschnitt lässt sich im Kopfsatz der 1. Symphonie, den Takten (173)[77]-177-198 studieren, der wie eine ausgedehnte Ankündigung der Reprise erscheint. Außerdem findet sich hier mehr als in WAB 100/4. die Möglichkeit, das Zusammenspiel mehrerer, jeweils vegetativ ausgesponnener bzw. wiederholter Figurenelemente zu beobachten, besonders ab Takt 186. Überhaupt lässt sich diese besondere, sequenzielle oder repetitive Form vegetativer Stoffentfaltung vielfach in Passagen entspannenden oder "verflachenden" Charakters in Reinkultur finden; neben vielen anderen möglichen Beispielen sei auf I/1. T. 22-28, III$_2$/1. T. 103-115 und T. 125-150 sowie VI/1. T. 73-80 verwiesen. Im zuletzt erwähnten Kontext ist diese Technik allerdings wenige Takte vor dem angegebenen Verlauf mit einem Einschlag von leichtem dynamischem Anwachsen verbunden, vgl. T. 61-68.

Solchen Passagen gemein ist die ausgeprägte Unterordnung der Einzelheit gegenüber einer breiteren Entwicklung, die einen fest gesteuerten Charakter aufweist oder in der Form einer eher statischen, zugleich aber bewegten Fläche erscheint. Will man solche figurale Bewegungsformationen als Melodie in üblichem Sinne beurteilen, wie das Heinrich Schenker unter einem kritischen Winkel tat[78], läuft man aber Gefahr, den ästhetischen Charakter dieser Musik fehl einzuschätzen, etwa als Momente einer musikalischen Organik oder eines ebensolchen "Gedankengangs" (Schönberg), in jedem Falle aber im Rahmen eines Abstraktionsprozesses. Hinter solchen Melodie- und Satzbildungen Bruckners liegt meines Erachtens das diametral gegensätzliche: eine einfühlende Formungsweise.

Schließlich wollen wir eine etwas anders gestaltete Situation betrachten, in der Bruckner einen konstruktiven, "legitimierenden" Eingriff in ein recht lose strukturiertes Formmoment vorgenommen hat, dessen extravertiertes Gepräge sich hier mit solcher Gelassenheit präsentiert. Verdeutlichungen mittels Verstärkung

---

[77] Man vergleiche in beiden angeführten Sätzen den plötzlichen Übergang von *ff* zu *pp*.

[78] Schenker zitiert in seinem *Kontrapunkt, I* (Wien 1910), Beispiele 121-123, ganze drei Melodieverläufe aus I/1. als Beispiele für "schlechte Melodik" (alle nach den eher zerrissenen figurativen Bildungen der späten Wiener Bearbeitung); hierunter einen aus dem oben betrachteten Taktverlauf. Seine Erklärung eines solchen Defekts: Umspinnungen einer "ungeordneten und vagierenden Harmonik", reicht jedoch nicht aus, da sie von dem ebenso häufig erscheinenden, primär ornamentalen melodischen Gepräge absieht.

motivischer Relationen sind in Bruckners Revisionsprozessen nicht gerade ungewöhnlich[79]; das folgende Beispiel ist allerdings kraft seines überraschenden technischen Kunstgriffs eines der frappierendsten.

In der früheren Fassung des *Andante*-Satzes der 4. Symphonie wird der Übergang zum "Durchführungsteil" durch ein völlig neues Thema gekennzeichnet ($IV_1/2$. T. 97, Buchstabe E). Diese fehlende motivische Verbindung mit der "Exposition" erscheint untraditionell, wenn man die Stelle im Verhältnis zu der meistbekannten Fassung (1878/80) des Satzes betrachtet, trotz der deutlichen Übereinstimmung zwischen den respektiven kantabilen "Gegenthemen". Das charakteristische Kennzeichen des ursprünglichen Konzepts ist essenziell, dass die Kategorie 'Durchführung' unmittelbar nicht deutlich markiert ist, wie das in der späteren Fassung der Fall ist: erst ab Takt 104 (IV_1) signalisiert dieser Abschnitt, der mittlere Teil des Satzes, ein Durchführungsgepräge auf der Grundlage einer thematischen Verknüpfung mit früher exponiertem Stoff (vgl. dort das Motiv der Fl.).

Die Ingangsetzung des neuen Formabschnitts entfaltet in IV_1 ihr Thema mit einem zweitaktigen sequenziellen Zusammenhang: Vl.1 T. 97 f. und T. 99 f. mit einer Kürzung in T. 101; darauf ein neues Motiv, das ebenfalls über einen Takt weitergesponnen wird durch Unterbindung, siehe Notenbeispiel 28, a, auf der folgenden Seite. Die begleitenden Stimmen bilden ein Geflecht aus ähnlichem, aber eher figurativem Stoff, der den vegetativ geprägten Zusammenhang verstärkt. (Hier wie in den vorherigen Beispielen gilt, dass sich die wesentlichste Wirkung kaum durch reduzierende Satzwiedergaben darstellen lässt – man sollte das gesamte Noten- oder Klangbild in Betracht ziehen.)

Ganz anders nimmt sich derselbe Durchführungsanfang in IV_2 (T. 101 ff., Buchstabe E) aus, trotz seiner Ausarbeitung auf der Basis der *a priori* gegebenen melodischen Grundlage. Zum einen wird hier das "exterritoriale" Thema mit dem Hauptthema des Satzes (Hr., später Hbl_1) kontrapunktiert, allerdings jetzt mit einer großen Septime sowie mit Dur-Wirkung. – Retrospektiv betrachtet mag es fast so scheinen, als müsse Bruckner bereits 1874 unbewusst ein Mitklingen dieses Themas gehört haben, damals habe er es bloß nicht *ad notam* genommen. Wertet man den Sachverhalt neutral als Ergebnis einer Verbesserung, muss man wohl von einem Beispiel außerordentlicher Behändigkeit in kompositionstechnischer Hinsicht reden.

Gleichzeitig wurde das etwas lahm wirkende zweitaktige thematische *Novum* der Urversion nun zu einer völlig anders blühenden melodischen Gestalt ausgebaut, die sich über vier Takte erstreckt (Vl.1) – gewissermaßen eine Übertrumpfung des Umstands, dass der Hauptthemenkern, wie übrigens auch sonst, sich über nur zwei Takte erstreckt, mit einer variativen Fortsetzung desselben von identischer Dauer (vgl. schon T. 3-7). Endlich erweist eine Untersuchung der

---

[79] Mit den Worten Rudolf Stephans: "kein bloßer Klang mehr [...], sondern motivisch gefüllter Klang, Klang mit konkretem musikalischem Inhalt." ("Zu Anton Bruckners Dritter Symphonie", in: *BrS 1980. Bericht*, S. 69.) Mit anderen Worten ist der Sachverhalt, dass es sich bei Bruckner typisch um einen primär *klanglich* definierten Ausdruck handelt, nicht zurückgenommen, sondern vielmehr jetzt auch noch motivisch verdeutlicht.

übrigen Stimmen, dass in der früheren Fassung der vegetative figurale Hintergrund des melodischen Vordergrund-Elementes – das also späterhin zu zwei Elementen wurde – nun seinerseits entfallen konnte.

Beispiel 28 a-b

Ob die hier exemplifizierten Manifestationen einer eher spontanen, fast hingeworfen wirkenden Konzeptionsform nun später durch gezügeltere oder strukturell verstärkte Konstruktionen ersetzt wurden, oder ob sie unangetastet in ihrer ursprünglichen Gestalt verblieben – in jedem Fall ist das einfühlende Gepräge unüberhörbar in jedem typisch Brucknerschen Werk zur Stelle. Diese "Dimension" in der Kreativität des Komponisten erweist sich dennoch zugleich als die elementäre, eher latente Energie im psychischen System, und somit als ein nicht unmittelbar und schon gar nicht ein leicht zu integrierender Faktor im rationalen Gestaltungsprozess. Dies wird vor allem an den Verhältnissen um die äußere Formkonstruktion deutlich, und indirekt auch ausgehend vom Formbegriff des Komponisten, bezogen auf die symphonische Gattung ("...*wo auch nur, wie Du weißt, Sonatenform ist*" (Bruckner[80])). Diese abgeleiteten und in höherem Maße reflexiven Seiten des Kompositionsprozesses bezeichnen zugleich den Bereich, wo man die Auswirkung der dominierenden, introvertierten Einstellung am deutlichsten wird lokalisieren können.

Hier hilft nun wieder Jungs (und Groß') Charakteristik dieses Grundtypus weiter. Man erinnere sich, dass diese oben (auf den Seiten 132 bzw. 129) als *intensiv* oder *tiefgehend* beschrieben wurde, bedingt von der Richtung der Einstellung auf die Abstraktion der Vorstellungskomplexe – d.h. ihren durchgearbeiteten und als solcher profilierten Status –, zugleich aber gerne deutlich getrennt von anderen, entsprechenden Komplexen. Der letztere Umstand, sofern er in höherem Maße als persönlichkeitsgemäßes Charakteristikum registriert wird, bezeichnet bei Groß eine *sejunktive* (und bei Jung eine disharmonische) Persönlichkeit.

Jung gesteht ansonsten dem introvertierten einen Blick für *Synthesenbildung* zu sowie die Fähigkeit, sie vorzunehmen, da die Komponenten oder Vorstellungskomplexe, die hierfür benutzt werden, in der introvertierten Bewusstseinsform lange genug konstelliert verblieben, um eine solche Synthetisierung zu unterstützen. Gleichzeitig wird aber betont, dass diese Zusammenfassung – konkretisiert man dies in kompositionstechnischer Richtung, könnte man sagen: eine wirksame formale Prozessualität – oft von einem anderen Sachverhalt gehemmt

---

[80] Vgl. Kapitel I, Anm. 65.

wird, der sich ebenfalls geltend macht, indem der einzelne Vorstellungs- oder Gestaltungskomplex

> gegen alles Nichtzugehörige abgeschlossen [wird] und dadurch in eine assoziative Isolierung [gerät]. [...] Eine Folge der Sejunktion der Komplexe ist die Anhäufung von Vorstellungs [oder Gestaltungs]gruppen, die unter sich in keinem oder einem nur lockeren Zusammenhang stehen. [...] Die isolierten Komplexe bestehen zunächst ohne gegenseitige Einwirkung nebeneinander, infolgedessen sie sich auch nicht gegenseitig ausgleichend und korrigierend durchdringen.[81]

Nun haben wir zwar gerade auf der Basis des langsamen Satzes der vierten Symphonie (1878) ein instruktives und deutliches Gegenbeispiel gesehen. In späteren Kapiteln folgen weitere Beispiele. Diese widersprechen andererseits in keiner entscheidenden Weise der Ansicht, dass Bruckners Formbildung auf charakteristische Weise von einer solchen Sejunktion von Gestaltungskomplexen geprägt seien – sie relativieren nur diese Behauptung, erheben sie über einen Systemzwang. Später soll denn auch dargestellt werden, dass eine vorherrschende Geschlossenheit der jeweiligen Expositionsabschnitte, und tendenziell auch der jeweiligen Themenkomplexe im Durchführungszusammenhang, ein prägender Zug an Bruckners symphonischen Typus ist.

Endlich lässt sich auch kaum eine Assoziation zu einem äußerst charakteristischen und primär bestimmenden Faktor in Bruckners formaler "Prozessualität" umgehen: die apotheosenhafte Zusammenfassung des Finalschlusses und die Rückkehr zum Hauptthema des ersten Satzes, wenn man bei Jung weiter über den sejunktiven Komplexstatus liest:

> Es kann daher leicht vorkommen, daß ein besonders starker und daher auch besonders abgeschlossener und unbeeinflußbarer Komplex sich zur "überwertigen Idee" erhebt, d.h. zu einer Dominante wird, welche jeder Kritik trotzt und völlige Autonomie genießt, so daß sie sich zur allbeherrschenden Größe, zum "Spleen" aufschwingt.[82]

Doch wäre wohl hier zugleich die Präzisierung angebracht, dass Bruckner als *Funktionstypus* überwiegend aus der *Intuition* zu bestimmen ist.[83] Als solcher waren seine Vorstellungen dazu prädestiniert, auf einer überwiegend irrationalen Grundlage sich auf *Ganzheiten* zu beziehen – im Gegensatz zu der Aufmerksamkeit auf die einzelnen Details bei einem *Empfindungstypus* –, wobei die Orientierung seiner Gedanken und anderer gestaltender Kräfte auf der Grundlage der allgemeinen Hauptfrage: "wohin führen meine Eindrücke, Vorstellungen?" erfolgte.

Auf menschlich-allzumenschlicher Ebene stößt man vor allem auf beklagenswerte Indizien für eine solche ausgeprägte intuitive Tätigkeit, wie z.B. in Bruckners Kalenderaufzeichnungen während seiner Sommerreise 1880 in die Schweiz; man beachte hier mehr die eigentümliche Pantasietätigkeit als solche denn die konkreten Einzelheiten:

---

[81] Jung, Bd. 6, S. 297.

[82] *Loc.cit.*

[83] Mehr darüber in meiem Symposionbeitrag 1992 (Anm. 42) S. 28 f., S. 46 f.

In Partenkirchen sah er [Bruckner] *"ein Fräulein mit Vater auf der Straße"*, und eruierte auf der Fahrt, daß *"ein Geschäftsmann hinzukommt, dessen Adresse: Franz Harting, Innsbruck, Hattinger Ried nächst Wem's Bad Nr. 48"*.

In Bern war *"ein Fräulein in das Haus Postgasse Nr. 22 zur dort wohnenden Freundin"* gegangen.

In Zug bei Luzern befand sich *"bei der Einfahrt rechts ein 2stöckiges weißes Haus, wahrscheinlich ein Hôtel, neu errichtet"*, in dessen *"2ten Stock vom Bahnhof am 1. Fenster ein Fräulein zweimal herabgesehen"* hatte. *(Ist dieß eine Fremde? Woher?)"*[84]

Auf das produktive musikalischen Gebiet überführt bedeutet dies, dass Bruckner als Funktionstypus betrachtet, seiner Disposition zufolge, sich von einer *finalen* Formvorstellung leiten ließ, dergegenüber der konkrete Prozess eher untergeordnet war, besonders was eine stringente Folgerichtigkeit angeht – man vergleiche etwa die Variantenbildung gegenüber der entwickelnden Variation. In Kapitel 6 soll plausibel gemacht werden, dass Bruckners tatsächliche *Lösungen* der prädisponierten finalen Formidee zwar rationale Momente oder ein Form*denken* beinhalten, dass dieses aber gleichzeitig als Hilfsfunktion im Dienste einer weit mehr intuitiv geprägten Form*strategie* erscheint. Bruckners musikalische Denken scheint nicht, wie Jung vom introversionsgeprägten, abstrakten Denken sagt, in erster Linie einen *vernünftigen*, d.h. logisch stringenten Charakter zu haben – wie das etwa bei Brahms der Fall ist; es ist weit mehr geprägt vom entsprechenden Prädikat für die extravertierte Einstellung: es ist *programmatisch*[85], und es ist weiters gekennzeichnet vom irrationalen Status der Intuition.

Eine Zusammenfassung der versuchten Einkreisungen dieses Kapitels dürfte ergeben, dass in Bruckners symphonischer Musik einfühlungsbestimmte und abstraktionsgeprägte Kräfte eher spannungsbetont als eigentlich konstruktiv zusammenarbeitend einander gegenüber stehen. Eigentlich ist hierdurch nicht entscheidend neues vorgebracht; ganz im Gegenteil wurde dieser Umstand mit gewisser Regelmäßigkeit angeführt – allerdings mit ganz anderen Worten ausgedrückt –, von den frühesten Rezensionen bis zu den Forschungsbeiträgen der heutigen Zeit.

Gleichzeitig konkludiert dieses Kapitel aber – anders als das die Tendenz der Kritik verschiedener Zeiten war –, dass dieses Spannungsverhältnis nicht als eine Eigenschaft von Bruckners Werk anzusehen ist, die Anlass zu Vorbehalt oder Kritik dieser unausgeglichenen Lage gegenüber gäbe. Es lassen sich, wie es scheint, vielmehr etliche Betrachtungen um dieses grundsätzliche Spannungsverhältnis anführen, besonders aus den letzten Jahren, die eine derartige Charakteristik tendenziell zu einem positiv kennzeichnenden Status erheben und sie damit, wenn man so will, zu einem tragenden Moment im Nachspüren der musikalischen Ausprägung der Persönlichkeit Bruckners machen.

Auf jeden Fall ist bemerkenswert, dass auf dem Linzer Symposion 1992: *Anton Bruckner – Persönlichkeit und Werk"* mehrere Anschauungen dieser Art vorgelegt wurden, die eng miteinander übereinstimmten: Gernot Gruber fand sei-

---

[84] *Göll-A.* IV/1, S. 609 f.

[85] Vgl. Jung, Bd. 6, S. 25.

nen analytischen Ausgangspunkt in der Kategorie *"Plötzlichkeit"*, die sich orten lässt in den unterschiedlichen, oft unvermittelten starken Kontrasten im Form-verlauf.[86] Mathias Hansen hob die möglicherweise im Verborgenen aktive Faszination in Hanslicks Charakteristik von Bruckners Musik – hier der 3. Sym-phonie – als *"eine unförmliche glühende Rauchsäule"* hervor (man denke an den Verweis dieses alttestamentlichen Bildes auf Göttlichkeit) und neubewertete in mancher Richtung Hanslicks Prädikat "anarchisch" über diese Musik.[87] Diese Begriffe wurden des weiteren wiederholt während des abschließenden Round Table des Symposions in den Raum gestellt.[88] Selbst gab ich wohl etwas direkter meine Einstellung zu dem Thema bereits in Verbindung mit dem ersten Round Table: "Persönlichkeit und Werk – ein Widerspruch?" – bekannt, mit der Bemer-kung, dass es

> vorwiegend an den "unangepaßten" Umständen liegt, die zugleich die innersten Cha-rakteristika Bruckners darstellen, diesen am besten entsprechen, wenn sein Werk noch heute von größter Bedeutung und Aktualität ist.[89]

Dies beinhaltet auch die Auffassung, dass Persönlichkeit und musikalischer Stil in Bruckners Fall nicht nur grundsätzlich übereinstimmen, sondern dass der Stil sich auch aus der Persönlichkeit ablesen lässt, und diese aus dem Werk. Mit diesem Gesichtspunkt stehe ich vermutlich auch weiterhin recht alleine.[90] So distanzierte z.B. Hansen sich von einer solchen Betrachtung:

> Mir will scheinen, daß zumindest bisher jeder Versuch fehlschlug, Eigenart, Unbe-rechenbarkeit, Absonderlichkeit und was an schwankenden Begriffen da noch für die Musik gefunden werden könnte, mit persönlichen Eigenheiten Bruckners zusammenzu-bringen oder gar zu erklären. [...] Vielleicht aber eröffnete sich ein Blick auf das schöp-ferische Individuum durch die Überlegung, daß zu den aufgeführten Unbedenklichkei-ten in der Klang und Strukturbildung nur ein Mann fähig gewesen sein dürfte, dem das Klingende nicht durch literarische oder philosophische Ambitionen beschwert war.[91]

Gemeinsam mit dem zugehörigen Symposionbeitrag versteht sich dieses Kapitel als meine vorläufige Beantwortung der Frage, wie eine derart behauptete Defizit-stellung überwunden werden könnte. Das erfolgte durch die Darstellung von Strukturverhältnissen sowie von Stilmomenten verschiedener Art, die, soll hier eine Bilanz gezogen werden, wohl kaum die Behauptung zulässt, dass in theore-tischer Hinsicht eine umfassende und konsistente Erklärung des Zusammen-spiels zwischen persönlichkeitsmäßigem Habitus und künstlerischem Schaffen gegeben ist, oder dass hierdurch unike Analysen konkreter musikalischer Ver-

---

[86] G. Gruber: "Zum Verhältnis von Strukturanalyse, Inhaltsdeutung und musikalischer Rezeption. Exemplifiziert an Bruckners Achter Symphonie", in: *BrS 1992. Bericht*, S. 141 f.

[87] M. Hansen: "Persönlichkeit im Werk – Zum Bild Anton Bruckners in der Analyse seiner Musik", ebd. S. 193, S. 190.

[88] Diese Diskussionsrunde findet sich abgedruckt ebd. S. 201 ff.

[89] Ebd. S. 47.

[90] Man vergleiche etwa Elisabeth Maiers Behandlung der Frage, im wesentlichen auf der Basis von Bruckners Notzkalendern, in (dies.): *Verborgene Persönlichkeit. Zugänge zu einer "inneren Biogra-phie" Anton Bruckners*. (= Schriften der Wiener Katholischen Akademie 4.) [2.]Wien 1997 (hier bes. S. 29, 32).

[91] Hansen, *op.cit.* S. 193.

hältnisse auf der Detailebene geleistet worden sind. Andererseits bin ich fortan der Meinung, dass man gerade auf diesem Weg einer synthesebetonten und somit sinnvollen humanwissenschaftlich geprägten Erklärung um einige Schritte näher kommen mag. So dass man sich demnach vielleicht auch trauen dürfte, der Gemeinschaft der Forschung in Aussicht zu stellen, einmal, nach weiteren Bemühungen, zu Positionen und Resultaten zu gelangen, die in heuristischer Hinsicht eine willkommene Ergänzung bezeichnen zu dem Fonds der allgemein ästhetisierenden Betrachtungen mit möglichen Beziehungen zu einer ihnen entsprechenden, allgemein formulierten musikgeschichtlichen Perspektive.

KAPITEL III

Stadien der Sonatensatzform, I: Typisierung und individuelle Momente in Bruckners Kopfsatz-Expositionen

ZWECK des ersten Kapitels war es, eine Reihe von Momenten aufzuzeigen, die dazu beigetragen haben, dass man von einem Brucknerschen symphonischen Typus sprechen kann, und vorläufige Stellung zu diesen Momenten zu beziehen – als geschichtliche Tatsache zwar, nicht aber unbedingt als stringente und in keinem Fall als widerspruchsfreie theoretische Konstruktion. Im nachfolgenden, eben abgeschlossenen Kapitel konzentrierte sich die Untersuchung auf eine gänzlich andere Betrachtungsweise, deren Ziel die Etablierung einer psychologischen und ästhetischen Theorie einer fundamental zweipoligen und in diesem Spannungsfeld dialektisch wirkenden schöpferischen Dynamik war, welche sozusagen als ein auf übergeordneter Ebene arbeitender Motor fungiert für die komplizierte Bewegung von dem initiierenden musikalischen Konzept zum fertigen kompositorischen Ergebnis – wenngleich letzteres in etlichen Fällen so zu verstehen ist, dass das Endprodukt bloß keiner weiteren Bearbeitung unterzogen wurde.

Beide Kapitel enthüllten einige grundsätzliche Gegensätze, die nun aber eigentlich als Ausdruck dafür begriffen werden sollen, dass Bruckners symphonisches Werk selbst einige dementsprechende Spannungen enthält, "Gegensätze", die letztendlich eine spezifische gattungsgeschichtliche Komplikation konstituieren, und als solche eine Problematik im eigentlichen Sinne des Wortes. Der Charakter des zweiten Kapitels als theoretisch "abgerundete" Erläuterung dieses Sachverhalts, gewissermaßen aus gehobenem Standort betrachtet, ist also primär nicht als Flucht vor dem anfänglich ausgetragenen Forschungsdiskurs aufzufassen, und eben so wenig als Einengung der diskursiven Thematik, sondern vor allem als Verdeutlichung eben dieser Problematik.

Diese Abschnitte, in denen es in erster Linie um die Klärung von Fragen ging, die mit dem Begriff Vorverständnis zusammenhängen, sind im gesamten Zusammenhang als präliminär zu betrachten. Was noch aussteht, sind natürlich die bislang im großen und ganzen unberührten Aufgaben betreffs der Untersuchung des breiten, empirisch zentralen Materials. Die vorgeführten musikalisch-analytischen Exemplifizierungen waren als vorläufige Demonstrationsbeispiele zu betrachten, und zwar vor dem Hintergrund bestimmter sachmäßiger Verhältnisse, die sich "um" die kompositorische Technik und das sich hieraus ergebende musikalische Produkt lagern, als Spezifizierung der in solchen Fällen vorgenommenen Beobachtungen auf Grundlage weniger, ausgewählter Bezüge innerhalb des musikalischen Korpus.

Was bleibt sind, wie gesagt, die umfassenderen, zusammenhängenden und systematischen Untersuchungen des vorliegenden Werkmaterials in fertiger wie auch in vorläufiger Gestalt, in jedem Fall aber, qua unterschiedlicher Versionen einzelner Werke, in konzeptionell durchgeführten Fassungen. Bezüge auf skizzenhafte Stadien der Werke wird es nur ausnahmsweise geben. Angestrebt ist eine erneuerte und umfassendere Wertung der Frage nach dem Grad an Schematisierung in Bruckners Symphonien, und ultimativ die Erstellung einer Grundlage für fundierte Reflexionen über die theoretischen Implikationen, die der gegebenen Typisierung in ästhetischer und geschichtlicher Hinsicht angehören.

Mit Rücksicht auf die Übersichtlichkeit wie auch die angestrebte Gründlichkeit sind die beiden folgenden Kapitel primär nach homologen, bzw. sinngemäß vergleichbaren Momenten in sämtlichen Repräsentanten eines bestimmten Satztypus zu disponieren. Dadurch hebt sich die Vorgangsweise von der anderen Arbeit ab, die es als ihre Hauptaufgabe ansah, die reichweite der Begriffe Modell und Schema in dieser Werkgruppe auszuloten, und zwar sowohl unter deren Konstanzaspekt als auch unter Gesichtswinkeln wie Entwicklung, Differenzierung und vielleicht Verfeinerung: der Dissertation Werner Notters.[1] Denn schon allein durch die Art und Weise ihrer Präsentation hat dieser Beitrag sein Ziel verfehlt, da sich hier die Darstellung eigentlich nicht um die aufgestellte Behauptung sammelt, d.h. die durchschematisierten Momente, sondern statt dessen die einzelnen Werke jeweils für sich und "der Länge nach" kommentiert. Eine solche Anlage hat aber, wie bereits in Kapitel I.3 erwähnt wurde, unglückliche Konsequenzen für die Argumentation wie auch für eine adäquate Darstellungsform – Folgen mithin, die für den Verfasser wie für die Leser der Abhandlung hinderlich sind.

Kennzeichnend für die nachfolgenden Untersuchungen ist daher, in praktisch-methodischem Gegensatz zu Notters Disposition seiner Analysen, die "Demontage" einer Reihe von sonatenförmigen Satzverläufen in grundsätzlich korrespondierenden formalen Einzelmomenten. Diese isolierte Betrachtung einzelner formaler Stadien, die durch die gesamte Werkreihe zu verfolgen ist, wird so weit wie möglich kompensiert durch häufige Querverweise im Text, so dass eine voranschreitende "Gesamtanalyse" des jeweiligen Satzes sich ohne allzu beschwerliches Suchen aus den "Bruchstücken" ergibt. Vorwärts weisende Bezüge werden mit dem Signum ➡ gekennzeichnet; Bezüge rückwärts durch ↗.

Die Untersuchung geht von der übergeordneten Frage aus, in welchem Maße Bruckner seine symphonischen Außensätze auf der Basis einer regulären Modellvorstellung, und hier besonders: nach einem spezifischen Schema als einer zu Grunde liegenden formstrukturellen Rasterfunktion komponiert hat. Hierunter sind selbstverständlich engere Formstrukturen zu begreifen als die wohlbekannte formale Folge des geschichtlich vorliegenden "normalen" Sonatensatzes.

Aus schwerwiegenden Gründen, nicht zuletzt diktiert von dem Wunsch, eine ungehemmte Wachstumstendenz dieser Abhandlung einzudämmen, soll diese

---

[1] W. Notter: *Schematismus und Evolution in der Sinfonik Anton Bruckners.* München, Salzburg 1983.

Frage in erster Linie auf der Grundlage von Analysen eines bestimmten Satztypus erläutert werden. Die Wahl fiel hier auf den ersten Satz, nachdem der Scherzosatz von vornherein der Betrachtung entzogen wurde.[2] Hierfür gibt es mehrere Gründe.

Zunächst einmal ist der einleitende Satz eines Werkes der, welcher am wenigsten prädeterminiert ist, sowohl was seinen Charakter als eben dadurch auch was seine "Formgebung" betrifft, während er andererseits bis zu gewissem Grade – zum mindesten prinzipiell – bestimmend ist für die Erscheinungsform und Ausarbeitung der folgenden Sätze. (Dass Bruckner gelegentlich die symphonische Komposition von einem der späteren Sätze im Zyklus ausgehend konzipierte[3], beeinträchtigt die Gültigkeit dieser Aussage kaum.) Die Wahl des am meisten voraussetzungslosen Satzes scheint also unmittelbar die gerechteste, mit Rücksicht auf eine detaillierte Untersuchung der Schematisierungsfrage.

Des weiteren erfolgt dies mit einer Konzession an Werner Notter, und zwar vor dem Hintergrund einer von ihm vorgenommenen Differenzierung betreffs der erwähnten Problematik, die sich am konkretesten und konzentriertesten in den zwei folgenden Satzcharakteristiken ausdrückt:

> In den Eröffnungssätzen [behauptet sich] stets ein leichtes Übergewicht der symmetrischen architektonischen Anlage über die thematischen Abläufe. [...] Der Zwang, die harmonisch determinierten Strukturen der Sonatenform thematisch nachvollziehen zu müssen, ergibt den seltsam starren Charakter der ersten Sätze.
> [...] Das relative Übergewicht der Form zergeht erst in den langsamen Sätzen, deren Anlage ungleich freier gehalten ist. Hier interpretiert Bruckner die Sonate nicht mehr als harmonische Krisenform, sondern als autonome thematische Entwicklungs- und Entfaltungsform; hier kann er mit den Gestalten fast ohne Rücksicht auf "einengende" Formverläufe operieren; [...] das Hauptthema gehorcht seinem eigenen Willen: die Form hat sich ganz seinen Phasen und Episoden anzuschmiegen.[4]

Auch Notter wäre wohl mit der Feststellung einverstanden, dass Bruckners langsame Sätze – entgegen dem Eindruck, der aus dem Abschluss dieses Zitats hervorgehen könnte – ziemlich reich sind an gleich gearteten, wenn man so will: schematisierten Zügen, nicht nur in tektonisch-formaler Hinsicht, sondern auch betreffs verschiedener funktioneller Momente wie etwa Crescendoverläufe und Kulminationspartien sowie eher äußerlichen Einzelheiten wie z.B. melodische "Kolorierung" im abschließenden Reprisenzusammenhang.[5] Das deutet nun

---

[2] Der Scherzo/Trio-Satz wurde von Bruckner überdeutlich als schablonenhaftes Gebilde in der symphonischen Ganzheit behandelt. Als solches macht er ein deutliches Suspensionsfeld im größeren, eher ausgeprägt formprozessualen Zusammenhang aus. Konzise Auseinandersetzungen mit Bruckners Scherzosätzen finden sich in W. Kirsch: "Das Scherzo bei Brahms und Bruckner", in: BrS 1983. Bericht, S. 155-172 sowie in Th. Röder: "Zu Bruckners Scherzo: der "responsoriale" Thementyp, die Kadenz, die Coda und der Zyklus", in: BrJb 1994/95/96, S. 67-77.

[3] Die Symphonie Nr. 1 wurde mit der Arbeit am Finale eingeleitet; die 5. Symphonie mit dem Adagio-Satz.

[4] Notter, op.cit. S. 8.

[5] Wolfram Steinbeck hat sich in seinem Aufsatz "Schema als Form bei Anton Bruckner. Zum Adagio der VII. Symphonie" genauer mit einigen dieser Typisierungen befasst; in: Beiträge zu einer Problemgeschichte des Komponierens (= FS. H.H. Eggebrecht [65 Jahre]). Wiesbaden, Stuttgart 1984, S. 310 f., S. 321 ff.

allerdings darauf, dass es, immer noch laut Notter, besonders Verhältnisse dialektischer Art zwischen Form und Themenstruktur sind, die die Bestimmung der Kopfsätze als eher "unfrei" und sozusagen eingespannt in zwanghaft formzäsurierende Strukturen begründen.[6] Somit ergibt sich doch wohl ein weiterer Grund, diesem Satztypus als primäres Objekt der Untersuchung zu wählen, ob nun Notters Differenzierung ansonsten mit den faktenmäßigen Verhältnissen konsistent ist oder nicht[7] (– seine vermeintliche Prämisse, dass die trithematische Sonatensatzform[8] von Bruckner auf konservative Weise einem tonalen Steuerungsprogramm unterliegt, das die thematischen Entfaltungsmöglichkeiten und damit den formalen Prozess hemmt, lässt sich wohl zu einem gewissen Grade bestreiten).

Hinter der oben gestellten Frage verbirgt sich des weiteren eine fundamentale methodische Überlegung, die ebenfalls im Voraus explizitiert werden muss. Eine Untersuchung der gegebenen Frage wird oft, schon kraft der angestrebten Systematik, dazu neigen, eines von zwei "typischen" Verhältnissen zu betonen – nämlich dem archetypischen oder (mit Peter Brask) dem *genotypischen* Aspekt[9] eine Vorzugsstellung zuzuerkennen, indem ein entscheidendes oder dominierendes Gewicht auf rein *strukturell* gesehen gleichartige Elemente gelegt wird. Eine solche objektivierende Vorgangsweise führt leicht zu einer Reihe von Beobachtungen mit dem überwiegenden Gepräge einer Etikettierung; sie neigt zu einer Darstellung gefrorener Augenblicksbilder und damit zu einer Unterdrückung der eminent beweglichen Existenzform der Musik. Die individuellen Züge und Voraussetzungen der einzelnen Sätze bzw. Werke werden so leicht unter-exponiert und erscheinen – um diese Analogie weiter auszubauen – in gewissem Grade als maniulierte, sich überlagernde Photographien in der Form eines statistisch modifizierten, "typischen" Portraits.

Mit anderen Worten wäre eben so viel Rücksicht zu nehmen auf eine *phänotypische* Betrachtungsweise, auf den individuellen Charakter, wie auf die strukturellen Identitätsfunktionen, die den über-individuellen Typencharakter konstituieren. Bezugnehmend auf eine theoretische Stringenz also, aber auch um eine Analyse der eigenartigen "vitalen", eher unmittelbar fesselnden Qualitäten in Bruckners Musik zu ermöglichen, sollen die Analysen so viel "Lebensraum"

---

[6] Das Hauptkriterium dafür, dass "der Fortschritt des Modells sich wirklich nachvollziehen und bewerten läßt", ist laut Notter eindeutig bestimmbar: "Es kann sich dabei nur um die Auseinandersetzung von Form und Thema handeln." (*Op.cit.* S. 13.)

[7] Vgl. entsprechend R. Schollum: "In den formal relativ problemlosen Scherzi sowie in den formal am freiesten sein könnenden langsamen Sätzen ist er bruchlos; in den Ecksätzen hat er – und haben wir – seine Probleme." ("Umkreisungen. Anmerkungen zum Beginn des Adagio der IX. Symphonie Bruckners", in: *BrJb* 1981, S. 97.)

[8] Dass Notter sich oben mit einer Charakteristik der Kopfsätze begnügte, mag damit zusammenhängen, dass seine Betrachtung von Bruckners Finalsätzen von einer gewissen Skepsis gegenüber ihrer Berechtigung im Werkzyklus ganz allgemein belastet ist. Vgl. *op.cit.* S. 13 u.-14, S. 48 f., S. 56-60.

[9] P. Brask: *Tekst og tolkning. Bidrag til den litterære semantik.* Roskilde 1974, 1. Teil, S. 59 ff. – Erwähnenswert ist, dass J.W. von Goethe die Einzelphänomene unter einem archetypischen Gesichtswinkel als "Schemen" bezeichnet; vgl. *Faust. Der Tragödie II. Teil*, 1. Akt, Szene: *Finstere Galerie*, Vers 118.

erhalten, wie das nach den jeweils individuell gegebenen Umständen sinnvoll erscheint. Hiermit unterscheiden sich das Ziel dieser Darstellung wie auch die dazu dienlichen Mittel, die sich in der analytischen Technik ausdrücken, von entschieden positivistisch systematisierenden Abhandlungen wie etwa David Bushlers und Hermann Rubarths – im übrigen informativen – Dissertationen.[10] Dasselbe gilt im Verhältnis zu einer theoretisch prätentiöseren Ankündigung wie der, die Notters "schematischer Analyse" vorausgeht, welche aber nichts desto weniger

> sich auch nicht um die "ganze Partitur" kümmert mit ihren unermeßlichen harmonischen und kontrapunktischen Reichtümern, sondern um die Schemata, aus denen sie sich zusammensetzt, – auf die Gefahr hin, selber schematisch zu erscheinen[11]

– eine Vorgangsweise, die man paradoxaler Weise als desto missglückter zu bezeichnen versucht ist, je mehr der Verfasser seine Methode als nach ihrer Absicht durchgeführt betrachten mag.

Die Demontierung des Formverlaufes bzw. des Formtypus setzt als sinnvolle Strategie einer Analyse die – im Kapitel I.2 schon belegte – affirmative Haltung des Komponisten zu einem "festen" Formbegriff als tektonischem Regulativ des Schaffensprozesses voraus, d.h. das übergeordnete Gestaltungsprinzip der Sonatensatzform nach ihrer klassischen Kodifizierung. Andererseits sollte eine so geartete Analyse sich vor jeder Insensibilität bewahren gegenüber eventuellen Tendenzen zu inneren Bruchlinien oder gar tatsächlichen "Verschiebungen" im Fundament des ansonsten grundsätzlich stabilen Formaufbaus. Diese gleichzeitig praktizierte, Januskopf-artige Orientierungsweise steht in gewisser Hinsicht recht analog zu der oben betonten, doppelten Aufmerksamkeit auf den archetypischen wie auch den phänotypischen Aspekt der Formgestaltung.

Allerdings bietet es keine theoretischen Schwierigkeiten, das Inventar der Demontierung an derartigen eher diskreten Formmomenten zu bestimmen: in Übereinstimmung mit dem Status der Sonatensatzform bei Bruckner als begrifflicher Realität wird es sich dabei schlicht um die Reihe der expositionellen Themengruppen sowie die durchführenden und reprisenhaften bzw. codalen Abschnitten handeln, und dazu noch um etwaige besondere Übergänge oder bemerkenswertere Schnittpunkte zwischen diesen.

Die Untersuchung hält sich hauptsächlich an die chronologische Reihenfolge der Werke; wo aber ein wesentlicher Grund besteht, diese Folge zu unterbrechen, wird das auch getan – die Rücksicht auf den informativen Wert derartiger Sprünge wird dafür entscheiden.

---

[10] D. Bushler: *Development in First Movements of Bruckner's Symphonies*. Diss. (Mikrofilm), Univ. of New York 1975. H. Rubarth: *Die Reprisengestaltung in den Symphonien der Klassik und Romantik*. Diss. (Ms.), Univ. Köln 1950.

[11] Notter, *op.cit.* S. 12.

1 · Die erste Expositionsgruppe

Einleitend sei festgestellt, dass der Begriff Themengruppe (Thgr.) hier als normale Bezeichnung für die einzelnen thematischen Abteilungen der Exposition (I-III, ergänzt durch eventuell vorkommenden halb-selbständigen Appendix im Expositionsschluss) benutzt wird, als formale Ersatzbezeichnungen für die traditionelleren Hauptthemen-, Seitenthemen- und Epilogteile, ohne Rücksicht darauf, dass eine solche "Gruppe" gelegentlich als thematisch überwiegend nicht zusammengesetzt erscheinen mag – in welchem Fall ein solches Verhältnis natürlich gebührend beachtet wird.

Die *f-Moll-Symphonie*, WAB 99, Bruckners "prä-kompositorische" Schularbeit aus Februar-Mai 1863[12], mit ihrer charakteristischen Formgebung des Hauptthemas nach Perioden-ähnlichem Syntax, gleichsam mit Vorder- und Nachsatz, zeigt noch eine gewisse Zugehörigkeit zu einer klassizistischen Gestaltungsweise auf. Die Metrik in diesem Satzbau ist dagegen mit ihren 2 mal 7 Takten mehr untraditionell. Am einfachsten lassen sich diese Strukturen "normalisieren", indem man sie als Elision von zwei viertaktigen Phrasen anschaut, obwohl der dynamische Kontrast, der erst *nach* der Viertelpause in Takt 4 einsetzt, sich dagegen zu wehren scheint; aber bereits innerhalb der ersten viertaktigen Phrase bewirkt die Fortspinnung in T. 3 aus T. 2 ein solches asymmetrisches Gefühl.

Zukunftsweisender – spezifisch allerdings in erster Linie auf die nachfolgende erste Symphonie – ist der weitere Zusammenhang, insoweit als der Komponist bereits hier – vorläufig allerdings nur "nach bestem Vermögen" – die Neigung zeigt, eine Aufteilung dieser Themengruppe in thematisch exponierende sowie überleitende Abschnitte zu vermeiden – eine Sonderung, wie er sie in seiner wenige Monate älteren Schülerarbeit, der *Ouvertüre in g-Moll*, WAB 98, noch aufrechthielt.[13] Zwar bewirkt namentlich die motivische Auflösung in pulsierende, motivisch nicht abgeleitete Figurenverläufe ab T. 23 (und später, analog hierzu, T. 64 ff.) ein deutliches Gepräge von einer Überleitung; zugleich sind aber, was bemerkenswerter ist, Kräfte wirksam, die in entgegengesetzter Richtung streben und eher die *Kontinuität* aus dem thematischen Impuls bewirken. Diese Tendenz, die vor allem als charakteristischer Zug des späteren Bruckners anzusehen ist, wurde in dieser Abhandlung bereits auf Seite 58 f. erwähnt.

Zu dieser Verschmelzung gehört, dass die "arbeitenden" Passagen von Anfang an eher unmerklich aus der Fortspinnung des Hauptthemas hervorwachsen, statt – was für einen Überleitungssatz charakteristischer wäre – als vorwärts gerichtetes Element zu erscheinen im Sinne eines neuen Ansatzes (man vergleiche z.B. die

---

[12] Bruckner hat nicht nur später dieses Werk selber annulliert, sondern er operierte auch mit einer prinzipiellen Trennlinie in seiner Produktion, die durch den Abschluss seiner Studien im Juli 1863 markiert wird: "Jetzt trat die Kompositionszeit ein. Der *Germanenzug* war die erste Komposition." (Bruckner an August Göllerich, nach M. Auer: *Anton Bruckner. Sein Leben und Werk*. Wien 5·1947 [1956], S. 150.)

[13] Hauptthema T. 23-36 (nach langsamer Einleitung), darauf Kadenz zu einer ausgedehnten Überleitungspartie, aus den *Adagio*-Takten abgeleitet, T. 37-63.

Ouvertüre). Deutlicher zeigt sich dies aber in der zweiten Hauptphase der Themengruppe (T. 48 ff.), die mit ihrem variativen Verhältnis zur vorangehenden (A A') gewissermaßen die Grundlage für den übergeordneten schematischen Formverlauf dieses Formabschnitts in den meisten nachfolgenden Einleitungssätzen wird. Hier (T. 48 ff.), wo eine überleitende Strecke, als Vorbereitung der zweiten Themengruppe[14], spätestens seinen Platz finden sollte, amalgamiert Bruckner nämlich die Fortsetzung des Themas (T. 62-63) mit einem Seitenstück zu dem vorher verwendeten Passagenwerk (siehe T. 64-65). Der eigentlich motivische Bestandteil dieser Neuformulierung ist nun nicht mehr, wie in T. 15-22, eine reine Fortspinnung, sondern eine melodisch selbständige Weiterführung des Themas, mit einer Fortsetzung des ursprünglichen, Perioden-geprägten Musters (hier intensiviert: 4+4 Takte) und unter Bewahrung des prägnanten Rhythmus des Themenkopfs (über zwei Takte). Ein weiteres Anzeichen für Bruckners Absicht der Integration von thematischem und eher sekundärem, verbindendem bzw. entwicklungsgeprägtem Material ist endlich der eigentliche Übergang zu dem folgenden Thema, die in Form von Augmentation und Doppelaugmentation verläuft (T. 81-86), so dass das Seitenthema selbst als thematische "Knospe" aus diesem Motivzweig erscheint (vgl. Notenbeispiel 36, S. 187).[15]

WAB 98 ➡ S. 187; WAB 99 ➡ S. 187

Eine derartige Tendenz wird noch deutlicher in der *1. Symphonie* (1865-66). Symptomatisch, auch für das weit modernere und selbständige Gepräge dieses Werkes, ist schon der Verzicht auf traditionshafte Passagenverläufe zwischen thematischen Feldern, wobei sich allerdings immer noch ein Figurenmaterial als solches findet, zum Teil chromatisch sequenzierend. Hier lässt sich nun aber in wesentlich höherem Maße als in der Studiensymphonie eine Umschmelzung der beiden Kategorien an Motivmaterial – thematischem bzw. überleitendem – in eine homogenere Substanz feststellen.

Nicht jeder wird diese Auffassung teilen. So meint etwa Mathias Hansen vom vorliegenden Satz geradezu, dass sich schon ab T. 10 [-17]

> sich unmerklich eine Überleitungssituation ergeben [hat], die, als dynamische Steigerung angelegt, auf ihrem Höhepunkt ein Motiv bringt [T. 18 ff.], das als weiteres, neues Überleitungselement hervortritt. Ein Überleitungselement verbindet sich hier also mit einem anderen [...][16]

---

[14] So führt in der ersten Phase der Themengruppe folgender Sachverhalt zu einem recht überraschenden Effekt: den vielen Takten mit Überleitungs-geprägten Passagenfiguren folgt – sogar nach einer augmentierenden Verlangsamung (vgl. T. 39-43, Vl.1 mit T. 29 ff., Vl., dann Vla. und Bässe) – eine Wiederaufnahme des Hauptthemas, in seiner ursprünglichen dynamischen Aufteilung, $p - f$; jetzt allerdings nicht in der Tonika, sondern mit As^7_5 als harmonischer Grundlage (und also mit dem langen Einleitungston f'' als Sext-Vorhalt).

[15] Diese relative Hervorhebung von passagengeprägtem Material wird auch unterstrichen durch seine größere gestalthafte Prägnanz, die nicht so sehr aus seiner Anwendung als Seitenthema-Kopf hervorgeht als vielmehr aus seinem "obligaten" Charakter, qua seiner Bearbeitung von Anfang an in der Umkehrung; vgl. besonders T. 71-72/72-73 (Vl.1 → Vl.2) versus T. 74 ff. (übrige Str.). Auch später erhält dieses Motiv größere Bedeutung (in der Thgr. III und gegen den Abschluss des Satzes, T. 509 ff.).

[16] M. Hansen: *Anton Bruckner*. Leipzig 1987, S. 156.

Die Sachlage verdient eine etwas eingehendere Diskussion, und zwar vor allem eine solche von analytischen Voraussetzungen. Hansen dürfte das betreffende Moment der Satzentwicklung – wie auch andere entsprechende – eher traditionell auffassen, in Bezug auf die standardmäßige Progression der Exposition mit einer "obligatorischen" Überleitung zwischen Haupt- und Seitenthema. Dem möchte ich nun eine andere Betrachtungsweise gegenüberstellen, die sich als recht fundamental für die Darstellung der formaltechnischen Eigenart Bruckners im symphonischen Bereich erweisen wird: die Kategorie Überleitung, so wurde schon im Kapitel I.3 behauptet, ist von nun an so gut wie verbannt aus seinem Konzept der Dualität Hauptthemen-/Seitenthemenfeld.[17] Hier soll für diesen Gesichtspunkt nur auf der Basis des konkret gegebenen Zusammenhangs argumentiert werden.

Die Formung des Hauptthemas in diesem Satz lässt sich mit einem gewissen Recht unter dem Typus eines *expansiven Dreischritts* (a a A) subsumieren, einem Typus, an dem Bruckner – laut Siegfried Kross – von Anfang bis Ende festgehalten habe, als Grundlage einer dynamischen, ultimativ auf Finalität orientierten Satzentwicklung.[18] Eine Betrachtung des gesamten Verlaufs in der Perspektive dieses Dreischritt-Thementyps mag zum Verständnis der beiden oben erwähnten Stadien in der Entwicklung der ersten Themengruppe nicht unwesentliches beizutragen.

Es zeigt sich nämlich, dass es sich hier sicherlich um eine dreigliedrige Themenstruktur mit Erweiterung im dritten Glied handelt, sowohl was die Mikroebene betrifft als auch auf höherem thematischen Niveau. Das gilt *en miniature*: T. 2-3, T. 3-4, T. 4-6, und entsprechend: T. 6-7, T. 7-8, T. 8-10 (also mit Einheiten von jeweils 4, 4 und 8 Taktschlägen). Des weiteren lassen sich T. 2-6, T. 6-10 und T. 10-17 als eine gesamte, größere Dreischritt-Bewegung betrachten, d.h. mit Einheiten (=Taktgruppen), die genau doppelt so groß sind wie die kleineren.

Was sich hier dagegen, und zwar in hohem Maße, als fehlend erweist, ist das *expansive* Moment (A) im dritten Glied sämtlicher dieser Dreischritte. Das Thema faltet sich überall geradezu konsequent *ein*, wird fragmentiert, anstatt sich zu dynamischerer Qualität zu *ent*falten. Das gilt sogar für die den Satz tragende Streicherschicht in den crescendierenden Takten 11-17. Dies bewirkt, dass das Thema nicht über sich selbst hinaus strebt auf etwas neues hin, sondern eher danach, dass es zu einem Ausbruch gelangt – was hier in T. 18 erfolgt.

Das Element, das sich dort zeigt, trägt aber in keiner Weise ein Überleitungsgepräge, sondern ist ein – kulminierender – Bestandteil des Hauptthemas selbst (HTh$_b$). Anders gesagt handelt es sich im eigentlichen Sinne um ein Themenfeld

---

[17] Diese Frage wurde vorhin schon berührt, vgl. S. 58 f. Ein eindeutiger, "traditioneller" Überleitungsverlauf in Verlängerung eines Hauptthemenfeldes erscheint dagegen in Bruckners Streichquintett, WAB 112, 1. Satz (T. 17-56).

[18] S. Kross: "Brahms und Bruckner. Über Zusammenhänge von Themenstruktur und Form", in: *BrS 1983. Bericht*, S. 176. – Kross' Schulbeispiel ist das Hauptthema im 1. Satz von Mozarts Symphonie Nr. 40, g-Moll, KV 550. Als weiteres, noch prägnanteres Beispiel mag das HTh im 1. Satz von Beethovens 5. Symphonie, op. 67, angeführt werden, insbesondere auf Grund der konsequenten Potenzierung des Prinzips innerhalb des HTh-Abschnitts dieses Satzes.

– was auch deutlich daraus hervorgeht, dass das rhythmische Primärelement des Anfangsthemas auf der folgenden, motivisch gesehen selbständigen Höhepunkt-Strecke weiterwirkt (besonders in der Trompete)[19], sowie daraus, dass vorher der crescendierende und bis Takt 18 einzige dynamisierende Abschnitt auch von Fragmenten des Startthemas bestritten wird: in den Bläsern erscheint nicht etwa nur das festgehaltene rhythmische Element, auch die energisch aufwärts-führenden Viertongruppen lassen sich als melodische Expansion des Hauptthemen-initials bestimmen.

Die Neigung, die sich in WAB 99 beobachten ließ, passagenbetontes Material auf obligatere Weise zu behandeln, tritt hier noch deutlicher hervor, wie sich an der Disposition der zwei motivisch dominierenden Elemente im HTh_b erweist: in doppelkontrapunktischer Technik, mit der Umkehrung des prägnantesten Motivs (Vl. > < Bässe T. 18-19 bzw. T. 23-24).[20] Ebenso wird hier eine Augmentation (sie gilt dem letztgenannten doppel-motivischen Komplex) zur Verlangsamung und Entspannung des kulminierenden Themenfelds verwendet (T. 24 ff.). Und die erneute Einführung des Anfangsthemas wenige Takte später harmonisiert das Thema um bzw. variiert es, wie in WAB 99, in einen As-Dur-Zusammenhang.[21]

Die eminent von Kontinuität betonte Anlage dieser gesamten Themengruppe, die sich auf den oben angeführten Charakter des "Eingeschlossen-seins"[22] in der Ausgangssituation zurückführen und die thematisch-funktionelle Kategorie 'Überleitung' als bedenklich oder vielleicht gar irrelevant erscheinen lässt[23], wird auf raffinierte Weise durch die Weiterführung des Violinmotivs aus Takt 18 in den Bässen unterstrichen, zuletzt als augmentiertes Rudiment – eine Weiterführung, die ganze drei Takte in die Wiederaufnahme des HTh_a, T. 28-30, hineingezogen wird; somit werden sie das Gegenstück zu den einleitenden, marschhaften Terz/-Grundtonschlägen (vgl. Takt 1 ff.). Diese Wiedereinführung des

---

[19] Notters nicht spezifizierter Konstatierung einer eigentlichen motivischen Verwandtschaft zwischen den beiden Abschnitten dieser HThgr. kann man sich schwerlich anschließen. (*Op.cit.* S. 61.)

[20] Vgl. Anm. 15.

[21] Vgl. Anm. 14. – Eine stärkere Betonung des Dur-Melos in diesem Verlauf lässt sich allgemein nachweisen im Verhältnis zwischen den beiden Hauptphasen der ersten Themengruppe in den frühen Symphonien (alle in Moll-Tonarten).

[22] Dieses Prädikat soll nicht für ein postuliertes Gegensatzverhältnis zu dem "frischen", für einen damaligen Symphoniebeginn untraditionellen Marsch-Charakter vereinnahmt werden: viel eher lässt sich der charakteristische Zug an Bruckners Gestaltungsweise – um ein plastisches Bild zu benutzen – darin ausdrücken, dass er wie ein Diskuswerfer eine eingekrümmte Stellung einnimmt, bevor er sich der zentrifugalen Bewegung des Körpers überlässt, die im Wurf endet.

[23] Dieselbe Vermeidung von regulär überleitendem Material, bzw. Formabschnitten, findet man, und das ebenfalls innerhalb der Hauptthemengruppe des Kopfsatzes, in Antonín Dvořáks 1. Symphonie in c-Moll (aus demselben Jahr wie Bruckners erste, 1865). Dies äußert sich in dem prinzipiell identischen Verhältnis wie bei Bruckner, in einer Neigung, den Satz in permanent näher Zugehörigkeit zu den motivischen Bestandteilen des Hauptthemas zu entwickeln (was bei Dvořák zu einer Rückkehr zur eigentlichen Hauptthemen-Grundlage in fünf bis sechs Wiederholungen führt! (Takt 17, 33, 49 (über As', vgl. Bruckner!), (Takt 73), 101 (und Takt 129), – man beachte die Länge dieser Themengruppe: 166 Takte ausschließlich der Einleitung). Schon in der 2. Symphonie, B-Dur op. 4, aus demselben Jahr wie die erste, ist die Situation anders, mit einer traditionellen, deutlichen Gruppierung in thematische und überleitende Partien, und mit der Überleitung charakterisiert durch ihr Aufbruch- und vorwärtsgerichtetes Gepräge. (Vgl. dort HTh T. 63 ff., Ültg. T. 83 ff.)

Themas, die Hansen "irritiert" – nach einer Überleitung wäre eigentlich ein neues Thema zu erwarten (ein *"lyrisches Seitenthema"*) – lässt sich folglich kaum als *"in recht ruckartig-ungeglätteter Manier"* erfolgend beschreiben.[24] Wichtiger ist allerdings die Frage nach einer eigentlichen Rechtfertigung der Wiederaufnahme des Hauptthemas.

Wenn Hansen diesem Moment eine *"kaleidoskopartige Mutationsbreite der Variantentechnik"* zuschreibt und einer solchen Formungsweise die Zugehörigkeit zu *"jeder logisch-entwickelnden Satz- und Werkdramaturgie"*[25] abspricht, so ist das diskutabel, schon allein weil alles, was sich hier an mutierender Motivik nachweisen lässt, in eine Vorder- und Nachsatz-Syntax (Takt 2-10, bzw. 28-37) oder einen sequenzgeprägten Verlauf eingespannt ist (die crescendierenden Takte 11-16), wodurch variativen Elementen qualitativ gesehen nur bescheidene Möglichkeiten zur Entfaltung gegeben sind.

Außerdem scheint sich die Erwartung eines neuen Themas als Implikation einer "diskursiven Logik" eher auf ein konventionelles Moment als auf ein logisch verpflichtendes Verhältnis zu gründen. Als irgendwie originäre Alternative hierzu hat Bruckner andere, gut begründete Prozeduren eingesetzt, wie nachzuweisen versucht wurde. Dazu gehört des weiteren ein Umstand ausgeprägt formdynamischer Art, indem der leidenschaftliche dynamische Höhepunkt, der eine neue motivische (Doppel-)Schicht, b, in diesem Themenfeld repräsentierte, eher nach einer Rückkehr in das bisher bekannteste und prägnanteste Material verlangt als nach einem weiteren neuen Thema. Bruckner hat hier ein derartiges Bedürfnis berücksichtigt, indem er die zweite Themenwelle als dynamisch gesehen völlig entladene und stark verkürzte Version der ersten Welle ausformte: (HThₐ[2.] Takt 28-37, HTh_b[2.] Takt 38-45), wobei die charakterliche Umformung des b-Elements zu einem vegetativen, Einfühlungs-geprägten Ausklang eine eindrucksvolle Wirkung entfaltet. Sie bezieht sich technisch und besonders in ihrer Stimmung auf den Ausklang des HThb (Takt 25-27), wo zwar ein anderes Element des musikalischen Doppelgebildes führend war, nämlich die invertierte Sextolenfigur (vgl. Takt 18, Bässe).

Eine Zusammenfassung der übergeordneten Formzüge erweist, dass dieses Themenfeld, im Gegensatz zu dem in WAB 99, dynamisch gesehen – was hier bedeutet: grundsätzlich gesehen – dreigeteilt ist, und zweigeteilt (wie das des Studienwerks) nur in seiner *motivischen* Disposition, und dies auch wiederum auf andere Weise.[26] Als Folge dieses Sachverhalts erscheint es letztendlich in seiner Anlage asymmetrischer[27] (in WAB 99 bemerkt man in der Praxis vor allem die Kongruenz zwischen den beiden Hauptabschnitten A A', trotz der nicht unwesentlichen Abweichungen). Und endlich hat es nur eine Höhenstrecke, die – zur

---

[24] Hansen, *op.cit.* S. 156.

[25] Ebd. S. 157.

[26] a b / (a) (b); WAB 99: a b / a+b c (mit einer vor allem dynamischen sowie einer gewissen substanziellen Assoziation zwischen b und c).

[27] Die verschiedenen Gesichtspunkte zur Funktion der Schlusstakte (T. 38-45) als Überleitung sind vielleicht symptomatisch hierfür. Betreffs der Entgegnung dieser Auffassung vgl. auch S. 58 f.

Ausbalancierung der verschiedenen "Ungleichheiten" – unmittelbar vor dem Mittelpunkt des gesamten Verlaufs eintritt (T. 18-23).

WAB 101 ➡ S. 189

Die annullierte Symphonie in d-Moll, WAB 100 (1869), führt die Tendenz des vorangegangenen Schwesterwerks zu einer Homogenisierung des gesamten einleitenden thematischen Gestaltungsprozesses weiter, was hier aber mit einer Konsequenz durchgeführt wird, die mit der Nivellierung der eigentlichen Thematik auf fast rein figuratives Material bezahlt werden muss. Dieses hat wohl eigentlich den Status von Motivmaterial, sein zerbrechlicher Charakter als solches[28] zeigt sich aber in einem mutativ vorwärtsschreitenden, labilen diastematischen Gang, die an un-obligates, passagenhaftes Material denken lässt. Um die dynamischen Höhepunkte herum schlägt es geradezu um in reine, lange Skalenbewegungen, die jedes thematische Profil fast völlig suspendieren. Dennoch wird die harmonische Entwicklung hier strenger gehandhabt als das in der 1. Symphonie der Fall war – hier erwies sich die Hauptthemengruppe als fast konsequent Kadenz-meidend, vielleicht als komplementärer Zug zur einleitend mehr ausgeprägten Geschlossenheit in syntaktischer Hinsicht (die Periodenähnliche Disposition des Hauptthemas). Allerdings ist in WAB 100 zugleich charakteristisch, dass sich die Tonalität in der zweiten Themenwelle von der Tonika, d-Moll, zu einem Ausbruch in c-Moll → C-Dur, T. 26-29, bewegt (verlaufend über die Neapolitanisierung Es-Dur), der anschließend abgespannt wird – nicht jedoch dominantisch in die traditionelle TP, F-Dur (diese wird erst 11 Takte später als zu erwarten erreicht, T. 43), sondern durch eine chromatische Gegenbewegung in den Außenstimmen (T. 32 f.) zur Ausgangstonart der zweiten Themengruppe, A-Dur, also der Dominanttonalität.

Was fehlt – und das gilt entsprechend für alle Symphonien seit und nach diesem Werk – ist die "gediegene" Arbeit an motivisch sekundärem Material, die die erste Themengruppe in den beiden früheren Einleitungssätzen kennzeichnete. Aus der 1. Symphonie wieder aufgenommen wird dagegen die spezifische Marschbewegung, die im Verhältnis zu diesem Werk allerdings hier mit einem weit größeren Maß an charakterieller Monotonie durchgeführt ist.[29] Entsprechend erscheint in WAB 100 diese Themengruppe als wesentlich einfacher gestaltet, was ihre Proportionen wie auch die dynamischen Kurven betrifft: A A' = 16+16 Takte mit einem Höhepunkt in der Mitte des jeweiligen Verlaufs. Insgesamt bietet sich eine Erklärung der Annullierung dieses Werks unmittelbar an, jedenfalls soweit es die wichtige Grundlegung des Kopfsatzes und des Werks betrifft.

WAB 100 ➡ S. 191

Die erste Themengruppe in der *Symphonie Nr. 2* (1871-72) repräsentiert in mancher Hinsicht eine Zusammenfassung der beiden eben erwähnten kennzeichnen-

---

[28] Wie oft genug beschrieben wies der Dirigent Otto Dessoff in Wien das Werk auf der Grundlage seiner Frage an den Komponisten ab, "wo denn das Thema" sei.

[29] Dasselbe zeigt sich, ebenfalls zum letzten Mal als Hauptthema in einem Kopfsatz, im fast gleichzeitigen Symphoniefragment in B-Dur (wiedergegeben in *Göll.-A.* IV/1, S. 113-118).

den Hauptzüge, gleichzeitig zeigt sie aber im Verhältnis zu diesen einige selbständige Merkmale. Die übergeordnete Gruppierung in zwei korrespondierende, variierte Abschnitte oder "Wellen"[30] konsolidiert einen Sachverhalt, der sich auch späterhin als hauptsächliche Norm für die Hauptthemengruppe abzeichnen wird. (Nachfolgend wird dieses Schema nur dann ausdrücklich angesprochen, wenn es einer anderen Ausformung weicht.)

Mit der 1. Symphonie und WAB 100 hat die Themengestaltung in diesem Satz in erster Linie die "monolithische", Fortspinnungs-geprägte Entwicklungsweise gemein[31], die den ersten melodischen Einschnitt von einem Rahmen von acht Takten (WAB 101) über die doppelte Anzahl (WAB 100) nun in die dreifache Strecke verschoben hat. Die prägnante motivische Profilierung wird hier aber wieder hergestellt, und das zu einem Grade, der unvereinbar mit der Behauptung einer melodischen Ganzheit von 24 Takten erscheint: das Hauptthema entspringt einer motivischen Einheit von bloßen zwei Takten (T. 3-4), die sich pausenhaft von den nachfolgenden variierten Einheiten trennt. Die insgesamt drei *"Kurzzeilen"* (in der zweiten Hauptphase der Themengruppe auf fünf erweitert, Takt 27-36), mit ihren auf seine Weise überaus realen Einschnitten, werden nun aber eben so wirksam neutralisiert durch verbindende Dreiklangbrechungen (Hörner). Großlinigkeit und mutierende Kleinmotivik, allerdings konzisen Charakters, verbinden sich hier zu einem Maße, das man bisher bei Bruckner nicht antraf. Man beachte etwa die Entwicklung im Bewegungsmuster der drei einleitenden Motivvarianten:

1) Die chromatische Bewegung *abwärts – aufwärts* (über zwei Takte); 2) dasselbe melodische Profil, aber mit diatonischen Verlängerungen (zwei Takte); 3) die Richtungsumkehr zu *aufwärts – abwärts* (ein Takt), worauf ein weiterer Takt mit einer Variierung dieses Musters folgt. Diese sechs Takte beschreiben, durch die Intensivierung zunächst des rhythmischen Elements, dann auch der melodischen Kurvatur, eine erste subtile Dynamisierung der thematischen Linienführung, die in der nachfolgenden drei Takte langen "Stille vor dem Sturm" – dem Übergang zum *pp* und der Rückkehr zum zweiten Motivelement – zurückgenommen wird.

An die 1. Symphonie erinnert besonders ein crescendierender Abschnitt, dessen beherrschender Faktor ein allmählich intensiviertes Punktierungsmuster ist[32], hier Takt 12-18, Celli. Man bemerkt aber auch, als kennzeichnenden Unterschied, dass dieses Feld motivisch selbständiger ist[33] und obendrein doppelmotivisch; in

---

[30] D. Bushler zieht in diesem wie auch in ähnlichen Zusammenhängen die Bezeichnung *strophes* vor (so *op.cit.* (Anm. 10) S. 220 f.). Er sieht diese symmetrische Gruppierung als eine formale "Erweiterung" einer periodenhaften Gestaltungsweise, von der sich Bruckner in thematischer Hinsicht bald distanzierte.

[31] Dies wird u.a. handfest von den Proportionen der Phrasen unterstrichen, die mehr als üblich unregelmäßig sind: einsetzend als (2+)6+3+8+7 Takte (so auch von Bruckner selbst gekennzeichnet).

[32] In der 1. Symphonie allerdings mit einem pausendurchzogenen Muster, das mit Punktierungen äquivalent ist (Takt 11 ff.).

[33] Dieses Kontrastelement ändert aber nichts an dem grundlegenden Gefühl eines ununterbrochen weiter gesponnenen thematischen Fadens, der erst in Takt 26 abgebrochen wird.

I/1. Hier, in II/1., führt das Crescendo-Modul[34] allerdings auch nicht auf einen solchen Abschnitt hin, sondern bildet aus sich selbst heraus eine Höhenstrecke – wesentlich kürzer und gedämpfter als dort –, wie sie denn auch nach den Voraussetzungen dieses Crescendo wieder abgebaut wird: die punktierten Figuren werden ab Takt 16, wo ein *forte* erreicht ist, abwärts geführt, und gleichzeitig wird das chromatisch aufwärts-sequenzierende Flötenmotiv, das in den vorhergehenden Takten ein komplementäres Element zu der punktierten Figurenbewegung war, unterbrochen. Die im Verhältnis zu I/1. eindeutig homogenere, gleichsam abgerundete Ganzheit, die diese erste Welle somit aus übergeordneter Sicht beschreibt[35], wird von ihrem Abschluss in Form einer festen Kadenz in der Tonika bestätigt. So erfolgt hier nicht, wie in den früheren Werken, ein bruchloser Übergang zwischen den beiden Hauptabschnitten der Themengruppe.

Dieser kräftigen Zäsur folgt eine zweite Hauptphase, die sich vor allem selbständiger, als das früher der Fall war, gegen die erste absetzt: das Thema gründet sich im Bassregister; es kommt eine größere Anzahl an individuellen Elementen vor – ganze vier gegenüber bisher einem[36] – in den kontrapunktierenden Überdeckungen der Pausen in der thematischen Hauptlinie nach jedem zweiten Takt, und namentlich ist die aktive Melodieführung der 1. Violinen über dem "Rückzug" des Themas auf *pp* Takt 33-36 (vgl. T. 9-11) zu nennen. Diese zweite Phase besitzt also – innerhalb des Rahmens einer prinzipiellen Übereinstimmung mit der ersten Phase – von Anfang an einen bisher unbekannten dynamisch anwachsenden Charakter; der Kontrast zu I/1. ist in dieser Hinsicht markant. Das wird auch und besonders durch die intensivierte Anwendung des 2+3-geteilten rhythmischen Elements in der *forte*-Passage unterstrichen (Hr. → Hbl$_l$ → Trp. Takt 37-44), die bislang nur sporadisch und mehr gedämpft erschien (in den Takten 20-21 und 23-24); – eines Elements, das im weiteren Verlauf des Satzes unzweideutig dynamische Steigerungen und thematische Ausbrüche signalisieren werden. Diese rhythmische Formel stellt also eine motivische Schicht eigener Art im ohnehin schon sehr "ausgefaserten" Satzbild dar.

Die Konsequenz dieser Dynamisierung lässt sich im Schlussverlauf der Themengruppe verfolgen, der längere Zeit als bisher benötigt, um einen Stillstand zu erreichen: ganze 18 Takte. Diese Situation ist auskomponiert als konsequente Fragmentierung der Deszendenz-geprägten melodischen Linienführung innerhalb der Höhenfläche, bis sozusagen jegliche Energie verbraucht ist. Ein Vergleich mit der entsprechenden Stelle in V/1. (T. 91-100) und mit verwandten,

---

[34] Das Wort "Modul" soll besonders den Sachverhalt bezeichnen, dass es sich hier um ein weiteres schematisch geprägtes Element handelt, das bezüglich seiner Funktion als Ersatz für den traditionellen, selbständigeren Überleitungsabschnitt zu verstehen ist.

[35] Die Takte 21-24 bezeichnen (innerhalb einer konstanten Lautstärke) eine "Nachwelle", wie das Kurth ausdrücken würde; also eine zusätzliche, moderatere Steigung mit nachfolgendem Fall. Die bis dahin unerhörte Länge der gesamten ersten Etappe beruht vor allem auf dieser "überschüssigen" Energie in melodischer Hinsicht, wie denn auch der Eindruck ihrer Unzerstörbarkeit sich in hohem Maße auf diese anschließenden Takte gründet.

[36] Fl./Ob. (Übernahme von Fag. T. 23-25 in der Umkehrung), Kl./Fag., Hr. (wie vorher), Vl.1.

aber formal anders plazierten Passagen in WAB 99/1. Takt 172-179,[37] I/1. Takt 193-198, IV/4. Takt 147-154 sowie VI/1. Takt 240-245 erweist, dass die einander ähnelnden Partien, wie das auch für andere "semiotische" Elemente bei Bruckner gilt, Ausdruck für einen Schematismus in spezifisch dynamisch-funktionellem Sinne sind, die keineswegs mit einem bestimmten topologischen Punkt oder Bereich innerhalb der Form zu verbinden ist, wie das besonders Notters grundlegende Ansicht diesen Sachverhalt beschreibt.

WAB 102 ➡ S. 192

In der *3. Symphonie, d-Moll* (1873, [2.]1877, [3.]1889) sind nur wenige – und obendrein äußerliche – Charakteristika früherer Ausformungen der ersten Themengruppe wieder zu erkennen: die übliche grundsätzliche Zweiteilung mit dazu gehörigen Crescendopartien und außerdem eine durchgehend pulsierende Streicherschicht, die sich hier allerdings im Gegensatz zu der thematischen Teilfunktion, die sie in WAB 100 hatte, darauf beschränkt, eine klangliche Grundierung des eigentlichen Themenkomplexes abzugeben.

Alles andere wird hier auf neue Weise gestaltet. Vor allem ist das Themenmaterial in funktionell verschiedene Schichten ausdifferenziert, was bezeichnenderweise auch zu einigen Spekulationen betreffs der adäquaten Benennungen für die beiden distinktesten der insgesamt drei motivischen Hauptbestandteile dieser Themengruppe führte. So unterscheidet Notter zwischen 'Motto' als Bezeichnung für das berühmte Trompetenthema, Takt 5-12, und 'Hauptthema' für das dritte, *unisono* eingeführte und dann akkordisch "grob" harmonisierte Höhepunkts- und Kadenzthema in *ff*, Takt 31 bis etwa 45.[38] Sonderbarer ist, dass Thomas Röder in seiner von großer Akribie und kritischem Weitblick geprägten Untersuchung dieses Werkes Notter in dessen terminologischen Unterscheidungen folgt.[39] Dieselbe Priorisierung, allerdings im Gewande einer gänzlich eigenen Nomenklatur, lässt sich bereits bei Ilmari Krohn feststellen.[40]

Es mag allerdings unmittelbar recht leicht fallen, die hierarchische Struktur wie auch das funktionelle Verhältnis zwischen diesen beiden Bestandteilen der ersten Themengruppe zu definieren. Da die übrige Literatur zum aktuellen Werk

---

[37] Besonders mit diesem Verlauf (aus der Thgr. III) haben die Takte 46-52 in II/1. eine bis in Einzelheiten gehende Ähnlichkeit; man beachte auch dort die stufenweise absteigende, ruhigere Synkopenbewegung (tiefe Streicher; in II/1. Fag.).

[38] Notter, *op.cit.* S. 69 ff. (Die Taktangaben beziehen sich, wenn nichts anderes angegeben ist, auf III$_2$, Fassung 1877). Die Nomenklatur 'Motto' wurde allerdings bereits von D. Schnebel verwendet, vgl. "Der dreieinige Klang, oder die Konzeption einer Leib-Seele-Geist-Musik", in: *Musik-Konzepte* 23/24: *Anton Bruckner*. München 1982.

[39] Th. Röder: *Auf dem Weg zur Bruckner-Symphonie. Untersuchungen zu den ersten beiden Fassungen von Anton Bruckners dritter Symphonie*. Stuttgart 1987, u.a. S. 44, S. 51 ff. – Röder benennt allerdings auch (S. 54 u.) die beiden oben genannten Themen, im folgenden: HTh$_a$ und HTh$_c$ als "die beiden Hauptthemen".

[40] I. Krohn: *Anton Bruckners Symphonien. Untersuchung über Formenbau und Stimmungsgehalt*. 1-3. Helsinki, Wiesbaden 1955-57, Bd. 1, S. 305 f. Hier wird das Trompetenthema mit seiner Fortsetzung (Takt 5-14) als "Kernstollen" bezeichnet, und das Kulminationsthema als "Hauptkern (I. Thema)". Der Verlauf bis hin zu letzterem erhält daher bei Krohn den Status einer Einleitung, mit daraus folgenden schweren Selbstprüfungen des Autors (vgl. dort S. 306).

dieser Frage keine besondere Aufmerksamkeit widmet[41], und da mehrere damit verbundene technische Einzelheiten bislang eben so wenig kommentiert wurden, gehen die nachfolgenden Bemerkungen etwas mehr in Einzelheiten, als das ansonsten in diesem Zusammenhang vielleicht angebracht wäre. Auch die spätere Werkanalyse (vgl. den Hauptabschnitt 3 dieses Kapitels sowie die Behandlung der Durchführung des Satzes) wird sich aber auf die Ergebnisse dieser Auseinandersetzung stützen.

Zunächst einmal reserviert Bruckner selbst die Bezeichnung *Thema* für das einleitende thematische Element HTh_a (Takt 5 ff.)[42], dessen Status als *Teilaspekt* des gesamten Hauptthemas nicht angefochten werden soll (vgl. etwa auch im Finalsatz Takt 519-534), unter der Voraussetzung jedoch, dass seine absolute Priorität im Verhältnis zum zweiten hier genannten: HTh_c, Takt 31 ff. eben so wenig bestritten wird.[43]

Wurde das HTh_c, das als ausgesprochenes Kulminationsthema ins Werk eingeführt wird als Ergebnis eines machtvollen Crescendoverlaufs, nichts desto weniger manchmal als das Hauptthema *par excellence* des Satzes aufgefasst, so liegt es nahe, dies als Analogiebestimmung vor dem Hintergrund der Situation in einer anderen d-Moll-Symphonie aufzufassen, nämlich Bruckners Neunter[44], zu deren Kulminationsthema im Kopfsatz (Takt 63-75) es hier mehrere Ähnlichkeitspunkte gibt – während gleichzeitig auch nicht unwesentliche Unterschiede vorliegen. Der letztgenannte Sachverhalt ist jedoch hier entscheidender.

Das HTh_c der 3. Symphonie hat – besonders wenn man es im Verhältnis zum entsprechenden Element in IX/1. betrachtet – man vergleiche etwa auch das Reprisenmoment und die Coda in diesem Satz – im Formverlauf des Satzes eine einigermaßen prekäre Wirkung gerade in *thematischer* Hinsicht, insoweit als es nur in der Exposition einen Höhepunkt bildet, während es nachfolgend sich vor allem mit einer intern-terminierenden, d.h. einer kadenzierenden, abrundenden[45], oder aber thematisch vorwärts treibenden – katalysierenden, Ausbruch-

---

[41] So ist P.-G. Langevins Metaphorik zum HTh_c Takt 31 ff.: *"le contresujet du leitmotiv"* relativ indifferent wie auch und vor allem unpräzise, da es sich zu keiner Zeit um etwas polyphones oder auf andere Weise unmittelbar interagierendes Verhältnis zwischen den beiden thematischen Hauptbestandteilen handelt. (*Anton Bruckner. Apogée de la Symphonie.* Lausanne 1977, S. 135.)

[42] Siehe u.a. seine Partiturbemerkungen in $III_2/1$. Takt 5 und Takt 214, und nicht zum mindesten im 4. Satz Takt 341 f.

[43] Umgekehrt fasst Aug. Halm das HTh_c fast als einen Nachsatz auf, "der sich wieder in einen doppelten Vordersatz und einen Nachsatz gliedert". Damit wird diesem Themenbestandteil allerdings eine fast zu untergeordnete Rolle zugeschrieben, jedenfalls aber eine syntaktisch abhängige Funktion der eigentlichen Hauptthemeninstanz. (*Die Symphonie Anton Bruckners.* München 3·1923, S. 73 f.)

[44] Dies vor allem vor dem Hintergrund von Notters Disposition, nach der die 9. Symphonie das Hauptparadigma in formal-schematischer Hinsicht ausmacht. Das beispielhafte Schema für die Hauptphasen der Thgr. I, wie Notter das auffasst, besteht aus: *Medium, Vorthema* (oder Motto), *Crescendo-Struktur* und *Hauptthemen-Klimax.* Diese Beschreibung ist in etwa adäquat im Verhältnis zu IX/1. (vgl. genauer S. 182); wendete man sie aber z.B. auf IV/1. an, würde das aber bedeuten, dass das Hauptthema dieses Satzes in den Takten 51-74 zu finden wäre – was denn auch die Basis seiner Bestimmung dieses Abschnitts ist! (*op.cit.* S. 71 u.).

[45] Vgl. die Durchführung Takt 283 m.Auft. - 285 und Takt 297 m.Auft. - 300: Kadenzabrundungen der HTh_a-Behandlung; T. 388-394 und T. 398-404: abbiegende Einschübe in dynamischen Höhenstrecken;

schaffenden – Funktion im Satz begnügen muss.[46] Am weiteren zyklischen Verlauf hat das HTh_c gar keinen Anteil.[47]

Auch weitere Einzelheiten in der Struktur dieses Themas und die Weise, in der es exponiert wird, scheinen deutlich seinen Status als eigentliches Hauptthema zu dementieren: zu den rein strukturellen Verhältnissen gehört seine mutativ bedingte Labilität[48], die soweit führt, dass das Thema geradezu von einem Kollaps-Effekt geprägt wird – den es allerdings ganz richtig mit dem Kulminations- und Hauptthema in IX/1. teilt: beide sind deutlich durch eine Deszendenzmelodik geprägt. Letzteres Thema ist nun aber zusammenhängender, während jenes von Pausen und plötzlichen Abstürzen in *p* und *pp* durchfurcht wird; und wo sich das spätere Thema unterwegs durch die Augmentation der Sequenzierung stabilisiert, bewirkt die Diminution im parallelen Thema von III/1. eher, dass der feste Boden darunter nachgibt:

Beispiel 29 a-b

Weiters ist die damit zusammenhängende harmonische Labilität im HTh_c von III/1. zu beachten: die erste Harmonisierung (Takt 39-45) steuert von d-Moll (= T) über die Dominante (mit einer Nachklangspause) nach D-Dur (Takt 40⁴·), jedoch nicht als T_v, sondern als flüchtiges (D)⁶S, G-Dur. Damit aber nicht genug – die Auflösung wird fast demonstrativ dominantisiert (Takt 41³·): G⁷! (worauf eine weitere Nachklangspause folgt), und sie leitet somit noch weiter in subdominantische Richtung nach C/c als der vorgespiegelten Zieltonart, was von der prägnanten Neapolitanisierung Des₃ in Takt 43 f. unterstrichen wird: erst im vorletzten Glied der Kadenz erzwingt Bruckner eine Art Abweichung von der Dom.⁷

Coda: *p*-Einschub zwischen zwei HTh_a-Ausbrüchen, Takt 623 m.Auft. - 627.

[46] Vgl. die Takt 325-342 der Durchführung, als Material für eine Crescendostruktur (und gleichzeitig einen Höhepunkt), die in eine *fausse* Reprise mündet, welche vom HTh_a bestritten wird.

[47] Auf der Grundlage der prinzipiellen Diskussion in Kapitel I (vgl. bes. S. 82 ff.) würde ich mich nicht einem Gesichtspunkt anschließen können, nach dem die das Finale-Hauptthema vorbereitenden Anlauf-Figuren (III/4. Takt 1-8 usw., Str.) oder das HTh des langsamen Satzes (III/2. Takt 2-3) in irgendeiner konzeptioneller Hinsicht als aus dem HTh_c abgeleitet betrachtet würden.

[48] Die mutierende Struktur zeigt sich deutlich innerhalb dieses Themas selbst und prägt seinen Charakter in der Richtung des Gebändigt-seins. – Josef Tröller betrachtet das HTh_c als dem HTh_b entspringend (T. 13-14, Hr., vgl. den noch nicht ausgefüllten Quartensprung in III₁). Seine Ansicht (*Anton Bruckner: III. Symphonie d-Moll.* München 1976, S. 16) belastet den Begriff Variante wohl kaum mit einer Qualität, die zu einer entwickelnden Variation gehört. In solch unbestimmterem Sinne wird sie denn auch von Rudolf Stephan akzeptiert: "Ob die Ableitungen [...] im Sinne Bruckners sind, mag dahinstehen; sie erscheinen sinnvoll und werden heute, was nicht bezweifelt werden kann, tatsächlich als zusammenhangstiftend aufgefaßt." ("Zu Anton Bruckners III. Symphonie", in: *BrS 1980. Bericht*, S. 70.)

von d-Moll zur Tonika.[49] Diese ist aber keineswegs stabil, sondern weicht sogleich neuen analogen Verschiebungen der letztlichen Auflösung des S_{II}-Akkords: chromatisch aufwärts statt abwärts. Es wird schließlich mit einem tonikalen Halbschluss kadenziert, der zum tonalen Ausgangspunkt der zweiten Hauptphase der Themengruppe wird. Dieser dominantische Neuansatz ist übrigens ein weiteres Novum in Bruckners Praxis der Re-Exposition der Themengruppe I[50], und etwas entsprechendes zeigt sich auch nicht in den späteren Kopfsätzen.

In der zweiten Hauptphase dieser Themengruppe (Takt 69 ff.) erweist sich der Akkordsatz unter dem variierten HTh_c, Takt 89 ff. – hier, wo es ebenfalls keine vorangehende *unisono*-Gestalt gibt – als noch stärker Tonika-flüchtig: ein d-Moll wird weder angesetzt noch erreicht, insoweit als in B-Dur losgelegt wird (d.h. auf der VI. Stufe: $\mathcal{T}$) und in Takt 102 auf Des[7] abgeschlossen (von wo aus ein Sprung zum F-Dur des Seitenthemas erfolgt).[51] Dieses Kulminationsthema hat vor allem den Status einer Antithese zum eigentlichen Hauptgedanken mit dessen melodisch wie auch tonal gesehen überaus festgefügten Charakter.

Kehren wir nach diesem Vorschlag zu einer Lösung des Prioritätsproblems – das besonders auf der Grundlage einer übermäßig verallgemeinerten schematischen Anordnung zu beruhen scheint: Vorthema - Crescendostruktur - kulminierendes Hauptthema – zu den wesentlichen Charakteristika betreffs dieser Themengruppe zurück. Diese manifestieren sich auf unmittelbar ästhetische, sinnliche Weise als ein neuer und anders gearteter, fundamental ruhiger tempohafter Duktus[52], und des weiteren in einem an manchen Orten ausgesprochen blockhaft geprägten Klang- und Satzcharakter. Weiterhin in der Satzstruktur als solcher in Form einer Zunahme der Prägnanz in der thematischen Dimension, was sich auf verschiedene Weisen ausdrückt: zum einen in einer stärkeren Profilierung der einzelnen Gestalt – wofür der definitive Grad an Identität oder Authentizität symptomatisch ist, den das Trompetenthema im Verhältnis zu dem Gewebe in Streichern und Bläsern hat, von dem es ein Teil ist und aus dem es sich entwickelt.[53] Auf diesem Hintergrund distanziert sich hier der Satz von fortspinnen-

---

[49] Im parallel-stehenden Thema in IX/1. führt die unisone melodische Hauptbewegung von *d* nach *es* wohl ebenfalls zu einem "Ausrutschen" (Takt 69); die nachfolgend einsetzende harmonische Fundierung des Themas in Takt 70, die konsequent mit einer entsprechenden Überraschung ansetzt, nämlich Ces-Dur, wird allerdings noch schneller wieder stabilisiert: Ces - e - C, worauf eine gewöhnliche tonale Kadenz in d-Moll folgt: S^6, D, Tv.   (V – I)

[50] Dagegen finden sich, wie schon erwähnt, harmonische Neubeleuchtungen identischer Tonigkeiten (vgl. WAB 99/1. und I/1.).

[51] In der Reprise des HTh_c werden weitere variierende Momente eingefügt, insoweit als der Themenanfang mit einer Verschleierung der bisher deutlichen T-D-Bewegung ansetzt (vgl. die chromatische Führung der Basslinie, Takt 461 f.), während das sequenzierte Kadenzglied des Abschlusses im Verhältnis zur Tv des Seitenthemas regulär dominantisch und somit "erhellend" endet.

[52] Dies ist auch der erste Kopfsatz bei Bruckner, dessen Tempo- und Charakterbezeichnung zum "gravitätischen" neigen: *Gemäßigt, misterioso* (1873), mit dem Einschub *mehr bewegt* in der 1877-Fassung und der Rückführung auf *Mehr langsam, misterioso* in der letzten Revision (1889). (Das *Moderato* der 2. Symphonie (1. Satz) wurde von Rob. Haas als *Ziemlich schnell* übersetzt.)

[53] Kurths Beschreibung dieses "Entstehungsprozesses" selbst ist vermutlich noch heute die umfassendste und befriedigendste, die es gibt. (*Bruckner*. Berlin 1925, S. 823 ff.)

der Entwicklung wie auch von anderer additiv geprägter Syntax.[54] Zum andern, und mit ersterem zusammenhängend, ist die deutlichere Profilierung das Ergebnis einer Ausdünnung der bislang vorherrschenden, in den Symphonien Nr. 1 und 2 vorgefundenen mehrschichtigen thematischen Struktur zugunsten einer einzelnen, thematisch alles dominierenden Linie. Symptomatisch hierfür ist, dass eine bloße Überschneidung Takt 11-13 zwischen dem Abschluss des Trompetenthemas und dem Beginn eines neuen melodischen Profils (Fl., Ob., Kl.→ Hr.) Anlass zur Spekulation geben kann, inwieweit dieses motivisch gesehen distinkte Element[55] als Nachsatz zu verstehen ist oder als selbständiges Element (HThb) innerhalb der Themengruppe. Und eine quasi logische Konsequenz der thematischen "Einstimmigkeit" ist die Gegenwart einer rein melodisch, nämlich *unison* eintretenden Klimax wie das HThc.

Wenn die eben erwähnte zweifelhafte Themenelement hier als HThb rubriziert – und damit als selbständig impliziert – wird, beruht das darauf, dass die nachfolgende Crescendostruktur von Material hieraus bestritten wird. Das HThb nimmt allerdings zweifelsohne einen fundamental anderen, geringeren Status ein als die beiden anderen, die es gewissermaßen nur miteinander verbindet. Als Motiv betrachtet hat es nur einen Beginn, den man sogar diskutieren kann[56], nicht aber einen Abschluss, da es in eine rudimentäre, ostinat festgehaltene und intensivierte Form als Crescendo-*Funktion* übergeht. Mit der Ausführung dieser Funktion verschwindet es sogar gänzlich aus dem Satz, abgesehen von seiner pflichtschuldigen Präsenz im Reprisenzusammenhang[57]: in der zweiten Hauptphase der Themengruppe wird die Crescendofunktion nämlich vom HTha selbst bestritten. Der Ansatzmoment hierfür besteht wohl darin, dass die zweite Welle (T. 69 ff.) einem neuen Zustand der *Spannung* entspringt, welcher von der Dominanttonart als Ausgangspunkt vermittelt wird; dies ist dadurch bedingt, dass es hier selbstverständlich keine Grundlage für eine Wiedereinführung des HTha *in statu nascendi* gibt, wohl aber in einer neuen Funktion als eigentlicher formaler Akteur.

Damit wird der zweiten Hauptphase zugleich eine dynamischere Funktionsweise zugeteilt als der ersten, was denn auch ganz besonders die tonal gesehen stark zentrifugal geprägte Re-Exposition von HThc in vollem Maße bestätigt. Während die formale Entwicklung in dieser Hinsicht damit der Situation in II/1. entspricht, erfolgt das hier allerdings mit gänzlich anderen Mitteln, wie es auch zu einer neuen, charakteristischen formalen Bildung führte: dem selbständigen, ekstatischen – hier allerdings vielleicht eher "affizierten" – Kulminationsthema.

---

[54] Das Additionsprinzip erweist sich aber wiederum als gültig in der Formung des HThc, wie im voranstehenden angedeutet wurde.

[55] Kraft seiner vorherrschenden stufenweisen Bewegung (vgl. allerdings auch HTha Takt 9-11).

[56] Unmittelbar scheint es vor allem berechtigt, es mit Takt 13 (Horn) beginnen zu lassen, wo die Melodielinie der Trompete abgeschlossen ist. Seine eigentliche Wirkung als crescendierendes Element beruht in erster Linie auf der Drehfigur der kleinen Sekunde, die wiederum auf den "*hervortretenden*" Motivansatz der Holzbläser in Takt 11 zurückgeht.

[57] Es lässt sich allerdings diskutieren, ob es die Figur aus dem Crescendo ist, die Material an das Hauptmotiv der Themengruppe III abgibt (Takt 173 ff.)

Mit anderen Worten ist es in hohem Maße der Abschluss dieser Themengruppe, der auf völlig andere Weise gestaltet ist als in den früheren Symphonien. Dasselbe gilt aber auch für die Crescendo-Module: die bislang in diesem Zusammenhang angewandten Mittel, wie repetitive Motive oder Figuren von sequenzierender bzw. fortspinnender Art, werden durch eine Intensivierung von wesentlich dynamischerem Charakter ersetzt, die durch mutierende Verkürzungen eines Wiederholungselements vereint mit der Beschleunigung invarianter, aber ständig diminuierender rhythmischer Einheiten entsteht.[58] Diese ausgeprägte Anhäufungstechnik hat einen nicht geringen Anteil an dem neuen, charakteristischen blockhaften Satztypus, der zuerst in der 3. Symphonie als unverwechselbarer Brucknerscher Stilzug hervortritt.

WAB 103 ➡ S. 193

Hiermit haben wir den Punkt in der Entwicklung der Brucknerschen Symphonie erreicht, der allgemein als das repräsentative Stadium und als normgebend für längere Zeit angesehen wird.[59] Für Notter bezeichnet die nachfolgende *4. Symphonie, Es-Dur* (1874, ²1878/1880) sogar *"nur das verspielte, 'romantische' Gegenstück zur dritten Sinfonie"*, wie er auch die *"romantische Idyllik"* ihres Kopfsatzes erklärt wissen will durch

> sein unproblematisches Verhältnis zur dritten Sinfonie, seinem Vorläufer in der Evolution. Die "Einfachheit" der vierten Sinfonie, die schon in der "Sachlichkeit" ihres Es-Dur zum Ausdruck kommt, ergibt sich aus der retrospektiven Stellung, die das Werk in der Evolution des Modells einnimmt. Eine gesonderte Besprechung erübrigt sich darum; die zentralen Aspekte werden im Anschluß an die entsprechenden Passagen der dritten Sinfonie dargestellt.[60]

Diese Argumentation lässt deutlich eine nähere Begründung vermissen, die statt dessen durch unverpflichtende Adjektive ersetzt wurde.[61] Auch Thomas Röder bewegt sich vielleicht in bedenkliche Nähe zu dieser Auffassung, wenn er davon redet, dass der vierten Symphonie eine *"Schrittmacherfunktion"* zukommt.[62]

Notters Zusammenstellung der beiden Werke belohnt nun aber auch seine Mühe nur in geringem Maße – obwohl diese Disposition ansonsten als relevanter zu bezeichnen ist als die bei ihm üblichere, die in durchgehenden und grundsätzlich getrennten Werkanalysen besteht. Schon der Gesichtspunkt, dass

> der Hauptkomplex der vierten Sinfonie die Errungenschaften der dritten [bedenkenlos benutzt]; das Schema wiederholt sich bis in die Détails[63]

kann nur auf abstraktester Grundlage verteidigt werden. Was die Hauptthemen-

---

[58] Hier mag hingewiesen sein auf graphisch recht illustrative Darstellungen derartiger Motiv-"zerstäubender" Prozeduren bei Th. Röder, *op.cit.* S. 47 und S. 53.

[59] Vgl. W. Notter, *op.cit.* S. 68 und ebenso W. Steinbeck: *Anton Bruckner. Neunte Symphonie, d-Moll.* München 1993, S. 15.

[60] Notter, *op.cit.* S. 68.

[61] Auch die 2. Symphonie hat Notter als Anhang zu der Ersten behandelt, und das mit der nämlichen Begründung: "die zweite Sinfonie [steht] im gleichen idyllischen Verhältnis zur ersten wie später die 'romantische' vierte zur dritten". (Ebd. S. 61.)

[62] Röder, *op.cit.* S. 46.

[63] Notter, *op.cit.* S. 71.

gruppe betrifft, wird dies bereits deutlich in Notters Parallelisierung der einleitenden Themen in den zwei Sätzen:

Beispiel 30 a-b

Ein identischer rhythmischer Kern und ein (umgekehrter) Wechsel zwischen T-
und D-Tönen in den motivischen Initialen – das sind nämlich recht ephemere
Qualitäten in den jeweiligen Themengruppen im Verhältnis zu den kapitalen
Unterschieden, die in der Entwicklung dieser Grundmotive zu Themen (und zu
Themengruppen) vorherrschen. Und völlig entsprechend sieht es aus, was die
übrigen angeführten schematischen Momente betrifft: das Crescendoelement
und die Klimax: beide sind durchaus zu finden; die Mittel zu ihrer Herstellung
aber wie auch ihr Charakter sind in beiden Sätzen so unterschiedlich, dass Übereinstimmungen zwischen ihnen rein abstrakter Art verbleiben, ohne irgend
welche tatsächliche Relevanz in einem perzeptiven Zusammenhang.

So ist neu in IV/1. ein Hauptthemeninitial, das ganz für sich einen sehr langen
Verlauf gestalten darf, insoweit als es sich unterwegs im Wesentlichen nur in
zahlreichen harmonischen Schattierungen auskristallisiert. Rein technisch handelt es sich hier an sich um eine permanente Variantenbildung auf der Basis
eines ständig vorkommenden motivischen Kerns (das letzte Mal Takt 19-21). Bei
aller Intensität, mit der diese additive Bildung hier benutzt wird, möchte man
aber doch wohl zögern, diese Terminologie anzuwenden, in erster Linie weil die
Variantentechnik nicht, wie das bei Bruckner üblicher ist, zu einem "fließenden"
harmonischen und damit auch thematischen Entwicklungsverlauf tendiert –
Tendenzen in dieser Richtung sind allerdings merkbar in den Takten 33-42 –,
sondern statt dessen lange in festen kadenzhaften Rahmen gehalten wird[64] und
innerhalb dieser Rahmen obendrein in einem zweipoligen, regelmäßig wechselnden harmonischen Muster eingespannt ist. Die übergeordneten Bestimmungen dieser Pole lassen sich mit den Prädikaten *Licht* und *Schatten* benennen.[65] In
Betrachtung dieses für den gesamten Satz überaus wichtigen Polaritätsverhältnisses – für das zu einem nicht geringen Teil die Coda (die Takte 533-573) ein Beweis
ist – muss es übrigens als eine Verharmlosung bezeichnet werden, wenn die erste

---

[64] Hier mag verglichen werden mit der Anwendung des einleitenden Hauptmotiv in Beethovens
Streichquartett op. 18 Nr. 1, Kopfsatz Takt 1-38 – einem Zusammenhang, den wohl niemand mit
Begriffen wie Mutations- oder variantenhafte Syntax belegen würde.

[65] So: Takt 3-6: Licht, Takt 7-8: Schatten; Takt 9-12: Licht, Takt 13-14: Übergang zu Takt 15-16:
Schatten, Takt 17-18: Licht (usw.). – Für eine genauere Untersuchung der Phänomenologie harmonischer (subdominantischer) Schattenqualitäten wird verwiesen auf meinen Aufsatz: "Stravinsky's
Baiser de la Fée and Its Meaning", in: *DAM* 1977, S. 68 ff., und hier besonders die Anmerkungen 34,
41 und 44.

melodische Umgestaltung: *b* zu *ces* (Takt 3 > < Takt 7)[66] als *"den Eindruck einer nebensächlichen Variante"* erweckend geschildert wird.[67]

Kennzeichnend für die 4. Symphonie ist also, dass ihr Hauptthema nicht etwa ein "vierschrötiges" Thema ist wie das in III/1., sondern ein lapidarisches, sich sozusagen spiralenhaft entwickelndes Hauptmotiv, dessen lineärer Charakter sich in der gesamten Evolution ausdrückt, und der besonders auf stetig neuen harmonischen Nuancierungen beruht.

Entsprechend unterscheidet sich die gesamte weitere Entwicklung fundamental vom Verlauf der ersten Themengruppe in der 3. Symphonie. Dies gilt für das "schematische" Gegenstück zur Crescendostruktur in III/1., die in der vierten nur scheinbar existiert: in jenem eine halb selbständige, Nachsatz-geprägte Fortsetzung des Themas (Takt 17 ff.), die unter stets markanterer rhythmisch-energetischer Akkumulierung fragmentiert wird; in der vierten eine durch und durch motivisch integrierte, kontinuierliche Themenverzweigung, geprägt von melodischer Großlinigkeit und einer fast unmerklichen dynamischen Expansion.

Man könnte geradezu die Existenz eines als schematisches Element verstandenen Crescendo-Moduls in diesem Satz leugnen. Diese Möglichkeit ergibt sich besonders aus der Urfassung, IV$_1$, wo die Dynamik völlig anders disponiert ist als in der revidierten Fassung: zwar setzt ein Crescendo vier Takte vor der entsprechenden Stelle in IV$_2$ ein (Takt 31), dann aber werden zwei dynamisch abnehmende Verläufe eingeschoben: Takt 44 f. und – überaus wesentlich – die drei Takte vor dem *ff*-Thema, HTh$_b$ ab Takt 51, wo die Dynamik von ca. *mp* bis *p* dim. (> *pp*) geht. Aber auch nicht in IV$_2$, wo die Dynamik ab T. 35 bis zum *ff* in Takt 51 stetig anwächst, lässt sich das Crescendo vergleichen mit einer der "mechanischen" Prozeduren, deren sich Bruckner früher bediente. Die dynamische Steigerung beruht nämlich hier auf dem eigentlichen linearen Element im thematischen Prozess, das erst ab Takt 43 in den Vordergrund gerückt wird, mehr als auf dem vorgeschriebenen Anwachsen der Klangstärke: dieses könnte man sich ohne weiteres als gestrichen denken – und dennoch ergäbe der Verlauf seit Takt 27 ein großliniges und ruhiges "Crescendo", um dann in den Takten 47 bis 50 ein "Diminuendo" zu beschreiben (vgl. IV$_1$!).

Die motivische Integration während dieses Verlaufs, die einen Kontrast bildet zur eben so ausgeprägten Abspaltung eines Motivfragments als katalysierendes Element in III/1., zeigt sich, wenn man das neue, melodisch lineare Vordergrundmotiv in den Takten 43-51 betrachtet – ein Motiv, das aus der Pfeilerreihe von Spitzentönen extrahiert zu sein scheint, die im musikalischen Verlauf seit Takt 27 eingehalten sind: *b* → *c* → *des/cis* → *e* → *f* → *ges* (→ *g*), das sich aber ulti-

---

[66] Alfred Orels Analyse des zweiten Akkords (Takt 7) als Dominant-Nonakkord, mit *es* als harmoniefremdem T-Orgelpunkt (*Anton Bruckner. Das Werk. Der Künstler. Die Zeit.* Wien, Leipzig 1925, S. 27), übersieht nach meiner Auffassung die primäre, Moll-subdominantische Wirkung mit der Intensivierung dieser schattenhaften Qualität in der Form des Tones *f*. Um Orel zu korrigieren also: II$^{7\,b5}$ mit fortgeführter, unterliegender Bordunquinte *es-b* seit Takt 1 (und mit *es* als stets harmonie-eigenem Ton innerhalb der wechselnden Funktionen).

[67] Th. Röder: *"Motto und symphonischer Zyklus. Zu den Fassungen von Anton Bruckners Vierter Symphonie"*, in: *AMw* 1985, S. 169.

mativ auf den stufenweisen und zum Teil chromatischen, atmosphärischen *Abstieg* unter der ersten Kadenzierung Takt 14-17 (Vl.2 bzw. Bässe) bezieht. Endlich geht der Zusammenhang mit dem vorherigen eher indirekt aus der kadenzhaften Klarheit hervor, die sich nach Takt 43 wieder einfindet – trotz der chromatischen Bassführung[68] –, nach den mediantischen und chromatischen harmonischen Verrückungen T. 31-42,[69] die die Ingangsetzung des Crescendos markierten.

Aber auch das HTh$_b$ fällt, trotz seiner starken dynamischen Durchbruchswirkung, in unmittelbarer Verlängerung des vorigen: das Thema führt den 2+3-Rhythmus des linearen Steigungsmotivs sowie seine deutliche phrasierungsmäßige bzw. kadenzhafte Einspannung in Einheiten von jeweils zwei Takten weiter. Außerdem repräsentiert das HTh$_b$ mit seinem diastematisch fast invarianten, nur ständig richtungsmäßig umgekehrten, sechstönigen Kern eine Art Synthese – in expansiver Form – des ersten Motivs im Satz mit dessen markanten Intervallpendeln und des nächsten, rein linearen Sechston-Motivs (Takt 43 ff.), das ebenfalls einer Inversion unterzogen wird. In diesem von Kontinuität, bzw. Summation betonten Status unterscheidet sich dieses Höhenplateau so markant wie nur denkbar von dem allein tektonisch gesehen parallelen HTh$_c$ in III/1. mit seinem wiederholten "Doppelpunkt-Effekt"[70] (den Generalpausen-Wirkungen).

Betrachtet man die konstitutiven Züge an dem HTh$_b$ als Momente der Entwicklung, mag es nahe liegen, diesem eine Überleitungsfunktion in eher traditionellem Sinne anzurechnen, obwohl eine solche, wie bereits angeführt, für Bruckner uncharakteristisch ist. Einem solchen Verständnis widerspricht denn auch besonders der Sachverhalt, dass der modulatorischen Beweglichkeit dieses Abschnitts von Anfang an durch die entsprechende Entfaltungsart des HTh$_a$ vorgegriffen wurde, wodurch dem HTh$_b$ einer der typischsten Überleitungs-prägenden Akzente beraubt worden ist. Für Kurth stand dieser Abschnitt sogar als thematische Instanz zu einem solchen Grade da, dass er ihn als *zweites Hauptthema*[71] bezeichnete, eine Nomenklatur, die er ansonsten dem *"Gesangsthema"* vorbehielt, und die er nicht einmal auf irgend eine von Bruckners am meisten zusammengesetzten Hauptthemengruppen anwendete, auf die Kopfsätze der 3. oder der 9. Symphonie.

Was dennoch den Namen einer Überleitung beanspruchen könnte, hängt zu nicht geringem Teil mit dem für Bruckner ungewöhnlichen Sachverhalt zusammen, dass innerhalb dieser Themengruppe keine Re-Exponierung erfolgt: das HTh$_b$ macht, was eine völlige Ausnahme ist, die Schlussphase selbst in der Themengruppe aus. Das Überleitungs-geprägte Licht, das das unmittelbar nachfolgende Seitenthema derart auf das HTh$_b$ werfen mag, wird aber von der Schlusskadenz geschwächt, die, wenn sie sich auch als gewöhnliches Sprungbrett (als

---

[68] Takt 44: S$_3$ ℃S$_3$, (Kommata bezeichnen Taktübergänge) D$_{Vh.}$, ⅅD$^{o9\,b5}$, D$_{Vh.}$, T$_P$, S$_P$ ^{7}, D^7, T (Takt 51). (Die verschiedenen, besonders motivisch bedingten Appoggiaturen wurden in der Analyse nicht angegeben.)

[69] Takt 31 f.: c$_3$, des$_3$, des$_8$, A$^6_4$, E$_8$, –, F$^7_7$.

[70] Hansen, *op.cit.* S. 196.

[71] Vgl. Kurth, *op.cit.* S. 613.

fünfte Stufe) zur Dominanttonart auffassen lässt, dennoch von demonstrativ authentischer Wirkung ist: es wird Takt 73 nicht *auf* der Wechseldominante abgeschlossen, sondern *in F-Dur*, was auch von der nachfolgenden mediantischen Rückung zum Beginn der Themengruppe II in Des-Dur bestätigt wird.[72] Und dass das HTh$_b$ vom ersten bis zum letzten Akkord in einem undifferenzierten *ff* gehalten wird, dürfte ebenfalls eher die alternative architektonische Disposition der Hauptthemengruppe unterstreichen als solche, als dass es einen überleitenden Formaspekt signalisierte.

Insgesamt besteht die unike Prägung dieser ersten Themengruppe vor allem in der exzeptionellen Kontinuität, dem Charakter der Irreversibilität sowie der Abwesenheit von Forcierung und Sprüngen im Entwicklungsverlauf, was zu verschiedenen Charakterisierungen derselben als "Naturschauspiel" in musikalischer Modalität führte – wozu jedoch auch verschiedene programmatische Detailkommentare Bruckners zu seiner *"romantischen"* Symphonie beitrugen.[73] Dem gegenüber stehen die beiden dominierenden Themen in der Hauptthemengruppe von III/1. mit einem ebenso ausgeprägten *rhetorischen* Charakter da, was sich dort auch in religiös geprägten hermeneutischen Beschreibungen widerspiegelte, mit Bestimmungen wie "Motiv der Berufung" für das HTh$_a$ und "Bestürzungsmotiv" als programmatische Bestimmung von HTh$_c$.[74]

WAB 104 ➠ S. 193

Der *5. Symphonie, B-Dur* (1875-76, Retusche 1877) gegenüber muss wohl selbst der auf Schemata fixierteste Betrachter unmittelbar seine grundsätzlichen Vorbehalte anmelden. Ein unmittelbarer Vergleich mit der Formtechnik in den übrigen Werken wird, in höherem Maße als das eine rein formalistische Betrachtung vermuten ließe, unmöglich gemacht durch die einmalig erscheinende *"Introduction"* (Takt 1-50), die eine spezifische Funktion sozusagen als Ur-Exposition erfüllt, als Materialfundus für größere Anteile des gesamten Werks.[75] Somit lässt sich die eigentliche Themengruppe I (*Allegro*) nicht von der voranstehenden *Adagio*-Einleitung abstrahieren, mit der sie eng verbunden ist – nicht nur durch strukturelle Momente, sondern auch in ihrem konkreten Ansatzpunkt. Gleichzeitig markiert das Hauptthema schon durch seinen Bewegungszug von Anfang an einen distinkten Unterschied zu diesem präliminären, aber doch wohl auch unbedingt Grundlagen-betonten Stadium.

Ein Ausblick auf den Beginn des Kopfsatzes von Bruckners 9. Symphonie ist sicherlich die beste Voraussetzung für eine analytische Strukturierung des komplexen Expositionsbeginns, der in V/1 etabliert wird. Eine Orientierung in dieser

---

[72] Als Gegensatz wird auf die Irrelevanzen bei Simpson verwiesen, *op.cit.* S. 84 f.

[73] Vgl. *Göll.-A.* IV/1, S. 518 f. und als Interpretation auf zweiter Hand: Krohn, *op.cit.* Bd. 2, S. 107.

[74] Vgl. Krohn, *op.cit.* Bd. 1, S. 305 bzw. S. 358.

[75] Armin Knab operiert sogar (in "Die thematische Entwicklung in Anton Bruckners V. Symphonie" (1908, hrsg. 1. 1922)) mit der zu Redundanz führenden Prämisse für seine Analyse, dass die Einleitung "alle Keime des gesamten Tonwerks [enthält ...]. Es gibt kein Thema, kein Motiv, ja nicht einmal eine Passage, die sich nicht auf die Eingangs-Tongedanken zurückführen ließen." (Zit. nach: *Denken und Tun. Gesammelte Aufsätze über Musik.* Berlin 1959, S. 18 f.)

Richtung ergibt die Bestimmung "Vorthema" für das verzagte und zögernde erste Motivglied Takt 1-14 (vgl. IX/1. T. 1-18). Hier hat dies seine besondere Berechtigung darin, dass das eigentliche Hauptthema in V/1. motivisch aus diesem Vorthema entspringt[76]:

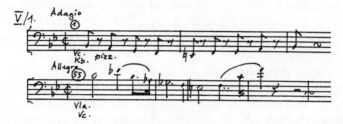

Beispiel 31 a-b

Eine entsprechende Parallelisierung lässt sich für das nächste Themenelement anführen, das unisone, "Wille"-betonte Aufschwung-Motiv Takt 15-17 – auch dieses prägt sich ins Hauptthema ein (vgl. T. 57 f.) – sowie das beigefügte Choralfragment, die beide in T. 23-29 wiederholt werden (vgl. IX/1. Takt 19 m.Auft. bis Takt 26). Und endlich gilt dasselbe, wenn auch auf eher funktioneller Grundlage, für die jeweils nachfolgenden Entwicklungsverläufe, vgl. V/1. Takt 31-42 gegenüber IX/1. Takt 27-62.[77] Da die letztgenannten Strecken, jeder auf ihre Weise, eine nach den Richtlinien der Schematheorie "Crescendostruktur" genannte Gestalt entwickeln[78], bietet sich eine Bestimmung des ausmündenden homorhythmischen Tuttisatz Takt 43-50 (die Kombination des Choralmotivs mit dem Aufschwung-Motiv[79]) als Kulminations-Modul unmittelbar an. Während das abschließende Glied der Einleitung so eine abstrakte Parallele im eigentlichen Hauptthema von IX/1. aufweist, trifft dasselbe in V/1. nicht nur "verspätet" ein, sondern auch ohne tatsächlichen dynamischen Zusammenhang mit dem Crescendo-Modul.

Die Frage, ob hierdurch geradezu von einer nachfolgenden Antiklimax gesprochen werden kann, lässt sich nicht ohne weiteres abweisen – eine nähere Unter-

---

[76] Knab, *op.cit.* S. 20 bemerkt diesen Zusammenhang nicht, sieht das Hauptthema aber, etwas gezwungener und ohne entsprechende Evidenz, als aus dem Choralelement der Einleitung Takt 18-21 abgeleitet an. (Notter, *op.cit.* S. 82 folgt ihm hierin ohne weiteres.) Dies ist eine indirekte Folge von Knabs zugleich allzu geräumigen und kategorisch gebundenen Ableitungskriterien: "Aus dem dritten Tongedanken [der Choralphrase, B.M.] erblühen sämtliche M e l o d i e-Gebilde der Symphonie." – Das Vorthema sieht er entsprechend als die Quelle "aller gleichmäßig rhythmisierten, diatonischen oder chromatischen G ä n g e". (Ebd. S. 19.) – Außerdem mag man auf die *unisono* aufsteigende Dreiklangfigur Takt 15-16 (-17) verweisen als eine weitere Voraussetzung, nämlich für den Abschluss der Kernphrase des Hauptthemas. Diese Figur, das zweite Motiv der Einleitung, bestimmt Knab als "den Keim aller zuckenden und flackernden R h y t h m e n des Werkes". (*Loc.cit.*)

[77] Man vergleiche aber auch die bis in Einzelheiten gehende Ähnlichkeit zwischen dem fallenden Skalenverlauf der Vl.1 in V/1. Takt 31-35 und die Figuren in Vl.1 → Ob. in IX/1. Takt 27-38.

[78] Unter Anwendung "mechanischer" Techniken: Intensivierung der motivischen Dichte durch Steigerung der Imitationen (vgl. III/1., Themengruppe I), aufwärts schreitende Sequenzierung (z.B. I/1., Thgr. I), sowie ein agitierendes Streicher-Tremolo in 32steln (vgl. IV/1. Takt 43 ff.)

[79] Letztgenanntes, welches Knab nicht beobachtete, in Fag., Pos.3, Btb. und den tiefen Streichern.

suchung muss sie aber modifizieren: außer ihren abweichenden Momenten im Verhältnis zum späteren Werk nämlich – das keineswegs unbedingt als die perfektionierte Lösung einer ähnlichen formalen Problemstellung aufzufassen ist – enthält die Formentwicklung zu Beginn der 5. Symphonie auch ihre eigene Logik diesen Punkt betreffend.

Betrachtet man das Allegro-Hauptthema, zeigt sich hier der eigentümliche Zug, dass es sozusagen in sich selbst ausmündet: es wird im Verlauf des – auf diesem Stadium der Entwicklung – recht kurzen Themenabschnitts (Takt 55 bis 100) zwei Mal exponiert, mit einer nur leicht variierten *ff*-Version als Weiterführung eines Zwischenabschnitts von motivisch gesehen stets mehr liquidierendem, in dynamischer Hinsicht fluktuierendem Charakter, in den Takten 62-78. Die ersten acht Takte dieses Zwischenabschnitts sind geradezu eine *Decrescendo*-Struktur, während die letzten acht Takte ein typisches, wenn auch kurzes und eher unscheinbares Crescendo-Modul ausmachen; so werden sie, was untraditionell ist, chromatisch abwärts sequenziert, gleich wie die voranstehenden *de*crescendierenden Takte.

Das völlig selbe ist nun aber auch der Fall mit dem Crescendoelement der Einleitung: es mündet motivisch in sich selber ein. Das antreibende Moment in dieser Struktur (Takt 31, Vl.2, vgl. Umkehrung in Takt 32, Celli.) wurde diskret übernommen aus dem Bassfundament der voranstehenden Choralzeile, während die erweiterte und verstärkte Choralzeile, in der das Crescendo 12 Takte später terminiert, diesen Bassgang zu ihrer melodieführenden Stimme gemacht und das Aufschwung-Motiv als ihr harmonisches Fundament aufgenommen hat.

Die sehr strikte gesteuerte Disposition der Themengruppe (*Allegro*), deren Gewicht allüberwiegend auf einer einzelnen thematischen Kurzzeile von vier Takten liegt und in der die Funktionsweise ihrer dynamischen Wellenform sich auf einen thematisch selbstverstärkenden Effekt richtet (siehe T. 79 ff.), wurde bei Bruckner früher nicht angetroffen. Eine umfassendere Begründung für diese anders geartete Disposition lässt sich nur vor dem Hintergrund einer Betrachtung des Satzes in seiner weiteren Perspektive geben. So viel sei hier aber gesagt: es scheint, als liege ein zentrales Erklärungsmoment verborgen in dem, was man vielleicht eine latente Unzulänglichkeit des Hauptthemas nennen könnte, einen Themencharakter, der eine Formstrategie in diesem Satz absetzt oder – weniger apodiktisch ausgedrückt – als bestimmendes Glied im Rahmen einer übergreifenden formalen Prozessualität innerhalb des Satzes funktioniert.

Obwohl dieses Hauptthema mit einem stärkeren angeborenen *Momentum*[80] hervortritt als irgend ein anderes Brucknersches Hauptthema seit der 1. Symphonie, weist nämlich seine tonale Instabilität – es geht wohl am ehesten von der M̲ der Tonika aus, Ges-Dur, und endet auf der Dominante F-Dur, um dann sprunghaft

---

[80] Ein Terminus, der in erster Linie und häufig von Robert Simpson benutzt wird, vgl. *The Essence of Bruckner*, London 1967. Die Bedeutung des manifesten oder durch seine Entwicklung eingeführten *Momentum* der Hauptthemen ist grundsätzlich wesentlich größer bei Bruckner als bei den meisten gleichzeitigen Symphonikern, wohl besonders auf Grund seiner Vermeidung subsidiärer entwickelnder Momente in Form von motivischen Neuansätzen mit einer eindeutigen Überleitungsfunktion.

auf A-Dur → As-Dur transponiert zu werden – wie auch seine tatsächlich fehlende Entwicklung als Formelement darauf hin, dass es für eine, wenn auch nicht gerade untergeordnete Rolle, so doch eher markierende als tatsächliche Funktion als leitendes *Agens* im Satz bestimmt ist: das Thema verbleibt ständig ein Initial, wie intensiv es auch ausgespielt wird, im Gegensatz zu den mindestens eben so lapidaren Hauptthemen in den zwei vorhergehenden Symphonien (vgl. dort die weitläufigeren Höhepunktszüge der jeweiligen Durchführungen).

Das erste weitere Symptom dieser Paralyse ist die "degenerierende" Entwicklung in den Takten 62-78 (– die abschließenden Takte 89-100, deren Charakter sehr dem Abschluss der ersten Themengruppe in II/1.s ähnelt, können nicht in gleichem Maße hierfür herangezogen werden auf Grund ihrer primären Bestimmung als abrundendes bzw. entspannendes Element). Das nächste ist die Wiederholung des Hauptthemas in ihrer "auftrumpfenden" *ff*-Version, deren längere Sequenzketten eine zusätzliche Wirrnis und fehlende Sammlung des Themas bezeichnen. Sieht man dieses Missverhältnis zwischen dem formalen Status des Hauptthemas und seinem tatsächlichen Vermögen[81] aber im Zusammenhang mit seinem Ursprung in der ersten und eindeutig schwächsten Motivgestalt der Einleitung, dem Pizzicato-Element (T. 1 ff.), so erscheint dennoch gleichzeitig ein konsistentes, (psycho)logisch wirkendes Moment in der Formdisposition, ein Moment, das die weitere Entwicklung, und hier in nicht geringem Maße die Funktionen der übrigen Einleitungsmotive im Verlauf der Durchführung des Satzes, genauer bestätigen werden.

WAB 105 ➡ S. 196

Sieht man von der *Introduction* der 5. Symphonie ab, sind weit größere Ähnlichkeiten zwischen den ersten Themenabschnitten in diesem Werk und in der *6. Symphonie, A-Dur* (1879-1881) zu verzeichnen, als sie sich zwischen den früheren Werken feststellen lassen: an beiden Orten weist dieser Formabschnitt eine ausgesprochene Knappheit der Dimension auf – etwa 50 Takte[82] –, wie er sich auch um einen einzelnen komplexen thematischen Block zentriert. Der Charakter einer Themen*gruppe* weicht also in beiden Fällen vor einer ausgeprägteren Geschlossenheit, wenn auch Reihungs-geprägten Zuschnitts. Des weiteren ist die interne Disposition der respektiven Formverläufe selbst grundlegend identisch und besteht aus einer variierten Re-Exposition in *ff* einer ersten thematischen Anführung im *piano*.

Die hier beschriebenen äußeren gestalterischen Verhältnisse werden nun bis einschließlich der Symphonie Nr. 8 als Hauptnorm beibehalten, soweit es ihre kon-

---

[81] Dies ist in einem gänzlich anderen Sinne zu verstehen als dem, der sich aus Notters Darstellung ergibt, die ein Opfer ihres eigenen Systemzwangs ist: was den Mangel des Themas an wirklicher thematischer Entfaltung ausmacht, ist nicht seine Reduziertheit betreffs des Inhalts an "Teil-Schemata", sondern seine Formulierung und Funktionsweise selbst. Demgegenüber meint Notter: "Was das reduzierte Hauptthema durch den Rückgriff auf eines der Urmotive [wobei er irrtümlich mit dem Choralelement operiert, *B.M.*] an motivischer Identität hinzugewinnt, geht ihm an schematischer Identität verloren, indem es die Teilschemata [...] an die langsame Einleitung abtreten muß." (*Op. cit.* S. 83.)

[82] Nur die 1. Symphonie sowie WAB 100 unterschreiten den genannten Umfang.

krete Ausdehnung angeht, weiters die weniger deutlich ausgesprochene thematische Differenzierung in syntaktischer Hinsicht und endlich – nicht ganz so konsequent weitergeführt – was das dynamische Verhältnis zwischen den beiden Hauptthemenblöcken betrifft (– in der 7. Symphonie wird mit einem *mf* angesetzt, während die Wiederholung von einem *p* ausgeht). Die Ähnlichkeiten sind insgesamt am größten zwischen der 6. und der *8. Symphonie, c-Moll* (1884-87, 2.1889-90), insoweit als sich hier auch genaue Übereinstimmungen zwischen beiden Werken in der Motivstruktur der respektiven Themenabschnitte finden.

Letztere lässt sich in Kortes Terminologie als eine Reihung beschreiben (eine motivisch differenzierte Additionsstruktur), in beiden Fällen nach dem Muster aa' bb' cccc..., mit dem c-Element als gegenüber den anderen kürzerem.[83] Mehrere weitere Sachverhalte unterstreichen die Verwandtschaft zwischen diesen beiden Hauptthemen-Bildungen; am deutlichsten die Anwesenheit von dialogisierenden Einschüben in Holzbläsern und Hörnern zwischen den einzelnen Phraseneinheiten.[84] In der ersten Phase der respektiven Themenverläufe (der *piano*-Phase) lässt sich das gemeinsame Gepräge bis in die spezielle Ausformung dieser Einschübe verfolgen[85]: die erste dieser Repliken ist in beiden Fällen wiederholend (VI) bzw. bestätigend (VIII$_2$: der aufwärts gerichtete Quintausschlag der Klarinette entspricht dem Intervall zwischen dem Anfangs- und dem Schlusston des Hauptmotivs); die nächsten Einschübe stemmen sich gegen die an beiden Orten stärkere aufwärtsstrebende Linie des Hauptthemas.

Obwohl man auch in der ersten Themengruppe in V/1. eine in etwa ähnliche Dreiteilung des Themas finden kann: Takt 55-62, Takt 63 m.Auft. - 70, Takt 71-78, ist die Reihung, die sich hier ergibt, anderer Art: die beiden letzten Glieder sind substanziell miteinander verbunden, kraft der Häufigkeit des Intervalls der kleinen Sekunde; und das zweite Glied obendrein mit dem Schlusselement des HTh-Initials, der Oktave; es scheint also wohl eher angebracht, im Verhältnis zu Kortes Systematik einen Schritt weiter zu gehen und von einer Kettenstruktur zu sprechen – vor dem Hintergrund "substanzieller Assoziationen" zwischen den Themengliedern.[86] Besonders unterscheidet sich diese Themafortsetzung aber von den entsprechenden Verläufen in der 6. und 8. Symphonie in funktioneller Hinsicht: ist in den zuletzt genannten Zusammenhängen die Rede von einem

---

[83] VI/1.: a: Takt 1-14, b: T. 15-18, c: T. 19-24. VIII/1.: a: Takt 1-10, b: T. 12 m.Auft.-18, c: T. 18-22.

[84] W. Korte hat wohl kaum diese Ähnlichkeiten registriert; dies geht am deutlichsten daraus hervor, dass er in seiner Syntagierung des Hauptthemas in VI/1. das dritte Themenelement überschlägt, wie er denn auch nicht das gemeinsame Dialogmuster erwähnt. Es gibt also keinen gültigen Beleg für seine Auffassung: dass die "dreiteilige Kettenstruktur [der 8. Symphonie] die bis zur Sechsten voraufgegangene Thematik erheblich an Verdichtung und Größe der Konzeption [übertrifft]." (*Bruckner und Brahms. Die spätromantische Lösung der autonomen Konzeption.* Tutzing 1963, S. 30 f.)

[85] In der nachfolgenden Phase sind die Unterschiede dagegen deutlich: im Gegensatz zur Situation in der 8. Symphonie, wo das Dialogmuster weitergeführt wird, werden in der sechsten deutliche antreibende Elemente eingeführt – am eindeutigsten in den Hörnern Takt 29-30 (vgl. Anm. 87). Charakteristisch ist aber auch, dass in der zweiten Themenphase (konkret T. 32-34) die Korrektur des Einschubs aus T. 13-14 "übernommen" wird (Fl., Ob., 2.Kl, Vl.1), während die Hörner gleichzeitig mit einer expansiven, triumphierenden Figur kontrapunktieren.

[86] Wie oben wiedergegeben (S. 35) betrachtet Korte die Syntax in diesem Themenverlauf als additiv geformt, d.h. als nicht mehr, sondern weniger komplex als eine Reihung.

substanziellen Ausbau des Themas, und außerdem von einer übergeordneten Steigerung mit kurzem aber markant dynamischem Fall zu *p* /*pp* vor der Wiederaufnahme des Hauptthemas in *ff,* also um einen eigentlichen *Aufbau* eines Themenverlaufs, – so beschreibt der entsprechende Abschnitt in V/1. eine entschiedene Aushöhlung des exponierten Themas, oder wie das oben charakterisiert wurde: eine Art Degenerationsprozess, wie er auch umgekehrt ein kurzes Crescendo vor der *ff*-Wiederholung enthält.

Endlich sind die Hauptthemen-Verläufe in VI/1. und VIII/1. enger miteinander verwandt kraft einer Thematik, die durch fortgesetzte Mutation entwickelt wird – und dies auch in der verstärkten Wiederaufnahme des Themas, und zwar mehr in der 6. als in der 8. Symphonie[87] –, während im Hauptthemenfeld von V/1. statt dessen mit reinen Sequenzentwicklungen operiert wird.[88] Diese Mutationsbildungen tragen, in Verbindung mit einer unberechenbar fluktuierenden Harmonik[89] (als dem natürlichen Pendant zu einer fortlaufenden motivischen Variantenbildung) wie auch in Verbindung mit dem rhythmischen Konstanzfaktor, in hohem Maße dazu bei, dem eigentümlich schweren Hauptthema der Sechsten eine Spannkraft zu verleihen, welche die des Hauptthemenabschnitts in V/1. bei weitem übersteigt.[90] Diese beiden Themen (der 6. und der 8. Symphonie) sind die einzigen in Bruckners Kopfsätzen, deren Präsentation dem Bassregister anvertraut sind, und beiden erfahren noch während ihrer ersten Gestaltung eine bedeutende expansive Entwicklung. Die Wirkungsmittel sind sich in beiden Werken grundsätzlich gleich: das b-Element ist dynamischer, mehr aufwärtsstrebend als das a-Element und bringt mehr Bewegung in den Verlauf; das c-Element ist formdynamisch gesehen gleichzeitig ein Ergebnis dieser Entwicklung und Umschlag zu einer "Grenzsituation".

Was das Hauptthema der 6. Symphonie betrifft, hat auch die permanente rhythmische Begleitfigur in den Streichern – ein Unikum unter den Einleitungssätzen – einen beträchtlichen Anteil daran. Es scheint hier diese erste *Momentum*-erschaffende Funktion zu sein, die dazu führt, dass das Thema – im Gegensatz zur

---

[87] Notters Konstatierung, dass das Hauptthema in VI/1. "im äußeren Aufbau lediglich wiederholt [wird]" (*op.cit.* S. 89) darf nicht als eine Korrespondenz auf der Detailebene verstanden werden. So widerfahren der b-Kernphrase (Takt 15 >< Takt 37) wie auch den Einschüben zwischen den Themenphrasen Mutationen von der *piano*- zur *ff*-Phase, vgl. die syntaktisch korrespondierenden Hornlinien Takt 7 f. im Verhältnis zu Takt 29 f. sowie Takt 13 f. >< Takt 35 f. In der Perzeption der erstgenannten zwei mal zwei Takte hat man keinesweges den Eindruck von gleich langen themenverbindenden Phrasen: in der späteren Phase werden die Übergangstakte als "ausgestreckt" empfunden. Dieses Mutationsverhältnis macht sich entsprechend auch auf harmonisch-tonaler Ebene geltend.

[88] Notter irrt sich betreffs V/1., wenn er sagt: "Schon die Hauptthemen der 5. und 6. Sinfonie waren ausgeprägte Beispiele für mutative Anlagen" (*op.cit.* S. 94): die einzige und minimale Ausnahme vom Prinzip der reinen Sequenzentwicklung: der Hauptthemenschluss Takt 87 f., wo die aufsteigende Quint-Quart-Bewegung umgebogen wird in eine Pendelbewegung um eine Quarte ab/aufwärts, kann nicht als Mutation bezeichnet werden. Dafür ist die motivische Umgestaltung (trotz der beibehaltenen Tonigkeiten) auch viel zu signifikant in formaler Hinsicht: sie bezeichnet den genauen Anfangspunkt für den endlichen Zusammenbruch des Themenverlaufs (vgl. die Fortsetzung Takt 89 f.).

[89] Mediantische Verbindungen sind besonders häufig, z.B. in der Re-Exposition des Hauptthemas in VI/1.: Takt 36: D^{+7}, 37: H$_3$ Fis, 38: b$^6_4$ C$^7_3$, 39: f^7 As, 40: c^{+6} D$^7_3$, 41: B F, 42: F d A, T. 43 ff.: C$^7_5$.

[90] Hierzu trägt auch die harmonische Licht/Schattenwirkung bei (A-Dur – g-Moll/d-Moll), die dem Thema von Anfang an eigen ist.

Situation in VIII/1., wo die expansive Bewegung vom c-Element abgefangen wird (T. 19 ff. bzw. T. 40 ff.) – sich ständig zu neuen Höhen weiter entwickelt, um in den beiden dynamischen "Tiefdruckgebieten" (T. 21-24 bzw. 43-48) zu kulminieren – das in der ersten Themenphase plazierte bezeichnet ein zusätzliches Novum –, wo die immer luftigeren c-Mutationen durch den festgehaltenen Rhythmus der Begleitung getragen werden. Hier bewirkt diese fragmentierende "Decrescendo-Struktur" nicht, wie im vorhergehenden Werk, den Eindruck einer Desintegration des Themas, sondern wohl eher den einer Verdichtung. Der nachfolgende *ff*- Einsatz des Themas wirkt kommt eigentlich auch weniger überraschend als der fast schockierende *ff*- Einsatz in T. 23 von VIII/1. – und wirkt auf seine Weise trotzdem noch überwältigender als dieser.

WAB 106 ➡ S. 199; WAB 108 ➡ S. 210

Der Hauptthementeil in der *7. Symphonie, E-Dur* (1881-83) bietet schon allein kraft seines einzigartig geformten Themas eine unverwechselbare phänotypische Modifikation der oben abgehandelten Hauptnorm im späteren Teil der Werkreihe. So wird es re-exponiert, wie das Bruckners üblichste Praxis ist; und auch die einleitende Begleitung befolgt die sie betreffende etablierte Norm für das Werk-initiierende Moment mit ihrem tremolierenden, kontinuierlichen Streicherband, das in der 4. Symphonie als fertig ausgebildet erscheint[91] und ebenfalls in den Hauptthemen-Expositionen der beiden spätesten Werke zurückkehrt.

Sein besonderes Gepräge erhält dieses im Verhältnis zu Bruckners gewöhnlichem Standard extrem großlinige Thema – von Anfang bis Ende kantabel und ohne Einschübe von Figuralelementen – dadurch, dass es die prinzipiell vorhandene additive Syntax, d.h. das Prinzip der Melodiebildung, das Bruckners grundlegende Prozedur in dieser Hinsicht bezeichnet, eigentlich transzendiert. Eine additive, mutierende Melodiestruktur, die Kortes Syntagierung dieses Themas demonstrieren möchte, ist auf weite Strecken eine Illusion. In diesem Falle wird er dem eher organischen, stetig sich weiter entwickelnden Verlauf des Themas nicht gerecht, sondern strukturiert es auf folgende Weise (eine Fortsetzung golgt mit dem Beispiel 34):

Beispiel 32

Unbefriedigend erscheint diese Syntagierung, soweit sie T. 10-11 betrifft, wo – im Gegensatz zu den Angaben der oben stehenden Aufstellung – kein Eindruck

---

[91] Eigentlich lässt sich das bis zur 2. Symphonie zurück verfolgen, wo es allerdings von langsamer pulsierender Art ist (Achtel-Sextolen gegenüber später 32steln). In den Symphonien 3 und 6 wird hiervon völlig dispensiert (und in V/1. wird es in der *Adagio*-Einleitung nicht benutzt).

irgend eines "nachgehangenen" Gepräges entsteht. Dasselbe gilt für T. 16-20, die fundamental anders sowohl phrasiert als rhythmisiert sind als T. 12-15:

Beispiel 33

Zum Vergleich die melodische Analyse Kortes:

Beispiel 34

Notters – meist in Zitaten formulierte – bewundernde Wortwahl mag den Eindruck erwecken, dass er dem Thema im Grunde fassungslos gegenüber steht. Mit einer von Korte übernommenen analytischen Beschreibung fasst er zusammen:

> Das Ganze ergibt eine fortlaufend mutierende Addition, [... die] bis in die letzte thematische Zeile vordringt. [... Dennoch hat] die melodische Qualität des Themas unter dem Verfahren nicht zu leiden.[92]

In etwa derselben Auffasung ist Mathias Hansen in einem Vergleich von Bruckners und Mahlers Melodik (mit einem für Bruckner nicht gerade schmeichelhaften Ergebnis)[93], wo eben dieses Thema,

---

[92] Notter, *op.cit.* S. 94. – Bei Korte gilt die Charakteristik "fortlaufend mutierende Addition" nur für die Takte 12 ff.

[93] M. Hansen, "Anton Bruckner – Gustav Mahler. Verbindendes und Trennendes", in: *BrS 1988*.

das als Paradigma Brucknerschen Instrumentalmelos' gilt und gänzlich verschieden erscheint von einem Mahlerschen, in sich schwebenden und wiederum flexibel schweifenden Thema,

als Beispiel für seine Reihungs- und Mutationsgestaltung benutzt wird.

Dieses Thema zeichnet sich jedoch durch einen charakteristischen Zug aus, der es deutlich von Bruckners üblicher Additions- und Verkettungstechnik distanziert: das gewöhnliche Element der Konstanz in einer mutativen Themenentwicklung, der rhythmische Faktor, wird hier durch eine ausgesprochene rhythmische Abwechslung abgelöst; was sich sogar noch in den Takten Geltung verschafft, die einer additiven Ausformung am nächsten kommen: Takt 14 f., vgl. Takt 12 f. Man bemerke in diesem Zusammenhang auch die abschließenden Takte 19 mit Auftakt und folgende.

Die Grundqualität dieses Themas liegt, wie behauptet werden soll, in dessen "kunstfertigen Natürlichkeit". Die eben zitierten Prädikate gelten allerdings in der Analyse, aus der sie stammen[94], nicht Bruckners Thema, sondern im Gegenteil einem klärenden Gegenbeispiel aus Brahms' Musik. Nach Hansens Auffassung berechtigt nämlich ein Detail im Hauptthema der 7. Symphonie: das "hinzugefügte" Kadenzglied Takt 24 f. – von dem Korte sonderbarerweise keine Notiz nahm – in gewissem Sinne Brahms' Auffassung:

> "Er [Bruckner] hat keine Ahnung von einer musikalischen Folgerichtigkeit, keine Idee von einem geordneten musikalischen Aufbau."[95]

Ist denn aber die modulierende *"Zielstrebigkeit"* zur Dominanttonart H-Dur wie behauptet *"fehl am Platze"*, da diese nicht erfolgt, sondern "ersetzt" wird durch die Re-Exposition des Themas aus der Tonika? Hansens Prämisse hierfür ist der Sachverhalt, dass H-Dur so sehr das Ziel dieses Themas ist, dass die Echo-hafte Hinzufügung Takt 24 f.

> die voraufgegangenen sorgfältigen [...] Fortschreitungen außer Kraft setzt, deren Ziel wie mit einem Federstrich aufhebt. – Brahms war dies ein Greuel: Willkür und Ungeschicktheit statt "geordneter Aufbau".

Die Konjunktivform wäre wohl doch eine angebrachtere Formulierung. Tatsächlich muss der Satz bedeuten: für Hansen ist dies ein Greuel.

Dieser Stein des Anstoßes lässt sich aber entfernen: *"Die neue Tonika H-Dur"* wird nämlich nicht *"spätestens T. 16 [...] etabliert und nun ausführlich bestätigt"*: H-Dur wird erreicht als Tonika, d.h. durch Modulation, bereits in Takt 11; danach geht Bruckner aber in eine vagierende Tonalität über[96], in der H-Dur eigentlich

---

Bericht, S. 166. Hier u.a.: "Mahler schafft aus einem melodischen Überfluß heraus, der an Mozart und Schubert erinnert; Bruckner hingegen leidet an einem chronischen Mangel an melodischer Durchbildung seiner thematischen Gestalten, kurz: an melodischer Erfindungskraft."

[94] Hansen, *Anton Bruckner* (1987), S. 250 f.

[95] *Göll.-A.* IV/2, S. 245.

[96] Das thematische Komplement hierzu sind die gleichzeitig beginnenden Additionsbildungen. – Der kategorische Gesichtspunkt Charles Rosens andererseits: "The first theme so firmly outlines the tonic triad [nur in den Takten 1 bis 6!] that E major is fixed throughout the modulations that follow, in spite of the intense leaning towards B major" vertuscht eher dieses Problem. (*Sonata Forms*. New York, London 1988, S. 402.)

nicht mit der Qualität einer Tonika auftritt – am wenigsten in Takt 16, aber auch kaum definitiv in Takt 20 und 22: vorhergehende klare dominantische Indizien fehlen. Takt 21 ist als cis-Moll zu deuten (wie es Hansen tut), Takt 22 klingt demnach eben so sehr als gis-Moll wie H-Dur, und Quartvorhalte sind ebenfalls bis zu gewissem Grad symptomatisch für die Vermeidung eines klaren tonalen Ziels.

Dass aber das Fis-Dur in Takt 23 deutlich dominantisch auf H-Dur als Tonika verweist, lässt sich nicht leugnen. In diesem Sinne ist die H-Tonalität der folgenden Takte tatsächlich ein *"Scharnier"* (wie Hansen das ausdrückt), insoweit sie das designierte neue tonale Zentrum vermeidet und nach E-Dur zurückdreht. Mag dies auch nach gewöhnlichen Vorstellungen überraschend wirken, so lässt es sich jedoch problemlos erklären, und das sogar auf der Grundlage mehrerer Sachverhalte.

Erstens ist in dieser Hinsicht das Echo in den 1.Violinen der Bewegung in den Bratschen T. 22-23 ein normalisierender Faktor, was noch mehr gilt für die harmonisch bereinigende Intensivierung in den 2.Violinen der stufenweise abwärts schreitenden Linie, die sie schon seit Takt 18 verfolgten: mit der Rückung des *ais* auf *a*, d.h. mit der Einführung von fis-Moll (als Sᴘ), wird Fis-Dur nämlich plötzlich nicht mehr als Dominante zu H-Dur aufgefasst, sondern als DD in E-Dur.

Weiters sollte man die Diskretionswirkung beachten, die das Diminuendo ab Takt 19 und bis hin zur Re-Exposition des Hauptthemas erschafft. Die eigentliche Wendung von H-Dur zu E-Dur aber erfolgt tatsächlich ziemlich schnell. Die Anführung der *Erstdruck*-Partitur[97] eines *h* auf dem letzten Viertel in Takt 24 (Hörner) lässt sich denn auch ohne weiteres als Zeichen dafür auffassen, dass gewisse Praktiker das Bedürfnis einer klanglichen Bestätigung von H-Dur als Dominante (so auch auf "dominantischem Platz", im schwach betonten Takt 24 (metrisch gesehen = 4) verspürten.

Die eigentliche Rechtfertigung dieses verhältnismäßig plötzlichen Rückfalls erfolgt aber erst danach, nämlich mit der Wiederaufnahme des Themas in einem dynamisch *niedriggespannten* Zustand. Dieser Neuansatz triumphiert oder übertrumpft nicht mit einem *fortissimo*, wie das in den beiden vorangehenden Werken der Fall war, sondern unterstreicht die anders geartete, fundamentale Ruhe und Integrität dieses Hauptthemas, dadurch, dass er in einem gewissen Sinne wieder ganz "von Null" anfängt: im *piano* (obzwar jetzt in fülligerem Satz), um anschließend dann dennoch allmählich stärker zu expandieren – bis zum *fortissimo* in den Takten 38-41 – als in der ersten Entwicklungsphase des Themas, wo das einleitende *mezzoforte* kaum bis zu einem *forte* anwuchs (vgl. T. 16-18).[98]

---

[97] Gutmann 1885 mit nachfolgenden Neuauflagen (Eulenburg und Peters). – Diese Hinzufügung ist deutlich zu hören u.a. in Wilhelm Furtwänglers, Eugen Jochums älteren und auch in einigen neueren Aufnahmen.

[98] Als weiteres Symptom der fehlenden Präzision, die Notters Darstellung kennzeichnet, sogar – mitunter – soweit es grundlegende Einzelheiten betrifft, sei hier seine Aussage zu den dynamischen

Erst dieser zweite, variierte Themenbogen führt die harmonische Entwicklung von der Tonika zur Dominante durch, obwohl – und das mahnt zum Nachdenken – die abschließende Kadenz ein phrygischer Halbschluss ist – chromatisch variiert, mit *ais* statt *a* – anders gesagt: mit Hinweis auf eine e-Tonalität als fortgesetzte virtuelle Realität[99]: die "rivalisierende Tonika" H-Dur – von der Simpson spricht – wird noch in Schach gehalten. (Auch in der Reprise, wo das Fis-Dur eine stabile Dominante in den Schlusstakten des Hauptthemas ist (Takt 301 f.), wird dem H-Dur seine Position entrissen durch die Erscheinung einer "Nachwelle" zum Hauptthema, die "magisch" in *pp* auf einem D-Dur$^6_4$-Akkord angesetzt wird.)

Zurück zur Exposition; diese Bewegung, T→ D, erfolgt wiederum nach längerem tonalem Vagieren: wo die entfernteste Station früher dis-Moll war (Takt 18), ist sie nun Des- bzw. As-Dur (Takt 42)[100], während die Schlusskadenz, deren Paenultima der dreifache Leittonklang $\text{DD}^{9\ b5}$ ist, mit der noch stärkeren Abweichung des Themenschlusses vom Parallelverlauf in der ersten Durchspielung zusammenhängt: in ihrer Terminalphase kehrt die Entwicklung zurück zu einem Bezug auf die zweite Teilphrase des Themas (vgl. Takt 6-9), die nach der expansiven Initiallinie einen sonderbar introvertierten Charakter aufweist.[101] Mit ihrem chromatischen Kreisen um den Dominantton (Takt 44 ff.) verlangsamt diese Abrundung aber den gesamten Verlauf mit einer Authentizität, die dem ersten Abschluss aus dem Gesichtspunkt einer bestimmten kadenzhaften Erwartung vielleicht doch fehlte.[102] Dafür wurde dieser tonale "Rückzug" durch die Ansatzweise der Re-Exposition in dynamischer Hinsicht gerechtfertigt; von über-

[99] Das nachfolgende Thema II neutralisiert sogleich das H-Dur wie auch das mögliche e-Moll durch die Einführung der Variante h-Moll (die eben so schnell einem andauernden harmonischen Fluktuieren weicht).

[100] Dies wird hervorgehoben, weil bei der Reprise des Hauptthemas (Takt 281 ff.) die dort einzige *"Hauptwelle"* harmonisch (wie auch melodisch) deutlich die erste der beiden Expositionsphasen reproduziert. Wenn Kurth folglich das Gegenteil behauptet (*op.cit.* S. 991): dass das Thema in der Reprise "gleich seine vollere Entfaltung [erreicht], die der Stelle bei A [T. 25] entspricht", liegt das – typisch für den Formdynamiker in ihm – daran, dass er seine Aufmerksamkeit einseitig auf die energetischen Charakteristika der fülligeren (im übrigen aber im Verhältnis zu Takt 25 ff. variierten) Satzfaktur richtet.

[101] Der nachfolgende Satz, das Adagio in cis-Moll, beginnt (Takt 1-2) wie ein fernes, wenn auch wohl kaum beabsichtigtes, Echo dieser Schlusstakte. – Übrigens ist diese "Eingefaltetheit" ein prägendes Kennzeichen in mehreren Brucknerschen Hauptthemen: sie wurde in der Analyse der Thgr. I in der 1. Symphonie festgestellt; sie macht das spezifische Einsprengsel des einleitenden Motivs im *Allegro*-Hauptthema von V/1. aus, und sie lässt sich ebenfalls im Hauptthema der 6. Symphonie aufspüren, wo das diatonische Kreisen um den Tonikaton (Takt 4-5) ein phrygisches Element und somit einen Moll-Charakter verleiht, der den Anfang in sämtlichen Sätzen des Werks bestimmt (vgl. Harry Halbreich: "Bruckners Sechste: kein Stiefkind mehr", in: *BrS 1982. Bericht*, S. 85-92).

[102] Es finden sich einzelne andere Stellen bei Bruckner, wo sich das Gefühl einer völlig "unmotivierten" harmonischen Rückung meldet. Mediantische oder chromatisch bedingte Verschiebungen in der Harmoniefolge fallen diesem Sachverhalt nicht anheim, da sie von ihrer eigenen alternativen Logik beherrscht werden. Ein harmonischer "Greueleffekt" muss bedingt sein durch eine deutliche kadenzhafte Erwartung, die jenseits einer stellvertretenden Auflösung, eines Trugschlusses, enttäuscht wird. Dies ist z.B. der Fall in VI/4. Takt 73, wo die Bewegung (von T. 65): C-Dur nach a-Moll (Tp) durch eine phrygische Kadenz in der zuletzt genannten Tonart fixiert wird: $d_3 - E_8$. Dieser Dominantfunktion folgt nun – zu Beginn einer neuen Melodiephrase – ein Quintenruck in einer der Erwartung entgegengesetzter Richtung: nach H-Dur als neuer Tonika!

geordneter Warte mag man sagen: durch die im Verhältnis zur Situation in den Symphonien 2, 3, 5 und 6 völlig andersgeartete formdynamische Disposition der Doppelexposition des gesamten Hauptthemensatzes.

WAB 107 ➠ S. 205

In seiner *9. Symphonie, d-Moll* (1887-, 1891-96) kehrt Bruckner, möglicherweise tatsächlich mit der Tonart als Ausgangspunkt, zu der differenzierten, blockhaften Ausformung der Themengruppe I zurück, die er zum ersten Mal in der 3. Symphonie (ebenfalls in d-Moll) entwickelte, und die in der Fünften modifiziert wurde, insoweit als die Grundelemente (oder "Teilschemata") dieses Grundtyps hier prinzipiell in den speziellen motivischen Grundfond der Adagio-*Introduction* verlegt wurde.

Dies lässt zwei Haupttypen der Gruppenbildung für diesen Expositionsabschnitt in Bruckners Kopfsätzen durchscheinen: einen stofflich gesehen überwiegend homogenen und einen ditto heterogenen, wobei beide dieser Tendenzen im "mittleren" Werk, der 5. Symphonie, repräsentiert sind. In den Werken bis zur Symphonie Nr. 2 einschließlich treten die individuellen resp. Vorstadium-geprägten Züge allerdings so stark hervor, dass diese besser von einer Zugehörigkeit zu einem dieser Typen ausgenommen bleiben, für die sie bestenfalls als tendenzielle oder modifizierte Beispiele dienen könnten.

Eine solche "Grobsortierung" bietet wohl die größte Annäherung an eine Formalisierung der – bei näherer Betrachtung doch wohl recht wenigen – "familien-mäßigen" Gleichheiten, die sich betreffs dieser Themengruppe konstatieren lassen. Streng genommen gibt es keine durch und durch konstante Momente der Formgebung: so erscheint die doppelte Exponierung, die einer solchen festen Norm am nächsten kommt, weder in der vierten noch in der neunten Symphonie.

Jedenfalls ist dieser Versuch einer Systematisierung angemessener als Notters "evolutionärer", nach dem die Hauptthemengruppe in jedem Werk im Lichte des folgenden Schemas betrachtet wird: Medium[103], Vorthema, Crescendo und Hauptthema. Zu welchen Absurditäten das führt, zeigt sich vielleicht nicht einmal so deutlich in den – unvermeidlich überbelasteten – unmittelbaren Vergleichen zwischen der Neunten und der annullierten Symphonie WAB 100, wie vielmehr wohl daran, wie die chronologisch gesehen unmittelbaren Vorgängerwerke der Neunten in Beziehung zu dieser gesetzt werden:

> Die sechste, siebte und achte Sinfonie haben ihre Vorthemen übereilt zu Hauptthemen gemacht: zunächst im piano exponiert [≈ Vorthema?, *B.M.*], dann fortissimo wiederholt[104] [≈ Hauptthema?]. Die Neunte distanziert sich davon.[105]

---

[103] Mit diesem rein klanglichen Ur-Anfangsstadium habe ich mich nicht besonders befasst. Obwohl es für alle Werke seit der Symphonie Nr. 1 obligatorisch, wie auch zu gewissem Grade differenziert ausgeformt ist, ist es aber so elementär und wurde obendrein so oft kommentiert, dass ich auf eigene Bemerkungen verzichten kann. Für meinen Teil wurde das wesentliche in Aug. Halms Worten ausgedrückt (*op.cit.* S. 58): "Ehe das Motiv, das "Bewegende", entstand, erleben wir etwas wie eine Vorzeit, etwas beinahe Unzeitliches, [...] wir empfinden [...] etwas wie Schöpferluft. [...] Wir spüren es: hier beginnt nicht ein Musikstück, sondern die Musik selbst hebt an."

[104] Vgl. Anm. 87. Es ist nicht klar, warum Notter die 5. Symphonie in dieser Verbindung nicht in

Eben so wenig scheut er sich, auf der Basis einer gewissen Ähnlichkeit in rhythmischer Hinsicht zwischen den Hauptthemen in den Kopfsätzen der 8. und der 9. Symphonie, die "Evolution" so auszudrücken, dass ein Hauptthemenelement im früheren Werk einen ursprünglicheren Status im späteren einnimmt (vgl. das folgende Notenbeispiel):

> Dieses Vorthema [der 9. Symphonie] entspricht rhythmisch dem Hauptthema aus der Achten Sinfonie, das also bereits im Vorthema der neunten erledigt wird.[106]

Beispiel 35 a-b

Derartige Spiegelfechtereien bezwecken nichts anderes als die Durchsetzung einer prä-etablierten These über ein nur allzu widerspenstiges Material. Um "Übereilung" handelt es sich in Verbindung mit den Symphonien Nr. 6 bis 8 wohl kaum; übereilt ist wohl eher die Anwendung eines generalisierten Vorthemabegriffs, der in den Kopfsätzen dieser drei Werke keinerlei Gültigkeit hat.

Der einleitende Komplex der 9. Symphonie wird durch einen zusammengesetzten Charakter gekennzeichnet, der deutlich selbst den in der 3. Symphonie übersteigt. Notter muss einem weiteren Teilschema Platz einräumen, einem *"Aufschwung"*.[107] Aber es gibt noch mehr Sachverhalte, die allerdings in seiner Analyse nicht den Status eines Teilschemas erworben haben. Es handelt sich zunächst um die Takte 27-38, die bei Notter als Teil einer einzigen langen Crescendostruktur erscheinen, T. 27-62. Diese Bestimmung ist bestenfalls ein Ausdruck mangelnder Sensibilität und abgesehen davon einer verkehrten Lesung des Notentextes, der, was diese zwölf Takte betrifft, charakteristisch ist durch seine im großen und ganzen festgehaltenen *p*- und *pp*-Nuancen – unmittelbar nach dem Aufschwung des vorangehenden Blechbläsersatzes zu einem *forte marcato*.[108]

Betracht zieht (und was die Siebente betrifft, vgl. Anm. 98).

[105] Notter, *op.cit.* S. 29.

[106] *Loc.cit.*

[107] "Der Aufschwung [T. 18-26] füllt die Lücke zwischen dem Vorthema und dem nachfolgenden Crescendo". (Ebd. S. 30.) – Der Grund für diesen Status als Füllkalk ist vielleicht indirekt damit verbunden, dass Notter dies an anderen Orten nicht beobachtet hat. Und doch erscheint dieses "Teilschema" in der *Introduction* der 5. Symphonie (Takt 15-17, T. 23-25). Notter erwähnt es dort nur als ein "fanfarenartiges Dreiklangsgebilde"; die fehlende Aufmerksamkeit auf diese Parallele wird des weiteren durch folgende Formulierung bekräftigt: "Die 'Introduction' exponiert also nicht bloß die drei Urmotive, sie besitzt darüberhinaus zwei echte Teilschemata, eine Crescendo- und eine Klimax-Struktur." (Ebd. S. 82.) Dass er auch das "Teilschema" 'Vorthema' in der *Introduction* übersehen hat, sei nur *en passant* erwähnt.)

[108] Dem ausgeprägt lokalen Crescendo in Takt 34 folgt, recht signifikant für den Charakter dieser Takte, in Takt 35 der Rückfall in das dynamische Minimum *pp* bzw. *ppp*. – Notters unsichere Detailanalyse geht auch daraus hervor, dass er die Violinfigur T. 27-28 als Umkehrung von Horn T. 24-26 auffassen will. (*Op.cit.* S. 115, Anm. 59.)

Dies ist eher ein *Suspensionsfeld* – eine Art Auskristallisierung oder Verselbständigung derartiger *De*crescendo-Strukturelemente, die in der Themengruppe I der 5. und 6. Symphonie vorkamen. Die besondere Nomenklatur betreffs dieser Takte in IX/1. wurde auf der Grundlage ihrer besonderen perspektivischen Wirkung im Verhältnis zum unmittelbar voranstehenden Abschnitt gewählt: Nicht nur in dynamischer Hinsicht, sondern auch durch seine Harmonik erfolgt durch Takt 19 ein plötzlicher, umwälzender Aufbruch[109]; der Tonika-Orgelpunkt wird hier in die beiden chromatischen Nachbartöne *es* und *des* gespalten, und der daraus sich ergebende Es^7_7-Akkord geht auf dem melodischen Höhepunkt der folgenden Takte eben so überraschend in eine Ces-Dur-Fläche über – das erwartete As-Dur tritt erst im offenen Schluss dieses Choralsatzes ein, und dort septimisiert. Die nachfolgenden Takte sind als "atemholende" Reaktion auf diesen gewaltigen Aufbruch auskomponiert, nicht als vorwärts gerichteter Abschnitt und somit nicht mit distinkt überleitendem Charakter (obwohl es sich hier, mit dem später erfolgenden Crescendo, um *den* Abschnitt innerhalb einer Brucknerschen Hauptthemengruppe handelt, der in seiner unmittelbaren Wirkung der Kategorie Überleitung am ehesten gerecht wird).

Die "Reaktion" und ihre Verarbeitung erweisen sich in satzlogischer Hinsicht als konsequent in dem E-Dur-Ansatz von Takt 27 – der verspäteten oder indirekten Auflösung des Ces/H-Dur im Choralsatz. Die nachfolgende harmonische Bewegung verläuft chromatisch aufwärts auf jeden zweiten, später auf jeden Takt und hält ein in C-Dur. Eine bewusste Umgehung von d-Moll, der Tonika-Verankerung der ersten achtzehn Takte, die das Aufbruch-Element durch die Spaltung von *d* zum Weichen brachte, ist also weiterhin wirksam. Erst der nachfolgende Crescendoverlauf nähert sich allmählich wieder der Tonika: am deutlichsten durch das Kreisen der Melodik um *d*, während die Harmonik das *d* einschließt, d-Moll aber vermeidet: f^{+6}, T. 39-40; g^{+6} (T. 41-42); T. 43-44: $D^7_5 + e$ (= $a^{+6} + d$), um dann wieder eher der Tonika auszuweichen bis hin zur Dominantfläche in den Takten 59-62.

Der Status des in Takt 63 *unisono* einsetzenden Kulminationsthemas als das unbestrittene Hauptthema des Satzes – im Gegensatz zur Situation in III/1. – wurde bereits diskutiert (vgl. S. 162). Es enthält Elemente aus dem Anfangsmotiv des Crescendoverlaufs (Takt 39, vgl. T. 63-65), aber auch aus der stärker akkumulierenden Phase desselben Crescendos (Takt 51 (52 usw.), vgl. T. 66-67, 68-69). Endlich ist sein abschließendes *es*, Takt 69-70, mit dem danach einsetzenden ersten Akkord: Ces-Dur (mit V-I-Auflösung nach e-Moll) zu verstehen als dynamische Nachwirkung des Aufbruchmoments (Takt 19 ff.). Insgesamt hat dieses Haupt- und Kulminationsthema also eine ausgesprochen zusammenfassende Funktion, zu der es in der in syntaktischer Hinsicht sonst sehr verwandten 3. Symphonie keinen analogen Fall gibt – wohl aber in der Vierten, mit dem HTh$_b$, und weniger ausgeprägt in der Symphonie Nr. 5 (vgl. beide Stellen Takt 51 ff.).

---

[109] Steinbecks Bezeichnung für dieses eruptive Element ist eben *"Aufbruch"*. Das nachfolgende Suspensionsfeld benennt er neutral als *"Zwischensatz"* (mit Überleitungsfunktion) und trennt es ebenfalls vom nachfolgenden Crescendoverlauf. (*Anton Bruckner. Neunte Symphonie*, S. 55.)

Die Erklärung des abschließenden Teils der Hauptthemengruppe in IX/1. (Takt 77 ff.) als "Überleitung" (Notter; bei Steinbeck als *"Übergang"* bezeichnet) wurde bereits in Kapitel I diskutiert (S. 59). Dies ist wiederum, und mit noch größerem Gewicht, als Suspensionsfeld zu bezeichnen – für eine schematische aber etwas abstrakte Betrachtung eine Parallele zu den Kadenzserien nach dem Kulminationsthema in III/1. (T. 97-102)[110] –, dessen größere Länge und wesentlich mehr entkräfteter Charakter (obwohl es allmählich zu einem *forte* anwächst, um nachfolgend wieder abzunehmen) sich aus den starken Entladungen im vorangehenden Hauptthema erklären, dem es fast völlig seine Ausformung, auch in diastematischer Hinsicht, verdankt.[111] Dies wird in nicht geringem Maße von der zweideutigen Harmonik der abschließenden Takte 93-95 unterstrichen: die Auflösung erfolgt zwar – nach einer Generalpause – "regelrecht" nach A-Dur, der Tonart des gleich folgenden "Gesangsthemas", was dem Schlussakkord funktionell den Charakter des dreifachen Leittonklangs $E^{9 \flat 5}$ verleiht. Der primäre, richtunggebende Klang ist aber der ebenfalls dominantisch klingende B^7_5, dessen Quinte mit der Alteration *fes* wechselt (wobei dies allerdings als *e* notiert ist), was eine Nachwirkung des prononcierten *es* im Hauptthema als weiterhin wirksamen, sekundären tonalen Schwerpunkt in der neapolitanischen Subdominante mehr als andeutet.[112]

WAB 109 ➡ S. 212

2 · Die zweite Themengruppe: Gesang und formale Latenz

Der Seitenthemateil der Exposition ist, soweit es seinen thematischen Grundcharakter betrifft, in wesentlich höherem Maße als die Satz- und Form-fundamentierende Themengruppe I prädisponiert für ein größeres Einheitsgepräge (vgl. Bruckners aus der Formenlehre übernommene Bezeichnung *Gesangsperiode*); in geringerem Grade allerdings, soweit es die formale Disposition selbst betrifft: vor dem Hintergrund ihres "refraktären" Zustands im Verhältnis zur vorangehenden Entfaltung des Hauptthemas wie auch des hiermit zusammenhängenden, in höherem Maße ruhenden, lyrisch sich ausbreitenden Eigencharakter findet sich hier – wie das zu gewissem Grad auch im langsamen Satz des symphonischen Zyklus der Fall ist – Raum für Individualität in diesem bei Bruckner formal gesehen ausgesprochen vegetativen Feld; jedenfalls solange nicht eine bevorstehende

---

[110] Die überraschende harmonische Weiterführung als dreifacher Leittonklang zum tonikalen Startakkord der zweiten Themengruppe ist ein weiterer verwandter (wenn auch nicht entsprechend ausgeformter) Zug: III/1.: $Des^7 \rightarrow F$; IX/1.: $B^7 \rightarrow A$.

[111] Die fallenden Melodielinien in den Streichern bilden einen Zusammenhang mit den vorhergehenden Suspensions-geprägten Takten (T. 27 ff.), der kaum zu überhören ist.

[112] Vgl. übrigens den Sachverhalt, dass der Hauptteil dieses gesamten Entspannungsfeldes zu subdominantischen Regionen neigt: T. 77-78 ist S^6 in g-Moll, T. 81-82 ebenfalls, sogar nach dem D^{c9}-Akkord der beiden dazwischen liegenden Takten. T. 83-84 geht in derselben Richtung weiter mit S^6 in C-Moll, "annulliert" durch die Rückkehr der nächsten beiden Takte zur D^{c9} in g-Moll sowie durch S^6 in d-Moll T. 87 ff.

neue satzmäßige Aktivierung – was bei ihm oft dasselbe besagt wie eine neue Manifestation von Hauptthemenkräften – diese Latenzsituation bricht.

Die meisten Kommentatoren betonen, was Bruckner angeht, ein Kontrastverhältnis zwischen den thematischen Hauptpolen der Sonatensatzform, die über den für den Formenkodex im 19. Jahrhundert bestimmenden Dualismus zwischen diesen beiden Themeninstanzen hinaus geht. In schärfstem Gegensatz hierzu steht Kortes Gesichtspunkt zu *"ein[em] abgestufte[n] Nacheinander, ein[em] relative[n] Verschiedensein"*.[113] Franz Schalk stellte umgekehrt mit folgenden Worten das Kontrastverhältnis als eine Art *factum brutum* fest:

> Die Kontraste, die er in der Gegenüberstellung dieser beiden Grundelemente seines Sinfoniesatzes wagt, bleiben meistens so groß, so abgründig, daß sie nicht zu überbrücken sind. Es entstehen die überlebensgroßen Cäsuren, die zunächst verblüfften und dann als unerhörte Formlosigkeit bekämpft wurden.[114]

Für Wolfram Steinbeck ist der Gegensatz, trotz verbindender Momente innerhalb des Rahmens der übergeordneten Formentwicklung, ebenfalls

> total: in Satztechnik, Charakter, Form und Funktion im symphonischen Prozeß.[115]

Diesem Gegensatzverhältnis fügte Alfred Orel früher eine nähere Bestimmung bei:

> Die Romantik verstärkte den Gegensatz [als thematischen Dualismus], bei Bruckner ist endlich eine weitere Gegensätzlichkeit, die sich in der Romantik entwickelte, zur vollen Ausbildung gelangt: d e r   G e g e n s a t z   d e r   B e w e g u n g. Es genügt nun nicht mehr, im gleichmäßig fortfließenden Geschehen lediglich eine andere Seite des ideellen Sujets des ganzen Satzes in den Vordergrund treten zu lassen. Ein in seiner inneren Haltung, seiner Bewegung völlig selbständiges Gebilde tritt in bewußtem Gegensatz dem Hauptsatze gegenüber.[116]

Orel gab allerdings keine eigentlichen Spezifikationen des erwähnten Kontrastes bezüglich seiner Bewegungsform.[117] Die nachfolgenden Untersuchungen werden aber erweisen, dass die Sache, was ein Gegensatzverhältnis nach diesen Richtlinien betrifft, sich nicht ganz so eindeutig darstellt.

Möglicherweise wurde das analytische Interesse für diesen Formabschnitt bei Bruckner schlicht begrenzt[118] durch die hier vorherrschende "Problemlosigkeit",

---

[113] Korte, *op.cit.* S. 33. – Eine besondere Nuancierung dieser Frage findet sich bei Max Morold, der eine Art charakterielles Variationsverhältnis zwischen Haupt- und Seitenthema der Kopfsätze behauptet, dem gegenüber die Finale-Seitenthemen durch ihren "nicht angepassten" Charakter im Zusammenhang gekennzeichnet seien (vgl. "Das Brucknersche Finale", in: *Die Musik* 1906-07, S. 32 f.). – Näheres hierzu im Kapitel VI.

[114] Fr. Schalk: *Briefe und Betrachtungen.* Wien, Leipzig 1935, S. 79.

[115] W. Steinbeck, *Anton Bruckner. Neunte Symphonie.* S. 29.

[116] A. Orel, *op.cit.* S. 79. (Orels Hervorhebung.)

[117] Sonderbarerweise berührt er diesen Sachverhalt auch nicht in seinem Sonderartikel zu dieser Frage: "Zum Problem der Bewegung in den Symphonien Anton Bruckners", in: Karl Kobald (Hrsg.): *In memoriam Anton Bruckner.* Zürich, Wien, Leipzig 1924, S. 202-232.

[118] Dies lässt sich, wie es scheint, jedenfalls aus Notters äußerst sparsamen, bisweilen völlig fehlenden Kommentaren zur Themengruppe II lesen. Deren schematische Bestandteile beschränken sich laut seiner Beschreibung auf "[eine] Dreiteilung, die in nahezu sämtlichen Seitensätzen wiederkehrt" sowie "die kontrapunktische Reife späterer Gesangsperioden, ihre Übersättigung mit Nebenmelodien" (zur Symphonie Nr. 1; Notter, *op.cit.* S. 62).

verbunden mit dem hohen Maße an charakterieller Ähnlichkeit, das zwischen einer Reihe von thematischen Bildungen innerhalb dieses Formabschnitts in beiden Außensätzen besteht (und bis zu gewissem Grade sogar in den Zwischensätzen[119] – was das Scherzo betrifft, ist auch das Trio hier relevant[120]). Ein typisch Brucknersches *Gesangsthema* lässt sich in hohem Maße schematisch beschreiben: ein augeprägtes Dur-Melos mit relativ starker Vorherrschaft von Sexten und Septimen[121], quasi-motivische Begleitstimmen (Doppelthematik) sowie ein tonaler Anfang in einem Wechsel zwischen Tonika und Dominante.[122] Diese Kennzeichen münden in ein Ländler-geprägtes Idiom aus. Andererseits ist diese Charakteristik keineswegs vollaus deckend, nicht einmal für den melodischen Kernstoff der Seitenthemengruppen.

WAB 98 ↗ S. 154; WAB 99 ↗ S. 154

In Bruckners frühester symphonischer Entwicklungsphase lässt sich eine starke Präferenz für einen grundlegenden *Zusammenhang* zwischen den beiden ersten Themengruppen konstatieren, insoweit als das Seitenthema-Initial unmittelbar aus vorhergehendem, überleitungsgeprägtem Material entspringt. Diese Prozedur wird befolgt in der *Ouvertüre in g-Moll* wie auch in der *Studiensymphonie in f-Moll*, wo eine derartige Technik mit "kontrapunktischen" Wirkungsmitteln verbunden wird: mit Augmentation und Umkehrung. Eine tektonisch markierte Trennung zwischen diesen Formabschnitten lässt sich logischer Weise hier auch nicht feststellen. Eine eigentliche Zäsur an diesem Ort setzt Bruckner nicht vor der – vor allem früher als *"Pausensymphonie"* identifizierten – 2. Symphonie. (Was den Finalsatz betrifft, kommt das bereits in WAB 100 vor, wo es allerdings sicherlich mit der untraditionellen Exponierung des Hauptthemenabschnitts in Fugatoform zu tun hat.)

Als ein gewisses Komplement zur prägnanten Entwicklungstechnik in WAB 98 und WAB 99 wird der eigentliche Übergang in deren Kopfsätzen durch eine Retardationstechnik verdeutlicht, am eindeutigsten in der f-Moll-Symphonie, wo der einleitende rhythmische Grundwert des Seitenthemas (und dessen konkrete melodische Gestalt) durch eine Augmentation über zwei Verläufe des vorhergehenden pulsierenden Passagenwerks erreicht wird:

---

[119] Vgl. III/2. T. 41 ff.; deutlicher: VII/2. Takt 37 ff. Außerdem IV$_2$/2. Takt 101 ff. (hier zugleich Hauptthema im Durchführungskontext).

[120] Das betrifft die Trios der Symphonien 2-4; im sonatenförmigen Scherzo der 5. Symphonie das Seitenthema, T. 23 ff., vgl. besonders dessen Durchführung T. 189 ff.

[121] Eine Statistik auf der Basis aller Seitenthemengestalten (4-24 Takte) einschließlich einer einzelnen motivischen Begleitstimme, wo eine solche vorkommt, ergibt folgende ungefähre Intervall-Repräsentation (Sekunden wurden hier nicht berücksichtigt): Terzen: 28%; Quarten: 18,8%; Quinten: 10%; Sexten: 23,4%; Septimen: 13%; Oktaven: 5,2%; Nonen: 0,9%; Dezimen: 0,6%. An der Aufzählung, die nur die Außensätze umfasst, sind außer den Symphonien folgende Werke beteiligt: die Ouvertüre in g-Moll (WAB 98) und das Streichquintett, F-Dur (WAB 112). Insgesamt wurden 326 Intervalle größer als die Sekunde gezählt.

[122] Karl Wagner hat nachgewiesen. dass die Kernmotive der Seitenthemen in Bruckners Symphonien 1-4 sich geradezu als Quodlibet realisieren lassen; vgl. "Bruckners Themenbildung als Kriterium seiner Stilentwicklung", in: *ÖMz* 1970, S. 159 ff.

Beispiel 36

In der *Ouvertüre* verläuft die Situation nicht mit derselben Konsequenz. Hier ist
die rückwärtige motivische Verbindung auch latenter: sie manifestiert sich als
doppel-augmentierte, ziemlich freie Umkehrung des Nachsatzmotivs der Überleitung, das selbst aus dem Hauptmotiv der langsamen Einleitung entwickelt
wurde[123]:

Beispiel 37 a-c

Das Retardationsmoment ist allerdings manifester, als sich das nach voranste-
hender Illustration vermuten ließe: vor dem Umschlag in die Halbnotenbewe-
gung erfolgte nämlich ein motivischer Fragmentierungsprozess – übrigens ein
Moment, das deutlich auf den späteren Bruckner verweist –, der in Verbindung
mit einer Ausdünnung des Orchestersatzes bis zu einem Grade eine Verlangsamung des Pulses bewirkt (T. 57-63).

Trotz derartiger Maßnahmen auf rhythmischer Ebene betrachtet man aber wohl
kaum die Umstände um diese formale Zäsur als Manifestationen grundlegender
verschiedener Bewegungsformen, wie das Orel ausspricht.[124] Ganz im Gegenteil
sind es wie gesagt eher Zusammenhänge als Kontraste, die die Gegenüberstellung
dieser Formabschnitte prägen. Das wird in übergeordneter Perspektive unterstrichen durch die Disposition beider Seitenthementeile in zwei prinzipiell gleich
gebildete Abschnitte[125], so wie das auch in der ersten Themengruppe der Fall war,

---

[123] Kurth beachtet diese Umkehrungs-Relation nicht, verweist aber seinerseits auf andere, eher
zweifelhafte Bezugsmomente zwischen Einleitung und Seitenthema. (*Op.cit.* S. 1154.)

[124] Das von Orel angeführte Beispiel für einen solchen fundamentalen Kontrast ist denn auch ein
weit charakteristischeres, nämlich die Situation im Kopfsatz der Symphonie Nr. 5 (vgl. dort Takt
101 ff.).

[125] Was in der Ouvertüre wie ein kontrastierender Mittelsatz wirken mochte (T. 72-78), mit einem
"Registerwechsel" von Streichern zu Holzbläsern und Horn, ist hier nur eine Weiterführung des
stufenweise ansteigenden Komplementärmotivs im Seitenthema auf die einleitenden absteigenden
Septimensprünge. Es wird, wenn auch nur kurz und in einer melodischen Variante, in der Schluss-

besonders in der Symphonie, deren beiden Hälften unmittelbar korrespondierten. Und das wird endlich entschieden bestätigt durch die motivischen Assoziationen zum Hauptthema, die sich im Seitenthema geltend machen. In der f-Moll-Symphonie lässt sich dies am deutlichsten nachweisen im *fz*-Ausbruch des Nachsatzes auf dem Quintsprung mit Appoggiaturawirkung, T. 95-97, der ziemlich unmittelbar als Echo der beantwortenden *ff*-Phrase im Hauptthema (T. 4-7) mit ihrem entsprechenden Vorschlagseffekt aufgefasst wird.[126] Schließlich mögen die metrisch unregelmäßigen Verhältnisse im Seitenthema der Symphonie an die Formung der Kernphrase im Hauptthema erinnern (vgl. S. 154).[127]

WAB 98 ➡ S. 225; WAB 99 ➡ S. 227

WAB 101 ↗ S. 155

Die vorgefundene Zweiteilung des Themenfeldes II (A A'), die mit der Anlage der Hauptthemengruppe korrespondiert, macht sich noch in der *1. Symphonie* geltend, wo dieser Abschnitt außerdem durch seine größere Kürze und insgesamt weniger füllige Gestaltung charakterisiert ist als in der Studiensymphonie – längenmäßig nur etwa ein Drittel der 62 Takte in WAB 99 und mit einem zweistimmigen Satz als klanglich dominierendem Sachverhalt. In Anbetracht des überwiegend energisch vorantreibenden Charakters der gesamten Exposition und bei ihren ausgesprochenen dynamischen Höhepunkten mag dies überraschend vorkommen. Zweifelsohne ist dieser Grundcharakter – wenn er auch keineswegs kantabile Expressivität oder expansive Momente in tonalem Sinne vermissen lässt (siehe das Notenbeispiel 38) – Ausdruck für einen namentlich dynamischen formalen Zusammenhang mit der charakteristischen gedämpften Re-Exposition des HTh-Komplexes, aus dem der STh-Abschnitt denn auch bruchlos hervorgeht:

Beispiel 38

Dies wird durch eine Parallele wie die motivische Stockung in T. 47 ff. angedeutet (Vl.1), der Takt 36-37 in derselben Stimme entsprechen. Deutlicher ist aber, dass das zweistimmige, lang verklingende Echo Takt 53-57 (Kl., vgl. Vl.1-2 in den vorhergehenden Takten) zurückzuführen ist auf den Ausklang der Themengruppe

---

kadenz des Seitenthementeils wieder aufgenommen (Takt 89, Horn).

[126] M. Hansen (*op.cit.* S. 100) erklärt statt dessen den skalenhaften Abstieg des Seitenthemas T. 87-88 als einen aus T. 38 ff. wieder aufgenommenen Faden. Diese Deutung geht wohl aber etwas zu weit.

[127] Die phrasenmäßigen Einheiten in den beiden Hauptabschnitten von gleicher Länge (2 mal 31 Takte) verteilen sich wie folgt (Takt 85): 4+5 + 4+4 Takte sowie 2 Takte Fortspinnung; 6+5+1 Takte. Darauf (T. 116) variierte Wiederholung des Seitenthemenkomplexes, die ebenfalls neue Phrasenlängen mit sich führt: 4+6, elidiert mit 4 Takten; 4; 4+2 Takte. ('2' = Fortspinnung); 4 Takte in Elision mit 5 Takten.

I, Takt 42-45 (Kl., Hr.). Wirft man einen Blick nach vorn auf die Reprise, wird diese Relation auf überraschende Weise bestätigt: Bruckner hat hier, im beruhigenden Übergang zwischen den beiden Hauptphasen der Themengruppe I (Takt 225-226, Fl.), die vegetative, repetierende Terzbewegung aus derselben Position in der Exposition der Themengruppe II eingeführt (Oboe Takt 53 ff.). Diese sozusagen selbstvergessenen Takte entfallen dann bezeichnender Weise am "rechten Ort" in der Reprise, was – mit anderen Variationsmomenten – dazu beiträgt, dem Seitenthemenfeld in der Reprise einen wesentlich prägnanteren, vorwärtsgerichteten, ja final orientierten Charakter zu geben. Die hier angeführten Umstände führen mit sich, dass die zweite Themengruppe in der Exposition, im Zusammenhang mit der zweiten Phase des Hauptthemas, als ausgeprägtester Teil eines größeren Suspensionsfeldes akzentuiert ist. Übrigens reicht der Zusammenhang mit der Hauptthemengruppe aber weiter als nur zu solchen dynamischen Momenten: die Motiventwicklung des Seitenthemas (Vl. 1 Takt 45 ff.) mit ihren drei gleichgeprägten Bestandteilen in stetig markanter aufwärtsstrebenden Varianten der Grundgestalt repräsentiert – was keiner der scharfäugigeren unter den Analytikern observierte – einen der wenigen wahrscheinlichen Fälle einer kontrastierenden Ableitung aus Bruckners Hauptthemenkomplexen:

Beispiel 39 a-b

Ein Vergleich mit den beiden vorhergehenden Satzstudien bestätigt aber zugleich die Gültigkeit der oben gegebenen Charakteristik der Übereinstimmung zwischen den beiden Themenfeldern auf dynamischer Ebene: wo Bruckner früher bei der variierenden Wiederaufnahme des Seitenthemas aktivierende Momente einfügte – einen schnell pulsierenden Begleitrhythmus in der Ouvertüre (Takt 79 ff.), in der Symphonie eine festgehaltene Synkopierung der Begleitung (Takt 116 ff.) –, so fehlen derartige dynamisierende Wirkungsmittel völlig am entsprechenden Ort der 1. Symphonie.

Was somit oberflächlich aussehen könnte wie ein relativer Rückschritt, lässt sich allerdings erklären durch Bruckners hier wesentlich weitsichtigere Disposition des Expositionsverlaufs. Die Reduzierung des Aktivitätsniveaus in der zweiten Themengruppe wird mehr als ausgeglichen durch einen wichtigen Fortschritt bezüglich der konkreten Ausformung und des funktionellen Status der nachfolgenden, dritten Themengruppe innerhalb der Exposition. Eine theoretische Interpretation dieser anders gearteten Disposition – die keineswegs gegen eine schematisch fixierte Lösung hin tendiert – soll allerdings erst im letzten Hauptabschnitt dieses Kapitels vorgenommen werden (vgl. S. 256 f.).

WAB 101 ➡ S. 229

Das zweite Thema in der annullierten *Symphonie in d-Moll* hat dieselben bescheidenen Dimensionen wie der entsprechende Abschnitt in der 1. Symphonie; nun wird es aber nicht mehr in zweigeteilter Form disponiert, analog mit dem Hauptthemenfeld (diese bis dahin allein vorherrschende Anlage zeigt sich erst wieder im ersten Satz der 8. Symphonie). Statt dessen sieht es so aus, als habe der Komponist einen möglichst großen Anteil am Entwicklungsgang dieses Formteils mit einem konzentrierten Motivmaterial zu bestreiten gesucht: nichts lässt sich mehr aufspüren von der Perioden-ähnlichen Syntax der Studienarbeiten mit ihrem Vordersatz/Nachsatz-Charakter, und auch im Verhältnis zu I/1., wo das Thema als Reihe von Entwürfen neuer, expansiverer Motivlinien auf der Basis eines Ausgangsmotivs geformt ist, repräsentiert die Situation in WAB 100 einen Schritt in der Richtung weitergehender Konzentration. Keiner der beiden zuletzt genannten Themenkomplexe kann sich jedoch mit dem der f-Moll-Symphonie messen, weder was die thematische Fülle noch die Spannweite zwischen den Brückenpfeilern der Kadenzen angeht.[128]

Das neue, höhere Maß an motivischer Selbstgenerierung, das in der d-Moll-Symphonie in voller Blüte wirksam wird (vgl. in dieser Hinsicht auch den Hauptthemenabschnitt!), darf trotz seiner zu Beginn deutlich unzulänglichen Tragfähigkeit nicht übersehen werden: dank dieser Tendenz breitet Bruckner etwas aus, das zu den überzeugendsten Elementen in seinen frühen Sonatensätzen und jedenfalls zu deren frappierendsten Formulierungen gehört, nämlich Techniken, die traditionell "sekundären", motivisch entwickelnden Passagen angehören; derartige Techniken werden hier in die eigentliche thematische Ausformung eingebracht. Das eher Wildwuchs-hafte Gepräge, das die Themengestaltung damit annimmt, verweist auf eines der wichtigeren Momente in einer Kompositionsweise, die in dieser Abhandlung durch eine einfühlungsbetonte Qualität bezeichnet wird.

Etwas mehr als die Hälfte des kurzen Seitenthemenfeldes in WAB 100/1. wird von ein und demselben Grundmotiv beherrscht, das in erster Linie durch wechselnde tonale Beleuchtungen variiert wird: mit einem Beginn in der Dominante (im Verhältnis zur Haupttonart d-Moll) Takt 33 und dann in verschiedenen Parallelregionen (Dᴘ, Tᴘ und Sᴘ). Rhythmische und begleitende Momente (synkopierte Melodieführung bzw. nachschlagende, von Pausen unterbrochene Akkorde) werden durch den gesamten Formabschnitt hindurch fast konstant als unterstützende Umstände festgehalten. Diese monotone Anlage wird nun aber von innen heraus aufgebrochen durch eine minimale aber signifikante Motivänderung: eine aufwärtige Oktavverlegung der beiden letzten Töne:

---

[128] Die eigentlich interpunktierenden Kadenzen: Takt 93 und die auf Grund ihres Status als Zitat länger wirkende *"Marien-Kadenz"* T. 110-114 sind, was bezeichnend ist, beide Halbschlüsse. (Zu dieser Kadenzformel bei Bruckner – vgl. z.B. auch III/2. Takt 20-22 u.w. – und ihrem möglichen Ursprung in Mozarts Musik, siehe W. Gloede: "Eine Hommage Anton Bruckners an Mozart?", in: *BrJb* 1984/85/86, S. 11 f.)

Beispiel 40

Trotz dieser Verstärkung der Kantabilität des Motivs erweist sich die Entwicklung als wenig tragfähig: es erfolgt eine Fragmentierung, die sich in einer *pp*-kleinmütigen Moll-Variante fortsetzt, Takt 41-43 (vgl. T. 39-41). Danach hätte nun wie in früheren Werken eine variierte Wiederholung der ersten Phase des Themas beginnen können – vgl. die vollständige aber geschwächte Motivvariante in der TP Takt 43-46 (Horn); diese wird nun aber sogleich durch etwas abgelöst, das zu einem kontrastierenden Doppelmotiv zu werden verspricht (Violinen bzw. Celli, in der SP). Es vermag sich aber weder zu einer eigentlichen thematischen Passage zu entwickeln[129], wiederholt sich nur, crescendierend, in stark fragmentierter Form (Celli Takt 50 f.); noch folgt ihm ein Moment der Reprise: der rein dynamische Höhepunkt in der TV, Takt 52 in *forte*, der statt dessen eintritt, bezeichnet zugleich den eindeutigen Kollaps der zweiten Themengruppe in einem kurzen, motivisch insignifikanten Auslauf.

Was an diesem durch und durch asymmetrisch entworfenen Formglied so wenig befriedigt, ist sein Mangel an Konzentration: alles scheint in einem gewissen traumhaften Zustand abzulaufen, wo Konsequenzen willkürlich sind und der Wirklichkeitscharakter unsicher. Der aus dem Hauptthemenabschnitt fortgesetzte *alla marcia*-Grundrhythmus, der als Folge der konsequenten Synkopierung in der Melodieführung hier in geschwächter Form erscheint, unterstreicht dieses Gepräge. Aber die assoziativ geprägte Entwicklungsweise und die eigentliche Mobilisierung eines primär dynamischen Faktors gegen Ende des Themenfeldes als begründende Kraft hinter dem erneut stärkeren Aktivitätsniveau der folgenden Expositionsgruppe sind Züge, die vorwärts auf bewusster angewandte Prinzipien der Formung bei Bruckner verweisen.

WAB 100 ➡ S. 231

WAB 102 ↗ S. 159

In der *Symphonie Nr. 2* handelt es sich zum ersten Male um eine tektonische Isolierung des zweiten Themenfeldes im Verhältnis zu der einleitenden Gruppe. Bruckner erschafft hier, in fast demonstrativem Gegensatz zum Vorgängerwerk, sein bislang breitest geschwungenes und in seiner Ausführung kantabelstes *Gesangsthema*, dessen Anlage zwar, wie in der d-Moll-Symphonie, asymmetrisch ist, aber vor dem Hintergrund völlig anderer Prämissen, nämlich der freien Ent-

---

[129] Die Ähnlichkeit mit episodischem Material in der Themengruppe II im Kopfsatz der 3. Symphonie Takt 129-137 (Celli, vgl. auch seine Ausformung in III₁/1. Takt 160 ff.) – einem Abschnitt, den Bruckner im Autograph als *"Kleinmuth, Verwirrung"* bezeichnend erläutert hat – ist nicht zu verkennen.

faltung der Kantabilität. Der Formabschnitt, der mit einem einzigen Thema identisch ist[130], fällt in eine vierzeilige Melodieanlage: a a' b c[131] (Takte 65-72, 73-81, 81-
92, 93-97). Von Regelmäßigkeit betreffs der "versmäßigen" Länge ist also ebenfalls
keine Rede, und außerdem ist es bezeichnend für den fortgesetzten Strömungs-
charakter des Themas, dass die einzige pausenmarkierte Zäsur unterwegs gerade
zwischen a und a' liegt. Die Erweiterung des b-Elements, die rein taktmäßig auf
Kosten von c erfolgt, ist tonal begründet: b rückt von Es- zu Ges-Dur, und erst mit
Takt 93 steht Es-Dur wieder im Brennpunkt. Interessant ist allerdings, dass eine
satzmäßige Änderung im achten Takt des b-Teils erfolgt, also dort, wo die Musik
das bis dahin allein herrschende Taktmodul überschreitet: der Melodieverlauf
beginnt hier, zwischen den Streicherstimmen zu wechseln: war die thematisch
führende Stimme in a und a' den Celli anvertraut[132] und im b-Teil zunächst den
1. Violinen, wird die Melodiführung nun komplexer: Takt 88: Vl.1 → Vc., Takt
91-92: Vc. → Vl.1, Takt 92 f.: Vl.1 → Vl.2, Takt 94: Vl.2 → Vl.1, Takt 95: Vl.1 → Vl.2
→ Vc., Takt 96: Vc. → Vl.1.

Das satzmäßige Geflecht, das ein charakteristischer Zug der Linienführung im
Hauptthemenabschnitt war, macht sich also auch hier durchaus geltend. Dazu
trägt bereits das variiert wiederholte Begleitmotiv in Vl.2 T. 63-88 bei – mit
einzelnen kurzen Unterbrechungen. Takt 88 erweist sich somit wieder einmal als
Bruchlinie in diesem Formglied, wenn auch recht unauffälliger Art. Und es ist
auch dieser gelassene, kontinuierlich strömende Grundcharakter, der die Eröffnung des nachfolgenden Formteils erklärt, der Themengruppe III – einen Anfang,
der auf eine für Bruckner völlig neue Weise erfolgt und der nicht nur rein motivisch andeutend vorgegriffen wird im Abschluss des Seitenthementeils (Vl.1
Takt 96 f.): auch in tonaler Hinsicht handelt es sich um eine Parallelität, insofern
als der oben erwähnte Bogen Es → Ges → Es in der langen, fortgesetzten Strömung
erweitert wird wie folgt: Es --→ Ges (Takt 136) --→ G (Takt 151) --→ Es (Takt 171).

WAB 102 ➠ S. 232

WAB 103 ↗ S. 162; WAB 104 ↗ S. 167

Von einer schematisch geprägten Anlage der zweiten Themengruppe kann vor
den Kopfsätzen der *Symphonien* 3 und 4 keine Rede sein. Hier wird diese dann
dafür recht deutlich.[133] Das gilt für den Themencharakter mit seiner polymoti-
vischen Sättigung, die eine Intensivierung des entsprechenden Satzbildes in WAB
100 darstellt; ebenso für die Konzentration beider Abschnitte auf wiederholte
Präsentation eines viertaktigen Motivkerns in wechselnden tonalen Beleuchtungen, was hier wie dort zu einer formal übergeordneten, vierteiligen Gruppierung des hauptsächlichen Motivmaterials führt. Des weiteren zeigt sich das an

---

[130] In dieser Hinsicht handelt es sich um eine deutliche Parallele zu dem ebenfalls monolithischen
und weiträumig ausgeformten Hauptthema des Satzes.

[131] Der zweite thematische Bestandteil des a-Teils, Celli T. 67-69, wird als begleitendes Element
im b-Abschnitt weiter geführt: T. 83-85/85-87, Celli.

[132] Mit einem gewissen melodischen Führungscharakter in den beiden Violinstimmen Takt 79 f.

[133] Desto unverständlicher ist, dass Notter, der mehr als andere eine derartige These untermauern
will, den Seitenthemengruppen in diesen beiden Werken überhaupt keine Aufmerksamkeit widmet.

der Erscheinung einer einzelnen formalen Kontrapostierung, die tektonisch (aber nicht proportionshaft) zentral im Verlauf angebracht ist: $a^1\,a^2$ b $a^3\,a^4$, mit episodischem Charakter (10 bis 12 Takte). Am Ende beider Abschnitte steht schließlich ein Crescendo-Stretto, das *ff* in die Themengruppe III einmündet.[134]

Weitere Einzelheiten untermauern diese schablonenhafte Anlage:

1) In beiden Sätzen besteht ein ungefähres taktmäßiges Gleichgewicht zwischen einerseits a^1 - a^2 - b und andererseits a^3 - a^4: 36 + 34 T. in III_1, 24 + 26 T. in IV_1.[135] In den späteren Fassungen der 3. Symphonie verschieben sich die Proportionen in der Richtung des etwas ungleicheren Taktverhältnisses: 38 + 32 T. In der revidierten Fassung IV_2 herrscht dagegen völliges Gleichgewicht: 22 + 22 Takte.

2) Auch in dynamischer Hinsicht sind die STh-Abschnitte recht identisch konzipiert, als doppelte Welle: a^1: *p*, a^2: *mf,* b: f^{136}, a^3: *mf,* und a^4: *p (pp)* mit Crescendo zu *ff.*

3) Die Entwicklungslinie zwischen den Start- und Haupttonalitäten der völlig dominierenden a-Elemente weist Gleichheiten in einem Grad auf, der nicht zufällig erscheint: dem tonalen Gang in III/1.: F – Ges – E – F entspricht in der 4. Symphonie die Entwicklung: Des – Ges – E – Des.

4) Das b-Element in III/1. (T. 129-137) trifft zwar nicht als ein derart definitives Ereignis ein, wie das der Fall ist in IV/1. (T. 87-96). Bezieht man aber dort die "Vorläufer"-Elemente in die Betrachtung ein (Vl.2 Takt 129 ff. ist so rückwärts verbunden mit Vl.1 Takt 123 f.), finden sich auch identische Züge in harmonischer Hinsicht zwischen dem *ff*–Ausbruch T. 125-127 (deutlicher registrierbar in III_1 T. 156-158) und dem *forte* des b-Elements in IV/1.: nach den vorhergehenden ruhigen Abschnitten mit einer statischen, von Orgelpunkten geprägten Harmonik wird der Stufengang hier energisch und von einer überwiegend chromatisch geführten Baßstimme reguliert, in III/1. über einer Quarte, in IV/1. über einer Quinte.

In großen wie in kleinen Zügen findet sich also eine ausgeprägte Verwandtschaft zwischen diesen beiden Sätzen, soweit es den thematischen Grundcharakter dieser Themengruppe betrifft, ihren großformalen Rhythmus wie auch ihre Korrespondenz mit den sie umgebenden formalen Abschnitten. Beide setzen sie, wie das Seitenthema der 2. Symphonie, vom Hauptthemenfeld "isoliert" an.

Mit der Ausformung des Beginns des Seitenthemas in IV/1. wird des weiteren ein – wie Notter das bezeichnen würde – Teilschema etabliert (allerdings hat er dies nicht lokalisiert), das späterhin an entsprechenden Orten der *Final*sätze

---

[134] Letzteres findet sich allerdings nicht in der Urfassung von IV/1.: hier erscheint nur der Beginn zu einem Crescendo-Anlauf (T. 109-112); und es handelt sich zwar, trotz des Übergangs zu *pp* Takt 113, um einen weiterhin dynamisch geladenen Zustand in Takt 113 f.; dann aber verschwindet alle akkumulierte Energie ins Blaue, und es wird mit einer Generalpause in Takt 119 f. abgeschlossen.

[135] Etwas größere Unterschiede lassen sich innerhalb der einzelnen Teilabschnitte feststellen, z.B. mit a^1 und a^2 auf 12, bzw. 14 Takte in III_2, wo sie in IV_2 nur 8, bzw. 4 Takte beanspruchen.

[136] Dies ist eine Vereinfachung: *f* gilt für IV/1., während der eigentliche b-Abschnitt in III/1. nur ein *mf* aufweist; inzwischen aber gab es ein *f* (Takt 121 f.) und sogar einen *ff*-Ausbruch (Takt 125 f., vgl. genauer oben unter Pkt. 4.). Eine stufenhaft anwachsende Entwicklung der Lautstärke bis zur Mitte der Seitenthemengruppe findet sich daher in beiden Fällen.

regelmäßige Anwendung findet. Die unmittelbare Voraussetzung für das Auftreten dieses formal-charakteriellen Musters ist überall ein ausgeprägt authentischer Kadenzschluss des Hauptthemenfeldes[137], der von einer Pause vor dem Einsatz des Seitenthemas unterstrichen wird. (In IV/1. bildet ein isolierter Ton (Hr. Takt 74 f.) eine Brücke über die Zäsur.) Unter so gearteten Umständen kann damit gerechnet werden, dass das neue Thema in der Dur-Tonart auf der gesenkten VI. Stufe im Verhältnis zur vorhergehenden örtlichen Tonika ansetzt.

Dies ist in folgenden Sätzen der Fall: V/4. Takt 66 f.; VI/4. (mit dem Hornton als Brücke, vgl. IV/1.) T. 63-65; VII/4. T. 34-35, und VIII/4. T. 67-69. (Vorbild hierfür sind wohl entsprechende Formübergänge in Schubertschen Kopfsätzen, so z.B. in der 8. Symphonie, h-Moll, D. 759 und im Streichquartett in G-Dur, D. 887.) Die Bedingungen für dieses Muster finden sich obendrein in allen drei Versionen des Finales der 4. Symphonie (das sich in anderen Punkten um diesen formalen Übergang auf ganz verschiedene Weisen formt); allerdings wird es nirgendwo nach der besprochenen Norm angewandt. Umgekehrt endet, was die Kopfsätze betrifft, nur der Hauptthemenabschnitt der 5. Symphonie (außer der Vierten) auf die oben beschriebene Weise[138]; aber hier findet sich eben so wenig dieses schematische Moment, dessen Gültigkeit sich somit im Wesentlichen auf die späteren Finalsätze beschränkt – allerdings weiterhin mit dem Finale der 9. Symphonie als einer Ausnahme.

Der wichtigste anatomische Unterschied zwischen den Themengruppen II in den Kopfsätzen der 3. und 4. Symphonie bindet sich an den "perspektivischen" Charakter der jeweiligen b-Elemente: in III/1. ist das ostinat geprägte Begleitmuster der Vl.1, das in Takt 125 einsetzt, also vier Takte vor dem Beginn des eigentlichen b-Teils (vgl. Pkt. 4 oben), eine Antizipation der Streicherschicht zu Beginn der Themengruppe III (vgl. Takt 173 ff.)[139] und insgesamt ein Vorgeschmack einer Physiognomie, die seit diesem Werk mehr und mehr unverkennbar vom Charakter dieses Themenfeldes geprägt wird: eine gewisse Instabilität (u.a. als Folge einer schwachen tonalen oder akkordischen Verankerung) ist eines der Kennzeichen dieses thematischen Archetyps. Hier handelt es sich allerdings nur um einen parenthetischen Bereich in einem Formabschnitt, der ansonsten sehr stabil und ohne Momente der Anfechtung da steht; ja, es lässt sich sagen, dass die vier Formulierungen ein und derselben thematischen Aussage auffällig wenig neues bringen (abgesehen vom dynamischen Zuschuss der abschließenden Crescendo-

---

[137] Eine derartige "definitive" Schlussbildung schließt nicht unbedingt den Eindruck aus, dass der Schlussakkord im Verhältnis zum nachfolgenden thematischen Abschnitt auch einen dominantischen Status hat. Dies wäre aber eher ein Ausdruck für eine formale Erwartung konventioneller Art.

[138] Auch in II/1. endet die Hauptthemengruppe zwar mit einer Pause vor dem Seitenthema, wie dieses dann auch im Verhältnis zum vorangehenden, abschließenden G auf der gesenkten VI. Stufe ansetzt; die Situation ist aber dennoch eine andere: teils ist der Halbschluss am Ende der HTh-Gruppe evident mit dem Dominantseptakkord über den Takten 51-58, und teils ist das nachfolgende Es-Dur die traditionelle STh-Tonalität (Tp) für einen Mollsatz wie den vorliegenden.

[139] Der charakteristische Wechsel zwischen 3+2 und 2+3, der sich schon seit dem ersten Takt des Seitenthemas geltend machte, wird damit von einem rigideren Muster gebrochen. (Tatsächlich beginnt dieses schon in Takt 121; der spätere, längere Zusammenhang unterscheidet sich aber melodisch distinkt hiervon.)

Walze (a⁴)). Das begründet wohl auch die von Bruckner eingezeichnete Bemerkung bei der betreffenden Episode in III/1.: *"Zeigt Kleinmuth, Verwirrung"*.[140] Der formal gesehen genaue Parallelfall der 4. Symphonie bietet im Vergleich hierzu eine größere Abwechslung durch ein neues Motiv in der a³-Phase, Celli T. 99-101, das als Kontrapunkt angesetzt wird und sich darauf durch eine sequenzierte Fortspinnung verselbständigt: (D)Tᴘ, (D)S (beides auf E-Dur bezogen).

Während der b-Abschnitt in III/1. derart dem folgenden Stadium im Formverlauf vorausgreift, macht sich die entgegengesetzte Orientierung geltend für das b-Element in der 4. Symphonie. Dieses ist rückwärts mit Takt 51 ff. der Hauptthemengruppe verbunden (HThᵦ im *ff*), was namentlich aus dem Spiel zwischen absteigenden und aufsteigenden Versionen der respektiven, skalengeprägten eintaktigen Motive hervorgeht, die in beiden Zusammenhängen ein wesentliches Kennzeichen sind. Was die Urfassung betrifft, ist diese Tendenz zur "Regression" sogar weit deutlicher, insofern als sämtliche 11 Takte im b-Teil, und nur diese (IV₁ T. 84-94), eines oder mehrere HThₐ-Initialen (den reperkussiven Quintausschlag) in der Diminution enthalten.

Die Schemabildung, auf der sich die Gleichheiten zwischen den Kopfsätzen der 3. und 4. Symphonie wohl gründen könnten, wird jedoch in keinem der nachfolgenden Werke bestätigt. Am nächsten kommt die Themengruppe II der 7. Symphonie mit einem auch hier vorkommenden, fast alles beherrschenden Start- und Hauptmotiv, einem kontrapostierenden Element von ausgeprägt episodischem Zuschnitt und einem abschließenden Crescendomoment über einem durchbrochenen Dominant-Orgelpunkt. Hier weicht andererseits der Themencharakter von dem Typengepräge ab, das für die beiden früheren Seitenthemen gilt, und auch betreffs des formalen Entwicklungsgangs in diesem Satz wird sich erweisen, dass wesentlichere Unterschiede Geltung erlangen (siehe S. 206 ff.).

WAB 103 ➠ S. 235; WAB 104 ➠ S. 240

WAB 105 ➚ S. 171

Am deutlichsten unterschiedet sich allerdings die *5. Symphonie* von allen anderen Werken in der Ausformung der Themengruppe II der Kopfsätze. Zum ersten Male stellt man hier eine deutliche tempomäßige Bruchlinie fest: die *"einheitliche Bewegung"* der beiden ersten Themen, die Orel hervorhob, wird von einem "Fall" in eine Themengruppe von durchgeführt langsamerem Charakter abgelöst. Hier ist das als spezifische Assimilation einer archetypisch geprägten Seitenthemenbildung aus einigen von Bruckners langsamen Mittelsätzen anzusehen. Das einleuchtende Vorbild findet sich im Andante der 4. Symphonie, T. 51-82; etwas weniger ausgeprägt ist das ansonsten gleiche Gepräge im entsprechenden Satz der 2. Symphonie, T. 34-46.[141] Die gemeinsamen Charakteristika sind:

---

[140] Vgl. Anm. 129.

[141] Im Adagio der 3. Symphonie findet sich eine Passage mit ähnlichem Charakter, T. 73-86 (vgl. auch T. 98-105), wobei die konkrete Verwandtschaft allerdings doch recht geschwächt ist, wie denn auch die Bezeichnung des relevanten Abschnitts, *Misterioso*, einen semantischen Charakter angibt, der sich in seiner offensichtlichen Anknüpfung an eine religiöse Sphäre von dem entschieden gleichförmigeren Ton in den übrigen erwähnten Zusammenhängen unterscheidet. – Constantin Floros' Deu-

1) Varianten-betonte oder sequenzhaft korrespondierende Melodiephrasen cho-
ralhafter Art[142] über einer von Pausen durchbrochenen Pizzicato-Begleitung (im
STh-Abschnitt von V/1. wird sogar mit der reinen Begleitung der darauf folgenden ersten beiden Melodiephrasen begonnen).

2) Eine instabile Tonalität, die sich darin äußert, dass Phrasenanfang und -ende in
einem uncharakteristischen Verhältnis zueinander stehen: die Modulationen
sind ausgeprägt stark (gern in Form von ausgesprochenen tonalen Sprüngen),
und außerdem erfolgen tonale Wechsel über die Zäsuren zwischen den melodischen Phrasenlinien hinweg.

3) "Verspätete" bzw. synkopierte Phrasenanfänge – und zum Teil -weiterführun-
gen – sind Kennzeichen in rhythmischer Hinsicht. Zusammen mit der für eine
Themengruppe II (bislang) ungewöhnlichen Moll-Gestimmtheit[143] und häufigen,
allerdings nur internen plagalen Stufengängen (unten in der harmonischen Be-
zifferung angegeben durch das Zeichen \) sowie einer unverkennbaren Deszendenzmelodik, namentlich im abschließenden Verlauf[144], geben sie diesen Partien
ein schwerfällig, melancholisch wirkendes Gepräge, das vor allem durch Linien-
schlüsse auf dem Dur-Akkord (meist mit T_V-Status) ausnahmslos aufgehellt
wird, die aber dennoch dem üblicheren *Gesang*character bei Bruckner sehr fern
stehen. – Ein harmonischer Überblick (Unterstreichung bedeutet eine volle tonale Kadenz; punktierte Unterstreichung eine trugschlüssige Kadenz):

II/2. T. 34: f \c :/: Ges \ Des \ As b \ f Ges \ Des es F B.

T. 38: Ges \ Des :/: As \ Es \ B c \ g As \ Es f G C.

IV/2. T. 51: G c :/: es \ B Dom. B c F B.

T. 55: G c :/: Es f Es$^6_4$ B Ges \ Des Ces \ Ges Ces^{+6} Des Ges.

T. 59: Cis fis :/: h^7 E a E a/F f Es^{9} As.

(wird fortgesetzt)

---

tung (*Brahms und Bruckner. Studien zur musikalischen Exegetik.* Wiesbaden 1980, S. 161 ff.) des
vorgenannten Abschnitts aus IV/2. als beeinflusst durch den zweiten Satz in Berlioz' Symphonie
Harold en Italie: "Marche de Pélerins, Chantant la Prière du Soir", folglich als mit religiöser Semantik ausgestattet, stehe ich skeptisch gegenüber, aus intern-musikalischen Gründen wie auch mit
dem Hinweis auf die einzige überlieferte programmatische Äußerung von Bruckner betreffs seines
Andante-Satzes: "Im zweiten Satz will ein verliebter Bub "Fensterln" gehn, wird aber nicht einge-
lassen." (Göll.-A. IV/1, S. 519.)

[142] 4-Takt-Zeilen sind die Hauptregel; Verlängerungen erfolgen im Schlussverlauf von IV/2. (6.
"Zeile") und in V/1. (4. "Zeile"). Eine Korrespondenz zwischen Zeilen, die durch harmonische und
ggf. auch melodische – Transposition hervorbegracht wird, macht sich geltend in II/2. und zum Teil
in V/1. (im Schlussverlauf der Zeilen 1 und 3, dem Beginn der Zeilen 2 und 4). In IV/2. erscheint nur
eine einzelne Reprisenwirkung mit der Zeile 5 (T. 67-70), die als 1. Zeile beginnt (2 Takte) und mit
dem harmonischen Kadenz-Muster für die beiden ersten Zeilen endet (genau gesagt mit der Progression der 2. Zeile: IV-V-I).

[143] Trotz aller tonaler Labilität ist der gesamte Seitenthementeil in V/1. wohl als übergeordnet
durch f-Moll beherrscht zu betrachten: die ersten beiden – harmonisch identischen – Unterabschnit-
te beginnen in f-Moll, erreichen einen Halbschluss in dieser Tonart und fahren fort aus der S, b-Moll.
Das ausgeprägte Suspensionsfeld des Mittelteils (T. 131-144) steht in der SP, Des-Dur, während der
abschließende, kürzere und variierte Rahmenabschnitt (16 gegen früher 30 Takte) in F-Dur beginnt
und zu einem Halbschluss in f-Moll führt.

[144] Vgl. V/1. T. 149-159; IV/2. Takt 77 m.Auft. - Takt 82.

T. 63:   Des \ As Ges \ Des Ces as^{-6} B es as^{+6} Es$^6_4$ B$_{54}$ Es.

T. 67:   G c :/: H$^6_4$ Fis H^7 E cis Dis Gis.

T. 71:   f6 G$_{54}$ C$^7_3$ f f^{+6} c$^6_4$ G As C$^7_5$ f $\dashrightarrow$ f-Dom.

V/1.   T. 109:   f C :/: As ces \ Ges as \ Es f f^{+6} \ C.

T. 113:   b \ f Es^7 As Ces Fes \ Ces Des \ as \ Es.

T. 117:   c D g \ D B Des f b \ F g g^{+6} \ D.

T. 121:   c \ g F^7 B Des As^7 Des A F C^7 d A F C^7 d F.[145]

Konkrete melodische Übereinstimmungen kommen ebenfalls vor:

Beispiel 41 a-c

Die zweite Themengruppe dieses Kopfsatzes löst also die von früheren Parallel-verläufen erschaffenen Erwartungen an den formalen Charakter nicht ein; mit dem Beginn der *folgenden* Themengruppe jedoch wird dieses "Manko" – von dem ja natürlich keineswegs die Rede sein kann – in gewisser Weise aufgehoben (vgl. S. 244 f.). Allerdings gibt es auch hier Anlass, das für diese Themengruppe ungewöhnliche Gepräge als eine Disposition zu betrachten, die durch die eigentümliche Unzulänglichkeit bedingt wird, die das Hauptthema dieses Satzes chrakterisiert: an zwei Orten erscheint nämlich ein chromatisch geprägtes Motivpartikel, das wie eine Reminiszenz des Hauptthemas wirken mag. Gegebenenfalls handelt es sich hier um einen Bezug, der für eine solche Deutung des Themas signifikant ist, nämlich ein Hinweis auf sein unbedingt labilstes Element:

Beispiel 42 a-c

---

[145] Man wird feststellen, dass sich der Verlauf in V/1. von den übrigen darin unterscheidet, dass er in keinem Zeilenabschluss "voll tonal" kadenziert.

Der "Zwischenteil", das formal schematisierbare, aber verhältnismäßig abstrakte b-Glied im Gesamtverlauf dieser Themengruppe (T. 131-144) ist noch weniger als in den beiden vorangehenden Werken kommensurabel mit den übrigen, eher substanziellen Teilen dieses Formabschnitts, wie nicht nur sein fast schon non-motivischer Inhalt, sondern auch seine Dynamik enthüllt, die sich im großen und ganzen in einem *sempre pp* hält. Und doch – auch die umgebenden Satzabschnitte befinden sich großenteils in diesem dynamischen Bereich und erreichen insgesamt nur zweimal ein sobald wieder vorübergehendes *forte*. Ein schematisches Crescendoelement fand in diesem introvertierten Zusammenhang ebenfalls keinen Platz, wie motiviert das auch hätte sein können in einer Situation, wo der formale Prozeß – als Entwicklung verstanden – im Laufe der beiden ersten Formteile der Exposition geradezu zu einem Stillstand kam.

WAB 105 ➠ S. 244

WAB 106 ↗ S. 174

Die zweite Themengruppe im Kopfsatz der *6. Symphonie* bezeichnet, zusammen mit der entsprechenden Partie in der 9. Symphonie, die reichste Ausformung, die sich im Bereich dieses Satzabschnitts bei Bruckner findet. Die vielleicht charakteristischste Spezialität hieran ist, dass die dominierende Taktart ausnahmsweise als dreigeteilt erscheint[146]: die Tempomodifikation *Bedeutend langsamer* ist, mit den voranschreitenden Triolen, die hier den Satz grundieren und später auch – thematisch ausgestaltet – in den Vordergrund rücken, als Anweisung zu deuten, dass die Viertel-Triolen äquivalent sind mit den früheren Vierteln in $^4/_4$, was perzeptiv zu einem Übergang in einen $^6/_4$-Takt (2 mal $^3/_4$) bei unverändertem Puls führt.[147] Wie in V/1. lässt sich also auch in diesem Satz ein markanter Kontrast zwischen dem Bewegungszug der Haupt- und der Seitenthemengruppe registrieren.

Eine Etikettierung dieses Formglieds als variierte Reprisenform: A B A' (wie das Notter impliziert) wird, wenn sie an sich auch nicht angefochten werden kann, dennoch irreführende Signale erzeugen. Eher lässt sich sein Verlauf, je nach Geschmack, als labyrinthisch oder üppig auffassen.[148] Und diese Themengruppe ist nur eines unter mehreren Details der 6. Symphonie, die demonstrieren können, wie wenig gerechtfertigt die geringere Einschätzung ist, die dieses Werk während

---

[146] Einen durchgeführt dreigeteilten Takt weist außerdem der Kopfsatz des der 6. Symphonie vorangehenden Werks auf, des Streichquintetts in F-Dur, WAB 112.

[147] Harry Halbreich argumentiert überzeugend hierfür, u.a. auf der Basis von Bruckners einziger autorisierter Metronomisierung, welche die ersten beiden Tempobezeichnungen im Finale der 8. Symphonie betrifft. (vgl. "Verlangt Bruckner ein einheitliches Tempo?", in: *BrJb* 1981, S. 199.) – Übrigens hängt der "praktische" Taktart-Wechsel nicht von einem unveränderten Puls ab; er wird von diesem nur unterstützt.

[148] Zum Vergleich sei hier *in extenso* angeführt, was Notter zu diesem ungewöhnlich reichhaltigen Formabschnitt zu sagen hat (*op.cit.* S. 89): "Beim Seitensatz fallen außer den gehäuft vorkommenden Septimen gewisse rhythmische Finessen auf (Quintolen, binärer Rhythmus). Die Länge des Themas wäre problematisch, wenn es im dritten Abschnitt nicht diesen Aufschwung nehmen würde, der auf die Parallelstelle der 9. Sinfonie vorverweist (T. 83-86, vgl. [IX/1.] T. 123 ff.)" (– die keine Parallelstelle ist *B.M.*; dagegen lassen sich die betreffenden Takte in IX/1. auf die parallele Stelle in VIII/1. T. 67-72 zurückführen).

eines großen Teils seiner Rezeptionsgeschichte einnahm.

Nicht einmal mit Hilfe einer in Einzelheiten gehenden Symbolisierung dieses Formverlaufs – der wie der Seitenthemenabschnitt in der 5. Symphonie in der Moll-Dominante ansetzt[149] – fällt es leicht, einen vollen Eindruck seiner Komplexität zu geben (im Schema bezeichnet °Moll, +Dur; thematisch/motivische Modifikationen sind mit einem oder mehreren '-Zeichen angegeben):

Aa°$_{[x]}$ b$_{[x]}$ a°' c$_{[x]}$,	B x,	Aa+'' x'	A[b]'
T.: 49- 53- 57- 61-,	69- 73-,	81-	89- 95-100.

Die erwähnte Komplexität hängt zum einen damit zusammen, dass die Variationsbildung hier stark angewachsen ist im Verhältnis zu früheren Kopfsätzen. Sie macht sich stellenweise recht subtil geltend, was später exemplifiziert werden soll, weswegen die Bezeichnung Variante denn auch in diesem Falle bewusst vermieden wurde – obwohl Variantenbildungen in traditionell Brucknerschem Verstand ebenfalls vorkommen.[150]

Zum zweiten handelt es sich bisweilen um Grenzfälle zwischen der Funktion eines bestimmten Motivelements als Begleitung – oben mit $_{[x]}$ angegeben – oder als Teil eines primär melodischen bzw. thematischen Zusammenhangs – was ebendort mit x bezeichnet wurde. Das liegt an einer melodischen Interaktion zwischen mehreren Stimmen, die an den entsprechenden Abschnitt der 2. Symphonie denken lässt, die hier aber noch intrikater erscheint auf Grund einer Tendenz zu sehr weiten Intervallschritten in der Melodiebildung. Diese erhält hierdurch einen wenigstens eben so figurativen wie einen eigentlich kantablen Charakter (im eher traditionellen Sinne des letzteren Prädikats) und impliziert somit die Möglichkeit, dass das, was als "Melodie" perzipiert wird, tatsächlich ein durchbrochener Verlauf zwischen mehreren polyphon geführten Stimmen zu bezeichnen ist.

Was diesen letzten Punkt betrifft, ist folgendes noch anzumerken:

Einerseits kann nicht bezweifelt werden, dass das oft erscheinende x-Material, das durch seine großen Pendelbewegungen charakterisiert wird, mit der Septime als vorherrschendem Intervall, eine begleitende Funktion hat im b$_{[x]}$-Abschnitt (siehe Klarinette und Bratsche im Notenbeispiel 44 auf der folgenden Seite)[151]:

---

[149] Notter behauptet dasselbe tonale Verhältnis betreffs des Seitenthemas im Kopfsatz der 7. Symphonie, was wohl kaum verkehrter sein könnte: h-Moll (°D) erscheint hier insgesamt ein Mal (abgesehen von einem Quintschritt-sequenziellen Kontext): im zweiten Takt des Themas und sogar erst nach dem H-Dur des ersten Takts; anschließend setzen fortlaufende Modulationen ein. Ebenso endet der Formabschnitt unzweideutig in einem H-Dur-Zusammenhang.

[150] Ein markantes Beispiel für Mutation ergibt Takt 55 f. gegenüber Takt 53 f.

[151] Hauptkriterium hierfür ist die vorübergehende Rückkehr der Taktart zu einem "realen" $^4/_4$-Takt (natürlich aber ein Drittel langsamer als im Hauptthemenabschnitt) auf Grund der nicht-triolisierten Rhythmisierung des weit geschwungenen und, wie in der letzten Anmerkung erwähnt, typisch variantenmäßig sich entwickelnden Motivs in der Flöte und den 1. Violinen über vier Takte.

Beispiel 43

Während dies unzweideutig ist, so wird indessen die Frage von einer thematischen oder begleitenden Funktion akut in $c_{[x]}$, wo die Taktart zu $^6/_4$ zurückgekehrt ist und wo nicht mehr, wie früher, ein deutlicher Unterschied zwischen motivischen und "ausfüllenden" Stimmen besteht. Gleichzeitig ist die kurvenreiche Diastematik, die das x-Element kennzeichnet, mit Septimen und Sexten als vorherrschenden Intervallen, in weiteren Stimmen durchgedrungen und bewirkt eine fast permanente Konkurrenz zwischen ihnen um die Rolle als melodieführende Stimme:

Beispiel 44

Dies verbindet sich mit der weiteren oben angeführten Komplikation. Was nun jenen ersten Punkt angeht, könnte man versucht sein, eine größere Regelmäßigkeit im einleitenden A-Abschnitt zu postulieren, als sie sich im voranstehenden Formschema ausdrückt: lässt es sich doch fragen, ob nicht das $c_{[x]}$-Element wenn nicht eindeutige, so doch stillschweigend vorausgesetzte Momente der Variation im Verhältnis zu $b_{[x]}$ aufweist, so dass eine diesbetreffende Symbolisierung erfolgen sollte. Das parallele Verhältnis zwischen den beiden Partien geht am unmittelbarsten aus dem Beitrag der Bässe zum jeweiligen Satzbild hervor. Des weiteren wäre in beiden Zusammenhängen der charakteristische Wechsel zwischen dem eintaktigen Grundmotiv und einer mit verschiedenen Mitteln hervorgebrachten rhythmisch belebenden Variation desselben anzuführen. Diese beiden Sachverhalte unterstreichen gemeinsam ein drittes, eher angedeutetes diastematisches Variationsverhältnis zwischen den thematischen bzw. melodischen Verläufen:

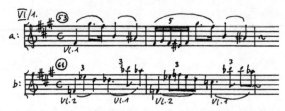

Beispiel 45 a-b

Ohne diese unterstützenden Momente handelte es sich hier wohl um ein allzu gewagtes Postulat. Kraft der Synthese der erwähnten drei Momente lässt es sich aber kaum überhören. Wird die Hervorhebung der betreffenden Taktverläufe als primär unterschiedliche Formabschnitte nun aber dennoch aufrecht erhalten, so liegt das vor allem an der expandierenden Entwicklung, die $c_{[x]}$ in den nachfolgenden Takten durchläuft: die begonnene thematische Durchbrochenheit (Kl./Vl.1) setzt sich zwar fort, wesentlicher ist aber, dass der "Faden" in der Klarinette ab Takt 65 auf das bereits seit Takt 51 bekannte Begleitmotiv in den Bässen reduziert wird, während sich genau gleichzeitig die 1. Violinstimme von eben der Qualität eines Begleitmotivs befreit, die seit Takt 61 auch dieser verhaftet war, und nun eine neue selbständige Kurvatur annimmt.

Dieses fortspinnungsmäßig ausgebreitete Moment erwirkt kurz darauf den markantesten motivischen und fakturmäßigen Kontrast in der Themengruppe, obwohl der Choralsatz dieses B-Abschnitts – er stellt den einzig eindeutigen Fall eines solchen Elements in den Seitensatzpartien der Kopfsätze dar[152] – von äußerster Kürze ist. Auch in diesem Kontrastabschnitt wird die respondierende Gestalt ausgeschmückt bei rhythmischer Belebung (Takt 72, Flöte und Oboe).

Diese wenigen Zwischenspieltakte werden aber durch ein Formmoment vervollständigt, das innerhalb dieses Satzgliedes bislang nicht erschien: eine *Rückleitung* (T. 73-80). Sie wird von dem bereits bekannten weit geschwungenen Begleitmotiv bestritten, das hier als thematische Vordergrundgestalt hingestellt wird. Seine Ausformung als sequenziertes oder fortspinnendes Wiederholungsmuster, das

---

[152] In den Finalsätzen dagegen erscheinen Choralsätze (als thematisches Hauptstoff) in den Seitenthemen der 3., 7. und 8. Symphonie.

in einer allmählich einsetzenden Desintegration endet (Pausenunterbrechung, Fragmentierung) und mit einem *pp*-Wirbel der Pauke als *"Abgrundsymbol"* (wie Kurth das in anderen Zusammenhängen bezeichnet), hat einen ausgeprägt einfühlenden Charakter.[153] Es gibt deutliche Parallelen hierzu an anderem Ort der Sonatensatzform in drei der früheren Symphonien, nämlich unmittelbar vor dem Beginn der Hauptreprise.[154] Und tatsächlich wird eine Reprisenwirkung auch von dieser Rückleitung angedeutet.

Der Übergang zum einleitenden A-Material, im charakteristischen Lichte der Dur-Variante (und in einem determinierten *forte*, – vielleicht eine abgedämpfte Parallele zur entsprechenden Re-Exposition des Hauptthemas – bezeichnet an sich die geringste Abweichung vom ursprünglichen Zusammenhang: die $^4/_4$-Taktart, die sich im zweiten Takt des Seitenthemas geltend macht (und machte), weicht dieses Mal nicht vor dem sechsten Takt im Verlauf (Takt 86), insoweit als die Rhythmik der thematisch führenden Stimmen (Fl., Ob., Kl. 1.Vl, Vla.) bis dahin permanent aus $^4/_4$ abgeleitet sind. Allerdings sorgen die Begleitstimmen zugleich für eine doch recht kräftige Betonung des gewohnteren $^6/_4$-Takts.[155] Die erhöhte Markierung der Vierschlag-Schicht im polyrhythmischen Verlauf korrespondiert mit der sehr expansiven Entwicklung dieses Aa-Abschnitts, wenn man mit dem früheren Gegenstück vergleicht. Aus diesem Grund verzichtete Bruckner, wie es scheint, auf eine Wiederholung von Ab (vgl. Takt 53 ff.), die zunächst einmal das expansive Moment des A-Teils ausmachte, und nimmt nun statt dessen eine weitere Rückleitung vor (T. 89-94) mit deutlichen Analogien zur früheren.[156] Der nachfolgende, abschließende Crescendoverlauf aber, mit seiner Kulmination im Ansatz der Themengruppe III[157] (vgl. die Situation am entsprechenden

---

[153] Eine gewisse Parallele hierzu (formal anders stehend) ist im Adagio desselben Werks zu finden: T. 45-52 (Übergang zum Largo), aber hier wie auch in anderen, ähnlichen Zusammenhängen mit der Anwendung der Augmentation zur Unterstreichung des *morendo*-Charakters.

[154] 1. Symphonie T. 181-198; 2. Symphonie T. 296-316. Im Finalezusammenhang außerdem Symphonie Nr. 4 T. 358-382 (IV$_2$). An der entsprechenden Stelle in der Urfassung (IV$_1$/4. Takt 369 ff.) wie dort, nämlich mit einer gleichzeitigen Tendenz zu einer Crescendo-Ausmündung, nur in wesentlich höherem Maße. An beiden Stellen wird diese Entwicklung aber kurz vor dem Übergang zur Reprise abgebogen. – Notter kommentiert zu keiner Zeit diese "Teilschematisierung", deren spezifische Charakterzüge ihm offensichtlich entgingen.

[155] Bruckner machte im Autograph folgende Anmerkung betreffs T. 83 ff.: *"NB 2-theiliger Rhythmus. Es kommen hier 2erlei Achtl-Triolen vor: sowohl aus Viertelnoten entstehend* [4-geteilter Takt, B.M.] *u. aus Viertl-Triolen abgeleitet"* [3-geteiltes Taktempfinden]. (vgl. R. Haas: *Anton Bruckner: VI. Symphonie.Vorlagenbericht*, S. I.)

[156] Man beachte aber die Abwesenheit der Pauke (hier keine Reprisenvorbereitung). Die vorhergehende expansive Entwicklung des Aa'-Motivs kulminiert auf bemerkenswerte Weise: nicht in einem dynamischen Höhepunkt, sondern im Gegenteil in einer Art Auflösung in zwei "ätherischen" Takten (T. 87-88). Die Hintergründe für die beiden Rückleitungen weisen damit auch formdynamische Verwandtschaft auf: zunächst einmal bezeichnete die Rückführung die Konsequenz eines Diminuendo, das bereits in der mit einem *forte* beginnenden 2. Chorallinie eingesetzt hatte.

[157] Zweck dieser Takte (95-100) ist es auch, den $^4/_4$-Puls auf das *Tempo primo* der Thgr. III hin zu beschleunigen. Das wird zwar eben so wenig irgendwo angegeben wie eine ausdrückliche Annullierung des *Bedeutend langsamer* der Thgr. II bei Takt 101 erfolgte. Dass beides jedoch beabsichtigt ist, darauf deutet allerdings ziemlich klar ein früheres Partiturfragment (Stift Kremsmünster; Notenbild in R. Haas: *VI. Symphonie, Vorlagenbericht*, S. VI): hier formt sich die Kb.-Stimme noch in Vierteltriolen (wie auch Vc.). Die Änderung des polyrhythmischen Musters lässt sich nur begründen in Bruckners Absicht einer allmählichen Veränderung des Grundschlages von $^6/_4$ in den nachfolgenden,

203

Ort in der 3. und 4. Symphonie) erweist sich in seinem Ausgangspunkt als aus einer raffiniert versteckten Variation des Elements Ab bestehend, mit denselben beiden Appoggiaturen wie dort: None → Oktav und Quarte → Terz, hier nur in umgekehrter Reihenfolge und in einem anderen Rhythmus:

Beispiel 46 a-b

Das in Anm. 157 erwähnte implizite Accelerando zum *Tempo primo*, das in das Satzbild dieser Takte einkomponiert wurde, wird durch die Phrasierung dieses weiter gesponnenen Variationsmotivs unterstrichen: während die Legatobögen sich wechselweise über vier und zwei Achteltriolen bewegen, wobei ein dreigeteilter Rhythmus akzentuiert wird, folgt die eigentliche melodische Gruppierung dieses Grundmotivs dem Muster: 3 + 3 Triolen, enthält also latent einen Zwei- oder Viertakt-Puls:

Beispiel 47

Dies besagt nun, dass Bruckner auch in motivischer Hinsicht ein Accelerando begründet, das innerhalb der wenigen Takte des Crescendo-Moduls über die dynamische Erweiterung hinaus wirkt: das Crescendo signalisiert nicht ausschließlich kommende erweiterte Aktivität, es steht auch für einen möglichst unmerklichen Übergang von 6 Schlägen in den ursprünglichen 4-Schlag-Takt in Takt 101, da dieser Puls einige Takte vorher erreicht werden kann. Was die technischen Wirkungsmittel im übrigen angeht, gleicht Bruckners Prozedur hier vor allem der in IV/1. mit einer grundsätzlich festgehaltenen harmonischen Verankerung, während das dynamische Wachstum am entsprechenden Ort in III/1. sich einleitend mit starken harmonischen Schritten verband (dort T. 153-161).

---

lebhafteren ⁴/₄-Takt. – Der durchbrochene Orgelpunkt *H* klingt im örtlichen Zusammenhang wie eine Tonika-Bordun unter der Dom.-Spannungsfläche der übrigen Stimmen. Die Kulmination in Takt 101 enthüllt dieses *H* aber als die Dominantstufe. Die Auflösung erfolgt allerdings überraschend zur VI. Stufe von e-Moll (das den tonalen Ausgangspunkt der II. Themengruppe bildete). Hier erfüllen sich also überhaupt keine harmonisch-tonalen Erwartungen.

Die Abweichungen im Verhältnis zur Ausformung der Themengruppe II in den in diesem Zusammenhang verwandtesten Werken, der 3. und 4. Symphonie, sind allerdings charakteristischer und in erster Linie der weit größeren Vielfalt des Motivmaterials in VI/1. zuzuschreiben. Was das wesentlich selbstberuhende Kontrastelement angeht, den Choralsatz (B), ist die deutlich verstärkte Prägnanz zu vermerken, so kurz sein Auftritt auch war; während der Zweck des eher funktionellen Kontrastelements, des Rückführungskomplexes, in höherem Maße darin besteht, dem gesamten Satzabschnitt eine perspektivische Tiefe zu verleihen, wodurch die übrigen thematischen Bildungen als distinkte Einheiten erscheinen – eine Eigenschaft, die jedenfalls das einleitende Themenmaterial ursprünglich nicht besitzt, wenn man z.B. mit den Symphonien Nr. 2 bis 4 vergleicht.

WAB 106 ➠ S. 246

WAB 107 ➶ S. 177

Im Verhältnis zu dieser Situation bezeichnet das folgende Werk, die 7. *Symphonie*, keinen weiteren Fortschritt oder bloß ein Verbleiben auf demselben Komplexitätsniveau; eher drückt sie eine Rückkehr in der Richtung des etwas redundanteren Konzeptes dieser Themengruppe in der 3. und 4. Symphonie aus.

Die eigentliche Themengestalt, die hier – so wie auch in den entsprechenden Seitenthemen der eben erwähnten Werke – den Großteil des Verlaufs trägt, verweist mit ihrer stufenweise Führung und mit der Sexte als ihrem betonten Rahmenintervall – einem Rahmen, der allerdings auch überschritten wird – auf das erste Motiv im Seitenthemenkomplex der 6. Symphonie. Auch das entsprechende Thema der 8. Symphonie enthält starke Momente ähnlicher Art, wodurch sich zwei Haupttypen einer Kurvatur der Seitenthemen bzw. der STh-Initialen abzeichnen: der eine mit einem charakteristischen Inhalt an großen Intervallen, mit der Sexte und evtl. der Septime als explizit oder implizit dominierend (so in den Symphonien Nr. 2 bis 4 sowie der neunten) und der andere mit überwiegend stufenweiser Melodieführung innerhalb des mehr oder weniger charakteristischen Rahmenintervalls der Sexte (die 6. bis 8. Symphonie):

Typ 1:   Typ 2:

Beispielkomplex 48

205

Das hier aktuelle Seitenthema hebt sich im Verhältnis zu seinen Gegenstücken in den Symphonien 3 und 4 über den elementaren Status des Motivs hinaus kraft seiner größeren Breite wie auch seiner rhythmischen Differenzierung[158]:

Beispiel 49

Insgesamt sieben Mal exponiert, in klanglich und harmonisch variierten Ausgaben, unterscheiden sich besonders die ersten beiden Themenanführungen: ab Takt 51 ein reiner Bläsersatz[159] (ohne jede kontrapunktierende Ergänzung), ab Takt 59 eine eben so reine Streicherversion. Die Themeneinsätze 3 bis 5 (T. 69-80) sind auf vier Takte verkürzt (d.h. halbiert), worauf ein "nicht-thematisches" Kontrastelement folgt: ein Abschnitt in striktem tripel-kontrapunktischem Streichersatz, der bei näherer Betrachtung die Wirkung einer maximalen Verdichtung der immer mehr hervortretenden doppelmotivischen Einschübe hat, die durch die vorhergehenden Themeneinsätze in den begleitenden Streicherstimmen heranwuchsen. Diese Wirkung wird gegensätzlich unterstrichen durch die überwiegend homophone, choralhafte Satzweise der nachfolgenden sechsten Themaversion (Takt 89 ff.).

Die harmonische Grundlage des polyphonen Kontrastabschnitts ist eine zweimal völlig durchgeführte Quintschritt-Sequenz.[160] Ein weiteres prägnantes harmonisches Muster, nämlich plagale Kadenzschritte (unten durch \ bezeichnet) in mediantisch transponierten Sequenzen, füllt den größten Teil der Themaversionen 1 und 6, d.h. die zwei Abschnitte, die von den Bläsern beherrscht bzw. überwiegend dominiert werden. Damit erhalten sie insgesamt – was ganz besonders für den sechsten Themeneinsatz gilt, wo das sonst so charakteristische Doppelschlag-Ornament fehlt, sowie unterstrichen von den Pizzicato-Grundschlägen

---

[158] Korte hat sicher Recht, wenn er von einem additiv aufgebauten Thema spricht, aber Takt 54 verhält sich nicht mutativ zu Takt 52 auf eine Weise, wie seine Syntagierung das ausdrücken will (*op.cit.* S. 36). So umfasst die Kernphrase des Themas wohl eher $5\frac{1}{2}$ Takte und nicht nur zwei. Auch der übrige Teil von Takt 55 mit seinem quasi-Konzentrat von T. 51-52 unterstreicht dies.

[159] Es ist dies das einzige Mal, dass ein Seitenthema bei Bruckner nicht in einer Streicherinstrumentation beginnt. Am nächsten kommt hier das Seitenthema in III/4., wo der Choralsatz der Blechbläser einen halben Takt nach dem Einsatz der Polka in den Streichern beginnt.

[160] Skizzenhaft beschrieben: Takt 80: a-Moll, dann zwei harmonische Glieder pro Takt: T. 81: d, G usw. bis T. 84: a-Moll (analog mit T. 80). Nächster Abschluss in a-Moll: Takt 88.

der Streicherbässe – das oben angeführte choralische Gepräge, das vielleicht als Parallele zum B-Abschnitt in VI/1. betrachtet werden kann (vgl. auch dort die pizzicato-Begleitung der Bässe).

Ein Moment der Reprise ist nun aber deutlicher, aus tonaler Sicht (sowohl a^6 als auch a^7 gehen, so wie a^1, von H-Dur aus) wie auch als Folge der harmonischen Bezüge. Die nachfolgende tonale Übersicht zeigt die einleitenden Ähnlichkeiten und späteren Unterschiede zwischen a^1 und a^6, die endlich auch die Funktion von Rahmen-Einsätzen einnehmen, da dem siebenten, abschließenden Themendurchgang eine ganz anders geartete Funktion, ja ein selbständiger Status zufällt.

a^1:

| H, h | G$_3$ B \ F, | As \ Es, Ges \ Des. | (Mediantschritte: $\overline{m}$) |

T.: 51 52   53 54   55   56   57 58   59

a^6:

H   G$_{3..8}$ B$_{3..8}$\ F,   Des\ As,   E\H,   D\A,   C \ G,   H.   (Verschiedene Mediantschritte)

T.: 89 91   92   93 94   95   96 97 98   99 100   101 103

$\underline{M}$ $\underline{M}$ $\overline{m}$ $\overline{m}$ $\overline{M}$

Der harmonische Gang in a^2 hat eine völlig andere Charakteristik, da er von dem Wechsel zwischen Dur und Moll innerhalb wechselnder Stufen beherrscht wird, wo der vorhergehende wie auch die nachfolgenden Verläufe fast ausschließlich auf Dur-Akkorden aufbauen (die einzige Ausnahme ist T. 52):

a^2: Cis E → A a, G g, B b, F f, Des^7.

T.:   59 60   61 62 63 64———65 66 67

Wieder anders sieht es aus in den beiden "halben" Einsätzen, a^3 und a^4, die sich in einem mediantischen Muster bewegen, mit chromatischer Bassführung und anderen Leitton-Bewegungen als steuernden Faktoren:

$a^3 + a^4$:

Takt: 69   71   72   73   75   77

H$^6_4$ G$^7_7$ G: DD^9 Es^7,   G$^6_4$ Es$^7_7$ C.

Bass: fis   f   e   es   d   des   c

G: DD$^{9\,b5}$

Es entfaltet sich also innerhalb des gesamten Abschnitts – der in der Optik einer Schematisierung doch als so ziemlich von einem Litanei-haften Muster geprägt aussehen kann – ein bedeutendes Maß an diskreter Variation. Mit dieser Variationsbreite verbunden ist eine lange Reihe von recht unansehnlichen sowie einzelne bemerkenswertere Variantenbildungen in der Motivik. Zur letzteren Kategorie gehören namentlich die drei örtlich betrachtet nicht-motivischen Einschübe in den 1. Violinen Takt 93, 95 und 97 (wobei der letztere selbst eine Variante der beiden ersteren ist), die dem polyphonen "Kontrastelement" entstammen, vgl. Celli Takt 81 (-84), bzw. Vl.1 Takt 85 (-87).

Die abschließende Variation des Seitenthementeils ist in jeder Hinsicht mehr weitgehend – mit Momenten wie Themenumkehrung, einer statischen Harmonik in Form einer dominantischen Spannungsfläche über einem durchbrochenen Orgelpunkt sowie mit dem einsetzenden Generalcrescendo. Sie bietet das erste wirklich kraftvolle Moment überhaupt in diesem Formabschnitt[161], dies aber nicht, um – wie in III, IV₂ und VI – dynamisch linear in die folgende Themengruppe *fortissimo* auszumünden: diese beginnt ganz im Gegenteil mit einem plötzlichen Fall ins *piano*. Die zuvor entstandene Leuchtwirkung dieser Crescendostruktur[162], die in Form einer allmählichen Terzenanhäufung über dem Dominantakkord erfolgt und die bis hin zur Quindezime (also dem Grundton) reicht, hat keinen Seitenstück in früheren Zusammenhängen, ausgenommen dort, wo eine Finalcoda unmittelbar bevorsteht.[163] Und eben in einen Codahaften Zusammenhang könnte, wie es scheint, auch diese Harmoniefläche mit ihrem abschließenden *ritenuto* durchaus münden.

Das ist hier nicht der Fall; und wohl war es kaum dieser Sachverhalt, der den früheren Bruckner-Schüler Heinrich Schenker veranlasste, die "unmotivierte" Existenz derartiger Abschnitte in Bruckners Formgestaltung zu rügen. Dennoch mag es sich lohnen, sich hierauf zu beziehen und sein Argument etwas genauer zu untersuchen:

> Bei Bruckner liegt alle Tendenz zu sehr obenauf. Dieses Übel betrifft eben auch die Orgelpunkte: [...] sie dienen ihm, Inhalt zu verlängern, wenn er eine andere Quelle nicht hat, statt daß sie Produkt einer Inhaltsstimmung sein sollten. Statt bedingt zu sein, bedingen sie selbst. Sie brechen plötzlich hervor, ohne daß wir sie erwarteten. Sehen Sie z.B. den Orgelpunkt in der VII. Symphonie, 1. Satz bei D, – plötzlich Umkehrung und Orgelpunkt in nacktester Technik, nur um Stoff für die nachfolgenden Takte, und insbesondere die V. [Stufe] für die nächste Tonica (bei E) zu gewinnen.[164]

Nun wird der Umschlag gewiss nicht unmittelbar satzmäßig-logisch offenbart, und in eben derartigen Verhältnissen – genauer: dem Begriff "das Organische", Einheits-betonte – bestand Schenkers universelle Kriterium für eine sinnvolle Form.[165] Der Folgeschluss, dass der Abschnitt einen "pflichthaften", ein Schema ausfüllenden Charakter hat, liegt also vielleicht gar nicht so fern. So empfinden das nun aber nicht alle, wie u.a. die Antwort zeigt, die Karl Grunsky auf die ihm zugesandte Kritik Schenkers gab:

> Um nicht ganz in Scham vor Ihren Kenntnissen vergehen zu müssen, berufe ich mich auf

---

[161] Früher bewirkten a³ und a⁴ ein Crescendo von *p* bis auf ca. *mf*, während der 6. Einsatz in der Mitte von *mf* zu *f* gelangt, um unmittelbar in ein *p* zurück zu fallen.

[162] Mit einer Kontrastwirkung durch die plötzliche Trübung der Tredezime *dis* auf *d* (und der None *gis* auf *g*), T. 120-122. (Trp., Vla.) – eine Antizipation der Moll-Tonalität des kommenden Thema III.

[163] Vgl. der dominantische Tredezim-Akkord in VI/4. T. 367-370. – Das ähnlichste frühere Gegenstück in der Exposition eines Kopfsatzes erscheint zwischen den Themengruppen II und III in der 3. Symphonie: III₁ und III₂ erreichen in ihren Akkordflächen Dom.⁹ (wenn auch die Tredezime melodisch im Aufbau zum *ff*, III₂ T. 165, 168 gestreift wird). Erst in der späteren Bearbeitung III₃ (1888-89) wird die Crescendofläche zu einem regulären Dom.¹³ (minus Undezime) ausgebaut: T. 167-170.

[164] Ausschnitt eines Briefkonzepts, Schenker an Karl Grunsky 1908. Zit. nach H. Federhofer: "Heinrich Schenkers Bruckner-Verständnis", in: *AMw* 1982, S. 204.

[165] Vgl. z.B. Schenkers Aufsatz "Vom Organischen der Sonatenform", in: *Das Meisterwerk in der Musik. Ein Jahrbuch.* Bd. II. München, Wien, Berlin 1926, S. 43-54.

Aug. Halm. [...] Wenn es nicht gar zu ernst wäre, müßte man lachen darüber, daß zwei theoretisch so fein durchgebildete und praktische Musikkenner wie Sie und Halm so diametral entgegengesetzt urteilen können. [...] Mir ist Bruckner besonders dadurch von andern unterschieden: daß seine Verarbeitungen [...] wahr, echt sind und die Stimmung festhalten, d.h. steigern, vertiefen. Technisch geredet: die alten Mittel sind auf neue Weise überzeugend angewendet.[166]

Was die "Stimmung" – eine Qualität, die sich in gesteigerter Form sicher schwerer begründen lässt als dort, wo ein Bruch empfunden wird – wie auch den Bezug auf stringentere, kontextuell sinngebende Verhältnisse betrifft, bekenne ich gern, schwerlich Einwände gegen Bruckners hier aktuelle Formdisposition ins Feld führen zu können. Möglicherweise hätte sogar Schenker sich bis zu einem Grade durch folgende Argumentation umstimmen lassen:

Der Beginn des abschließenden Abschnitts (Takt 103) wird durch einen Dominantevorhalt markiert, örtlich also einen $^6_4$-Akkord auf der I. Stufe, der durch einen chromatischen Baßschritt in Gegenbewegung zur Melodiestimme erreicht wird. Zu diesem, ja selbst zum I$^6_4$-Akkord an sich, gibt es im gesamten Seitenthemenfeld nur einen Präzedenzfall, nämlich den Beginn des Themeneinsatzes 3, Takt 69 – obendrein in derselben Tonart –, eine Stelle, die einen näheren Anblick somit lohnen möchte.

Die 3. und 4. Themenanführung, die sich beide nur über vier Takte strecken, bilden sowohl in harmonischer als auch in melodischer Hinsicht ein Ganzes in dem entscheidenden Sinne, dass die Unterbrechung nach vier Takten eine ungebrochene Weiterführung des stufenweisen melodischen Anstiegs ermöglicht – und der zugleich durch die konsequente chromatische Abwärtsführung der Basslinie schön ausbalanciert wird –, während dieser Anstieg ansonsten durch eine eher verzagte, gewissermaßen stotternde Rhythmik und eine variantenhafte melodische Weiterführung eines kurzen, wellenförmigen Elements abgelöst wurde (vgl. z.B. Takt 54 ff., Ob., Kl.). Dieses Moment der Kontinuität ist es, das die Anwesenheit eines Crescendos über sämtliche acht Takte erklärt, wie es auch formdynamisch gut begründet ist, dass das folgende, polyphone Kontrastelement mit seinem nicht-thematischen, fast gewichtslosen Charakter sich aus dem vorhergehenden "Schweben" entwickelt. Gleichzeitig wird die Themengruppe in ihrer Gänze nun erkennbar als tektonisch in zwei kongruenten aber disproportionalen Hauptabschnitten disponiert: (1) die beiden ersten Themendurchgänge mit nachfolgendem Crescendo (a^3 und a^4), Schweben und Fall (a^5 + b$^{1-2}$); (2) die teleskopierende Reprise (a^6)[167] mit abschließendem Generalcrescendo (a^7).[168] Und

---

[166] Federhofer op.cit. S. 206: Auszug eines Briefs von Grunsky an Schenker, datiert 10.9. 1908.

[167] Kriterien hierfür sind der oben besprochene Einschlag von Synthese zwischen a- und b-Material, der in T. 93, 95 und 97 erscheint (Mutationen im Verhältnis zu Takt 81 ff. (Vc.), T. 85 ff. (Vl.1)), sowie die Verlängerung von a^6 auf ganze 14 Takte.

[168] Diese formale Skandierung ist nicht problemlos, vor allem wegen a^5: zwar setzt sich der stufenweise Anstieg im Melodieverlauf bis halbwegs in den fünften Themeneinsatz fort (T. 78), wobei er durch einen Fall von (fast) zwei Oktaven nur getarnt wird. Ein "Fall" ist aber beim Übergang zu a^5 deutlicher als in b^2, obwohl letzteres (T. 85) in pp übergeht. Die Alternative: eine Dreiteilung des gesamten Themenfeldes (mit a^5 und b als Kontrastabschnitten), ist indessen noch weniger akzeptabel auf Grund des minimal kontrastierenden Charakters im polyphonen Streicherabschnitt wie auch immer noch als Folge von a^5, einem Element, das keine Kontrast-erzeugende Qualität besitzt.

hierdurch unterscheidet sich dieser gesamte Themenabschnitt in seinem Form-rhythmus entscheidend von den – rein schematisch betrachtet – hiermit recht gleichförmigen Seitenthemenfeldern in III/1. und IV/1.

Durch die parallel mit a³ eingeführte (und wie dort verkürzte), abschließende Themaversion, deren Gestalt durch melodische Umkehrung hervorgebracht ist, erlangt Bruckner nun ein neues, wirkungsvolles Mittel der Steigerung: einen charakteristischen melodischen Aufschwung (das erste Mal im Übergang zwischen Takt 106 und 107). Gleichzeitig signalisiert die nun stufenweise absteigende Melodiebewegung im Themeninitial (wie auch der Dominant-Orgelpunkt) ein baldiges Ende diese Formabschnitts. Diese beiden Umstände zusammen können in technischer Hinsicht fast nur ein Wiederholungsmuster als Grundlage eines Crescendos motivieren.

Ebenso konsequent wirkt, dass das Aufschwung-Intervall, das die ersten beiden Male eine Sexte ist (große, dann kleine Sexte[169]), unter der fortgesetzten sequenzierten Wiederholung einschrumpft: zwei Mal erscheint es als Quinte, seither nur als Quarte. Je kräftiger das *Momentum* also ist, welches das Crescendo dem Satzverlauf beibringt, desto weniger Energie benötigt das Aufschwung-Element selbst, um seiner Funktion gerecht zu werden.

WAB 107 ⟹ S. 249

WAB 108 ↗ S. 175

Die Disposition der Themengruppe II in der *8. Symphonie* greift, soweit es deren übergeordnete Anlage in zwei korrespondierenden Abschnitten betrifft, zurück auf das früheste Werk in derselben Tonart, die 1. Symphonie, und an beiden Orten erfolgt das in Analogie mit dem Grundriss der ersten Themengruppe. Im Vergleich hierzu handelt es sich im späteren Werk allerdings um eine wesentlich konkretere und mehr in Einzelheiten gehende Art der Verbindung. Die von Korte vorgenommene syntagierende Analyse[170] weist dies überzeugend nach, ihrer Konzentration und partieller Andeutung zum Trotz, wenn man davon absieht, dass die spezifischen Momente, die er anführt – an beiden Orten der Aufbau: aa, bb, ccc... –, eher abstrakt als unmittelbar der Perzeption offenstehend wirken (für seine Syntagierung gilt, dass sie einzelner Justierungen bedarf). Es lohnt sich somit, diese Analyse durch weitere Parallelen zu ergänzen.

Hierzu gehört, dass das b-Element der Themengruppe II mit seinem Varianten-bildenden Ausgangsmotiv (Fl., Ob. Takt 59 f. bzw. Hr. 1-2 und Vl.1 Takt 63 f.) recht eindeutig an das Hauptthemen-Initial des Satzes mit seiner charakteristischen aufsteigenden Sexte und dem ausgleichenden stufenweisen Abschluss erinnert (tiefe Streicher Takt 3 m.Auft. - Takt 5).[171] In beiden Varianten sieht es aus,

---

[169] Eine strikt genaue Umkehrung hätte nur eine Quinte erlaubt.

[170] Korte, *op.cit.* S. 36 f. sowie S. 33 f. (betreffs der rhythmischen Parallelen und – implizit – des Verhältnisses zwischen dem b-Element des Hauptthemas und dem Seitenthemen-Charakter).

[171] Die 2+3-rhythmisierte Begleitfigur der Bässe in Takt 63 f. (das durchgehende rhythmische Motiv) ist eine Umkehrung des a-Initials (Takt 51 f.), die gleichzeitig dem b-Element der Themengruppe III in Takt 103 ff. vorgreift.

als sei das Hauptthemenprofil der abschleifenden Wirkung eines schweren Objekts anheim gefallen. Mindestens eben so deutlich wirken Einzelheiten aus dem Hauptthemengruppe weiter in der abschließenden Kette zwischendominantischer Kadenzschritte, die übrigens insgesamt das Element ist, das eine Schematisierung von T. 67-72 (und T. 85-88) als Element c begründet; die voran stehenden Takte (67-68) erweisen sich als Mutation des Beginns von a (Takt 51 f.), während der Abschluss (Takt 71 f.) eine Umkehrung desselben ist.[171] Namentlich in der sehr variierten und verkürzten Re-Exposition dieses c-Gliedes (T. 85-88) zeigt sich, nicht nur in harmonischer sondern auch in melodischer Hinsicht, eine wesentlich größere Ähnlichkeit mit dem c-Element des Hauptthemas (und besonders mit den Takten 40-43, in dessen Re-Exposition), als mit dem Gegenstück im Seitenthemenkomplex selbst, T. 69-71:

Beispiel 50 a-c

Schließlich enthält die gedämpfte Überleitung zur Themengruppe III – ein Formmoment, das vor diesem Werk nicht vorkam aber im Kopfsatz der 9. Symphonie wieder erscheint – einen deutlichen Rückbezug auf das Hauptthema: Takt 93-96, Flöte, mit dem charakteristischen Pausen- bzw. Punktierungselement aus dem Hauptthema – vgl. außerdem mit dem Abschluss des Hauptmotivs selbst und namentlich, im Übergang zwischen Haupt- und Seitenthemasatz (Bässe Takt 50 f.), die minimale, in der weiteren Perspektive aber signifikante Änderung, die diesem Element in der kadenzierenden Abrundung widerfährt.

Wichtiger in dieser Überleitung ist sonst die Vorausnahme des kommenden Formgliedes, die in rhythmisch-motivischer wie auch in tonaler Hinsicht markiert ist: der 2+3-Rhythmus wird durch eine konsequente Triolisierung abgelöst, die sich – wie auch das Punktierungselement in der motivischen Vordergrundfigur (Oboe) – in den entsprechenden Schichten zu Beginn der dritten Themengruppe fortsetzt.

Was die harmonische Tonalität betrifft, unterbricht der plötzliche, markante Stimmungsumschlag des Überleitungsmoduls[172] die zwischendominantische Kette, die ansonsten die Terz-sequenzielle Kadenzserie fortgesetzt hätte: (D)→ Es (Takt

---

[171] Eben die dazwischen liegenden Takte 69 f. gehören zu den Einzelheiten, die eine Korrektur von Kortes Syntagierung erfordern.

[172] An diesem Ort erscheinen charakteristischerweise die "Wagner-Tuben" zum ersten Mal im Satz.

85), (D)→ c, (D)→ As (als V.-VI.-Auflösung) und (D)→ f (Takt 88), und zwar so, dass die f-Moll-Resolution durch den fernst möglichen Klang ersetzt wird: den Tritonus-polaren Ces^7_7-Akkord[174] – funktionsharmonisch analysiert: den unvollständigen Nonakkord (mit verminderter Quinte) auf F (das also nicht klingt), d.h. die unvollständige Wechseldominante in es-Moll. Und der tonale Rahmen der Themengruppe III ist eben es-Moll – Es-Dur. (Der weitere harmonische Verlauf beendet die Kadenz in es-Moll konsequent mit $D^6_{4-Vh.}$, D^5_{4-3}, T.)

Die vielen und engeren Zusammenhänge zwischen den beiden ersten Themengruppen, die sich konsequenterweise auch in einem unmerklichen Übergang zwischen ihnen äußern sowie in ihren eher gleich gearteten Bewegungszügen, verleihen diesem Satz eine recht einmalige Position, was diesen Punkt angeht. Auf ein früheres Beispiel von etwas geringerer Prägnanz und von momentaner Art wurde bei der Analyse des gegebenen Kontexts in der 4. Symphonie verwiesen. Der charakterliche Unterschied zwischen Haupt- und Seitenthemenfeld erscheint dabei aber keineswegs aufgehoben – wie das eher die Tendenz ist in großen Teilen dieser Abschnitte im Kopfsatz der 7. Symphonie –; man vergleiche nur die pausenlosen Phrasen und Phrasenübergänge sowie das vorherrschende Legato-Gepräge der II. Themengruppe gegenüber der eher diskontinuierten, pausendurchbrochenen und dialogisierenden Anlage in der Themengruppe I. Eher lässt sich die Formentwicklung hier als Konsequenz einer stark vermehrten Variantenbildung in der Thematik beschreiben, die über das einzelne Formglied hinaus greift und assoziative Verbindungen zwischen ihnen etabliert.[175] Auch die Harmonik wird hierdurch affiziert – wenn nicht das Verhältnis eher das umgekehrte ist: dass die vielen chromatischen Gleitungen in der harmonischen "Mechanik" – ein Phänomen, das man in den einleitenden Stadien der 8. Symphonie als distinkt angewachsen erlebt – zu den Bedingungen für die beständigen variantenhaften Verschiebungen innerhalb der musikalischen Syntax gehören.

WAB 108 ➡ S. 250

WAB 109 ↗ S. 182

Über die zweite Themengruppe der 9. *Symphonie* sagt Wolfram Steinbeck in seiner eingehenden Analyse dieses Werks:

> Wenn der typische Gegensatz von Haupt- und Gesangsthema bei Bruckner [...] als "total" bezeichnet wurde, so müßte man für die Neunte noch eine Steigerung erfinden.[176]

Hier soll nun eine andere Vorgangsweise vorgeschlagen werden, wodurch sich die Superlative im Verhältnis zu dem zitierten Adjektiv vermeiden lassen. Wie man feststellen muss, lässt sich bei Bruckner kein absolutes Kontrastverhältnis

---

[174] Dieser (nach C^7_3) chromatisch verschobene Ces^7_7-Akkord stellt sich mit seinem Basston A interessanter Weise eine reine Quinte unter den Basston e des voran stehenden Akkords, als quasi normale Dominant-Tonika-Beziehung.

[175] Vgl. Kortes Gesichtspunkt einer Kettenstruktur in dieser Verbindung. Verglichen hiermit impliziert die rhythmische Parallelität zwischen den Hauptthema- und Seitenthema-Anfängen in VII/1., die Mathias Hansen hervorhebt (vgl. S. 94), ein hohes Maß an Abstraktion gegenüber dem globalen Eindruck der respektiven thematischen Gestalten.

[176] W. Steinbeck, *Anton Bruckner. Neunte Symphonie*, S. 65.

zwischen den Haupt- und Seitenthemenfeldern generalisieren. Ohne Zweifel gehört jedoch der jetzt zu behandelnde Zusammenhang zu den in dieser Hinsicht ausgeprägtesten Fällen eines solchen Kontrastes. Dass der Satz die seit der 7. Symphonie an dieser Stelle zu konstatierende Tendenz gegen einen annähernd gleich geprägten, langsameren Bewegungsduktus in den beiden ersten Themengruppen bestätigt, ändert daran nichts.[177]

Im Verhältnis zum parallelen Formabschnitt in der 8. Symphonie ist die zweite Themengruppe in diesem, Bruckners letztem trithematischem, Sonatensatz besonders durch ein höheres Maß an kontinuierlicher Ausspinnung seines thematischen "Fadens" charakterisiert, in scharfem Gegensatz zur diskontinuierten Entwicklung des vorhergehenden Hauptthemenkomplexes, der ja von starken Entladungen und nachfolgenden "reaktiven" Taktabschnitten geprägt war. Damit unterscheidet sich dieser Abschnitt ebenfalls von der Beziehung zwischen den ersten Themengruppen in der 8. Symphonie, wo das Verhältnis – wie wir eben gesehen haben – darin bestand, dass das Seitenthemenfeld den Aufbau des Hauptthemenverlaufs aus zwei ausgeprägt korrespondierenden, jeweils als Reihung strukturierten Hauptabschnitten wiederaufnahm. In IX/1. gibt es, anders als dort, eine konkretere Verbindung zwischen den beiderseitig nächst der Formzäsur in Takt 96 liegenden Takten: man vergleiche etwa die Holzbläser in T. 78-95 mit der 1.Vl. in Takt 97 f. und 101 f. Dieser motivische "Abfärbungs"-Effekt bewirkt eine ausgedehnte Weiterführung der vegetativ geprägten Motiventwicklung, die durch die Hauptthemen-Kulmination bedingt und in Takt 77 mit dem eminent Ausklangs-betonten "Übergangssatz" eingeleitet wurde (vgl. evtl. S. 59 und S. 184 f.). Und eben dieser "kontinuierende" Zug ist von dem sonst stark wechselnden Charakter der ersten Themengruppe des Satzes sehr verschieden.

Sonst formt sich der Seitenthemenverlauf anfänglich ziemlich gleich wie der in VIII/1. mit einem Fortsetzungsmotiv (b) nach 8 Takten. Wo dieses aber im früheren Werk trotz seiner rhythmischen Konstanz einen Kontrast in satz- und klangfarbenmäßiger Hinsicht etablierte – und ebenso indirekt durch seinen Bezug auf das Hauptmotiv –, macht sich in IX/1. (Takt 105 ff.) vor allem ein stetig strömender Charakter geltend. Hierzu trägt, außer der permanent bewahrten klanglichen Zentrierung im andauernden Legato des Streichersatzes, die sequenzmäßig aufsteigende Fortsetzung nach den ersten vier Takten bei[178], sowie – eher auf Detailebene – das kontrapunktierende Motiv in Flöte und Klarinette, Takt 106, 108 etc., das eine chromatisierte Variante des entsprechend funktionierenden Motivs in 2.Vl., Takt 97 (u.a.m.) ist.[179]

---

[177] Hier bestätigt sich wieder einmal, dass sich Kortes analytische Generalisierung in erster Linie auf die drei letzten Symphonien gründet; im vorliegenden Falle seine Charakteristik der Bruckner-schen Expositionsfolge als "ein relatives Verschiedensein, [...] ein abgestuftes Nacheinander".

[178] Der stetig expandierende Charakter dieser Takte wird durch eine räumlich erweiterte Wirkung hervorgehoben: wo die Sequenzbewegung melodisch in jedem Glied terzweise ansteigt (ab Takt 109: *ges - a - c*), bewegt sich die Harmonik stufenweise abwärts (mit chromatisch geführtem Bassgang): $As^9 - G^{11} - F^7 - (H^{7} \rightarrow)$ E-Dur (Takt 115).

[179] Diese Kontinuitätswirkung macht sich ebenfalls geltend im nachfolgenden c-Abschnitt, Takt 123 ff., wo das kontrapunktierende Motiv der Celli in Takt 123 und 125 den Charakter mutierender Entwicklungen des b-Hauptmotivs hat (vgl. Takt 105 ff.).

Diese Charakteristik wird aber im nachfolgenden Verlauf durch die Rückkehr zum Ausgangsmotiv in variierter Form in Takt 115 (a') und durch das danach eingeführte neue Kontrastelement (c) in T. 123 ff. entscheidend verstärkt. Das Reprisenmoment als solches ist dadurch verschleiert, dass das Thema selbst nun in melodischer Umkehrung erscheint (während das kontrapunktierende Motiv in seiner ursprünglichen Kurvatur beibehalten wird[180]). Die Wirkung einer thematischen Fortsetzung wird indirekt durch den tonalen Bezug auf den ersten Themenansatz unterstrichen: die "Re-Exposition" geschieht auf der Dominante-Ebene. Besonders aber bewirkt die Umkehrung, dass das a'-Motiv mit seiner geänderten Kurvatur nun "in Phase geht" mit dem aufschwingenden Element des Begleitmotivs, wodurch seine kinetische Energie vermehrt wird (was wiederum von der Erhöhung der Lautstärke vom ursprünglichen p zum aktuellen mf unterstützt wird). Das führt u.a. dazu, dass das tektonisch gesehen ausgeprägteste Kontrastelement dieser Themengruppe und sein erster dynamischer Höhepunkt (c) eine alles andere als kontrastbetonte Funktion erhält: es wirkt statt dessen als Abschluss einer fortlaufenden thematisch und dynamisch linearen Entwicklung. In beiden Hinsichten steht es in einem recht parallelen Verhältnis zum c-Abschnitt in VIII/1. da (Takt 67 ff.), nur sind die Dimensionen im späteren Werk wesentlich weiter gespannt, um die Hälfte vergrößert, wie auch der Formenbau in tektonischer Hinsicht komplexer ist, namentlich infolge seines latenten Reprisenmoments im Takt 115.

Ein wesentlicherer Unterschied zwischen den Seitenthemen-Abschnitten in Bruckners zwei spätesten Kopfsätzen zeigt sich im weiteren Verlauf, wo dem eigentlichen Reprisenmoment, der unveränderten Wiederaufnahme des a-Abschnitts in Takt 131 (nach der Generalpause), weder das b- noch auch das c-Element folgt; statt dessen wird es weiter ausgesponnen auf der Basis der Takte 3 und 4 des Themas, hin zu einem neuen Höhepunkt mit einer Koinzidenz in dynamischer wie auch melodischer Hinsicht in Takt 145.

So unsymmetrisch diese Reprise auch erscheinen mag, ist sie doch auf ihre Weise konsistent mit dem einleitenden Hauptabschnitt (a b a' c): zwar erfolgte die Entwicklung dort auf der Grundlage einer motivischen Differenzierung. Aber man mag, eben als Folge der gegebenen Komplexität, die sich besonders auch als Gegensatz zu der überschaulichen Folge von blockhaften Satzabschnitten in VIII/1. ausdrücken lässt, geneigt sein, den analytischen Gesichtswinkel um eine "globalere" Betrachtung und Charakteristik zu ergänzen, in Gestalt eines Satzverlaufs, der in erster Linie von Kontinuität und Steigerung geprägt ist, auch was den ersten Hauptabschnitt betrifft.[181] Ein zweigeteiltes, von Kongruenz geprägtes verhältnis macht sich demnach auch hier geltend – entsprechend der Themen-

---

[180] Signifikant ist, dass seine Variantenform sich nun distinkt auf die oben erwähnte chromatische Mutation des Begleitmotivs im b-Abschnitt bezieht, vgl. die Taktschlüsse.

[181] Der teleskopierende Charakter der "rudimentären" Wiederholung wird wohl – wenn auch abstrakter – unterstrichen dadurch, dass der Bezugsrahmen, soweit es die harmonische Dimension betrifft, die erste, variierte Reexposition (T. 115-122) einzubeziehen scheint: wo diese sich von E- nach Dis-Dur bewegte, beschreibt die Reprise im größeren Zusammenhang (T. 131-145 und bis Takt 153) die entsprechende tonale Entwicklung A-Dur - As^7.

gruppe II in der 7. Symphonie[182] –, obwohl es an beiden Orten weniger evident ist als in der 8. Symphonie. Lässt sich die Ähnlichkeit der betreffenden Formabschnitte in den beiden späteren Werken in diesem übergeordneten Punkt durchaus diskutieren – mehr dazu sogleich –, so ist sie zumindest über jeden Zweifel erhaben, was den noch verbleibenden, Appendix-artigen Schlussabschnitt angeht.

Es handelt sich hier um ein funktional gesehen identisches, reguläres Bindeglied zwischen den Themengruppen II und III, mit einer Antizipation des folgenden Themas, am deutlichsten in IX/1. (was den Charakter einer wiederaufgenommenen Prozedur unterstreicht) mit der "Vor-Umkehrung" des Themakerns von III sogleich in Takt 153 f. und – völlig rein – in Takt 156 f. Beide Taktgruppen lassen sich mit einer Wasserscheide vergleichen – die Richtung des formalen "Ablaufes" ist für eine Weile unentschieden. Darüber hinaus gibt es noch zwei sehr konkrete Gleichheitspunkte: die motivische Verkürzung bzw. Auflösung in Sekundbewegungen um den Dominantton (Holzbläser T. 164-166, vgl. VIII/1. T. 93-96) und, ebenfalls in der abschließenden Kadenz, der 5-4-vorhaltende Dominantakkord. Ein besonderes Gepräge hat in IX/1. dieser Akkord dadurch, dass er nicht im erwarteten a-Moll (als Tonika) endet, sondern dass ihm ein weiterer Fall von einer Quinte nach d-Moll, der Haupttonart des Satzes, widerfährt.

Die Auffassung Steinbecks, dass der Übergang zwischen diesen Formabschnitten in IX/1. *"mit der Lösung der Dritten* [Symphonie] *vergleichbar"* sei, mag daher verwundern.[183] Schon allein die Tatsache, dass es in der neunten (wie auch in VIII/1.) keinen Crescendoanlauf zur Themengruppe III gibt, ja dass das Seitenthema selbst gar nicht wie dort Bestandteil des Übergangsglieds ist, sondern von neuem (bzw. kommendem) Motivmaterial abgelöst wird, dürfte Grund genug sein, dieser Behauptung skeptisch gegenüberzustehen. Welches Argument gäbe es denn nun wohl hierfür? – Steinbeck:

> Das Gesangsthema endet mit einem Höhepunkt und deformiert dadurch sozusagen die innere Symmetrie.[184]

Die Sache liegt allerdings anders: ganz im Gegenteil beschreibt der Schlussverlauf des Seitenthemenfeldes in der 9. Symphonie eine ausgeprägte Entspannung; das gilt auch für die letzten sieben Takte vor dem völlig abgespannten selbständigen Übergangsglied. Insgesamt gibt es ganze 21 *p*- bis *pp*-Takte zwischen dem melodischen und dynamischen Gipfel (Takt 145) und dem Beginn der Themengruppe III, während der Höhepunkt in der 3. Symphonie mit dem Beginn derselben Themengruppe zusammenfällt. Die Parallelität in dynamischer Hinsicht, die intern im späteren Werk besteht kraft der beiden Höhepunkte (im Abschnitt c bzw.

---

[182] Der Formverlauf war auch hier mehrdeutig disponiert: drei- oder zweigeteilte Anlage?, wenn auch auf etwas andere Weise; vgl. Anm. 168 und den hierzu gehörigen Haupttext.

[183] Steinbeck, *op.cit.* S. 66. – Dieses Übergangsglied wird allerdings auch bezeichnet als "ein im Blick auf das alte Schema völlig neuer Vorbereitungsabschnitt, [...] Hinführung auf das Kommende." Diesen Status haben die entsprechenden Takte in VIII/1. aber doch wohl ebenfalls (außer einer rückwärts verweisenden Funktion). Steinbeck leitet sogar (S. 67) das Motiv in IX/1. aus dem Aufbruchsthema des HTh-Feldes ab, was vielleicht weniger evident ist, und öffnet so indirekt die Tür für eine weitere Parallele zu VIII/1. (die er merkwürdiger Weise scheinbar nicht registrierte).

[184] *Loc.cit.* (S. 66.)

in der a-Reprise) und die dadurch verstärkt wird, dass an beiden Stellen durch den Übergang zu einem Streichersatz (T. 126-130 teilweise auch durch Hörner ergänzt) die Intensität gedämpft wird, ist ganz richtig *"Symmetrie-deformierend"*, wie Steinbeck sagt – dafür unterstützt sie aber eben das Kongruenzverhältnis zwischen den beiden übergeordneten Formabschnitten, für das, bei allen unbestreitbaren Unterschieden, oben plädiert wurde.

Darum mag man ebenfalls Werner Notters Bemerkung zu diesem Themenfeld der 9. Symphonie in Frage stellen: *"Die Dreiteilung ist schärfer als je erkennbar (T. 97/ 123/ 131)."*[185] Jedenfalls muss sie vor der weiteren Perspektive der Produktion dahingehend korrigiert werden, dass eine dreigeteilte Reprisenform (wie er das impliziert) im allgemeinen dort, wo sie überhaupt als Schema in Betracht kommt[186], einen recht abstrakten Status hat: der selbständige oder auf andere Weise profilierte Charakter des Kontrastmomentes ist, wie mehrmals nachgewiesen, typisch schwach exponiert.[187] So eigentlich auch in der 9. Symphonie, trotz seiner tektonischen Plazierung zwischen zwei a-Gliedern (auf übergeordneter wie auch auf detaillierterer Formebene), und ohne in Betracht zu ziehen, dass es hier zugleich einen "kathartischen" Höhepunkt[188] zwischen zwei in etwa gleich langen umgebenden Strecken ausmacht (26 bzw. 22 Takte). Am deutlichsten – und geradezu einmalig in seiner Existenz innerhalb der Seitenthemenfelder der Kopfsätze – fand sich ein kontrastierender Abschnitt mit einer aktiv zäsurierender Funktion[189] in der 6. Symphonie, auch wenn sich das zentrale Element in dieser Verbindung auf zwei kurze Choralzeilen begrenzte (T. 69-72).

WAB 109 ➡ S. 252

---

[185] Notter, *op.cit.* S. 32. – Auch Kurth beschreibt zwar den gesamten Formabschnitt als dreigeteilt (*op.cit.* S. 686), dies aber auf andere Weise: in drei "Steigerungswellen": T. 97/ T. 115/ T. 131. Der wichtigste Unterschied ist, dass das umstrittene tektonisch symmetriebildende Glied, die Takte 123-130, hier unter einem längeren Verlauf subsumiert wird, worin es den Höhepunkt ausmacht. Kurths Auffassung, dass Takt 115 eine eigene Steigerungswelle einleitet, mag dagegen problematisch erscheinen, was die oben gegebene Interpretation implizit ausdrückt. Das entscheidende Argument in diesem Zusammenhang ist, dass der Verlauf bis zu Takt 115 nicht zu einem *"Neuansatz"* in dynamischem Sinne führt, da es in diesen Takten keinen "Fall" gibt sondern ein Crescendo, wonach die in Takt 115 erreichte Lautstärke, *mf,* linear bis zu Takt 121 nicht mehr ansteigt – wodurch a, b, a' und c eine einzige zusammenhängende Steigerungswelle bilden.

[186] Dies ist, wie bereits angeführt, nicht vor der 3. Symphonie der Fall, und auch nicht in irgendeiner Weise, soweit es die Achte betrifft. (Steinbecks Behauptung eines internen Höhepunkts innerhalb des b-Teils in der Anlage der zweiten Themengruppe wurde S. 67 kritisch bewertet.)

[187] Im Verhältnis hierzu etabliert z.B. Brahms, so verschieden die Seitenthemen-Abschnitte in den Kopfsätzen der Symphonien auch geformt sind, weit deutlichere Kontrastthemen, bzw. kontrastierende Formfelder innerhalb dieses Satzabschnitts.

[188] Vgl. Steinbecks in diesem Punkt enthusiastische Charakteristik, *op.cit.* S. 63. Er hat insgesamt eine andere Ansicht zum tektonischen Status des c-Elements, ohne dass sich seine Wertung von dessen formprozessualer Funktion von der oben gegebenen unterschiede: "Der Mittelteil selbst ist nicht lang. Er umfaßt nur acht Takte, und [...] geht schon im ersten Halbsatz [...] zu Ende, [...] während der zweite Halbsatz eine einfache Überleitung bringt. Und doch steht dieser Teil gleichrangig und -gewichtig als Mitte im großen Themenrahmen, und zwar vor allem durch seine Emphase, auf die der innere Prozeß zuvor offensichtlich ausgerichtet war". (Ebd.)

[189] Ein formales Kontrastfeld von gänzlich "passivem" Charakter begegnet einem im Kopfsatz der 5. Symphonie mit dem Abschnitt T. 131-144.

Über die Brucknersche Themengruppe II lässt sich mit einem gewissen Recht sagen, wie das Notter in einem singulären Werkzusammenhang ausdrückte:

> Die Schematisierung hat sich des Themencharakters bemächtigt und haftet nicht mehr an die Form.[190]

Nun ist allerdings auch der thematische Charakter selbst der zweiten Themengruppe weniger stereotyp, als das diverse Versuche einer Kodifizierung andeuten. Was vielleicht ganz besonders unsere Aufmerksamkeit erfordert, wenn es um eine Zusammenfassung geht, ist die eher übergeordnete Situation um die Themengruppe II, also der eigentliche Status dieses formalen Glieds in der Exposition. Hier machen sich einige Verhältnisse geltend, die sich, weit mehr als das bei der konkreten Physiognomie des einzelnen Themas wie auch der formalen Anlage des Satzabschnitts der Fall ist, in der Richtung einer Norm entwickeln, die Geltung auch für die weiteren Stadien des Satzes beansprucht. Dies drückt sich am deutlichsten aus von dem Augenblick an, da der Verlauf innerhalb dieses Themenfeldes mit einer neuen Entwicklung ansetzt, die von erweiterter Aktivität geprägt wird. Und dass man diesen Sachverhalt von einem Überblick-suchenden Punkt der Beobachtung aus derart ausdrücken kann, das liegt an der *ersten* Haupabteilung der Exposition und findet seine Ursache vor allem in der eigentümlichen, an sich eben so typischen, Beziehung, die bei Bruckner zwischen den Themengruppen I und II als einer besonderen Form eines polären Verhältnisses hierzu besteht.

Was nachfolgend darzustellen versucht sein soll – mehr als eine über den Daumen gepeilte Regel denn in der Form systematischer Untersuchungen – ist eine Erfassung eines der zentralen Momente in Bruckners persönlichem Expositionstypus. Dieser Versuch lässt sich nun aber kaum anders wagen als durch Bezüge auf umfassendere Zusammenhänge innerhalb derselben Gattung. Derartige Untersuchungen wurden bisher nur sehr sporadisch vorgenommen und nicht im Verhältnis zu den übrigen zeitgenössischen Symphonikern, die für einen Vergleich relevant sind – natürlich abgesehen von Brahms[191] und in geringerem Grad Gustav Mahler (dem hier nicht der Status eines relevanten Vergleichs zukommt); es handelt sich vor allem um Antonín Dvořák, Joachim Raff und Max Bruch. Diesen Namen könnten mit Fug und Recht andere beigefügt werden, wie P. Čajkovskij, N.W. Gade, C. Saint-Saëns und A. Borodin, auf der Grundlage ihrer – wie auch derer der zuerst genannten Gruppe gegebenen – Zugehörigkeit zu einem Mendelssohn-Schumannschen Traditionszusammenhang.[192]

---

[190] Notter, *op.cit.* S. 32, zur Thgr. III im 1. Satz der 9. Symphonie. – Dies ist nicht so zu verstehen wie das dort der Fall ist, dass die formale Organisation sich zu einer Norm auskristallisiert hätte, die anschließend sozusagen als "fertig entwickelt" markiert würde durch eine Überführung in eine andere ästhetische Kategorie: "damit ist auch die Entwicklung dieses Schemas zu Ende gekommen." (Ebd.). Kurz gesagt: auf der Basis seines konkreten Zusammenhangs eignet sich dieser weniger klare Gedankengang kaum als Ausgangspunkt einer Zusammenfassung.

[191] Korte, *op.cit.* gibt selbstverständlich, auf seine besondere "grammatikalische" Weise, einen ausführlicheren Beitrag zu einer Profilierung von Bruckners und Brahms' Verschiedenheiten betreffs ihrer symphonischen Formgestaltung.

[192] Außer den grundlegenden Bruckner-Monographien von Halm, Kurth, Orel und Haas, die kein

Auch nicht was diese Komponisten betrifft, scheint es wesentliche zugängliche Forschungsbeiträge zu geben, die ihre symphonischen (oder sonatenmäßigen) Formpinizipien auf breiterer vergleichender Grundlage betreffen.[193] Das ist nun allerdings eher verständlich, aus dem besonderen Grund, dass sie alle eine ausgeprägte gemeinsame Basis – mehr als eine konkrete gemeinschaftliche Norm – für die Formgestaltung innerhalb des Rahmen der Sonatensatzform haben (der Singularis ist hier wohl vertretbar), während für Brahms und ganz besonders für Bruckner gilt, dass ihr jeweiliges Verhältnis zum überlieferten Formkodex in höherem Maße individualisiert erscheint, wenn auch auf sehr unterschiedliche Weisen. Die folgenden Beobachtungen, die sich auf Verhältnisse um die Exposition in einer Reihe von Kopfsätzen beschränken, gründen sich auf das Studium folgender Werke: von Dvořák die Symphonien Nr. 1-6; von Raff die Symphonien 3, 4 und 8; von Bruch die Symphonien 1 bis 3; wie natürlich auch alle vier Symphonien von Brahms und ebenfalls die relevanten Werke von Schumann und Mendelssohn innerhalb des empirischen Horizonts liegen. – Eine Partitur war nicht in jedem einzelnen Fall zugänglich.

Ein wesentliches, wenn auch sehr generalisiertes gemeinschaftliches Charakteristikum des Expositionsaufbaus in den hier erwähnten Sätzen ist eine merkbare Schwächung des spätestens seit Beethoven (und damit auch in A.B. Marx' Formenlehre geltenden) konstitutiven Polaritäts- oder Kontrastverhältnisses zwischen den prizipalen thematischen Einheiten der Exposition: Haupt- und Seitenthema.[194] Eine weitgehende *Vermittlung* zwischen diesen beiden Themen bzw. Themenfeldern macht sich statt dessen auf verschiedene Weisen geltend:

Durch Verdopplung des Hauptthemas (und dies typisch in der Form eines Einleitungs-, Motto- oder Rahmenthemas gegenüber anderem, nachfolgendem HTh-Material) erscheint das hauptthematische Stratum der Exposition nicht selten ziemlich kaleidoskopisch. In extremen Fällen kann es sich, wie in Bruch II (= 2. Symphonie), mit einer faktisch vollständigen Unterdrückung eines thematischen Kontrastes kategorialer Art verbinden (was hier durch eine umfassende Differenzierung der alleinherrschenden "haupt"thematischen Schicht kompensiert

---

konkret brauchbares Material für derartige Fragen enthalten, finden sich einzelne Spezialdarstellungen, die Aspekte der verschiedenen Formungsprinzipien berühren, ohne dabei aber die symphonischen *Mainstream*-Komponisten zu berücksichtigen, die Bruckners Zeitgenossen sind. Dies gilt für Rubarths Dissertation zur Represäntechnik bei der wiener klassischen *Trias* sowie bei Schubert, Mendelssohn, Schumann, Brahms und Bruckner. Ebenfalls werden im Kapitel 3 von Bushlers Dissertation (S. 69-110) einige allgemeine Gestaltungsprinzipien für symphonische Kopfsätze bei eben diesen Komponisten zusammenfasst.

[193] Die komparative Dimension fehlt z.B. in Miroslav Černýs: "Antonín Dvořák und die Sonatenform sowie einige spezifische Züge der thematischen Arbeit in ihr", in: *Antonín Dvořák. Report of the International Musicological Congress Dobříš 1991.* Praha 1994, S. 73-83. Oder es wird die Relevanz durch eine begrenzte Vergleichsgrundlage eingeschränkt, wie in Jarmila Gabrielovás: "Antonín Dvořák und Johannes Brahms: Bemerkungen zur Kompositionsproblematik der Symphonie Nr. 6", in: *Colloquium Brno 1991: Die Instrumentalmusik. Struktur, Funktion, Ästhetik. Bericht.* Brno 1994, S. 157-163, und ebenso bei Hartmut Schick: "Dvořák and Tchaikovsky. Some Remarks on Dvořák's 8th Symphony", in: *The Dvořák Sesquicentennial Conference in America.* New Orleans 1991.

[194] Diese Beschreibung ist nicht erschöpfend, soweit es die gesamten Verhältnisse um Beethovens Dialektik zwischen Thema und Form betrifft. Was den dortigen Zusammenhang zwischen der Anwendung von weniger prägnanten Themengestalten (Motiv-Konfigurationen) und der Intensivierung der formalen Prozessualität angeht, siehe C. Dahlhaus: *Beethoven und seine Zeit.* Laaber 1987, bes. S. 207 ff.

wird). Oder es kann sich in der Form eines dominierenden Überleitungsgepräges äußern – vgl. Dvořák V (T. 25-44 und T. 73-92) – und als solches bisweilen sogar in einer ausgedehnten, durchführungsgeprägten Form, wie in Dvořák II (T. 27-62 und T. 83-130).

Es gibt umgekehrt Fälle, wo zwei STh-geprägte thematische Einheiten vorkommen, oft in Verbindung mit einer Akzentuierung von spezifischem Überleitungsmaterial – in Raff IV sowie VIII –, wodurch manchmal das "HTh 2" – vgl. Dvořák V, T. 45 ff. –, öfter aber das "STh 1" – so in Dvořák VI (wo dies in Moll steht, T. 108 ff.) und Raff VIII – eine oszillierende Funktion erhält: halb thematisch-kardinal, halb transitorisch wirkend. Dieselbe relativ geschwächte Identität oder, positiv interpretiert: derselbe vermittelnde, entwicklungsbetonte Charakter kann sich geltend machen, typisch soweit es das STh betrifft, durch eine Kombination mit HTh-Material – wie in Dvořák II (T. 131 ff., Kl. / T. 135 ff., Fl., Kl.) und Dvořák III (T. 77 ff.) –, oder durch eine sofortige Entwicklung in struktureller Verbindung mit vorhergehendem Material: vgl. Dvořák V (T. 97 ff.: die Synkopierungen im 2., 4. und 6. Takt (u.a.m.) dieses Themas, die auf T. 51 u.a.m. und T. 74 u.a.m. zurückgehen).

Eine besonders breite Ausführung des STh kann, wenn auch seltener, zu einer Marginalisierung des Hauptthemas führen – vgl. Bruch I (wo dies für das Allegro-HTh, nicht die Mottogeprägte Devise der langsamen Einleitung gilt) sowie Bruch III, wo das STh auch, im Gegensatz zum HTh, in der Einleitung antizipiert wird. Dieselbe Begrenzung des hauptthematischen Geltungsbereichs kann als Ergebnis eines "prämaturen" Abbruchs durch ein Entwicklungsmotiv mit ausgeprägtem Überleitungscharakter entstehen – vgl. Dvořák VI T. 23 ff. (wo das HTh anschließend allerdings ab T 49 in *forte* wiederholt wird, wenn auch immer noch in recht kurzgefasster Form).

Umgekehrt kann das Seitenthema marginalisiert werden, entweder durch seinen episodischen oder seinen epilogischen Charakter: dies erscheint als Tendenz bei Mendelssohn, wo es sich in der a-Moll-Symphonie (der "schottischen") hauptsächlich als HTh-Variation zeigt: siehe dort T. 124 ff., vgl. allerdings 1.Vl T. 133-141. Auch bei Schumann ist dies sehr charakteristisch, hier macht es sich geltend in sämtlichen Expositionen der Kopfsätze. Oder es erfolgt durch eine unverhältnismäßig reichhaltige Anwesenheit von HTh- oder entwicklungsgeprägtem Material innerhalb der Domäne des STh, manchmal geradezu: zwischen dessen wenigen Repliken; vgl. Dvořák I (T. 173-188) und Dvořák II (T. 131 ff.), wo das STh zwar sicher einen insgesamt größeren Platz einnimmt, dafür aber meist mit hauptthematischem und überleitungsgeprägtem Material konfrontiert wird.

Diese Gestaltungstendenzen, so verschieden sie auch verwirklicht werden, erschaffen einige spezifische Charakterzüge und, ähnlich wie sich das auch – wenn auch auf völlig andere Weise – bei Bruckner geltend macht, einen Expositions-*typus*. Kennzeichnend hierfür ist vor allem ein Formverlauf, der, quer über kontrastierende thematische Charaktere, im hohem Maße das seit dem ersten "Allegro-Kontext" gegebene Tempo und Aktivitätsniveau aufrecht erhält.

Allerdings kommt ein permanent bewahrter *Allegro vivace*-Charakter mit einem dazu gehörigen minimalen Kontrastverhältnis zwischen Haupt- und Seitenthema – wie in Mendelssohns "italienischer" Symphonie und auch in Schumann IV (wo das eigentliche STh des Satzes erst in der Durchführung eingeführt wird, T. 147) – eher seltener vor als ein festgehaltener *Moderato*-Charakter. Eine solche sparsamere Differenzierung kann sich z.B. darin äußern, dass das STh im Expositionsverlauf nur durch ein zerbrechlich wirkendes Moment identifiziert wird, wie z.B. die Applikation einer Solokantilene auf kapriziöseres, Überleitungs-geprägtes Material (so in Raff IV), oder durch die Hinzufügung einer neuen Form von Kantabilität innerhalb eines ebenfalls sanglich geprägten HTh-Kontextes, wie in Dvořák III (T. 77 ff.).

Übereinstimmend mit dieser relativen Homogenität wird der Eindruck dieser Expositionen von einer eher unvorhersehbaren Folge motivischer Repräsentanten für die thematischen Hauptkategorien geprägt. Dies wird auch durch die quantitative Dominanz – und somit auch durch die qualitative Bedeutung – begünstigt, die die Kategorie Überleitungs- bzw. Entwicklungsmaterial im allgemeinen einnimmt. Auch überleitende Passagen können aber – wie in Dvořák IV – auf ein rein transitorisches Element zwischen HTh und STh eingegrenzt werden: in diesem Falle nur ein skalenhaftes Zweitakt-Element, das sequenzierend zweimal wiederholt wird (T. 47-53). Epilogische Thematik, die sich bisweilen in ein selbständiges Motiv und retrospektives, meist HTh-abgeleitetes Material teilt – so in Dvořák I (vgl. T. 243 ff, Hr. / T. 259 ff., Str.) und ebenso in Raff VIII –, hat nicht selten einen ähnlichen wandelbaren Charakter wie das, was die eher hervortretenden Überleitungspassagen prägt. Auch der Epilogabschnitt begrenzt sich bisweilen aber auf eine minimale Rückführung auf das HTh (oder auf Einleitungsmaterial) und unterstreicht in solchen Fällen die allgemein engeren Dimensionen der Expositionen (man vergleiche die traditionelle und lange zumindest nominell bestehende Repetitionsanlage dieses Satzteils). So z.B. wird ein Umschlag innerhalb des ausgedehnten, homogenen STh-Verlaufs zu einem Expositions-abschließenden Kontext in Dvořák IV allein durch den Übergang zu punktiertem Rhythmus in Takt 98 markiert, vereint mit gesteigerter Dynamik, was ausreicht, um eine Wiederaufnahme des einleitenden Materials des Satzes – virtuell auch des kardinalen HThs – zu signalisieren.

Das enge Verhältnis zwischen solchen formalen Charakteristika und den dazugehörigen Themencharakteren – in den hier angeführten Sätzen meist von grundlegend energisch-optimistischem oder auch idyllischem Charakter – sei hier nicht näher zu diskutieren. In dieser Hinsicht ist der Kontrast zu Brahms' und besonders zu Bruckners symphonischem Duktus und dem gesamten "Ton" des jeweiligen Stils recht unverkennbar.[195] Diese beiden Komponisten haben grundsätzlich auf ein permanenter lebhaftes, "mitreißendes" Bewegungsmuster verzichtet, welches als einer der entschiedenen Gründe für die leicht erkennbare Verwischung getrennter formaler Strata innerhalb der Exposition anzusehen ist; und beide werden sie im Gegenzug, anders als die Komponisten, die sich in ausgeprägtem Maße an einen "Mid-Century"-Stil (J.P. Larsen[196]) hielten, mit Schwierigkeiten konfrontiert, die sich aus dem Verhältnis zwischen Themenstruktur und Formbildung ergeben. Zur Beleuchtung dieses Sachverhalts bietet Kortes – in Anbetracht seines komplizierten Vorhabens: heroischer – Versuch einer Darlegung dieser Dialektik ein ergiebiges Material. Gleichzeitig hätte seinem Beitrag allerdings eine Unterstreichung des allgemein höheren Ambitionsniveaus betreffs der übergeordneten entwicklungsmäßigen Konsequenz oder Spannkraft des symphonischen Werks gut getan, welche Brahms' wie auch Bruckners Beiträge charakterisiert; man bedenke z.B. Bruckners Charakterisierung der Schumannschen Symphonien als "Symphonietten".[197] Diese grundlegende Haltung ist eine

---

[195] Unter zahllosen Versuchen, einen solchen Unterschied handgreiflich zu machen, sei hier Aug. Halms gewählt, der mit einer geräumigen und dennoch präzise zielenden Formulierung Bruckners "völlige Freiheit von der [...] Alltäglichkeit, von der prinzipiellen Intramundanität der Musik" hervorhebt. (*Op.cit.* S. 87.)

[196] Larsens Stilgruppen-Bezeichnung bindet sich allerdings an die Situation im 18. Jahrhundert (vgl. "Some Observations on the Development and Characteristics of Vienna Classical Instrumental Music", in: *SMH*, Tom. IX, Fasc. 1-2, 1967, S. 115 ff.)

[197] *Göll.-A.* IV/1, S. 312. – Kortes Gesichtspunkt: dass Bruckners wie auch Brahms' thematische

der Bedingungen für den jeweils anders gearteten thematischen und formmäßigen "Rhythmus", der sich hier Geltung verschafft.

Bruckners Art, die grundlegenden thematischen Polaritätsverhältnisse der Exposition zu etablieren, unterscheidet sich am deutlichsten von den in seiner Zeit vorherrschenden Tendenzen, und nichts ist hier typischer als seine Betonung der Abgeschlossenheit bzw. des Einheitsgepräges innerhalb jedes der beiden ersten Themengruppen: an beiden Orten handelt es sich jeweils um ein Verbleiben im gegebenen thematischen oder jedenfalls charakteriellen Zusammenhang; die einzelne thematische Gruppe, so stofflich heterogen sie auch erscheinen mag, ist in hohem Maße in sich selbt eingekapselt. Dies hängt letztendlich zusammen mit dem persönlichen Gepräge, das Bruckners thematische Hauptkräfte besitzen. Im Verhältnis zu der von Mendelssohn und Schumann gesetzten Hauptnorm ausgedrückt hieße das: eine Thematik "vegetativen" und als solchen wesentlich weniger schwungvollen Charakters, die in deutlicher Distanz steht zu einer dieser Norm entsprechenden strophisch geprägten oder – im Gegensatz hierzu – einer *perpetuum mobile*-haften Gestaltungsart. Anders geartet ist diese Thematik bis zu gewissem Grade auch im Verhältnis zu Brahms' typischer Etablierung eines *"Ausdruckskontrastes"* innerhalb der einzelnen Themengruppen.[198]

Charakteristisch in Verbindung hiermit ist bei Bruckner der prinzipielle Mangel an Überleitungsmaterial in der ersten Themengruppe, verstanden als entwicklungsbetonte Einschübe von aufbrechendem Charakter, also Impulse, die auf das nachfolgende thematische Stadium im Formverlauf verweisen.[199] Dies spiegelt sich auch in den verschiedenen Arten des Abschlusses im ersten Formabschnitt wieder: ob nun der Übergang zum nachfolgenden Themenfeld ohne Zäsur geformt wurde oder nicht, in jedem Fall ergibt sich das Gefühl einer Abrundung; die motivische Substanz wird gern als "verbraucht" akzentuiert.[200] Von der Themengruppe I bis II gibt es – wenn man von den frühen Werken bis einschließlich der 1. Symphonie absieht – keinerlei eigentlich fortgesetzte Entwicklung. Dieser Sachverhalt wird vielfach auch auf tonaler Grundlage unterstrichen vermittels

---

Gestalten von begrenzter Reichweite sind und dass diese Komponisten sich folglich auf mühsamere syntaktische und formale Prozeduren von additiver und reihungsmäßiger Art verlassen mussten, ist in hohem Maße als vertretbar zu bezeichnen. Wenn er aber als Prämisse für die kreativen Bedingungen Brahms' sich mehrmals so formuliert, dass dieser "Schumanns freie poetisierende Kraft romantischer Fortzeugung" nicht besessen habe (*op.cit.* S. 84 sowie S. 81 und 83), sieht er allzu sehr davon ab, dass Brahms nicht etwa eine Weiterführung eben dieser Form romantischer Themenbildung mit ihrem starken Gepräge von Vivazität bzw. Kontinuität, anstrebte, sondern eher von Schubertschen und selbstverständlich auch Beethovenschen Thementypen und Formanlagen ausging. Dies wird deutlich pointiert bei Mitschka; vgl. des weiteren J. Webster: "Schubert's Sonata Form and Brahms's First Maturity", in: *19CM* 1978, S. 18-35 sowie 1979, S. 52-71.

[198] Mitschkas Spezifikation dieses seines Ausdrucks lautet (*op.cit.* S. 30 f.): "Hier liegt ein Nerv, ein Agens der Brahmsschen Kunst, das die Formgestaltung seines Sonatensatzes je und je prägt. [...] Zu diesem Kontrastprinzip gehört [...] das Festhalten an der gleichen motivischen Substanz. [...] Daher kann man das angewandte Verfahren auch Prinzip der v a r i i e r e n d e n E n t w i c k l u n g nennen." (Mitschka benutzt oder erwähnt merkwürdiger Weise weder Schönbergs permutierende Bezeichnung 'entwickelnde Variation' noch die seines Lehrers Arnold Schmitz: 'kontrastierende Ableitung'.)

[199] Nur die Schülerarbeiten unterscheiden sich hiervon.

[200] Selbst in VII/1., wo sich dies am wenigsten geltend macht, lässt sich die sorgfältigere Schließung beobachten, vgl. die analytischen Anmerkungen hierzu S. 181.

eines plötzlichen Übergangs in dieser Hinsicht, wohingegen die entsprechenden Takte in der Reprise wesentlich "glatter" verlaufen; näheres hierzu im Kapitel V.

Steinbecks Beschreibung des Anfangs der nachfolgenden zweiten Themengruppe als *"Setzung und Neubeginn"* trifft daher ins Schwarze.[201] Auch dieser Formteil ist durch eine innere Selbständigkeit gekennzeichnet, was das größere Format angeht wie auch die Art, in der das in der Regel begrenzte thematische Kernmaterial entwickelt wird. Im Verhältnis zum ersten Expositionsabschnitt des Satzes aber ist der Charakter durchgehend eher vegetativ: Höhepunkte bzw. Höhenstrecken sind seltener und, wenn sie denn vorkommen, auch weniger markant gestaltet als in der einleitenden Themengruppe. Entsprechend charakteristisch, keineswegs aber stereotyp erscheinend sind repetitiv geprägte Verläufe (besonders in den Symphonien 3-5 sowie 7), die den Eindruck eines kreisenden, in gewisser Weise eher richtungslosen Entwicklungsgangs erwecken.

Weniger leuchtet dagegen Steinbecks Charakteristik der Themengruppe II als *"ein bogenförmiger, in sich geschlossener Komplex als Kontrast [...] und totaler Gegensatz"*[202] zur Hauptthemengruppe ein, und das vor allem dadurch, dass die letzteren Umstände am ehesten auf Übereinstimmungen mit der allgemeinsten und üblichsten Praxis für die Formung eines Sonatensatzes hindeuten. Zwar ist der Schnitt zwischen den betreffenden Formabschnitten meist überdeutlich erkennbar in der Weise, dass er als formkonstitutiv in traditionellerem Sinne auftritt; die sekundäre Themengruppe nimmt bei Bruckner andererseits aber typisch eine Parallelstellung zum Hauptthemenfeld ein, und das scheint sich auf die ganz besondere Weise zu gründen, in der sie auf den vorhergehenden Verlauf "reagiert": die erste Themengruppe enthält sicher in sich selbst ein Stück symphonischer Prozessualität, sie *begründet* aber unmittelbar selten irgendwelche satzmäßige Prozessualität; nicht einmal in den – allgemein vorkommenden – Fällen, wo eine doppelte Exponierung des Themenmaterials erfolgt.[203] Die Brucknersche Themengruppe II ist hierdurch charakteristisch geprägt, indem dieser Satzabschnitt typisch in einer inneren Selbständigkeit existiert, die sich von so vielen anderen entsprechenden lyrischen Betonungen dieses Formabschnitts unterscheidet, vor allem in seinem fehlenden dialektischen Verhältnis zum Hauptthema, d.h. der "indirekten" Impulsierung von diesem oder – durch eine mehr unmittelbare Vermittlung – einer überleitenden Passage. Für ein solches emi-

---

[201] Steinbeck, *Neunte Symphonie*, S. 28.

[202] Ebd. S. 29.

[203] Wieder ist Aug. Halm wohl der erste, der diesen Sachverhalt mit großer Präzision einkreiste: mit Beethoven verglichen komponiert Bruckner "innerhalb einer Gruppe mehr, als daß er disponierte, er läßt da mehr real entstehen, sich entwickeln. [...] Wir werden nicht durch die [bei Beethoven] zum Rätsel zusammengespannten Gegensätze auf das rein Ideelle verwiesen. [...] Wir sind durch das, was wir [bei Bruckner] hören, durch das prachtvolle Dasein [...] der tatsächlichen Musik nicht so gezwungen, nach dem Geist zu forschen. [...] Bruckner hat das kühnere Vertrauen auf eine Synthese höherer Ordnung, welche auch die in sich fertigeren, satteren thematischen Gebilde [...] vereinigen läßt. [...] Anders die Musik Beethovens, deren häufig Unreales, mitunter Unzulängliches denjenigen geradezu irreführt, der das über-real geistige, d.h. formale Bedeutung nicht versteht." (*Op.cit.* S. 95 f.) – Über den Zusammenhang zwischen den Begriffen *Geist* und Form bei Halm, vgl. meinen Beitrag: "Anton Bruckner als geistiger Lehrer", in: *BrS 1988. Bericht*, S. 158, Sp.2 - S. 159, Sp.1.

nent parataktisches Verhältnis zwischen den beiden ersten Themen gibt es namentlich bei Schubert klare und ohne Zweifel bedingende Präzedenzfälle.[204]

War die doppelte Exponierung des Hauptthemenverlaufs das durchgehendste schematisierte Formelement in der ersten Themengruppe (außer der typischen wellenförmigen Entwicklungsdynamik), so besteht das entsprechend meist schematisch wirkende Anlagendetail innerhalb der zweiten Themengruppe in dem im Schlussabschnitt regelmäßig vorkommenden "Aufbruch", in der Einführung einer markanten Hinwendung zu stärkerer thematischer wie auch dynamischer Aktivität in der Form einer Crescendostruktur. Auch diese erscheint aber nun keineswegs stereotyp, sondern nur in den Kopfsätzen der Symphonien Nr. 3 und 4 sowie 6 und 7. Seltener noch ist dieses Phänomen in den Finalsätzen, wo allein die 2. und 6. Symphonie Beispiele hierfür bieten.

Wie immer sich nun der Übergang zwischen den Themengruppen II und III im jeweiligen Fall formt: eben das Verhältnis zwischen den beiden *ersten* Satzabschnitten als einerseits grundsätzlich von einander isoliert, andererseits latent korrespondierend infolge ihres Status als isolierte Gruppen, – eben dieses Verhältnis scheint die Entwicklung der *dritten* Hauptgruppe innerhalb der Brucknerschen Exposition zu bedingen. Sie hat den Charakter einer individuellen formmäßigen Desideratums. Als formgeschichtliches Phänomen interpretiert lässt sie sich, ganz besonders in ihren ersten Beispielen bei Bruckner, bestimmen als ein eingeschobener Abschnitt zwischen dem Seitenthementeil und dem Epilog der Exposition, der für erneute Aktivität oder Entwicklung zu sorgen hat. Beschreibt man dies so, zeigt sich zugleich eine genauere Parallele zur Situation bei Brahms, wo es allerdings im allgemeinen die Seitenthemengruppe selbst ist, die in ihrer Formung als heterogenes Feld einen Übergang von einem lyrischen Anfang hin zu einem oder mehreren dynamisch aktivierenden Abschnitten aufweist.[205]

3 · Die dritte Satzgruppe: Wiederbelebung und Abschluss der Exposition

Die oben gegebene Charakteristik der Voraussetzungen für ein erhöhtes Aktivitätsniveau nach dem lyrischen und teilweise vegetativ geprägten Abschnitt des Seitenthemas hat Gültigkeit als hauptsächliche Tendenz, nicht aber auf ganzer Linie. Als Konzept betrachtet ist die dritte Satzgruppe bei Bruckner von unter-

---

[204] Vgl. dort die Kopfsätze der 8. Symphonie in h-Moll und des Streichquartetts in G-Dur, D. 887, sowie den 1. wie auch den 4. Satz der 9. Symphonie, C-Dur. Im letzteren Finalsatz macht sich allerdings gleichzeitig ein verbindendes Element geltend durch die kontinuierliche Begleitfigur des Seitenthemas (Vl.1, Vla. T. 169 ff.) – eine Umkehrung des, ebefalls ostinat geprägte, zweiten Motivbestandteils im Hauptthema (T. 2, 6 etc.).

[205] Die Spezifikationen dieses formalen Typusgepräges in der Seitenthemagruppe verdanken wir Korte, vgl. *op.cit.* S. 103: "Besonders auffällig – und von nun an in Brahms'schen Sonatensatz-Expositionen immer wieder anzutreffen – ist das rhythmisch prägnante Auftreten von B 2 als markante Kontrastierung zu B 1. Dieses B 2 ist geradezu ein konzeptiver Angelpunkt für das Funktionieren der Exposition geworden." – Dies zeigt sich deutlich in dem Werk, auf das dieses Zitat sich bezieht: den Kopfsatz von Brahms' 2. Symphonie (T. 82/ 118/127/136), und übrigens ebenso im Finale desselben Werks (T. 78/114). (Man vergleiche übrigens Mitschkas weniger kategorisch formulierte Initiierung desselben Gesichtspunkts, *op.cit.* S. 109 u. - 110 o. und S. 124 f.).

schiedlicher Prägung: so universell sie auch innerhalb seiner sonatenförmigen Sätze vorkommt[206], als ein Formelement, das den Charakter und Rahmen eines Epilogabschnitts wie auch eines expositionellen Schlußsatzes um vieles überschreitet[207], weist sie dennoch nicht annähernd eine entsprechende Eindeutigkeit in der Art ihrer Einführung auf, wie denn auch ihre konkrete Ausformung in den einzelnen Werken keinen besonderen Anlass gibt, ein eigentlich stereotypes Gepräge zu behaupten.

Von einem Schematismus in übergeordnetem, formkonzeptuellem Sinne lässt sich allerdings sicherlich reden, und seine Bedeutung wächst wohl eher an angesichts des im Grunde fehlenden formgeschichtlichen Hintergrunds für einen Satzabschnitt von derartiger Breite und solchem Gewicht, wie hier der Fall ist.[208] Versucht man, soweit möglich, die Vielfalt der historisch vorliegenden *sonata forms*[209] zu überblicken, lässt sich feststellen, dass Bruckners dritte Expositionsgruppe sich eher grundsätzlich unterscheidet von so vielen anderen Expositionen mit drei oder mehr Themen, wie sie bei Komponisten wie Mozart, Schubert und Brahms vorkommen. Das gilt, indem sie nicht, wie das bei Schubert der Fall sein kann, als eine thematische Reminiszenz oder Erweiterung des Seitenthemenstoffs geformt wird[210] oder sich von durchführender Prägung auf der Basis von Seitenthemenstoff entwickelt.[211] Auch gründet sie nicht, wie oft bei Brahms, in einer Aufteilung der zweiten Themengruppe in kontrastierende Abschnitte[212], und eben so wenig erfüllt sie eine rein epilogische Funktion, eventuell erweitert durch die Einführung motivischer Verarbeitung, wie das namentlich bei Beethoven vorkommt.[213] Was das Formkonzept Bruckners in diesem

---

[206] In dieser Verbindung können aus guten Gründen die langsamen Sätze mit ihrer in der Regel bithematischen Formanlage nicht einbezogen werden. (Ausnahmen finden sich in III/2. und VI/2., die beide trithematisch sind.)

[207] A. Orel (*op.cit.* S. 80 f.) hält vermutlich als letzter an der konventionellen Bezeichnung Epilog für die dritte Expositionsgruppe bei Bruckner fest – woran sich evtl. ein traditioneller epilogischer Schlussabschnitt fügen kann; vgl. etwa WAB 99/1., II/1. und IV/1. und 4.

[208] Nach R. Haas' Ansicht gibt es Präzedenzfälle für eine von Bruckners üblichsten Arten, die dritte Exp.-Gruppe zu formen, und zwar auf der Basis von HTh-Material: in Beethovens 2., 3. und 6. Symphonie (*Anton Bruckner*. Potsdam 1934, S. 102). Man kann allerdings auf Grundlage dieser Hinweise feststellen, dass Bruckners typische Gestaltung dieses Exp.-Feldes durchgehend wesentlich prägnanter rekapitulierende Züge aufweist, bzw. deutlicher paraphrasierend erscheint, namentlich im Ansatzmoment. Auch Schuberts (oder Beethovens) spätere Symphonien können hier nicht als direkte Vorbilder gelten, weder für diese thematische Ableitungstechnik noch auch dort, wo die Satzgruppe sich als in thematischer Hinsicht überwiegend selbständig präsentiert.

[209] Außer Rosen (*op.cit.*, vgl. Anm. 96) wurde hier R. v.Tobel: *Die Formenwelt der klassischen Instrumentalmusik*. Bern 1935 (S. 78 ff.) zu Rate gezogen.

[210] Wo etwas derartiges eher ausnahmsweise bei Bruckner vorkommt, wie bei den STh-Reminiszenzen in IV/1. (Takt 169 ff.) und IV/4. (Takt 183 ff.), ist die Zäsur innerhalb dieser Referenz so markant, dass der nachfolgende Abschnit deutlich den Status eines Epilogs erhält.

[211] Was letztere Prozedur betrifft, vgl. Schubert VIII/1. T. 73-93, IX/1. T. 190-228 und 4. Satz Takt 257 - ca. 333.

[212] Vgl. Brahms II/1. Takt 82 (A), Takt 118 (B), (127), Takt 156 (A') samt Brahms IV/1. Takt 53 (A), Takt 87 (B), Takt 110 (A'). – Die letztere Übersicht, die C.M. Schmidts Ansicht betreffs der Formeinteilung in großen Zügen wiedergibt (*Johs. Brahms, Sinfonie Nr. 4. Einführung und Analyse*. Mainz 1980, S. 226), ist jedoch diskutabel: Seitenthema erst ab Takt 87? (infolge des tonalen Kriteriums.)

[213] Vgl. Beethoven III/1. T. 109 ff. samt IX/1. T. 110 ff.

Punkt weit mehr kennzeichnet als eine Entwicklung bereits existierenden Motiv-materials oder umgekehrt: als ein Formabschnitt mit präliminär abschließender Funktion ist ein ausgesprochener Zug von Fortsetzung (evtl. in der äußeren Form eines Rückgreifens) und somit eine weitere Öffnung des Raumes der Exposition.[214] Dieser Sachverhalt wird unterstrichen dadurch, dass sich ein separat auftretendes abschließendes Satzteil regelmäßig abgrenzen lässt.

Bruckner hat hier offensichtlich eine formarchitektonische *Idée fixe* etabliert, die den Expositionen in fast all seinen größeren Instrumentalwerken eine eminente formal-topologische Klarheit verleiht.[215] Im Reprisenabschnitt richten sich die Intentionen des Komponisten dagegen eher darauf, der dritten Themengruppe eine Durchführungs-geprägte, und hier besonders eine erweitert auf Finalität hin orientierte Straffung und Effizienz zu verleihen, was dann später spezifische Folgen für die Codapartien haben kann.

WAB 98 ↗ S. 187

Eine klare Andeutung der oben skizzierten formmäßigen Perspektive findet sich bereits in Bruckners frühestem symphonischem Werk, der *Ouvertüre in g-Moll*, deren Schlussgruppe der Exposition deutlich dazu tendiert, die Grundlage für ein schematisch geprägtes Moment in seiner Sonatensatzform abzugeben: die folgenden Werke bis einschließlich der 2. Symphonie stellen, am häufigsten im Kopfsatz, ansonsten aber im Finale[216], eben dieselbe basale Prozedur für die Weiterführung des Satzes nach dem Abschluss der Themengruppe II auf, nämlich eine Wiederaufnahme des aktivsten Motivmaterials unter dem Hauptthemenmaterial. In der Ouvertüre führt das einen Neuansatz (in einer Transposition von der T zur Tp) dessen mit, was vorher eine ausgeprägte Überleitungspassage war (HThb, vgl. T. 91 ff.). Und hier verrät sich nun Bruckners noch mangelhafte Erfahrung, was die formale Disposition angeht: er schießt weit über das Ziel für diese dritte Expositionsgruppe hinweg – sogar nachdem er auf eine Weise ansetzte, die als doch recht redundant bezeichnet werden muss, da, wie zu bedenken ist, die vor-

---

[214] Bushlers Auffassung der Thgr. III als eines selbständigeren Teils der Exposition gründet sich, nach anglo-amerikanischer Tradition, primär auf die harmonisch-tonalen Verhältnisse: "The second key area [=das Seitenthemenfeld, das ab der 4. Symphonie typisch in einer eher unorthodoxen Beziehung zur Haupttonart steht, *B.M.*] is an incomplete harmonic arch completed only by the closing section." (*Op.cit.* S. 62.) "The key-confirming function of the closing section is corollary to the incomplete harmonic structures of the second key area." (Ebd. S. 43.) Diese Erklärung wird allerdings, was den Grundcharakter der Themengruppe III angeht, dadurch geschwächt, dass deren charakterielles Typengepräge im großen und ganzen festliegt, auch dort wo dieser Formabschnitt die orthodoxe tonale Sekundärebene bestätigt (bis einschließlich der 2. Symphonie) oder sie bloß nuanciert (in III/1. durch den Übergang zur Varianttonart zur Tp des vorangegangenen Formabschnitts).

[215] Nur im Streichquintett in F-Dur, WAB 112, wird – in beiden Außensätzen und verschiedenerlei – das charakteristische Muster und der daraus sich ergebende "Formrhythmus" modifiziert, welche die markante Dreiteilung der Exposition mit sich führt. Leopold Nowaks diskutable analytische Auslegung, im Aufsatz "Form und Rhythmus im ersten Satz des Streichquintetts von Anton Bruckner" (1964, in: L. Nowak: *Über Anton Bruckner*. Wien 1985, S. 60-70), bemüht sich überflüssiger Weise, eine solche "Unregelmäßigkeit" aus der Welt zu räumen.

[216] Was die Finalsätze betrifft, gilt dies unter den hier angeführten früheren Werken für die annullierte d-Moll-Symphonie, WAB 100 (wo dieselbe Prozedur auch im 1. Satz benutzt wird), sowie für die 2. Symphonie.

hergehende Entwicklung des Haupt- wie auch des Seitenthemenstoffs lange und stark aktivierende Verläufe enthielt.[217] Der Lauf der Ereignisse ist wie folgt:

Nach vier Takten einfacher HTh$_b$-Rekapitulation folgt (Takt 95) eine neue, kraftvolle homophone Entwicklung, die in konstruktiver Hinsicht um eine Augmentation des Auftaktsintervall der Quarte aus dem HTh$_a$ zentriert zu sein scheint – zuletzt meist im Bass (vgl. Takt 23 m.Auft. - Takt 24). Ab Takt 107 kehrt das HTh$_b$ zurück in einer Gestalt, die hauptsächlich rhythmisch identifizierbar ist[218]: der Satz hat sich unmerklich, aber entschieden in einen Durchführungs-geprägten Zusammenhang begeben. Damit begnügt sich Bruckner aber nicht sondern übersteigert sich in den folgenden Takten, um darauf in eine Klimaxstruktur von deutlich codal signalisierendem Charakter zu geraten: dies spielt sich über einem Dominant-Orgelpunkt aus, mit einem farbreichen harmonischen Wechsel, der recht deutlich Čaikovskij vorgreift und durch den (aus der Einleitung samt dem HTh$_b$ übernommenen) stufenweisen Aufstieg des motivischen Figurenwerks nach folgendem Modell gesteuert wird:

Beispiel 51

Es ist recht deutlich, dass Bruckners "angeborene" Anlage für ein ekstatisches Ausdrucksniveau bereits hier zu einem Durchbruch neigt, wenn eine Entwicklung ihn in ihrem Bann zieht.[219] Dies erfolgt mit großartiger Wirkung, auch wenn es, wie hier, in einem Zusammenhang geschieht, der topologisch gesehen "verkehrte" Momente mit sich führt: ein eindeutiges Gefühl, dass die Ouvertüre eigentlich hier enden könnte (wenn man vom tonalen Zusammenhang absieht), wird allein durch eine vier Takte lange Ankoppelung an den Beginn der Durchführung in Takt 136 korrigiert (die Exposition hat keine Wiederholungsmarkierung[220]). Bruckner zeigt aber nichts desto weniger seine eingeborene Meisterschaft auch dadurch, dass dieselbe Satzgruppe in der Reprise nicht ins Hintertreffen ge-

---

[217] Bruckner hat möglicherweise die Anweisungen in dem beim Unterricht durch Kitzler benutzten Lehrbuch berücksichtigt, wo über die Ouvertürenform u.a. gesagt wird: "Die Perioden der Hauptmotive erscheinen hier gern in reicher Ausstattung, e b e n s o   d i e   U e b e r g a n g s p e r i - o d e n, die den Gesangsatz vorbereiten." (E.Fr. Richter: *Die Grundzüge der musikalischen Formen und ihre Analyse*. Leipzig 1852, S. 40. – Meine Hervorhebung.)

[218] Außerdem ist hier die Rede von Momenten freier melodischer Umkehrung.

[219] Dies lässt sich sogar feststellen, auf fast derselben kompositionstechnischen Entwicklungsstufe, aber innerhalb eines bedeutend engeren formalen Rahmens (und eben darum mit weit weniger motivierter Wirkung) in Bruckners Instrumentationsübung, dem Orchesterstück in Es-Dur, WAB 97 Nr. 1: nach einer vier Takte langen einleitenden lyrischen Melodielinie schlägt der Satz plötzlich in ein pathetisches *forte* um, bei einer gleichzeitigen mediantischen Wendung zu C-Dur – eine Ausdrucks- und tonale Ebene, die aber eben so schnell wieder verlassen wird, wie sie eingeführt wurde.

[220] Wieder übereinstimmend mit Richters Anweisungen betreffs der Ouvertürenform. (*Op.cit.* S. 40.)

rät gegenüber der verfrühten Begeisterung, die sich in der Exposition mit ihren Apotheosen-ähnlichen abschließenden Zügen freie Bahn schaffte; dass sie sich vielmehr, unter Entfaltung stets neuer variativer Reserven, als eine Vorbereitung, von immer größerer Würde, zum gedämpften, Dur-verklärten Abschluss des Satzes abspielt; vgl. besonders T. 264-280 mit der retardierenden Gegenbewegung zwischen dem aufsteigenden, dreistimmigen Fauxbourdon-Satz in den Posaunen und dem synkopierten, fallenden Oberstimmenkomplex.[221]

WAB 98 ➠ S. 262

WAB 99 ↗ S. 187

Die *Studiensymphonie in f-Moll* setzt ihre dritte Satzgruppe mit einer Impulsfunktion von sehr ähnlicher Art an wie die Ouvertüre, wenn auch im ersten Augenblick mit einem neuen Motivelement in *ff*, T. 146-151, das sich auf einer vorwärts schreitenden Diminutionsentwicklung einer steigenden, verschobenen Dreiklangbewegung aufbaut. Die dynamische Heftigkeit erinnert an das entsprechend kräftige "Antwort"-Element im Hauptthemenkern (T. 4-7). Konkret handelt es sich allerdings nicht um einen thematischen Bezug, sondern im Gegenteil um ein ausschließlich ingangsetzendes Manöver von motivisch gesehen recht zufällig wirkendem Charakter, obschon die beiden aufeinander folgenden Diminutionen T. 149-151 (T. 157-159) – intendiert oder zufällig? – aus der abschließenden Phase des Seitenthemas (T. 104-106) zu stammen scheinen (vgl. auch in beiden Zusammenhängen die stufenweise Gegenbewegung im Bass).

Abgesehen von einer Wiederholung auf kürzester Sicht hat dieses Anfangsmotiv für die weitere Entwicklung aber keinerlei Bedeutung. Es dient nur dazu, das entwicklungsgeprägte Passagenwerk der HTh-Gruppe (T. 71 ff.) zu erneuerter Entfaltung zu aktivieren.[222] Dieses Material beherrscht nachfolgend den Satzabschnitt bis hin zu dem völlig individuellen, lyrischen Epilogthema (T. 180 ff.), das als Ziel wirkt für die vorhergehende, rückwärts greifende und eher insignifikante Entwicklung (sowohl aus sich selbst beurteilt als auch im Vergleich mit dem entsprechenden Verlauf in der Ouvertüre). Nichts desto weniger erscheint das letztere Thema ausschließlich an diesem Ort im Satz (späterhin wiederholt wird es nur, soweit die Exposition, als einzige in der gesamten Produktion, als zu repetieren markiert ist). Einzigartig innerhalb Bruckners symphonischem Universum ist auch dieses Thema selbst, kraft seines angehängten, eben echt epilogischen Charakter, und weil es als thematisch selbständige Gestalt auftritt und nicht bloß als Abrundung der Exposition (wie das seither die Hauptnorm bei Bruckner ist).

Fragt man nun, wie dieses Epilogthema in der Reprise ersetzt wird, scheint man

---

[221] Richter: "Die Schlußsätze sind [...] sehr reich ausgestattet und steigern sich namentlich gegen das Ende sehr." (*Loc.cit.*) – Hier handelt es sich um einen Bezug auf die Durchführung, T. 180-182 (vgl. S. 263 f.).

[222] Takt 151 (-153) sind Wiederaufnahmen von Takt 71; Takt 159 entsprechend von Takt 74 (-76, Vla., T. 77-82, Vl.1), während T. 160-162 eine völlig neue Permutation der beiden Viertongruppen ist. Endlich hat die Viertongruppe, die die drei letzten Achtel von Takt 175 sowie das erste Achtel in Takt 176 umfasst (vgl. entsprechend Takt 176 f.), einen neuen, unmittelbaren Bezug auf den Hauptthemenkern des Satzes (den *ff*-Teil, vgl. T. 4-6).

einen interessanten Einblick in die kompositionstechnische Lage in Bruckners abschließendem Ausbildungsverlauf zu erhalten. Es hat den Anschein, als habe der angehende Komponist sich die expositionelle "Entgleisung" in der Ouvertüre zu Herzen genommen und dass er in der Studiensymphonie seine – indiskutabel bedeutenden – motivisch-entwicklungsmäßigen Ressourcen für die Reprise aufgespart habe, im Hinblick auf einen effizienten und zum ersten Male grandiosen Satzabschluss. Auf dieser Grundlage verzichtet er, untraditionell aber – in Anbetracht des Ersatzes hierfür, worauf wir gleich zurückkommen – durchaus verständlich auf die Wiederaufnahme seiner etwas biedermeierlichen Epilogbildung. Der Nachteil ist an dem – etwas redundant vorkommenden – Anfang des dritten Satzabschnitt der Exposition zu suchen, und das Epilogthema mag als Bruckners Kompensation hierfür aufgefasst werden – formal gesehen zwar eine völlig "korrekte" Bildung, allerdings mit einem Anstrich von Notlösung. Es wurde denn auch, wie gesagt, nicht als obligate Instanz in der Reprise betrachtet; hier werden statt dessen einige frei geformte Entwicklungs- und Integrationsmomente zur Entfaltung gebracht: in Takt 511 wird eine codale Partie eingeleitet, deren Anfang einen schlussdurchführenden Charakter hat, insoweit als das gemeinsame, entwicklende Figurenwerk der ersten und der dritten Themengruppe (vgl. Takt 71 ff./Takt 151 ff.) in augmentierter, ansonsten aber bruchloser Verlängerung der vorangehenden Takte weitergeführt wird, und hier als Kontrapunkt zu einer völlig neuen thematischen Linie in den Violinen:

Beispiel 52

Diese Melodie, die zunächst einen Anstrich vom Seitenthema hat – siehe die entsprechende Weise, auf die dies in der Exposition eingeführt wurde (vgl. S. 187) –, geht ab Takt 531 in eine eben so diffuse Hauptthema-Sphäre über, um dann in T. 542 von einem dreistimmigen Hörnersatz abgelöst zu werden, von ähnlichem Charakter und entsprechender Funktion wie der oben erwähnte Fauxbourdon-Satz in der Codaanlage der Ouvertüre. Und dieses Motiv lässt sich problemlos als eine Antizipation des Hauptthemas im folgenden *Andante*-Satz auffassen[223]:

---

[223] Diese Figur – eine aufwärts gerichtete *cambiata*-Wendung – wird, wo sie später in Bruckners Werken vorkommt, z.B. als Seitenthema in VIII/4. (T. 69-73, Vl.1), von Constantin Floros als ein "tonisches Symbol des Kreuzes" interpretiert und somit als spezifisch von Liszt beeinflusst (z.B. in der *Graner Messe*) (Floros, *op.cit.* (Anm. 141), S. 167 u.a.m.). Dieses frühe Beispiel für die gleiche Motivform wirft allerdings ein kritisches Schlaglicht auf eine solche – verallgemeinerte – Deutung schon allein aus chronologischen Gründen. (Vgl. weiters R. Stephan: "Bruckner und Liszt. Hat der Komponist Franz Liszt Bruckner beeinflußt?", in: *BrS 1986. Bericht*, S. 173 ff. sowie Floros' nachfolgenden "Diskussionsbeitrag zum Thema Bruckner und Liszt", ebd. S. 181 ff.)

Beispiel 53

WAB 99 ➡ S. 262

WAB 101 ↗ S. 189

Die Gestaltung der dritten Themengruppe verläuft in der *Symphonie Nr. 1* konsequent nach der Linie aus den vorhergehenden Werken – allerdings keineswegs auf irgendwie kopierender Basis. Diese Satzgruppe wird immer deutlicher durch einen *Aufbruch* motiviert als das primär angestrebte formale Ereignis an diesem Ort. Und Bruckner scheint sich – noch – deutlich dafür zu entscheiden, eine derartige Re-Aktivierung des Formverlaufs durch eine Wiederaufnahme früheren, für diesen Zweck geeigneten Motivmaterials zu legitimieren.

Eine Funktion dieser Art lässt sich in der 1. Symphonie nur vom HTh$_b$ bestreiten (vgl. Takt 18 ff.), und dieses Material hat hier den Vorteil, dass es bedeutend weniger "Verschleiß" unterlag als das für entsprechend benutztes Material in den beiden Schülerarbeiten galt. Dafür sorgte die charakterielle und dynamische Modifikation in der zweiten HTh$_b$-Exponierung (T. 38-44), eine Umformung, die mehrere Analytiker dazu verleitete, diese wenigen Takte als eine traditionelle Überleitung einzuschätzen.

Aber damit nicht genug: simultan mit dem wieder aufgenommenen HTh$_b$ (T. 67 ff., Vl$_I$) werden nun kurze "Primärmotive" eingeführt, die sich ebenfalls gegenseitig überlagern (Fl. bzw. Hr.) und durch Sequenzierung entwickelt werden. Von denen legt das lapidarische, zugleich aber meist hervortretende Motiv (Hr.) mit Quart/Quint-basierter, latenter *Maiestas*-Symbolik[224] den Grund für einen späterhin charakteristischen Thementyp an dieser Stelle der Formentwicklung. Was sich hier abspielt, ist nicht so sehr ein thematisch definierter Abschnitt als vielmehr eine rein dynamisch betonte Entwicklung, die sich in diesem Fall als solche entpuppt schon aus der unmittelbar ins Auge fallenden Massivität des Notenbildes. Es wird sich als evident erweisen, dass dies keinem Zweck an sich dient, sondern allein als Mittel der Steigerung, als Ansatz zu einem übergreifenden formalen "Ereignis": hier einem völlig neuen, kulminierenden Thema (T. 94 ff., Pos.), das obendrein zu Bruckners spektakulärsten und rücksichtslos "modernsten" thematischen Bildungen überhaupt gehört (Notenbeispiel 54 a):[225]

---

[224] Vgl. M. Wagner: "Der Quint-Oktavschritt als "Maiestas"-Symbol bei Anton Bruckner". In: *KJb* 1972, S. 97 ff.

[225] Das Thema transzendiert weit und breit den *Tannhäuser*-Einfluss, der unmittelbar im Figurenwerk der hohen Streicher zu erkennen ist. Zu einer Analyse dieses Thema, siehe K. Wagner, *op.cit.* (Anm. 122) S. 163 f. (samt – abschreckend – St. Parkany (1990) S. 814 sowie seine *Figure 3* ebd. S. 817).

Beispiel 54 a - b

Eines der Charakteristika für dieses Thema ist seine fehlende Abgeschlossenheit (harmonisch endet es auf der DD⁹der Tᴘ), was hier konsequent mit seiner melodisch aufgelösten Gestalt wie auch mit einer tonalitätssprengenden Ausformung übereinstimmt. Und aus dieser offenen Kulmination entwickelt Bruckner nun zum ersten Male ein satz- und charaktermäßig abgegrenztes Abschlussglied für seine Exposition auf eine nicht selbständige – wie in WAB 99/1 – sondern eine abgeleitete Grundlage (siehe Notenbeispiel, 54 b). Dass es als Nachwirkung des überwältigenden Thema III geformt wird, kann nicht wundern. Bemerkenswerter ist, dass der Begriff Variante in diesem Falle kaum ausreicht, obwohl die ausklingende Gestalt unmittelbar ihrem Ursprung nachfolgt und in ihrem Rhythmus an ihn gebunden ist. Es handelt sich, als ausgeprägtes Beispiel einer kontrastierender Ableitung, vielmehr um eine entwickelnde Variation, umso mehr, als das Seitenthema im verborgenen mitzuspielen scheint. Dies zeigt sich am deutlichsten in charakterlicher Hinsicht, wird aber auch motivisch-strukturell unterstützt:

Beispiel 55

Die beruhigende Kadenzwendung wird auch späterhin ein Charakteristikum für Bruckners Expositionsabschluss: eine fromme, oder wie hier eher naïve, Gebärde; sie vereint sich aber gleichzeitig mit einer formal verflüchtigenden Disposition, insoweit als der Doppelstrich, der die Exposition abschließt, von nun an meist das Gepräge einer Abstraktion hat, als tektonisches, formidentifikatorisches Moment betrachtet.[226] Es schiebt sich eine "Grauzone" von dynamischer Niedrigspannung

---

– Die Reprise verhält sich nichts desto weniger "konträr" zu dieser Neubildung, indem hier interessanterweise keine Wiederholung dieses eigentlichen Thema III stattfindet – gleich wie es mit dem unschuldigen Epilogthema in der Studiensymphonie WAB 99 der Fall war.

[226] Vgl. den nachfolgenden Takt, der sich mit Es-Dur fortsetzt (um sich allerdings unmittelbar nach g-Moll zu wenden). Bis zu gewissem Grade unterstützt auch die Ausdehnung der die Exposition abschließenden Phrase, von sechs Takten, zusammen mit dem nachfolgenden zweitaktigen Modul (in sequenzieller Folge) diese eher unmerkliche Formzäsur.

zwischen Exposition und Durchführung ein (hier T. 107-120), die, aus einem formal übergeordneten Rückblick auf die Exposition hinaus gewertet, einen neuen charakteristischen Status für die Brucknersche dritte Themengruppe bezeugt: als die Stelle für den – vorwärts verlegten – absoluten dynamischen Höhepunkt des gesamten ersten Hauptteils.

Ein solcher Zuwachs wurde hier konkret ermöglicht dadurch, dass der betreffende Satzabschnitt als erster dieser Art nicht mit dem Problem belastet wurde, einerseits sich vor dem Hintergrund eines früheren, breit geformten und motivisch gesehen analogen Entwicklungszuges zwischen den ersten beiden Themengruppen behaupten zu müssen, andererseits – und obendrein – auf eine Weise, die seiner "vorbelasteten" Position in tektonischer Hinsicht gerecht werden soll – vgl. die abschließenden Bemerkungen im vorigen Hauptabschnitt (S. 223). Notter, der nun allerdings über diese Situation nicht im Lichte der früheren Werke reflektiert, sondern nur auf Grundlage dessen, was er als ein Vorgängerwerk betrachtet, WAB 100, hat eine andere Auffassung bezüglich dieser Frage. Allerdings gilt sie für die 1. Symphonie kaum in dem Maße, wie das für die beiden älteren symphonischen Versuche der Fall ist:

> Dynamische Steigerung und motivische Rückverknüpfung vertragen sich nicht; beide führen zu verschiedenen "Teilergebnissen", die das dritte Thema in sich spalten; es verfehlt seinen musikalischen Zweck (den "vorwärtstreibenden Zug" [Kurth]), weil es die dynamische Steigerung nicht nur artikuliert, sondern in seiner Klimax aufgehen läßt.[227]

Als genereller Gesichtspunkt genommen wird die Auffasung geschwächt durch die Tatsache, dass hier das rückkoppelnde Moment in T. 67 ff. stark durch neue, dominierendere Motive – besonders in den Hr_r, dann in der Trp. – verdeckt wird. Des weiteren erscheint es unklar, welche Unstimmigkeit bestehen sollte darin, dass *das dritte Thema* (als Bezeichnung für den motivischen III-Komplex) in seinem erreichten Höhepunkt *aufgeht*. Nebenbei bemerkt: wer würde wohl die HTh_b-Figur und die – übrigens seit Takt 77 verschwundenen – Primärmotive von dem Augenblick an missen, da das kulminierende Thema der Exposition eintritt? Und selbst wenn jemand sie vermisste, so wird die Reprise, die – ähnlich wie die in WAB 99/1. – auf das eigentliche Thema III verzichtet, hierfür in überreichem Maße kompensieren (vgl. T. 271-308; näheres hierzu S. 376 f.).

WAB 101 ➡ S. 266

WAB 100 ↗ S. 191

Die annullierte *Symphonie in d-Moll* zeichnet sich auch betreffs der Themengruppe III durch ihre Rückschritte gegenüber der 1. Symphonie, ja wohl eigentlich gegenüber allen früheren entsprechenden Formabschnitten aus. Der thematische Rückgriff auf das "Hauptthema" (in Takt 57) ist nur allzu offenbar, obwohl er sich vielleicht weniger deutlich zu kennen gibt dadurch, dass die leicht variierte Verpflanzung der dürftigen und im großen und ganzen undifferenzierten Thematik zur T_p-Tonart[228] hier "natürlich" wirkt; was aber ausschließlich daran

---

[227] Notter, *op.cit.* S. 62.

[228] Es handelt sich bei der Wiederaufnahme um eine Konzentration um den kurzen Höhepunkt-Abschnitt (T. 25-29), mit derselben Verteilung von Grundmotiv (Str., Fag.) und Kulminations-

liegt, dass die betreffenden, ausgesponnenen kurzen Motiveinheiten tatsächlich den Eindruck vermitteln, als gehörten sie natürlicher einer Brucknerschen Themengruppe III an als einem Hauptthemenzusammenhang.

Zu einer Höhepunktbildung größeren Formats kommt es auch nicht in dieser Formsektion. Es wird nur zu einer Dauer von fünf Takten (T. 62-66), worauf der Abschnitt in einer langen, ermattenden, abschließend mehrmals augmentierenden Entwicklung kollabiert (T. 72-75, Vl.1). Nicht nur in dynamischer Hinsicht, sondern auch melodisch betrachtet ist dies eine genaue Parallele zum Verfall der Themengruppe II vor der abrupten, entschlossenen Kadenzwendung zur dritten Expositionsgruppe. Deren Höhepunkt entsteht hier als Ergebnis einer sequenzierten viertönigen Figur, die grundsätzlich dem entspricht, was an dieser Stelle des vorhergehenden Werks in den Bläsern erscheint (vgl. I/1. Takt 79 ff.), dessen Entwicklung aber zur Choralphrase in einem *forte* (einem Fauxbourdon-Satz, wie ihn der junge Bruckner favorisiert), verglichen mit dem stolzen Thema III in der 1. Symphonie wie eine Antiklimax wirken muss mit seinem getarnten stufenweise Abstieg. (Der komplementäre Septimen-Anstieg in Takt 80 mag als das charakteristische Moment in einem latenten, in diesem Falle aber nicht besonders überzeugenden Bezug zum Seitenthema beabsichtigt sein.[229]) – So wie sich diese Exposition entwickelt hat, fällt es allmählich immer schwerer, sich Robert Simpsons Auffassung des Satzes anzuschließen: *"I can find no fault with this masterly piece of music."*[230]

WAB 100 ➡ S. 270

WAB 102 ↗ S. 192

Um so größer ist der Sprung der Entwicklung zur *2. Symphonie* auch in diesem formalen Zusammenhang. Bruckner geht das Problem der sich bis dato entwickelnden Situation, die Exposition nach dem eher statischen, intermediären Stadium der zweiten Themengruppe weiterzuführen, hier zum ersten Male völlig frei und auf eine für ihn weniger traditionelle Weise an. Was unmittelbar und eigentlich auch bei wachsender Vertrautheit mit dem thematischen Ansatz als ein selbständiges Doppelthema wirkt (ein "doppeltes Unisono" in Streichern bzw. Bläsern), charakterisiert durch einen unbeirrt vorwärtsschreitenden Gang (wodurch sich das eben erwähnte "Problem" mehr oder weniger von selbst löst) – dieses Thema ist bei näherer Betrachtung auch vom Komponisten legitimiert in Bezug auf eine formal-logische Problemstellung, die in einer stringenten Fortsetzung des satzmäßigen Verlaufs besteht. Der neue Kunstgriff äußert sich in der Etablierung einer weniger sichtbaren, eher rein strukturellen Verankerung des "überschüssigen" Formabschnitts in dem vorgegebenen Themenvorrat. Dies erfolgt hier durch subtile Analogieverhältnisse – nicht über eigentliche motivische

---

Variante (übrige Bläser) wie im ersten Themenfeld.

[229] Vgl. T. 33-35 sowie Takt 37 (≠ Takt 33) > < T. 78-80.

[230] R. Simpson: *The Essence of Bruckner.* London 1967, S. 21. – Eher könnte man Orels Urteil bestätigen: "Das Werk reicht kaum an die f-Moll-Symphonie, geschweige denn an die I. heran. Sie ist das eigentliche Werk des Rückschlages nach dem Mißerfolg der I. Symphonie" (die Uraufführung in Linz d. 9. Mai 1868, *B.M.*). (Orel, *op.cit.* S. 137.)

Bezüge, aber auch nicht auf der üblichen Variantenbasis – zwischen den gegebenen motivischen Grundelementen und Motiven in der entsprechenden Startphase des Seitenthemensatzes.[231]

Beide einleitende Satzabschnitte (Takt 97 bzw. Takt 63) werden so von einer melodischen Pendelbewegung geprägt, im Wechsel zwischen "variierenden" und "festen" Ausschlägen um den tonalen Grundton – wobei der feste Ausschlag in beiden Fällen durch die Unterquarte b repräsentiert wird (Ausgangs- und Endtonalität sind für die jeweiligen Abschnitte dieselbe, TP) – und in einem repetitiven Muster, das sich über zwei Takte erstreckt. Auch die jeweilig komplementären, kantableren Themen, die in beiden Fällen nach gut zwei Takten eintreten, enthalten gewisse Züge der Verwandtschaft, u.a. auch in ihrem rhythmischen Verhalten gegenüber den ostinaten Startmotiven.

Völlig neu für diese Satzgruppe ist ihr Mangel an Forcierung in charakterieller wie auch bewegungsmäßiger Hinsicht. Das ergibt einen ungewöhnlich breiten Formverlauf: einschließlich des nur schwer zu isolierenden Expositionsschlusses – oder Epilogs, wenn man denn will, T. 161 ff.[232] – ist sie doppelt so lang wie die Thgr. III + Abschluss in der 1. Symphonie, und im Verhältnis zu dieser etabliert sie auch eine um etliches kompliziertere, dafür aber überaus harmonische formdynamische Kurve (siehe die graphische Figur auf der folgenden Seite): ein erster kurzer und moderater Höhepunkt (forte) wird nach 12 Takten erreicht (tonal auf der °S, T. 108), worauf – nach einem abrupten Fall zu pp – zwei Takte später ein thematischer und dynamischer Neuansatz in piano erfolgt. Dieser beschreibt einen erneuten, steileren Anstieg[233], zu einem ff nach nur acht Takten, und bildet hier eine dynamische Hochebene (tonal auf der DD beginnend, Takt 121), die mit unverminderter Stärke 14 Takte andauert.[234] Ein dritter Entwicklungsabschnitt beginnt, motivisch gesehen ungefähr analog mit den beiden vorangehenden, in direktem Anschluss (T. 135), nach einem noch markanteren Fall zu pp, der verstärkt wird von der ausgeprägten satzmäßigen Veränderung an dieser Stelle: von einem massiven, akkordisch geprägten Satz zu einem Unisono. Dieses erreicht, wie die erste Phase, ein forte im zwölften Takt, worauf es, wie dort auch, auf seinen Abschluss im piano im Laufe von vier Takten abgebaut wird.

---

[231] Zur Ähnlichkeit zwischen den Themengruppen II und III in diesem Werk betreffs der tonalen Entwicklung, vgl. S. 193. – Robert Simpson vereint schlicht – mit einer wohl wenig durchdachten Radikalität – beide Themengruppen zu Einer (wohl vor allem aus tonalen Gründen), mit dem Ergebnis, dass er mit "five or six themes that form the second group" operieren muss (op.cit. S. 49).

[232] Die Schwierigkeiten einer genaueren Sonderung liegen besonders in dem imitatorisch entwickelnden Abschnitt ab der Einführung des G-Orgelpunkts Takt 151: nicht nur besteht dieser bis hin zu Takt 166; auch das epilogisch wirkende Motiv (Takt 161, Oboe), das sich ähnlich wie das vorhergehende ebenfalls kontinuierlich über mehrere Durchgänge fortspinnt, ist eine direkte Erweiterung des Imitationsmotivs in Takt 151 (Kl., Vla.). (Dieses kehrt, wie später zu behandeln ist, zu noch früherem Begleitmaterial zurück.)

[233] Gleichzeitig beginnen die 1.Violinen ein neues, aktiveres Ostinatomotiv als Gegenspiel zu den beiden übrigen. Sein perpetuierendstes Element wird der Triller auf dem 4. Taktschlag, der ab Takt 122 – wo ein ff erreicht wird – intensiviert wird, so dass im gesamten weiteren Verlauf dieses Höhenplateaus die Trillerfigur auf beiden unbetonten Taktschlägen erscheint.

[234] In diesem Abschnitt wird der charakteristische punktierte 2+3-Rhythmus aus dem Höhenzug der ersten Themengruppe wieder eingeführt.

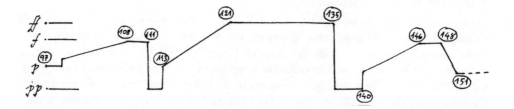

Figur

Die Symmetrie in den großen Zügen wird nun aber in der letzten Entwicklungs-phase wirkungsvoll von einer um die *forte*-Stelle einsetzenden *Imbroglio* unter-brochen (vgl. Vl.1 T. 146 f.), die in nicht geringem Maße von der synkopierten, jetzt hektisch wirkenden Diminution (Vl. Takt 148) des kontrapunktierenden Themenkerns im allerersten Abschnitt (Holzbläser T. 99-101) verstärkt wird. Zuvor erfordert eine von mehreren Varianten der wiederholten Streicherfigur ab Takt 140 unsere Aufmerksamkeit: es handelt sich um Takt 143 (-145), Vc./Kb., insoweit als diese begleitende eintaktige Figur kurz darauf einen motivisch führenden Status erlangt (Takt 151 ff.), in einem imitatorisch ausspinnenden Zusammenhang, der sein terminierendes und abgeklärtes Stadium erst durch eine neue Verwandlung in Takt 161 ff. erreicht[235] – wodurch diese Takte das eigentliche abschließende Feld der Exposition ankündigt. Erst hier endet eine lange Zeit herrschende tonale Instabilität, die nicht einmal der in Takt 151 ein-geführte Orgelpunkt brechen konnte. Die letztendliche Wendung zur Tp, Es-Dur, erfolgt allerdings nicht sogleich, sondern erst nach weiteren zehn Takten, in Takt 171; die Exposition scheint ihren Abschluss über lange Zeit in G-Dur finden zu wollen, wodurch sie dann auch zu einem gewissen Grad den offenen Schluss der Themengruppe I, auf der Dominante, zu bestätigen scheint.

Der Übergang vom größeren, "fortsetzenden" Themenfeld zum kürzeren, ab-schließenden Expositionsglied (Takt 151 oder 161?) wird dieserart im vorliegen-den Satz mit ziemlicher Elastizität geformt, und, was noch charakteristischer ist: mit einer für den "eigentlichen" Bruckner typischen Breite und Gemächlichkeit. Ein kontinuierliches Spiel des vorhandenen Epilogs mit ein und derselben Mo-tivstruktur (Takt 151, Vla. (und folgende) bis Takt 161 (und folgende Takte), Oboe) disponiert gleichzeitig für einen "überschüssigen" dynamischen Anstieg ($p < f > p$, also eine ausgeprägte Nachwelle), wie man hin späterhin an diesem Ort nur im Expositionsschluss der 5. Symphonie sowie in der Erstfassung der Achten findet.

WAB 102 ➡ S. 273

---

[235] Auch hier setzt sich die Variantenbildung fort, allerdings ohne ein derart chaotisches Gepräge zu besitzen wie bisher, indem die charakteristische, aufwärts gerichtete Sexte in den Takten 165, 167 und 169 zu einer Oktave erweitert wird eben und gerade in Verbindung mit der tonalen Abwei-chung von G- zu As-Dur. In Takt 171 und 173, wo sich die Schlusstonalität Es-Dur durchgesetzt hat, wird diese Variante wieder in die Originalform zurückgeführt.

Die 3. *Symphonie* übernimmt die Vorgangsweise des Vorgängerwerkes in weit höherem Maße als das unmittelbar merkbar ist. Die völlig andere Weise, in der die Themengruppe III lanciert wird, nach einer massiven Crescendo-Walze, und die eigentliche elementare Kraftentfaltung des daraus folgenden Themas – zu dessen Hervorhebung der Umschwung in Moll-Tonalität (Tp^v) einiges beiträgt – überschatten leicht die Tatsache, dass dieser Formabschnitt, wie auch in der Symphonie Nr. 2, an einem Strukturmoment im – hier unmittelbar – vorangehenden Verlauf gebunden ist: die Streicher, die im Verhältnis zum Bläsersatz etwas darstellen, das Bruckner andern Orts als *"variiertes Unisono"* bezeichnete[236], setzen eine lange Zeit (seit Takt 121) eher ostinat angewandte, charakteristische rhythmische Figur fort, die nun nur zum Teil einen noch kantigeren Charakter erhält durch den Ausfall des Triolenelements in jedem zweiten Takt. Das grundlegend identische, "primäre" Unisono der Bläser ist mit seinem Wechsel zwischen Quarte, Sekunde und Quinte mit dem "Gegenthema" der Bläser in der 2. Symphonie (Takt 99 ff.) nicht unverwandt. Auch in tonaler Hinsicht besteht eine charakteristische Ähnlichkeit darin, dass auch der Expositions-Abschluss der 3. Symphonie lange Zeit die Dur-Dominante (A-Dur) betont als den wichtigsten tonalen Gegenpol der Tonika: ein Höhepunkt auf der DD (T. 213-220), dann ein Kreisen um die Dominante, mit Berührung, bzw. Implikation der Moll-Dominante und andeutungsweise auch ihrer Parallele, C-Dur (T. 225-243). Die abschließende Wendung zur Tp, F-Dur, (T. 244-258) erfolgt erst nach kräftigen, vor allem modal verpflichteten, Momenten der Überraschung.

In erster Linie stellt man in dieser Themengruppe aber eine charakterliche Veränderung hin zu einer rücksichtslos elementaren Wirkung fest, die sich im vorigen Werk nicht annähernd so deutlich zeigte – dort eher in Form einer neuen *Fremdheit* des Ausdrucks –, auf Grund des dort zweistimmigen Unisono wie auch einer gedämpften Dynamik. Die Wirkung dieses formalen Übergangs tendiert in mehrerer Hinsicht zum chaotischen: die Melodik benutzt Quart- und Quintschritte, denen jeweils eine Reihe von (im allgemeinen) drei Sekundintervallen folgen, vor dem nächsten größeren Intervallsprung. Die großen Intervalle wechseln sich völlig konsequent ab. Wo des weiteren die Richtung der reinen Intervalle sich als festliegend erweist – alle Quarten springen abwärts, alle Quinten aufwärts –, so wechseln die Sekundgänge völlig unberechenbar, und es ist festzustellen, dass sich zwischen den am meisten korrespondierenden Takten (in der nachfolgenden Aufstellung gekennzeichnet durch koordinierte Plazierung über- bzw. untereinander) nur zwei miteinander übereinstimmende Bewegungsmomente zwischen den jeweiligen Sekunden finden (diese beiden Fälle sind durch fetten Stil markiert. Kommata trennen die Zweitakt-Gruppen):

T. 173: 4 2⌿ 2↘, ⁺2↘ 5 2↘ 2⌿, ⁺2⌿ 4 ⁺2↘ ⁺2⌿, ⁰2⌿5 2↘ 2↘, 2↘ [... Zwischenspiel, Takt 181]

T. 197: 4 2↘ 2⌿, 2⌿ 5 2↘ 2⌿, ⁺2⌿ 4 ⁺2↘ 5, [..."Choral", Takt 203]

---

[236] Vgl. Bruckners Einzeichnung in VII/4. Takt 191. Außerdem im Autograph von III₁/1., Buchst. P.

Die starken Kontraste in dynamischer Hinsicht innerhalb dieser Themengruppe, zu Beginn mit einem Wechsel zwischen *ff* und *pp* auf jedem zweiten Takt und nachfolgend mancherorts auf jedem Takt, signalisieren ebenfalls eine bedeutende Abweichung vom Vorgängerwerk, was den dynamischen Verlauf dieser Themengruppe betrifft. Offensichtlich erlaubt die hier "zerrissene" Lage in keiner Weise eine Disposition nach derart lang gestreckten und undramatisch profilierten Linien wie dort. Alleine die jeweiligen Anfangsphasen machen dies deutlich: wo in der 2. Symphonie mit dem Charakter eines ruhigen Aufbaus begonnen wurde, startet die 3. Symphonie an diesem Ort mit einer Art Kollaps.

Ein latenter Hintergrund für den eben erwähnten Umschwung findet sich damit möglicherweise im abschließenden, kulminierenden Abschnitt der *Hauptthemengruppe* (T. 31 ff.) mit seiner – zunächst einmal – unisonen Zuspitzung und den auch mit dem Thema III verwandten Fall-Wirkungen und plötzlichen dynamischen Wechseln. Erweist sich diese Auffassung als haltbar[237], was durch etliche weitere Details in Bruckners Disposition dieses Satzes unterbaut werden könnte, erklärt sich der hektische Entwicklungsgang in der dritten Themengruppe nicht nur vor dem Hintergrund des entscheidenden thematischen Ereignisses "hinter" der Kulmination in T. 203-221,[238] sondern der gesamte Formabschnitt ist in weiterer Perspektive zu erkennen als Potenzierung oder zumindest "Fortsetzung" der Kulminationsstruktur, die den Hauptthemenkomplex abschloss, mit einem Ergebnis, das in gewisser Weise die im früheren Zusammenhang geltende Situation umkehrt: das abschließende Thema negierte dort auf abstrakte Weise das Hauptthema, als dessen Antithese es gewissermaßen in der kritischen Analyse des Gesamtkomplexes bestimmt wurde (vgl. S. 163 ff.). Im Expositionsabschluss zeichnet sich die entgegengesetzte Reihenfolge der Ereignisse ab.

Dass dies nicht auf einer diskursiv-logischen Grundlage erfolgt, muss unbedingt festgehalten werden, denn Bruckners symphonischer Prozess wird in diesem Punkt, wie auch meist ansonsten, eher in dynamisch-architektonischer Perspektive akzentuiert als in einem thematisch-strukturellen, "logisch" geprägten Entwicklungszusammenhang[239]; weswegen er denn auch nur in bedingtem Maße offen steht für immanent-logische Erklärungen der eigentlichen thematischen Dimension im Formprozess. (Ganz anders stellt sich dies in Bezug auf den tektonischen Formaspekt.) Möchte man eine formprozessuale Betrachtung anlegen, wird man in Verbindung mit diesem Komponisten wieder und wieder auf Deutungen thematischer Zusammenhänge auf der Grundlage von Äquivalenten

---

[237] Keine der beiden Werkmonographien zur 3. Symphonie, weder die kleinere von Josef Tröller noch Thomas Röders *magnum opus*, registriert ein solches Korrespondenzverhältnis. Zweifelsohne lässt es sich auch nicht als strukturell gesichert behaupten.

[238] III₁ T. 235-246. Zu den wesentlichen Unterschieden zwischen den ersten beiden Fassungen später mehr.

[239] Vgl. Carl Dahlhaus' prägnante Formulierung dieser Distinktion (*Ludwig van Beethoven und seine Zeit.* Laaber 1987, S. 207): "Von einem Prozeßcharakter – statt von bloßem Verlauf – kann erst sinnvoll die Rede sein, wenn die Zeitlichkeit der Musik, das Nacheinander, nicht einen Widerstand bildet, gegen den sich die Form durchsetzt, sondern gerade umgekehrt deren Substanz ausmacht; wenn also die Teile auseinander hervorzugehen scheinen, so daß statt eines "architektonischen" Formprinzip ein "logisches" vorherrscht."

einer in erster Linie *symbolischen* Ordnung verwiesen. Und hier, in der dritten Themengruppe der 3. Symphonie, handelt es sich um einen Fall, aus dem heraus sich dieses Verhältnis genauer darstellen lässt.

Mit Fragen dieser Art befasste sich schon, auf überwiegend philosophischer Grundlage, Adolf Nowak. Seiner Analyse zufolge[240] ist der eigentliche (Haupt-) Themenbegriff bei Bruckner anderer Art als das übliche, diskursiv behandelte, grundsätzlich nach einer dialektischen Formauffassung konzipierte Thema: nicht eine *thesis probanda*, ein zu beweisender Grundsatz, sondern ein *principium*:

> Der Brucknersche Anfang ist – auf Grund seiner Verankerung in vorthematischen Elementen – *principium*, [...] die Fortführung gründet in einem der *principium* immanenten Gegensatz. Dieser Gegensatz ist nicht rhetorischer Art, das *principium* nicht diskursiv wie die *petitio* [*principii*], sondern phänomenal. Das phänomenale *principium* beherrscht nicht, sondern geht Relationen ein; es läßt nach seiner Entfaltung Einzelnes von eigener Anziehungskraft zu, das es sich nicht unterwirft.[241] [...] Die Möglichkeit, bei dem zu verweilen, was nicht aus ihm stammt, gibt wiederum die Möglichkeit frei, es selbst präsent zu machen, in seiner unverwandelten [...] bereicherten Form.[242]

Ein Analogieverhältnis anderer Art, das meines Erachtens genau mit den phänomenologischen bzw. kompositionstechnischen Verhältnissen übereinstimmt, die Nowak in seiner Studie berührt, lässt sich entwickeln, indem man gewisse thematische Prozesse bei Bruckner als wesensverwandt mit autonomen psychodynamischen Ereignisverläufen oder sogenannten primärprozessualen Matrizen wie z.B. den der Träume betrachtet:

Das Brucknersche motivische Entwicklungsprinzip *par préférence*, die Variantenbildung, enthält selbst große Ähnlichkeiten mit dem Entwicklungsgang in derartigen Prozessen, mit Charakteristika wie *Verschiebung* (Metapher) – via Assoziationsketten – und *Verdichtung* (Metonymie) von Grundmotiven – letzteres als ein in hohem Maße die Tendenz einer Entwicklung änderndes Moment. In diese Richtung weist auch der besondere Charakter, der bei Bruckner die musikalische Syntax in breiterer formaler Perspektive prägt:

> die relative Unverbundenheit der Themen, auch in der Durchführung, die Häufigkeit der Zäsuren, der Mangel an Überleitung und Vermittlung.[243]

Weiterhin wird dies unterstützt von der prägnanten Bedeutung (primär-)prozessualer Momente auch in der Sonatensatzform wie *Peripetie*, d.h. Zuspitzung und Umschlagspunkt der dramatischen Entwicklung, und *Lysis*[244], die abschließende Lösung oder Beendung des durchgespielten Handlungsprozesses.

Endlich gibt es auch noch eine klare phänomenologische Übereinstimmung zwi-

---

[240] A. Nowak: "Über den Anfang in Bruckners Symphonik", in: C.-H. Mahling (Hrsg.): *Über Symphonien. Beiträge zu einer musikalischen Gattung* (= FS. Walter Wiora [70 Jahre]). Tutzing 1979, S. 141-155.

[241] Ebd. S.150 f.

[242] Ebd. S. 149.

[243] Ebd. S. 151.

[244] Die beiden genannten Begriffe sind schemenfeste Momente in der Terminologie für die prozessuale Schematik des Traumes – in Verlängerung des Begriffs Exposition! Eine Dynamik, die beide oben erwähnte Momente enthält, erfolgt tatsächlich bereits im hier untersuchten Exp.-Abschluss.

schen der tiefenpsychologischen Auffassung des Begriffs *Symbol* und dem, was bei Adolf Nowak *Ideïrung* genannt wird. In beiden Zusammenhängen wird nämlich untergründig verstanden, dass die Wiedereinführung des Themas nicht als Ergebnis einer diskursiven Entwicklung erfolgt, sondern als Erinnerung des phänomenalen *principiums*, eventuell als "Urbild" hinter einem anderen prinzipalen Thema.[245]

Die "phänomenal" alles beherrschende Situation in der Exposition der Hauptthemengruppe von III/1. war das Kontrastverhältnis und das später hieraus folgende besondere Interaktionsverhältnis zwischen HTh$_a$ und HTh$_c$. Dieses Verhältnis wird erneut, und auf neue Weise, in der dritten Themengruppe gesetzt. Eigentliches Argument hierfür ist die prägnante und an dieser Stelle ungewöhnliche Rückkehr des *"Themas"* (T. 213-221).[246] Das unterstützende Argument in diesem Zusammenhang gründet sich auf den oben betonten und besonders charakterisierten Kontext, aus dem diese Wiederkunft entspringt; und in dieser Verbindung ebenfalls auf den triumphalen Charakter des Themas (unterstrichen durch die für Bruckner typische Durchbruchstonart E-Dur und die markanten aufsteigenden Sprünge), das symbolisch die gleichzeitig vorherrschende "antagonistische" Situation ausspricht. Es scheint fast als könnte man ein konkret auslösendes Ereignis für dieses Themenzität und den vorhergehenden, für eine logische Betrachtung das Thema verkündenden *Choral* (T. 203-209, Trompete) bezeichnen: die engere Quart-Quint-Folge in Takt 201 f. mit ihrem überraschenden Quint-Ausschlag nach nur einem dazwischenliegenden Sekundschritt (statt bisher drei Sekunden). Eben hier hört gleichzeitig der enge Wechsel zwischen *ff* und *p* auf und wird abgelöst von einem bis zum Ausklang des Themenzitats festgehaltenen fortissimo (gute 16 Takte).

Dass sich hier in gewisser Weise nicht das *"Thema"* (wie es das eigentlich Bruckners *expressum verbum* in der Partitur angibt) durchsetzt, sondern die Umkehrung der beiden enggeführten Themavarianten, die in ihrer Originalgestalt so klingen würden:

Beispiel 56 a-b

– dass dies so ist, unterstreicht den oben betonten grundsätzlichen Unterschied zwischen einem diskursiven und einem symbolischen Themenprozess. Als logischer thematischer Entwicklungsstufe fehlt diesem Ereignis letztendlich jede Begründung (was auch für ein notengetreues Zitat oder eine reine Themenspiegelung gelten würde). Als *Symbol* für eine bestimmte formmäßige Dynamik

---

[245] Vgl. A. Nowak, *op.cit.* S. 150 f.

[246] Ein paralleler Fall findet sich nur in VIII/1. (T. 129-151).

dagegen, für die ganz besonders die Themengruppe III bei Bruckner entwickelt zu sein scheint, bewähren sich diese zwei an sich zufälligen – aber unmittelbar zu identifizierenden – Themensubstitute gewisslich vollauf.

Die Urfassung (III$_1$) enthält diese wichtige Einzelheit nicht, wie sie auch nicht mit der "Choral"-Phrase der Trompete aufwartet. Und doch scheint sie das meiste zu enthalten; jedenfalls ist auch hier der essenzielle dynamische Durchbruch unverkennbar: die ff-Fläche ist vorhanden, ausgelöst von derselben oben erwähnten Mutation des ursprünglichen motivischen Zweitakt-Moduls; und die harmonische Basis ist recht identisch mit der späteren Bearbeitung. Was fehlt, ja fast als bewusst umgangen aufzufassen wäre, hat Thomas Röder präzise bezeichnet mit dem Wort *Melodie*.[247] Die frühere Fassung sieht hier, verglichen mit der späteren Bearbeitung, wie eine Skizze aus, deren entscheidende motivische Einzelheiten nur flüchtig gezeichnet wurden – dies gilt für den "Embryo" des Chorals[248], III$_1$ T. 235-241, Flöte – oder gänzlich vermisst werden: III$_2$ ist vor dem Buchstabe H (dem Beginn des abschließenden p-Abschnitts in beiden Versionen) um sechs Takte – das "Thema" – erweitert. Ebenso fehlt die invertierte Hauptthemenvariante (der Nachsatz des HTh$_a$) in den abschließenden Takten der Exposition (vgl. III$_2$ T. 244-248, Flöte). Und die nackte, modal klingende Akkordreihe, die dadurch hier acht Takte früher beginnt als in der Bearbeitung, ist unter den Divergenzen in diesem Abschnitt fast diejenige, die am meisten zur Wirkung des frühesten Konzeptes als unerfüllt beiträgt; tatsächlich haben die Schlusstakte ein rudimentäreres Gepräge als die annullierte d-Moll-Symphonie an der gleichen Stelle.

Was in der frühesten Ausformung an den übrigen Stellen derart nicht figurativ-konkret ausgedrückt wurde, zeichnet sich nun allerdings sozusagen intentional ab: vergleicht man den Streichersatz (minus die Bässe) in den beiden voneinander abweichenden Taktabschnitten (III$_1$: Takt 235 ff.), indiziert die chaotisch wirkende Unregelmäßigkeit in den Vl.2- und Vla.-Stimmen der Urfassung semiotisch eine gewisse stürmische Gärung: Bruckner hat sich in seiner Gestaltung deutlich auf eine eher amorph wirkende Formintention konzentriert.

Nach diesem Durchbruch folgt (in sämtlichen Versionen) die beruhigende, ausklingende Phase des Epilogs. Sein motivischer Anfang (Beispiel 57a):

Beispiel 57 a-b

wirkt wie ein ferner Nachklang der "durchbrechende" Motivvariante (Bsp. 57 b), wie auch das anschließend erscheinende *Miserere*-Zitat[249] (T. 231-238) namentlich

---

[247] Röder, *op.cit.* S. 98.

[248] Die Bezeichnung *Choral* erscheint nicht in III$_1$.

[249] Aus der d-Moll-Messe, WAB 26, *Gloria*, T. 100-103.

kraft seiner einleitend rhythmisch steifen Form (Bsp. 58 a) eine "Ableitung" des unisonen Grundmotivs der Themengruppe selbst (Bsp. 58 b) zu sein scheint:

Beispiel 58 a-b

Betrachtet als semantisches Element (was sich nun allerdings in Bezug auf Bruckners Instrumentalmusik mit großen teoretischen Schwierigkeiten verbindet[250]) müsste ein *Miserere*-Ruf ein Sündenbewusstsein oder – im Kontext des *Gloria* – ein Bewusstsein der eigenen Geringheit gegenüber dem Göttlichen voraussetzen. Im Verhältnis zum unmittelbar vorher angeführten *Choral* und dem *Maiestas*-geprägten Themenzitat kann dies durchaus sinnvoll erscheinen. Auf die Urfassung bezogen, die diese Elemente nicht enthält, kommt dem Messezitat vermutlich ein weiterer bekräftender Charakter zu: wirkt es unmittelbar weniger wahrscheinlich, dass das Zitat zufällig einmontiert wurde oder sich allein aus einer gewissen Ähnlichkeit in der Intervallstruktur mit dem Grundmotiv III motiviert, ist es andererseits auch nicht plausibel, dass es semantisch oder ästhetisch-symbolisch als isolierte Einheit aufzufassen wäre. Und in diesem Fall belegt das Zitat eher eine intentionale Charakteristik, was die "amorphe" Formgestaltung der vorhergehenden Höhenstrecke betrifft, die grundsätzlich den später eingeführten Konkretisierungen (oder Symbolbildungen) entspricht. Damit lässt sich Bruckners Revision an dieser Stelle als eine reine Verdeutlichung einer ursprünglich flüchtigen, intentional gesehen aber verhältnismäßig klaren Skizze betrachten.

WAB 103 ➡ S. 278

WAB 104 ↗ S. 193

Auch die *4. Symphonie* erscheint in ihren (was den ersten Satz betrifft) zwei Fassungen unterschiedlich in der dritten Expositionsgruppe; der Grad an Umarbeitung in diesem Satz erhöht sich geradezu mit dem Voranschreiten von Exposition und Durchführung.

Ein Blick auf die spätere Version bestätigt zunächst einmal eine Tendenz, die sich in den frühesten Werken bemerkbar machte (bis einschließlich zur Symphonie Nr. 1), nämlich dass die Themengruppe III auf Hauptthemenstoff zurückgreift, nur mit einem passenden Übergewicht an rein dynamischem Charakter, um derart den Satz wieder "in Schwung" zu versetzen. Namentlich die 3. Symphonie

---

[250] Eine unbedingt semantisch-konkrete Auffassung wird allerdings recht konsequent von Constantin Floros behauptet. Zu einer diesbezüglichen Kritik siehe bes. Carl Dahlhaus: "Bruckner und die Programmusik. Zum Finale der Achten Symphonie", in: C.-H. Mahling (Hrsg.): *Anton Bruckner. Studien zur Werk und Wirkung.* (= FS. Walter Wiora [80 Jahre].) Tutzing 1988, bes. S. 10-18. Des weiteren Bo Marschner: "Zur Ermittlung von Wesen und Deutung der symphonischen Musik Bruckners", in: *BrJb* 1984/85/86, bes. S. 17-19.

besaß in ihrem Hauptthemenkomplex kein hierfür geeignetes Motivelement, und in der 2. Symphonie scherte Bruckner sich, wie es scheint, nicht um die existierenden, diesbezüglichen Möglichkeiten; am offensichtlichsten Takt 12 ff. In der vierten aber, wo ein schwungvolles Elementarmotiv in Form des HTh_b vorhanden ist, wird es für diesen Zweck verwendet. Neu – und dies gilt auch in Bezug auf Bruckners frühere, entsprechende Vorgangsweise – ist allein sein Ausbau von Anfang an zu einem typischen *Maiestas*-Thema (Btb. T. 119-121, vgl. auch die Streicherbegleitung mit ihren einleitenden, dem Anfang des *Te Deum* ähnelnden Figurationen). Weitere ausgeprägte Thema III-Charakterzüge sind die terzlosen akkordischen Verhältnisse und die Sequenzführung des Themas.[251]

Die Frühfassung überrascht durch ihren Rekurs auf das Anfangsmotiv des Satzes (HTh_a, T. 121-123), das in demselben Thema III-"qualifizierenden" Rahmen aus elementaren Begleitstimmen angebracht ist wie in der späteren Bearbeitung[252] und wie dort durch Sekundtransposition weiter geführt wird.[253] Die plausibelste funktionelle Begründung für eine Änderung dieser Disposition, besonders im Lichte der formalen Prozedur im Vorgängerwerk, nämlich der Wunsch, das prägnante Thema für einen abschließenden Höhepunkt in der Exposition aufzusparen, erweist sich allerdings nicht als die Erkärung; Bruckner hat hier den Formverlauf entschieden anders disponiert als nicht nur in der 3. Symphonie sondern in allen seinen früheren Werken – und doch sind alle die typischsten Momente der dritten Themengruppe gegenwärtig: der thematische Charakter, die steil steigenden und fallenden dynamischen Verklaufskurven[254] sowie endlich die Aufspannung auf einen prä-epilogischen Höhepunkt, der in diesem Falle (Takt 153 ff. [IV_1 Takt 147 ff.]) sogar mit unmittelbar aus dem Anlauf zur *abschließenden* Coda im *Finale* der 3. Symphonie etabliert wird: an beiden Stellen unisone, sequenziell geführte chromatische Gänge mit einer abschließenden melodischen Einbeugung in jedem Sequenzglied und darauf einige Taktpaare mit identisch rhythmisierten Akkordsäulen[255] (vgl. III_2/4. T. 579-596).

Der hierdurch in hohem Maße erwartete Themendurchbruch erhält in der 4. Symphonie das Gepräge wenn nicht einer Antiklimax, so jedenfalls das einer formdynamisch "Trugschluss-haften" Auflösung: der Satz fällt hier zurück auf

---

[251] Seine Anführung über drei Durchgänge, zunächst mit einer Sekund- dann mit einer Terztransposition (beide aufwärts) wird in Kapitel V genauer kommentiert, in Verbindung mit reprisenhaften Anschlussprozeduren bei Bruckner.

[252] Die satzmäßige Disposition weicht in Einzelheiten ab und verrät Bruckners Bestreben, durch die Revision eine deutliche Differenzierung zwischen den motivischen Beiträgen der verschiedenen Klanggruppen zur Ganzheit zu erschaffen.

[253] IV_1 führt sein Thema, im Gegensatz zu IV_2 an dieser Stelle, nur zweimal hintereinander durch.

[254] In beiden Versionen drei Höhenflächen: die einleitende in B-Dur, und eine spätere, motivisch rudimentärere in Des-Dur, sowie eine abschließende Fanfare; was letztere angeht, siehe die folgende Anmerkung.

[255] Was die 4. Symphonie selbst betrifft, werden diese Akkorde in beiden Versionen – mit dem charakteristischen chromatischen Versatz im Bass – aus dem dreifachen Leittonklang $DD^{9\,b5}$ in den $D_{Vh.}$ von B-Dur aufgelöst. Der Weg hierher ist aber unterschiedlich: Die erste Fassung erreicht die Doppeldominante über einen mediantischen Weg, von A-Dur, und notiert DD als Fis^7, während IV_2 von der Zwischendominante Des^7 kommt und die DD darum als Ges^7 notiert.

sein idyllisches Seitensatzmotiv und bildet mit diesem den Epilogabschnitt der Exposition. Für diese Disposition gibt es in Bruckners Werken kein Gegenstück, mit Ausnahme des Finales in demselben Werk – dessen Seitenthema übrigens eng mit dem des Kopfsatzes verwandt ist.[256] Dies lässt sich vielleicht statt dessen als Ergebnis einer Inspiration durch den Kopfsatz von Schuberts Symphonie in h-Moll, D. 759. erklären (vgl. dort Takt 94 ff.), wie sich vielleicht auch schon Einflüsse dieses Werks im Initial des Hauptthemas geltend machen:

Beispiel 59 a-b

Die Bedeutung dieses thematischen Bezugs ist jedoch unterschiedlich in den beiden Fassungen, besonders was den Verlauf über die formale Zäsur zwischen Exposition und Durchführung betrifft: die Exposition in IV_1 wird fast gänzlich von einer Paraphrasierung von Seitenthemenmaterial zu ihrem Ende geführt (siehe Vl.1 Takt 160 m.Auft. - 162, gefolgt von der Schlusskadenz), worauf die Durchführung bei Buchstabe G (eine Doppelstrich-Markierung gibt es in dieser Fassung nicht) ihren Ausgang in einer sekundären Gegenstimme (Celli)[257] aus dem Stimmenkomplex des Seitenthemas nimmt (IV_1 T. 171-175, vgl. IV_1 T. 72 f.). Diese intermediären Takte vor der eigentlichen Durchführung (Buchstabe H) hat Bruckner im Autographen mit der Randbemerkung *"Nacht"* versehen; was mit dem Wort *"Träume"* zu Beginn der Durchführung korrespondiert.

Bei der Umarbeitung wurde der Epilog geändert; er wird nun von einem neuen, chromatisch absteigenden Legatomotiv (Takt 179 ff.) beendet, das um eine Quinte tiefer[258] wieder aufgenommen wird nach dem Doppelstrich in Takt 192, und dieses Mal mit eingesprengten Zitaten aus dem Hauptthemeninitial. In dieser Fassung hat der Bezug auf das Seitenthema also nicht dieselbe weit reichende Bedeutung wie in der ursprünglichen. Diese Divergenz ist wohl in erster Linie bedingt durch die Absicht, den wesentlichen formalen Übergang deutlicher zu markieren, als das in der früheren Fassung der Fall war.

Hierzu trägt das selbständige, den Epilog abschließende Motiv ebenso bei wie unmittelbar darauf die Anführung des Hauptthemenkerns (der in IV_1 erst bei Buch-

---

[256] Was IV_2 betrifft (das Finale von 1880): STh_b (Takt 100 ff., vgl. Takt 87 ff. (STh_a)).

[257] Dieser Kontrapunkt gehört besonders zu IV_1; in IV_2 (Vc.) erscheint er in starker Anpassung an das Motiv der Vl.1. Dieses erhält auch später größere Bedeutung in der Durchführung von IV_1 (vgl. allerdings ebenfalls IV_2 Takt 334 m.Auft. - 337).

[258] Dies gilt auch tonal: trotz des Orgelpunkts B vor wie auch nach dem Doppelstrich (Pk.) und trotz chromatischer Parallelverschiebung des verminderten Septakkords zentriert sich der erstere Zusammenhang (T. 179-182) um die Dominante F, der spätere um B.

stabe H erscheint, analog zur fortgesetzten Bearbeitung des Hauptthemenkomplexes in IV₂). Des weiteren ist denkbar, dass der ursprünglich stark überdeckte Kontrapunkt zum Seitenthema (Takt 72 f., Vc., siehe oben) Bruckner mangelhaft vorbereitet erschien, wo er hier plötzlich zum Thema erhoben wurde (Takt 171 ff.), ja vielleicht sogar – unter der naheliegenden Möglichkeit, dass er als völlig neues Material zu Beginn der "2. *Abteilung*" des Satzes missverstanden würde – als kontroversielles Formelement aufgefasst werden könnte. Eine solche Situation verbessert jedenfalls das wohlbekannte Hauptthemeninitial wirkungsvoll, namentlich in einer Bearbeitung, die den Bezug auf diesen Motivkern in der Themengruppe III gestrichen hat. Rein aus der Stimmungswelt des Expositionsabschlusses und des Durchführungsanfangs bewertet – wo Bilder wie *Nacht* und *Träume* für beide Versionen gleich angemessen erscheinen – ist Bruckners ursprüngliches Konzept dagegen in keiner Weise schwächer als das spätere.

Sieht man in dieses dritte Expositionsfeld etwas weiter zurück (in der frühen Fassung), kann man vielleicht sogar behaupten, dass das latente Gesangsmotiv einen weiteren Versuch machte, zu Wort zu kommen: in Takt 133, nach der einleitenden Thema III-Entladung und ihrem nachfolgenden Dahinsterben, erhebt sich allmählich eine neue Welle. In diesem *agitato*-geprägten Streichersatz treten die Celli mit einem kurzen Motiv auf (Beispiel 60 a), das sequenzhaft in abgeschnürter Form weitergeführt wird und wie eine verspätete Variante der Teilkomponente des Seitenthemas in derselben Stimme wirkt (vgl. Beispiel 60 b):

Beispiel 60 a-b

Eine Verifikation dieses Verhältnisses wird erschwert durch die Ausformung der Parallelstelle in der Reprise (Takt 511 ff.), wo das Motiv der Celli (das – wie in der Exposition – wie ein bloßer Kontrapunkt zu den figuralen Sequenzierungen in den 1. Violinen aussehen mag, tatsächlich aber die prägnanteste Einzelheit ausmacht) noch weiter variiert erscheint und nun ohne jede Ähnlichkeit mit den Celli in Takt 72 f. Wiederum handelt es sich, wie angemerkt betreffs der Themengruppe III in der Erstfassung der 3. Symphonie, um einen Zusammenhang (oder besser: um eine Reihe von wiederkehrenden, verwandten Zusammenhängen), die besonders durch eine thematisch schwache Identität charakterisiert sind, dafür aber über eine ausgesprochene elementare Dynamik verfügen: nicht was die Lautstärke betrifft, sondern in der Form einer starken Differenzierung der einzelnen Stimmen, und von entsprechend hoher Intensität, soweit es das Entwicklungspotential dieses gewissermaßen unstrukturierten Stimmengewebes angeht. Diese Einfühlungs-betonten Verläufe werden – einer wie der andere (vgl. auch

IV$_1$ T. 339-378) – Opfer von Bruckners Bearbeitung, insoweit als dort eher identifizierbare thematische Bestandteile eingesetzt werden als satzstrukturelle Elemente. In der Alternative von IV$_2$ zum oben angeführten Zusammenhang wird dies sehr deutlich: das Satzbild hat sich geändert durch dichte solistische Holzbläser-Varianten von HTh$_b$ (Takt 131 ff.), wechselweise in Umkehrung und in Originalgestalt, mit einer deutlichen Dominanz gegenüber einer pulsierenden Streicherbegleitung ohne jegliches distrahierende Moment.

WAB 104 ➡ S. 286

WAB 105 ↗ S. 196

Während die 3. wie auch die 4. Symphonie ihre dritte Expositionsgruppe mit einer dynamischen Hochebene nach einem vorangehenden Crescendo-Anlauf einleiteten, gleicht die Startphase in der 5. Symphonie der in der zweiten durch ihre ruhige, den Seitenthemenabschnitt quasi fortführende dynamische Lage wie auch durch den konkreten Zusammenhang mit dem unmittelbar vorhergehenden Kontext. In der 2. Symphonie verknüpfte sich das ostinate Streichermotiv mit der melodischen Kadenzwendung des vorigen Taktes (Takt 96 → Takt 97). In der 5. Symphonie haben zwei der drei (hier simultan eintretenden) Motivbestandteile Verbindung mit dem vorhergehenden Ausklangsmotiv:

Beispiel 61 a-b

Auch in der 2. Symphonie bestanden engere, wenn auch eher verborgene Verknüpfungen zwischen den beiden thematischen Fäden, die sich sowohl im Seitenthema als auch im Thema III fanden. Ein Korrespondenzverhältnis ähnlicher Art gibt es auch in der 5. Symphonie: die erste achttaktige Phrase wird von einer kräftigen akkordischen Kadenz abgeschlossen, Takt 167 f. (mit Trp$_p$ als melodieführend), die unmittelbar als Reflex besonders der Kadenzwendung in Takt 103 f., zum Teil aber auch der in Takt 107 f., empfunden wird.

Im Unterschied zu der Situation in der 2. Symphonie ist die fünfte hier charakteristisch dadurch, dass sie ihre dritte Themengruppe mit einem *Gesangs*-Gepräge ansetzt (Holzbläser), das, wie es scheint, einlösen soll, was der Seitenthemengruppe in dieser Hinsicht fehlte: Zuversicht oder Gelassenheit. Dies wird auf tonaler Basis unterstützt durch die chromatische Verschiebung von C- nach Des-Dur: dem tonalen Zentrum für das entspannte, vegetative Zwischenspiel der Themengruppe II (Takt 131 ff.). Der rein kompensative Zug dieser Funktion erweist sich daran, dass eben dieses vier Takte lange, primär *melodische* Element innerhalb der insgesamt drei motivischen Konstituenten bald völlig aus dem Zusammenhang verschwindet (spätestens bei Takt 177). Die beiden anderen haben jeweils eine eigene ebenfalls ausgeprägte Funktion, die in beiden Fällen typischer für dieses Formglied ist: das synkopierte Zweitakt-Modul in den Vl_1 + Vla. wirkt durch seinen *rhythmisch* vorwärtstreibenden Charakter und ist daher melodisch nach Belieben transformierbar: vgl. besonders Takt 185 ff, wo die typische, spärliche Themengruppe III-Faktur zum ersten Male gegenwärtig ist. Endlich ist das Bass-Modul, das nur $1\,^1/_4$ Takt umfasst, als primär *dynamische* Komponente definiert; dies geht aus der Auskomponierung des Bassmotivs in dem kurzen, homophonen zweiten Höhenstrecke Takt 177-184 hervor, aber auch aus dem dritten, absoluten Maximum, Takt 199 ff. (vgl. auch die Entwicklung hierher, Vc./Kb.), das von einem unison geführten eintaktigen Motiv bestritten wird, dessen Rhythmus die Diminution des ursprünglichen Motivs der Bässe enthält.

Diese sinnreiche Disposition eines mehrschichtigen Motivkomplexes führt eine bislang nicht gesehene markante Entwicklung innerhalb der Rahmen dieser Themengruppe mit sich: es lässt sich fast behaupten, dass die Dynamisierung des Satzes hier auf völlig autonomer Grundlage erfolgt. Die oben aufgezeigten Fäden zurück ins Seitenthemenfeld sind keineswegs bedingend für die gegebene dynamische Entwicklung (die sich ja auch als allmähliche Erweiterung des rhythmischen, und damit indirekt auch des tempomäßigen Aktivitätsniveau manifestiert), wie es auch letztendlich keine Bedeutung hat, dass die Kulmination dieser Belebung des Satzes, Takt 199 ff., in struktureller Hinsicht zurückgeführt werden kann auf das unisone Motiv $_b$ der Adagio-Einleitung (T. 15-18, vgl. S. 68). Wenn Notter sich also (und dies ist alles, was er zu diesem Formabschnitt zu sagen hat) wie folgt auf Armin Knabs altehrwürdige Analyse stützt:

> Das dritte Thema synthetisiert den Choral der Einleitung [Mtv.$_c$, B.M.] mit den ersten beiden Themen der Exposition; er steht in der erweiterten Barform A B A' C D (T. 161 / 177 /185/ 199 / 209)[259] –

ist dies als unpräzis zu nennen[260]; soll die Beobachtung überhaupt als plausibel gelten[261] – schon das Wort "synthetisiert" erscheint bedenklich übersteigert –, so muss sie doch ebenfalls recht abstrakt vorkommen.

Der wesentliche Unterschied betreffs der Gestaltung dieser Themengruppe im Verhältnis zu den vorigen Werken besteht ganz im Gegenteil darin, dass früheres Motivmaterial hier zum ersten Male keinen realen Bezug ausmacht, sondern dass dieser Formabschnitt vielmehr, von übergeordneter Warte betrachtet, seine

---

[259] Notter, *op.cit.* S. 83. – Später widerspricht der Verfasser sich allerdings selbst: zur Themengruppe III in der 6. Symphonie: "Das dritte Thema mischt E- und C-Dur; es knüpft wie das der 5. Sinfonie nicht mehr am ersten [Thema] an". (Ebd. S. 89.)

[260] Dies gilt auch, soweit es die Formschematisierung betrifft: Die Takte 161-168 korrespondieren thematisch wie auch kraft ihrer abschließenden akkordischen Kadenz deutlich mit T. 169-184 (hier zwei homophone Kadenzen nacheinander). Ein Schnitt bei Takt 177 ist also irreführend. Außerdem haben die Abschnitte, die Notter A' und C nennt, mehr gemeinsam (vgl. Takt 189 ff.) als die zwei, die er aufeinander bezieht (A und A'). Endlich lässt sich T. 209 ff. in keiner Weise als D gegenüber Takt 199 ff. als C bezeichnen, da es sich hier um motivische Kontinuität handelt. Eine fakturmäßige Zäsur gibt es allerdings, sie befindet sich aber bei T. 205.

[261] Die Verbindungen sind kaum tragfähig, auch wenn man ausgeht von dem, was Kurth, für den die Substanzentwicklung (oder "Wesensverwandtschaft") zwischen den Formabschnitten ein programmatisches Anliegen war, hierzu meint: "Das dritte Hauptthema, bei F ansetzend, [...] ist mit dem 1. wie mit dem 2. verwandt. Jenes tritt in der Baßlinie [?], dieses in der Synkopierung hervor". Kurth, *op.cit.* S. 883.

eigenen Höhepunkts- und Durchbruchstrukturen mit völlig eigenständigen Mitteln aufzubauen vermag. Er legt den Seitenthema-haften Charakter (nicht mit einer solchen Motivik zu verwechseln!) ab, der ihm anfänglich anhaftet (vgl. die mediantische Verschiebung von der "Seitenthemen-Tonalität" Des-Dur zu A-Dur, Takt 181); und eben dadurch scheint eine Befreiung der elementaren Entwicklungskräfte zu erfolgen (Takt 185 ff., d-Moll), die für einen Durchbruch erforderlich sind; ein solcher trifft denn auch interessanterweise in der Haupttonart B-Dur ein (Takt 199 f.), worauf sogleich eine mediantische Rückung zu Ges-Dur erfolgt, der Ansatztonart des Hauptthemas (vgl. S. 173).

Dies hat auch Einfluss auf den Formabschnitt nach dem Höhepunkt Takt 199 ff.: der motivisch gesehen völlig amorphen Blechbläserfanfare in der 4. Symphonie entsprechen in der fünften (T. 205-208) ebenfalls vier Blech-dominierte, Fanfarenhafte Takte: 1+1+2 Takte (das letzte Glied in Augmentation). Hier werden diese aber unmittelbar aus dem vorhergehenden unisonen Ostinatomotiv realisiert (durch eine erste rhythmische Verdoppelung); und die nachfolgende chromatische Verschiebung von Ges-Dur zu F-Dur, mit einem *subito*-Übergang zu *p/pp* (vgl. in IV$_2$ Takt 168 f. ebenfalls den Bassgang *Ges-F* (nach B$^6_4$)), mit der der Übergang zum abschließenden Expositionsfeld erfolgt, führt diesen Impuls durch Weiterspinnungen einer Umkehrungsvariante fort.[262]

Die Dynamik in diesem Entwicklungsverlauf erweist sich als so stark, dass sich – was an dieser Stelle recht einzigartig ist[263] – eine weitere markante, aber kurze Entwicklungswelle in den Ausklangstakten selbst erhebt, mit Zentrum in einem dreistimmigen Hörnersatz T. 213-216; eine Welle, die aus dem zuvor wirkenden Motiv entsteht. Dieser zusätzliche – echohafte – Wölbung wird betreffs seiner Funktion nicht allein durch das Crescendo und den stetig anwachsenden Aufbau des liegenden Des-Dur-Akkords (bis Des^{11}) qualifiziert, sondern auch durch den darauf folgenden, analog mit T. 208 f. erscheinenden chromatischen Versatz: *des-c* (letzteres als Dominante zur F-Dur-Tonika der Schlusskadenz). Der einzige exterritoriale Motivbestandteil dieses gesamten abschließenden Verlaufs ist die eine tonale Kadenz bildende skalenhaft fallende Akkordreihe in einem Fauxbourdon-Satz (eine gewisse Parallele zu IV$_2$ T. 179 ff.): das Tonika-Ziel wird in thematischer Hinsicht wiederum durch eine Variante des Unisono-Motivs verwirklicht.

WAB 105 ➡ S. 292

WAB 106 ↗ S. 199

Sollte in Verbindung mit der Themengruppe III ein Zusammenhang oder eine Entwicklung zwischen der 5. und der *6. Symphonie* bestehen, kann er – abgesehen von dem identischen, eher ungewöhnlichen tonalen Entwicklungsgang (durch die gesamte Exposition)[264] – nur ein rein prinzipielles Verhältnis umfassen,

---

[262] Ob die "Originalform" dazu (die selber eine Variante ist): T. 205 (Takt 203) denn nun als Ableitung aus dem Anfang des Pizzicato-Elements des Seitenthemas (Takt 101 f.) zu betrachten wäre, sei hier nicht gesagt. Wie bereits argumentiert wurde, handelt es sich gegebenenfalls um einen Bezug ohne eigentliche Perspektive.

[263] Vgl. aber II/1. (behandelt auf S. 234).

[264] Thgr. I (Anfang): T, Thgr. II (ebenso): °D, Thgr. III: TvP (als Trugschluss nach DD) →D.

das sich vielleicht folgendermaßen charakterisieren lässt: Bruckner scheint in der 5. Symphonie mit Nachdruck erfahren zu haben, dass dieser Formabschnitt völlig nach seiner formdynamischen Bestimmung funktionieren kann ohne grundsätzliche motivische Rückendeckung in der vorangehenden thematischen Dualität (den Themengruppen I und II). Die Entfaltung elementarer motivischer Wirkungen kann, sofern das eigentliche formprozessuale Anliegen eher als dynamisches Steigerungsverhältnis in sich selbst betrachtet wird, mit einem höheren Maße an innerer Unabhängigkeit erfolgen, als der Komponist das bisher für opportun erachtete (wenn man denn absieht von den Ansätzen zu einer Überwindung derartiger Skrupel, die sich in der 1. und 2. Symphonie zeigten).

Das eigene Gepräge der Weiterführung und Beendigung der Kopfsatz-Exposition in Bruckners Sechster besteht eben in der Vorbehaltslosigkeit, mit der sich dieser Formabschnitt (der sich nur unter noch größeren Schwierigkeiten, als das bei den vorigen Werken der Fall war, in Thema III und Epilog aufteilen lässt) der Entfaltung elementarer, grob behauener, rein *Willens*-betonter Motive (in Schopenhauerschem bzw. Kurthschem Sinne) übergibt. Das erste Motiv, in *ff*, eines von Bruckners *"variierten Unisoni"*, ist selbständig konzipiert und kaum, wie andern Orts behauptet, *"aus dem Begleitrhythmus des 1. Themenkomplexes hervorgegangen"*.[265] Zwar erscheint an beiden Orten die rhythmische Folge von Punktierung und Triole (vgl. die Hauptthemenbegleitung), hier aber ohne den für den betreffenden Rhythmus eigenen, regelmäßigen Wechsel, wie auch ohne die charakteristische, federnde Sechzehntelpause, und endlich mit einem dritten, permanent applizierten rhythmischen Element, dem markierten, geraden Rhythmus:

Beispiel 62 a-b

Eine motivische Entwicklung wird durch die ersten Abschnitte hindurch fast völlig auf Sequenzierung reduziert. Was dieses Motiv betrifft geht es um eine skalamäßige Sequenzbewegung, die von C-Dur aus bis hin zu H-Dur reicht (T. 101-110). Ein neuer, polyrhythmischer Motivkomplex (2 gegen 3) intensiviert darauf, in einem Crescendo von *pp* zu *ff* (T. 111-116), diese Behandlungsweise durch eine chromatische Sequenzbewegung und in stets rascherer Folge, während gleichzeitig die motivische Variantenbildung stark anwächst (Hbl$_I$, Hr., Trp.). Endlich wird die Situation im nachfolgenden dynamischen Maximum über vier Takte noch weiter zugespitzt, indem dies als regulärer chromatischer Gang-Komplex geformt wird, in massiver instrumentatorischer Ausfüllung.

---

[265] W. Steinbeck: "Schema als Form bei Anton Bruckner. Zum Adagio der VII. Symphonie", S. 309, Anm. 25.

247

Was danach folgt, ist alles fortlaufende Reflexion und Klärung, einleitungsweise mit deutlichen Reminiszenzen von Elementen der vorangegangenen Entladungen: Polyrhythmik in den ersten sieben Takten (121-127) verbunden mit zuerst diatonisch sich bewegendem, dann chromatischem Figurenwerk (zuletzt, und nicht überraschend, absteigend); des weiteren Mutationen fragmentarischer Motive (T. 125-128, Kl., Hr.). Motivisch-strukturell beginnt der Ausklangsverlauf als Ansammlung von überwiegend absteigenden Sexten (Vl.1), denen dann (Takt 125 ff.) gewissermaßen eine Transformation zur Intervallfolge %/ 2\ folgt, – also zu einer Andeutung eines Hauptthema-Fragments:

Beispiel 63 a-c

Beide diese Bildungen werden in den letzten 16 fast völlig durch-triolisierten Expositionstakten weiterentwickelt: in T. 129-132 (Holzbläser) sieht das aus wie eine Dreiklangs-mäßigen Ausfüllung der absteigenden großen Sexte: +3\ +3/ +6\ ; darauf folgt eine in etwa ähnliche Umformung der Intervallfolge Sexte-Sekunde: +6\ 5/ +2/, die später dann auch von der Terz bereichert wird (T. 133-139; vgl. Notenbeispiel 64). So werden die Andeutungen eines Rekurses auf das Hauptthema im Expositionsschluss letztendlich in gänzlich elementarem Figurenwerk aufgelöst: einem E-Dur-Dreiklang mit einer doppelten Umspielung seines Grundtons[266], das endlich ausgedünnt wird auf die Solozeile der Flöte als allein übrig bleibender Stimme.

Beispiel 64 a-c

Die Themengruppe III schlägt somit einen Ring vor allem um sich selbst und weniger – da sie doch wohl kaum das Hauptthema als solches aus der Erinnerung gerufen hat – um die Exposition: das abschließende, stetig wiederholte Motiv ist eine Variation des ersten in dieser Expositionsgruppe (vgl. Notenbeispiel 63 b mit 62 a). Und u.a. daraus lässt sich, auch was diesen Satz betrifft, denn auch entnehmen, dass Notters Auffassung einer *"erweiterten Barform"* (einer Schematisierung, die er nicht genauer erläutert) kaum besonders gut begründet ist.[267]

---

[266] Die Schlusstakte des *Adagio*-Satzes in diesem Werk enthalten eine entsprechende (eher als ähnliche) doppelte Umspielung der Tonika, vgl. dort Takt 169 ff.

[267] Notter, *op.cit.* S. 89. – Auch betreffs der Themengruppe III in der 7. Symphonie behauptet Notter

WAB 106 ➡ S. 299

WAB 107 ➚ S. 205

Ein starker Zuwachs an Variantenbildungen – ein Phänomen, das als charakteristisch und allgemein verstärkt in der 6. Symphonie bemerkt wurde – ist die Hauptursache dafür, dass der Begriff Themen*gruppe* in Verbindung mit dem abschließenden Expositionsfeld der 7. *Symphonie* irreführend wäre. In dieser Hinsicht setzt dieser Formabschnitt deutlich die Tendenz fort, die sich im Seitenthementeil desselben Satzes Geltung verschaffte.

Sämtliche Takte mit Ausnahme der letzten beiden, die die Exposition beenden, enthalten – ein- oder mehrmals – den daktylischen Rhythmus (vgl. z.B. Takt 123 bzw. Takt 126), und dieses rhythmische Ostinato bindet hier alle Motiventwicklungen als Mutationen an sich. Das gilt sogar für die vier fast seitenthemenhaften Takte 131-134, auch wenn man vom Grundmotiv in den Bässen absieht. Das hier obendrein "thematisch" dominierende *Gesangs*-Motiv in den Vl$_1$ bzw. Vla. und Hr. ist selbst eine Variante, und dies sogar in doppeltem Sinne: zunächst als Mutation des Bläsermotivs Takt 129 f., dann aufgrund der Funktion der letzteren als *variiertes Unisono* zum Hauptmotiv, was den durchgehenden Status der Bläser bis hin zu Takt 145 definiert (ausgenommen Takt 141 f.).

Andererseits ist das alles beherrschende Ausgangsmotiv, so kurz es mit seinem einzelnen Takt auch ist, so selbständig und von einer sich unmittelbar einprägenden Identität bestimmt wie das in keinem früheren entsprechenden Zusammenhang vorkam. Hierzu trägt auch die klare tonale Entwicklung bei, die das Motiv anfänglich durchmacht[268]: Sequenzbewegungen und damit eine Entwicklung in Richtung auf Gang-geprägte Fragmentierungen (die in der 6. Symphonie vom Anfang der Themengruppe an die Tendenz bestimmten) setzen erst ab Takt 135 ein, in Verbindung mit einem Anwachsen der Dynamik bis zu einem festgehaltenen *f* bzw. *ff*. Das Crescendo hin zum absoluten dynamischen Maximum des Abschnitts (mit einer Zwischenebene auf der internen Dominante, Ges-Dur, T. 141-144) sowie der Höhepunkt selbst: die Fanfare der Blechbläser über zwei harmonisch wechselnde zweitaktige Phasen mit nachfolgendem Fall in einen *pp*-Ausklang – über den Leittonklang $\mathrm{D}^{9\,b5}$ zum D$_{Vh}$ – sind verhältnismäßig redundante Faktoren namentlich im Lichte der 4. Symphonie und besonders deren ersten Fassung mit ihrem in etwa gleichenden, mediantischen Terzfall zwischen den Fanfarenakkorden.[269] Ebenso wenig fügt die Ausformung des Epilogteils (T. 149-164) dem eindeutigen Ausklangsabschnitt der 4. oder der 6. Symphonie irgend etwas neues hinzu. Im Verhältnis zu dem gesammelten Formabschnitt im letzte-

---

"die bekannte erweiterte Barform" (ebd. S. 95), obwohl er damit u.a. die völlig inkongruenten Takte 131-134 bzw. T. 145-148 als korrespondierende Formabschnitte implizieren muss.

[268] h-Moll, fis-Moll, D-Dur, d-Moll. – Das tonale Grundgepräge hier, nämlich der Moll-Charakter, ist die Ausnahme unter Bruckners Kopfsätzen in Dur (wohingegen die Finalsätze der Symphonien 4-6 alle entsprechend in der Moll-Dominante ansetzen, während die Themengruppe III in VII/4. ^{o}S aufweist). Im verwandtesten Parallelfall innerhalb der Kopfsätze, der d-Moll-Passage in V/1. (T. 185-193), handelt es sich um einen inneren Abschnitt, nach Des-Dur (= Tvp) als dem einleitenden tonalen Zentrum. Vgl. außerdem den 1. Satz des Streichquintetts WAB 112, Takt 57 (^{o}D).

[269] Dort A-Fis^7-B$^6_4$. Hier H^7-G$^7_3$-H$^6_4$.

249

ren Werk repräsentiert die Disposition des dritten Themenfeldes in der siebenten vor allem eine Art Domestizierung der ungehemmten Entfaltung von elementaren Motivkräften, die man im vorhergehenden Werk konstatierte (– vgl. Bruckner selbst: *"Die Sechste, die keckste"*[270]).

WAB 107 ⟼ S. 303

WAB 108 ↗ S. 210

Mit der *8. Symphonie* setzt sich erneut, eigentlich zum ersten Male seit der 3. Symphonie, ein genuin dramatisches, formprozessuales Moment auf eigentlich thematischer Grundlage in die Themengruppe III ein.[271] Dabei handelt es sich zugleich um eine Synthese von Dispositionsweisen betreffs des hier teilhabenden Motivmaterials, die bis zu diesem Werk hauptsächlich voneinander getrennt waren: einerseits wird die ab Takt 103 eingesetzte dynamische Entwicklung von Motiven bestritten, die autonom sind oder zumindest so wirken, gehören sie doch zu eben diesem formalen Stadium (hierzu trägt auch die tonale Färbung bei – der gesamte Verlauf bis hin in den Anlauf zum dynamischen Durchbruch (bis ca. Takt 117) steht in Es-Moll, Tpv). Andererseits zeigt sich mit der allmählichen Entwicklung der Themengruppe, dass die Situation eher einem Schmelztiegel gleicht, und dass nicht nur das Ergebnis des Prozesses im Lichte des für diese Expositionsgruppe charakteristischen Ausklangs nach dem Höhepunkt sondern auch die entwicklungsbedingten Momente hinter letzterem eng verbunden sind mit der einleitenden dramaturgischen Situation des Satzes: dem "beschädigten" Hauptthema.[272]

Das typische zweistimmige *variierte Unisono* hat in diesem Falle – wie in III/1. – seinen thematischen Schwerpunkt in der ruhigeren Variante der Bläser – was seltener vorkommt als das Gegenteil, d.h. in einer dominierenden Streicherlinie. Diese motivische Bildung ist neu und somit eng mit diesem Formabschnitt verbunden; in der Streichervariante verbirgt sich aber in jedem zweiten Takt die erste unansehnliche Spur des Hauptmotivs:

Beispiel 65 a-b

M. Auer: *Anton Bruckner. Sein Leben und Werk.* Wien [5.]1947 [1956], S. 335.

[271] Auch in tonaler Hinsicht wurden diese beiden Themengruppen mit dem gleichen Gepräge geformt, indem sie – als die einzigen Beispiele hierfür unter den Moll-Sätzen – die Themengruppe III auf der Tpv-Ebene ansetzen; hier also in es-Moll (vgl. entsprechend die Dur-Sätze V/1. und VI/1.). Dasselbe gilt für den Finalsatz der 8. Symphonie. Beide (alle drei) führen denn auch diese Moll-Tonalität hindurch bis zu einem normalen Expositionsabschluss in der Tp.

[272] Näheres hierzu in meinem Aufsatz: "Den cykliske formproces i Anton Bruckners Symfoni nr. 8 og dens arketypiske grundlag", in: *DAM* 1981, S. 35-37 *et passim.* (vgl. deutschsprachige Fassung in: *Berliner Beiträge zu Musikwissenschaft* 1996/1, S. 3-29.)

Nur weitere auftauchende Spuren in den folgenden Takten berechtigen eine solche Feststellung: Takt 103 führt ein, was sich erst bei genauerer Betrachtung als durch-triolisierte, invertierte Ableitung des ersten Motivs der II. Themengruppe bestimmen lässt (vgl. Takt 51 f. und Takt 53 f.); wieder aber in jedem zweiten Takt, der eine chromatische Variante des vorhergehenden ist (Takt 104 etc.), findet sich zugleich ein neues Rudiment des Hauptmotivs: sein Abschluss. Evident werden diese Behauptungen allerdings erst mit dem direkten (wenn auch rhythmisch nivellierten) Zitat des Hauptthemas – wiederum in jedem zweiten Takt – ab Takt 109 (T. 110 etc., Fag./Ten.-Tb.).[273]

Die dynamische Entwicklung verläuft in diesem ersten Abschnitt in schnellen Sprüngen, mit fast forciert wirkenden Einzelheiten wie in Takt 100 f., bis hin zum Beginn des Crescendo-Anlaufs Takt 109. Die Analogie mit der entsprechenden ersten Phase der Themengruppe II (T. 51-72) ist in dieser Hinsicht indiskutabel, sie erscheint aber ohne Perspektive, verglichen mit der funktionellen Begründung, die sich an die Anmahnung des ursprünglichen dramatischen Kontextes hält. Das darauf folgende Crescendo hat mit seinen vollen 16 Takten einen weit ruhigeren Verlauf. Es spielt sich ab über einem chromatisch ansteigenden Bassfundament, das genau anderthalb Oktaven umfasst (*Ges-c'*), worüber sich wechselnde Varianten von Hauptthemenzitaten wie auch der oben erwähnten invertierten seitenthematischen Gestalt entfalten.[274] Die erste Variante dieser Seitenthemen-Instanz, Takt 111 f., hat besondere Signifikanz namentlich kraft ihres einleitenden aufsteigenden °6-Sprunges, der wie eine Assimilation aus dem Hauptthema wirkt, ein Ergebnis des unmittelbar vorangehenden plötzlichen Themenzitats. Die weitere Entwicklung verläuft weg von thematisch identifizierbarem Material und kulminiert mit der leicht chaotischen Trompetenphrase in den Takten 120-124, unmittelbar hin zur $^6_4$-Fanfare der Klimax in der Tp, die man vielleicht als zwei "Prä-Varianten" derselben enthaltend betrachten könnte (man vergleiche die zweite Takthälfte in Takt 120, 122 und 125 ff.). Global gesehen lässt sich diese durchdringende Phrase auch mit dem *"Choral"* in III$_2$ (3)/1. unmittelbar vor dem Durchbruch des *"Themas"* parallelisieren.

Die Kulmination selbst ist das einzige wirklich konventionelle Moment in der Themengruppe III der 8. Symphonie (vgl. auch den Paenultima-Akkord D̶D^{79} ♭5). Die Parallelle zu derselben Stelle in VII/1. ist deutlich, trotz des dortigen Rückfalls ins *pp*. Dafür sind aber Charakter und Gestaltungsweise des nachfolgenden Ausklangs durch und durch untraditionell: dass er auf das Hauptthema rekurriert (Takt 132 m.Auft. ff.), kennt man allerdings von früher (vgl. wiederum die 3. Symphonie); die dramatisch wirkungsvolle Ungewissheit aber, mit der dieses Thema wieder eingeführt wird, zunächst ausgesprochen versuchsweise[275], wie es

---

[273] Notter hat dieses wichtige Ereignis nicht bemerkt, sondern stellt statt dessen nur fest: "Am Ende der Exposition scheint das Hauptthema einen Anlauf nehmen zu wollen (T. 129 ff.)." (*Op.cit.* S. 102.)

[274] Hiermit wird die sehr angewachsene Bedeutung dieses Prinzips der Motiventwicklung in Bruckners späteren Stilphasen ein weiteres Mal unterstrichen.

[275] In der früheren Fassung des Satzes dramatisiert der Komponist diese Situation noch mehr, indem er die Abspaltung der zweiten Hälfte von Takt 137 (z.B.), nach einem zwei Takte langen Crescendo, in einem vier Takte langen *ff* wiederholen lässt. So wird dies zu einer Parallele zur zusätzlichen,

dann, in seiner Gänze eingeführt, unterwegs in Dur gewendet wird und wie endlich (T. 146-151) jeder eingeborene chromatische Einschlag diatonisiert wird, – dies alles verleiht diesem Expositionsschluss eine formperspektivische Tiefe ohnegleichen an dieser Stelle, sowohl in Bruckners früheren Symphonien als auch im Vergleich zu seinem letzten Werk.

WAB 108 ➡ S. 309

WAB 109 ➚ S. 212

In der Themengruppe III der *9. Symphonie* wird endlich auch die schematische Kulminationsstruktur individualisiert. Hier gibt es keine Fanfare oder auch nur eine primär dynamische Zuspitzung, aus der die Exposition auf wirkungsvolle Weise zur Ruhe kommen kann: die absolute Höhenstrecke (T. 207-214) ist – ähnlich wie bei der Situation der vorangehenden, zweiten Themengruppe – konzipiert als Abschluss einer längeren kontinuierlichen Entwicklungslinie, getragen von der Spannkraft eben der Motive, die ins Spiel gebracht werden – einer Kraft, die hier, trotz der traditionellen Kürze der III-Motive und ihrer daraus bedingten variativ-repetitiven Anlage, immens ist.

Dieses Höhenplateau wurde des weiteren nach einem tektonisch bewusst wirkenden Plan plaziert: als ritornellhaft wiederkehrendes Thema innerhalb eines längeren, "fortsetzenden" Formabschnitts. Die formale Anlage der Themengruppe ist – jetzt endlich – eine erweiterte Barform: A B A′ B′ C A″ c′ b″ – wenn auch Werner Notter eben hier eine andere Auffassung hat:

> Die Form des 3. Themas ist nicht mehr der erweiterte Bar, wie man ihn ehedem an der Stelle antreffen konnte[276]; es besitzt eine freie Form: A B A′ C D A″ E (T. 167, 171, 179, 183, 191, 207 (Klimax), 215 (Coda)).[277]

Dass Notters Abschnitt "C" (Takt 183 ff.) tatsächlich eine B-Variante ist (vgl. Takt 171 ff.), geht aus dem Rhythmus der melodieführenden Stimmen hervor (1.Ob., 1.Kl., Vl_l) wie auch aus der Diastematik in den übrigen, begleitenden Streichern. Auch der Umfang ist für beide derselbe: acht Takte. Dass des weiteren sein Abschnitt "E" (Takt 215 ff.) real als eine C-Variante beginnt (Takt 191 ff.), das zeigt sich am deutlichsten durch die Begleitfiguren der Kl_l 2-3 sowie Vla; vgl. außerdem an beiden Stellen die einleitende motivische Struktur ⁺6↘ °7↗ in den Takten 191-193, Vl_l, und T. 215-218, 1.Hr. (in letzterem Zusammenhang wird diese Intervallfolge durch °7↘ verlängert).

Echo-haften dynamischen Welle im Expositions-Ausklang der 5. Symphonie (man vergleiche allerdings auch WAB 100/1. T. 78-87 sowie II/1. T. 161-176); dies zur Korrektur von Notters Bemerkung (*op.cit.* S. 102): "Der Ausbruch [...] widerspricht in der Tat allem, was das Schema der Expositionscoda bisher vorgewiesen hat."). – Demgegenüber hält sich VIII_2 an ein konstantes p/pp, ohne die erwähnte Verlängerung, und die vollständigen Themenzitate der letzten 14 Takte (Buchst. G-H) stimmen zwischen den jeweiligen Versionen wieder überein. Notter führt somit seinen Leser ein weiteres Mal in die Irre, wenn er (*loc.cit.*) von "de[m] merkwürdigen Übergang in der bearbeiteten Fassung von 1890, die den zuckenden Ansatz in den Bässen direkt [!] an die Durchführung anschließt" spricht.

[276] Wie oben nachgewiesen trifft dies dort, wo Notter eine solche Anlage behauptete, nicht zu: in den Symphonien Nr. 5 bis 7.

Notter, *op.cit.* S. 32.

Die barförmige Anlage[278] wird auch durch die große Ausdehnung von sechzehn Takten des C-Glieds (laut Notter: "D") unterstützt, wo es bis dahin nur Phrasen von vier und acht Takten gab. Der Abschnitt fällt in zwei korrespondierende Achttakter, deren dynamische und motivische Entwicklung[279] im zweiten Glied erfolgt, unmittelbar vor dem Höhepunkt der Themengruppe und auf diesen hin. Entsprechend wird das A″-Glied im Abgesang zur doppelten Länge expandiert: acht Takten.

Unter den integrativen Einzelheiten sollte unbedingt erwähnt werden, dass der Anfang des Abschnitts C (T. 191-194) ein leicht variiertes, dennoch aber deutliches Zitat des A-Motivs enthält, wenn dieses auch in einer sekundären Rolle erscheint: in den Hörnern 1-4 – ein Vorgriff auf seine Wiederkehr in Takt 197. Auch das Begleitmuster der Bässe aus dem Abschnitt A wird hier wieder aufgenommen und fast unverändert bis Takt 219 weiter geführt, wo die Schlusstonalität F-Dur zum ersten Male erreicht und fixiert wird – wenn sie auch gleichzeitig auf fast skurrile Weise für einige weitere Takte in Frage gestellt zu sein scheint durch den pointiert angeführten Tritonus-Ton *h* in Flöte und 2. Violinen. Ab diesem End-teil des Abgesangs, bei *Langsamer*, Takt 219 ff., etabliert der in jedem Takt erschei-nende ausgehaltene Grundton des weiteren einen Rückbezug auf den Abschluss von B (T. 175-178) wie auch B′ (T. 183-186), wodurch Stollen und Abgesang sich abstrakter miteinander verbinden in ihren Ansätzen wie auch in den Ausklän-gen.[280] Aus diesem Grund erscheint es weniger sinnvoll, die letzten acht Takte der Exposition als ihr *"viertes Feld"* zu isolieren.[281]

Auch charakterlich unterscheidet sich die Themengruppe III in der 9. Symphonie in mehreren Punkten von der motivischen Eigendynamik und dem daraus fol-genden, typischeren "Ton", der in früheren Werken vorherrschte. Was eben die-sen Abschnitt betrifft, gilt August Halms Charakteristik (die obendrein in einem Kontext vorgebracht wurde, wo die neunte im Vordergrund stand) nicht:

> Überall finden wir in der dritten Hauptgruppe die Musik wieder in Gang, mehr noch in Zug oder gleichsam in Flug gekommen, und somit im Gegensatz zur zweiten befind-lich.[282]

Die Abweichung hiervon lässt sich am besten untermauern durch eine Hervor-

---

[278] Steinbeck beschreibt (*Anton Bruckner, Neunte Symphonie*, S. 67 f.) den Formverlauf auf andere Weise, als A B A′-Anlage + Überleitung. (Schnitte: Takt 167, T. 191, T. 207; Ültg. Takt 215.) Seine Abweichung von der Analyse als Barform besteht teils in einer Zusammenfassung der beiden Stollen zu einem einzelnen A-Glied (Steinbeck: a¹ a² a¹ a²′), trotz der deutlichen motivischen und beglei-tungsmäßigen Differenzierung unterwegs; teils besteht sie in seiner Qualifizierung von T. 215-218 als "exterritorialem" Material anstatt als Nachklang des Anfangsmaterials im C-Abschnitt und darum als Teil eines größeren Zusammenhangs.

[279] Man beachte besonders die Umkehrungen in Takt 203 f. und 205 f. (Fl./Vl.) im Verhältnis zum Grundmotiv (dieses wird am besten mit den Violinen Takt 199 f. verglichen).

[280] Formschematisch verdeutlicht: A B   A′ B′   C(a) A″c′b′. (Abgesang: Takt 191/207/215/219-226.)

[281] Steinbeck, *op.cit.* S. 73. In der Begründung für diese Aussonderung: die Oktavsprünge abwärts in den Fl./Vl.2 (die zwar nur Teil einer längeren Figur sind) und die kurzen Auftakte als Hauptthemen-bezüge, kann ich dem Verfasser kaum folgen. Ich betrachte beide Teile vor allem als rein kapriziöse, ungebundene Motivpartikel.

[282] Halm, *op.cit.* S. 63.

hebung der in den Stollen dominierenden, schwer vorwärtsschreitenden Deszendenzmelodik (markant unterstrichen in den Begleitfiguren der Holzbläser) – eines Phänomens, das um so deutlicher ist, als das Thema III als reine Umkehrung des vorhergehenden kurzen Übergangsgliedes lanciert wird (genauer von T. 157-160) mit seiner hoffnungsvoll rufenden Wirkung. Auch der plötzliche tonale Fall vom dominantisch fungierenden terzlosen E⁹-Klang mit 5-4-Vorhalt über *zwei* Quinten hinab ins d-Moll (Takt 167) wirkt in mehrerer Hinsicht wie ein Absturz: so in nicht geringem Maße als Regression zur Haupttonika. Derart wird hier deutlich signalisiert, dass es wohl kaum Aufgabe dieses Themenfeldes ist, den dynamischen Aufbruch mit einem abschließenden maximalen Höhepunkt in der Exposition herzustellen, wie das bislang die vorherrschend charakteristische Funktion des betreffenden Formabschnitts in Bruckners Sonatensatzkonzept war. Dieser Eindruck wird weiterhin durch den B-Abschnitt bestätigt (T. 171-178), der sich als reine Deszendenz manifestiert, in der melodieführenden Stimme wie auch betreffs der hiermit im Grunde genommen Oktavparallel-geführten Bassstimme: von B(-Dur) zu d(-Moll), das nach einer weiteren terzlosen Dominantenfläche von a-Moll – welches jedoch als designierte Tonika übersprungen wird – erreicht wird.

Notter drückt seine Ansicht betreffs dieses Formgliedes in IX/1. mit folgenden Worten aus:

> Die Schematisierung hat sich auf den Themencharakter geworfen und haftet nicht mehr an der Form; damit ist auch die Evolution dieses Schemas zu Ende gekommen.[283]

So kategorisch kann dies allerdings nicht gelten: schon ein Vergleich mit dem parallelen Motivkomplex, dem dieser Themenkern unbedingt am nächsten liegt: dem es-Moll Thema III in VIII/1. (Takt 97 ff.), weckt Bedenken gegenüber dieser Auffassung. Zwar lässt sich der einleitende Thema III-Charakter in der neunten mit seiner polyphonen Betonung der Zweistimmigkeit als vorrangig gegenüber einem Dreiklangs-Universum wieder erkennen als für die dritte Themengruppe typisch. Anderseits bindet sich die allmählich wohlbekannte *variierte Unisono*-Technik hier überwiegend an die Streicher allein und wird durch andere, selbständigere Stimmen vervollständigt. Und sieht man über das Grundmotiv hinaus – Notter spricht grundsätzlich von einem *dritten Thema*, auch wenn es sich, wie hier, um eine Gruppe mit bedeutender motivischer Differenzierung handelt –, so verrät der einleitende kantabile Schwung des Abgesangs wohl eher ein deutlich BruckNersches Gesangs-thematisches Gepräge (vgl. die entsprechende Situation in V/1.). Endlich entkräftet wohl vor allem der Höhenzug selbst die Behauptung eines hier erscheidenden schematisierten Themencharakters: seine drei Anschläge des A-Motivs (T. 207-214) tragen eher das Gepräge eines Zusammenbruchs – alle stehen sie in Moll, und sie bilden einen absteigenden, funktionell nicht zusammenhängenden Verlauf: mit dem Motiv in h-Moll, g-Moll und e-Moll.[284] Derart wird hier konsequent auch die introvertiert geprägte Deszen-

---

[283] Notter, *op.cit.* S. 32.

[284] Es ist nicht zu verstehen, wie Steinbeck diese Folge tonaler Brüche derart missverstehen konnte, dass sie laut ihm "kadenzförmig und daher schlusswirksam, über e-Moll, G- und C-Dur zur Ziel-

denzbewegung fortgesetzt, die die Erscheinung des Themas von Anfang an bestimmte.

Alles in allem sind in dieser Themengruppe die motivischen Bildungen und ihre Funktionsweisen nicht durch einen genauer zu definierenden Charakter gekennzeichnet, der sich vor dem Hintergrund derselben Topologie in früheren Werken bestimmen lässt. Ebenso wenig lässt sich die eine oder die andere "Tradition": die Rekurrierung auf Teile der vorangehenden thematischen Dualität oder die selbständige, elementar befreiende motivisch-dynamische Entfaltung als in diesem Falle aktiviert betrachten. So gehen die Einschläge von Hauptthemenstoff, die sich trotz allem innerhalb des Formabschnitts geltend machen, z.B. der Zentralton mit strukturell signifikanten Pendlungen zu Oberterz und -Quinte, auf das allererste, prä-thematische Material des Satzes zurück:

Beispiel 66 a-c

Selbst die Variation dieses Materials in den Höhepunkttakten 207 ff., wo die beiden ersten Motivsequenzen den Ambitus des Rahmenintervalls in Takt 167 (-168) zur Oktave erweitern, bringt keinerlei strukturelle Verbindung zum wichtigsten Moment der ersten Themengruppe zustande: dem eigentlichen Hauptthema mit seinem markanten Oktavfall (Takt 63 ff.); sie behält durch und durch den Charakter einer Variante des A-Motivs in den vorhergehenden Taktabschnitten.

Man kann sich demnach ohne weiteres Steinbecks Deutung anschließen, dass die Funktion dieses thematischen Materials (der Themengruppe III) es gewissermaßen sei, *"von der Überbietung [des Hauptthemas] befreit zu sein"*. Schwieriger ist es, seine darauffolgende Auffassung (ebd. S. 71) zu teilen – besonders was die erste der zwei spezifischen Bestimmungen betrifft – von dessen Funktion einer

Integration des Gegensatzes zwischen Haupt- und Gesangsthema, der ja krasser nicht sein konnte. Seine Unisono-Faktur behält es, weil es damit zweierlei leisten kann: Zum einen den Rückbezug zum unisonen Ausbruch des Hauptthemen-Höhepunktes [Takt 63]; zum Anderen die eigene Fortsetzung der filigranen, kontrapunktischen Linienführung des Gesangsthemas.

---

tonart der gesamten Exposition nach F-Dur" erscheinen (*Op.cit.* S. 72). Man beachte die Vertauschung der G- und E-Tonalität sowie die Verwechslung von g-Moll mit G-Dur, die die gar nicht vorkommende harmonische Progression °D → örtliche T; Tp umgedeutet auf DD, →D, →T impliziert. Auch hat die behauptete beschließende D-T-Verbindung keine unbedingte Geltung, insoweit als sie immerhin von einem nicht erwähnten dazwischen liegenden b-Moll unterbrochen wird (°SS in C-Dur, T. 217), welche die eigentliche Schlusskadenz plagal macht.

255

So darf es ja z.B. nicht übersehen werden, dass sich auch der Satzbeginn – worauf sich das Thema III unbedingt klarer bezieht, und zwar schon ab Takt 167 – in einer unisonen Faktur abspielte.

WAB 109 ➡ S. 314

Eine zusammenfassende Beschreibung von Bruckners Expositionstypus muss wohl in der gegebenen Situation vor allem dazu führen, dass die jedesmal vorkommenden, konzeptuell unabweichlichen Züge in seiner Kopfsatz-Exposition reduziert werden müssen vom Status eines fortlaufenden und beibehaltenen Schemas auf einige wenige, grundsätzliche Verhältnisse.

Zunächst einmal ist dieser Formteil in fast allen Fällen durch eine bestimmte Matrize für die Anfangs- wie auch die Schlussphase determiniert: die Exposition eines Kopfsatzes bei Bruckner beginnt in Stille und endet in Ruhe. Des weiteren gilt eben so unbedingt, dass die Exposition, wie immer ihr individueller Grundcharakter aussehen mag (idyllisch, dramatisch, großlinig oder episch), durch den Wechsel zwischen ruhigen – evtl. vegetativen – und dynamischen, eher handlungsbetonten Abschnitten funktioniert. Da Bruckners Sonatensatzkonzept sich nicht besonders aus thematisch-prozessualen Momenten in stringentem Sinne bestimmt – wie das z.B. für Brahms charakteristisch ist mit dessen Vorliebe für eine thematische Konfiguration von oft isolierbaren Einzelmomenten als Basis[285], einer Bezugs*struktur* mehr als einer Relations*gestalt*, was logischerweise für durchführungsgeprägte Aktivität bereits innerhalb der Exposition disponiert (und bei Brahms diese denn auch erschafft); – da Bruckners Konzept statt dessen überwiegend durch eine architektonisch geprägte Themen- und Formvorstellung charakterisiert ist, deren wichtigstes Rationale: Klarheit und Eindeutigkeit, nicht durch die mehr und mehr vorkommenden motivischen Variantenbildungen gestört wird, erweist sich eine dritte, fülligere Satzgruppe, in unmittelbarem Anschluss an die vegetative Seitenthemenpartie[286] und vor einem epilogischen oder auf andere Weise abschließenden Expositionsabschnitt, als formdynamische Notwendigkeit.

Diese Satzgruppe mag legitimiert sein aus einer Verbindung mit dem einen Pol der thematischen Dualität – und in diesem Falle typisch der Hauptthemeninstanz – von wo aus sie der Exposition ein integrativ geprägtes und in diesem Sinne "prozessuales" Moment beibringen kann, das in der Regel für die vorhergehende zweite Themengruppe uncharakteristisch ist. Sie ändert sich aber, in der entwicklungsmäßigen Perspektive der Werkreihe betrachtet, verhältnismäßig bald und erscheint für eine übergeordnete Betrachtung als selbständig impulsierender Formabschnitt, wenn nicht auf andere Weise, so jedenfalls in charakterieller Hinsicht. Dadurch vor allem sicherte sich der Komponist, dass der Status dieser formalen Bildung sich nicht auf eine überwiegend symmetriebildende

---

[285] G. Schubert: "Themes and Double Themes: The Problem of the Symphonic in Brahms", in: *19CM* 1994, S. 10-23.

[286] Zusammenfassend hierzu wie auch besonders im Verhältnis zur Themengruppe III, siehe die abschließenden Bemerkungen des vorigen Hauptabschnitts, S. 222 f.

Satzfunktion begrenzte. Einem solchen Gepräge, in dessen Richtung die Rück-kopplung zu konkretem Hauptthemenstoff in den früheren Werken tendierte, wirkt später namentlich die Ausformung der dritten Themengruppe als beson-ders in dynamischer Hinsicht vorwärts gerichtetes und prägnantes Formglied entgegen. Dieser Sachverhalt bildet zugleich, stringenter als in den früheren Werken, die "motivierende" Grundlage für den ruhigen Ausklang, der den Abschluss der Exposition in sämtlichen Fällen kennzeichnet.

KAPITEL IV

Stadien der Sonatensatzform, II:
Zur Frage des Brucknerschen Konzepts
der Durchführung

ZWEIFELSOHNE ist der Durchführungsteil derjenige Formabschnitt der Sonaten-satzform, der bei der Untersuchung des Verhältnisses zwischen individuellen und schematisierenden Zügen die größten methodischen Probleme mit sich führt. Einerseits mag es unter einem nomothetischen Gesichtspunkt scheinen, als brächten die fehlenden theoretischen und pädagogischen Vorschriften betreffs thematischer Reihenfolge wie auch Bearbeitungsweise, motivischer Auswahl und entsprechender Kombinationen schlicht eine geringere Relevanz dieser Frage mit sich. Andererseits spricht vielleicht eben das höhere Maß an Ungebunden-heit, das diesem Formteil eigen ist, eher für eine geringere Toleranz gegen-über der Anwendung von schematischen Prozeduren in diesem Bereich.

Des weiteren wird die Komplexität der Situation verstärkt durch die individu-ellen Perspektiven: kein Durchführungsteil lässt sich ohne Bezug auf die voran-gehende Exposition werten. Dies versteht sich schon in rein empirischer Hin-sicht; es gilt aber auch, soweit es die eher theoretischen Aspekte dieses Verhält-nisses betrifft, wie etwa die einmalig gegebenen Prämissen (den bedingenden Aspekt) und ebenfalls die ausgewählten Dispositionen im Verhältnis zur Menge der gegebenen Möglichkeiten. Zwei Prodezuren können daher in mancher Hin-sicht einander ähnlich sein und dennoch eher individuell stringente als schema-tisch gebundene Lösungen der archetypisch geprägten Formgestaltung, die auch das Formmoment der Durchführung auf eigene Weise repräsentiert, ausmachen.

Zur individuellen Perspektive gehören endlich auch Sachverhälte persönlicher Art, die letztendlich unter den Begriff *Stil* fallen, und das in verscheidenen Diffe-renzierungen, von einer eher übergeordneten, gattungsmäßigen Basis bis hin zu einer individuellen, personalstilistischen Perspektive. Die Situation, die Bruck-ners Formgestaltung widerspiegelt, ist in gleichem Maße Ausdruck für Ortho-doxie und Individualität. Folgende Aussage von Carl Dahlhaus – die für einen weiteren werkmäßigen Zusammenhang als den hier angesprochenen Gültigkeit beansprucht – mag einen Ausgangspunkt einer Diskussion hierüber bilden:

> Bei Bruckner dringt, [...] zu Anfang der VI. Symphonie, das Lisztsche Verfahren einer Themenexposition durch modulierende Sequenzierung, das in einer symphonischen Dichtung wie *Hamlet* mit der Aufhebung oder dem Gleichgültig-Werden des Unter-schieds zwischen Exposition und Durchführung zusammenhängt, in einen symphoni-schen Satz ein, dessen Grundriß noch auf der traditionellen Differenz zwischen Exposi-tions- und Durchführungsteil beruht.[1]

---

[1] "Zur Problemgeschichte des Komponierens", in C. Dahlhaus: *Zwischen Romantik und Moderne*.

Die hier vorkommende Beobachtung, die uns schon bei Korte begegnete, wird auch von David Bushler gebracht, wenn auch im allgemeineren Sinne, insoweit als er seinen Zentralbegriff 'Entwicklung' als Bearbeitung schlechthin versteht, d.h. innerhalb sämtlicher Formabschnitte:

> Each of [Bruckner's] theme groups in the exposition [...] includes harmonic and motivic development.[2]

Dementsprechend sagt Hermann Rubarth betreffs des Verhältnisses zwischen den späteren Hauptabschnitten der Sonatensatzform:

> Bei Bruckner wird sie [die Reprise] zu einer neuen Durchführung, in der die Themen gewöhnlich die Reihenfolge der Exposition beibehalten.[3]

Das Zitat von Dahlhaus plaziert jedoch die genannte Beobachtung in der rechten gattungsgeschichtlichen und formästhetischen Perspektive: Bruckners Satzkonzept operiert, trotz einer empirisch feststellbaren Schwächung des Kontrastes zwischen Exposition, Durchführung und Reprise, letztendlich mit einem unangetasteten formalen Kodex. Das besagt, dass die Durchführung weiterhin als ihrer traditionellen übergeordneten Bestimmung verpflichtet anzusehen ist: sich als *abgeleitete* Form des exponierten Materials zu behaupten, auf der Grundlage von – oder aber trotz – dessen individuellen Zügen, d.h. ungeachtet aller eventuell vorkommender Durchführungs-ähnlicher Momente im Verlauf der Exposition.

Namentlich dieses Gleichgewicht zwischen übergeordneten Bindungen und individueller Freiheit führt zu einer Verdichtung im theoretisch betrachtet unklaren Zusammenhang; es etabliert eine "prä-strukturierte" und dennoch offene Situation, in der sich wohl an eine weitere Verdeutlichung heran arbeiten ließe. So scheint es z.B. nicht notwendig, die Möglichkeiten eines Einblicks in die typologische Fixiertheit des Durchführungsteils von vornherein in dem Maße einzuschränken, wie das Wolfram Steinbeck tut:

> In allen Kopfsätzen bringen die Durchführungen stets die bislang größte Steigerungsbewegung und mit ihr den ersten tatsächlichen Themendurchbruch. Damit "erheben" sie sich über das "Vorstellende" der Exposition. Mehr jedoch hat Bruckner nicht schematisiert.[4]

Werner Notter hat sich vor allem mit einer anderen zentralen formalen Charakteristik bei Bruckner befasst und kommt auf dieser Basis zu einer ähnlichen skeptischen Prognose. Da die Grundlage in diesem Zusammenhang die 9. Symphonie ist, laut Notter *"das paradoxe höchstentwickelte Urmodell"*[5] für Bruckners symphonischen Typus, ist dies für ihn wohl von grundsätzlicher, übergreifender Gültigkeit, weswegen sein Gesichtspunkt hier kurz umrissen sein soll.

Vier Studien zur Musikgeschichte des späteren 19. Jahrhunderts. München 1974, S. 50.

[2] D. Bushler: *Development in the First Movements of Bruckner's Symphonies.* Diss. (Mikrofilm), New York 1975, S. 5.

[3] H. Rubarth: *Die Reprisengestaltung in den Symphonien der Klassik und Romantik.* Diss. (Ms.), Köln 1950, S. 124.

[4] W. Steinbeck: *Anton Bruckner. Neunte Symphonie, d-Moll.* München 1993, S. 32.

[5] W. Notter: *Schematismus und Entwicklung in der Sinfonik Anton Bruckners.* München, Salzburg 1983, S. 13.

Der bei Bruckner gefundene Typus der Durchführung besteht laut Notter nicht in einer Erweiterung des *"harmonischen und energetischen Potentials* [...] *durch motivische Arbeit"* in den zu Grunde liegenden Themen, sondern in der Etablierung in sich geschlossener Abschnitte, die als "Varianten" bestimmter expositioneller Abschnitte bezeichnet werden können. Aber:

> Eine einzelne Variante bildet trotz ihrer plastischen Umrisse kein Schema im Sinne des Hauptthemas oder Seitensatzes. Zu einem Schema gehört, daß es sich reproduzieren läßt. Dies trifft für die Varianten nicht zu: weder ihre Anzahl, noch ihre Anordnung, noch ihr Bezug zum jeweils durchgeführten Thema lassen sich reproduzieren.[6]

Letzteres leuchtet nicht unmittelbar ein, lassen sich die Prozeduren für eine Variantenbildung doch in mehrerer Hinsicht fixieren: in dynamischem und charakteriellem Sinne, betreffs ihrer Verarbeitungsweise: Themenspaltung, abstrakte Neubildungen wie melodische Umkehrung, harmonische Durchführungspraxis (Sequenz) usw. – ja selbst was die Anzahl und Reihenfolge der benutzten Elemente betrifft, lässt sich so etwas durchaus denken. Anders ausgedrückt ist eine "variantenmäßige" Durchführung ebenso wenig wie die zu Grunde liegenden formalen Strata immun gegenüber einer Schematisierung. Notter gesteht denn auch sogleich, dass eine solche Bruckner in einem einzelnen Zusammenhang gelungen zu sein scheint, und zwar am Beginn der Durchführung:

> doch die Neunte läßt dieses Schema, die motivische Verarbeitung des Hauptthemenkopfes, wieder fallen.[7]

Dies ist aber wiederum ein zweifelhaftes Argument: teils weil die Situation in dem betreffenden Formabschnitt im Verlauf der Werkreihe eine größere Variationsbreite aufweist; teils, und hier liegt die Sache umgekehrt, weil auch die 9. Symphonie hier zum Hauptthemenkomplex zurückkehrt – wenn auch zu seinem ersten, prä-thematischen Moment. Und endlich weil dieser Ort im sonatenförmigen Verlauf sozusagen traditionell dazu neigt, eine von zwei "natürlichen" Positionen einzunehmen: eine Rückkehr zum Anfang bzw. zum Hauptthema oder aber eine unmittelbare Fortsetzung des abschließenden Moments der Exposition. Ein einzelstehendes Beispiel, nämlich der Kopfsatz von Bruckners 7. Symphonie, stellt sich sogar als ein Wechsel zwischen diesen beiden naheliegendsten thematischen Grundlagen dar (vgl. T. 165-173).[8]

Die nachfolgenden Analysen von Bruckners Durchführungen bauen sich auf in Analogie zur Untersuchung der Expositionsbildung, also im wesentlichen auf der Grundlage der Kopfsätze.

---

[6] Beide Zitate: Notter, *op.cit.* S. 34.

[7] *Loc.cit.*

[8] Dass Ausnahmen hiervon auch bei anderen Komponisten vorkommen, ist noch selbstverständlicher, vgl. z.B. Beethovens 3. Symphonie, 1. Satz (HTh$_b$); Schuberts Symphonie Nr. 9, 1. Satz (Seitenthema, aber mit verbindenden Takten aus dem Expositions-Abschluss); Mendelssohns wie auch Schumanns 4. Symphonie, 1. Satz (Überleitungsmotiv). – Letzteres ließe sich kraft seiner originären Entwicklungsqualität als dritter "natürlicher" Ausgangspunkt für eine Durchführung kennzeichnen. Was Bruckner betrifft, kommt das allerdings nicht in Betracht, da Überleitungspassagen, wenn man von seinen Schülerarbeiten absieht, in seinem Sonatenformkonzept nur in geringst möglichem Maße innerhalb der thematischen Dualität der beiden ersten Themengruppen existieren.

WAB 98 ↗ S. 225; WAB 99 ↗ S. 227

Bruckners zwei Studienaufgaben in symphonischer Satztechnik, die *Ouvertüre in g-Moll* und die *f-Moll-Symphonie*, verraten in ihren Durchführungen, und eigentlich nur hier, ihren speziellen Status als Übungen. Als einzige unter seinen Orchesterwerken beschränken sich die Durchführungen dieser beiden Schüler-arbeiten darauf, Hauptthemenmaterial zu verarbeiten, und zwar so, dass man versucht ist anzunehmen, dass Otto Kitzler den Komponisten wissen ließ, thematische Bearbeitung als solche wäre für die Aufgabe selbstverständlich obli-gatorisch zu dokumentieren, nicht aber unbedingt in diesem Zusammenhang eine thematische Interaktion. In einem einzelnen Detail, nämlich dem Ansatz des Durchführungsteils, lässt sich auch eine sozusagen von vornherein abge-zeichnete Prozedur feststellen: in beiden Fällen ist der tonale Ausgangspunkt die Moll-Dominante (Takt 136, bzw. Takt 221).[9]

Die Ähnlichkeiten zwischen den beiden Übungssätzen gelten nun aber auch in übergeordneter dispositioneller Hinsicht. In beiden Fällen sieht Bruckner nicht nur davon ab, Seitenthemen- und schlussbildendes Material zu behandeln, son-dern er verzichtet auch auf das dynamisch aktivierende, Überleitungs-geprägte Material, das in der Exposition für eine intensive entwicklungshafte Aktivität auf beiden Seiten des Seitenthemas sorgte. Das ist an sich durchaus verständlich vor dem angeführten funktionalen Hintergrund; die Frage ist aber, ob es nicht gleich-zeitig indikativ ist für ein eher grundlegendes, wenn man will idiosynkratisches Verhältnis betreffs Bruckners Durchführungskonzept.

Ohne einer umfassenderen Beschreibung dieses Konzepts vorzugreifen, lässt sich in diesen beiden Fällen feststellen, dass die Begrenzung auf das engere Haupt-themenmaterial den Großteil des mittleren Hauptabschnitts im Satze auf einem dynamisch niedrigen Niveau festhält, von dem aus sich wenige aber charakteri-stisch geformte Ausbrüche oder Crescendo- und Höhenzüge abspielen bzw. ab-gewickelt werden. Auf diese Weise profiliert sich eine tektonisch gesehen mar-kante Anlage, und das obwohl sie in beiden Fällen auf der Basis von sehr redu-zierten Prämissen geschieht.

Die *Ouvertüre* bezieht aus dem Hauptthema selbst drei distinkte Motivelemente, die übrigens alle *piano* gehalten sind.[10] Bruckner benutzt in der einleitenden

---

[9] Beides gilt ebenfalls im Finale der f-Moll-Symphonie. Allerdings, was diesen Satz betrifft, mit Vorbehalt bezüglich des exterritorial wirkenden Abschnitts T. 179-200, der trotz seines völlig ein-zelstehenden und charakteristischen Rhythmus möglicherweise auf eine motivisch recht insignifi-kante, dennoch aber immer wiederholte Figur in der Schlussgruppe der Exposition basiert (Bässe Takt 92 ff., vgl. Vla. vier Takte vorher). – Die °D als tonaler Ausgangspunkt der Durchführung er-scheint ansonsten nur in der annullierten d-Moll-Symphonie (in beiden Außensätzen), und im Finale der Symphonie nr. 2; in allen drei Fällen wie auch in WAB 99 nach einer kurzen Übergangspassage. (Die ähnliche Situation im Kopfsatz der 7. Symphonie ist tatsächlich eine andere auf Grund des Tongeschlechts in diesem Werk, Dur, das ja einen tonal anders geformten Expositionsabschluss mit sich führt.)

[10] Die Motivstruktur des Hauptthemas ist schematisch gesehen: a b c a' (Takt 23, 25, 27 und 29, alle m.Auft.), mit deutlicher diastematischer Differenzierung zwischen a, b und c. Dasselbe gilt in rhythmischer Hinsicht, mit Ausnahme von b, wo der Rhythmus identisch ist mit der zweiten Hälfte von a.

Phase der Durchführung nur das erste (a) und bewahrt seinen ursprünglichen dynamischen Wert über acht Takte, worauf dann ein Crescendo einsetzt. Dies wird motivisch durch die Reduktion des a-Elements auf die einleitende Quarte – als Bassgang – unterstützt, wie auch besonders durch die stufenweise aufwärts geführte und gleichzeitig allmähliche Erweiterung dieses Auftakt-Intervalls bis zur übermäßigen Oktave (Takt 151 m.Auft.).

Der letztere Sprung *es-e'* repräsentiert eine entsprechende harmonische Verschiebung zu der für Bruckner typischsten Tonart für einen Höhepunkt oder Durchbruch: E-Dur; und ein solches Plateau machen denn auch die folgenden sechs Takte aus (T. 151-156). Die Thematik ist hier allerdings überaus rudimentär: die einzige subsidiär unterstützende Markierung dieser formalen Landmarke besteht in der abwärts gerichteten Wendung der jetzt nicht-thematischen Bass-Figurationen (tonal: E → a, F → B).

Mit einem plötzlichen Fall zum *pp* in Takt 157 beginnt die zweite und letzte Hauptphase der Durchführung, in der alle drei Bestandteile des Hauptthemas benutzt werden. Die Zäsur wird allein durch das b-Motiv markiert, das seinerseits aber nur für diesen Zweck erscheint (innerhalb der ersten fünf Takte sowie teilweise gemeinsam mit Element a). Die untergeordnete Rolle des b-Elements stimmt überein mit seinem eher unselbständigen Charakter und seinem ebenfalls schwächeren melodischen Profil[11]; es wird von Motiv c als dem von da an allein vorherrschenden motivischen Faktor abgelöst. Die drei Motivbestandteile werden also hier in ihrer ursprünglichen Reihenfolge und als Elemente innerhalb einer klaren formalen Stratifikation eingeführt.

Der Auftakt eines weiteren Crescendoverlaufs wird analog zum vorhergehenden Abschnitt durch eine allmähliche Erweiterung des a-Initials gebildet, nun aber als kontrapunktierende Oberstimme zum c-Motiv (Bläser T. 168-172: Quinte, Sexte, Oktave). Das Crescendo selbst wird durch das sequenzhaft aufwärts geführte c-Motiv[12] über dem Dominant-Orgelpunkt bestritten, unterbrochen von einem melodischen Absturz über zwei Takte (eine Brechung des verminderten Septakkords der Doppeldominante), und es wird abgeschlossen durch einen neuen, chromatischen Aufstieg in gebrochenen Dreiklängen – eine Steigerung, die dank ihrer Verstärkung durch die Fauxbourdon-Akkorde der drei Posaunen (Takt 180-182) eine visionär betonte Wirkung erhält.[13] Die Posaunen erscheinen in der Durchführung nur an deren beiden Höhepunkten, unter denen also auch der letztere ohne eigentliches thematisches Identitätsmoment ausgeformt ist. Der hierauf folgende Reprisenansatz (Takt 183-191), der mit einem erneuten, plötzlichen Fall ins *pp* beginnt, über einem weiteren Dominant-Orgelpunkt, kehrt schlicht die eben verlassene chromatisch aufsteigende Dreiklangsbrechung um in

---

[11] Vgl. am Ende der vorigen Anmerkung.

[12] Seine Effizienz entsteht durch die Intensivierung der Sequenzbewegung: zunächst das Motiv in seiner Gänze zweimal wiederholt (um eine Terz sequenziert), dann eine Motiv-Halbierung, die wiederholt stufenweise sequenziert wird, mit einem Übergang unterwegs zu einer chromatischen Progression.

[13] Bruckner kehrt in der Reprise untraditionell zu diesem nicht-thematischen, rein atmosphärischen Detail zurück, vgl. die Vorbereitung der Coda, T. 264-266.

eine diatonisch absteigende.

Die charakteristischen Verhältnisse um die Durchführungspartie dieser Ouvertüre bestehen, neben den bereits angeführten tektonisch-dynamischen Anhaltspunkten, im besonderen Status der Thematik in dieser Verbindung. Die Motive sind reine Träger einer "Entwicklung", wobei sie aber selbst keine Entwicklung durchmachen, und sie werden sogar auf den Höhepunkten einer solchen suspendiert. Die typische Modifikation der Motive erfolgt teils durch Umkehrung[14], deren Funktionsweise – quer durch ihre Umformung der Motive – darin besteht, sie in ihrem "angeborenen" thematischen Status unberührt zu belassen[15]; teils durch eine Substanz-Abspaltung in Verbindung mit einer sequenzierend oder anders gearteten motivischen Anhäufung (wie man das später namentlich in Verbindung mit Bruckners großen Crescendi sieht). Hinzu kommt schließlich, allerdings auch später nur sporadisch in Erscheinung tretend, eine Einkopplung neuen, assoziativ betonten Materials[16], wie in der Nachsatz-Bildung zum a-Motiv in Takt 138 f., vgl. Takt 136 f. (woran sich eine kontrapunktierende Umkehrungsvariante von Motiv a anschließt). Das primäre Assoziationselement ist die Quarte als Pendelfigur.

Die meisten dieser Charakteristika machen sich ebenfalls geltend in der Durchführung des Kopfsatzes der *Studiensymphonie*, deren benutztes Hauptthemenmaterial nur zwei Motive umfasst: die elidierten Viertakter a (*p*) und b (*ff*). Wie in der Ouvertüre werden sie vom Beginn der Durchführung getrennt gehalten, und entsprechend wird ihre ursprüngliche, distinkt verschiedene Dynamik erst nach längerer Zeit angetastet. Der dominierende motivtechnische Faktor der ersten Hauptphase ist die Isolierung des stakkierten Viertel-Verlaufs im a-Element (a_2), der in formaler Hinsicht eine stille, gleichmäßig pulsierende Fläche erschafft. Die Originalform der beiden Vierton-Gruppen: T. 222-224 und T. 228-230, weicht fast unmittelbar der Anhäufung von Umkehrungen derselben (T. 224-227 und T. 230-251), mit einer chromatischen Variante zum Schluss.

Dieser erste Verlauf beinhaltet einen äußerst moderaten Crescendo-Abschnitt (Maximum: *mf*), bevor das a_1-Element zweimal im *piano* zurückkehrt, mit Es-Dur – im Verhältnis zur Ausgangstonalität der Durchführung: Tp – als abstraktem Zentrum, insoweit als ein nicht umgekehrtes a_1 sich in die Dominante von Es-Dur einschreibt (T. 252-255), und das nachfolgende, invertierte a_1 in die Subdominante dieser Tonart (T. 256-259). Neue Reihen von Umkehrungen von a_2 in *pp* schließen sich an und enden in einer weiteren, dreiklangsbrechenden Variantenform (T. 259-265-272).

Der Komponist vermeidet in diesem Formabschnitt über lange Zeit eine dynamische Intensivierung; was wahrscheinlich vor allem daran liegt, dass ihm von

---

[14] Nur das c-Motiv wird nicht invertiert. Eine vollständige a-Umkehrung erscheint z.B. in den Hörnern Takt 142 f. (mit dem Komplementärintervall der Quarte). Selbst das unansehnliche b-Element wird invertiert: Takt 159 f., Bässe, gefolgt von Vl.1, Takt 161.

[15] Im Gegensatz zur Bedeutung der Umkehrung in Verbindung mit kontrastierenden Ableitungen, wie z.B. der, die durch das Seitenthema der Ouvertüre bezeichnet wird (vgl. S. 188).

[16] Vgl. z.B. unter der Analyse der Durchführung in II/1. (S. 274).

vornherein ein evidentes Mittel zur Verfügung steht, dessen Anwendung er sich auf die Dauer denn auch nicht versagt: das "responsoriale" *ff*-Element des Hauptthemas. Zwei plötzliche Ausbrüche dieses Motivs b (T. 272-275 und T. 278-281) markieren den Anfang der zweiten Hauptphase der Durchführung – und gleichzeitig den Auftakt zu ihrer dynamischen Höhenstrecke.

Diese Hochebene sowie das zu ihr führende Crescendo werden etwas differenzierter aufgebaut als in der Ouvertüre, ihre Wirkung ist aber fundamental kaum anders. Für die Höhenstrecke (T. 293-305) lässt sich feststellen, dass die melodische Randlinie (Ob., Vl.1) wohl kaum als Variante eben des b-Motivs zu bezeichnen ist, das sie zweifelsohne repräsentieren soll; dass sie aber, soweit es T. 296-299 betrifft, *mirabile dictu* eher wie eine Variante des primären Entwicklungselements der *Ouvertüre* wirkt (vgl. dort Takt 39 sowie Takt 4 f. der Introduktion), und dass sie sich in T. 300-305 entsprechend frei zum Motiv a_2 verhält – auf das der Verlauf denn auch in seiner anschließenden diminuierenden Phase zurückgreift (und das sich in den vorhergehenden Takten untergründig im Bass geltend machte). Dies besagt, dass sich die kulminierenden Takte auch in diesem Satz über eine stringent thematische Konkretisierung "erheben" und sich eher der Entfaltung dynamischer Kraft als solcher überlassen.

Die Takte bis zum Hochplateau, T. 284-292, erscheinen noch stärker jedem thematischen Zusammenhang entrissen; allerdings lassen sich die vier Halbnoten-Töne des tragenden Motivs melodisch auf die Übergangstakte um das Wiederholungszeichen beziehen (vor dem Beginn der eigentlichen Durchführung, T. 203-215). Trotz permanenter sequenzbetonter modulatorischer Aktivität plaziert sich der gesamte Abschnitt T. 284-324 unter der Oberherrschaft von Ges-Dur: er beginnt in dieser Tonart und endet auf ihrem Dom.[7]-Plan. Die dispositionelle Klarheit wird unterstrichen durch den unmittelbar voranstehenden Ausbruch des b-Motivs, der auf der Dominante zu f-Moll endet (Takt 280 f.), und durch den unmittelbar nachfolgenden Satzabschnitt (Takt 325 ff.), der von der Dom.$^6_{4Vh.}$ in F-Dur ausgeht.

Der letztere, abschließende Teil der Durchführung balanciert in dynamischer wie auch in tektonischer Hinsicht die lange einleitende Fläche aus. Bemerkenswert ist, dass dieses letzte *pp*-Feld, von der Ablösung des Diminuendo durch das *piano* in Takt 312 bis hin zum tektonischen Reprisenmoment in Takt 364, genau so viele Takte umfasst, nämlich 52, wie die genannte einleitende Fläche im *piano*. Gleichzeitig unterscheidet es sich von seinem tektonischen Gegenstück durch seinen ausgesprochen überleitenden, vor allem Reprisen-signalisierenden Charakter.[17] Bruckner scheint sich hier auf die Benennung einer *"verbindenden Periodengruppe"* zwischen den "Perioden" der Durchführung und dem Anfang der Reprise im Richterschen Lehrbuch zu beziehen.[18] Sie wird motivisch durch das lange Zeit ausgeklammerte *ff*-Element getragen – abschließend, Takt 354 ff.,

---

[17] Der Dominant-Orgelpunkt c hat in den 40 Takten einen Deckungsgrad von ganzen 60%.

[18] E.Fr. Richter: *Die Grundzüge der musikalischen Formen und ihre Analyse.* Leipzig 1852, S. 32: "Verbindungssatz, zuweilen auch Periode, oder Periodengruppe zwischen den obigen [= Durchführungsperioden, *B.M.*] und nächstfolgendem Satze." [= HTh-Reprise.]

wechselt dieses mit den vier ersten Tönen des a-Motivs; wenn aber auch das b-Motiv im Vordergrund steht, hält sich die Dynamik dennoch im großen und ganzen an ein *pp*.

Dank der permanenten dynamischen Niedrigspannung und durch den eingeführten, vegetativ geprägten Wechsel zwischen den b- und a-Motiven kann Bruckner im Übergang zur Reprise, genauer gesagt vier Takte nach Beginn derselben, einen Überraschungseffekt etablieren, der eines Haydn würdig wäre: erst dort, wo das b-Motiv endlich wieder in seinem ursprünglichen *tutti-ff* erscheint[19] – also nach 56 Takten *pp* bzw. *p* –, wird, nun aber mit augenblicklicher Deutlichkeit, signalisiert, dass der Reprisenübergang bereits stattgefunden hat.

WAB 99 ➡ S. 334 (S. 378)

WAB 101 ↗ S. 229

Die *1. Symphonie* trägt ihren autorisierten Spitznamen *'s kecke Beserl*[20] durchaus zu Recht, soweit es die Durchführung des ersten Satzes betrifft: hier scheint es darum zu gehen, die meisten der Mustertendenzen in den Studienwerken umzustürzen. Es zeigt sich eine Themenanordnung, die völlig anders ist als die auch später übliche, und damit verbunden auch ein abweichender dynamischer Entwicklungsverlauf. Was die Motivbehandlung angeht, ist die vollständige Abwesenheit der Umkehrungstechnik anzumerken – einer Technik, die ab der 3. Symphonie wieder eine feste und zentrale Durchführungsprozedur ausmacht.

Wo die *Ouvertüre* unmittelbar mit der Behandlung des Hauptthemenmaterials einsetzte und die Studiensymphonie eine thematisch neutrale Übergangspassage zwischen der Exposition und der eigentlichen Durchführung enthielt, zeichnet sich die 1. Symphonie, auch gegenüber den drei nachfolgenden Werken an dieser Stelle, durch ihre völlig bruchlose Weiterführung des Expositionsschlusses im Ansatz der Durchführung aus. Die Kadenzwendung Takt 105 f. wird zwei Mal über eine Terz sequenziert, mit daraus folgenden harmonisch-tonalen Verschiebungen:

$$Es - Es^7, \quad g^6_4 - B^7_3.$$

$$(\flat\!\!\flat D^9_9 - D_{Vh.})$$

Von hier aus wird "rückwärts" fortgeschritten mit einer Reihe von Varianten des Nachklangsmotivs im Thema III (Takt 111, vgl. Takt 101), die jeweils durch das ebenfalls (teilweise) variierte Kadenzmotiv unterbrochen werden, mit diesem in einer neuen Rolle, nämlich als Energie-verstärkendes Mittel, was – außer durch das spezifische Gepräge der Varianten – durch ein Crescendo unterstrichen wird sowie durch die zunächst sporadisch einsetzende, dann immer dichter aufeinander folgende, begleitende Kaskadenfigur aus dem Höhepunkt der Exposition. Ein *ff*-Ausbruch des hierzu gehörenden Thema III selbst in Takt 121 – in seiner ausklingenden Variante – beschließt diese retrograde Bewegung. In ihrem

---

[19] Die beiden isolierten Ausbrüche in der Mitte der Durchführung werden von einem klanglich homogenen Hörner- und Posaunensatz bestritten.

[20] Die genaueren Realia betreffs Bruckners Verhältnis zu seinem eigentlichen symphonischen Anfangswerk finden sich in *Göll.-A.* III/1, S. 247, IV/2, S. 678 f. und IV/3, S. 216.

dynamischen Verlauf lässt sich diese Entwicklung mit einem auswärts gerichteten Sog vergleichen, der nach der Brandung eines Wellenkamms entsteht, samt mit einem darauf folgenden Wellenschlag. Es gäbe keinen Sinn zu behaupten, die eigentliche Durchführung beginne mit dem letzteren Moment; das unterstreicht auch die Fortsetzung des intermittierenden "Zugs" des Kadenzmotivs – nun in einer einseitig steigenden Variante, Hr.3-4 Takt 123 f. – zwischen den dortigen, insgesamt zwei "hohen" (d.h. *ff*) Wellenkämmen.

Dieser Verlauf bildet den eigentlichen Höhepunkt der Durchführung, dem eine Reihe von späteren, sehr kurzen und teilweise *pp*-unterbrochenen *ff*-Akzente (Takt 167 f. und T. 173-176) keinesfalls den Rang streitig machen kann.[21] Seine vorgeschobene Plazierung innerhalb des Formabschnitts ist recht ungewöhnlich, wenn man sie vor der weiteren Perspektive der Werkreihe betrachtet; und dasselbe gilt für seine Funktion, die eindeutig durch den späten, überwältigenden Höhepunkt der Exposition bedingt ist. Dank dieser Beziehung hat Bruckner aber in diesem einzelnen Fall eine Schwierigkeit umgangen, die sich in den Durchführungen der beiden vorangehenden Kopfsätze abzeichnete: das Problem, ein dynamisches Maximum zu "motivieren", und des weiteren das *Momentum* auszunutzen, das ein solches dem Satz verleiht.

Was letzteres angeht, besteht der Unterschied zu den früheren Sätzen in einer permanent variativen Fortsetzung (T. 127-130, Ob.) des wieder eingeführten, kulminierenden Motivkomplexes, mit einer *pp*-Dynamik als Ausgangspunkt für kleine Crescendo-Keile und mit der Engführung – in jedem Takt ein Motiveinsatz – einer (von drei auf zwei Takte) verkürzten und chromatisch endenden Motivvariante.

Dieses Schlusselement (das ab Takt 137 zu einer Gestalt transformiert ist, die deutlich das Hauptthema in II/1. vorausgreift) wird nach traditioneller Abspaltungsart für erweiterte Aktivität benutzt (T. 131-140), während die eigentlichen Thema III-Varianten (Fag., Bässe T. 137-143) eher auf den Status einer Begleitung von gewissermaßen Cantus firmus-geprägter Art reduziert werden. Letzterer Sachverhalt wird durch die Ausdünnung der obligat begleitenden Kaskadenfigur gegen den Schluss hin unterstrichen – ein genaues, umgekehrt ablaufendes Gegenstück zu seiner allmählichen Verdichtung in den Takten vor dem erneuten Ausbruch des Themas in Takt 121.

Erst ab Takt 144 tritt Material aus dem Hauptthemenkomplex auf, und anfänglich sogar nur als Begleitelement für ein Motiv, das unmittelbar angesehen völlig neu erscheint (Horn, dann Flöte und Oboe, T. 144-155). Es muss sich aber zweifelsohne um eine letzte Thema III-Ableitung in diesem Satzabschnitt handeln, wie ein Vergleich mit der allerersten Ausklangsvariante der Durchführung er-

---

[21] Notter dagegen betrachtet die erste der später angeführten Stellen als die *"Klimax"* der Durchführung und sieht diese als den Ansatz zu einem "Teilschema, das in jeder Durchführung wiederkehrt." (*Op.cit.* S. 63.) Dies soll verstanden sein als aus einer dynamisierten Hauptthemenstruktur beliebiger Art bestehend; jedoch kann einer derart geräumigen und folglich auch sicher zu erwartenden Größe ein solcher Status kaum zukommen. So muss man denn bei mehreren Sätzen fragen, auf welche von mehreren möglichen Hauptthemen-Repräsentationen man in dieser Verbindung verweisen soll. Notter selbst schlägt hier selten etwas vor.

weist[22]:

Beispiel 67 a-b

Diese 12 Takte stellen sich, motivisch-dispositionell gesehen, wie eine Wasserscheide zwischen den beiden Hauptteilen der Durchführung dar. Dies gilt nun aber auch, und in nicht geringem Maße, soweit es die Stimmung betrifft, insoweit als die Variantenkette über das Thema III-Fragment, gemeinsam mit einer changierenden Harmonik, die sich durch eine stetige chromatische Gegenbewegung zwischen den wechselnden Tönen in ihrer oberen Randlinie und dem Bass reguliert, ein paar Augenblicke intensiver Poesie erschafft, die die Kategorie Entwicklung geradezu zu suspendieren vermag, auch wenn gleichzeitig thematische "Arbeit" stattfindet (in den Violinen und Bratschen). Die Empfindsamkeit dieser Stelle wird überdeutlich unterstrichen durch die ständigen örtlichen Tempomodifikationen, etwas, das bei Bruckner nur äußerst selten vorkommt und wohl nie mit einer Häufigkeit wie der hier aufgewiesenen.

Es ist, als ließe der Komponist nur widerwillig diese Durchführungspartie von Hauptthemenmaterial bestimmen, was man an und für sich durchaus begreiflich finden mag; denn wie soll er ein Material der hier gegebenen Beschaffenheit "bearbeiten", mit einer derartigen angeborenen Kurzgefasstheit und der daraus folgenden Anhäufung weniger, im wesentlichen bloß pulsierender Grundfiguren?[23]

Was das einleitende Hauptmotiv betrifft, lässt sich allerdings eine Bearbeitungsstrategie entschleiern: dieses Motiv wird soweit als möglich in Ketten ausgespielt, von denen gilt, dass die in der Exposition ständig wechselnde Bewegungsrichtung hier durch die Führung in eine bestimmte Richtung ersetzt wird: T. 144-148 aufwärts, T. 148-150 abwärts, und dann wieder aufwärts. Erst in Takt 154 und dem folgenden – dem Auftakt zum eigentlichen zweiten Hauptteil der Durchführung – beginnt wieder ein Wechsel der Richtungen, was dann im weiteren Verlauf zur Norm erhoben wird: hier lässt Bruckner das Komplementärmotiv

[22] Ernst Kurth scheint derselben Auffassung zu sein (*Bruckner*. Berlin 1925, S. 747). Zur Erläuterung seiner etwas zu handfesten Motiv-Identifikation mit dem seinerseits etwas undefinierten Hinweis: "das Quartenmotiv [...] aus dem Vorbereitungsteil" gehört, dass Kurth die Ansicht vermittelt, dass die Durchführung erst mit Takt 144 beginnt (auf Grund der Kontinuität des vorigen Abschnitts mit dem Abschluss der Exposition).

[23] Eine derartige Aufgabe nimmt Bruckner allerdings schon in der Durchführung des Finalsatzes in diesem Werk, mit seiner *Stylus phantasticus*-geprägten kontinuierlichen Fortspinnung der Trillerfigur im Seitenthema in den Takten 180-207, mit voller Energie auf sich.

des HTh$_b$ in Achtel-Sextolen, das in der Exposition durch seine Ausspielung gegen das dominierende HTh$_b$ in doppeltem, invertiertem Kontrapunkt charakterisiert war (vgl. Takt 18 ff., Bässe, Takt 22 ff., Vl.1), nun als Gegenmotiv zu HTh$_a$ – dem eigentlichen Hauptmotiv – auftreten, und zwar dergestalt, dass diese beiden sich ständig gegeneinander bewegen.

Nach wenigen Takten geht diese trotz allem eindeutige Durchführungssituation über in eine thematisch gesehen wesentlich amorfere Zustandsform (T. 163 ff.), in der im großen und ganzen nur die beiden weiter geführten Rhythmen die Grundlage dieses Abschnittes im Expositionsmaterial identifizieren. Außerdem enthält das erste angesetzte *ff* in Takt 167 f. mit seinem wiederholten Oktavfall-Motiv (Trp., Pos.) einen ähnlichen distanten Bezug zum Crescendo vor dem Höhepunkt der Themengruppe III in der Exposition.[24] Ein völlig neues Motiv in den Holzbläsern T. 170-172, mit einer möglichen abgeleiteten Weiterführung in derselben Instrumentengruppe T. 181-183, setzt ein scharfes Licht auf das krisenbetonte Verhältnis um die weitere Entwicklung dieser Satzpartie, was wohl auch durch den dramatischen Wechsel zwischen den Extremen *ff* und *pp* in den Takten 173-176 angedeutet wird.[25]

Bruckner löst diese problematische Situation auf eine für ihn typische Weise: der kompakte, ja verfilzte Satz wird markant ausgedünnt, wobei der dominierende motivische Faden jedoch beibehalten wird (T. 177-185). Anschließend – genauer gesagt von dem Augenblick an, in T. 185-187, da diesem Motiv eine Mutation auf eine strukturell definierbare Grundlage endlich widerfahren ist, in Gestalt des Quartintervalls als Pendelfigur (vgl. T. 111-113, Takt 144 u.a.m.) – wird der Satz ein letztes Mal entwicklungsmäßig intensiviert, und zwar durch ein letztes, sequenzmäßig ansteigendes Crescendo (T. 186-193) mit nachfolgendem Fall in den Abschluss der Durchführung. Die gesamte hier beschriebene Auflösung des nicht-thematischen Knotens hat den Charakter einer Sublimierung der entwicklungsmäßig gesehen "unmöglichen" Situation, in der der Satz auf seinem letzten dynamischen Höhepunkt geendet war. Und nur Bruckners Fähigkeit, in diesem Zustand fortgesetzter Einfühlung an einem Zentrum festzuhalten, teils auf improvisatorisch wirkende Weise (oder, wie Frank Wohlfahrt, in einem allgemeineren Zusammenhang, dies bezeichnet: in "konzertantem Stil"), teils durch ekstatische Spannungssteigerung – nur diese Fähigkeit bringt diesen verspielten kompositorischen Prozess zu einem kontrollierten Abschluss. (Vgl. S. 141.) Man beachte in diesem Zusammenhang die zunehmende Desintegration ab Takt 194 und das angewachsene Chaos in den einzelnen begleitenden Streicher-

---

[24] Vgl. Trp. und Hr. Takt 78 ff. – Wenn Notter diese Durchführungsstelle wie folgt bespricht (*op.cit.* S. 63): "Die Klimax [Takt 167 f.] gerät indifferent genug, um nicht mit der Reprise verwechselt zu werden", ist dies durchaus zutreffend, zugleich aber eher unverständlich, wenn man sich nicht entsinnt, dass sein stillschweigend vorausgesetzter Bezug für eine derartige "Klimaxstruktur" wohl am ehesten das "falsche" oder nominelle Reprisenmoment in IX/1. (Takt 333) ist; jedenfalls richtet sich dieser Bezug auf eine spätere kompositionstechnische Phase bei Bruckner (nicht früher eintretend als 1873: in III/1., Buchst. O).

[25] Vgl. III$_2$/1. T. 383-404 und V/1. T. 319-337.

stimmen[26], während gleichzeitig die harmonische Entwicklung zu keinem Zeitpunkt aus der Kontrolle gerät.

Die fragmentierende Schlussentwicklung hin zum Reprisenpunkt in Takt 199 – in jeder Hinsicht eine Bewegung *al niente* – definiert deutlich eine für die früheren Werke spezifische Weise der Verwirklichung dieses Moments, der sich die beiden vorhergehenden Werke näherten[27], eine Prozedur, die sich am deutlichsten im ersten Satz der 2. Symphonie wieder nachweisen lässt.[28]

WAB 101 ➡ S. 336; S. 337 (Finale)

WAB 100 ↗ S. 231

Die Durchführung der annullierten *d-Moll-Symphonie* geht noch einige Schritte weiter als die in der vorangehenden 1. Symphonie, was eine mehrthematische Repräsentation in diesem Satzabschnitt betrifft. Letzteres Werk verzichtete hier völlig auf den Seitenthemenstoff, während das sekundäre Hauptthemenmaterial (Vl₁ Takt 18 ff./Takt 67 u.a.m.) oder das präliminäre Thema III (Hr. Takt 67 ff.), wie sich zeigen wird, wohl eher zurückgehalten wurden, um mit desto größerer Wirkung im Schlussabschnitt der Reprise bzw. am Beginn der Coda benutzt zu werden (vgl. S. 377 und S. 392).

Prozedurmäßig identisch mit dem Beginn der Durchführung in der 1. Symphonie ist die Kontinuität über den Doppelstrich hinweg – hier allerdings als reines Echo der organistischen Kadenzformel, gewissermaßen in einem 4-Fuß-Satz (Fl., Ob.) und in höherem Maße als dort mit dem nachfolgenden Gepräge eines Übergangsgliedes. Außerdem ist hier die Vermeidung des Hauptthemas als Ausgangspunkt für die thematische Bearbeitung anzumerken.

Dass statt dessen der Seitenthementeil benutzt wird, erweist sich eigentlich in erster Linie durch die pochende akkordische Begleitung von Vl.2/Vla. (vgl. Takt 33 ff.)[29] und später durch andere begleitende Elemente: Klarinette Takt 104 und 116 ff. (vgl. Vl.2 T. 43-46). Dies impliziert ein besonderes Verhältnis betreffs dieser Durchführung, nämlich ihren einleitend und lange festgehaltenen, sozusagen betäubten Charakter: die ersten zentralen Themengestalten, in Ob. T. 95-99 und Vl.1. T. 100-108, haben mit dem originalen Seitenthema kaum mehr als die überwiegend stufenweise auf- und absteigende Bewegung gemein; und vermisst wird in nicht geringem Maße der markante, aufsteigende Septimensprung dieses Themas. Nachfolgend werden diese Linien zu einseitigen Richtungsverläufen: aufsteigend in T. 108-112, Vc. (begleitend); absteigend in den Vl.1 → Vl.2 T. 120-124.[30] Selbst die ursprüngliche synkopierte Ausformung des Themas erscheint

---

[26] Vgl. z.B. III₁/1., die Expositionstakte 235 ff., Vl.2 und Vla. (Themengruppe III, vgl. S. 239).

[27] In der Ouvertüre Takt 184 ff., allerdings mit einer kleinen konventionellen Kadenzformel zuletzt, Takt 190 f. In der Studiensymphonie (Takt 358 ff.) besonders mit dem Unterschied, dass der Satz nicht ins Stocken gerät, sondern dass ganz im Gegenteil eine Verschleierung des eigentlichen Reprisenaugenblicks eintritt (vgl. S. 266).

[28] Vgl. außerdem T. 147-162 im Adagio-Satz der 5. Symphonie.

[29] Das wird unterstrichen durch die hinzugefügte Vl.-Oberstimme in Takt 108 f.

[30] Eine ähnliche Transformation machte sich auch bemerkbar in der Durchführung von I/1., T. 144-162.

hier verwischt. Die vorigen Takte (90-94) enthielten, möglicherweise um eine abstrakte Verbindung auf dem rhythmischen Plan zu etablieren, synkopierte Umkehrungen der Kadenzwendung, abschließend mit einer Verminderung derselben (1.Fag.), die eine deutliche wenn auch äußerst fragmentarische Reminiszenz des Seitenthemas erweckt.

Tonal bewegen sich die einleitenden Meditationen über dieses Thema in engen Kreisen um den tonalen Ausgangspunkt F-Dur (Tp): in C-Dur, e-Moll und G-Dur. Mit einer plötzlichen Verschiebung nach As-Dur, Takt 126, ändert sich auch die Situation um die Behandlung dieses Themas: Synkopen werden in jedem einzelnen Takt wieder eingeführt, und es wird ein unmittelbarer Bezug auf das kurze Steigerungsfeld des Seitenthemas in der Exposition erstellt (T. 46-51, vgl. hier namentlich die Vc.-Stimme mit T. 126-134, Hr. → Ob. → Bässe). So wird denn auch hier ein Crescendo aufgebaut, das in Takt 135 (c^6_4, ff) auf eine Weise kulminiert, die ebenfalls genau mit der Situation in der Themengruppe II der Exposition übereinstimmt, insoweit als sie sich gewissermaßen wie ein Zusammenbruch darstellt, der – wie schon früher – in einer stufenweise abwärts geführten Bewegung in sämtlichen Stimmen erfolgt, nun allerdings mit individuellen Variationen innerhalb dieses Komplexes. Auch dem Themengruppe III-Höhepunkt der Exposition folgte unmittelbar ein entsprechender "Zusammenbruch" (Takt 65 ff.) vor dem Einsatz des Epilogthemas. Dieses letztere Thema findet sich ebenfalls, und sogar unter völlig gleichen Umständen, in der Durchführung wieder (Takt 150 ff.), bloß schiebt sich hier vorher eine weitere Crescendowelle nach dem ersten Zusammenbruch ein (T. 141-145).

Die Formdisposition erscheint zu diesem Zeitpunkt nicht nur in einem auffallend inaktiven Verhältnis zu seinem expositionellen Hintergrund, sondern tatsächlich auch in fast sklavenhafter Abhängigkeit von der thematischen Reihenfolge in der Exposition.[31] Allerdings enthält die komplette Durchführung eine Überraschung: die Wiederaufnahme des Hauptthemeninitials (Takt 166 m. Auftakt) in der Tv, darauf in weiteren Tonarten, über ruhigen, akkordischen Kadenzformeln, die aus dem Epilog-Nachklang hergeleitet sind. Was hier wie eine deutliche Reprisen-Signalisierung wirkt, ist nun aber der Anfang einer Durchführung des Hauptthemenstoffs, obwohl dies eine Prozedur ist, der sich das "Thema" dank seiner Natur nur in sehr begrenztem Umfang unterwerfen kann.

Ernst Kurths Vermutung, dass die Behandlung des Hauptthemas ihren ursprünglichen Platz[32] zu Beginn der Durchführung gehabt habe, entbehrt jeder Glaub-

---

[31] Was den ersteren Punkt angeht, ist Kurth anderer Meinung (op.cit. S. 1127): "Im Übrigen ist [die Verarbeitung des II. Themas] verhältnismäßig frei [...] Doch auch diese Abweichungen beruhen darin, daß sich die Melodie mehr an das Schlußthema anlehnt." Es erhebt sich nun die Frage, ob es nicht eher das Epilogthema in der Exposition ist, das bereits Züge des Seitenthemas assimiliert hat (vgl. oben S. 232). Etwas anderes ist der Sachverhalt, dass – selbst wenn Kurths Gesichtspunkt zutreffend wäre – die Weise der Durchführung, ihre thematischen Hintergründe zu reflektieren, den Ausdruck einer fast schlafwandlerischen Orientierungsart im Verhältnis zu diesen Umgebungen besitzt. Kurths Beschreibung wirkt hier etwas zu beschönigend: "Die Freiheit ist also doch keine willkürliche, sondern dient einer künstlerischen Formidee: der Kunst, in einer Linie Züge verschiedener Themen zusammenfließen zu lassen."

[32] Übereinstimmend mit der verbreiteten, aber nicht haltbaren Hypothese von zwei Versionen: 1863-

würdigkeit, trotz seiner technischen Argumente hierfür.[33] Der Grund für dessen überraschend späten Auftritt innerhalb des Satzabschnittes liegt wohl eher in seiner nicht vorhandenen Eignung als Ausgangspunkt für eine Durchführung; die kaum variierte Wiederaufnahme des Themas in der Exposition als Prothese für ein Thema III ist in dieser Hinsicht ein weiterer belastender Umstand.

Bruckner behilft sich statt dessen auf eine andere und überraschende Weise – man ist versucht hinzuzufügen: auf die beste von wenigen denkbaren Weisen –, insoweit als er hier sein Grundmotiv in genauer Analogie zu dem ostinaten Substrat für den instrumentalen Ansatz im *Et resurrexit*-Abschnitt seiner f-Moll-Messe, WAB 28, gestaltet.[34] Anders ausgedrückt hat er mit einem deutlich semantischen Wirkungsmittel das Reprisenmoment in dessen spezifischem Aspekt, d.h. der Wiederkehr, auskomponiert: das Hauptthema war "tot", soll aber wieder aufstehen. Die Ausfüllung des Oktavfalls wurde obendrein zur Folge: Quarte plus Quinte geändert – nicht wie in der Exposition: Quinte plus Quarte – und erscheint hierdurch, wie das semantisch eindeutige Korrespondenzen belegen, in der typischsten *Maiestas*-bezeichnenden Form.[35] (Eine genaue Parallele hierzu ist in einem weiteren annullierten Konzept bei Bruckner zu konstatieren, dem Finale von IV$_1$, wo eben diese *Resurrexit*-Formel vom Beginn der Coda an (Takt 511) benutzt und grundsätzlich im gesamten weiteren Verlauf des Satzes angewendet wird, über mehr als 100 Takte.)

Auch diese Reprisen-vorbereitende Devise wird mit ihren 45 Takten auf ziemliche Länge ausgedehnt (T. 166-210), wobei – genau wie in der eben erwähnten, späteren Wiederaufnahme dieser Idee – keine anderen wesentlichen motivischen Informationen ins Spiel gebracht werden. Es handelt sich hier vor allem um die Entfaltung reiner dynamischer Energie: das zentrale Moment ist die chromatisch aufsteigende Bewegung, die mit Cantus firmus-geprägter Wirkung in den Hörnern verdoppelt wird, ab Takt 194 in Augmentation und dann verstärkt durch mehrere Holzbläser, wodurch zugleich kräftige Dissonanzen im Verhältnis zur Begleitung der Streicher auf jedem ersten Taktschlag bis Takt 201 entstehen. Das folgerichtig fast eschatologische Gepräge wird in den Takten 185 ff. dadurch unterstrichen, dass die Musik hier einen deutlich prä-codalen Charakter annimmt, der besonders gewissen Brucknerschen Finalsätzen angehört.[36] Die Reprise wird nichts desto weniger über eine konventionelle und ausgesprochen angeheftete Kadenzformel erreicht (T. 211-213), nach Richtlinien, die vor allem der zeitlich weit entfernten Ouvertüre in g-Moll entsprechen (vgl. Anm. 27).

WAB 100 ➦ S. 340 (Finale)

1864, bzw. 1869; letzteres ist die einzige dokumentierte Jahreszahl für das Werk.

[33] Kurth, *op.cit.* S. 1129.

[34] (1867-68), *Credo*-Satz Takt 193 ff.

[35] Vgl. auch die Messe in e-Moll (WAB 27): *Credo* Takt 128 ff. (*"Judicare"*); des weiteren die einleitenden Instrumentaltakte im *Te Deum* (sowie das Hauptthemen-Initial in III/1.).

[36] Vgl. die spezifische Verwandtschaft mit der f-Moll-Symphonie, WAB 99/4. T. 326-341 sowie mit I/4. T. 338-376. Umgekehrt wurde in WAB 100/4., Takt 252- ca. 270 ein prä-codaler Zusammenhang gestaltet, der dem Reprisenansatz in I/1. T. 173-185 sehr ähnlich ist.

WAB 102 ↗ S. 232

Der übliche Zäsur-markierende Doppelstrich nach der Exposition wird im Kopf-satz der *2. Symphonie* durch einen Generalpausentakt ersetzt[37] (Takt 177), und entsprechend wird die Durchführung in diesem Satz unmerklicher als in irgend einem früheren Beispiel angesetzt: die variiert wiederholte Kadenzformel im Horn fällt unter denselben kombinierten Dom.[7]/T-Klang, der auch die Exposition beendete. Eine entsprechende fürsorgliche Umständlichkeit erweist sich in der Rückkopplung zum Hauptthema als dem eigentlichen Beginn der Durchfüh-rung, nach sieben Takten im "Niemandsland", insoweit als das absteigende Drei-klangmotiv, mit dem die Hörner 3-4 in den ersten Takten des Satzes mehrmals eine Brücke über die variierten Phrasenbildungen des Hauptthemeninitials spannten, sich erneut als das Element erweist, das zu dem Hauptthema in Takt 184 f. hinüberleitet (vgl. die vorhergehende Variante in den Flöten T. 182-184).

Insgesamt legt Bruckner auch in dieser Durchführung eine geradezu skrupulöse Vorsicht an den Tag: alle Themen der Exposition sind repräsentiert, wogegen eine eigentliche Bearbeitung der vorhandenen Themen bzw. Motive im Grunde kaum stattfindet. Das prozessuale Element in diesem Formabschnitt nimmt für eine übergeordnete Betrachtungsweise weiterhin eine zurückgezogene Position ein.[38] Die Entwicklung verläuft ausgesprochen schrittweise und führt zu einer Reihe von kurzen Abschnitten oder Feldern; insgesamt sechs gegenüber nur dreien in der 1. Symphonie und vieren in WAB 100.

Das ursprüngliche, zweitaktige Hauptthemeninitial wird im Laufe der ersten, im großen und ganzen im *pp* gehaltenen Takte vier mal angeführt, abschließend mit einer ausgesponnenen Kadenz (Fl., 2.Ob. T. 197-202), die ein neues Feld markiert – auch dieses mit einer Dauer von 18 Takten und mit einer dynamischen Spanne von *p* bis *f* (T. 203-220). Sein unmittelbares Charakteristikum ist – außer einem durchgeführten Pizzicato in den Violinen und den Bässen – die ursprüngliche Akkordschlag-Begleitung in Sextolen. Mit diesem Bezug auch auf den Hinter-grund des Satzanfangs ist verbunden die Entwicklung des oben erwähnten Brückenelements. Dieses erscheint intermittierend in Bratschen ab Takt 207, es hat aber nun den Status eines Nachsatzes. Das Thema dagegen erhält hier nicht einmal – wie das im vorhergehenden Feld immerhin noch der Fall war – Gelegenheit, sich über die Grenzen seines ursprünglichen chromatischen Struk-turelements hinweg zu bewegen; die Entwicklung ist völlig an die verbindenden zweitaktigen Module gebunden, und sie verläuft anfänglich sprunghaft, dann mehr und mehr ausgeprägt variierend. Der Ausgangspunkt, d.h. der erste selb-ständige Nachsatz, könnte das Epilogmotiv in seiner Oktavvariante sein (vgl. Takt 165 ff. im folgenden Notenbeispiel), – bezeichnend ist aber, dass sich mit

---

[37] Auch im Finale dieses Werks unterließ Bruckner den Doppelstrich.

[38] Notter wie auch Mathias Hansen betrachten diese Frage wohl etwas gelassener: "Im Eröff-nungsteil wird der motivische Kern des Hauptthemas dynamisch reduziert und einer motivisch-analytischen Beleuchtung unterzogen. So wird die Durchführung von Beginn an auf eine neue Ebene gehoben." (Notter, *op.cit.* S. 63.) "Sie ist, allein mit Blick auf die I. Sinfonie, mehr 'Durchführung' im klassischen Sinn, d.h. der Ort, an dem die in den Themen gespeicherten motivischen Energien zum Ausbruch kommen." (M. Hansen: *Anton Bruckner*. Leipzig 1987, S. 184.)

einer solchen Annahme keine weitere Perspektive verbindet: die "Entwicklung" (vgl. Notenbsp. 68 a), wenn man denn von einer solchen reden will, ist rein assoziativen Charakters und entfaltet ihre Wirkung nur im gegebenen Augenblick:

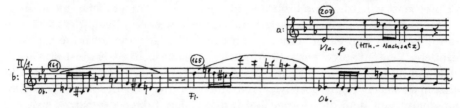

Beispiel 68 a-b

Seit dem Beginn des dritten Abschnitts (T. 221-232) erreichte die dynamische Entwicklung ein *ff* – was nun aber nicht bedeutet, dass es zu einer expansiveren Entfaltung des Hauptthemas käme. Die Intensivierung erfolgt, bei Vermeidung von vermittelnden Gliedern jedweder Art, in der Form einer Engführung des zweitaktigen Initials und darauf (T. 225-228, Fl., Ob.) einer sequenzierten Umkehrung und gleichzeitig einer erneuten Diatonisierung dieses Grundmotivs. Das eintönige Trompetenmotiv der Exposition mit seinem wohlbekannten, punktierten 2+3-Rhythmus kommt in Takt 230 f. hinzu als rein konventionelle Markierung des Abschlusses des ersten dynamischen Höhepunkts, und es erscheint erneut mit demselben Zweck gegen Ende des nachfolgenden, vierten Feldes, das die Takte 233-258 umfasst und während dessen sich das dynamische Maximum der Durchführung abspielt.[39]

Dieses Feld ist dem Thema III vorbehalten, genauer seinem ruhig pulsierenden Grundelement. Das spannungslose, rein parataktische Verhältnis zwischen den behandelten Themen zeigt sich aber teils an der letztgenannten, bloß tektonischen Markierung, teils an der ununterbrochenen Weiterspinnung der Streicherbegleitung, und endlich an der nachfolgenden Analogiebildung mit der im vorangehenden Verlauf erfolgten Bereicherung des Hauptthemenkerns: ab Takt 241 und zehn Takte weiter wird das Thema mit einem Kontrapunkt in Fag. – später auch Fl. – kontrastiert, der melodisch führenden Status erhält – mag dieser auch nur an der allmählich ziemlich angestiegenen Redundanz des Motivs III liegen (es lässt sich eine strukturelle Relation bezüglich der Bewegung der Kerntöne innerhalb der beiden Schichten feststellen). Nichts desto weniger scheint es diese Bereicherung zu sein, welche die mutative Umbildung der eigentlichen Themenschicht (Vl.1) ab Takt 251 veranlasst:

(Beispiel wird fortgesetzt)

---

[39] T. 254-258, unterstrichen von einem vierstimmigen akkordischen Hörnersatz und, in etwa entsprechend der Situation im Kopfsatz der annullierten d-Moll-Symphonie, mit einem Element von Zusammenbruch gegen das Ende der Höhenfläche (Vl.1).

Beispiel 69 a-c

Im fünften Durchführungsabschnitt, T. 259-274, kehrt der Kern des Hauptthemas zurück, hier ergänzt durch seine ursprüngliche, erste Weiterführung über zwei Takte, ein Element, das nachfolgend wiederholt und etwas weiter ausgesponnen wird. Gleichzeitig erscheint das Thema III in den Bässen als eine sozusagen sedimentierte Bildung, was besagt, dass sich Entwicklung und eher monoton geprägte Kontinuität gegenseitig neutralisieren. Einige Takte in den 2. Violinen, T. 265-269, indizieren durch ihre unberechenbare melodische Führung – die Momente des Trillermotivs aus Takt 113 ff. enthält – ein Element des Chaos. Sie erscheinen hier sonderbar isoliert, erklären sich aber wohl daraus, dass diese Passage unmittelbar nach einer Reihe von Takten eintritt, die Bruckner, veranlasst durch den Dirigenten Johann Herbeck, 1875/76 verwarf – Takte, die wesentlich deutlicher als das verbliebene Residual verraten, dass die Satzentwicklung hier ein kritisches, improvisatorisch wirkendes Stadium erreicht hat.[40]

Die verworfenen Takte weisen namentlich dank der Figurationen in den 1. Violinen ein deutliches Gepräge von verwirrter, richtungsloser und inkonsequenter Aktivität auf, das die Bearbeitung zwar sicherlich der verräterischsten Aufmerksamkeit entziehen konnte[41] – eines Gepräges, das sich nun aber immer noch geltend macht und sich deutlich in der eher ungefähren Weise zeigt, in der der Abschnitt zu einem Abschluss kommt (T. 270-274). Vor allem manifestiert sich diese Schwäche aber auf eher fundamentaler Ebene: überhaupt als das Fehlen eines eigentlichen prozessualen Moments in der gesamten Durchführung.

Diese Situation bleibt bis ans Ende erhalten, d.h. im abschließenden Feld (T. 275-316), wo das Seitenthema nun als motivische Basis eingeführt wird mit dem immer noch "sedimentierten" Thema III als Hintergrund eines drei mal unverändert angeführten Themenausschnitts. Sein fragmentierter Charakter – indem es durch das monoton wieder aufgenommene Thema III-Rudiment unterbrochen wird – wird dadurch unterstrichen, dass das eigentliche kantable Thema (Horn, das letzte Mal Oboe) an einer phrasierungsmäßig kritischen Stelle abge-

---

[40] Siehe das Notenbild in R. Haas: *Anton Bruckner: II. Symphonie, Vorlagenbericht*, S. 14*-15*. Die Takte 260-266 sowie T. 270-272 dieser urprünglichen Version sind gestrichen, so dass T. 267-269 in beiden Gesamtausgaben T. 260-262 entsprechen, und T. 273-274 im großen und ganzen deren T. 263-264. Letzteres bedeutet, dass das Hauptthemen-Initial und seine variative Weiterführung durch die Revision hindurch zusammengerückt wurden, so dass sie metrisch auf ähnliche Weise korrespondieren wie in der Exposition (T. 3-6).

[41] Gleichzeitig vermochte Bruckner trotz der Kürzung die Spannweite der stufenweise ansteigenden Linie nicht nur zu bewahren sondern auch zu erweitern, die von den Spitzentönen des Thema III-Motivs (in den Bässen) gebildet sind und welche das einzige stringente Moment in diesem Abschnitt seiner *alte[n] Bearbeitung* bezeichnet.

275

schnitten wird[42], – anders als das der Fall ist mit dem pendelhaft schwingenden Begleitmotiv, das gegenüber einer Unterbrechung nach vier Takten unempfindlich bleibt. Das Mikromotiv im zweiten Takt des begleitenden Motivs der Celli Takt 276 (f.) ergibt das wichtigste Material für die skalenhaft abwärts sequenzierenden eintaktigen Elemente des abschließenden Komplexes: in Vl.1 Takt 296 ff. Seine weit ausgesponnene Bewegung *al niente* ist tektonisch eindrucksvoll als Vorahnung der Reprise; funktionell gesehen steht er aber in einem nicht motivierten Verhältnis zur fehlenden Spannung in dramatischer und letztendlich auch in dynamischer Hinsicht im gesamten voranstehenden Verlauf.

In Fällen wie der vorliegenden Durchführungspartie, wo sich das Gefühl einer schwächeren kompositionstechnischen Lösung aufdrängt, mag es angemessen sein zu überlegen, was der Komponist in Betracht gezogen haben könnte, in diesem Falle aber unbenutzt liegen ließ. Es versteht sich, dass damit keineswegs eine Korrektur beabsichtigt ist; es geht vielmehr darum, dadurch einen näheren Einblick in die allgemein bei Bruckner charakteristischen Verhältnisse dieses Formglieds zu erlangen.

Die unmittelbar naheliegendste Möglichkeit, die sich bei einer solchen hypothetischen Umdisponierung anbietet, ist an das am aktivsten betonte Material der Exposition gebunden, nämlich an den zweiten Komplex des Hauptthementeils: Takt 12 ff. bzw. 37 ff. mit seiner punktierten rhythmischen Anlage. Es ließ sich bereits feststellen, dass Bruckner mit der Anwendung derartigen eher demonstrativ entwicklungshaften Materials zurückhaltend umging. Und der *Finalsatz* der 2. Symphonie kann bestätigen, dass selbst die einleuchtendste Möglichkeit in dieser Hinsicht: der effektvoll kontrastierende, Beethovensche *ff*-Abschnitt mitten in der Hauptthemengruppe (T. 33-51), in der Durchführung dieses Satzes keineswegs Anwendung findet. Die dynamische Synthese, die sich durch die Abspaltung der ersten Takthälfte dieses Motivs und ihre Verkopplung mit dem Kernmotiv des eigentlichen Hauptthemas erreichen lässt, hat der Komponist natürlich bemerkt; er wartet aber mit ihrer Verwirklichung bis zur ausgedehnten Codapartie (II/4. Takt 620 ff. und Takt 680 ff.). Eine entsprechende Reservierung der Entwicklungsmöglichkeiten für die späteren Stadien im Formverlauf wurde bereits in Verbindung mit der Analyse der Themengruppe III im Kopfsatz der 1. Symphonie erwähnt (vgl. S. 231 und des weiteren später S. 375 ff.).

Auf der Basis dieser allerdings recht begrenzten Einsicht muss sich ein vorläufiger Versuch einer Bestimmung der typischen, für Bruckner kennzeichnenden Züge der Durchführung in erster Linie auf solche Merkmale konzentrieren, die zu physiognomischen Änderungen der repräsentierten Motive und Themen führen, und nicht so sehr auf Grundzüge, die sich aus klassisch-traditionellen Prozessen der Bearbeitung ergeben. Zwar herrscht kein Mangel an Abspaltungs-

---

[42] Schon die zweite Unterbrechung des Seitenthemas erfolgt tatsächlich nicht wegen des "Einschubs" des Themengruppe III-Motivs: hier ergibt sich das Thema bloß (Takt 287, Hr.), wie vorher nach den ersten vier Takten, darein, als unwichtiger Kontrapunkt zur Fortspinnung in den Celli über den zweiten Takt des Begleitmotivs zu erscheinen.

prozeduren[43] oder ein Vorhandensein dessen, was Wilhelm Broel in seiner Beethoven-Dissertation *"Modellgruppen-Anlage"* nannte[44], d.h. die durchgehende und meist entwickelnde Anwendung von Motivphrasen mit einer Provenienz aus dem Expositionsmaterial (*Modellphrasen*). Der bei Bruckner zu konstatierende Unterschied indessen zu Beethovens wie auch Brahms' Anwendung klassisch motivischer Durchführungstechnik (im letzteren Falle in nicht geringem Maße mittels einer Intensivierung des thematischen Prozesses durch die Etablierung, ggf. Schärfung, von Ausdruckskontrasten in der Entwicklung des einzelnen Themas) besteht in erster Linie darin, dass Bruckner die Durchführung normalerweise nicht als den Abschnitt innerhalb der Sonatensatzform auffasst, der *"Geist und Wesen dieser Form in äußerster Verdichtung"* repräsentiert.[45]

Die wirksamsten entwickelnden Stadien sind bei Bruckner eher die jeweils abschließenden Passagen innerhalb der beiden äußeren Hauptabteilungen: die dritte Themengruppe der Exposition sowie die codale Partie im letzten Hauptteil des Satzes. Die Durchführung scheint entsprechend in höherem Maße der Ort für eine kontemplativ geprägte *Betrachtung* des thematischen Materials zu sein. Ein begründendes Moment in diesem Zusammenhang mag sein, dass speziell der Hauptthemenstoff schon in seiner Exposition Gegenstand eines höheren Maßes an thematischer Verarbeitung wurde, wie ganz besonders das annähernd obligate Erscheinen einer variierten Re-Exposition dafür sorgt.

Für eine derartige Prägung der Durchführung gilt, dass das äußere Zeichen für die Wirkung einer Vertiefung die *Veränderung* der betrachteten Phänomene ist. Dass ein solches Moment der Wandlung unter Umständen bemerkenswerte Ereignisse und prozessual effiziente Vorgänge beinhalten kann, lässt sich wohl kaum bezweifeln und noch weniger als Widerspruch innerhalb der hier angeführten Typenprägung der Durchführungen betrachten.

Die kontemplativ betonte Veränderungsform hat ihre Schwerpunkte in zwei motivtechnischen Kategorien: der Variante und – besonders für Bruckner eigen – der melodischen Umkehrung. Beide Techniken lassen sich selbstverständlich zu weniger überzeugenden wie auch für recht überwältigende Ergebnisse ausnützen, je nach den als Maßstab gewählten entwicklungsmäßigen Kriterien.[46] Schon der *Finalsatz* der 2. Symphonie enthält mehrere bemerkenswerte Beispiele der angesprochenen Art, namentlich dort, wo die beiden Vorgangsweisen kombiniert werden, wie z.B. zu Beginn der Durchführung, II/4. Takt 251 ff.: hier wird

---

[43] Vgl. z.B. K. Wörner: *Das Zeitalter der thematischen Prozesse in der Geschichte der Musik.* Regensburg 1969, S. 65 ff.

[44] W. Broel: "Die Durchführungsgestaltung in Beethovens Sonatensätzen", in: *NBeJb* 1937, S. 43 ff.

[45] A. Mitschka zu Brahms' Durchführungsbegriff, in: *Der Sonatensatz in den Werken von Johannes Brahms.* Gütersloh 1961, S. 140.

[46] Eric Werner geht in "Die tektonische Funktion der Variante in Bruckners Symphonik", in: O. Wessely (Hrsg.): *Bruckner-Studien.* Wien 1975, S. 295, wohl zu weit in seiner Unterscheidung zwischen dem funktionellen Status von Umkehrungs- bzw. Variantenprozeduren bei Bruckner, wenn er meint, dass "die statischen Verwendungen [von Umkehrungen] kaum formbildende Funktion wie die Varianten [haben]. Denn die Themen bleiben rigid und ihr Wesen wird nicht berührt." – Viele Varianten belassen die thematische Identität grundsätzlich unangetastet (vgl. etwa die Diskussion in Kap. I, S. 53 f.).

mit einer Seitenthema-Umkehrung angesetzt (die vier ersten Töne, vgl. Takt 76), die mit dem Hauptthemenkern assimiliert wird (die nachfolgende absteigende Tonreihe; des weiteren – von Anfang an – der ursprüngliche Hauptthemenrhythmus). Diese Entwicklung endet, was bezeichnend ist, in einem Regress auf das Vorhangselement des Hauptthemas (Takt 264 ff.); ähnliche Kombinationen erscheinen kurz darauf in den Takten 273-284 und weiter: die Hauptthema-Umkehrung als Auftakt zu einer freien, kantablen viertaktigen Phrase – einem Vorder- und Nachsatz (T. 275-278, Kl./Vl.2), die sich unmittelbar darauf als "Prä-Varianten" des anschließend wieder aufgenommenen Hauptthemeninitials aus dem Kopfsatz entschleiern (Takt 280 ff., Holzbläser). Aber auch eher reguläre Umkehrungsprozeduren können den Weg zu völlig neuen Aussichten freimachen, wie z.B. in demselben Finale die panoramische Erweiterung der Seitenthemenbehandlung in den Takten 328-387, die in einem langen, meisterhaft vorbereiteten Stretto vor dem Einbruch der Reprise enden (nach einem weiteren kurzen Aufblitzen des Hauptthemenkerns aus dem Kopfsatz in T. 340-343).[47]

Entsprechende Weisen der Bearbeitung fehlen nun aber fast vollständig in der Durchführung des ersten Satzes, besonders nachdem das Hauptthemenmaterial seine Hauptrolle im zweiten und dritten Teilabschnitt entfaltet hat. Die 1. Symphonie meisterte die Lage an dieser Stelle, bei Abwesenheit von wirkungsvollen Umkehrungsbildungen, besonders durch eine sehr früh eintretende Re-Dynamisierung des Formabschnitts, bewirkt durch die kräftige Nachwirkung des Kulminationsthemas der Exposition. Diese formale Disposition hat allerdings eine völlig einmalige Stellung in Bruckners symphonischer Produktion.

WAB 102 (1. Satz) ➡ S. 337; 4. Satz ➡ S. 336, 343

WAB 103 ➶ S. 235

Die Durchführung im Kopfsatz der *3. Symphonie* bezeichnet eine Expansion der Einzelabschnitte dieses Formabschnitts, die wohl eine Konsequenz der bedeutenden Erweiterung der Expositionsfelder und ganz besonders des Hauptthementeils ist. Während – gleich wie im vorhergehenden Werk – eine feldhafte Durchführungsanlage mit distinkt getrennten und individuell geprägten Formflächen vorliegt – und nun sogar innerhalb ein und desselben thematischen Bezugsrahmens[48] –, verweisen entscheidende Züge gleichzeitig darauf, dass Bruckner sich über den etwas lahmen parataktischen Verlauf im entsprechenden Hauptteil

---

[47] Verständlicherweise kann auch diese lange Entwicklung nicht völlig auf Varianten-geprägte Bildungen verzichten: der Kontrapunkt des 1. Horns in T. 334-338 bildet mit seinen Halbnoten-Tönen, jeweils einem auf einem Takt, eine strukturelle Ableitung der zweitaktigen Kernphrase des nicht umgekehrten Seitenthemas. Die Gegenstimme der Flöte in den Takten 341 und 343 zur fortgesponnenen Seitenthema-Umkehrung (sowie zum Hauptmotiv des 1. Satzes) wird nach zehn Takten (Klarinette, wie früher auf jedem zweiten Takt) zu einer Figur mutiert, die das dominierende Sextintervall des Seitenthemas integriert; diese Figur wird ab Takt 360 umgekehrt, in Takt 370 f. (Flöte) wieder recht gewendet, um dann permutiert zu werden (Flöte Takt 372 ff.).

[48] Die erste Revision, 1876-77, hat derartige Kontraste verschärft, am deutlichsten im Übergang vom ersten zum zweiten Durchführungsfeld (Takt 300; beide Abschnitte gründen sich auf das Hauptthema). Die 1873-Fassung setzt hier (Takt 333) das Muster der Streicherbegleitung (auch *col arco!*) aus dem vorhergehenden Feld fort, wo die revidierte Fassung in ein von Pausen unterbrochenes Pizzicato übergeht.

in der 2. Symphonie im klaren gewesen sein dürfte. Es erscheint nicht undenkbar, dass das charakteristischste, oder wenigstens das spektakulärste Ereignis der Durchführung: die *fausse* Reprise-artige Wiederkehr des Haupt- und "Urthemas" kurz vor der Mitte der Durchführung[49] – sich in derselben Art von Strategie begründet wie das, welches sich in der 1. Symphonie in der kräftigen Impulsierung dieses Formabschnitts durch das Thema III zeigte. Mehr dazu später.

Auch eher latente Einzelheiten sprechen dafür, dass sich der Komponist hier intensiver mit dem prozessualen Aspekt der formalen Funktionen in der Durchführung befasste. Ohne jeden Verzicht auf den kontemplativen Grundcharakter im einleitenden, dynamisch abgespannten und statischen Feld werden die beiden alles dominierenden, aber gegensätzlich betonten Hauptthemenkomponenten, das Hauptmotiv (HTh$_a$) und das Kulminationsthema (in diesem Teilabschnitt: sein zweites Motiv, HTh$_c$²) nun eng aneinander gerückt – letzteres als offener, halbschließender Nachsatz. Dies erfolgt aber gerade hier nicht rein mechanisch[50], sondern begründet sich in der kanonischen Behandlung des Hauptmotivs[51]: die erste Imitation in der kanonischen Verkettung (Hr. T. 275-277 und entsprechend vier Takte später) bewirkt einen markanten Einschub der kleinen Sexte in der Oktavbrechung des Hauptmotivs in "retrograder" Bewegung: 5♪ 4♪ (die intendierte Wirkung ist natürlich die Inversion).

In dieser Struktur findet das HTh$_c$² seinen Platz als assoziative Bildung, eben wie ein Nachsatz oder Nachgedanke (siehe das folgende Notenbeispiel). Man beachte auch eben hier den entsprechenden, kurzen Auftakt; in der Exposition und überall später (ausgenommen in der Coda, Takt 622) hat der Auftakt die Dauer einer Halbnote[52]:

Beispiel 70

In etwa ähnlicher Weise wirkt das Charakteristikum des folgenden Feldes, mit dem HTh$_c$¹-Motiv in Originalgestalt und in Umkehrung (Holzbläser Takt 303 ff.)[53]

---

[49] Die Proportionen fallen in den verschiedenen Fassungen jeweils anders aus: III$_1$: Takt 301 (Durchführungsbeginn), 377, 503 (Reprisenbeginn); III$_2$: Takt 270, 343, 431 (und III$_3$: Takt 266, 341, 431).

[50] Vgl. z.B. Mathias Hansens ansonsten adäquate Beschreibung der allgemeinen Situation (*op.cit.* S. 197): "Motive des 1. Themenkomplexes [werden] isoliert und baukastenartig gruppiert, verschränkt, aneinandergereiht."

[51] Soweit mir bekannt hat keine andere Analyse dieses Detail aufgegriffen.

[52] Die erste Bearbeitung (III$_2$) führt in den Hörnern Takt 404 ein völlig isoliert klingendes, ausgehaltenes *des'* ein, das im nahen Kontext wie ein Fremdkörper wirkt: der unmittelbar vorhergehende Hochton ist *g'''* (wozu *des* in Tritonus-Relation steht) mit dem Akkord C⁷ (= Dom.⁷ zum F-Dur des folgenden Abschnitts). Aber auch hier erklärt die vorangehende Kette von HT$_c$²-Motiven (Flöte) die bewusste Anwendung der kleinen Obersekunde zur Quinte, als einem Ton, der assoziativ mit diesem Motiv verbunden ist.

[53] Dies erscheint in intensivierter Form in III$_1$, vgl. Horn Takt 343 m.Auft. - 346 (Vgl. III$_2$ T. 309 ff.).

und später entsprechend mit der isolierten Begleitstruktur des Hauptthemas (in enggeführter Form, Takt 316 ff.)[54], wie eine Konsequenz der besonderen Umgestaltung, die an der begleitenden Schicht zu Beginn dieses Feldes geschehen ist; dies erfolgt zunächst durch eine Umkehrung (T. 300-304, im folgenden Beispiel Zeile b) des Ur-Anfangs der 2. Violinen (T. 2-4, im Beispiel Zeile a): der über zwei Oktaven absteigende Bewegung, die darauf – von dem Spitzenton a″ ab – überlappt wird von einer fallenden Reihe von Tönen, die ihrerseits identisch sind mit dem Ur-Anfang der 1. Violinen, T. 3-5, in Originalgestalt; es fehlt nur deren einleitendes d‴ (im Beispiel Zeile c).[55]

Beispiel 71 a-c

Diese vegetativ betonten und dennoch logisch geprägten Prozesse um die Hauptthemengestalten strecken sich über knapp 60 Takte, bevor eine eigentliche Aktivierung der Durchführung ansetzt. Es handelt sich somit um eine kräftige Erweiterung der Dimensionen in diesem einleitenden Stadium: vergleicht man mit dem entsprechenden Abschnitt im Kopfsatz der 4. Symphonie, zu dem betreffs der Durchführung insgesamt ein recht analog geprägtes Verhältnis vorliegt (wenn auch in geringerem Maße als das für die Seitenthemengruppe der Expositionen galt), so hat der vorliegende Abschnitt mehr als die doppelte Länge des parallelen Formverlaufs in der späteren, "Romantischen" Symphonie.

Ein derartiger Vergleich nahe verwandter dynamisch-entwicklungshafter Prozesse ermöglicht einen tieferen Einblick in den Hintergrund dieser so ungleichen Proportionsverhältnisse. Die Aufteilung in zwei einleitende Durchführungsfelder, die bis hin zum general-crescendierenden Entwicklungsabschnitt reichen (oder, mit Notter, zur "Crescendostruktur", die in Takt 325 [III₃: T. 321] beginnt), erweist sich nämlich hier als eng verbunden mit Bruckners weiterer "Argumentation" um den antagonistischen Bezug zwischen den beiden Hauptthemen-Prätendenten des Satzes, wie ich dieses Verhältnis bereits vorher betonte (vgl. S. 163 f. und S. 238).

---

[54] Die von Umkehrung geprägte Beantwortung der Fl./Kl. in Takt 317 f. (und entsprechend Takt 321 f.) der Streicherbewegung im vorhergehenden Takt ist genau genommen keine Inversion, sondern eine retrograde Ableitung (mit Geltung für die ersten vier Töne); vgl. oben zur entsprechenden einleitenden Behandlung des Hauptthemeninitials Takt 271 ff.

[55] Dies wurde auch von August Halm bemerkt, vgl. "Über den Wert musikalischer Analysen I: Die fausse Reprise im ersten Satz der dritten Sinfonie von Bruckner", in: *Die Musik* 1928-29, S. 595.

Im ersten Feld ist das "Ur-Motiv" erneut als die primäre Instanz aktiviert worden, in eher abstrakter, gewissermaßen verfremdeter Gestalt und mit dem "restituierenden" Teil des Kulminationsthemas[56], HTh_c^2, als mehr indifferentem, wenn auch vom "Urmotiv" hervorgerufenem Kontrahenten. Diese Situation wird im nächsten Feld (Takt 300 ff.) umgekehrt: hier steht das Kulminationsthema im Vordergrund, nun in seinem "destruktiven" Aspekt, als HTh_c^1. Es erscheint ebenso abstrakt, schattenhaft, wie die Hauptgestalt im ersten Feld, und wie deren einziger Repräsentant im zweiten Feld: dem Streicher-Pizzicato. Ein Gegensatzverhältnis wird hier aufgestellt, wenn auch ohne merkbare Interaktion zwischen den Kontrahenten, und also eher auf formalistischer Basis.

Erst die nachfolgende Crescendofläche macht dieses abstrakt definierte Polaritätsverhältnis dramatisch realistischer, wenn man so will: psychologisch-hermeneutisch konkretisierbar. Es unterstreicht dies auch die revidierende Detailarbeit Bruckners innerhalb dieses – in allen Fassungen – völlig eindeutig funktionierenden Abschnitts, und dasselbe gilt für die weitere Entwicklung nach der hieraus folgenden kulminierenden *fausse* Reprise. Die zahlreichen kleinen Änderungen, die sich zwischen allen drei Fassungen feststellen lassen, sind allerdings als Indizien dafür zu betrachten, dass es dem Komponisten sehr wichtig war, das dramatische Hauptereignis der Durchführung klarer zu begründen, als das im ursprünglichen Konzept des Satzes sichtbar wurde.

Der erste, wesentlichste Unterschied zwischen den beiden frühesten Fassungen ist mit der Initiierung des dritten, dramatisch entwicklenden Feldes verknüpft. In der ursprünglichen Version des Satzes lässt sich dieser Schnitt zwar lokalisieren (Takt 357), durch den Übergang zu einem durchbrochenen Orgelpunkt auf G. Vergleicht man aber mit der Bearbeitung (III_2 Takt 325), ist er kaum als dramaturgisch eindeutig artikuliert zu nennen: in der späteren Fassung dagegen wird die intensivierte Gegenwart des HTh_c^1-Motivs, also des essenziellen Kennzeichens für das Entwicklungsfeld, von einem isolierten, augmentierten HTh_c^1-Motiv in Takt 323 f. angezeigt. Und diese Augmentation (Trp. und Pos.) erhält durch ihre "Requiem-hafte" Instrumentation[57] (es handelt sich hier um den ersten Auftritt dieser Instrumente im Durchführungskontext) wie auch kraft ihrer Harmonik – in c-Moll: $\mathbb{D}D^{D9\,b5}$ vor einem Dom.-Vorhalt ($^6_4$) – einen ausgesprochen Peripetie-verkündenden Charakter.

Die ältere Version bietet in diesem Punkt nur ein äußerst rudimentäres Gegenstück zu dem erwähnten augmentierten Motiv an: es findet sich in Takt 354 f. Dass es tatsächlich ein Gegenstück ist, ergibt sich daraus, dass dieselbe Instrumentengruppe, die Hörner, vier Takte zuvor eine vollständige Augmentation des invertierten HTh_c^1- Motivs aufweisen.[58]

---

[56] Im ursprünglichen Zusammenhang: dem Teil, der den Zusammenbruch des ersten Teilmotivs und die darin enthaltene Tonalitätsflucht wieder ausglich; vgl. S. 164 f.

[57] Eine solche Klangfarbe erscheint auch in Bruckners Messen, typisch im Nachspiel zum *"mortuus et sepultus est"* des *Credo*-Satzes.

[58] Diese latente Motiv-Vorahnung wurde in der Bearbeitung eliminiert, was nun allerdings die dramatische Wirkung der einzelstehenden Motivaugmentation in T. 323 f. und deren formale Zäsurfunktion nur verschärft.

Entsprechend unscharf steht die Plazierung des augmentierten Motivs im Verhältnis zur angesetzten Entwicklung: zwar stehen die beiden Takte unmittelbar vor einem HTh_c^1-Motiv, das letztere wird aber über einem As-Dur-Akkord gebracht, und das nächste, eigentlich eine Entwicklung ansetzende HTh_c^1 erfolgt erst nachdem der G-Orgelpunkt – als Glied einer c-Moll-Dominantfläche – sich völlig "neutral" manifestiert hat, motivlos, als Dominante über zwei Takte. (Hier findet sich die Erklärung des sechs Takte langen G-Fundaments gegenüber den vier Takten in der 1877-Fassung, vgl. die Darstellung im Notentafel 72 auf der folgenden Seite.) Die Bearbeitung assimiliert die unklare Augmentation der Erstfassung mit dem nachfolgenden regulären Motiv, bei einer Schärfung des As-Dur zu As^7 mit einer Funktion als "Schattenakkord" zu c-Moll ($\flat D^{o9\,\flat5}$): drei Takte (III_1 T. 354-356) werden zu zweien zusammengezogen (entsprechend III_2 Takt 323-324). Außerdem wird die erste HTh_c^1-Gestalt im nachfolgenden Aufmarsch dieses Motivs nach vorn gezogen, und zwar mit zwei Takten (von Takt 359 bis Takt 357, entsprechend III_2 Takt 325).

Insgesamt bewirken diese "Präzisierungen" eine kräftige dramatische Konzentration und Verdeutlichung. Vor allem deuten sie an, dass die HTh_c-Instanz eine Rolle als Repräsentant für ein "zerstörerisches" Prinzip in der nachfolgenden Passage einnimmt. Dies zeigt sich bei einem Vergleich zwischen den beiden früheren Fassungen nicht besonders deutlich – eine Betrachtung der spätesten Version 1888/89 erweist aber signifikante Unterschiede im dritten Durchführungsfeld, wo sie im eben behandelten Zusammenhang (dem zweiten Feld) der Fassung 1877 folgt.

Im spätesten Konzept lassen sich drei derart verdeutlichende Änderungen registrieren. Zunächst hat das Satzbild zusätzliche dramatisch agitierende Einzelheiten erhalten wie etwa die Tremoli in den Bratschen (III_3 Takt 321 ff.) und die angstgeprägte, doppelte Diminution des Rhythmus im durchgehenden HTh_c^1-Motiv der Celli (in den Takten 322, 324, 326 und 328).[59] Beides deutet auf eine Verschärfung des Ausdrucks im Verhältnis zur ruhig pulsierenden bzw. schwingenden, rein Momentum-erschaffenden Begleitungsschicht der früheren Fassungen. Zum zweiten verzichtet die letzte Bearbeitung auf die Umkehrung des HTh_c^1-Motivs, die in den beiden älteren Fassungen Anteil am Beginn der Entwicklungspassage hatte (Hr. Takt 360 ff. bzw. Takt 326 ff.). Hierdurch wird in der letzten Bearbeitung das bedrohlich wirkende, ostinat absteigende Bewegungsmuster des benutzten Motivs unterstrichen (Takt 321 ff.).

Dies wird nun allein durch den stufenweisen Anstieg der harmonischen Grundlinie kompensiert; aber – zum dritten – ebenfalls dieser satzmäßige Faktor erscheint in der späten Bearbeitung in gewissermaßen dämonisierter Form. Mit einer Erweiterung von nur zwei Takten im Verhältnis zur früheren Fassung wird das chromatische Element in der Führung der Fundamenttöne auf das doppelte erweitert, während der harmonische Rhythmus gleichzeitig eine ungefähr entsprechende Zunahme an Geschwindigkeit erfährt. Die beiden bearbeiteten Fas-

---

[59] Insgesamt ein deutliches Beispiel für die durchführungsmäßige Substanzform, die Mitschka, mit besonderem Blick auf Schumanns Durchführungstechnik, "Unruhefiguration" nennt (op.cit. S. 143).

sungen stimmen in diesem Crescendo-Zusammenhang in der Einführung des HTh$_a$-Initials in Engführung und nachfolgend als primär rhythmische Gestalt überein (III$_2$ T. 334 ff., Trp. und Pos.; III$_3$ T. 335 ff., 3.Hr. und Trp.). Im Lichte der nach wenigen Takten eintreffenden Kulmination in Gestalt des unisonen, apotheotischen *ff*-Einbruchs des HTh$_a$ können derartige vorbereitende Zeichen wohl in keiner Weise überraschend vorkommen.

Notentafel, 72 a-b

Diese Änderung lässt sich aber dennoch auf verschiedene Weisen interpretieren:

In der hier präsentierten analytischen Optik versteht sich die vorbereitende Einfügung des unmittelbar nachfolgend massiv einbrechenden Hauptthemas als Glied einer Dramatisierung in der formalen Entwicklung, als leitmotivisch geprägte Verdeutlichung derselben innerhalb einer antagonistischen Perspektive: das eigentliche Hauptthema kämpft sich zu seiner Befreiung hindurch. Allerdings zieht der Komponist im weiteren Verlauf des Satzes nicht die logischen Konsequenzen aus diesem prozessualen Moment; was deutlich aus den nachfolgenden Ereignissen bis hin zur konventionellen Reprise hervorgeht.

Thomas Röder betont demgegenüber – auf einer analytischen Grundlage, die, wie auch die vorliegende Interpretation, sich nicht mit rein formalistischer Beschreibung ohne dramaturgisch nachspürende Tendenzen begnügt –, was er als einen Vorzug an Bruckners erster Realisierung auffasst, der Fassung 1873, die – als einzige – jegliche Teilhaberschaft des HTh$_a$ oder dessen, was Röder das Motto-Element nennt, am Crescendoverlauf vermissen lässt:

> [...] Zum Grundkonzept des Werkes gehört der einfache und in seiner Ausführung wirkungsvolle Gedanke einer "motivisch-formalen Umkehrung": das Crescendo wirft an seinem Ende ein Unisono aus. Und hier trägt das ursprüngliche Unisono-Thema [HTh$_c$] die Steigerung; das Motto, das in der Exposition dem Crescendo voranging, löst hier den dynamischen Druck.
>
> [...] In dem eingefügten Bläsersatz [dem HTh$_a$-Einschub der Bearbeitungen, *B.M.*] tritt [...] in formaler Hinsicht eine vereinheitlichende Tendenz in Erscheinung, [...] die – von der Erstfassung her gesehen – den Grundgedanken trübt und [...] den Eindruck des Schematischen nicht ganz vermeiden kann. Jener Grundgedanke könnte vielleicht sein: das Motto als abgeschlossene Einheit braucht das von vornherein entwicklungshaft angelegte Hauptthema [HTh$_c$[60]] mit seinen Planeten [...] als formkonstitutiven Gegensatz.[61]

---

[60] Vgl. die Diskussion im vorherigen Kapitel S. 163 ff. über die thematische Präferenz innerhalb des Hauptthemenkomplexes in diesem Satz.

[61] Th. Röder: *Auf dem Weg zur Bruckner-Symphonie. Untersuchungen zu den ersten beiden Fassungen von Anton Bruckners Dritter Symphonie.* Stuttgart 1987, S. 54.

Dies ist zweifelsohne eine grundsätzlich korrekte Wertung der eigentlichen zentralen Formproblematik im Satz, – eine Wertung, die vor allem die Analyse des Durchführungsverlaufs im Kopfsatz der 4. Symphonie *gegensätzlich* bestätigen wird. Nur leuchtet nicht ein, dass sich die entscheidende thematische Wechselwirkung weiterhin, in einem durchführenden Zusammenhang, mit der Manifestation eines rein parataktischen, *unvermittelten* Polaritätsverhältnisses der beiden Hauptinstanzen des Hauptthemenkomplexes verbunden sein sollte, wie das Röder anschließend in seiner Argumentation zu behaupten scheint:

> Sieht man die Durchführung in diesem Licht, braucht die vom Hauptthema-Kopf getragene Steigerung keine eingelegte Motiv-Schicht, die den Ausbruch des Trompeten-Mottos vorbereitet und vermittelt.[62]

Während die *fausse* Reprise des "Werkthemas" durch alle drei Versionen ein völlig eindeutiges Unterfangen ist, gibt es wiederum große, dramaturgisch signifikante Unterschiede zwischen einerseits den beiden ersten Fassungen und andererseits der letzten Bearbeitung, von dem Augenblick an, da es darauf ankommt nachzuweisen, wie sich die überraschende, betrüblich reprisenhafte Hauptthema-Apotheose im weiteren Durchführungsverlauf sinnvoll entwickeln lässt. Nur ein grundsätzlich überzeugter Anhänger einer der beiden ersten Fassungen wird wohl hier berechtigende Argumente für eine der betreffenden Passagen finden (T. 405-442 (III$_1$) bzw. T. 367-404 (III$_2$)): sie entwickeln sich jeweils völlig tautologisch nach dem vorher erfolgten Themendurchbruch, so wie sie auch (mit unterbrochenen Anführungen des HThc^2-Motivs) damit enden, eine ebenso offensichtliche Ratlosigkeit betreffs eines möglichen Abschlusses der langen Durchführung des Hauptthemenkomplexes zu artikulieren.

Robert Simpson sieht die Ursache des Problems darin, dass das "Zitat" des Hauptthemas in seiner vollständigen, Reprisen-ähnlichen (aber dennoch auch erweiterten) Form zu einem zu frühen Zeitpunkt in der Durchführung erscheint:

> The development has not hitherto created sufficient momentum of its own to carry such a statement as this. [...] Things are made worse, moreover, when the sense of dead weight is made finally unmanageable by the continuation in stolidly square phrases with no more movement in them than in the average national anthem.[63]

Die entscheidende und konsequente Änderung in der letzten Bearbeitung des gemeinsamen unbefriedigenden "Lösungsmodells", das die beiden früheren Fassungen anbieten, besteht denn auch darin, dass als entwicklungshaftes Gegengewicht zum statischen Jubilieren der Themenapotheose eine neue Peripetie-vorbereitende Situation eingesetzt wird, die sich unmittelbar durch den plötzlichen Übergang zu einen agitierten *piano*-Satz zu erkennen gibt (III$_3$ Takt 373 ff.). Dass dies sinnvoll ist, ergibt sich eben im Lichte der gesamten bisher skizzierten Formproblematik. Und das obwohl die neue Passage ihre Entstehung auf der

---

[62] *Loc.cit.*

[63] R. Simpson: *The Essence of Bruckner*. London 1967, S. 70. Simpsons Auffassung, die sich in seinem späteren Beitrag ausdrückt: "The 1873 Version of Bruckner's Third Symphony", in: *BrJb* 1982/83, S. 28, dass diese Schwäche für die Urversion keine Geltung habe, kann ich nicht teilen. Man braucht nur die letzten zehn Takte des betreffenden Abschnitts (T. 433-442) zu betrachten, um festzustellen, inwieweit Bruckner ursprünglich "the desperate stamping up and down in the mud" vermied.

Basis technischer Erfahrungen, die Bruckner erst um die Zeit der Komposition der 8. Symphonie besaß, nicht verleugnen kann[64] – was diese Lösung für manche Kenner als ein allzu heterogenes Konzept disqualifizieren mag.[65] Simpson betrachtet übrigens diese letzte Bearbeitung als zwar *"momentarily impressive, but no more successful in dealing with the root problem"*[66], wogegen Paul-Gilbert Langevin, als einer von wenigen Kommentatoren, die in der schließlichen Fassung als Gesamtheit auch gewisse Vorteile erkennen will, meint – was ich mich, diesen Satz betreffend, anschließen kann –, dass

> la forme n'est pas remise en cause, et on peut considérer que [...] la partition à plutôt gagné en force expressive.[67]

Die tragende Idee der neu formulierten Passage ist eine kräftige Verstärkung der Interaktion zwischen dem HTh_a (von Anfang an: Hbl_l, Bässe) und den HTh_c-Instanzen (von Anfang an: Vl_l Takt 374, letzte Hälfte, und entsprechend die Takte 376, 378 und 380), während die letztere thematische Instanz in den entsprechenden Passagen der früheren Fassungen völlig fehlt. Diese ersten acht Takte hüllen sich auf charakteristische Weise in den Schattenakkord zum Es-Dur: den halbverminderten Septakkord auf F. Hier wird die c-Seite durch die ominöser wirkende c^1-Instanz repräsentiert. Darauf wird, mit der plötzlichen und blendenden Aufhellung der Harmonik, in eine stets deutlichere c^2-Gestalt übergewechselt. Die Harmoniefolge ist: F^7 (Takt 381), F^9, mit Weiterführung zu $\underline{M}$: Des-Dur (Takt 385); dann As^7 mit einer entsprechenden Progression zu Bruckners Durchbruchstonart *par excellence*, E-Dur, wo dieses Durchführungsfeld in dreifachem *forte* schließt (Takt 393 ff.).

Was hier triumphiert, ist namentlich das HTh_c^2 (Trp. Takt 394 f. usw.), das eine völlig andere, prozessual gesehen integrierende Funktion erhält als das in der Gestalt der fast resignierenden, geradezu zitathaften Nachsätze der "sprachlosen" Ausbrüche von Ekstase in den früheren Fassungen der Fall war. Aber auch das $HTh_a^{(1)}$ (besonders Hr., Pos., vor allem in T. 398-400) hat einen deutlichen Anteil hieran; vorher schon auch eher vermittelt, durch den triolisierten Rhythmus des c^2-Bestandteils (Trp. T. 386-397, vgl. ursprünglich $HTh_a^{(2)}$ Takt 8 f.). Bruckner hat hier mit anderen Worten den Zustand einer thematischen *coniunctio* etabliert[68],

---

[64] Vgl. ganz besonders mit VIII/4. T. 481 ff.

[65] Dem gegenüber mag man dann Franz Grasbergers wesentliche Betrachtung anführen: "Bruckner verwendet Erfahrungen aus späteren Werken für die Umarbeitung früherer, beobachtet Inspiration und Gestaltung durch Kontrollen und zieht die Konsequenzen daraus: [...] Das ganze Werk ist so durch zwei Jahrzehnte ununterbrochen in Bewegung gewesen, als der musikgeschichtlich einmalige Versuch, Entwicklungsstufen auszumerzen, um das Werk als geschlossenes Ganzes zu hinterlassen. Es geht Bruckner also letztlich bei den Überarbeitungen [...] um den Sprachcharakter an sich, und die Änderungen stehen immer unter dem Aspekt des Ganzen." ("Anton Bruckner zwischen Wagnis und Sicherheit. Aspekte einer Bildrevision", in: *BrS 1977. Bericht*, S. 15.)

[66] Simpson, *op.cit.* S. 70 f.

[67] P.-G. Langevin: *Anton Bruckner. Apogée de la Symphonie.* Lausanne 1977, S. 135.

[68] Vgl. Bo Marschner: "Den cyklische formproces i Anton Bruckners Symfoni nr. 8 og dens arketypiske grundlag", in: *DAM* 1981, S. 43 et passim. (Gekürzte deutschsprachige Version: "Die 8. Symphonie von Anton Bruckner und seine archetypische Grundlage" in: *Berliner Beiträge zur Musikwissenschaft* 1996/1, S. 3-29.)

der sein exaktestes Gegenstück im Kopfsatz der 8. Symphonie T. 225-249 hat. Wie in diesem Werk wird hierdurch die abschließende Kulmination der Durchführung markiert, aber in wesentlich weniger düsterer Ausformung wie dort. Damit stimmt auch überein, dass die c^2-Instanz von Anfang an eher für den vermittelnden und nicht den antagonistischen Aspekt der charakteriellen Polarität innerhalb des Hauptthemenkomplexes stand. Zugleich hat diese Themenvereinigung (oder -Kombination) einen völlig anderen Bezug auf die bevorstehende Reprise.

Mit der wiederholten Triolenvariante des stufenweise ansteigenden, diatonisierten c^2-Motivs gegen Ende dieses Entwicklungsverlaufs hat Bruckner (vgl. Exposition T. 92-103 (ff.)) eine formal prä-stabilisierte Verbindung zwischen diesem und dem nachfolgenden letzten Durchführungsabschnitt (Takt 405 ff.) genutzt, die – in allen Fassungen – zunächst das Seitenthema kurz in melodischer Umkehrung ausspielt, darauf in der ursprünglichen Gestalt, unter Beifügung eines völlig neuen, sangbaren Kontrapunkts (1. Violinen).

Diese thematische Verkoppelung kann aber nicht einmal mit einer derartigen "Begründung" den Schlussabschnitt über ein – zweifelsohne beabsichtigtes – rein epilogisches Gepräge hinaus heben.[69] Auf genau dieselbe Weise charakterisiert Bruckner das entsprechende Feld in der 4. Symphonie (IV$_2$): in beiden Sätzen wurde das Seitenthemenmaterial in der Durchführung soweit zurückgedrängt, dass es als Pufferzone zwischen einem durchführungsmäßig Höhepunkt-betonten und dem konventionell reprisenhaft angeführten Hauptthema funktioniert. Die 3. Symphonie markiert bloß ihre andersartige psychische Sphäre durch die abschließenden Choralphrasen, welche in den bearbeiteten Fassungen die Wagner-verehrenden Reminiszenzen von Isoldes "Liebestod" und dem "Schlafmotiv" der *Walküre* durch eine "Nabelschnur" (Sigmund Freud) zum Hauptthema der 2. Symphonie ersetzt haben.[70]

WAB 103 ⇒ S. 375; S. 343 (Finale)

WAB 104 ↗ S. 240

Der Übergang vor dem eigentlichen Beginn der Durchführung in der *4. Symphonie* wurde, wie auf S. 241 f. vorgreifend erwähnt wurde, in den beiden Fassungen sehr unterschiedlich ausgeformt. Besonders die Verwirklichung in IV$_1$ ist geprägt von ausgesprochen retardierenden Zügen (vgl. die verborgene Seitenthemareferenz), während IV$_2$ nicht nur ein nicht-thematisches Latenzmoment enthält (in den Streichern), sondern darüber hinaus auch Einzelheiten, die auf den nachfolgenden Formabschnitt hin deuten, besonders das Hauptthemeninitial der Holzbläser in rhythmischer bzw. proportionsmäßig variierter Form. Auch was

---

[69] Notter beschreibt, trotz des deutlichen epilogischen Gepräges, der Umkehrungsprozedur usw., diesen Kontext in einer etwas unrealistischen Perspektive (*op.cit.* S. 73): "Mit [dem Seitensatz] könnte die Reprise fortfahren, vorausgesetzt, die Klimax der Durchführung wäre mit der Reprise des Hauptthemas gleichgesetzt worden." Reprisenhaft ist dieser Durchführungsepilog doch wohl noch am wenigsten, und die vorhergehende Hauptthemen-Coniunctio ist es ebenso wenig.

[70] Notter hat Bruckners Selbstzitat nicht erkannt, konstatiert aber (ebd.) "einige undefinierbare Zitate". Abgesehen davon, dass es sich nur um dieses eine Zitat handelt (III$_2$/III$_3$ T. 415-430), wundert einen, wie der Verlauf derart bestimmt werden kann ohne eine genauere Einkreisung seiner Herkunft.

die harmonische Grundlage angeht, unterscheiden sich die beiden Verläufe sehr: harmonisch gesehen zeichnet sich das erste Konzept hier durch ein modales Gepräge aus, besonders durch die choralhafte Akkordreihe T. 183-189 (IV_1); sie endet in einem plagalen Halbschluss, aus dem die Dominante (F-Dur) unaufgelöst weiter geführt wird als erstes tonales Zentrum der Durchführung (Takt 191). Die bearbeitete Version des Übergangssatzes wird von einer Wagnerischen Chromatik geprägt, die sich auch in der harmonischen Fundamentbewegung konsequent durchsetzt: B-Orgelpunkt (mit chromatischen Gleitungen in den Oberstimmen), H (Des_7^7), C ($Dom._{Vh.}$, $Dom.^7$) zu F.

Ab Buchstabe H (in beiden Fassungen), mit dem Ansatz einer zielbewussteren thematischen Verarbeitung durch die Zusammenführung beider Hauptthemengestalten in einem immer noch völlig entspannten Kontext, ergibt sich für eine Weile wieder ein hohes Maß an Übereinstimmung zwischen beiden Versionen. Die Bearbeitung fügt vor allem Umkehrungsfiguren von HTh_a (T. 222-224, Oboe und T. 237-244, Flöte) hinzu und eliminiert dafür die rhythmisch kapriziösen Elemente der ersten Fassung mit ihrem verschleierten Bezug auf HTh_a (IV_1: Trp. T. 198-203 und Takt 217 ff.).

Eine durchgreifende Vereinfachung wurde dagegen im nachfolgenden, crescendierenden Verlauf durchgeführt (IV_2 T. 237-252, vgl. IV_1 T. 215-228), und einige der hier vorgenommenen Änderungen scheinen viel auszusagen über die Profilierung der spezifischen Physiognomie des Satzes, besonders im Verhältnis zum völlig anders gearteten Grundcharakter der 3. Symphonie; während andere eher als typisch für Bruckners allgemeine Revisionspraxis erscheinen.

Was letzteres betrifft, handelt es sich vor allem um den Einsatz einer andersartigen, eher gedämpften Gestaltung der ekstatischen Dimension in der crescendierenden Entwicklung: die sehr gestisch betonten, fast ungehemmten Cello-Figurationen der frühesten Version (besonders T. 219-228) wurden restlos geopfert zu Gunsten des konventionelleren Ausdrucksmittels eines harmonisch und klanglich-dynamisch unterstützenden Tremolos. Es kommt hinzu, dass die tonale Destination dieses Crescendos, die in der ursprünglichen Fassung weitest möglich vom Ausgangspunkt F-Dur entfernt lag, nämlich h-Moll (das ultimativ über Fis-Dur erreicht wird in Takt 229), in IV_2 der Tonika so nahe liegt wie es-Moll (T_v), das über Ges- und B-Dur erfolgt. Diese dynamisch entladenden Strata enden beiderseits in B-Dur (IV_1 Takt 253, IV_2 Takt 287).

Die strukturell gesehen entscheidende Änderung ist nun aber mit Bruckners Vereinfachung der thematischen Komplexität verbunden, die den Crescendoverlauf in IV_1 beherrscht, woran beide Hauptthemenelemente Anteil haben: HTh_a besonders in den Hörnern, HTh_b in den 1. Violinen. Die Revision dieses Abschnitts führte zu einer Eingrenzung der einbezogenen thematischen Faktoren auf HTh_a, was unmittelbar wohl darauf abzuzielen scheint, einen eindeutigeren Ansatz für das gleich folgende erste Höhenplateau zu bilden. Dieses stützt sich, in beiden Fassungen, allein auf das $_b$-Thema (T. 229-254 bzw. T. 253-288).

Betrachtet man den Zusammenhang aber genauer, drängt sich eine andere, wesentlichere Erklärung auf: die Änderung könnte sich auch auf Erfahrungen gründen, die Bruckner kurz vorher unter der Revision der Durchführung im Kopfsatz der 3. Symphonie machte. In dieser Verbindung wurde nämlich thematische Interaktion in die entwicklungsmäßigen Verläufe eingeführt, um eine *a priori* bestehende Polarität innerhalb des Hauptthemenkomplexes zu verdeutlichen. In der revidierten Fassung der 4. Symphonie dagegen wird eine solche Interaktion zurückgezogen, sobald ein "Gärungsprozess" einsetzt, was durchaus denkbar vor dem Hintergrund einer spezifischen Erkenntnis Bruckners erfolgte, dass es in diesem Satz eben kein antagonistisches Verhältnis zwischen den beiden Hauptthemen-Repräsentanten gibt; statt dessen entfalten sie sich als sich gegenseitig ergänzende und in allen wesentlichen Punkten bestätigende Einheiten: das HTh_a als ein eher ruhendes Element, dessen Entwicklung sich fast völlig innerhalb des Rahmens eines harmonisch/melodischen Changierens abspielt; das HTh_b als ein expansives, in erster Linie dynamisch entwickelndes Komplementärelement.[71]

Das deutlichste, zugleich aber auch subtilste und denkbar raffinierteste Argument für diesen Sachverhalt bietet Bruckner selbst unmittelbar nach dem Abschluss des $_b$-Höhenplateaus – und natürlich nur in der bearbeiteten Fassung: unmittelbar im Anschluss an die endgültige Kulmination des ff-Themas kehrt das HTh_a zurück und entwickelt sich darauf hin zu einem zumindest entsprechenden Höhenflug (T. 289-333). Hier ist es nun aber nicht die ursprüngliche Tonikagestalt mit deren Quintenfall und -Aufstieg, die seinen Ansatz ausmacht, sondern deren unmittelbare Fortsetzung; was also den Takten 5-8 mit der Moll-plagalen harmonischen Bewegung entspricht ($II^{7\,\flat 6}$- I), melodisch im $°6$-Fall ausgedrückt. Konkret bedeutet das, dass der unmittelbar voranstehende Ausklangsakkord im HTh_b hier gleichzeitig als Beginn vom HTh_a wirkt. Bildlich gesprochen reichen die beiden Themen einander die Hand, erklären, dass sie von Anfang an ein zwangfreies und konziliantes Verhältnis zueinander hatten.[72] Sieht man sich

---

[71] Letzteres soll natürlich nicht so verstanden werden, als ob sich das HTh_b nicht auch in der harmonischen Dimension entwickelte. Ganz im Gegenteil wurde schon bei der Analyse der Hauptthemen-Exposition festgestellt, dass eine gewisse ursprüngliche Gleichheit zwischen beiden HTh-Instanzen besteht, soweit es eine harmonisch-tonale Umkolorierung betrifft. Die Entfaltung des HTh_b in der Durchführung, die im großen und ganzen innerhalb von Moll-Tonarten verläuft (IV_2: es-, as-, f-, g- und b-Moll) unterstreicht ebenfalls diesen Sachverhalt. Seine Bestimmung als primär dynamischer Faktor liegt daran, dass das Thema an keiner Stelle des Satzes anders als in einer ff-Gestalt oder nur vorübergehend in *piano*, und im letzteren Fall mit einer "gärenden" p-Dynamik.

[72] Diese Stelle wird von Notter auf zweifelhafte Weise interpretiert (*op.cit.* S. 73 f.): "Wenn die nächste Variante auf die "Naturmelodie" zurückgreift (T. 289 ff., vgl. T. 217 ff.) [IV_2], dann schließt sich ein regelrechter Bogen um diese doppelte Klimax-Variante, und ihre unbeabsichtigte Reprisenwirkung ist gemildert." (Vgl. auch seine Annahme von Reprisenzügen in seiner Analyse der Durchführung in III/1., oben Anm. 69.)
Auch Kurth gibt kein genaueres Verständnis dieses Zusammenhangs oder bloß seiner momentanen Wirkung zu erkennen. Der springende Punkt ist nicht etwa, wie das Kurth als einzigen Punkt anführt, "die herrlich naturhafte Klangtrübung zum Ges-Durakkord" [Takt 289] – eine Verdunkelung, die erst im folgenden Takt völlig manifest wird mit dem Abstieg der kleinen Sexte auf dem halbverminderten c'-Akkord = dem Schattenakkord von B-Dur (B-Dur folgt denn auch in T. 201). Und die Fortsetzung Kurths teilt entsprechend nur seine Registrierung einer diffusen Kohärenz mit und nicht etwa eine Erklärung des formalen Sinnes in diesem Sachverhalt: "Das Bemerkenswerteste an dieser überaus verfeinerten Formkunst liegt darin, wie die plötzliche Aufnahme des vollen Klangzuges in dünnste Lichtausbreitung bei aller Gegensätzlichkeit gar nicht unvermittelt wirkt." (*Op.cit.* S. 622.)

nun die frühere Version dieser Stelle an: mit dem Hauptthemen-Initial in Es-Dur (also Tonika auf Tonika!) und dessen bloß transponierender Fortsetzung: vom reperkussiven Quint-Ausschlag in B-Dur zu derselben Figur in m: Des-Dur (T. 255-261), so wird die Verdeutlichung des charakteriellen und wechselseitig funktionellen Verhältnisses in der Hauptthemen-Dualität, welche die Revision dieser Stelle schuf, auf indirekte Weise nur verstärkt.

Für eine abstrahierende Betrachtung gibt es viele Parallelen zwischen den Durchführungen der dritten (hier allerdings besonders in der sehr späten Version III$_3$!) und der 4. Symphonie: eine einleitende, latenzbetonte Passage, ein Crescendoverlauf, zwei Höhenplateaus (in III$_1$ und III$_2$ dagegen nur *ein* derartiges) – jeweils von einem eigenen Thema beherrscht – sowie ein Durchführungsepilog auf der Basis des Seitenthemas. Dieses Bild wird nun aber, wie schon dargestellt, in hohem Maße und auf weitere als die bislang hier nachgewiesenen Weisen zu modifizieren sein. Von größter Bedeutung in diesem Zusammenhang ist, dass die 4. Symphonie – die nun allerdings keineswegs eine Umkehrungstechnik in der Durchführung benutzt (was in Verbindung mit den hier gegebenen Themen auch zu wenig führen würde) – von jeder Annäherung an unausgereift reprisenhafte Züge Abstand nimmt.[73] Hierzu trägt, soweit es das HTh$_b$ betrifft, außer dem durchgehenden Moll-Charakter auch die Intensivierung auf rhythmischer Ebene durch die Einführung simultaner Polyrhythmik bei – namentlich in der früheren Fassung, vgl. z.B. die Engführungen in den ersten Takten dieses Abschnitts (Blechbläser Takt 229 ff.) –, wie auch die Erweiterung des thematisch-metrischen Grundmoduls von zwei auf vier Takte.[74]

Was das HTh$_a$ betrifft – ein undankbares Objekt für "Bearbeitungen" nach anderen klassischen Methoden als denen kontrapunktischer und rhythmischer Art – ist Bruckners Disposition als bemerkenswert anzusehen[75], insoweit als er mit der regulären Transformation des Themas zu einer Hymne in choralartigem Satz (IV$_2$ T. 305-325; IV$_1$ T. 275-295) seine typischste Durchführungs-Alternative, die variantenhafte Entwicklung, weitgehend überschritten hat. Es handelt sich hier eher um eine extreme Form kontrastierender Ableitung.

August Halm – der z.B. niemals das frei eingeführte Moll-Thema in der Durchführung des Kopfsatzes in Beethovens 3. Symphonie akzeptieren konnte[76] – gab Ausdruck für Bewunderung wie auch ein Bewusstsein um den "kritischen"

---

[73] Notter stellt allerdings höhere Anforderungen an die Verwirklichung der Durchführung als eines Beispiels für eine begriffsrealistische "objektive Form", insoweit als er in dieser Verbindung sagt (*op.cit.* S. 74.): "Die Gesamtanlage der Durchführung bleibt weiterhin ungenügend. Bruckners Fähigkeit, an jeder beliebigen Stelle der Form festgefügte Themencharaktere zu erzeugen, liegt solange brach, als die Charaktere nicht wirklich mit der objektiven Form vermittelt werden."

[74] Nach den ersten beiden viertaktigen Modulen (T. 253-260; IV$_1$: T. 229-236) setzt eine Intensivierung des harmonischen Rhythmus bzw. der motivisch generierten Metrik ein (2 Takte → 1 Takt), während der Abschluss wiederum von viertaktigen Einheiten dominiert wird – allerdings mit völliger Deutlichkeit nur soweit es IV$_2$ betrifft (T. 279-286).

[75] Was die Freiheit betreffs der Motiventwicklung angeht, gibt es die Andeutung eines Parallelfalls in I/1. Takt 144 ff. (Hr.), vgl. oben S. 268.

[76] Vgl. A. Halm: "Über den Wert musikalischer Analysen I: Der Fremdkörper im ersten Satz der Eroika", in: *Die Musik* 1928-29, S. 483.

Charakter dieser Gestaltung Bruckners:

> Dem ersten Motiv, das bisher als ein kurzer Ruf erschienen war, ist es jetzt bestimmt, zu einem Hymnus zu werden. Dieser Sonnengesang darf als seine ideale Gestalt gelten, [...] die der Sonatenform [...] schon entwachsen ist und nur eben hier einmal erblickt werden durfte; denn Bruckner hat [...] das Einmalige, Exzeptionelle der Durchführung erkannt; hat gefühlt, daß an dieser Stelle eine melodische Breite, ein gesangliches Leben gewagt werden kann, das sonst die Form gefährdete.[77]

Dass dieser "Hymnus" seinen motivischen Ursprung im HTh$_a$ durch die Rhythmik – und übrigens auch soweit es die verwendete metrische Einheit von vier Takten betrifft – deutlich verrät[78] (vgl. auch dessen ursprüngliche Art sich zu entfalten), das *hört* man eigentlich nur in der Urversion, insoweit als hier unmittelbare diminuierte Hauptthema-Initiale zwischen den drei "Verszeilen" eingefügt sind (Takt 281 f. u.a.m.). Dass diese entfernt wurden, ist nur ein konsequenter Schritt auf dem Weg zu der für Bruckner charakteristische, variantenhaft transformative Art der Durchführung (die allerdings nicht den einzigen Typus ausmacht, wie sich schon bald am Kopfsatz der 5. Symphonie erweisen wird).

Auch der kurze, verlangsamende Durchführungsepilog, der die deutlichste formale Analogie zur Formanlage der 3. Symphonie aufweist, hat ein völlig eigenes Gepräge, das seinen indiskutabel schematischen Status modifiziert.[79] Und eine Betrachtung des ursprünglichen Satzkonzeptes an dieser Stelle, die eine 40 Takte lange, accelerierende "Durchführung" dieses Epilogs aufweist (IV$_1$ T. 339-378), offenbart ein völlig individuelles Moment im Verhältnis zum Parallelverlauf des vorhergehenden Werkes:

Die in III/1. vorhandene Bearbeitung des Seitenthemenkomplexes, durch melodische Umkehrung, ist völlig vermieden. Die motivische Technik passt sich statt dessen eher an die Art thematischer Profilierung an, die der unmittelbar vorangehende Hauptthemen-Zusammenhang ausdrückte: eine Paraphrasierung eines bestimmten thematischen Moments bei einer Erweiterung des dahinter stehenden charakterlichen Potentials. Hier erfolgt dies (IV$_2$ Takt 333 ff., IV$_1$ Takt 307 ff.) durch eine thematische Bildung, die als ein gewissermaßen neues Thema erscheint[80], nicht so sehr als Folge der Augmentation der thematischen Vorlage – wenn diese auch die Kantabilität wesentlich verstärkt, das kapriziöse Grundgepräge also durch einen eigentlichen sangbaren Ausdruck ersetzt – als vielmehr auf Grund der Zusammenfügung in der melodischen Linie von zwei früheren Begleitlinien, die beide motivisch überdeckte Kontrapunkte waren.

---

[77] *Die Symphonie Anton Bruckners.* München $^{3\cdot}$1923, S. 49 f.

[78] Kurths Analyse dieser Passage (*op.cit.* S. 622 f.), die unter Mitreflexion der vorbereitenden (freien) Bratschenmelodie und deren Fortsetzung (nun auch in den Holzbläsern erfolgt, muss als eine allzu weit gehende Deutung betrachtet werden. Ihr Fazit ist "eine Synthese der drei [Expositions-] Themen!".

[79] Auch in der 2. Symphonie wurde das Seitenthema als eploghafter Schlussabschnitt in der Durchführung eingeführt. Diese Tendenz einer "Teil-Schematisierung" ist, wie es scheint, Notters Aufmerksamkeit entgangen.

[80] Auch in III/1. war dies der Fall, kraft der freien Fortsetzung der Umkehrung des Seitenthema-Initials.

Das ganze sieht so aus (IV$_2$): die melodische Führung der 2. Violinen wird T. 336 von Vl.1 übernommen. Der erste Faden geht zu den Bratschen T. 75-77 zurück; die Fortsetzung entstammt den Celli Takt 76 f. Und wäre der Kontrapunkt der Bratschen nicht im Seitenthementeil der Exposition schon einmal melodisch führend erschienen (Takt 97 f., Vl.1), dann wäre diese Transformation unmittelbar wohl kaum überhaupt erfassbar. Erschwert wird dies durch den Nachsatz, T. 338-341, der das noch wesentlich verdecktere Fragment des Kontrapunkts in den Celli sequenziert. In der früheren Fassung erscheinen diese Ableitungen deutlicher; aber die Form thematischer Entwicklung, die man dieser Version entnehmen kann, qualifiziert eine solche Deutlichkeit nicht unbedingt als Vorzug. Sie gründet sich denn auch nur darauf, dass der Durchführungsepilog hier das Motiv des Übergangsgliedes zwischen Exposition und Durchführung in derselben Version wieder aufnimmt (vgl. namentlich IV$_1$ T. 307-311, Vla. → Vl.1, mit T. 169-175, Kl./Fag. → Vc.).[81]

Bei der Revision des Satzes strich Bruckner (vgl. oben) eine lange Ausspinnung des "Epilogthemas" (Buchst. N bis P). Die Eliminierung dieser Passage erfolgte wohl kaum nur, um die Durchführung dem Modell der 3. Symphonie anzunähern, obwohl die Verkürzung auch eine deutliche Reminiszenz des Durchführungsschlusses in III$_1$ einbefasste: eine weitere Paraphrasierung der "Schlafmotiv"-Akkorde aus der *Walküre* (T. 327-334; vgl. III$_1$ T. 479 ff.) – dieses Detail wurde bei der Revision des früheren Werkes ebenfalls verworfen. Da das zitathafte Element in der von Bruckner genannten *"Wagner-Symphonie"* entfallen war, konnte es in der vierten um so weniger verbleiben.

Hätte sich die Verkürzung auf das Entfallen dieser Choralphrasen beschränkt, dann hätte das nun aber die motivische Gemeinschaft zwischen dem Epilog der Durchführung und dem nachfolgenden Entwicklungsabschnitt verstärkt. Bruckner war sich also vermutlich bewusst, dass die von ihm benutzte motivische Bearbeitungsweise in der abschließenden, belebenden Durchführungspartie in IV$_1$ keinerlei Zusammenhang mit der Art thematischer Entwicklung aufwies, die die vorhergehenden Abschnitte kennzeichnete. Die Mittel sind hier nämlich rein quantitativer Art: Anhäufungen von Motivfragmenten. Das Epilogmotiv wird fragmentiert, vgl. (IV$_1$) Bässe T. 340-342 etc. und ebenso Takt 349 etc., obzwar die beiden Rudimente durch die vollständige Anführung des Epilogmotivs in Takt 345 m.Auft. (und T. 348 m.Auft.) verbunden werden. Auch das HTh$_a$ des Satzes ist hier, in rudimentärer Gestalt und mehr oder weniger kontinuierlich, an diesem Verlauf beteiligt: vgl. Hörner Takt 341 ff.

Eine – völlig abstrakte – Feinheit ist in diesem Zusammenhang der Anteil des 3. Horns an der motivischen "Zerstäubung", die in T. 367-377 als Assimilation des einleitenden, charakteriell bestimmenden Initial des Seitenthemas zu verstehen ist. Die Quantifizierung, die allmählich in reguläre melodische Auflösung über-

---

[81] Des weiteren ist festzuhalten, dass die motivische Schichtenbildung in der Seitenthemen-Exposition der Erstfassung noch komplexer strukturiert ist als in der Revision: siehe das Cellomotiv in Takt 72 f. (m.Auft.) in IV$_1$; eben dies manifestiert sich in den 1.Vl$_l$ T. 308-311 (sowie T. 316-319 und T. 324-327).

geht, beinhaltet namentlich ein Problem im Verhältnis zum bevorstehenden kapitalen Formeinschnitt. Eine Detailrevision hätte aber sicher ein wirksameres Abbremsen mit sich bringen können als das hier der Fall ist, wo die Vermittlung mit dem ruhigen Beginn der Reprise auf äußerst dürftige Weise durch die "retardierende" Doppelschlagfigur der Flöte in Takt 378 erfolgt.[82]

Für diese unverarbeitet wirkende, spontane, ja grundlegend improvisatorisch geprägte "freie Entwicklung" – hier als Übergangsglied zu dem wiederum gebundenen formalen Zusammenhang der Reprise – gibt es zwar Beispiele auch in anderen Symphonien[83], solche Gegenstücke finden sich aber vor allem in derselben Fassung dieses Werks, im Scherzo und im Finalsatz.

WAB 104 ➡ S. 385; S. 344, 370 (Finale)

WAB 105 ↗ S. 244

Die Durchführung im Kopfsatz der *5. Symphonie* sieht in mehreren wesentlichen Punkten anders aus als frühere entsprechende Abschnitte, und was das charakterielle Gepräge dieser Durchführung angeht, steht sie ziemlich allein unter Bruckners sonatenförmigen Sätzen. Nur im Kopfsatz der 8. Symphonie findet sich ein in etwa entsprechender Plan der thematischen Arbeit. Außerdem wird hier verdeutlicht, mehr als in irgend einem anderen Übergang zwischen den beiden ersten Hauptteilen des Sonatensatzes, dass Bruckners graphische Markierung einer Grenzlinie zwischen ihnen, wenn sich eine solche als mehrdeutig erweist, rein konventionell erfolgt, nach einem tonalen Kriterium. Was die Entwicklung betrifft, gibt es keine wesentliche Unterteilung – und im vorliegenden Satz noch weniger als das bislang der Fall war, insoweit als das abschließende Motiv der Exposition nicht nur nach dem Doppelstrich fortgesetzt wird, sondern auch anfänglich die Dominanttonalität F-Dur bestätigt (Takt 227 f., Hr., vgl. T. 221-223). – Völlig entsprechend gestaltet sich übrigens dieser formale Übergang im Finalsatz des Werks.

Die darauf folgende chromatische Verschiebung nach E-Dur, Takt 229[84] – in dieser Tonart wird auch abgeschlossen vor dem Tempowechsel in Takt 237 zum Adagio, mit dazugehöriger Wiederaufnahme von Material aus der Einleitung – spricht für die letztere Stelle als eigentlicher Übergang zur Durchführung: die ursprüngliche *Introduction* endete, was ungewöhnlich ist, in A-Dur; hier wie dort wird also die entscheidende formale Bruchlinie im tonalen Übergang nach dieser doch recht alternativen "T-D-Achse" markiert. Das wird denn auch nach einigen wenigen Takten einführenden Materials – was schon an sich eher eine Rückkehr zum Vorstadium der Exposition andeutet – bestätigt durch einen kur-

---

[82] Andererseits ist das eigentliche Reprisenmoment sehr raffiniert "defokussiert", so dass es sich zweifach mitteilt: Takt 379 mit der Tonika und den Dreiklangs-Umspinnungen in Fl. und Vl.1 sowie in Takt 381 mit der Anführung von HTh$_a$ in den Hörnern.

[83] Hier sei z.B. verwiesen auf die Entwicklung des Seitenthemas in der Durchführung des Finales der 1. Symphonie, T. 180-208.

[84] In mehrerer Hinsicht analog mit T. 225-228, beginnend mit einer Dom.^{7}- bzw. Dom.^{9}-Akkord mit unterliegendem Tonika-Grundton, und an beiden Orten mit einem Moll-Zug (Takt 225, Flöte: *es'''* zusammen mit dem C^9-Akkord; T. 231, Horn: *c''* auf dem E-Dur-Dreiklang).

zen Allegro-Einschub mit Engführung des Hauptthemas, und unmittelbar darauf, wiederum im Adagio-Tempo, durch die Einführung des Hauptthemas in den motivischen Zusammenhang der Introduktion, und dies obendrein mit einer für Bruckner typischen durchführungshaften Behandlung: die simultane Original- und Umkehrungsgestalt des Themeninitials (Oboen Takt 247 f.). In diesen beiden Takten erscheint denn auch das Pizzicato-Motiv der Introduktion in freier Umkehrung (in Vla./Vc.).

Nichts desto weniger werden der Introduktion hierauf zwölf weitere Takte zugestanden, um sich variantenhaft zu manifestieren, wobei allerdings die beiden letzten Takte, T. 259 f., die Fanfare des Aufschwung-Motivs mit ihrer b-Moll-Tonalität, einen Aufbruch signalisieren (in der Einleitung: Ges-Dur, B-Dur). Das Hauptthema, das sich nun zum ersten Mal unmittelbar hieran anschließt, kann diese neue Tonalität bestätigen als die, die es ursprünglich mehr oder weniger repräsentierte (vgl. T. 55-58). Damit ist ein thematischer Interaktionsprozess angestoßen – oder zumindest auf die Agenda der Durchführung gesetzt.

Vorläufig – und so geht es noch eine Weile weiter – gleicht das Gesamtbild nämlich einer üblichen Brucknerschen Durchführung: was Notter eine *"Variantendurchführung"* nennt[85], oder was bei Halm, unter einem etwas anderen Blickwinkel, wie folgt charakterisiert wird:

> Die Durchführung [...] als Gesetz von Form will den näheren unmittelbaren Verkehr der gegensätzlichen Themen; [...] die trennende Atmosphäre zwischen den Körpern fehlt hier, und die Körper selbst werden als leichter, geistiger behandelt. Die Durchführung dieser Art ist somit ein idealeres Reich, gleichsam ein Reich der Gedanken, die "nah beieinander wohnen"; was ihr vorausging, ist im Vergleich mit ihr das Reich der Realität, in dem die Sachen davor gehütet werden müssen, daß sie sich nicht stoßen und beschädigen.[86]

Der Unterschied zum traditionelleren Brucknerschen Durchführungsprozess manifestiert sich ab Takt 283, wo sich die Kategorie *Drama* unabwendbar zum ersten Male als formales Hauptanliegen innerhalb dieses Kontexts meldet – wobei zu bedenken ist, dass dieser Satz etwa zwei Jahre vor der ersten Revision des Kopfsatzes der 3. Symphonie komponiert wurde. Mit den nachfolgenden Taktgruppen wird vollends deutlich, dass die Einleitung des Werks nicht nur ein architektonisch funktionierendes Formelement nach klassischem Vorbild ausmacht, sondern dass seine drei unterschiedlichen thematischen Elemente für den weiteren Verlauf des Satzes Bedeutung haben als leitmotivisch geprägte Instanzen in einer Art "instrumentalen Drama" (Berlioz).[87]

Schon in der Exposition erschien das Hauptthema charakteriell geschwächt, und in der Durchführung stößt es mit einem anderen, von Anfang an ebenso deutlich kraftbetonten – und somit antagonistischen – Charakter zusammen: dem

---

[85] Notter, *op.cit.* S. 34.

[86] Halm, *op.cit.* S. 34 f.

[87] In dieser Verbindung wäre wohl zu erwähnen, dass Bruckner angeblich die 5. Symphonie als *"die Phantastische"* bezeichnete (M. Auer: *Anton Bruckner. Sein Leben und Werk.* Wien ⁵·1947 [1956], S. 297), obwohl sich dies wohl vor allem auf den kontrapunktischen Reichtum des Werks bezieht und weniger eine Referenz auf Berlioz' berühmte Symphonie ist.

rein elementär geprägten Aufschwung-Motiv. Diese Interaktion bedient sich der üblichen Prozeduren: Imitation, Engführung, Inversion, Motivüberlagerung, Abspaltung, Variantenbildung, Addition; und das alles mit einem zu Zeiten hohen Grad an Komplexität.

Eine in Einzelheiten gehende Darstellung des Verlaufs in diesem Prozess kommt weniger informativ vor als eine graphische Abbildung, die einen deutlicheren und schnelleren Überblick vermitteln mag; zugleich lässt sich aber der "Gang der Handlung" in wenigen Worten beschreiben: das Hauptthema wird geschwächt und schließlich völlig eliminiert. Die Takte 275-282 mit ihrer intensivierten Folge von Hauptmotivmaterial (im folgenden als I bzw. 1 bezeichnet), alle in Umkehrung, führen zu einem vorübergehenden Zuwachs an Energie in der Hauptthemen-Instanz (bis etwa Takt 283). Allerdings wird deren nachfolgende "Niederlage" dadurch nur um so größer. Auch die elementäre Gegenkraft (im folgenden: B bzw. b) unterliegt einer Fragmentierung, wird aber im Gegensatz zum Hauptthema dadurch nicht geschwächt; eher steigert sich ihre Wirkung mit der quantitativen Vermehrung, die z.B. eine Diminution des Motivs ermöglicht (vgl. Takt 291 ff. und Takt 315 ff.).

Unter dem gesamten intensiv interagierenden Prozess erscheinen nur zwei Beispiele dafür, dass eine motivische Identität sich im Laufe einer gegebenen Phrase ändert: Die Takte 287-290 beginnen in der Fl.1 als Motiv B, gehen aber in Takt 289 in ein stark variiertes Motiv 1 über. Und gegen Ende des skizzierten Verlaufs, Takt 307 ff., pendeln die Kl₁ auf jedem Takt zwischen Motiv b' und 1'-Motiven, in Originalgestalt und in Umkehrung. In Takt 311 hat die Hauptthemen-Instanz endlich völlig aufgegeben – und das gilt für jede hieran beteiligte Stimme.

Erläuterung zur Graphik (auf der folgenden Seite):

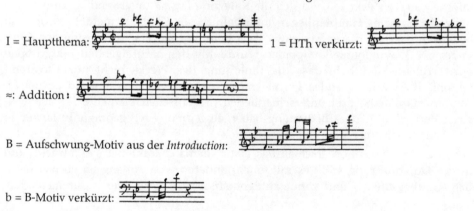

◊ = Umkehrung eines gegebenen Themas oder Motivs. ' = Motivvariante " = weiter variiert.
dim. = rhythmische Diminution.

5. Symphonie, 1. Satz: Durchführungstakte 261-311

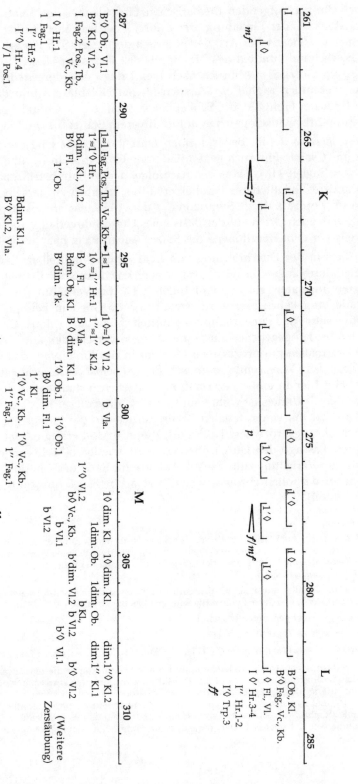

Figur

Auch die nachfolgenden thematischen Einschläge – des Seitenthemas wie auch des Motivs C der Einleitung: der Choral – wirken überdeutlich wie Handlungselemente dramatischer Art: der Einbruch der ersten STh-Phrase, Takt 325, der als *pp*-Blechchoral inmitten des "Triumphs des Todes" erscheint, ist ebenso eloquent wie sein plötzlicher Abbruch nach vier Takten und der wieder aufgenommene, aber wesentlich zaghaftere Versuch in den Holzbläsern und dann im Pizzicato der Streicher (Takt 331 ff.). Schließlich beendet ein *ff*-Choral von instrumentatorisch und thematisch gesehen autoritativerem Status diesen Teil des Dramas.

Diese letztere Replik bewirkt einen Durchbruch, der eine annähernde Parallele hat im *"Choral"*-Einbruch gegen Ende der Exposition in III_2 und III_3 /1. (Takt 203 ff. bzw. Takt 199 ff.).[88] Was den nachfolgenden Verlauf betrifft, handelt es sich um ein anderes, deutlicheres Parallelverhältnis, nämlich zu derselben formalen Position im Kopfsatz der 9. Symphonie[89]: der Anschluss an das Reprisenmoment erfolgt an beiden Orten auf der Basis eines Crescendoverlaufs, der in der Exposition jeweils vor dem Hauptthema des Satzes seinen Platz hat.

Wo dies in der Durchführung von IX/1. ohne unmittelbar "dahinter stehende" Begründung angesetzt wird[90], dafür aber mit demselben thematischen Auslauf in beiden formalen Zusammenhängen[91], ist das Verhältnis in der 5. Symphonie gerade umgekehrt: hier wird das Crescendo-Glied in beiden Fällen durch ein motivisches Analogieverhältnis vermittelt eingeführt (Motiv C), läuft dafür aber in den beiden gegebenen Zusammenhängen verschieden aus[92]: das tautologische, gewissermaßen prä-prozessuale Moment in der Einleitung, das sich darin äußerte, dass das C-Crescendo motivisch in sich selbst als Choral mündete (Takt 43), erscheint hier in einer Verarbeitung von ebenso markantem formprozessualem Charakter.[93] Und es ist wohl kaum zufällig, dass dieser Reprisenanschluss in Takt 347 ansetzt mit einem tonalen Bezug zurück auf die Initiierung des eigentlichen Durchführungsprozesses, T. 259-261, die in b-Moll erfolgte: hier, in der abschließenden Passage der Durchführung, wird wieder b-Moll erreicht, fast demonstrativ im Verhältnis zum Es-Dur-Akkord am Ende des Chorals (Takt 345): durch einen wiederholten chromatischen "Versatz": (*Es-*) *E* (unisono) - *F* (als $^6_4$-Vorhalt von b-Moll).

---

[88] (Vgl. Kap. III, Anm. 246.) Auf der Basis solcher ähnlicher Zusammenhänge und entsprechend mit dem Drama als – nicht ausgesprochenem – deutungshaftem Bezugsrahmen erklärte Georg Knepler den Choral als eine Lösung oder richtunggebende Instanz bei Bruckner; vgl. seine *Musikgeschichte des 19. Jahrhunderts*. Berlin 1961, S. 698.

[89] Weitere, detailliertere Übereinstimmungen zwischen thematisch-formalen Einzelheiten in den Kopfsätzen der 5. und der 9. Symphonie wurden oben beschrieben, vgl. S. 171 f.

[90] Vgl. betreffs der genaueren Umstände S. 317.

[91] Exp.: **X** – Cresc. (Takt 51 ff.) → **HTh.**   Durchf./Rp.: **Y** – Cresc. (Takt 321 ff.) → **HTh.**

[92] Exp.: **C** – Cresc. (Takt 31 ff.) → **C** – **HTh.**   Durchf./Rp.: **C** – Cresc. (Takt 347 ff.) → **HTh.**

[93] Dass das thematische Grundelement und seine Behandlung in diesem Zusammenhang anderen Detailänderungen unterlag – es ist auf $1^1/_4$ Takt konzentriert und wird später noch verkürzt; es erscheint in Engführung, ist in ursprünglicher Version wie auch in Umkehrung gleich stark repräsentiert –, und dass der Abschnitt von 12 auf 16 Takte erweitert wurde, das alles bezeichnet eine eher normale durchführungshafte Variantenform. In IX/1. handelt es sich letztendlich um die Wiederaufnahme von 12 früheren Takten, ohne dass allerdings eine sklavische Kopie vorläge.

Hierdurch wird eine neue Prozedur für den Anschluss an die Reprise in Bruckners Formkodex instituiert – zumindest im Zusammenhang eines Kopfsatzes[94]: Eine Crescendostruktur mündet kulminierend in eine *ff*-Anführung des Hauptthemas ein. Dies ist natürlich eine besonders motivierte Vorgehensweise für Fälle, wo die Exposition des Hauptthemas schon an sich eine solche *ff*-Version enthielt – und namentlich vielleicht dort, wo sich diese als Ergebnis eines Crescendos erwies. In diesem Fall wird nämlich der Weg frei für eine Formel, durch die sich die Reprise auf die denkbar einfachste Weise die doppelte Präsentation des Hauptthemas – die ja die Hauptnorm seiner Exposition war – ersparen kann. Und gerade im Kopfsatz der 5. Symphonie sind die Voraussetzungen dafür komplett gegeben.

Ebenso – zumindest fast ebenso – sieht es aus im ersten Satz der 6. Symphonie (so gibt es hier kein Crescendo vor der *ff*-Wiederholung des Hauptthemas in der Exposition), und die oben erwähnte Anschlussprozedur wird in diesem Satz denn auch benutzt, mit einer (später zu behandelnden) raffinierten Modifikation betreffs des eigentlichen Reprisenmoments. Sieht man dann weiter, setzt sich die Tendenz zu einer Schemenbildung um dieses Formmoment noch ein wenig fort: die Wiederholung des Hauptthemas in der Exposition der 7. Symphonie formte sich völlig anders als in den vorhergehenden Werken, nämlich als *p*-Ansatz; und der Reprisenmoment wird gewissermaßen entsprechend als ausgesprochen *Understatement*-geprägtes Element markiert: der Satz erreicht seinen Reprisenpunkt in unmerklicher Weise.

Die 8. Symphonie ist mit ihrer Disposition der ersten Themengruppe im Kopfsatz wiederum für einen ähnlichen Reprisenanschluss prädeterminiert wie das in der 5. und 6. Symphonie der Fall war, – sie bestreitet dieses Formmoment aber fundamental anders, eher an den Übergang in der Siebten erinnernd. Umgekehrt wurde, wie oben angeführt, die charakteristische Prozedur um die formale Zäsur in der 9. Symphonie erneut benutzt, hier aber ohne sich irgendwie auf den angegebenen themenstrukturellen Prämissen zu gründen.

Die formale Topographie nimmt sich mit anderen Worten allzu unterschiedlich aus, als dass man von einer eigentlichen Stereotypie sprechen könnte. Andererseits zeigt sich in diesem formalen Schnitt in den späteren Kopfsätzen deutlich ein schematisches Moment. Das folgende Kapitel wird näher darauf eingehen, wie sich Bruckners grundlegende Attitüde zur Problematik des Reprisenübergangs in fast allen Außensätzen der fünf späteren Symphonien mit Rücksicht auf eine gleichförmige großformale Perspektive gelagert ist.

Wir können aber den Durchführungsabschluss der 5. Symphonie mit seinem Status als Begründer einer neuen Vorgangsweise betreffs der Reprisenankupplung nicht verlassen, ohne uns noch Notters Behandlung dieser Frage anzu-

---

[94] Der nachfolgend beschriebene Modus findet sich zum ersten Mal im Finalsatz der 2. Symphonie (T. 366-388). Hier begründet er sich auf ähnliche Weise wie in den gegebenen Beispielen aus den Kopfsätzen, insoweit als das Reprisenmoment durch HTh$_b$ des Satzes eingelöst wird, das das *ff*-Element dieser Themengruppe ist, in einer b a'-Form. Die Reprise verkürzt dies dann zu einem b a-Zusammenhang.

sehen. Denn vor allem in diesem Punkt erweist sich, dass seine Wertung der gesamten Typus-Problematik um Bruckners Formkodex unter der retrospektiven Betrachtungsweise leidet, zu der die primäre Beleuchtung aus der Formgestalt der 9. Symphonie führt.

Schon die oben vorgenommene empirische Klassifikation der abschließenden, bzw. erfüllenden Charakteristika um den Übergang zwischen Durchführung und Reprise vermisst man im großen und ganzen bei Notter, von deren Hintergrund in gegebenen Strukturierungen der Themengruppe I der Exposition gar nicht zu reden. Und dabei gehören diese doch zu den wesentlicheren Elementen in einer Behandlung von *"Schematismus und Evolution"* bei Bruckner. Mängel dieser Art sollen durch die folgenden Analysen ausgebessert werden. Hier soll zunächst eine konkrete forminterpretatorische Frage in Ansicht genommen werden, die Notter in Verbindung mit dem vorliegenden Satz stellte. Er begreift den dramatischen Interaktionsprozess der Durchführung als eine *Fuge* – und sagt zu dieser sogar:

> Die Fuge ist ebenso "ironisch", als scheinbarer Rückfall in "vorschematische" Zeiten zu verstehen, wie die langsame Einleitung, – anders wäre sie wirklich ein *"dem Thema aufgezwungener Prozeß"* [Karl Grebe].[95]

Hier wäre anzumerken – da das mit einem späteren, zentraleren Anliegen zusammenhängt –, dass Notter mit der Volte des angeführten Zitats eine "widerspenstige", d.h. individuellere Durchführungslösung bei Bruckner umgangen hat durch die Formalisierung eines jeden thematischen Prozesses aus der Welt hinaus – selbst die lange, entscheidende Passage in diesem Formteil wird so auf eine Variante reduziert: die "Fuge" versteht sich nach dieser Betrachtungsweise, wie auch die *Introduction*, offensichtlich als formaler Bestandteil "im alten Stil", und als solcher ohne verpflichtende Funktion in einer Sonatensatz-Perspektive. Und die Durchführung berühre entsprechend nicht das Hauptthema, wie es sich unter einem prozessualen Gesichtswinkel ausnimmt. – Hier liegt nun aber eine Absurdität oder reine Spiegelfechterei vor.

Der dahinter stehende Irrtum begründet sich immer noch in einer Analysenperspektive *a posteriori*. Ungeachtet des Umstandes, dass tatsächlich Parallelen zum Abschluss der Durchführung bzw. zum Reprisenanschluss im Kopfsatz der 9. Symphonie vorliegen – worauf Notter allerdings nicht aufmerksam macht –, gründet sich seine Deutung der konkreten formalen Prozedur in der 5. Symphonie auf die Auffassung, dass der Inhalt der Neunten an "teilschematisierten Momenten" im Hauptthemenkomplex der Fünften noch nicht vorhanden ist:

> Das teilschematisierte Crescendo [...] wird zum Anschluß der Reprise benutzt, obwohl es gar kein Bestandteil des Hauptthemas ist. Das Hauptthema besitzt keine Teilstrukturen, die sich der Reihe nach durchführen ließen, darum greift Bruckner auf die Fuge zurück, um die Durchführung in einem einzigen Schema zu erledigen. Stattdessen weist die "Introduction" gewisse Teilschemata auf, die Bruckner *faute de mieux* in den Durchführungsablauf integriert.[96]

---

[95] Notter, *op.cit.* S. 83.

[96] *Loc.cit.* – Notter schreibt abschließend "Reprisenablauf", was wohl als Distraktionsfehler aufzufassen ist. Kurz zuvor erscheint in ein und demselben Zusammenhang der Begriff "objektive Form",

Nun verhält es sich aber so, dass derartige Teilschemata ja durch die drei thematischen Bestandteile der Introduktion vervollständigt werden. Besitzt das Hauptthema an sich auch keine "Teilstrukturen", so folgt daraus doch wohl nicht – oder jedenfalls nur wenn man dem ersten Satz der 9. Symphonie einen vorgezogenen Status in normativer Hinsicht zuschreibt –, dass ein Anschluss an die Reprise nicht bestritten werden kann von solchem Material, das eher indirekt eine katalysierende Funktion in Verbindung mit der Anführung des Hauptthemas erworben hat. Diese Problemstellung selbst ist mit anderen Worten falsch; die Blindheit des Gesichtspunktes zeigt sich aber nirgendwo deutlicher als bei einer genaueren Wertung der abstrakten Trennung zwischen der *"exterritorialen"* Adagio-Einleitung und dem eigentlichen Hauptthema des Satzes.

Es liegen nämlich tatsächlich gewisse Zusammenhänge zwischen ihnen vor, wie schon im vorigen Kapitel aufgezeigt wurde (vgl. S. 172), und wie die folgende Zusammenstellung ebenfalls andeutet:

Beispiel 73 a-c

– eine Kombination (a-b), die allerdings nirgendwo im Verlauf des Satzes konkret erscheint, die aber dennoch – wie das Hauptthema auf gewisse Weise mitklingt in der crescendierenden Ableitung des Chorals Takt 347 ff. (vgl. Takt 31 ff.) – zur Rechtfertigung der Disposition beiträgt, dass Bruckner eben dieses Motiv benutzt, um das Hauptthema zu seiner Reprise tragen zu lassen.

WAB 105 ➠ S. 351

WAB 106 ↗ S. 246

Der Mittelteil des Kopfsatzes der *6. Symphonie* ist unter allen Durchführungen Bruckners der kürzeste, und nur das Finale desselben Werks kann ihm in etwa den Rang streitig machen – 68 Takte gegenüber 64 im aktuellen Satz. Aber auch in seiner Funktionsweise prägen ihn eher Ausnahmen, insoweit als er eines der deutlichsten Beispiele für eine "Variantendurchführung" liefert. Dies stimmt grundlegend überein mit den bisher als für das Werk charakteristisch bemerkten Elementen im Verhältnis zu seinen Vorgängern, nämlich das stark angewachse-

---

der auch andernorts bei Notter vorkommt (vgl. Anm. 73), ohne dass seine Bedeutung eigentlich irgendwo verdeutlicht wird: "... es handelt sich nicht um ein Teilschema des Hauptkomplexes, sondern um einen Bestandteil der exterritorialen "Introduction", der hier abberufen und in objektive Form umgegossen wird."

ne Vorkommen von Variantenbildungen insgesamt.

Zugleich ist aber zu präzisieren, dass eine Potenzierung des Variantenbegriffs, die sich aus einem Vergleich über einen so großen formmäßigen Abstand wie den zwischen Expositions- und Durchführungsteil ergibt, mehr als eine Registrierung mutativer Sprünge in der motivischen Konturierung erfordert: sie ist Ausdruck für einen bestimmten Charakter, der auch in einem Satzabschnitt wie dem vorliegenden tiefe Wurzeln geschlagen hat. Dieser Charakter lässt sich definieren als latenzbetont im Gegensatz zu aktiv verarbeitend, oder als betrachtend im Gegensatz zu analysierend; einfühlend eher als abstrahierend, oder improvisatorisch mehr als konstruktionshaft oder "strategisch". Sein stärkster Gegensatz unter den bislang behandelten Sätzen zeigt sich folglich in den Durchführungen der Kopfsätze der 5. Symphonie und der revidierten 3. Symphonie, während sich die Vorgänger dieses Typus vor allem in der annullierten d-Moll-Symphonie sowie in der zweiten und vierten finden.

Was die 6. Symphonie angeht, begründet sich das Verhältnis um die Kürze der Durchführung und ihren eher speziellen Charakter eines entspannten Intermezzos zweifellos auf den beiden angrenzenden Partien: auf der elementären Kraftentfaltung, die in der Themengruppe III der Exposition erfolgte, sowie im hier exzeptionell dramatischen Moment der Hauptthemenreprise. Bemerkenswert stringent gesteuert wirkt eigentlich nur die tonale Entwicklung, die durch ihren klaren Plan wie auch die vollen drei Tritonus-Polaritäten, die den Formabschnitt umspannen, auffällt:

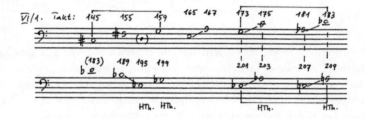

Notentafel, 74

Der Übergang zu diesem Mittelabschnitt im Satz ist deutlicher merkbar als in den vorhergehenden Kopfsätzen – er ist geradezu eindeutigen Charakters: zwar setzt sich die Serie der Figurationen in der Soloflöte fort in Form des stark transformierten Hauptmotivs, mit der doppelten Umspielung des Grundtons als einzigem motivischem Kennzeichen (Violinen); aber die tonale Verschiebung von der Dominante zu deren Paralleltonart in Takt 145 hat eine ebenso deutlich einschneidende Wirkung wie der zwei Takte später erfolgende Übergang zum Metrum und Tempo des Seitenthemas.[97]

---

[97] Die Anweisung *Bedeutend langsamer* – die sich in einem $^6/_4$-Takt mit unverändertem Puls manifestiert – erfolgt nicht an dieser Stelle; folglich auch nicht ein – evtl. modifiziertes – *Tempo primo* acht Takte später. Die Verhältnisse von Takt und Tempo sind allerdings an beiden Stellen recht eindeutig.

Die folgenden acht Takte sind überaus charakteristisch für das kontemplative Gepräge einer Variantendurchführung wie der vorliegenden: die stufenweise Pizzicato-Bewegung der Streicher, die indikativ für den Bezug auf das Tempo der Themengruppe II bzw. die Taktart der Exposition ist, hört sich als eine Umkehrung des Anteils der Bässe am Beginn des Seitenthemas (Takt 50 f.). Wesentlich weniger spürbar ist das Verhältnis zu diesem thematischen Zusammenhang in den beiden folgenden Takten (T. 149 f.): die Vla.-Stimme ist keine reine Umkehrung von Vc./Kb. Takt 51 f.; das Motiv dieser beiden Takte ist aber eben so deutlich der gegebene Bezug hierauf, wie die Vl.1 in Takt 51-52 mit ihrer stufenweise absteigenden Bewegung in Halbnoten der Hintergrund für den pausendurchbrochenen skalamäßigen Aufstieg über vier Töne ist. Dieser zugleich stringente und diffuse Seitenthemen-Bezug wird des weiteren kompliziert durch den Hörnersatz, das melodisch führende Element in den Takten 147-151: hier hat sich – wohl als eine Art Verstärkung der keineswegs sicheren thematischen Paternität der vorhergehenden Figurationskette – ein minimales Moment des HTh$_a$s eingeschlichen:

Beispiel 75 a-b

– aber nur auf die Dauer eines Augenblicks; schon nach zwei Takten ist jede Möglichkeit einer Identifikation in dieser Richtung eliminiert, und zwar in nicht geringem Maße durch die Einführung eines Septimenabstiegs in beiden Takten; und der Holzbläsersatz in T. 151-154 – reine Sequenzierungen auf eintaktiger Basis – verhält sich entsprechend äußerst frei paraphrasierend zu dem charakteristischen, aber schon an sich freizügig variierten, septimenreichen Motiv aus dem Thgr. II-Komplex in den beiden voranstehenden Takten (in Vla. und Hr.).

Eine Rückkehr zum realen $^4/_4$-Takt (T. 155) bezeichnet einen Bezug auf die ersten beiden Takte der Durchführung (hier fis-Moll) – und damit ist die "Durchführung" des Seitenthemas beendet! Anschließend scheint es, als solle das Figurationsmotiv selbst bearbeitet werden: durch seine Engführung in Vla./Kl.1 entsteht eine zweistimmige Gegenbewegung, die natürlich auch eine Motivumkehrung suggerieren kann. Diese setzt sich kontinuierlich ab Takt 159 fort – ohne die Engführung als auslösendes Moment –, zwar nicht für sich selbst, sondern jetzt als rhythmische Unterlegung des HTh$_a$. Dieses wird in einer frei umgekehrten Gestalt eingeführt, die eine gewichtige charakterliche Veränderung des Themas mit sich führt – wenn auch keinen Ausdruckskontrast (Mitschka) in Brahmsschem Sinne.

Die beiden Modifikationen korrespondieren aber miteinander: der ursprüngliche gepanzerte, ostinate Begleitrhythmus des Hauptthemas wird abgelöst von einem

Rhythmus von ausgesprochen fließendem Charakter. Und das Thema selbst, mit seiner wohlbekannten starken Gravitation auf die Tonika im unteren Teil der Motivgestalt hin: (melodisch: V\I etc.), ist in einen schwebenden Anfang durch den einleitenden aufsteigenden Oktavsprung übergegangen (melodisch: V/^{V} etc.), wie das Thema nun auch konsequent – auf jedem vierten Takt (unten durch > bezeichnet) – auf einem Dom.⁷-bzw. (D)⁷-Akkord schließt, wodurch eine fortlaufende modulatorische Aktivität eingeführt wird: G, Dom.> G, (D)>a, Dom. > a, (D) > C, Dom. > C, (D) > Des (T. 183). Insgesamt wurde die ursprüngliche Schwere durch eine relative Schwebung abgelöst, die übrigens an ein ähnliches flüchtiges Moment aus der zweiten Themengruppe erinnert, die polyrhythmisch fließenden Takte 53-57 der Exposition:

Beispiel 76 a-b

Der letzte Abschnitt der Durchführung (Takt 183 ff.) verfolgt diese neue Situation mit einer Entwicklungsstruktur von an und für sich typisch Brucknerschem Charakter. Das antreibende Moment ist hier eine Variante des HTh_b (vgl. T. 15-18), wobei der Rhythmus beibehalten und die melodische Kurvatur als solche bis zur Unkenntlichkeit mutiert wird.[98] Die rhythmische Einheit wird zunächst von zwei Takten auf einen verkürzt, dann von einem auf einen halben, mit einer entsprechenden Intensivierung der Motivanhäufung. Nur handelt es sich hier nicht, wie das sonst meist der Fall ist, um eine dynamische Steigerung – die Dynamik ist *pp/p sempre*; hierfür kompensiert aber ein Accelerando – dessen Präsenz (T. 191-194) die Empfindung eines langsameren Tempos im vorangehenden Verlauf unterstützt (T. 191-194, vgl. Anm. 97) –, welches eine wirkungsvolle Alternative für die üblichere Crescendostruktur anbietet.[99]

Weiters wird hier – statt der bislang als Norm geltenden harmonischen Unterstützung einer derartigen "Stringendo-Struktur" durch eine stetig verstärkte Terzen-

[98] Notter hat den Zusammenhang trotz seines deutlichen rhythmischen Kennzeichens nicht identifiziert. Ganz im Gegenteil wird der Leser erneut irregeführt (*op.cit.* S. 89 f.): "Bruckner führt diese Struktur an, als sei sie ein integrierter Bestandteil des Hauptkomplexes. Er verwendet sie im Sinne seiner eigenen dialektischen Reprisenkonstruktion, die solche teilschematisierten Anschlußglieder bevorzugt, obgleich das Hauptthema der 6. Sinfonie gar keine derartigen Strukturen besitzt."

[99] Derartige Verdichtungsprozesse repetitiv motivischer Art können auch innerhalb eines festgehaltenen dynamischen Maximalniveaus erfolgen, das dann in sein Gegenteil umschlägt, vgl. das Finale der 3. Symphonie Takt 312 ff. (III₂). Hier, in VI/1., handelt es sich eher um ein Gegenstück zur Situation in der Exposition: das Ausdünnen des Hauptthemenkomplexes gegen das Ende hin vor seiner Wiederholung im *forte* (vgl. T. 21-24). Auf die Bedeutung dieser Übereinstimmung kommen wir zurück in der Untersuchung des Reprisenmoments in diesem Satz (S. 349 ff.).

anhäufung über einem Dur-Dreiklang – eine gegensätzliche Lichtwirkung erzeugt, nämlich eine starke Verdunkelung der Harmonik: *Des* wird als Fundament von einem *B* als durchbrochenem Dominant-Orgelpunkt abgelöst (Takt 189 ff.), und dem steht, in einem flirrenden aber festgehaltenen figurativen Satz, der Schattenakkord von Es-Dur gegenüber, d.h. der subdominantische, halbverminderte Nonenakkord auf *F*.[100] Dessen Auflösung in einen *ff*-Ansatz des Hauptthemas in Es-Dur (Takt 195), dem erst nach einem weiteren falschen Reprisenmoment in As-Dur der eigentliche Reprisen-Augenblick in Takt 209 folgt, mit der dritten Anführung des Themas in A-Dur, also in der Tonika, erscheint als untrennbarer analytischer Zusammenhang, der, so schwer er sich auch aus dem aktuellen Zusammenhang lösen lässt, vor allem und in erster Linie unter dem Formabschnitt der Reprise zu behandeln ist.

WAB 106 ➡ S. 349

WAB 107 ➚ S. 249

Das deutlichste Beispiel für den charakteriellen Habitus einer "Variantendurchführung" gegenüber dem klassischen Typus der Bearbeitung wird wohl vom Kopfsatz der *7. Symphonie* dargestellt. So repräsentiert er, ebenso eindeutig wie früher die Durchführung in II/1., das Prinzip einer Analogiegestaltung auf der Basis der Expositionsanlage (vgl. Wilh. Broel). Was ihre technische Grundlage angeht, lässt sich die Relevanz des kennzeichnenden Begriffes Variante hier nichts desto weniger problematisieren, insoweit als sich die variativen Vorgangsweisen fast völlig auf die Umkehrungstechnik einschränken, mit daraus folgenden harmonisch-tonal begründeten Änderungen, die diastematisch gesehen recht unbedeutend sind.[101] Mit anderen Worten handelt es sich hier um eine unmittelbar durchschaubare Disposition der zu Grunde liegenden thematischen Elemente, die eine Analyse in jedwedem gründlicheren Zusammenhang als dem eines Konzertführers allzu leicht trivial aussehen lässt.

Desto notwendiger wird eine genauere Wertung der Klarheit, die diesen Satzverlauf auszeichnet – oder auch stigmatisiert. Es lässt sich nämlich nicht übersehen, dass sich ein Zusammenhang ergibt zwischen der Entwicklung dieses Typus einer Durchführung und einer Verschleierung des eigentlichen Reprisenmoments. In diesem Sinne – eben im Prinzip, aber dann auch nur hierin – nahm Werner Korte durchaus mit Recht die Diskussion der Relevanz der Sonatensatzform bei Bruckner mit besonderer Hervorhebung dieses Satzes und hier vor allem seiner Durchführung wieder auf.[102] Auch Robert Simpson schloss sich den Skeptikern an, soweit es eine Realität dieses Formtypus betrifft – und zwar eben

---

[100] Der Kopfsatz der 8. Symphonie enthält an derselben Stelle in der Durchführung (T. 205-224) eine Entwicklungspassage, die sehr an den obigen Zusammenhang erinnert, mit einer entsprechenden, wenn auch völlig anders geformten, quasi reprisenhaften Auflösung. Die Art der Verwirklichung dieser Takte ist allerdings teilweise anders: der verdunkelnde Fundamentwechsel (Takt 217) über einer kleinen Terz (As → F) erscheint auch hier, anschließend erfolgt aber eine reine Anhäufung von Terzen auf dieser Basis.

[101] Vgl. z.B. Takt 219 f., Bässe, mit der Vorlage in den Flöten, im selben Takt.

[102] Vgl. die Diskussion dieses Punkts im Kapitel I, S. 41 ff.

so kategorisch aber aus völlig anderen Beweggründen –, vor dem Hintergrund desselben Satzes und wieder vor allem desselben Satzabschnitts. So findet Simpson denn auch innerhalb dieser Durchführung – genauer gesagt mit den Takten 233 ff. –

a crucial incident that shows plainly the gulf between sonata principles and those obeyed by Bruckner in this movement.[103]

Sieht man aus der Position der 7. Symphonie zurück, zeichnet sich eine Entwicklung am deutlichsten so ab, dass die Durchführungen, abgesehen von der der 5. Symphonie, deutlich weniger prozesshaft gestaltet werden – eine Entwicklung, die in diesem Satz kulminiert. Ist diese Zuspitzung innerhalb der Formgestaltung aber als angestrebter neuer Typus der Durchführung zu verstehen, oder handelt es sich eher um ein individuell bedingtes Konzept – etwa eine formale Strategie in Übereinstimmung mit der gegebenen Themenstruktur? Schließlich könnte es sich auch um ein kritisches Stadium in der Entwicklung der Sonatensatzform bei Bruckner handeln oder, anders gedeutet, um ein Nachlassen des kompositorischen Nervs.

Es scheinen sich hier Elemente aller drei Erklärungsweisen geltend zu machen.

Für die erste Alternative spricht die allgemeinere Motivbehandlung in Bruckners späteren Werken. So wie diese sich im vorliegenden Formbereich äußert, ist eines der zwei augenfälligsten Momente die Etablierung von Unsicherheitsrelationen um die Reprisensituation, eine Grauzone zwischen Durchführung und Reprise, die übergeordnet aussehen mag wie eine formale Konsequenz der verstärkten Variantenbildung, die sich auch in den eigentlichen durchführungsmäßigen Prozeduren einprägt – speziell als belebende Verhaltensregel, als Kompensation der vorhergehenden, eher latenzbetonten Situation im Rahmen dieser Art von Durchführung.

Nun gibt es allerdings für die zweite Alternative ein recht eindringliches Argument, und zwar durch einen Umstand, der im spezifischen Charakter eben dieses Satzes, wie er sich deutlich in der Anordnung der üblichen drei Themengruppen innerhalb der Exposition äußert, begründet ist: Dieser Formverlauf strebte in höherem Maße als bislag festzustellen war eine Klarheit und Entspanntheit an, sowohl betreffs der einzelnen Themen als auch entsprechend innerhalb der einzelnen Themengruppen und zwischen diesen Abschnitten – vgl. u.a. den Ansatz der Themengruppe III im *piano* nach einem überleitenden Generalcrescendo. Ein weiteres charakteristisches Moment war die ungewöhnliche Gleichwertigkeit der drei Themen innerhalb der Exposition – was nicht als Gleichgeartetheit zu verstehen ist, sondern so, dass in allen drei Themengruppen die jeweilige thematische Hauptgrundlage sich auf eine charakteristisch *gelassene* Weise entfaltete.

Aus diesem Grund gibt es so gut wie keine prä-disponierte Basis für einen thematischen Interaktionsprozess in dieser Durchführung (wie ihn Bruckner z.B. im ersten Satz der 6. Symphonie hätte etablieren können, falls er dessen Thema III

---

[103] Simpson, *op.cit.* S. 147. Vgl. ebd. S. 142: "Only one movement of No. 7, the Scherzo, is in true sonata form. The other three movements are evolved along entirely individual lines, with a special functioning of tonality and a spacing of calm and climax that is apt to peculiar purposes."

aktiviert hätte, was ja aber nicht erfolgte). Der Komponist scheint als Konsequenz hieraus den Grundcharakter und die basale Dynamik der Exposition im mittleren Teil des Satzes beizubehalten und gibt ihm – als ein neues Moment – ein "introvertiertes" Gepräge. Jedenfalls herrscht der kontemplative Charakter, der sich in nicht geringem Maße in der Isolation der einzelnen Themen ausdrückt, hier noch wesentlich stärker dominierend als im Vorgängerwerk an derselben Stelle.

Dies wird mit geradezu symptomatischer Evidenz deutlich an den Übergängen zwischen den ersten drei Feldern dieser Durchführung: der Abschluss des ersten Abschnitts augmentiert den anapästischen Rhythmus in dem ihm zu Grunde liegenden Thema III (T. 180-184)[104] und verstärkt sogar noch die Verlangsamung des gegebenen Motivs[105] (vgl. mit Takt 171 f. und Takt 179 f.) mit einem Ritardando. Das hierauf folgende Seitenthema – invertiert und ab Takt 203, wo es zu einer längeren Cantilene ausgesponnen wird, gleichzeitig in seiner Originalgestalt – erhält durch seine Instrumentation (mit Schwerpunkt in den Celli) einen geradezu Adagio-geprägten Charakter[106], der in seiner freien melodischen Weiterführung ab Takt 206 verstärkt wird durch den für diese formale Zone als Ausnahme zu nennenden, nicht-thematischen[107] Übergangssatz T. 211-218.[108] Und selbst das dritte Thema, T. 219-232, das hier mit einem "aktivierenden", melodisch führenden Kontrapunkt operiert (Vl$_1$) und dem der einzige dramatische Moment der Durchführung folgt, wird hiervon durch einen beruhigenden, fast hindämmernden Abschluss getrennt.[109]

Auch das eigentliche Moment der Reprise und der ihm unmittelbar nachfolgende weitere Verlauf scheint bedingt durch thematisch-formale Verhältnisse in der Exposition. Was als bestimmender Faktor der fundamental undramatischen und doch dialektisch spannungsvollen Weise wirkt, in der dieses Thema in Takt 281 wieder eingesetzt wird, das ist die erhabene Gelassenheit des ursprünglichen

---

[104] In der Exposition war der Rhythmus daktylisch. Die Änderung beruht natürlich nur darauf, dass die Figur im Durchführungskontext als Auftakt angesetzt wird.

[105] Die Wechselwirkung zwischen diesem III-Motiv und dem Hauptthema hat ein deutliches Gegenstück in der entsprechenden Stelle im Finale der 6. Symphonie (Takt 177/180/181/186). Nur trägt hier der gesamte Abschnitt (die Durchführung) die Bezeichnung *Bedeutend langsamer*.

[106] So auch deutlich betont in der älteren wie auch der heutigen Aufführungspraxis.

[107] Zwar ist das wiederkehrende Motiv in den 1. Violinen – zum ersten Male in Takt 210 plus die Halbnote in Takt 211 – eine unmittelbare Übernahme des Aufschwung-Elements in Takt 106 f. (und entsprechend Takt 108 f. usw.) und signalisiert in diesem Sinne – wie das auch in der Exposition der Fall war – die Erwartung von Thema III, die denn auch hier in der Durchführung (Takt 219 ff.) eingelöst wird. Dieser Motivbezug wird allerdings diskret aber wirkungsvoll durch den Anteil der Flöte am entsprechenden Sequenzverlauf übertönt.

[108] Vgl. entsprechende "exterritoriale" Passagen im Adagio-Satz der 3. Symphonie, T. 29-40 (der nur in III$_1$ ein Gegenstück zur durchführenden Satzpartie hat, Takt 151 ff.); des weiteren im selben Satz T. 228-237 (III$_2$; III$_3$ Takt 200 ff.) und die sehr ähnliche Stelle in I/2. T. 135-140.

[109] Es sprechen mehrere schwer wiegende Argumente gegen die Auffassung Kurths (*op.cit.* S. 986-988) von dem gesamten Verlauf bis zum *ff*-Ausbruch des Hauptthemas Takt 233 als dem formalen Übergangselement, das er *"Vorbereitungsstille"* nennt, um erst nachfolgend mit einer eigentlichen Durchführung zu operieren. Besonders zu erwähnen wäre die typische Motivbehandlung sowie der Bezug auf alle Themen der Exposition. Am deutlichsten verweist Kurths Bestimmung also vielleicht auf einen kritischen Punkt: die extreme, in Zellen eingeteilte Disposition, die den ersten Teil dieses Satzabschnitts prägt.

Hauptthemenkomplexes, dessen gleichzeitig mitgegebene expansive Kraft – die übrigens auch auf der Souveränität der melodischen Zeichnung beruht – ihren dunklen Grund in einem latenten Spannungsverhältnis hat, das sich durch die völlige Gleichberechtigung zwischen Tonika und Dominante ausdrückt: die Reprise erfolgt dynamisch und tonal gesehen so unauffällig wie man sich nur denken kann, und in motivtechnischer Hinsicht auf Messers Schneide zwischen Durchführung und Reprise. Ersteres im größtmöglichen Kontrast zum Reprisenübergang in VI/1., letzteres in ebenso ausgeprägter Übereinstimmung hiermit – was diese Gleichheit rein prinzipiell und also abstrakt macht. Mathias Hansen kommt dem Kern der Sache wohl sehr nahe, wenn er zu letzterem sagt:

> Doch diese Aufhebung [des sonatischen Gegensatzes der Formteile] wirkt, vorrangig wohl aufgrund der "Motiveinheit" der gesamten Passage [...], nicht wie sonst als "Irritierung", als Verwürfelung von zuvor syntaktisch geordneten, formbildenden Zonen, sondern eher als geschlossene Bewegung, von der alle aufbrechenden Impulse ferngehalten werden sollen.[110]

Und dennoch – womit wir zur dritten Deutungsmöglichkeit kommen – erscheint Bruckners Konzept in diesem Zusammenhang nicht frei von Widersprüchen. Die benutzte Reprisenkonstruktion ist nur logisch unter der einen von zwei Voraussetzungen: entweder wie von Hansen skizziert, wodurch sich ein Gegenstück anzeichnet zu der lange üblichen Praxis Bruckners mit einem entspannten, fließenden Übergang zwischen der Exposition und der Durchführung[111]; also auf der Grundlage einer in sich ruhenden Ausklangszone, soweit es den letztgenannten Formabschnitt betrifft. Oder auch als Moment innerhalb einer Dynamisierung oder Dramatisierung des späteren Teils der Durchführung, der – wie wir im Kopfsatz der 6. Symphonie sahen – eine "Überflutung" des unmittelbaren Reprisenpunkts unter Mitwirken von durchführungshaften Restmomenten bewirken kann. Dass aber keine dieser beiden Voraussetzungen erfüllt werden, liegt an einem bestimmten Einzelmoment in diesem Formabschnitt: dem völlig unvermittelten *ff*-Ausbruch des Hauptthemas in Takt 233.

Einerseits ist dieses Ereignis zweifelsohne eine Dynamisierung, wie sie auch als dramatisierende Aufrüttelung in der bislang etwas lethargischen Durchführung aufgefasst werden kann. Aber zum einen erfolgt sie als durchführendes Moment betrachtet unmotiviert; des weiteren tritt sie recht spät ein, wenn man die gegebene Länge der Durchführung in Betracht zieht, und vor allem bewirkt sie nicht den Einsatz einer eigentlichen Entwicklung, anders als in tonalem Sinne: der komplizierte Weg vom eben eingeführten c-Moll zurück zur Tonika (E-Dur) wird, weit mehr als der dynamische oder motivische Prozess, zu dem Umstand, der unter dem verbleibenden Teil der Durchführung die Aufmerksamkeit beansprucht.[112]

---

[110] Hansen, *op.cit.* S. 257. (Meine Hervorhebung.)

[111] Auch in Verbindung mit dem ersten Satz der 6. Symphonie operiert Kurth mit den einleitenden 14 Takten, bis hin zur deutlichen Hauptthemenvariante bei Buchstabe L, als Übergangszone (vgl. Anm. 22) – was man nur zum Teil dadurch erklären kann, dass in der Erstdruck-Partitur, auf die er angewiesen war, die formale Doppelstrich-Markierung fehlt.

[112] Der übergeordnete Weg zwischen den betreffenden Tonalitäten ist recht lineär: c-Moll, d-Moll,

In motivtechnischer Hinsicht ist der Verlauf dagegen als zu einem Grade redundant zu betrachten: die massiv instrumentierte Folge von engen Imitationen invertierter Hauptthemenkerne in den Takten 233-248 wird abgelöst von einem eher solistisch geprägten Engführungsspiel mit recht- und umgekehrten, etwas längeren Hauptthema-Ausschnitten – die sogar, wie vorher, von c-Moll ausgehen. Und in dynamischer Hinsicht ist die Entwicklung recht uncharakteristisch – das *ff* wird durch folgende Entwicklung abgelöst[113]: *mf*, Cresc. *f*, dim. *mf*, *pp*-Einschub[114], Cresc. zu *f*; Reprise: *p*. Es fällt äußerst schwer, von einer stringenten Gestaltung des gesamten Durchführungsverlaufs zu reden, so wie das Kurth tat:

> Die Durchführung dieses Satzes ist [...] von ihrem Höhepunkt aus [T. 233] beiderseits, gegen Exposition und gegen Reprise, geradlinig verkettet: von jener führt in einer einzigen Entwicklung der Ausklang weiter als die Vorbereitungsspannung bis zum Höhepunktsausbruch, und von diesem nun flacht sich die Entwicklung gegen die Reprise hin ab.

Ein Dissens ist jedenfalls angebracht, soweit es die Zusammenfassung betrifft:

> Bis zu dem Kraftausbruch ist [die Entwicklung] nur Spannung, von da an nur Entladung.[115]

Andererseits – und dies ergibt sich zum Teil auch aus der voran stehenden Argumentation – ist der plötzliche Hauptthema-Ausbruch die große Inkonsequenz in einer Durchführung wie der vorliegenden, sowohl dynamisch als auch tonal gesehen. Was beide Aspekte betrifft, steht dieses Ereignis nicht in einem begründeten Verhältnis zur späteren, chromatisch vorbereiteten erneuten Installation des Hauptthemas und damit auch der Tonika, die eine fast magische Wirkung hat. Das wäre eher der Fall gewesen, soweit es die dynamische Situation betrifft, wenn dieses Thema auch weiterhin ein zurückgezogenes Dasein geführt hätte, oder – da das Hauptthema nun statt dessen den Verlauf vollständig dominiert – wenn die Tonart in Verbindung mit seinem markanten Eintreten statt c-Moll *h-Moll* gewesen wäre, mithin die "rivalisierende" Moll-Tonika laut Robert Simpsons Analyse. Nicht etwa dass dieser eine Willkür im Eintreten einer völlig fremden Tonart wie c-Moll behauptete; Simpson betont statt dessen, dass dieses Moment widersprüchlich ist im Verhältnis zu

---

Es-Dur, E-Dur. Bruckner zeigt in den letzten acht Takten dieses Verlaufs (T. 274-281), dass er einen solchen Abstand in kürzester Zeit überwinden könnte, und zwar durch reguläre chromatische Akkordverschiebungen. Vorher lag der Schwerpunkt dagegen auf den interessanten Möglichkeiten für Umwege: so wird die Dominante in d-Moll (Takt 257) erreicht nach der neapolitanisch wirkenden $T_{Abl.}$ von c-Moll: As-Dur, das zu B-Dur als entsprechend S_n-hafte $(D)^9_{9}{}^{b5}$ sequenziert wird. Noch farbenreicher ist das in den Takten 265-268 folgende, variierte Gegenstück hierzu: dem früheren As-Dur entspricht hier B-Dur (die $T_{Abl.}$ von d-Moll), die nun zur tonal fremden Enklave As-Dur geführt wird (T. 269-272) über die d-Moll-Dominante A^{9-7}_3 (Takt 266), worauf eine Terztransposition des B-Dur-Stadiums zu Des_3 = S in der Kadenz: As: S - D^9_3 - T folgt. Von As-Dur aus wird eine Weiterführung zur Paralleltonart f-Moll angedeutet, über deren Dominante in Takt 272; aber der folgende Takt leitet statt dessen die Baßstimme chromatisch aufwärts von *c* nach *cis*, was zur D^7_3 ($\rightarrow$T) von d-Moll führt. – Dieser Umweg führte also nur an seinen Ausgangspunkt zurück.

[113] Die angegebenen Lautstärken beziehen sich auf die jeweils thematisch führende Stimme.

[114] Dieser Einschub macht die in Anm. 112 erwähnte As-Dur-Enklave zwischen zwei Passagen in d-Moll aus, T. 269-272, motivisch gestützt auf den kadenzierenden Takt 10. Hier wird das Motiv entwicklungshaft benutzt und führt statt dessen zu einem öffnenden Zusammenhang.

[115] Kurth, *op.cit.* S. 988.

the [approaching] moment usually construed as a sonata restatement. [...] The effect of this massive C minor passage [is] like a great dam placed across a river. [...] In a sonata movement on this scale such a passage would inevitably generate the kind of tension demanding a long preparation for the recapitulation, which would come with the effect of a well planned uprising, even if it were quiet. This does not happen here.[116]

Wie die Dinge in dieser Durchführung aussehen, die – was in Bezug auf ihr Problem charakteristisch ist – als erste seit der 2. Symphonie alle drei Themen der Exposition in ihren Verlauf einbezieht, ist es kaum das Hauptthema mit seinem wirkungsvollen Eintritt, das den qualitativen Schwerpunkt dieses Satzes ausmacht – wie das Kurth ansah[117]; statt dessen ist es die am meist isolierte thematische Enklave: das Seitenthema mit seinem Adagio-geprägten und in Übereinstimmung damit allmählich völlig frei entfalteten Cantilene-Satz Takt 185-210. Die Reprisenbehandlung dieses Themas wird später seinen gewichtigen Status in der Durchführung wie auch die nachgewiesene Verschiebung der Perspektive in der Richtung eines Adagio-Satztypus bestätigen (siehe S. 371 ff.).

Trotz der konsequent parataktischen Formung, die diese Durchführung mit der der 2. Symphonie gemein hat, einer Formung, die diesem Satzteil in höherem Maße als sonst den Charakter einer variierten Exposition gibt, muss der analytische Bezugsrahmen auch weiterhin die strukturelle Perspektive der Sonatensatzform bleiben – nicht nur weil dies für den Komponisten selbst die Realität war[118], sondern auch weil eine Untersuchung des parallelen Formabschnitts in der nachfolgenden 8. Symphonie erweist, dass Bruckner, trotz einer Reihe von äußerlichen Übereinstimmungen mit dem Durchführungskonzept, das er namentlich in den Kopfsätzen der 6. und 7. Symphonie entwickelte, im späteren Werk an der Durchführung als einem prozessualen Kraftfeld innerhalb der Sonatensatzform festzuhalten vermochte. Die Kategorie Durchführung wurde, wie deutlich aus dem Formverlauf in diesem späteren Satz hervorgeht, nicht suspendiert. Und selbst dort, wo sie scheinbar geschwächt wird, wie in der 7. Symphonie, verrät besonders das subtile Spiel um die Reprise – ihren Ort und ihre Erscheinungsform –, dass sie auch weiterhin überaus wirklicher Teil einer Formdialektik ist, die in eminentem Maße dem Begriff Sonatensatzform angehört.[119]

---

[116] Simpson, op.cit. S. 147.

[117] Ebenso David Bushler, der hier wie auch meist anderswo die harmonisch-tonale Dimension der Formarchitektur betont und die Sache so ausdrückt (op. cit. S. 150): "The 'meat' of the development lies in the last subsection, with its stepwise motion from C minor through D minor and E flat major to E major."

[118] Simpson bezieht sich gegensätzlich auf Donald Fr. Toveys Aussage (in Essays in Musical Analysis) "It is Bruckner's misfortune that this work is put forward by himself so as to present to us the angle of its relation to sonata form." Und auf eigene Rechnung fügt er hinzu: "But we must take care to examine the music from angles other than that we first notice, or the misfortune will be ours." (Op.cit. S. 148.)

[119] Es leuchtet denn auch unmittelbar ein, dass nichts gewonnen wird durch die Einführung neuer formaler Bezeichnungen zur Ersetzung der Konstituenten der Sonatensatz-Anlage, wie das z.B. Simpson versuchte (ebd. S. 184) mit den Termini 'statement' [= Exposition] und 'counterstatement' (der weitere Verlauf des Satzes minus der Coda) in Verbindung mit dem Kopfsatz der 9. Symphonie: "A counterstatement expanded as far as this must inevitably involve development, and it must also employ a new tonal scheme." (Ebd. S. 190.)

WAB 107/1. ⟶ S. 372; (VII/4. S. 356)

WAB 108 ⟋ S. 250

Die *8. Symphonie* – und nicht etwa nur ihr erster Satz – zentriert sich, anders als die siebente, letztendlich völlig auf ihr Hauptthema – und noch ausgeprägter auf dessen Kernphrase –, auf das "Schicksal" dieses Themas. Das prozessual betonte Mitwirken der übrigen Themen bezieht sich in hohem Maße auf dieses Anliegen. So ist ebenso charakteristisch, dass die Durchführung dieses Satzes von Anfang an sein Hauptthema, und nur dieses, in eine lange Reihe von Varianten einspinnt, wie etwa, dass derselbe Formteil in VII/1. mit Hauptthema-Umkehrungen ansetzte, welche mit Unterbrechung von wenigen Takten mit einem Motiv alternierten, das auf dem dominierenden Zug vom dritten Thema der Exposition basiert: das Hauptthema ist hier nicht in annäherndem Maße Hauptsache. Diese verschiedenen Vorgangsweisen bedingen sich vor allem aus den respektiven, unmittelbar voranstehenden Expositionsschlüssen. Was den jeweiligen Anfängen der Durchführung außerdem gemein ist, ist eine kompositorischer Maßnahme, die mögliche Ansätze zur Weiterentwicklung zu vermeiden sucht, welche das erste Anzeichen eines post-expositionellen Kontextes dem Beobachter traditionell in Aussicht stellen wird. Und für einen Komponist, der – wie Bruckner – grundsätzlich viel Zeit zur Verfügung zu haben scheint, kann die Variantenbildung so eine adäquate Alternative zu klassisch-traditioneller thematischer Arbeit sein.

Unter den in der 8. Symphonie gegebenen Umständen, wo der Komponist genau weiß, welchen radikalen Prozess er seinem Thema zugedacht hat[120], dient die einleitende Anhäufung von Motivvarianten (T. 153-191) einem spezifischen charakteriellen Zweck, nämlich der Konsolidierung des Themas. Bruckner erschafft hierdurch die notwendige Basis für die Bewerkstelligung dessen bevorstehenden radikalen Abbaus, der das eigentliche Kennzeichen dieser Durchführung ist.

Man registriert dies als eine Reihe von bewusst wirkenden und fein nuancierten Modifikationen thematischer Zustandsformen: in der ersten "Grauzone" der Durchführung wird zunächst in den Takten 157-161 eine Variante angeführt, die das Hauptthema von Es-Dur (Tᴘ) in es-Moll versetzt. Mit der schmerzlichen verminderten Quarte (Takt 158: *d-ges* statt *es-ges*) signalisiert sie – wie auch die folgende Variante (Tbᵦ Takt 165 m.Auft. bis 167), in der das Thema auf seine kleinen Intervalle reduziert wird, – die Zerbrechlichkeit, die ihm grundsätzlich innewohnt, trotz der Tatsache, dass es in siegreicher Gestalt die Exposition abschloss.

Die eigentliche Durchführung beginnt mit den nächsten vier Hauptthemen-Varianten (Takt 169 m.Auft. ff.), die alle in reiner oder fast reiner Umkehrung ge-

---

[120] Obwohl erst die Revision dieses Satzes seinen eigentlichen "Sinn" in voller Konsequenz erscheinen lässt, gilt folgende Maxime Schönbergs, die mit dem betreffenden Gedanken an Brahms ausgesprochen wurde, in höherem Maße als im allgemeinen sonst auch für Bruckner:
"Es ist die wichtigste Fähigkeit eines Komponisten, einen Blick auf die entfernteste Zukunft seiner Themen und Motive zu werfen. Er muß imstande sein, die Folgen der in seinem Material existierenden Probleme im voraus zu kennen und alles dementsprechend zu organisieren. Ob er dies bewußt oder unbewußt tut, ist Nebensache. Es genügt, wenn das Resultat es beweist." ("Brahms der Fortschrittliche", in: *Stil und Gedanke*. Hrsg. v. Frank Schneider. Leipzig 1989, S. 125.)

bündelt werden – allerdings jeweils mit diastematischen Abweichungen in einer imitierenden Stimme.[121] Mit dieser hauptsächlich tonal entwickelnden Serie[122] verschwindet die Zerbrechlichkeit des Themas auf einmal und wird abgelöst durch Elemente, die schon bei zurückgehaltener Lautstärke und einer diskreten Instrumentation – so besonders T. 168-172 – als kraftvolle Wachstum-Momente erscheinen. Ein Vergleich mit den ersten Hauptthema-Umkehrungen im Kopfsatz der 7. Symphonie macht beispielhaft deutlich, welch ein entscheidender Unterschied zwischen zwei Ausführungen ein und derselben thematischen Prozedur bestehen kann: während das Hauptthema in VII/1. durch die Umkehrung tatsächlich seinen Charakter in keiner Weise ändert – worauf sich in hohem Maße seine schwächere Wirkung in einem durchführenden Zusammenhang begründet, wie auch Bruckners drastische dynamische und tonale Veränderung desselben (Takt 233 ff.) vermutlich seinem Bewusstsein dieses Sachverhalts zuzuschreiben ist –, während eine solche charakterliche Änderung in VII/1. also nicht erfolgt, erlebt das Hauptthema der Achten durch eine ähnliche Inversion nun eine geradezu unabwendliche physiognomische, oder besser: charakterielle Verwandlung, während gleichzeitig der unveränderte Rhythmus es mit voller Evidenz als Hauptthema identifiziert.[123]

Eben dieselbe Behandlung des hierauf folgenden "Gesangsthemas" (Takt 193 ff.) verrät dagegen, ebenso wie das Hauptthema in VII/1., keine neue oder modifizierte Identität.[124] Die parataktische Steife zu Beginn dieses Abschnitts lässt sich ebenfalls nicht verleugnen, auch wenn sie abgemildert erscheint durch die Antizipation des alternierenden Hauptrhythmus des Themas in der Vla.-Begleitung unter den vorangehenden sechs Takten. Aber mit der Isolierung des absteigenden Seitentheneninitials, das schon ab Takt 199 einsetzt, verwandelt sich das Verhältnis ins dezidiert Prozess-betonte. Namentlich die Einführung des kleinsten Bestandteils des Hauptthemas, des einleitenden °2-Auftakts, auf jedem zweiten und dann bald auf jedem Takt (T. 205 ff.) macht deutlich, dass das Seitenthema im Durchführungszusammenhang funktionell in den Prozess des Hauptthemas einbezogen und diesem völlig untergeordnet ist, obwohl die Situation

---

[121] (1) Hr. T. 169-172; (2) Trp. T. 175-179; (3) Fag. T. 179-181; (4) Trp.1 T. 185-189.

[122] (1) F^6; (2) F^7, Des → As^6; (3) C, Es, D^6; (4) B^7, Ges → Des^6. Charakteristisch sind die immer wiederkehrenden scharfen Appoggiaturen, namentlich durch Tritonus und große Septime.

[123] P.-G. Langevin hat diese schon früher erwähnte Fähigkeit des Komponisten zu frappierenden Charakteränderungen in Verbindung mit melodischer Inversion sehr schön ausgedrückt (op.cit. S. 48): "Le renversement, en particulier, prend chez Bruckner une tournure des plus personelles: il lui permet de faire 'parler' son thème, d'en tirer, avec un art consommé, quelque chose de toujours neuf et inattendu". Er unterliegt dann aber meiner Ansicht nach einem Irrtum bei der genaueren Präzisierung: "surtout quand le renversement se superpose à la forme directe", – insoweit als die simultane Darstellung von Originalversion und Umkehrung in den meisten Fällen diese überraschende "Kehrseite" des gegebenen Themas neutralisieren wird.

[124] Seine Takte 3-4 – die rhythmisch regelmäßige, stufenweise ansteigende Linie – bezeichnen zwar hier ein expansives Detail, das ihm ein bislang nicht existierendes Gleichgewicht in der Kontur verleiht. Dies ist aber ein Zug, der im weiteren Verlauf nicht verfolgt wird. Diese Manipulation lässt sich eher als Parallele der Änderung betrachten, die dem Hauptthema unmittelbar nach dem Doppelstrich widerfuhr: eine charakterielle Justierung, die hauptsächlich darauf abzielt, die nachfolgende Änderung des jeweiligen Themas zu beleuchten.

erst nach 20 Takten mit völliger Evidenz eingelöst wird – einer Strecke, deren Hauptteil eine klassische Brucknersche Crescendostruktur ausmacht. Sie beginnt im eigentlichen Sinne in Takt 212 mit der stufenweisen Bewegung des Bass-fundaments – mit einer Stufe auf jedem Takt von *As* nach f/F[125] –, wonach ein Tredezimakkord (minus der Terz) ab Takt 217 allmählich aufgebaut wird mit seinem "Zentrum" in dem halbverminderten Septakkord auf C, d.h. dem Schat-tenakkord von B-Dur:

Beispiel 77

Dies ist ein weiteres Indiz für die ursprüngliche, eher unbestimmte Zugehörig-keit des Hauptthemas zu b-Moll[126], namentlich da es durch die nachfolgenden zwei Reduktionen des Themas innerhalb eines Rahmens von Schattenakkorden im kulminierenden Zusammenhang bestätigt wird, vgl. Takt (227-) 231 f. und Takt (237-) 241 f.: die betreffenden Schatten ($g^{7\,b5}$ und $b^{7\,b5}$) gehören jeweils zu F-Dur[127] und As-Dur – und ihre harmonische Auflösung hat eine dominantische Funktion. Die Frühfassung bietet ein drittes, unmittelbares Gegenstück hierzu: den Schatten von C-Dur ($d^{7\,b5}$, Takt 259 f.), der hier also auf das Thema in seinem tonikalen Raum verweist. In der letztlichen Gestalt wird diese harmonische Analogie – sowie ihre motivisch/rhythmische Substanz – vermieden; statt des-sen erfolgt ein Ausklang im c^6_4-Akkord (Takt 249 ff.). Diese Änderung führt zwar zu einer unmittelbaren Festigung der Tonart des Satzes, die VIII$_1$ seinerseits vermissen lässt, vgl. hier T. 263-268; zugleich scheint sie aber der Frage zum – unbestimmten – Verhältnis des *Hauptthemas* zur Tonika auszuweichen. Was in

---

[125] Vgl. meine frühere Analyse (Anm. 122 *op.cit.* S. 43, hier in Übersetzung): "Die kleinen Varianten innerhalb des sonst rigiden Ostinatomusters sind dabei zu beobachten: In den Übergangstakten 213-216 kommen ein chaotischer melodischer Wechsel sowie verschiedene dynamische Nuancen inner-halb der verwendeten Instrumente vor (sowohl früher als nachher herrscht in allen Stimmen dyna-mische Übereinstimmung). Der zentrale motivische Faktor dieses spezifischen Anzeichens einer Krise ist die melodische Linie der Hörner 5-6, die eine Vorspiegelung kommender radikaler Ergeb-nisse darstellt. Und zwar wird hier nicht sosehr auf den unmittelbar bevorstehenden Höhepunkt gesteuert wie auf die letzte Peripetie des Satzes hingeleitet, vgl. T. 370-378 (Horn 1-2 u.a.): das Hauptmotiv als Fragment – eine Stelle im formalen Prozess, mit welcher, durch die Aufspannung der Holzbläser T. 361-368, diese Hornlinie verknüpft ist."

[126] Vgl. S. 33 f.

[127] Die unmittelbarste Alternative der gewählten tonalen Bestimmung der Hauptthemen-Kern-phrase im einleitenden Kontext: b-Moll mit Schluss auf der Dominante, ist eben f-Moll; hierfür spricht im Expositionszusammenhang das unisone *f* in fortissimo, das in Takt 23 die Kadenz der drei vorangehenden Takte verstummen lässt und die "Tonika" zu einem Dominant-Auftakt macht.

diesem Falle auch ganz konsequent ist, da das Thema nach der dynamischen Höhenstrecke sehr geschwächt erscheint. Erst in der Coda, die das Hauptthema in Takt 393 auf derselben Stufe ansetzt wie das beim dritten Mal während des Hochplateaus der Durchführung der Fall ist, wandelt sich endlich der Eindruck eines dominantisch-offenen Phrasenschlusses zu einem eindeutigen Tonika-Abschluss (Takt 404 ff.).[128]

Den Anfang dieses Abschnitts (Takt 225) betrachteten mehrere Analytiker als den Beginn der Reprise oder einer "Reprisenvariante".[129] Hierfür gibt es aber kein recht aussagekräftiges Argument außer der bloßen Anführung des Hauptthemas in seiner originalen melodischen Form und auf der Basis der ursprünglich gegebenen Stufe – d.h. mit den Rahmentönen F und c der Kernphrase. Alles andere sind Modifikationen: Augmentation; Themenverkürzung; Sequenzführung der Kernphrase, so dass diese kulminierende Partie aus drei Wellenschlägen besteht, mit Zwischenphasen von melodisch, rhythmisch und harmonisch gesehen "retentivem" Gepräge. Endlich, und in nicht geringem Maße, muss das fortgesetzte und ebenfalls potenzierte, kontrapunktierende Gegenspiel des Seitenthemas berücksichtigt werden: mit jedem Ansatz dominiert es das Hauptthema stärker (vgl. namentlich – z.B. Fl_l/Trp_p –: Takt 227 f. mit Takt 237 f. und 247 f.).

In mancher Hinsicht handelt es sich um ein Gegenstück zu dem ebenso "überwältigenden" Hauptthemen-Einbruch in c-Moll in der Durchführung von VII/1.; besonders gilt dies für den unmittelbaren Verlauf in drei miteinander korrespondierenden Abteilungen: x^1, x^2, x^{var}. Und doch ist hier alles anders: die dramatisch betonten Voraussetzungen; die zerstörerische Wirkung der coniugierenden thematischen Kollision auf das Hauptthema, und die unmittelbare Fortsetzung wie auch die weiteren formalen Folgen – besonders in der pp-Coda.

Während der unmittelbaren Fortsetzung scheint – in der endgültigen Gestalt des Satzes – eine thematische Unsicherheitsrelation eingeführt zu werden durch die vereinfachte Bläserversion der hiermit *unisono* gehenden Streichersequenzen in den Takten 271 (-274) -278. Betrachtet man vor allem die Dynamik dieser Takte sowie ihre melodische Kurvatur, lässt sich eine Assoziation zum ff-Teil der Themengruppe III (T. 103-108) kaum vermeiden, auch wenn der charakteristische durch-triolisierte Rhythmus hier nicht erscheint, und trotz der Tatsache, dass die Streicherschicht ihre Zugehörigkeit zum Hauptthema – im Abschluss der Kernphrase – durch den ostinaten Rhythmus verrät. Was diese Hörweise sinnvoll

---

[128] Dieser Umstand mag indirekt die tonale Intention eines f-Moll in der Eröffnung des Satzes bestätigen. Die frühesten Skizzen für diesen Satzbeginn weisen – was völlig anders aussieht – die feste Verankerung der Kernphrase in c-Moll auf; vgl. R. Haas: *Anton Bruckner*. Potsdam 1934, S. 146, Beispiel 317.

[129] Einige dieser Gesichtspunkte wurden in Kapitel I angeführt, vgl. dort Anm. 47. Kurths Auffassung nimmt hier gewissermaßen Kortes voraus, insoweit als er nicht einen *crucial point* identifiziert (Takt 283 m.Auft.), sondern statt dessen über den Verlauf seit Takt 254 folgendes sagt (*op.cit.* S. 1046): "Damit ist formal der Repriserteil bereits erreicht; er sondert sich nirgends von der Durchführung, und sein Eintritt ist mit dem Durchführungs-Höhepunkt, der auch das 1. Thema zu riesiger Entfaltung bringt, zusammengedichtet." Eine eindeutige Reprise identifiziert er – an einem tektonisch gesehen merkwürdigem Ort – "mit der letzten Fortspinnung des 1. Themas", d.h. erst ab Takt 299 m.Auft. (Ebd. S. 1047.) Mehr dazu im folgenden Kapitel, S. 368.

macht, ist aber vor allem die Analogie, die sich dadurch für die weiteren Folgen eröffnet: in beiden Fällen führt die Kettenbildung auf der Basis des III_b-Elements hin zur "Auferstehung" des Hauptthemas.

Wird der Gesichtspunkt einer solchen Verdichtung akzeptiert – was allerdings keineswegs unumgänglich ist –, ist dies noch weit mehr als bei der Funktionsweise des Seitenthemenmaterials im durchführenden Zusammenhang ein Ausdruck dafür, dass der "sekundäre" Themenstoff unter den prozessualen Auspizien des Hauptthemas betrachtet wird. Hiervon werden letztendlich auch die weiteren formalen Ereignisse berührt.

Vergleicht man mit der früheren Fassung in deren Übergangsphase zwischen dem Höhepunkt der Durchführung und der Reprise, wird in Bruckners ursprünglichem Konzept das Hauptthema nicht geringer gewichtet als in der Überarbeitung – quantitativ gesehen eher sogar noch mehr. Die Revision zeigt nun aber in diesem Punkt ihre Stärke gegenüber der Vorlage in ihrer besonderen Strategie, wonach das Thema zunächst reprisenhaft markiert wird – und in diesem Falle klar und eindeutig – durch sein "unansehnliches" erneutes Aufkeimen in den solistischen Holzbläsern nach seiner fast vollständigen Eliminierung im vorhergehenden Verlauf. So konsequent war das frühere Konzept offenbar nicht gedacht: statt der bekannten Version (VIII_2 T. 249-262) mit ihrer zunächst erstarrten Zustandsform, geprägt durch den leeren Raum zwischen der 3.Fl. (STh) und den Bässen (HTh), – mit Kurth: ein *"Abgrundsymbol"* – und dann einer neuen motivischen Wachstumstendenz, soweit es das Hauptthema betrifft (T. 263-270), worauf ein weiterer destruktiver Gegendruck seitens der Thema III-Instanz erfolgt (T. 271-278), – statt dessen findet sich in der ersten Fassung – innerhalb desselben Rahmens von 30 Takten – eine wesentlich undifferenziertere, kaleidoskopische Folge von Themenvarianten (VIII_1 T. 263-269), die in eine Verdichtungsstruktur übergeht. Im einleitenden Reprisenfeld (T. 293-307) erfolgt sogar eine Rückkehr zur Konstellation des Durchführungs-Ausklangs von Variantenbildungen und Verdichtungen von Motivpartikeln – wozu sich, zum zweiten Male in diesem Zusammenhang, die deutliche Wiederaufnahme des Hauptthemas in den Bässen gesellt, d.h. entsprechend der ursprünglichen Präsentationsform des Themas.

Diese strategische Unsicherheit, als die sie im Lichte der Revision erscheint, erklärt auf mancherlei Weise den völlig anderen, triumphalen Satzabschluss der früheren Fassung, der nach eben demselben, einzigartigen Coda-Ansatz – paradoxal – wie eine Antiklimax wirkt.[130] Mit dieser negativen Charakteristik der beiden formalen Strata lässt sich allerdings andererseits behaupten, dass diese ursprünglich gegebene thematische "Auferstehung aus der Asche" durchaus konsequent ist im Verhältnis zu ihrer Grundlage in der Reprisenbildung, über die man zusammenfassend sagen kann, dass das Hauptthema nach der dreimaligen Themenconiunction wesentlich mehr "am Leben" ist als das in demselben formalen Bereich in VIII_2 der Fall ist. Vor diesem Hintergrund lässt sich

---

[130] Mehr hierzu S. 388 f.

wohl nicht einmal ausschließen, dass Bruckners erste Reprisenvorstellung mit der doppelthematischen Klimax in Takt 233 (VIII₁) identifiziert wurde, da die unmittelbare verlaufsmäßige Folge der Coniunction hier nicht, wie das in der Revision der Fall ist, mit einer Nullpunkt-Situation verbunden wurde, und da daher auch nicht eine derart typische Reprisenbildung erfolgte, weder bei der ersten noch bei der zweiten Wiederanführung des Hauptthemas in den Bässen, wie bei der, die der Oboe-Einsatz in VIII₂ Takt 283 ff. konstituiert.

WAB 108 ⟹ S. 368

WAB 109 ⤴ S. 252

In keinem von Bruckners Außensätzen steht ein auch nur annäherungsweise so vielfältiges thematisches Material für die durchführende Behandlung zur Verfügung wie im ersten Satz der *9. Symphonie*. Es mag also als von Bruckners Seite als ein Wagestück erscheinen, wenn man feststellt, dass der gewählte Durchführungstypus grundsätzlich von der parataktischen, variantenmäßigen Art ist, und dass Material aus allen Themengruppen der Exposition angewendet wird. Dies wird denn auch deutlich erkennbar in den insgesamt acht, obendrein meist durch Pausen getrennten Abschnitten, in die sich diese Durchführung unterteilt.[131]

Nichts desto weniger scheint sich dieser Formabschnitt auf eine durchaus bewusste – was die erste Hälfte betrifft allerdings hintergründige – Strategie zu basieren. Wie im vorangehenden Werk zentriert sie sich um das Hauptthema und ordnet, wie dort, die übrigen Themengruppen einem prozessualen Aspekt unter, der dieses Thema betrifft.

Das Problem des Satzabschnitts, im Sinne seiner "Aufgabe", ist durchaus gewichtig, nämlich: wie lässt sich eine Entwicklung durchführen von der statischen und "prä-prozessualen" Zustandsform des Startthemas, auf die zu Beginn der Durchführung rekurriert wird, hin zu dem erneuten Durchbruch des eigentlichen Hauptthemas, und das wohlgemerkt auf einer neuen Basis, welche die legitime Beteiligung der beiden anderen Expositionsgruppen einschließt. Die Schwierigkeit dieser Aufgabe wird um so deutlicher, als weder die zweite noch die dritte Themengruppe der Exposition neue, kräftigere dynamisch oder gar thematisch bedingte Entwicklungsmomente hinzu fügte.

Die ersten Felder wecken deutliche Erwartungen auf eine weitergeführte Barform-Anlage (vgl. entsprechend die Themengruppe III), mit zwei bis in Einzelheiten korrepondierenden Stollen: Takt 231 m.Auft. bis Takt 252, bzw. Takt 253 m. Auft. bis Takt 276. Der Hauptinhalt dieser beiden Stollen ist die Anwesenheit des Vorthemas (I$_a$) in kompakten Versionen – ohne jegliche Anwendung von Umkehrungen – sowie des zweiten Motivelements der Hauptthemengruppe, dem Aufschwung-Thema (I$_b$). Eine Rückkehr von diesem letzteren (Takt 245 m. Auftakt ff.) zum Vorthema wäre nun allerdings schon an sich konträr im Verhältnis zu jedwedem Entwicklungsprozess, und der zweite Stollen enthält

---

[131] Feld Nr. 1: Takt 227 (Buchstabe J) -252; 2: Takt 253 (K) -276; 3: Takt 277 (L) -302; 4: Takt 303 (M) -332; 5: Takt 333 (N) -354; 6: Takt 355 (O) -398; 7: Takt 367 (P) -398; 8: Takt 399 (R) -420.

darum einige – zum Teil subtile – Bezüge auf die unmittelbare Weiterführung dieses Aufschwungs, wie sie in der Exposition vorkam.

Dies betrifft zum einen die fast reine Umkehrung – in den Vl.2/Vc. – des Entwicklungselements aus Takt 27 ff. (I_c), wenn auch in einer statischen, repetitiven Form, da das Vorthema als primäre motivische Komponente eine chromatische oder dergleiche harmonische Progression, die dem ursprünglichen, nicht-kontrapunktischen Zusammenhang entspräche, nicht erlaubt. Zum anderen findet sich hier eine gut verborgene tonale Parallelität: nach dem harmonischen Verlauf des Aufschwung-Themas mit seiner verspäteten Dominant-Auflösung: Gis_7^7 - E - Cis – letzteres mit halbschließender Funktion – folgt, wiederum indirekt vermittelt durch eine Dominante, a-Moll (Takt 253, vgl. das E-Dur in T. 247-250). I_b wurde nun aber entsprechend in Takt 26 auf As^7 (= Gis^7) abgeschlossen, wonach I_c, in demselben stufenhaften Abstand, mit E_3 begann und auf dieselbe Weise vorbereitet durch Ces/H-Dur, T. 21-23.

Dem Abschluss des Stollens 2, der mit dem im Stollen 1 parallel ist: H_7^7 - G - E (T. 269-276), folgt nun aber keine Erfüllung in Analogie zu den beiden oben angeführten Punkten im erwarteten Abgesang, dem dritten Durchführungsfeld: der Abschnitt beginnt in F-Dur (d.h. mit dem Trugschluss der VI. Stufe nach V.) und gründet sich thematisch auf das Thema III_b (vgl. Takt 191 ff.).[132] Überhaupt löst dieses dritte Feld nicht eine einzige der Erwartungen ein, die man an einen kontinuierenden Verlauf nach dem bisherigen stellen mag. Gehen wir dagegen zu dem danach folgenden, vierten Feld, Takt 303 ff., zeigen sich hier überraschend deutliche Konsequenzmomente:

Notentafel, 78

In tonaler Hinsicht wird nach der Pause in Takt 302 mit einem unvermittelten Sprung von As^7 nach C-Dur angesetzt; und C-Dur ist eben die Tonart, die von der oben erwähnten harmonischen Logik gefordert wurde: das Aufschwung-Thema war mit seiner markanten, absteigenden Dreiklangbrechung (T. 271-274) eben

---

[132] Kurth zeigt keine besonders glückliche Hand bei seiner Analyse dieser Durchführung, und seine Ortung dieses Themas ist offensichtlich falsch: "Aus dem 2. Hauptthema dringt das urspüngliche Sextenmotiv [T. 97-100] als das leitende hervor; es ist rhythmisch gedehnt..." (op.cit. S. 692). – Der rechte thematische Hintergrund findet sich statt dessen im Beginn des Abgesangs der Themengruppe III, Takt 191, aber dieses formale Analogieverhältnis als solches dürfte, wie die weitere Analyse erweisen wird, für die Wahl von III_b als Grundlage des dritten Feldes der Durchführung völlig ohne Bedeutung sein.

gerade in G-Dur zentriert (um dann dominantisch in E-Dur zu enden).

Weiterhin wird – unter Bezugnahme auf den Stollen 2 – das Motiv I_c (Takt 305 ff., anfänglich alternierend zwischen Vc. und Hbl$_1$) wieder aufgenommen, nun in einer un-umgekehrten Variante und als primärer motivischer Faktor. Genauere Anmerkungen zu den in gewisser Weise noch entscheidenderen Kontrapunkten werden gleich folgen. Zunächst gilt es aber festzuhalten, dass dieses vierte Feld auf der Strecke in eine "prä-etablierte" Entwicklungsstruktur übergeht, nämlich ein Gegenstück zu Takt 51 ff. ($I_d{}^2$) in der Exposition – hier wie dort mit seinem Abschluss im Durchbruch des eigentlichen Hauptthemas. All dies könnte die Auffassung bestätigen, dass das vorhergehende dritte Feld eine isolierte, prinzipiell überflüssige Enklave sei; das ist aber keineswegs der Fall.

Die Entwicklung vom "prä-thematischen" Stadium der Hauptthemengruppe – hier in den Durchführungsfeldern 1 und 2 behandelt – zu deren Niveau des Themendurchbruchs (I_e) – mit dem 5. Durchführungsfeld – wird nämlich sozusagen legitimiert durch einen variativen Prozess, der das benutzte Material der *übrigen* Themengruppen betrifft. Das Entwicklungsmotiv I_c spielt in diesem Zusammenhang eine untergeordnete Rolle: anders als vor dem Hintergrund seines wiederholten Erscheinens zu erwarten wäre, hat es vor allem die Funktion, einen Formzusammenhang zu markieren (Stollen 2 –····→ Abgesang = 4. Feld), ohne dass sein gegebener Status als dynamisierendes Moment sich aber völlig übersehen lässt. Der eigentliche katalysierende Prozess hat denn auch einen so subtilen Charakter, dass die Satzentwicklung ohne weiteres aus einem derartigen verlaufsmäßig aktivierenden Vordergrund-Element Nutzen ziehen kann.

Das dritte Durchführungsfeld ist, wie oben angedeutet, völlig mit dem Material aus dem innersten Bereich der Themengruppe III der Exposition verbunden. Das vierte Feld beginnt hiernach (Takt 303, Vl.2) damit, einen Stoff als melodische Vordergrund-Figur zu präsentieren, der unmittelbar darauf zum wichtigsten Kontrapunkt des tragenden Motivs I_c, in Vc., Fl. und Kl. (aus dem prä-thematischen Suspensions- und Entwicklungsabschnitt Takt 27 ff.) reduziert wird. Es lässt sich ohne weiteres als freie Umkehrung des ersten Begleitelements der Seitenthemengruppe definieren (II_{akk}, vgl. Takt 97, ebenfalls Vl.2).[133]

Rhythmisch identisch hiermit erschien bereits im 2. Stollen eine lange durchgehende, motivisch eher unprofilierte eintaktige Figur, die – wie auch im späteren Kontext – sich allmählich imitatorisch entwickelte (vgl. T. 253-264, Vl.1) und deren fünf letzte Töne völlig dem ursprünglichen II_{akk}-Zusammenhang entsprechen. Diese zusätzliche Verbindung zwischen Stollen 2 und Abgesang ist nun aber nicht annähernd so wichtig wie der Sachverhalt, dass die Umkehrungs-Figur in den 2. Violinen ebenfalls an der motivischen Kernphrase im unmittelbar vorangehenden parenthetischen dritten Feld, dem C-Glied der Themengruppe III, anknüpft (vgl. S. 253, Anm. 280). Die Evidenz dieses Sachverhalts wird noch deutlicher durch die Mollfärbung des Motivs in Takt 307 f., insoweit als sich dadurch zwei charakteristische Einzelheiten aus dem Expositionszusammenhang

---

[133] Der weit mehr sekundäre, fragmentarische Kontrapunkt im den Oboen, dann den Hörnern, T. 305-311, ist entsprechend eine Umkehrung des eigentlichen thematischen Anfangs der Themengruppe II.

(siehe das Notenbeispiel 79 b) als deutliche Assoziation melden:

Beispiel 79 a-c

Aber erst mit dem letzten Glied in dieser "entwickelnden Variantenreihe", nämlich dem Sprung von Takt 320 (Vl.2) zu Takt 321 (Ob./Vl.1), wird die Perspektive
in Bruckners Wahl des motivischen Materials im dritten Durchführungsfeld in
voller Tiefe offenbar: der Übergang zum Entwicklungsmotiv $I_d{}^2$,[134] der Takt 51 ff.
entspricht, ist eine mutative Entwicklung des fortlaufenden Motivelements in
den 2. Violinen– und dieses selbst setzt sich auch nach Takt 320 in den Bässen
fort:

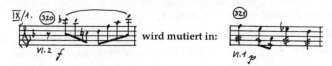

Beispiel 80

Dieser Übergang macht das letzte Glied in der ganz und gar assoziativ geprägten
Entwicklungskette des dritten und vierten Durchführungfeldes aus, die *rückwär-
tig* verläuft: von der Themengruppe III über II zu I. Sie ist also nicht bloß Ausdruck für ein pragmatisches Überleitungsmanöver in der Konsequenz einer para-
taktisch applizierten Variantentechnik, die

> an jeder Position der Durchführung jenes thematische Material zitieren läßt, das ihr
> am besten entspricht; das [...] wird am Ende [der Durchführung] jenes Crescendo sein,
> welches bereits [in der Exposition, *B.M.*] zum Hauptthema übergeleitet hat und nun sei-
> ne Reprise hervorruft.[135]

Es war der einleitende, unmissverständliche Vorgeschmack einer barförmigen
Anlage (S_1, S_2), die uns letztendlich auf die Spur der ausgeklügelten Art leitete,
nach der das Haupt- und Kulminationsthema hier zu erneuter Entfaltung gebracht wird. Die Entdeckung einer harmonisch-tonalen wie auch motivisch-logi-
schen Vervollständigung der inkompletten Barform *nach* einer scheinbar völlig
unmotivierten Enklave im Verlauf der Durchführung führte dazu, die Aufmerksamkeit auf diese "Lakune" im Formverlauf zu richten und eine Erklärung
für sie zu finden.

---

[134] $I_d{}^1$ (T. 39-46) wird überhaupt nur das eine Mal, in der Exposition, benutzt.

[135] Notter, *op.cit.* S. 35.

Das Ergebnis hiervon fällt etwas anders aus als z.B. die Erläuterung Wolfram Steinbecks, der – mit Rücksicht auf dessen vorherrschende Aufmerksamkeit auf die thematisch-dynamischen Faktoren in Bruckners symphonischem Stil – ihre Berechtigung nicht aberkannt werden darf. Nur kommt sie hier nicht so klar begründet vor, und die ihr zu Grunde liegende Analyse erscheint vielleicht darum bisweilen weniger scharf auswählend:

> Jeder der Abschnitte hat, den Teilen des Hauptthemas entsprechend, einen eigenen Charakter und eine besondere Aufgabe. Alle gemeinsam folgen der Idee, die schon das Hauptthema bestimmte: Werden, Steigerung und Höhepunktdurchbruch. Damit wird das Hauptthema als solches bestätigt.[136]

Seine Interpretation des dritten Feldes (Takt 277 ff.) erfolgt unter dem Haupt-aspekt einer dynamischen Steigerung: es wird betont, dass eben das in der Exposition steigerungsbetonte Thema III$_b$ hier benutzt wird (vgl. Takt 191 ff.), was zu folgender Erklärung führt:

> Daß also der Ankündigungsmotivik [I$_a$] nicht die weiteren Stufen des Hauptthemas folgen, sondern (zunächst) entsprechende Teile des Unisonothemas, hebt vor allem die funktionalen Beziehungen der Komplexe [I und III] hervor.
> Es zeigt sich aber auch ein Prinzip der Durchführung: Die Themen werden in ihrer Bedeutung für den Prozeß tatsächlich "ausgeführt". Das gilt auch für die Pizzicato-Begleitung [T. 277 ff.]. Die bloße Spielform der Streicher wird, ohne weitere motivische Bindung, thematisch bedeutsam. Sie verweist nämlich auf das Gesangsthema[137], mit dessen Durchführung Abschnitt IV einsetzt.[138]

Was den ersten Punkt angeht, ist allerdings anzumerken, dass es ja eben nicht ein *Unisono*-Teil der Themengruppe III ist, der sich dieser Steigerung annimmt. Das führt dazu, dass sich in diesem Punkt keine wirksame Dialektik zwischen I und III behaupten lässt.[139] Was die letzte Betrachtung des Zitats betrifft, scheint sie statt dessen eher eine parataktische, quasi Expositions-variierende Anlage zu unterstreichen als, wie hier hervorgehoben, eine durchführungshafte Qualität.

Die Tatsache, dass ein einzelner Analytiker, Robert Simpson, schon früher eben die unmotiviert wirkende Stellung aufspürte, die das dritte Feld unmittelbar einzunehmen scheint, lädt verständlicher Weise auch zu einer genaueren Untersuchung dieses Detailzusammenhangs ein. Sonderbarer Weise betrachtet aber Simpson, als echter Repräsentant einer angelsächsischen analytischen Tradition mit deren starken Betonung der harmonisch-tonalen Bezüge in der Architektur der Sonatensatzform, den Einschub-geprägten Charakter dieses Abschnitts – den er *an irrelevance* nennt[141] – nicht unter einem tonalen Gesichtswinkel. So erkennt er nicht die Pointe, die darin liegt, dass das erwartete C-Dur nicht zu Beginn des dritten Feldes eintritt, sondern vielmehr mit dem Anfang des vierten Feldes (vgl. die Fundamentskizze, Notentafel 78).[140] Statt dessen sieht er die

---

[136] Steinbeck: *Anton Bruckner: Neunte Symphonie*, S. 74.

[137] Steinbeck ortet die Provenienz des Pizzicatos im Ausklangs-betonten Übergangsabschnitt zwischen der ersten und zweiten Themengruppe, T. 77-96.

[138] Ebd. S. 75.

[139] Vgl. betreffs des Verhältnisses zwischen den Themenkomplexen I und III S. 255 f. in der vorliegenden Abhandlung.

[140] Simpsons Beschreibung erweist, dass er nicht auf das C-Dur (sowie die Anwendung von I$_c$) als

Begründung des dritten Durchführungfeldes in der übergeordneten Rücksicht Bruckners auf Proportionen und *timing*:

> Enormous as this design is, it would be extremely terse were it not for the passage between bars 277 and 301, where the vast expansion of the original opening crescendo is interrupted by a somewhat abortive and irrelevant reference to [III$_b$]. This Bruckner might well have reconsidered at the stage of revision. A cut would certainly not do, for the composer's instinct for proportion is right, and [...] the whole passage would then be too short.[141]

Weniger überrascht, dass Simpson auch die motivische Begründung für diesen "Einschub" nicht erkennt: die Verbindung zwischen dem durchgehenden Motiv des dritten Feldes und seiner vegetativen Variante zu Beginn des vierten Feldes. Statt dessen glaubt er I$_c$ mit dem Begleitmotiv II$_{akk}$ verbinden zu können, was nicht nur eine zweifelhafte, sondern vor allem perspektivlose Beobachtung ist – wie er es denn auch teilweise selber zugab.[142]

Was an diesem späten Beispiel einer Brucknerschen Variantenreihe bemerkenswert ist, ist ihre unzweideutige Tendenz zur Verdichtung, die man auch unmittelbar konstatieren kann, und zwar vor allem in rhythmischer Hinsicht. Ein "linearer" entwicklungshafter Aspekt hat hier, wohlgemerkt im Rahmen einer spontanen, von Einfall bzw. Einfühlung geprägter Formtendenz, das üblichere Bild eines Verzweigungsprozesses oder gar, mit Steinbecks Formulierung, *"die Tendenz zur Auflösung des Thematischen"* abgelöst.[143] Erst dieser Prozess der Verdichtung gibt in gewissem Maße das Recht, in diesem Satz zu reden von der Lösung

> des großen Durchführungsproblems von der Vereinheitlichung aller Themen, der Hervorkehrung ihrer verborgenen Gemeinsamkeit[144]

wie Kurth das tat – wobei man allerdings nicht sagen kann, dass sein Gesichtspunkt in analytischer Hinsicht auf akzeptable Weise eingelöst wurde. So hat denn seine Betrachtung auch etwas Verkehrtes an sich, da wohl kaum beabsichtigt war, dass diese Verdichtung als Offenbarung des *"unsichtbar umspannenden formalen Grundmotivs"*[145] erscheinen sollte – eine Ansicht, die Kurth schon in seiner Erläuterung der ersten Themengruppe der Exposition vertrat.[146] Die Homogenisierung ausgewählten Materials aus allen drei Themengruppen zu einer Variantenreihe muss sich statt dessen aus dem eigenen entwicklungsmäßigen "Programm" der Durchführung ableiten, dessen zentraler Punkt der

---

Ausdruck der präzisen Analogie zum Übergang zwischen dem ersten und zweiten Feld der Durchführung aufmerksam war (*op.cit.* S. 189): "The new and more purposeful treatment of [I$_c$] beginning in C major at bar 305 would certainly have balanced the contradiction [das einleitende F-Dur des dritten Feldes, *B.M.*] of the expected key of A" (vgl. die Dominante E-Dur Takt 275 f.).

[141] Ebd. S. 188. – Hier will erwähnt sein, dass Simpson auch Komponist, und zwar besonders ein Symphoniker, war.

[142] Ebd. S. 189.

[143] Steinbeck, *op.cit.* S. 23.

[144] Kurth, *op.cit.* S. 695.

[145] Ebd. S. 694.

[146] Vgl. in der vorliegenden Abhandlung, S. 109 f.

Durchbruch des eigentlichen Hauptthemas in einer *fausse* – und dennoch nicht auf übliche Weise falschen – Reprise ist, wie er in Takt 333 stattfindet.

Das außergewöhnliche an diesen letztgenannten spektakulären Ereignis begründet sich nicht nur in der dynamischen Intensität, die es absetzt – eine kurz darauf beginnende Entwicklung (T. 380-397) wetteifert in dieser Hinsicht mit ihm. Das extraordinäre liegt in erster Linie in dem doppelten Status dieser Kulmination als Durchführungsklimax und zu gleicher Zeit als Moment einer Reprise – oder vielleicht eher als ein Reprisen-*dementierendes* Moment.[147] Denn was folgt, ist nicht nur ein neuer Durchführungsverlauf sondern eine Hauptthemenentwicklung von auflösendem Charakter, und es folgt dann keine neue, "eigentliche" Reprise dieses Themas, wie das ja noch der Fall war in dem annähernden Parallelfall innerhalb der Kopfsätze, nämlich dem der 3. Symphonie.

Zur Erklärung der ungewöhnlichen Funktionsweise dieses bestimmten Formmoments muss schon hier unterstrichen werden, dass diese besondere Prozedur einem Konzept entstammt, das Bruckners *finaler* Sonatensatzform angehört: sie findet sich mit individuell bedingten Modifikationen in ungefähr der Hälfte seiner Schlußsätze. Mit dem archetypischen Brucknerschen Finale *in mente* muss dies Überlegungen zur möglichen Ersatzfunktion der Coda für das geschwächte Reprisenmoment hervorrufen. Diese Frage ist als ein Hauptanliegen für die beiden folgenden Hauptabschnitte dieser Untersuchung zu betrachten. Wenn sie dennoch bereits hier angestoßen wird, liegt es im folgenden Umstand begründet: Zu dem oben angeführten Reprisen-ähnlichen Konzept gehört eine dreigliedrige, in der Regel stufenweise ansteigende Verkettung von Kernphrasen des Hauptthemas, oder von Fragmentierungen desselben. Was den Hauptthemenkern im Kopfsatz der 9. Symphonie betrifft, gilt obendrein, dass die relevante originäre Phrase durch ihren überraschenden chromatischen Abschluss (*e - es*, nicht *e - d*) sozusagen auf die Art einer sequenzhaften Ausführung – oder Durchführung – zielt, die man hier wie auch in den parallel ausgeführten Finalsätzen sieht:

Beispiel 81

Als Folge dieses Sachverhalts mag es vor dem Hintergrund einer ausschließlich technischen Betrachtungsweise legitim vorkommen, die *umittelbare* Reprisen-modifizierende Einzelheit, nämlich die durch die Sequenzierung begründete

---

[147] Bruckner zieht im Finale dieses Werks – soweit das aus seinem Skizzenmaterial hervorgeht – die volle Konsequenz aus diesem neuen Formdetail, indem er jede stringente Reprise des Hauptthemas oder eines solchen auch nur irgendwie gliche, vermeidet (vgl. später S. 361 ff.). Ich kann mich somit der Formübersicht der Aufführungspartitur von Samale, Phillips u.a. (Vorwort S. xvi) nicht anschließen, wenn der Herausgeber den von Bruckner als *Fuge* benannten Abschnitt (Takt 311 ff.) als "Reprise der 1. Gruppe" interpretiert.

Bewegung weg von der angesetzten Tonika, zu verstehen als "rein" durchführende Technik, als ein Stück thematischer Arbeit – nicht unähnlich der Situation im Kopfsatz der 8. Symphonie Takt 225, die eigentlich nicht die Analytiker
hätte verwirren sollen, welche diese Stelle fehlerhaft als Reprise bezeichneten
(vgl. Kap. I, Anm. 47). Dass die Konstruktion in der 9. Symphonie zweideutiger
ist, soweit es ihren topologischen oder kategorialen Status betrifft, daran soll zwar
kein Zweifel herrschen. Eine Verschleierung des Reprisenmoments, die unmittelbar sicher die alles dominierende ist, wird in fakturmäßiger Hinsicht vor allem
durch den Streichersatz verstärkt, der die Figurationen der 1. Violinen in den
Takten 329-332 über den "Crux" Takt 333 fortsetzt bzw. weiter entwickelt.

Das nachfolgende sechste – und wiederum eindeutig durchführende – Feld, Takt
355 ff., setzt die nun nur rein andeutungsweise illudierende Reprise fort, indem
es tatsächlich in der unmittelbar zu erwartenden Tonart ansetzt, und zwar in as-
Moll – vgl. die in tonaler Hinsicht parallele Situation in der Exposition, Takt 70 f.:
Ces/H→e. Was folgt, ist aber nicht der kadenzierende, die Tonika wieder errei-
chende Schlussteil des Hauptthemas – sein Ort wird sich erst in der Coda finden.
Statt dessen wird ein völlig fremder, ausgeprägt Mahlerscher Marschton ange-
schlagen, dessen exzeptioneller Charakter mindestens ebeno sehr wie stilistische
Antizipation[148] in der Intensität besteht, mit der dieser Satzabschnitt vorgibt, keine Voraussetzungen im Rahmen des Satzes zu besitzen, obwohl sich bei genauerer Betrachtung herausstellt, dass er motivisch überwiegend wohldefiniert ist:
bis hin zu Buchstabe P (Takt 367) hat nur das durchgängige – und typisch, aber
nicht allein Marsch-definierende – Trillermotiv den Status neuen Materials.

Der Grad der Verwandlung, die durch eine mosaikhafte "Synthese" von Motivelementen erfolgt, ergibt sich vielleicht am evidentesten daraus, dass eine ganze
Reihe von Analytikern – Kurth, Notter und Steinbeck – wie's scheint den am
ausführlichsten angeführten thematischen Bezug übersehen haben, nämlich die
rhythmisch diminuierte reine Umkehrung der ersten fünf Takte des Hauptthemas (Hr.7-8 T. 355-357; darauf zunächst kleine, später größere Modifikationen
derselben in Trompeten).[149] Ebenso ist unter diesen dreien nur Kurth darauf aufmerksam, dass die Pendelfigur der Streicher aus den einleitenden Takten des
Satzes übernommen wurde und dass diese Figur alle ursprünglichen intervalli-
schen Variationen durchläuft: Terz (Takt 355 u.a.m.), dann Quinte (Takt 359
u.a.m.) und endlich Sekunde (Takt 362). Was Kurth dagegen nicht anmerkte, ist

---

[148] Mit Antizipation ist hier der einzigartige charakterliche Status dieses Details innerhalb von
Bruckners Gesamtwerk angesprochen. Nur der nachfolgende Scherzosatz liefert wohl bis zu einem
gewissen Grade ein Gegenstück zur hier vorkommenden, ausgesprochen Mahlerschen Dämonie.
Umgekehrt ist es wohl durchaus zweifelhaft – und zum Teil auf chronologischer Grundlage ausge-
schlossen –, dass die häufigen, sehr ähnlichen Intonationen in Mahlers Werk (vgl. z.B. die Hauptthemen in den Kopfsätzen der 2., der 5. und der 6. Symphonie) von diesem Detail in Bruckners
neunter beeinflusst wären.

[149] Notter: "...eine recht zwielichtige Episode, die stark nach Durchführung "riecht", aber keinen
fertigen Themenausschnitt zitiert (wie man es von einer Variante erwartete)". (*Op.cit.* S. 36.) Steinbeck: "...[eine] kontrapunktische Verdichtung des punktierten Oktavenmotivs (z.B. T. 355: Tb./Trp.
/Ob.) über einem [...] Streichergrund, verwandt mit dem Pizzicato-Übergang [Exposition Takt 77 ff.]
und seiner Variante in der Durchführung." (*Op.cit.* S. 78 f.) – Die Grundlage für das letztere Element
in Takt 355 ff. ist übrigens (vgl. oben) anderswo zu suchen, im HTh$_a$.

die Tatsache, dass auch die Reihenfolge dieses Wechsels an beiden Stellen identisch ist: Terz, Quinte, Terz, Quinte, Sekunde. (Außerdem werden diese Intervalle in der Durchführung durch die Quarte ergänzt: Takt 364, T. 366).[150]

Mit der Einführung dieses prä-thematischen Stadiums in den Zusammenhang erscheint offenbar ein regressiver, auflösender Faktor im thematischen Prozess. Und jedenfalls wird dieser verstärkt durch die charakterliche Umformung zu einer marschhaften Dämonie, die bewirkt wird vor allem durch die Diminution, aber auch durch die Umkehrung des Hauptthemas. In ihrer Gesamtheit sowie im Lichte der nachfolgenden Entwicklung, die zu einem neuen thematisch-dynamischen Höhepunkt führt – hier allerdings in der Form eines Zusammenbruchs des Hauptthemas –, berauben diese verschiedenen Formkräfte das vorhergehende reprisenhafte Moment seines unmittelbar registrierten Status. Zwar war die Entwicklung des Hauptthemas *"zu seinem Ziel gelangt"*[151]; dafür ist es aber diskutabel, ob man zugleich behaupten kann, das eigentliche Hauptthema habe *"sich erfüllt und konnte im Grunde nicht nochmals aufgewendet werden."* Ganz im Gegenteil: die *"versetzte Durchführung"*[152] des Hauptthemas und die von ihm durchlaufene Entwicklung, die in T. 387-398 kulminiert, ist das eigentliche Hauptargument dafür, dass der durchführungsmäßige Aspekt kategorial dominiert schon in dem *"formalen Doppelereignis"*[153] des dreimaligen Hauptthemenausbruchs – was völlig übereinstimmt damit, dass die eintreffende kurzschließende Sequenzkette das Thema gerade nicht "zu sich selbst" kommen ließ, sondern eher zu einem *Zitat* seines selbst.

Diese Umstände unterscheiden auch die hier aktuelle Formlösung von allen nahen Parallelen zu ihr in Bruckners Finalsätzen, die im folgenden Kapitel in die Untersuchung einbezogen werden sollen.

In der Entwicklung auf den letzten Höhepunkt der Durchführung und seine *Peripetie* hin werden erneut Motive eingebracht, die nicht der Hauptthemengruppe angehören, Motive, die die retrograde Bewegung in diesem Abschnitt wie auch die voran schreitende Auflösung unterstreichen. Diese Einschübe sind motivisch gesehen keineswegs eindeutigen Charakters und lassen sich z.B. kaum als Varianten bezeichnen: am deutlichsten ist wohl die Verbindung zwischen dem sequenzierten Violinmotiv in Takt 367 f. (bis Takt 370) und dem einleitenden Unisono-motiv der Themengruppe III, namentlich in seiner letzten Wiederkunft in Takt 207 ff., wo es ebenfalls sequenziert erscheint.

Außerdem mag man sich, wenn auch zurückhaltend, Steinbecks Gesichtspunkt anschließen betreffs eines Zusammenhangs zwischen dem Violinmotiv in Takt 375 ff. und den Hörnern bzw. 1. Violinen in den Expositions-abschließenden Takten 219-227, und dies vor allem auf der Basis der rhythmischen Intensivierung, die in beiden Zusammenhängen erfolgt. Auch mag man behaupten, dass die

---

[150] Vgl. Kurth, *op.cit.* S. 696.

[151] Steinbeck, *op.cit.* S. 79.

[152] Hansen, *op.cit.* S. 303.

[153] Kurth, *op.cit.* S. 695.

harmonisch tragenden Basstöne in den betreffenden Bereichen einen gewissen dialektischen Bezug zueinander haben dank der jeweiligen Verläufe: T. 207-219: *h, g, e, c, B* (nicht *A*!), *F* und demgegenüber T. 381-391: *Fis, A, c, dis, fis, a, c'* (= f$^6{}_4$).[154] Der Abschluss dieser Entwicklung unterstreicht des weiteren die Parallele zum Abschluss der Exposition (oder genauer zum unmittelbaren Beginn der Durchführung) durch die Tonalität f-Moll am Orte dieses thematischen Zusammenbruchs. So wird denn auch die Progression der Durchführung in tonaler Hinsicht verbogen, und die Tonalität kehrt statt dessen bis an den Ausgangspunkt des Hauptabschnitts des Satzes zurück.

Das abschließende, achte Feld der Durchführung (T. 399-420) hat mit seinem zwar motivisch "arbeitenden", zugleich aber jegliche eigentliche Aktivität auskoppelnden Charakter die Funktion eines Epilogs zu diesem Satzabschnitt. Für diesen resignierten Zusammenhang gibt es – abgesehen vom Übergangssatz zwischen den Themengruppen I und II der Exposition in seiner Funktion als Nachwirkung des dortigen Hauptthemen-Durchbruchs – nur *eine* echte Parallele, und zwar wiederum in einem Finalsatz, nämlich dem der revidierten 4. Symphonie.[155]

Dieses charakterielle Analogieverhältnis wird komplettiert durch eine Gleichheit in formaler Hinsicht: an beiden Orten schiebt sich der Epilogabschnitt ein nach einem sehr reprisenhaften Ereignis[156], das so schnell wie möglich durch den weiterhin deutlich durchführenden Charakter des Satzverlaufs dementiert wird. Was den Epilog am ausgeprägtesten als Pufferzone qualifiziert, ist seine kurze Dauer und dazu sein Mangel an dynamischer Intensität; außerdem erhält er eine Signalfunktion als Reprisen-ankündigendes Formglied. Somit dient er in hohem Maße einem orientierungsgebundenen Zweck.

Dass es sich nicht um ein "Schema" für diese Mechanismen handelt, das bezeugen – außer der jeweils gänzlich anders gearteten Formung des Reprisenmoments in den beiden beschriebenen Fällen – die Finalsätze der 7., der 8. und der nicht vollendeten 9. Symphonie auf jeweils ihre Weise. Am eindeutigsten intentioniert das Finale der achten eine formtopologische Verdeutlichung nach den oben angeführten Richtlinien. Nichts desto weniger lassen sich nur sehr geringfügige Parallelen zwischen diesem Satz und IV/4. oder IX/1. behaupten. Mehr dazu im folgenden Kapitel, S. 365 ff.

Zwischen der Peripetie im hier behandelten Satz (T. 387-397) und dem nachfolgenden Durchführungsepilog erfolgte eine teilweise "Ausblendung" der Hauptthemeninstanz; sie drückt sich aus in dem Überspringen einer Passage, die den Takten 66-67 in der ursprünglichen Exponierung des Hauptthemas entspricht:

---

[154] Man bemerke des weiteren das Tritonus-Verhältnis zwischen den Außenpunkten in beiden Zusammenhängen.

[155] Vgl. IV$_2$/4. T. 339-382. Grundsätzlich auch IV$_1$/4. (T. 370-388), wo der betreffende Abschnitt allerdings wesentlich kürzer ist; sein Charakter und seine Funktion sammeln sich nicht, wie das in den beiden ausgeprägten Zusammenhängen der Fall ist, in einer abrundenden und in diesem Zusammenhang rückblickenden Perspektive, sondern hat – besonders durch die Zitate des Hauptmotivs aus dem Kopfsatz – eine Richtung auf die Coda hin. Und schließlich ist das vorangehenden Reprisen-ähnliche Moment (T. 337-368) wesentlich schwächer.

[156] In IV$_2$/4. Takt 307 ff.

Beispiel 82

Die Fortsetzung des Satzes zu Beginn des Durchführungsepilogs wirkt, als ob der thematische Strom nach einem kurzen "unterirdischen" Verlauf – der durch zwei nachhallende, leise Paukenwirbel gewissermaßen markiert wird – wieder ans Tageslicht träte.[157] Und dennoch erfogt dies nicht so, als sei nichts mit ihm geschehen: eine unmodifizierte Weiterführung würde unmittelbar zu einem *fis* (= D[3]) und ultimativ – sofern die Hauptthemengestalt hier zu ihrem Ende gebracht würde – zu einer Kadenz in F-Dur führen – einer Tonart, die vor dem Hintergrund der vorhergehenden Peripetie hier noch weniger angebracht wäre als ansonsten, als Ansatz eines Reprisenverlaufs:

Parallel zu T. 66 ff.:

Beispiel 83

Mit der vorgenommenen Durchschneidung des "Lebensfadens" des Themas, die am unmittelbarsten die Weiterführung aus dem Ton *b* erklärt, und mit dem "Erinnerungsbruch", den diese Unterbrechung verursacht, ergibt sich nun aber ein Spielraum für eine nur geringfügig variierte melodische Fortsetzung, die, als wäre es das selbstverständlichste auf der Welt, den Durchführungsepilog in der Haupttonart d-Moll in Gang bringt, als eine lange, vegetativ auskomponierte $\frac{6}{4}$-Vorhaltkadenz, die sich völlig auf das Triolenmotiv des Hauptthemas stützt, mit einem Abschluss im eigentlichen Reprisenpunkt, der Anführung des Seitenthemas in der Tonikavariante, D-Dur.[158]

WAB 109 ➡ S. 395 (Coda), S. 361 (Reprise, 4. Satz)

---

[157] Steinbeck war wohl nicht aufmerksam auf diese Pointe, die jedenfalls tiefgehender ist als seine eigene: "Ein sehr feines Mittel setzt Bruckner ein: Der nachklingende Paukenwirbel fällt vom Quintton *c* des Höhepunktes in die Tonikaterz (T. 399), jedoch [...] in die aufhellende Durvariante *a* [F-Dur]. Dieser einfache, kaum wahrzunehmende Übergang gibt einen leisen Impuls des Wiederanfangens" [d$^{6}_{4}$]. (*Op.cit.* S. 80.)

[158] Auch auf diese Art der Reprisenmarkierung, die beim späten Bruckner nicht ungewöhnlich ist, wird selbstverständlich im nächsten Kapitel genauer eingegangen.

Bei Ernst Friedrich Richter, die von Bruckner hauptsächlich konsultierte Quelle, was Fragen der Formenlehre anging, findet sich folgende Hauptbemerkung zum Durchführungsteil der Sonatenform:

> Die Motive des Satzes erscheinen bei den Durchführungsperioden in immer neuer Verwendung, bald imitatorisch oder canonisch, bald verkürzt, mit neuem Stoff vermischt, bald in der Umkehrung, in verschiedene Stimmen vertheilt, u.s.w.[159]

Die genaueren Untersuchungen von Bruckners verschiedenen Durchführungsanlagen erwiesen einige Sachverhalte, die durchaus die Hypothese unterstützen könnten, dass der Komponist in wesentlichen Punkten diesen Formabschnitt übereinstimmend mit seiner konservativsten Lehrbuch-Grundlage realisiert hat. Charakteristisch für beide Zusammenhänge ist, dass großes Gewicht auf die Isolierung der einzelnen thematischen Einheiten gelegt wird, oder – andersherum ausgedrückt – dass die Fragmentierung und Synthetisierung mit anderem Material weniger betont wird. Als daraus folgend bemerkt man die in weitestem Sinne variantenhaften Umformungen, die dem gegebenen Thema oder Anteilen an ihm widerfahren, mit invertierenden und imitatorischen Prozeduren als den charakteristischsten Bearbeitungsweisen in dieser Verbindung.

Dies ist nun an sich um so bemerkenswerter im Lichte der von August Halm so bezeichneten Brucknerschen *"gesättigteren Exposition"* (im Verhältnis zu der der Klassiker)[160], mit ihrem oft stärker differenzierten thematischen Inhalt und besonders den Entwicklungsprozessen, die ein Teil des Expositionsstoffes bereits in der ersten formalen Hauptphase durchmacht, und hier in der Regel ohne Einwirkung seitens "externer" thematischer Einheiten.

Zweifelsohne ist diese Haupttendenz, die – soweit es die Durchführung betrifft – wohl eher zu einer weiteren Art "Sättigung" führt als zu einem "Rekurs auf den Knochen" im Verhältnis zur thematischen Grundlage, konstitutiv für einen bestimmten Typus der Sonatensatzform. Hier, wo keine konkrete Prozedur oder Reihenfolge vorgeschrieben ist, wird bei Bruckner mehr als zu erwarten eine einheitliche, wenn man so will: schematische Vorgangsweise betont, und dies vor allem kraft der Parataxe, die das relativ starke Gepräge thematischer Isolierung mit sich führt.[161]

In der Regel entdeckt man erst, wenn man sich die Einzelheiten im Verlauf der Durchführung analytisch genauer ansieht, in wie hohem Maße sich prozessuale Aspekte hier trotz allem geltend machen, und somit also Prinzipien, die, wenn sie erst einmal entdeckt werden, Verschiebungen gegenüber einer unmittelbareren, oberflächlichen Perzeption des Formaufbaus etablieren.[162] So fällt z.B. auf, in

---

[159] E.Fr. Richter: *Die Grundzüge der musikalischen Formen und ihre Analyse.* Leipzig 1852, S. 33.

[160] Halm, *op.cit.* S. 56.

[161] W. Broel (Anm. 44) schlug den Begriff "Gestaltungsanalogie" (im Verhältnis zur Exposition) als Bezeichnung für eine Gliederung der Durchführung vor in einer – nicht unbedingt identischen – Analogie mit der Themengruppierung der Exposition (vgl. Broel, *op.cit.* S. 66 ff., bes. S. 68-70). Bruckners spezielle Durchführungstechnik ist ein treffendes Beispiel für ein solches Verfahren.

[162] Ein Einzelfall wie die Durchführung im ersten Satz der 5. Symphonie unterscheidet sich von der typischen Situation im Vornherein mehr durch seinen ausgeprägten Anschluss an eine antagonistische und daraus folgende motivisch aktive Durchführungsgrundlage.

welchem Maße das "sekundäre" und noch mehr das "tertiäre" Themenmaterial gegenüber dem der Hauptthemengruppe untergeordnet ist – mit der markantesten Ausnahme in VII/1., wo die Rollen sogar in gewissem Sinne vertauscht wurden.[163]

Dies führt in den meisten früheren, von Bruckner selbst anerkannten Werken dazu, dass Themengruppe II-Material einen speziellen epiloghaften Status erhält, mit beruhigender und damit Reprisen-vorbereitender Funktion. Macht dieses Verhältnis sich nicht mehr geltend, erfolgt das in engem Zusammenhang damit, dass das Reprisenmoment in den späteren Werken zu einem dramaturgischen oder sogar dramatisch entscheidenden Ereignis erhoben wird, und dass in dieser Verbindung das Unsicherheitsmoment, den Reprisenpunkt betreffend, geradezu den wesentlichsten Umstand ausmachen kann. Was die spätesten Werke betrifft, lässt sich nachweisen, dass das Hauptthema als absoluter Protagonist der Durchführung anderes thematisches Material geradezu in seinen Entwicklungsprozess einbezieht als im wesentlichen bloß katalysierenden Stoff. Außerdem, und in Übereinstimmung hiermit, wurde gezeigt, dass Bruckner in seiner späten Revision der 3. Symphonie, die zeitlich zwischen der 8. und 9. Symphonie liegt, die dramatische Stringenz im Kräftespiel zwischen dem Hauptkontrahenten des betreffenden Satzes – die in diesem Falle der ersten Themengruppe angehören, dem Hauptthemenkomplex – in entscheidenden Punkten verstärkt hat.

Einmal abgesehen davon, dass die Entdeckung verfeinerter prozessual betonter Aspekte viel Umsicht ebenso wie ein bedeutendes Maß an Einfühlungsvermögen in Bruckners Umgang mit thematischem Material erfordern mag, wird die analytische Aufmerksamkeit leicht vorzugsweise vom "Spiel der Kräfte" bei den starken dynamischen Kontrasten eingefangen. Dies mag dazu führen, dass eine gewisse Überbetonung der architektonischen Momente im Formaufbau erfolgt, auf Kosten der genuin dramatischen oder vielleicht besser psychologischen Momente (in einer musikalisch-symbolischen Modalität). Die Durchführungen in den Symphonien Nummer 3, 5, 8 und 9 entwickeln aber, jeweils auf ihre Weise, eine spezifische "Ausgangssituation" für den Hauptthemenstoff in dramatisch betonter Konsequenz seiner Exposition. Ein äußeres Zeichen der stark angestiegenen Bedeutung derartiger thematisch-prozessualer Sachverhalte namentlich in den späteren Phasen der Produktion ist eine entsprechend merkbare Schwächung der Wirkung der tonalen "Mechanik" auf formaler Ebene.[164] Die hiermit verlau-

---

[163] Dies gilt auch, wenn man von der völligen Konzentration der Studienwerke auf das Hauptthemenmaterial in der Durchführung absieht. Im Durchführungszusammenhang nimmt der Seitenthemenstoff ansonsten nur im Finale der 1. Symphonie und bis zu einem Grade entsprechend im Finalsatz der 2. Symphonie eine besonders hervortretende Stellung ein.

[164] Dies lässt sich schon innerhalb der Exposition feststellen, mit ihrer nach der 3. Symphonie einsetzenden Entwicklung zu einer tritonalen Anlage, unmittelbar vor allem bedingt durch die Ausformung der Themengruppe II als von David Bushler (*op.cit.* S. 62 u.a.m.) so bezeichnetem "incomplete harmonic arch", der erst durch die dritte Themengruppe vollendet wird. Des weiteren macht es sich in einigen der späteren Werke als Lösung der tonal ausgleichenden Funktion von dem Moment oder den Momenten der Reprise geltend. – Wenn August Halm von Bruckners "hoher Sensibilität für die formbildende Harmonik" (*op.cit.* S. 179) redet und davon, dass "sein Modulieren fast durchaus formal bestimmt [ist]; nur ausnahmsweise ist die harmonische Spekulation das oberste Gesetz, dem sich die Form fügt" (ebd. S. 173), zeigen seine hieran anknüpfenden Analysen allerdings anschei-

fende parallele Tendenz einer Verschleierung oder Verwischung eines eindeutigen Reprisenübergangs – eindeutig im Sinne einer erneuten Installation des Hauptthemas – dementiert nicht eine derartige Auffassung der thematisch-prozessualen Verhältnisse, sondern bestätigt sie eher, insoweit als diese Entwicklung als Moment in der Priorisierung einer solchen Prozessualität gegenüber einer eher statischen Dimension in der Formbildung anzusehen ist.

Ein so gearteter "Prioritätsstreit" zeigt sich verhältnismäßig deutlich in manchen von Robert Simpsons Betrachtungen zu Bruckners Symphonik. Seine primäre analytische Aufmerksamkeit auf Faktoren tonaler Art, die ebenso wach ist wie seine Gesichtspunkte betreffs *timing*, dynamischer Spannung und Gleichgewicht sowie des symphonischen *Momentums* ein starkes künstlerisches Einfühlungs-vermögen bezeugt, neigt stark zu einer Aufgabe größerer Teile des funktionellen Inhalts im Begriff der Sonatensatzform. Was man in diesem Zusammenhang leicht übersehen mag – ohne Rücksicht darauf, was man ansonsten von der Berechtigung einer derartigen Abweichung von Bruckners eindeutiger formaler Richtschnur halten möchte – ist, dass gerade die feineren Pointen in den thematischen Entwicklungsprozessen auf diese Weise dem analytischen Bewusstsein entgehen.

Dies soll kurz erläutert werden an Hand von Simpsons – zwar sehr früher – Analyse der 5. Symphonie Bruckners[165], wo man auf Ansichten stößt, die er später in seiner gesammelten Darstellung der Werkreihe offensichtlich wieder verwarf. Im Lichte von Simpsons letztendlicher Ansicht über das Problem können diese Gesichtspunkte natürlich nicht als repräsentativ gelten; es lohnt sich aber, sie dem Vergessen zu entreißen, auf Grund der Verdeutlichung der analytischen Perspektive, die gerade durch ihre radikale Formulierung erreicht wird.

Simpson sieht in seinem frühesten Beitrag zu Bruckner die Dankesschuld an Wagner als bedingt vor allem in seiner Faszination von dessen

> [...] achievement for the first time [of] a kind of music whose processes were slow enough to accomodate stage action [and the abandonment of] the classical way of handling tonality. When key is used dramatically, as in a Beethoven symphony, the action generally becomes so swift that the design completes itself far more quickly than could the most active of stage scenes. [...]
> That Bruckner was profoundly stirred by this discovery is undeniable. [...] In this respect he became a pioneer, for he was the first to apply new constructional principles to 19th century pure instrumental music. [...] To understand these new laws [...] Bruckner was forced to discover them for himself. He had lost, on the one hand, the classical way of viewing tonality, and on the other he had no aid from an external plot with stage action. Two simple ways of obtaining symmetry were denied him.
> He took refuge in his marvellous faculty for building climaxes. [...] Bruckner is natu-

---

nend, dass die vor allem auf die lokale Ebene gemünzt ist – und insoweit eher im Zusammenhang mit thematischen Prozessen gesehen – als in einer eigentlich harmonisch formbildenden Perspektive, wie das z.B. in der folgenden Definition der Sonatenform ausgedrückt wird: "Die Sonate ist die Formwerdung der funktionellen Harmonik" (L. Balet, E. Gerhard: *Die Verbürgerlichung der deutschen Kunst, Literatur und Musik im 18. Jahrhundert.* 1936, Neudruck Frankfurt a.M. 1973, S. 474.) – Die ausführlichste Diskussion dieser Frage findet sich in C. Dahlhaus' "Ist Bruckners Harmonik formbildend?", in: *BrJb* 1982/83, S. 19-26.

[165] R. Simpson: "Bruckner and the Symphony", in: *MR* 1946, S. 35-40.

rally at home in the slow gradual processes which produce his larger creations [and] is completely dependent upon the proportions of his great climax-building passages.[166]

In der Konsequenz dieser übergeordneten Betrachtung verrät Simpson z.B., dass er seinerzeit – wobei allerdings zu beachten ist, dass Bruckners Stellung im englischen Musikleben marginal war und "pädagogische" Verhaltensmaßnahmen bezüglich der Zuhörerschar daher berechtigt sein mochten – durchaus bereit war, eine drastische Kürzung im ersten Satz der 5. Symphonie zu empfehlen, die den Anlauf zur Reprise sowie die Wiederaufnahme des Hauptthemas umfasste: die Takte 347-380. Und zwar mit folgender Begründung:

> Compared with the previous climax it is insignificant, as it has no adequate ancestry. It grows from no soil. The passage is there merely to pacify Bruckner's feeling that without it the movement would lose its symmetry. But symmetries demanded in this time-scale cannot be served by arbitrary sonata methods. Both the needs for formal balance and dramatic point would have been met had Bruckner proceeded directly from the solemn brass chords [T. 338-345] to a recapitulation of the second group.[167]

Wie jedoch in der Teilanalyse dieses Satzes im vorliegenden Kapitel bereits betont wurde, ist der erste Abschnitt, den Simpson als überflüssig betrachtete, nämlich die Vorankündigung der Reprise, ein Element von wesentlich perspektivierender und damit prozessualer Bedeutung im Satz. Weiters ist die reprisenhafte Wiederaufnahme des Hauptthemas, so kurz sie auch ist, ja gerade symptomatisch für die Stellung des Themas im Großteil des Satzes und lässt sich keinesfalls entfernen, ohne einen fundamentalen Übergriff auf Bruckners symphonisches Konzept vorzunehmen, und hier nicht so sehr insoweit es sich auf eher verallgemeinernder Ebene zeigt, als vielmehr soweit es dem individuellen Konzept angehört. Dass es sich so verhält – dass es in einem Finalezusammenhang aber auch hätte anders aussehen können –, darauf wird im nachfolgenden Kapitel zum Status der Reprise und der Coda in Bruckners Formkonzept eingegangen werden, wobei ganz besonders die spezielle Bedeutung, die diesen Formabschnitten im Kontext des Finalsatzes für die Beschreibung und Interpretation seines symphonischen Typus zukommt, erläutert werden soll.

---

[166] *Op.cit.* S. 35.
[167] Ebd. S. 38.

KAPITEL V

Stadien der Sonatensatzform, III:
Reprise und Coda

IN DEN UNTERSUCHUNGEN dieses Kapitels zu den Merkmalen der Reprisen- und Codagestaltung Bruckners wird sich das Augenmerk auf die beiden trithematischen, die meist ausgesprochen prozesshaften sonatenförmigen Sätze innerhalb des symphonischen Zyklus richten, d.h. auf die beiden Außensätze.

Diese Erweiterung des Untersuchungsfelds erfolgt nicht allein aus dem praktischen Grund, dass die Reprise sich in einer doch einigermaßen kurz gefassten Form erschöpfend untersuchen lässt – was in der Natur der Sache liegt: die bereits analysierte Exposition ergibt einen Bezugsrahmen, von dem nicht abstrahiert werden kann, und nur die Reprisenmomente, die sich von ihren Voraussetzungen in der Exposition unterscheiden, erfordern spezifische Kommentare. Probleme, die dadurch entstehen, dass die expositionellen Prämissen der Finalsätze nicht bis in Einzelheiten vorab geklärt wurden, sind in kürzest möglicher Form zu lösen; was wohl – bisweilen – sogar die Aneignung erleichtern mag.

Die vorgenommene Disposition ergibt sich vielmehr aus Bedingungen innerhalb der Sache selbst, genauer aus der Entwicklung der Reprisenproblematik, die sich in der späteren Hälfte des Gesamtwerks deutlich abzeichnet und die, wie sich im vorigen Kapitel deutlich erwiesen hat, selbstverständlich auch die Kategorie der Durchführung berührt; am stärksten wohl in Übergangszonen zwischen dieser und der Reprise. Und diese besondere Problematik affiziert in viel größerer Ausdehnung und entsprechend höherem Maße die Sonatenform in den Finalsätzen als die der Eingangssätze.

Eine soweit möglich gemeinsame Betrachtung der – wie man sie nennen könnte – Konsequenz-geprägten Formstadien lässt bis zu einem gewissen Grade einige der entscheidensten, an und für sich aber von höherer Warte gesehen durchaus bekannten Umstände in Bruckners symphonischem Typus in einem neuen Licht erscheinen – Verhältnisse, die den zyklischen Aspekt der konzeptuellen Ganzheit betreffen und die in hohem Maße der übergeordneten Formintention des einzelnen Werks dienen.[1]

Der hier beschriebene Hauptzweck zwingt zu einer Auslese, bei der nur die wesentlichsten Momente der Reprisenabschnitte einer in Einzelheiten gehenden Behandlung unterworfen werden. Diese selektive Untersuchung beschränkt sich des weiteren in wesentlichem Grad auf das in dieser Verbindung prozessual wirksamste Material.

---

[1] Die Frage, inwieweit sich eine solche Ganzheit bei Bruckner als organisches Ganzes bewerten lässt und ob das, was als Synthese erscheinen will, diese Bezeichnung verdient, ist weit mehr ein ästhetisches als ein analytisches Problem. Diese Frage wird nicht im vorliegenden Kapitel gestellt oder beantwortet, sondern erst im abschließenden Zusammenhang (vgl. S. 446).

In zweiter Linie – und dies begründet sich indirekt aus dem eben gesagten – richtet sich die analytische Aufmerksamkeit vorwärts auf den Satzabschluss oder das codale Stadium im Formverlauf. Eigentlich ist der Zusammenhang zwischen Reprise und Coda – auch bei Bruckner – so eng, dass es nahe liegen könnte, die beiden Formkategorien gemeinsam abzuhandeln. Da sein Konzept der Reprise nun aber – in seiner weiter entwickelten oder "bewussteren" Form – Momente der Suspension enthält, für die erst die Coda erfüllend kompensiert, gibt es mindestens ebenso gute Gründe, eine dispositionelle Aufteilung vorzuziehen. In der Praxis lässt eine solche sich allerdings nicht konsequent durchführen, und unter allen Umständen bedingt das enge Verhältnis zwischen beiden Formteilen eine Untersuchung in ein und demselben darstellenden Zusammenhang.

1 · Die Reprise in den Außensätzen und ihre Bedeutung für die Entwicklung von Bruckners symphonischem Konzept

> Das Wiederkehren der Hauptgruppen nach dem Durchführungsteil verstehen wir am besten unter dem Bild einer Spirale, die uns in die Nähe des früheren Ereignisses wieder zurückführt, aber nicht auf dem früheren Niveau. Wir finden dabei teils schon Ausgeführtes kürzer behandelt, wie aus der Höhe gesehen; teils umgekehrt bisher weniger Entwickeltes oder auch nur Konstatiertes ausgeführt, als ob wir damals erst nur einen Blick in die Region getan hätten, in der es wirklicher wohnt und lebt. So kommt es, daß wir bei der Wiederkehr nicht so eigentlich auf Vergangenheit blicken. Kennzeichnet es die gute Form, daß sie die veränderte Situation berücksichtigt, so muß Bruckner auch nach dieser Hinsicht als einer ihrer best intelligenten Meister gerühmt werden.[2]

August Halms Bemerkungen, die Bruckners Reprisentechnik charakterisieren wollen, sind sicherlich eher eine Idealbeschreibung des wesentlichsten thematischen Wiederaufnahme-Moments, und zwar nicht in erster Linie aus der Warte Bruckners, sondern vielmehr, wie im letzten Satz des Zitats angedeutet, mit Beethoven als eigentlicher normativer Instanz. Theodor W. Adorno hat diese spezielle Funktion der Reprise ausführlicher angedeutet:

> Die Reprise war die Crux der Sonatenform. Sie machte das seit Beethoven Entscheidende, die Dynamik der Durchführung, rückgängig, vergleichbar der Wirkung eines Films auf einen Zuschauer, der nach dem Ende sitzen bleibt und den Anfang noch einmal sieht. Beethoven hat das durch eine *tour de force* bewältigt, die ihm zur Regel ward: im fruchtbaren Moment des Reprisenbeginns präsentiert er das Resultat der Dynamik, des Werdens, als die Bestätigung und Rechtfertigung des Gewesenen, dessen, was ohnehin war.[3]

Hier wäre nun zu fragen, was eigentlich bei Bruckner ganz allgemein die veränderte Situation (vgl. Halm) um das bislang seiende und wirkende, das im eigentlichen Sinne thematisierte charakterisiert. Die durchführende "Arbeit" war

---

[2] A. Halm: *Die Symphonie Anton Bruckners.* München 3·1923, S. 65.
[3] Th.W. Adorno: *Mahler. Eine musikalische Physiognomik.* Frankfurt a.M. 1960, S. 127.

hier meist charakterlich nicht so geprägt, dass das Reprisenmoment formlogisch eine Lösung erforderte, die als Ergebnis erschiene, in der Form prozessual bedingter thematischer Modifikationen.[4] Ausnahmen gibt es zwar; so z.B. in den Kopfsätzen der 5. und 8. Symphonie, wie das sich denn auch geltend macht in der spätesten Bearbeitung der 3. Symphonie (vgl. S. 282 ff.). Aber selbst dort, wo sich also eine Prädisposition zur Prozessualisierung des Reprisenmoments findet, mag dies gänzlich oder überwiegend tektonisch konventionell verwirklicht sein wie etwa in III$_3$/1. – wo ja auch ein Reprisenepilog-hafter Abschnitt zwischen dem Durchbruch des Hauptthemas, der *fausse* Reprise, und seiner nachfolgenden formellen Wiederaufnahme eingeschoben wurde.

Dieselbe Bewahrung einer im großen und ganzen ungebrochenen Symmetrie gilt nun ganz allgemein auch für Brahms' Reprisenanlagen, und das obwohl die Art der thematischen Behandlung in der Durchführung bei Brahms eine wesentlich größere Übereinstimmung mit Beethovens motivischen Verarbeitungs-Techniken aufweist. Dennoch ist die Reprise als dramatisches oder triumphierendes Moment keineswegs charakteristisch für Brahms' symphonische Formlösungen.[5] Eine Verabsolutierung von Beethovens *tour de force*-geprägter Prozedur führt, was dieses spezielle Formmoment betrifft, in jedem Fall zu einer Verzerrung des faktischen Bildes, das die tatsächliche historische Situation in den diesem Komponisten nachfolgenden Generationen aufweist: mehr nach als eine spezifisch modifizierende Behandlung der Reprise als solcher wirkte wohl der allgemein vorbildliche Charakter des Beethovenschen Beispiels; hier liegt das Hauptgewicht aber, wertet man auf der Basis des breiteren empirischen Materials, auf den Satz- und Werk-abschließenden Zusammenhängen – jedenfalls gilt dies für Bruckner wie auch für Brahms.[6] Dass sich das nun auch in bestimmten Reprisen-anschlie-

---

[4] Was die von Beethoven stammenden Modifikationen des Sonatensatzes betrifft hatte besonders die Reprisengestaltung im 1. Satz der "Eroica"-Symphonie paradigmatische Bedeutung für den Begriff einer dynamisierten Reprise, hier bedingt durch die tonale Umformung des Hauptthemas (Takt 402) mittels der Umdeutung des ursprünglichen prozessual aktivierenden *cis* auf *des* (zwar notiert Beethoven auch weiterhin: *cis*), dem reine Dreiklangs-Varianten des Themas in F- und Des-Dur, zwei "gleich gestellten" Nachbartonarten der Tonika, folgen. In zweiter Linie dürfte sich dieses Paradigma auf das entsprechende Formmoment im 1. Satz der 9. Symphonie gründen, mit der Wiederkehr des Hauptthemas (Takt 301) in der Tv -Tonart – wie zu Beginn der Durchführung – und seiner Rückführung auf die T über SP – in der es übrigens auch während seiner Exposition erschien; eine Entwicklung, der nichts desto weniger eine erneute, sehr durchführungsgeprägte Bearbeitung folgt (T. 315-338).

[5] Die eher "mechanischen" Reprisenkonstruktionen betreffen allerdings bei Brahms in erster Linie – dafür aber zu einem hohem Grade – die Seitenthemen- und Schlußsätzen in den symphonischen Außensätzen, während die Hauptthemengruppe und damit auch das eigentliche Reprisenmoment als in höherem Maße individualisiert erscheint. Charakteristisch in diesem Zusammenhang ist eine Tendenz, eine Expositions-Wiederholung vorzuspiegeln, bzw. eine Quasi-Reprise zu Beginn der Durchführung zu etablieren. Siehe in den Symphonien Brahms': 1. Satz der 4. Symphonie – der als einziger unter den symphonischen Kopfsätzen keine Wiederholungszeichen aufweist – sowie in den Finalsätzen der 1. und 3. Symphonie, denen dieselbe "durchkomponierte" Anlage zu Grunde liegt. In den beiden letzteren Fällen verzichtet Brahms auf das Hauptthema als Reprisen-identifizierende Instanz, während im Kopfsatz der 4. Symphonie das traditionelle Reprisenmoment im großen und ganzen gewahrt ist.

[6] Bei Brahms äußert sich das in symphonischem Zusammenhang in der fast überall erscheinenden Schlussdurchführung – Ausnahmen bilden die Sätze II/1. und IV/4. –, meist mit einer nachfolgenden Coda. Bei Bruckner in der Coda als Ort der eigentlichen Erhöhung des Hauptthemas.

ßenden Zusammenhängen registriert werden kann – und hier beziehen wir uns nur auf die Hauptperson dieser Abhandlung –, muss erwähnt werden, um eine simplifizierte Darstellung der tatsächlichen Verhältnisse zu umgehen. Dies ist aber – wie später zu verfolgen sein wird – als ein spezifischer Kunstgriff zu betrachten, der eine Gewichtsverlagerung auf die Coda beabsichtigt.

Auch zu der prozessual weniger gezielt orientierten, nämlich der Variantengeprägten, Reprisengestaltung, auf die sich wohl der einleitende Teil der oben angeführten Beschreibung von Halm bezieht – einer Formung, die in höherem Maße eine Realität in wesentlichen Teilen von Bruckners Reprisenstadien wiedergibt –, auch zu dieser Formungsweise hat sich Adorno geäußert. Seine Betrachtungen gelten dabei Gustav Mahler und bezeichnen ebenfalls die Situation für Bruckner (sowie für Brahms) nur in geringerem Umfang. Was nicht überraschen kann, entsprechen die angeführten Charakteristika ja doch genau, und das auf fundamentalerer Ebene als der rein technischen, der bereits erwähnten Bestimmung der formdynamischen Prägnanz der Reprise, wenn auch sozusagen mit umgekehrtem Vorzeichen:

> Wo er [Mahler] formgerecht Vergangenes wiederholt, singt er nicht dessen Lob oder das von Vergängnis selber. Durch die Variante erinnert seine Musik sich von weither des Vergangenen, halb Vergessenen, erhebt Einspruch wider seine absolute Vergeblichkeit und bestimmt es doch als Ephemeres, Unwiederbringliches. [...] Je weniger er statische Entsprechungen anstrebt, desto weniger ausführlich braucht er die Komplexe zu behandeln, die sonst sich entsprachen; was aber nun einmal architektonisch Identität repräsentieren muß, wird durch Kürze unaufdringlich.[7]

Im Verhältnis zu dieser Bescheibung – deren Haltbarkeit schwerlich nachzuprüfen wäre, die sich aber immerhin auf eine Aussage von Mahler selbst stützen kann[8] – ist die Reprise überwiegend ein affirmatives Moment in Bruckners wie auch in Brahms' formalem Kodex. Beiden Komponisten ist dagegen die Modifikation des *Ortes* der Reprise, speziell die thematische Repräsentation hierfür, ein charakteristisches Anliegen. Nur in äußerst seltenen Fällen scheint dies allerdings zu einer Unterpriorisierung der Wichtigkeit der Reprise als perzeptivem Kardinalpunkt und damit als formalem Orientierungszeichen zu führen.[9]

Nachfolgend wird – wenn auch nicht in streng systematischer Form so doch in einer motivierten Ordnung unter Benutzung einer eher quer schneidenden Dokumentation – versucht, einen Überblick darüber zu geben, was als die "geänderte Situation" zu verstehen wäre, die die Reprise nach Halms Beschreibung in Bruckners Außensätzen bezeichnet, und was ihm – mit einem verhältnismäßig geringen Anflug von Schönmalerei – die Behauptung ermöglicht (*op.cit.* S. 52):

> Wie er sie auch gestalte: eine gleichgültige Wiederkehr findet sich nirgends bei Bruckner.

---

[7] Adorno, *op.cit.* S. 128.

[8] "Jede Wiederholung ist schon eine Lüge. Es muß sich ein Kunstwerk wie das Leben immer weiter entwickeln. Ist das nicht der Fall, so fängt die Unwahrheit, das Theater an." (N. Bauer-Lechner: *Erinnerungen an Gustav Mahler.* Hrsg. v. J. Kilian. Leipzig 1923, S. 138.)

[9] Bei Bruckner nähert sich das Finale der 7. Symphonie am meisten einer solchen Situation; bei Brahms das Finale seiner 3. Symphonie.

Die einzelnen thematischen Gruppen in der Reprise – ausschließlich der Coda – sind in den meisten Fällen kürzer als ihre Entsprechungen in der Exposition.[10] Genauere, dahinterliegende Werte sind im Anhang der Abhandlung angeführt (S. 467 ff.); sie werden hier in Proportionen umgesetzt, die einer zusammenfassenden Spezifikation dieser Grundtendenz dienen mögen.[11]

Bruckner:

Kopfsätze:	Rp.:	Exp.:	Finalsätze:	Rp.:	Exp.:
Thgr. I:	0,63 : 1		Thgr. I:	0,53 : 1	
Thgr. II:	0,82 : 1		Thgr. II:	0,73 : 1	
Thgr. III:	0,94 : 1		Thgr. III:	0,94 : 1	

Die entsprechende Situation in Brahms' Symphonien[12] zeigt, dass die Reprisenhaften Eingriffe hier weniger umfassend sind als bei Bruckner, mit Ausnahme des Schluss- bzw. Epilogabschnitts in den Kopfsätzen, wo Ergänzungen weiterer durchführender Art das Bild beeinflussen. Dies macht sich allerdings auch in qualitativer Hinsicht geltend – vor allem soweit es die Seitenthemensätze betrifft, und weniger, wenn auch durchaus feststellbar, in den Hauptthemensätzen.

Brahms:

Kopfsätze:	Rp.:	Exp.:	Finalsätze:	Rp.:	Exp.:
HTh-Satz:	0,72 : 1		HTh-Satz:	0,66 : 1	
STh-Satz:	0,96 : 1		STh-Satz:	1 : 1	
Schlußsatz:	1,24 : 1		Schlußsatz:	0,97 : 1	

Als wesentlichstes qualitatives Kennzeichen für Bruckners Reprisentechnik sind Elemente fortgesetzter variativer Umformung und Vorwärtsstrebens hervorzuheben, aber auch solche der Fragmentierung – bisweilen geradezu in der Form

---

[10] Einzelne markante Ausnahmen betreffen die Thgr. III, die in einem extremen Fall wie $IV_1/1$. in der Reprise die doppelte Länge erreicht (34 >< 68 Takte). Derartige Verlängerungen beruhen auf präcodalen oder (vgl. $VIII_2/1$.: 32 >< 52 Takte) zusätzlich thematisch bearbeitenden Einschüben.

[11] Berücksichtigt wurden bei dieser Ausrechnung nicht: die beiden Schülerarbeiten; mit Ausnahme der 4. Symphonie nicht mehr als eine Version des jeweiligen Werks, und auch nicht der Finalsatz der unvollendeten 9. Symphonie. Ebenfalls wurde das Finale der 7. Symphonie von der Zählung ausgenommen auf Grund von ausgesprochenen Schwierigkeiten, eindeutig zwischen durchführenden und reprisenhaften Stadien zu unterscheiden; diese Problematik wird nachfolgend in diesem Kapitel genauer erörtert. Epilog-, bzw. Codapartien wurden nicht als Teile der Thgr. III betrachtet. Auch eine derartige Abgrenzung erforderte in einzelnen Fällen genauere Überlegungen – so umfasst der Begriff Thgr. III in der Reprise bisweilen mehr als einen reprisenhaften Vortrag von entsprechendem Expositionsstoff, ohne dass die Kategorie Coda deswegen zu Recht angesprochen wäre.

[12] Hier wird das Passacaglia-Finale der 4. Symphonie nicht einbezogen. (A. Mitschkas Übernahme von Paul Mies' Einteilung dieses Satzes nach einem Sonatensatz-Schema (*Der Sonatensatz in den Werken von Johannes Brahms.* Gütersloh 1961, S. 293) erscheint mir irrelevant.) Des weiteren wurde in Brahms IV/1. der motivisch selbständige Überleitungssatz zwischen Haupt- und Seitenthema (T. 53-86) ausgeschieden. Mehrere Analytiker, u.a. Mitschka, rechnen diesen Abschnitt allerdings als einen Teil des STh-Satzes. Für beide Komponisten gilt, dass einleitendes Material nicht einbezogen wurde (Bruckner WAB 100/4., V/1. sowie 4.; Brahms I/1. und 4.).

einer demonstrativ wirkenden Verlangsamung – des wieder aufgenommenen Verlaufs. So gilt als Hauptregel, dass die vorherrschende doppelte Exposition des Hauptthemenverlaufs auf eine einzelne Themenanführung in der Reprise zusammengedrängt wird. Und hier ist charakteristisch – auch in einem weiteren Zusammenhang für Bruckners Form- und Werkkonzept –, dass die wenigen Ausnahmen von dieser Markierung des Unterschiedes zwischen einem "evolutionären" Urbeginn und einem prozessual geprägten, "entwickelten" Neuansatz in reprisenmäßiger Form sich alle in den früheren Werken finden – und außerdem deutlich häufiger im Kopfsatz als im Finale: Die Sätze WAB 99/1., I/1., II/1. sowie III/4. machen diese Ausnahmen aus.

Andererseits sind nicht alle derartigen einleitenden reprisenhaften Veränderungen formal signifikant: in WAB 99/1. weicht Bruckner in neue tonale Bereiche aus mit seinen "arbeitenden" Figurationen, der Fortsetzung des Hauptmotivs (vgl. S. 154), in den Takten 386 ff. (vgl. Takt 23 ff.), als hätte die modulierende Bewegung auf das kommende, tonikalisierte Seitenthema hin bereits begonnen; aber in Takt 396 wird das Hauptthema wieder exponiert aus As^4_3 (Tp), genau wie in der Exposition.[13] Und im Reprisenmoment des Kopfsatzes der 3. Symphonie könnte man, im Anbetracht der überwältigenden Reprisenwirkung des Durchführungs-Höhepunkts (die *ff*-Anführung des HTh$_a$ in der Tonika) einen späteren, eigentlichen Reprisenbeginn erwarten, der etwas mehr prozessbetont variiert wäre als schlicht durch die Engführung ein und desselben HTh-Elements in der ursprünglichen *p*-Dynamik (Takt 435 ff. – übrigens ein Eingriff im Verhältnis zu III$_1$, der hier ausschließlich das Gewicht der thematischen Linie durch die Zufügung der Trp.2-3 erhöht hat).[14] Diese Form der "Intensivierung" entspricht den Ausschmückungen der Themengestalten – improvisatorischer Art –, die sich im Reprisenanfang von IV/1. finden (vgl. Fl. Takt 365 ff.) und in VII/1. in Form einer simultanen, freien Umkehrung des Hauptthemas (vgl. dort Fl. und Vl.1 Takt 281 ff.). Auch diesen Typus der reprisenhaften HTh-Bereicherung trifft man im Finalezusammenhang nicht an, sondern nur in den Kopfsätzen – und dazu in dem langsamen Mittelsatz, wo er deutlich seine eigentliche Heimstätte hat; vgl. so bereits I/2. T. 115 ff. (Vl.1) und des weiteren WAB 100/2. T. 100 ff. (Bässe!), II/2. T. 149 ff., III/2. T. 182 ff. (à la WAB 100; III$_1$/2. T. 129 ff./225 ff.: à la I. und II. Symphonie) usw. bis hin zu IX/3., wo die Reprise (Bruckner: *Dritte Abtheilung*) mit dem zweiten Thema des Satzes anfängt und durch dessen Ausschmückung die beiden angetroffenen Begleitungstypen vereint werden.

Die deutlichste Wirkung, die die oben angeführten Modifikationen konstituieren, ist aber insgesamt die Akzentuierung einer dynamischen Funktion der Re-

---

[13] Bruckners Gestaltung des Reprisenmaterials in dessen freierem Bezug auf die ursprüngliche Ausformung unterscheidet sich sehr von der bei Schubert in den Zusammenhängen, wo dieser sogenannte "Transpositionsreprisen" gestaltet (die in seinen späteren Werken formal auf besondere Weisen begründet werden); vgl. H.-J. Hinrichsen: "Die Sonatenform im Spätwerk Franz Schuberts", in: *AMw* 1988, bes. S. 17-22.

[14] Entsprechend ist die harmonische Bereicherung des Kulminationselements (HTh$_c$) in T. 461-463 zwar auch eine Variation, und sogar eine eher ausdrucksvolle (vgl. ihre erste harmonische Gestalt T. 39-41); sie hat aber auch Wurzeln in der zweiten harmonisierten Ausgabe in Takt 89 ff. (dem verminderten Septakkord im zweiten Takt dort).

prise im formalen Zusammenhang, auf Kosten ihres architektonischen, rein symmetrischen Status. Dies ist wohl unmittelbar am deutlichsten sichtbar an dem Sachverhalt, dass fast jede Instanz eines Epilogthemas in der Exposition, also Themen mit einer abrundenden Funktion, im Kontext der Reprise durch einen Entwicklungsverlauf auf der Basis von anderem motivischem Material ersetzt wird.[15] Ein weiteres, eher verborgenes formstilistisches Detail, das den größeren Antrieb und die stärkere Kohärenz der Reprise vor dem Hintergrund eines Vergleichs mit der parallelen Situation in der Exposition zeigt, ist mit dem Übergang zur Themengruppe II verbunden: der Expositionsteil ist an dieser Stelle charakteristisch durch seine vielfach deutliche Markierung einer Trennung zwischen der Hauptthemen- und der Seitenthemengruppe in der Form eines jähen tonalen Übergangs in den entscheidenden Takten, während der entsprechende Übergang in der Reprise wesentlich widerstandsloser, ja durchgehend auf völlig konventionelle Weise abgewickelt wird. Dies lässt sich in folgenden Zusammenhängen beobachten:

In der Exposition von **II/1.** wird die Hauptdominante (G^7) mediantisch zum Beginn des SThs in Es-Dur geführt, während der identische G^7-Akkord in der Reprise authentisch nach C-Dur aufgelöst wird. – **II/4.**: Der As^7-Akkord der Exp. wird sprungweise nach A-Dur weitergeführt; in der Rp. wird derselbe Akkord als dreifacher Leittonklang nach C-Dur$^6_4$ geführt. – **III/1.**: in der Exp. ebenfalls Leitton-Klangwirkung: Des^7_3-F_8, was in der Rp. zur konventionellen D-T-Verbindung A^7 - D-Dur abgeglättet wird. – **III$_{(1+2)}$/4.**: Der Akkord D^7 geht in der Exp. mediantisch über nach Fis-Dur; in der Rp. nimmt der Septakkord (nun G^7) an einem Trugschluss (V - °VI) nach As-Dur teil. – **IV/4.**: Exp.: Nach Es-Dur folgt das STh ausgehend von c-Moll, während die Rp. authentisch kadenziert: Cis-Dur → fis-Moll. – **V/1.**: In der Exp. folgt nach B-Dur die °D, f-Moll, während die Rp. wie in IV/4. authentisch kadenziert: D^7→ g-Moll. – **VI/1.**: Exp.: Nach C-Dur folgt die DP, e-Moll, während der Übergang in der Rp. wiederum authentisch realisiert wird: Cis-Dur→ fis-Moll. – In **VI/4.** dasselbe Verhältnis: E-Dur - C-Dur in der Exp. gegen E-Dur - A-Dur in der Rp. – Ein weniger charakteristisches Beispiel für dieselbe Tendenz findet sich in **IX/1.**, wo der Übergang zur Thgr. II in der Exp.: $E^{o9\,b5}$ (dem ein A-Dur folgt) die DD-Funktion verschleiert durch ihre ausgeprägte Mischung mit B^7_5, während die parallelen Takte in der Rp. glatt verlaufen als A^7 gefolgt von D-Dur.

Es gibt allerdings auch ein einzelnes Beispiel für den umgekehrten Sachverhalt, und zwar in **V/4.**, wo der mediantische Bezug zwischen HTh-Ausklang und STh-Beginn in der Exposition: F-Dur - Des-Dur in der Reprise auf das chromatische Reibungsverhältnis fis-Moll - F-Dur geschärft wird.

Dass die oben nachgewiesenen Tendenzen zur Dynamisierung gleichzeitig eine intendierte Schwächung des traditionellen Reprisenphänomens bewirken – letztendlich zum Vorteil einer anderen, später eingeführten und in Bruckners symphonischem Konzept grundlegenderen Reprisenidee zyklischer Art –, das wird

---

[15] Vgl. WAB 99/1. und das wuchtige Thema III in I/1. (obwohl dieses nicht epilogisch funktioniert); weiters beide Außensätze in IV$_2$, die nur in der Expositions-Abrundung auf die jeweiligen Seitenthemen der Sätze rekurrieren, und schließlich das Choralthema in VIII/4. (Takt 159 ff.). Als Ausnahmen sind anzuführen: das Epilogmotiv in II/1. (Takt 161 ff.), das in der Reprise wiederholt wird, und entsprechend in IV$_1$/4., (Takt 205 ff.) sowie im *"Volksfest"*-Finale 1878 (Takt 115 ff.). Das Choralthema in V/4. (Takt 175 ff.) spielt eine besondere Rolle auf Grund seiner intensiven Anwendung in der Durchführung und seiner Mitwirkung im Reprisenbeginn sowie in der Coda.

erst vollends manifest um die Mitte der Werkreihe; eine solche Neigung lässt sich jedoch bisweilen schon in Bruckners frühester Stilphase aufspüren. So zeigt sie sich, wenn auch recht unauffällig, in der Reprise des Hauptthemas im Kopfsatz der 1. Symphonie.

WAB 101/1. ↗ S. 266

Die Rückleitung im Hauptthemenreprise von dem $_b$-zu dem $_{a'}$-Teil des Themas wird hier teilweise beherrscht von einem Begleitelement in Flöte und Oboe, T. 224-228, das aus dem *Seitenthema* der Exposition übernommen wurde (vgl. Oboe T. 53-57), wie auch das abrundende Element in der Reprise dieses Themas, die fallenden Oktavfiguren in den ersten Violinen, Takt 255, ansonsten *Themengruppe III*-Zusammenhängen angehören: in der Exposition T. 78-93, in der Reprise Takt 261 ff. fortgeführt (Fl., Ob.). Das derart vorwärts orientierte Gepräge[16] wird unterstrichen von vorspiegelnden, Unruhe schaffenden Wirkungen wie den zwei darauf folgenden Ansätzen des Seitenthemas in einem $^6_4$-akkordischen Kontext: vgl. in Takt 240 den Paukenwirbel im *pp*, dann die Wiederholung des Themas in den Bässen, und zwar nicht, wie erwartet, nach acht Takten, sondern *auf* dem achten Takt, wodurch momentan eine Illusion der bloßen Akkordquinte unter einer weiter fortschreitenden "thematischen" Melodielinie entsteht.

Der erwähnte Orgelpunkt in der Pauke hat übrigens eine Parallele im Ansatz der Hauptthemenreprise (Takt 199), wo die marschhaften Akkordschläge des ersten Taktes des Satzes regulär durch einen *ppp*-Paukenwirbel ersetzt wird. Dieses kleine aber ingeniöse Detail wurde in der späten Wiener Fassung auf einen notengetreuen Reprisenansatz zurückgeführt – obzwar der Paukenwirbel unter den ersten drei Takten erhalten blieb, wenn auch praktisch unhörbar. Dies ist um so unverständlicher, als gleichzeitig das typische spätere, Variations-betonte Reprisenkonzept bestätigt erscheint, das auch aus anderen Revisionen dieser Jahre hervorgeht, vgl. die der 3. und 8. Symphonie. Man beachte so die imitatorischen Umkehrungsvarianten des Hauptthemas, die, um einen halben Takt verschoben, vom ersten Anfang der Reprise an erscheinen. Die stärkere Profilierung des Themeninitials, die die Wiener Fassung hier dem Auge bietet, wird übrigens im späteren, prä-codalen Zusammenhang bestätigt, wo eine massivere Anführung des Hauptthemas als am gleichen Ort in I_1 sicherlich zur Kompensation für das Entfallen des eigentlichen Thema III in der Reprise dient.

WAB 101 ⇒ S. 376

WAB 102 (4. Satz) ↗ S. 276

Dem oben angeführten Beispiel entsprechende T^6_4-Grundierungen des Reprisenverlaufs zeigen sich in II/4., bei der Wiederaufnahme des $_a$-Elements im Hauptthema – dem Pauken-Orgelpunkt Takt 409 ff. – und unmittelbar danach bei der Reprise des Seitenthemas (Takt 432 ff., ebenfalls mit einem Paukenwirbel). Das Ergebnis ist an beiden Orten, dass der Reprisencharakter abgedämpft wird gegen-

---

[16] Entsprechend "vorgreifende" Modifikationen lassen sich in der Reprise des STh_a in $IV_2/4$. feststellen; hier werden namentlich rhythmisch charakteristische Einzelheiten aus dem STh_b (Fl. T. 413-418, vgl. Takt 431 ff.) wie auch aus dem Thema III (die Sextolenfiguren in T. 423 ff., Vl.1) eingeführt.

über einer ausgesprochen prä-codalen Wirkung.[17] Hierzu trägt auch der eigentliche Reprisenansatz bei, Takt 388, der durch das dynamische ᵦ-Element des Hauptthemenkomplexes erfolgt, welches nachfolgend dem ₐ-Element einen ausgeprägt transitorischen Status verleiht.[18] Im übrigen werden diese beiden thematisch verschiedenen Reprisenpassagen verbunden durch einen neuen gemeinsamen Kontrapunkt (Fag./Vc. Takt 409 (m.Auft.) ff. sowie Vl.2 Takt 432 ff.), dessen Bedeutung zu einem nicht geringen Teil darauf beruht, dass er an beiden Stellen eine Gegenbewegung ausmacht zum stufenweisen Verlauf der motivisch primären Stimme – soweit es das Seitenthema betrifft (Notenbeispiel 84 b): ihre maskierte stufenweise Struktur:

Beispiel 84 a-b

Es wirkt hier fast, als interpretierte der Reprisenzusammenhang HTh$_a$ und STh als verwandte Themen; perzeptiv wirksam ist aber vor allem die Akzentuierung eines gemeinsamen Charakters vorbereitender Art, ein Vorwärtsweisen auf ein wichtigeres, finales Stadium im Formprozess. Etwas ähnliches findet sich in der Reprise der Themengruppe III in **II/1.** (T. 402 ff., Kontrapunkt in den Holzbläsern, wo das Thema obendrein anfänglich nach Moll gewendet erscheint (Tonika), was im Reprisenzusammenhang die Zugehörigkeit des Abschnitts zum codalen Verlauf betont (Takt 488 ff.) und nicht etwa, wie in der Exposition, zum vorangehenden Seitenthemenkontext.

Wesentlich stärker vorgreifend im Verhältnis zu einem späteren Reprisenkonzept, vorläufig aber ohne dessen wesentlichsten, nämlich codalen, Fokus – und eben darum von mehr symptomatisch wirkendem Charakter – steht die Reprise in **I/4.** Sie wird zwar gewiss regulär angesetzt (Takt 273) als Ergebnis einer breiten Dominantfläche, gestaltet sich aber sogleich auf ungewöhnliche Weise: bereits im zweiten Takt bricht sie in die T$_v$-Tonart C-Dur aus, um dann diesen vorzeitigen tonalen Schritt schnellstens sozusagen zu revozieren – der eindeutige Übergang nach C-Dur erfolgt in Takt 315 durch die Substitution für eine Reprise von The-

---

[17] Derselbe Effekt wurde dem Thema III in der Reprise von VIII/4. mitgegeben, Takt 583 ff. Vgl. auch die Seitenthemenreprise in IV$_2$/1. in ihrer abschließenden Gestalt (STh$_{(4.)}$.), T. 469-474; hier wird die prä-codale Wirkung bedingt durch eine motivische Fragmentering und die chromatische Verschiebung dieser Takte in die S$_n$, Ces-Dur (beiderseits: B, bzw. Es$_5$). Gleich vorher in der Reprise des STh$_{(3.)}$, Takt 459 ff., wurde ein Kontrapunkt eingeführt (Vl.1 → Vla.), der die Coda des Satzes, Takt 533 ff., durchgehend prägt.

[18] Dies lässt sich kaum besser ausdrücken als das Robert Simpson tat (*The Essence of Bruckner*. London 1967, S. 61): "The subtle difference is that [HTh$_a$] at this instant cannot sound like another start [vgl. Exp.: a b a', *B.M.*], for it has not led to the last entry of [HTh$_b$ =Reprisenbeginn]. It therefore sounds like what it really became in the exposition – a transition."

ma III.[19] Revoziert werden dabei auch die Erwartungen, die eine solche Bewegung erweckte, indem der Themeneinsatz einer wiederholten Sequenzierung unterzogen wird, mit folgender chromatisch-harmonischer Progression als Resultat: c → C, C → H, H - G$_3$ → B^7. Nach nur zehn Takten erweist sich dieser HTh$_a$-Verlauf als endgültig "frustriert" – eine Augmentation des verwendeten Themenrudiments koppelt das HTh$_a$-Motiv ab (T. 280-282) und lässt dann das HTh$_b$ auf reguläre reprisenhafte Weise folgen[20], bis auch dieses Element in Takt 299 durch das harmonische *imbroglio* D^7/T$_8$ drastisch abgebrochen wird, statt wie in der Exposition in eine Wiederholung des HTh$_a$ auszumünden. Das Seitenthema, das hierauf folgt, wird ebenfalls recht kurz abgehandelt (15 Takte), auch hier ohne die ursprüngliche *da capo*-Anlage und stattdessen mit einer Betonung seiner abschließenden, chromatisch geprägten Sequenzentwicklung.[21]

Den insgesamt wenigen reprisenhaft geformten Takten innerhalb dieser beiden ersten Themengruppen steht nun eine zusammenhängende, abschließende Entwicklung gegenüber, die zwei und ein halb Mal so lang ist und welche indirekt die unerlöste Anlage, die der Großteil des vorhergehenden Zusammenhangs repräsentiert, zur Gänze erklärt. Das ungewöhnliche Verhältnis der Dimensionen – wenn man so will: die Disproportionalität – unterstreicht, was auch durch mehrere technische Einzelheiten indiziert ist, dass nämlich der Komponist in diesem besonderen Fall – in diesem auf mehrere Weisen weniger typischen Werk – den für ihn wesentlichsten Punkt der finalen Reprise nicht schnell genug erreichen konnte: zu einer triumphalen Durchbruchssituation zu kommen. Der Verlauf nach Takt 315, mit dem notierten Übergang zur Tonika-Variante C-Dur, erreicht so im Laufe von bloßen vier Takten Bruckners bevorzugte Durchbruchstonart E-Dur.

Das symptomatische an der gegebenen Auskomponierung dieses "Formwillens" findet seine Erklärung in dem im wesentlichen hemmenden Umstand, dass Bruckner noch kein Thema zur Verfügung steht, das mit dem bewussten Zweck komponiert wurde, in einer Doppelfunktion als Hauptthema wie auch als The-

---

[19] Man vergleiche Takt 58 ff. der Exposition. Den beiden Abschnitten ist nur das pulsierende Figurenwerk in den Streichern gemeinsam; das primäre Material in beiden Zusammenhängen sind isolierte choralhafte Phrasen mit einer Länge von ca. vier Takten, aber ohne gegenseitigen Bezug und ohne eigentliche motivische Signifikanz. (Siehe Notenbeispiel 85 e.)

[20] Werner Notter stellt die Verhältnisse auf den Kopf, wenn er über den Verlauf T. 282-298 behauptet, dass "die Durchführung [hier] nachzittert" (*Schematismus und Entwicklung in der Sinfonik Anton Bruckners*. München, Salzburg 1983, S. 65). Ganz im Gegenteil stabilisieren diese Takte den reprisenhaften Aspekt, im Gegensatz zu den meisten übrigen Teilen dieses Formabschnitts (man betrachte zum Vergleich Takt 39 m.Auft. - Takt 57).

[21] Mathias Hansens Auffassung, dass die Tonalität zu Beginn des Seitenthemas a-Moll sei (T. 300-302) und dass sich damit "ein ganz und gar polytonaler Eindruck, der [...] einfach "falsch" wirkt" melde (*Anton Bruckner*. Leipzig 1987, S. 165 f.), beruht auf einem Irrtum: die Tonart ist eindeutig die formmäßig reguläre, C-Dur, nur mit der Hinzufügung des melodischen Auftakts a. (Die Exposition zeigt die völlig entsprechende Situation innerhalb der TP, Es-Dur.) Hansen ist allerdings einem plausiblen Sachverhalt auf der Spur, nämlich einem in diesem Zusammenhang wohl eher gezwungen wirkenden Verhältnis zur Reprise von Seiten Bruckners: "Der unausweichliche Konflikt wird nun nicht zu vertuschen gesucht, sondern durch demonstrative Übertreibung nicht gelöst, aber produktiv gemacht." Nur stützt sich diese Interpretation nicht auf ein hieb- und stichfestes Argument. – Eine weitere Erläuterung der Formproblematik erfolgt oben.

ma in eminentem Sinne, als Werk-übergreifendes Thema, dienlich zu sein.

Eben deswegen werden mehrere Verläufe von teils Durchbruch-geprägter Art
(z.B. die Substitution des Thema III in der Reprise, zu Beginn der abschließenden
Entwicklung, Takt 315), teils eher "prophetischen", vorgreifenden Charakters
von kurzen, isolierten, choralartigen Phrasen bestritten (vgl. schon Takt 66 ff.,
Pos.; in der Durchführung die Takte 202 ff. und 251 ff., an beiden Orten Hörner).
Sie sind charakteristischer Weise ohne thematischen Bezug auf früheres Material
und haben im großen und ganzen auch keine Verbindung untereinander:

Beispiel 85 a-f

Diese überall eine Finalität andeutenden Themensubstitute dienen – in Verbindung mit ihrer Funktion als dynamische Fermente im Satz – zur Entlastung des
Finale-Hauptthemas, das auf Grund seines noch nicht adäquat entwickelten *thematischen* Status nicht mehr als unumgänglich abgenutzt werden darf, wenn es
denn als Träger des triumphalen Satzabschlusses dienen soll. (Ein Zeichen dieser
"Schwäche" ist in nicht geringem Maße der bescheidene Umfang, mit dem das
Hauptthema in seiner originalen diastematischen Gestalt präsentiert wird.[22]) Die
einzige "nicht ökonomisierte" Nutzung des Hauptthemas im Verlauf des Satzes,
in der Form einer durchbrechenden Dur-Variantenform zu Beginn der Reprise,
mag sich, wie fast scheinen will, im eigentlichen Abschluss des Werkes rächen:
dieser verzichtet auf eine Fruchtbarmachung des melodischen Potentials im
Thema – vgl. besonders die drei letzten Takte des Satzes, in denen es nur durch

---

[22] Dies gilt z.B. für seine komplette Erscheinung in der Durchführung, aber nicht nur in diesem Formabschnitt.

den Rhythmus identifiziert wird.[23] Bruckner strebt aber, zumindest solange die thematischen Bedingungen den hier gegebenen gleichen – vgl. auch die beiden folgenden Werke, WAB 100 und die 2. Symphonie – deutlich danach, seine Finalsätze in abstrakte, nivellierte oder verallgemeinerte Hauptthemengestalten münden zu lassen – eine Tendenz, die gelegentlich auch später in der Werkreihe merkbar ist, unter anderen, ausgesprochen zyklisch betonten Bedingungen.

WAB 101/4. ➡ S. 392

Ob solche thematisch de-profilierte, apotheotische Figuren Ausdruck eines *"falschen Pathos"* sind, an denen *"objektive Kritik"* geübt wird durch pflichtgemäße Reprisenmomente, wie das Mathias Hansen betreffs diesen Satzes behauptet, mag man wohl in Frage stellen, selbst bei einer Symphonie mit überwiegend "weltlichem" Charakter wie der hier behandelten.[24] Eher scheint die Reprise als solche in den Hintergrund zu treten gegenüber apotheotischen, Werk-abschließenden Durchbrüchen, die auch dann, wenn sie in konventionellerer Form präsentiert werden, einen originären Status in der symphonischen Formvorstellung haben und dieses Element jeder internen musikalischen Kritik entziehen.

Im nachfolgenden Werk, dem annullierten **WAB 100**, zeigt der Finalsatz eine Gestaltung des Reprisenmoments, die überraschend einer erst weit später wieder auftauchenden und nachfolgend dann typischen Vorgangsweise vorgreift. Das Hauptmerkmal ist hier die Markierung des konventionellen Reprisenpunkts in annähernd abstrakter Form, d.h. mit ergänzenden Momenten relativierender oder dementierender Art. Eine Erklärung ergibt sich in diesem Fall aus der Natur des Themas – es handelt sich um ein ausgeprägtes Fugenthema (vgl. T. 19-22) – und der dazu gehörigen Behandlung in der Exposition (T. 49-68) wie auch in der Durchführung (wo das Hauptthema sogar der einzige thematische Faktor ist).

Es leuchtet ein, dass eine so extensive fugatohafte Behandlung des Themas ein distrahierendes Moment in der Sonatensatzform bezeichnet, vor allem soweit es den Übergang zur Reprise betrifft – es sei denn, ihr Beginn wird dadurch markiert, dass die polyphone Arbeit eingestellt wird. Ohne eine derartige satzmäßige Modifikation könnte sich die Formzäsur ansonsten höchstens in der tonalen Dimension geltend machen, da das Reprisenmoment seine stoffliche Verankerung in einem von Beginn an fugenmäßig konzipierten und auch so ausgeführten Thema findet.

---

[23] Die Wiedereinführung des Hauptthemas – als primär *rhythmische* Gestalt – in T. 340 motiviert die Ansicht, dass die Coda erst hier beginnt. Die letzte wesentliche Replik in diesem Abschnitt wird aber wiederum in der Form einer nicht-thematischen choralhaften Phrase artikuliert (Takt 385, Pos., dann Trp. und Hr. bis Takt 394).

[24] Was einen säkularen gegenüber einem eher religiösen Typus der Symphonie bei Bruckner angeht, vgl. L. Finscher: "Zur Stellung der "nullten" Symphonie in Bruckners Werk", in: C.-H. Mahling (Hrsg.): *Anton Bruckner. Studien zu Werk und Wirkung.* (= FS. Walter Wiora [80 Jahre].) Tutzing 1988, S. 63 ff., bes. S. 70-73. Finscher hat wohl Recht, wenn er sagt, dass z.B. Göllerich/Auer die religiöse Dimension in der "Apotheosen-Konvention" der 1. Symphonie überbetonten (die Finscher als eher "weltlichen" Charakters betrachtet, vgl. seine Anm. 13). Andererseits findet sich nun aber eine recht deutliche und kaum ganz zufällige Übereinstimmung in der motivischen Diktion zwischen den abschließenden Takten (T. 386-390) und einem Ausschnitt aus der *"Cuius regis non erit finis"*-Passage in Bruckners d-Moll-Messe, WAB 26 (*Credo*, T. 203-207).

Nun fügte Bruckner aber zu Beginn der Exposition, noch bevor das Hauptthema allmählich nach seiner eigentlichen Bestimmung behandelt wird, diesem Fugenthema ein nachgehängtes, entwickelndes Themaglied an (Takt 23 m.Auft. - Takt 26), das aus dem abschließenden Element des Fugenthemas abgeleitet wurde, dem Triller-Ornament. Dieser Nachsatz verschwindet indessen zusammen mit dem Übergang des Themas in ein Fugensubjekt völlig aus dem Satz. Ein durch und durch orthodoxer Reprisenansatz, analog dem Beginn der Exposition, wäre in diesem Falle also nicht problematisch, sondern hätte ganz im Gegenteil sehr nahe gelegen, um so mehr als dieses Anschlussmotiv seit dem Anfang der Exposition des Hauptthemas völlig brach lag.[25]

Die tatsächliche Lösung vereint statt dessen eine indirekt Reprisen-markierende Wirkung mit einer Reihe von Faktoren dementierender Art: zum einen folgt ein allerdings tonal gut vorbereiteter (vgl. besonders Takt 181, Pauke) Tonika-Einsatz des verkürzten Hauptthemas in Takt 182, der dreifach wiederholt wird, bis dann seine Kadenz in der Dominante folgt; zum andern aber wird das Kadenzglied in sequenzierter Form zwei Mal wiederholt, wodurch dann letztendlich ein Abschluss auf dem Ton d erreicht wird (Takt 197) – der harmonische Status des Themenabschlusses wurde aber schon längst als dominantisch festgestellt.

Diese, meist dreigeteilte, Reprisenabstraktion ist ein in späteren Grenzbereichen zwischen Durchführung und Reprise regelmäßig vorkommendes Arrangement, ein formstilistisches Charakteristikum für Bruckner[26], das, was seinen Grad an Typisierung betrifft, Brahms' fast ebenso gern benutzter *"sonata form with displaced development"* entsprechen mag.[27]

Die nachfolgenden Takte erhalten so eine besondere Bedeutung: für welchen formtopologischen Stellenwert werden sie Voranzeige sein? Hier setzten sie sich – für einen unmittelbaren Eindruck – in den kurz zuvor verlassenen durchführungsmäßigen Bahnen fort (vgl. Ob. Takt 198 ff. mit Fl.1/Ob.2 T. 177-179),[28] wonach der Verlauf – eine absteigende Sequenzierung von Figurationen, die fragmentiert werden und eine Abschwächung der motivischen Energie ergeben (T. 204-209) – eine Gestaltungsweise reflektiert, die in ausgeprägterer Form in weiteren Durchführungs-Abschlüssen aus Bruckners früher Stilphase anzutreffen ist.[29] Die dementsprechende Erwartung wird denn auch durch die erste klare Reprisenstrecke eingelöst, hier repräsentiert durch das Seitenthema. Formdynamisch gesehen kann man von einer konsequenten Folge reden; betrachtet als eigentliche Reprise

---

[25] Die wieder aufgenommene Fugatoanlage nach dem Seitenthementeil (Takt 92 ff., Hauptthema aus Tp) vermeidet, wie auch die Durchführung, jegliche Bezugnahme auf dieses Nachsatz-Glied.

[26] Vgl. IV$_2$/4. T. 383-391, V/4. T. 374-386, VI/4. T. 245-264, VIII$_2$/4. T. 439-468 (hier machen die charakteristischen, rhythmisch ingangsetzenden Vorhangstakte (Takt 437 f.) allerdings den reprisenhaften Charakter eindeutiger als sonst); IX/1. T. 333-354, sowie endlich IX/4. T. 356-363 (mit einem starken Vorbehalt auf Grund der philologischen Unsicherheit an diesem Ort; vgl. S. 361 ff.).

[27] Vgl. R. Pascall: "Some Special Uses of Sonata Form by Brahms", in: *Soundings* 1974, S. 58-63 (siehe zur näheren Erklärung auch Anm. 5 in diesem Kapitel).

[28] Der Holzbläsersatz kann hier auch als ziemlich weit hergeholtes Gegenstück zum Entwicklungssatz Takt 23 ff. m.Auft. betrachtet werden.

[29] Vgl. u.a. I$_1$/1. T. 193-198 und II/1. Takt 303 ff.

aber liegt eine ungewöhnliche Realisierung des betreffenden Moments vor.

Auch die Anwendung dieser zweiten thematischen Instanz zur Markierung der unzweifelhaften Reprisendomäne wird in späteren entsprechenden Zusammenhängen üblich.[30] Und hiermit erhebt sich – noch bevor einige spätere Beispiele dieser formalen Prozedur genauer untersucht werden sollen – folgende Frage: was machte diese Reprisen-verschleiernde Konstruktion zu einem derart ausgeprägten Phänomen, besonders im Finalezusammenhang, bei Bruckner?

Drei Erklärungen scheinen hier möglich. Die erste, kaum wahrscheinliche, ist folgende: der Komponist habe einen Typus der Sonatensatzform schaffen wollen, der mit dem Buchstaben seiner konservativen Formenlehren-Grundlage übereinstimmt, so wie ihn Richter und Lobe – welche diese Form als grundlegend zweigeteilt auffassten – beschrieben haben. Die Verdeutlichung einer derartigen Zweiteilung ließe sich kaum besser realisieren als durch die Unterdrückung oder Abschwächung des eigentlichen Reprisenmoments.

Wäre dies von Bruckner so beabsichtigt, handelte es sich allerdings nicht nur um eine äußerst konsequente, sondern auch eine anachronistische Attitüde gegenüber einer formalen Orthodoxie: keiner der Wiener Klassiker – deren Musik die empirische Grundlage der älteren Formenlehren ausmachen – scheint eine solche Ausformung praktiziert zu haben – wogegen sich einzelne Beispiele zum Teil sehr verwandter Art innerhalb zweier Generationen von Komponisten *nach* Bruckner nachweisen lassen; mehr dazu später. Dieser ersten Hypothese schenken wir also am besten wenig Aufmerksamkeit[31], um so mehr als die formale Modifikation bei Bruckner ganz besonders mit dem Finalsatz verknüpft ist und folglich als Glied einer Problematik betrachtet werden sollte, die spezifisch oder in besonderem Maße diesem Satz angehört.

Das zweite Erklärungsmodell geht von einer dynamischen Akzentuierung in der Formbetrachtung aus und setzt an dem Sachverhalt an, dass bei Bruckner das formelle Reprisenmoment in Sonderheit in einer dynamischen "Welle" – oder einer Wellenreihe – besteht, die den topologisch zentralen Ort der Reprise überspült, ohne nun aber diese entscheidende Stelle als solche anzufechten. Diese Anschauung hat gewisse Vorzüge gegenüber der eben angeführten Hypothese, teils dadurch, dass sie sich auf spezifische Anschluss-hafte Details gründet, teils

---

[30] Neben den oben (Anm. 26) angeführten Parallelfällen auch in VII/4. (Takt 213 ff.), wobei sich dieser Satz ansonsten markant unterscheidet, insoweit als eine Reprisenqualität um den vorhergehenden *hypothetischen* Reprisenpunkt völlig fehlt, und insoweit als die thematische Instanz hier das "Thema III" ist. Vgl. allerdings die Behandlung des betreffenden Themas T. 191-212: eine dreifach gegliederte Wiederholung in unisonem Zusammenhang, mit dem Einschub (T. 199-208) einer – dreigliedrigen – Motivkonstellation: Thema III/Hauptthema. (Mehr dazu S. 358 f.)

[31] Das gilt in noch höherem Maße für P.-G. Langevins rein spekulative Erklärung dessen, was er als die Formlösung einer *reprise développée et coda* beschreibt – eine Bezeichnung, die die Wichtigkeit einer Identifikation des eigentlichen Reprisenmoments zu umgehen scheint: "Cette interprétation à le mérite de mettre en relief le souci du compositeur de compenser l'extension ternaire de l'exposition (autrement dit du matériau thématique) par un resserrement de la forme, et de toujours associer, à l'intérieur d'une même structure, un modèle basé sur le nombre 3 et un autre sur le nombre 2" [vgl. den derart kombinierten "Bruckner-Rhythmus"]. (*Anton Bruckner. Apogée de la Symphonie.* Lausanne 1977, S. 50 f.)

durch ihre doppelte Sicht des Reprisenpunkts: als dynamisch-labiles und dennoch tektonisch fixierbares Moment.[32] Die spätere eindeutige Reprise (mit dem Seitenthema) leistet dann die Bestätigung des Sachverhalts, dass die vorangehende Stelle diese doppelte Funktion einlöste.

Eine solche Mechanik funktioniert stringent wohl vor allem dort, wo das jeweilige Hauptthema bzw. sein aktueller Teil ohnehin mit Elementen kulminierender oder durchbrechender Züge verknüpft ist, wie das eindeutig der Fall ist mit den Hauptthemen in WAB 100/4. (T. 19-22), IV$_2$/4. (T. 43-49), VI/4. (T. 29-36), IX/1. (T. 63-75) und IX/4. (T. 43-46)[33] – Hauptthemen, die nun aber – was wiederum symptomatisch ist – alle im jeweiligen Expositionszusammenhang als Ergebnis eines dynamischen Steigerungsverlaufs eingeführt wurden. Unter derartigen Umständen erklärt der Kulminationscharakter des Themas seine mangelhafte Fähigkeit, eindeutig eine Reprise zu markieren in der Bedeutung einer Rückkehr zur Ausgangssituation. Die kontinuierenden Aspekte im Verhältnis zum durchführungsmäßigen Kontext treten in den Vordergrund, weil diesen Themen von Beginn an eine kulminierende Grundqualität eigen ist. Das Ergebnis ist – und das um so deutlicher je weiter die Entwicklung chronologisch voran schreitet – dass ergänzende Durchführungsmomente zwischen die erste, "abstrakte", und die darauf folgende, definitive Reprisenmarkierung eingeschoben werden.

Während der frühen stilistischen Stadien greift Bruckner noch nicht zu deutlicheren Formgestaltungen in dieser Richtung; er wählt vielmehr, wie in **II/4.**, den Ausweg, unmittelbar in den typisch kontinuierenden, wenn zugleich auch reprisenhaft effektvoll wieder ansetzenden b-Abschnitt des Hauptthemenkomplexes zu springen (T. 388).[34] In der meist korrespondierenden Situation hierzu, in **VI/4.** Takt 245 ff., sieht man, dass sich die Einstellung zu einem solchen Kunstgriff geändert hat, was zu einem geradezu Reprisen-dementierenden Abschnitt nach nur acht Takten führt.

Eher in der Verlängerung von II/4. überspringt der Komponist bei seiner ersten Bearbeitung des Satzes **III/4.** in dem Reprisenansatz den acht Takte langen, rein figuralen Anlauf auf das Hauptthema hin (III$_2$/4., Takt 379). Dies mag man natürlich seinem Bewusstsein um die allmählich sehr angewachsene Redundanz dieser Takte zuschreiben: in III$_1$/4. erklingen sie beim Reprisenbeginn zum sechsten Male in dieser Themen-ankündigenden Form. Wie die letzte Version (1888) dieses Satzes andeutet – wo die Reprise des Themas schlicht eliminiert wurde –, dürfte sich die Sache jedoch problematischer erweisen als angenommen: die aus-

---

[32] Langevin geht hier zu weit, wenn er (ebd. S. 49) behauptet, dass "dans plusieurs cas, la solution de continuité [im Verhältnis zur Durchführung] disparaît totalement, au point que [...] le début de la reprise ne peut plus être localisé que par le retour au ton principal." Diese Auffassung trifft tatsächlich nur auf die Situationen in WAB 100/4. und in V/4. zu, d.h. die beiden am intensivsten fugierten Finalsätze, wo die Hauptthemen-Einsätze in der Durchführung eben darum enger als normalerweise liegen, bis einschließlich zum abstrakten Reprisenbeginn. (Zur besonderen Formlösung in IX/4., siehe S. 361 ff.)

[33] Das letztere wird gar als dreigliedrige Sequenzfolge mit anschließendem Auslauf exponiert (T. 43-54 und folgende).

[34] Es handelt sich um eines unter wenigen, dafür aber ausgeprägten Beethovenschen Themen Bruckners.

gesprochen homogene, flächenbetonte Formung dieses Themenkomplexes, der durch ein konzentriertes Themeninitial (Takte 9-12) und konstant pulsierende, begleitende Figurationen dominiert wird, ist ebenso prägnanzbetont und widerstrebt einer Variation ebenso sehr wie ein Fugenthema; eben darum führt seine intensivierte "Re-Exponierung" in der Durchführung zu bedeutenden Schwierigkeiten für eine architektonische Reprisenfunktion wie auch für eine prozessual wirkungsvolle Wiederaufnahme des Hauptthemas. (Dieser Satz ist wohl – abgesehen vom unvollendeten Finale der 9. Symphonie – der einzige, der trotz aller Bearbeitung seine Verwirklichung in einer endgültigen Form niemals erreichte. Für den Komponisten zufriedenstellend wurde er sicher nur insoweit, als es diese Bearbeitung der Symphonie war, *"die der Kaiser drucken ließ."*[35])

Aus chronologischer Sicht ist das Schlüsselwerk in der Entwicklung von den weniger charakteristischen, nur indirekt dynamisierten Reprisen-ansetzenden Prozeduren hin zu dem späteren, recht verfestigten Konzept mit seinen eingeschobenen durchführungshaften Momenten sicherlich die 5. Symphonie. Auf Grund ihres fugenmäßigen Finales und seines sich daraus ergebenden eher untypischen Charakters liegt es aber näher, die Untersuchungen mit dem chronologisch nachfolgenden Finalsatz beginnen zu lassen, nämlich **IV/4.** in der letzten (authentischen) Fassung von 1880,[36] deren Reprisenzüge ebenso außergewöhnlich sind, wie die im Kopfsatz des Werkes normal und einleuchtend hervortreten.

Was die großen Linien angeht, ist diese Reprise im Lichte der ersten Fassung des Finales zu betrachten. Die beiden Versionen des Satzes sind sich einig in einer *fausse* Reprise des Kulminationsthemas, an beiden Orten in einer "falschen" tonalen Lage: IV_1 Takt 337 (in der Dominante), IV_2 Takt 295 (in der TP) oder auch – in thematischer Hinsicht mehr reprisenhaft wirkend – Takt 307, hier allerdings in e-Moll und somit in einer äußerst abwegigen Tonart im Verhältnis zur Tonika (Es-Dur). In diese Zusammenhänge wurden einige durchführende Elemente integriert, am konsequentesten in IV_2: so wird das Kernmotiv des Hauptthemas hier mit seinem entwicklungsmäßigen Komplement gekoppelt (wieder aufgenommen im Thema III, vgl. T. 155 ff., Streicher), und ebenfalls wird das Triolenelement des Hauptthemas zu einem selbständigen Blechbläser-Choral entwickelt (T. 322-339), der die Durchführung "krönt" und deutlich eine Parallele bildet zum Choralsatz in der Durchführung des Kopfsatzes (T. 305-325, dort ebenfalls auf der Basis der charakteristischen rhythmischen Komponente im Hauptthema dieses Satzes). Die reprisenmäßige Qualität wird auf diese Weise recht wirkungsvoll verdrängt, was – in beiden Fassungen – durch einen nachfolgenden, retardierenden und rückschauenden Durchführungsepilog unterstrichen wird (IV_1 T. 369-388, IV_2 T. 351-382).[37]

---

[35] Bruckner in einem Brief an den Dirigenten Hermann Levi.

[36] $IV_2/4$. Die mittlere Finaleversion, der sogenannte *"Volksfest"*-Satz (1878), steht, was die Konstruktion der Reprise betrifft, eher der Erstfassung nahe und erfordert keine besondere Aufmerksamkeit in dieser Verbindung.

[37] Dies ergibt sich rein charakterlich – kraft der Themafragmentierungen und in IV_2 außerdem durch die erste völlig durchgeführte und unvergleichlich wirkende Themaumkehrung – sowie in der Form von Motivzitaten: in IV_1 aus dem Kopfsatz, in IV_2 aus dem Scherzo.

Dann aber gehen die beiden Versionen des Satzes völlig verschiedene Wege, insoweit als IV$_1$ unmissverständlich reprisenhaft zu dem selbständigen, dominantisch gehaltenen Introduktionsmotiv zurückkehrt (laut Bruckners Mitteilung soll dies *"ein Regenwetter"* illudieren), dem – wohl als Konsequenz der vorhergehenden Scheinreprise – das eigentliche Hauptthema jedoch nicht folgt, wodurch diese thematische Instanz sich in abgeschwächter, abstrakt introduzierender Form präsentiert und das Hauptthema sozusagen bloß *re*präsentiert. Und zwar lässt sich das nachfolgende, volkstümlich-einfache Seitenthema (aus der Sicht von IV$_2$: STh$_b$) kaum als adäquate, natürlich wirkende Folge des entfalteten, mehr bescheidenen Potentials in diesem Hauptthemenabschnitt bezeichnen.

In IV$_2$, dessen Finale-Introduktion in der Ausgestaltung des Hauptthemas aus einer embryonalen Gestalt zu fertiger, Kulminations-geprägter Form besteht, wird in reprisenmäßigem Zusammenhang das gesamte entwickelnde Stadium übersprungen – was durchaus verständlich ist vor dem Hintergrund, dass der Durchführungsbeginn einen Teil der betreffenden Entwicklung rekapituliert hat. Statt dessen wird der regulärste, aber ja doch wohl nicht eindeutige Reprisenpunkt (vgl. Takt 307!) durch die Anführung des "fertigen" Hauptthemas in der Tonika markiert (Takt 383), wobei dies allerdings schon nach fünf Takten der regulären Wiederholung ausweicht und auf eine neue Weise weitergeführt wird, die wiederum als Durchführungs-betont zu nennen ist, besonders auf Grund der Sequenzierung der vorgenommenen thematischen Modifikation (unter einem Accelerando), aber auch kraft der umgehend angebrachten imitatorischen Nachsatzfiguren in den Hörnern,, Takt 387 m.Auft. ff.

Ein markant verlangsamender Halbschluss auf Cis^9 bricht diesen wieder einmal eher dynamisch weiterführenden als thematisch wieder ansetzenden Hauptthemenabschnitt nach nur 30 Takten ab. Auch in dieser Version des Satzes machten also zwei jeweils auf ihre Weise abstrakte, aber in beiden Fällen nicht eigentlich Reprisen-erfüllende Formabschnitte einander den Rang streitig und hoben – was allerdings nur für IV$_2$ gilt – in gewissem Sinne sogar die Reprisenfunktion des Hauptthemas auf.

Und doch erfolgte in der späteren Fassung auf tieferer Ebene eine *prozessual* gesehen eigentliche Reprisenbildung. Sie zeigt sich nun allerdings auf überaus indirekte Weise; dafür führen die sie umgebenden Umstände dazu, dass man den ersten Reprisen-ähnlichen Zusammenhang Takt 307 ff. als ein entscheidenderes Moment – in formlogischer, nicht in tektonischer Hinsicht – bestimmen kann als den späteren, tonal hervorgehobenen Reprisenpunkt in Takt 383.

Gehen wir nämlich zurück zu Takt 295, wird auf der Basis der parataktischen Anlage der Durchführung deutlich, dass diese Stelle für eine Durchführung der Themengruppe III bestimmt wäre. Allerdings wird hier dieses Thema nur durch seine Begleitung repräsentiert – also durch Material, das aus dem Nachsatz des Hauptthemas übernommen ist (vgl. Takt 51 ff.). Die eigentliche thematische Substanz in dieser Gruppe, ein langer, abgeschlossener, martialischer Melodiekomplex in b-Moll (T. 155-182, Blech), kommt dagegen – durchaus überraschend – nirgendwo in der Durchführung zu Worte, nicht einmal andeutungsweise, und ebenfalls nicht im späteren Reprisenzusammenhang, was für ein derart markantes und selbständiges Thema noch viel ungewöhnlicher ist.[38]

Eben vor diesem Hintergrund aber wird die Kontrapunktierung des Hauptthemas in Takt 295 ff. mit der Thema III-Begleitung (bzw. seinem eigenen Nachsatz) mit ihren wiederholten sequenzierenden Anläufen vor dem eigentlichen Durchbruch in Takt 307 verständlicher: diese 12 Takte waren gewissermaßen die Frist für das Thema III, um sich als selbständige Instanz innerhalb des Rahmens der Durchführung geltend zu machen; und Takt 307 – oder genauer: Takt 314 – wird folglich der Augenblick, da eine solche Frist verstrichen ist, da sich das Hauptthema hier als gesammelte Gestalt durchsetzt, worauf es dann in choralhaft umgeformter Erscheinung triumphiert. Vor diesem Hintergrund wird denn auch deutlicher, warum sich dieser Themendurchbruch in einem aus dem Gesichtspunkt der Reprise völlig uncharakteristischem tonalem Zusammenhang äußert, wie hieraus folgend auch verständlicher wird, dass das nachfolgende, tonale Reprisenmoment (und damit das tektonisch gesehen eindeutigste dieser beiden) sich eine Reihe hiervon ableitender Umstände zuschreiben muss: es erfolgt alles vor dem Hintergrund der Signifikanz des vorhergehenden Themendurchbruchs. Eine weitere, eher indirekte Bestätigung dieser Deutung auf der Grundlage von formprozessualen Details liefert der oben angeführte, sonderbare Sachverhalt, dass das eigentliche Thema III auch unter dem gesamten nachfolgenden reprisenmäßigen bzw. codalen Verlauf durch seine Abwesenheit glänzt – mit anderen Worten wurde es durch die triumphale Choralpartie regelrecht eliminiert.

WAB 104/4. ➡ S. 370

Dass derartige Grauzonen zwischen Durchführung und Reprise, die in Bruckners späteren trithematischen Sonatenformsätzen zu einem immer deutlicheren Charakteristikum werden, als schematische Bestandteile von Bruckners Formkonzept registriert worden sind, ist durchaus verständlich. Werner Notter hat diese Konstruktion auf Zusammenhänge ausgeweitet, in denen es sich nicht um Verschleierung oder "Kurzschließung" des Reprisenmoments handelt (z.B. in I/4., der oben abgehandelt wurde[39]). Alle vorhandenen Prozeduren in diesem Zusammenhang bezeichnen laut ihm

> einen Hang [Bruckners], unbesehen in die Reprise hineinzuschliddern. [...] Der Wiedereintritt des Hauptthemas verdichtet sich zu einer kollabierenden Klimax, einer Zusammenbruchstelle, die erst wieder an die Normalform zurückvermittelt werden muß. [...] D i e s e s S c h e m a w i r d i n a l l e n F i n a l e s w i e d e r k e h r e n, vollgesogen mit ganz unterschiedlichem Material, doch stets mit der Aufgabe betraut, einen direkten Anschluß zwischen Durchführung und Reprise herzustellen.[40]

---

[38] Statt dessen integriert der Satz die Reprise des motivisch nicht-selbständigen Themengruppe III-Materials (die Teile von Takt 155 ff., die übernommen wurden aus Takt 51 ff.) – oder besser: ordnet sie ein – unter den Hauptabschnitten beider Reprisen, die "beherrscht" werden durch das Hauptthema bzw. das STh_b. Vgl. etwa im Abschnitt 2 (STh) namentlich T. 457-476: dort die Stimmen mit Dreiklang-brechenden Sextolenfiguren.

[39] Vgl. Anm. 20 und der hierzu gehörige Text.

[40] Notter, op.cit. S. 26 f. (in Verbindung mit WAB 100. Meine Hervorhebung im Zitat).

Eine derartige Generalisierung entspricht jedoch bei weitem nicht der empirischen Vielfalt. Wenn man sich auch nach Notters grundlegender Auffassung vorstellen muss, dass sich eine vorwärts schreitende Entwicklung des modellhaften Formkonzepts geltend macht, erfolgt dies bei ihm dennoch unter einer Übergehung wesentlicher Einzelheiten im Gesamtbild.[41]

Im Falle von IV/4. etwa mit den beiden rivalisierenden Reprisenmomenten wird nicht unmittelbar deutlich, wo sich die "kollabierende Klimax" des Hauptthemas findet: in Takt 339 ff. oder Takt 390 f. Ist es also – was am plausibelsten wäre – der Durchführungsepilog (T. 351 ff.), der rückvermitteln soll, was Notter die "Reprisenvariante" nennt, mit der "Normalform"? In dem Falle würde er sicher Takt 383 ff. nicht als "Reprisenersatz" qualifizieren.[42] Wird diese Funktion statt dessen der unison betonten Sequenzentwicklung T. 392-411 zuerkannt, hätte Notter andererseits kaum folgendes angeführt:

> Wäre dieser zusätzliche "Reprisenersatz" nicht, so hätte man das gewohnte Reprisenschema mit *Reprisenvariante* und *-epilog* vor sich.[43]

Letzteres ist korrekt im Verhältnis zum Begriffsapparat (dementiert aber gleichzeitig die Verallgemeinerung) – und es entspricht im übrigen genau den Änderungen, die Ferdinand Löwe in seiner Revision des Satzes 1887 am Formenbau vornahm[44] – mit nachfolgendem kritischen Durchgang seitens des Komponisten, wobei die vorgenommenen Kürzungen allerdings nicht angetastet wurden.[45]

Anders verhält es sich mit der letzten Fassung der 3. Symphonie, die Notter in die Diskussion einbringt, und wo ebenfalls ein (weniger bekanntes) Authentizitätsproblem besteht – hier allerdings nur soweit es das Finale betrifft.[46] In diesem

---

[41] So übersieht diese Verallgemeinerung den Reprisenübergang in II/4. (vgl. oben S. 343) wie auch den ganz alternativen Formverlauf in VII/4.; dazu wird der völlig unauffällige Reprisenanschluss in VIII/4., der sich vom "Modell" unterscheidet, unter diesen Gesichtspunkt gezwungen. Kommentare hierzu folgen in Verbindung mit der genaueren Behandlung der betreffenden Sätze.

[42] Notter, *op.cit.* S. 78.

[43] Ebd. S. 79. Diese Sonderterminologien erfordern hier eine kurze Erklärung: *'Reprisenvariante'* bezeichnet bei Notter den reprisenhaften "Kurzschluss" mit der Durchführung *'Reprisenepilog'* ist seine übliche Bezeichnung für das "rück-vermittelnde" Glied zwischen der Reprisenvariante und dem, was er *'Rest-Reprise'* nennt. Nur neigt der Ausdruck Reprisenepilog leider dazu, missverstanden zu werden: sein Sinn setzt die eng gefasste Bedeutung des Wortes Reprise voraus, als Reprisen*punkt*. Die Verwirrung wird um so größer, da Bruckner gelegentlich *eigentliche* Reprisenepiloge anbringt, begriffen als Abschnitte von epiloghaftem Charakter, die zwischen dem Reprisenteil und der Coda plaziert sind und somit parallel mit den ebenso sporadisch vorkommenden Durchführungsepilogen stehen. Beispiele solcher regulärer Reprisenepiloge finden sich in II/4. T. 563-589, IV$_2$/1. T. 503-532 sowie in IV$_2$/4. T. 465 (457?)-476.

[44] (Wiener Stadt- und Landesbibliothek, *MH 9098/c.* =Druckvorlage für die Symphonie in ihrer Erstdruckfassung.) In Verbindung mit dieser Kürzung (IV$_2$/4. T. 383-412) wurde auch die Reprise des STh$_a$ umgeformt, so dass sie nun im großen und ganzen dem kürzeren und tonal weniger üppigen Verlauf in der Exposition entsprach. Statt von fis-Moll auszugehen, setzt Löwes Bearbeitung in d-Moll an. (Die Dur-Aufhellung, das STh$_b$, beginnt in beiden Versionen in D-Dur.)

[45] Benjamin M. Korstvedt hat diese Erstdruck-Bearbeitung in konzentrierter Form beschrieben in: "The First Published Edition of Anton Bruckner's Fourth Symphony: Collaboration and Authenticity", in: *19CM* 1996, S. 3-26.

[46] Der Autograph (= die Druckvorlage) erscheint in Fr. Schalks Schrift, korrigiert durch den Komponisten. Vgl. meinen Beitrag: "Anton Bruckners 3. Symphonie im der letzten Version (1889)", in: *Berliner Beiträge zu Musikwissenschaft* 1993, S. 22-32.

Zusammenhang nimmt er wohl oder übel einen weiteren Finalsatz von seiner verallgemeinernden Vorschrift aus:

> Weder in der dritten [III$_2$] noch in der vierten Sinfonie riskiert Bruckner die Gleichsetzung der Klimax-Variante mit der Reprise; erst bei der letzten Bearbeitung der dritten Sinfonie [III$_3$] ringt sich Bruckner dazu durch [...].[47]

Nun beschränkt sich die hier aktuelle Änderung im Formverlauf, bzw. in den formalen Funktionsverhältnissen, auf die rein "bürokratische" Maßnahme, dass die Hauptthemen-Reprise, der Abschnitt in III$_2$/4. zwischen dem Seitenthema in seiner durchführungsmäßigen Form – als Choral ohne Begleitung durch den Polkasatz – und demselben Thema in seiner normalen, doppel-thematischen, reprisenmäßigen Formung, schlicht gestrichen wurde. Hierdurch entstand eine einmalige formale Konstruktion: eine unmittelbare Verbindung zwischen zwei formtopologisch verschiedenen Stadien ein und desselben lyrischen Themas, oder, wie das Robert Simpson – in Erkenntnis der Drastik in dieser Prozedur – ausdrückte: *"a kind of incestuous union".*[48]

Freilich ist dieser Eingriff kaum Bruckners eigene Idee. Aber wenn er ihn auch sanktionierte, so berechtigt eine derartige mechanische und wenig einfühlsame Verhaltensmaßnahme dennoch weder dazu, dabei eine außergewöhnliche Anstrengung anzunehmen, noch auch zu behaupten, dass eine Höhepunktstrecke in der Durchführung hierdurch zu einer Reprisenvariante wurde[49]: dies würde teils die Durchführung des Hauptthemas auf ein Minimum reduzieren – da sich eine Reprisenvariante laut Notter von einer *fausse* Reprise darin unterscheidet, dass sie nicht *"fester Bestandteil der Durchführung* [ist, sondern] *mit der Reprise gleichgeschaltet"*; teils kulminiert der genannte Abschnitt mit einem effektvollen Durchbruch des Hauptthemas aus dem Kopfsatz, wodurch er die Wirkung eines so behaupteten reprisenhaften Kurzschlusses völlig neutralisiert.

Es liegt näher anzunehmen, dass die Modifikation des üblichen, architektonischen Formaufbaus, die Bruckners Revisionsphase in den späten 1880er Jahren angehört – eine Modifikation, die sich auf typischste Weise in der Eliminierung der Hauptthemen-Reprise an ihrem traditionellen Ort zeigt –, vorgenommen wurde mit Hinblick auf eine reguläre Verschiebung des Reprisenmoments zur Wiederaufnahme des Seitenthemas hin[50], und zwar im Rahmen einer verschärf-

---

[47] Notter, *op.cit.* S. 78.

[48] Simpson, *op.cit.* S. 79.

[49] Es wird nicht deutlich, wo eine solche abstrakte Reprise des Hauptthemas gegebenenfalls ansetzen sollte; in III$_3$/4. am ehesten berechtigt wohl T. 291 ff., wo das Thema, in simultaner Originalgestalt und Umkehrung, in seinem ursprünglichen tonalen Kontext erscheint. Dieses Stadium tritt nun aber gleichzeitig mit dem Beginn eines voranschreitenden Diminutions- und Intensivierungsprozesses ein, was die Auffassung eines Reprisenmoments nicht gerade unterstützt. Nach Notters ungefährer Ortung müsste der Zeitpunkt für die Reprisenvariante denn auch vorwärts verschoben werden, vielleicht bis hin zum Beginn der Durchführung (wie das bei Brahms, wenn auch in jeder Hinsicht reprisenmäßig regulärer, der Fall ist in den Finalen seiner 1. und 3. Symphonie). Vgl. etwa Notter: "Diese überlange [HTh-]Variante wird dann mit der Reprise gleichgesetzt." (*Op.cit.* S. 78.)

[50] Franz Schalks Bearbeitung (1894) von V/4. erweitert allerdings, etwas untypisch, den Umfang der Verkürzung, so dass sie auch den gesamten Seitenthemenabschnitt umfasst – die Auslassung berührt hier also insgesamt die Takte 372-459. Diese Bearbeitung (übrigens vor allem instrumentatorischer Art), die als Druckvorlage der Erstausgabe diente, wurde allerdings durchgeführt ohne Bruckner

ten Prozessualisierung der Finalform. In dieser Situation wird auf andere Weise für die "architektonische" Lücke kompensiert, teils durch die Beteiligung des Hauptthemas an einer Schlussdurchführung (so – bereits in der Version 1877 – T. 515 ff.), teils auch durch codal geprägte Mittel, hierunter die Einkoppelung eines zyklischen Perspektiveffekts. (Andererorts habe ich angeführt, dass diese Eigenheit der späten Revisionen der Finalsätze in der 3. und 4. Symphonie als analog zu der extrem kurz gefassten und dispositionell gesehen ungewöhnlichen Finaleform in der 7. Symphonie anzusehen ist, eines Werks, das sich verhältnismäßig schnell und dauernd im Konzertsaal durchsetzte.[51])

Die formalisierende Tendenz, die Notters hier diskutierter Forminterpretation zu Grunde liegt, wird bedenklich, wenn z.B. der "Reprisenepilog" als formelles Zeichen oder gar Beweis der Erfüllung des schematischen Moments abstrahiert wird, durch schlichte Bezeichnung einer passenden Taktgruppe nach dem "Kurzschluss" eines Durchführungszusammenhangs mit einem Reprisenmoment – oder nachdem das Eintreten eines solchen behauptet wird.[52] Dasselbe gilt, und zwar in noch höherem Maße, wenn die Formalisierung Hand in Hand geht mit einem Mangel an nuanciertem Erfassen der kompositionstechnischen Verhältnisse, die in der jeweiligen Situation vorherrschen, oder wenn sie sich gleichgültig der Frage gegenüber verhält, warum die betreffenden Verhältnisse gerade dieses und kein anderes Aussehen haben.

Dass ein derart abstrakter Begriffsapparat, besonders der dazu gehörige obligate "Reprisenepilog", eine Art analytischer Verschanzung mit sich führt statt der Registrierung einer kompositionstechnischen Rationalität, soll demnächst anhand des äußerst wirkungsvollen Reprisenanschlusses in **VI/1** nachgewiesen werden.

WAB 106/1. ↗ S. 299

Die formale Übergangszone wird in diesem Satz gekennzeichnet durch den plötzlichen *ff*-"Einbruch" des Hauptthemas in Takt 195, nach einer acht Takte umfassenden Stringendo-Fläche. Dies erfolgt in der Tonart Es-Dur, d.h. Tritonus-polar zur Tonika – was vielleicht eine Konsequenz der vorhergehenden Tritonus-

---

über so weitgehende Änderungen zu informieren. Letzteres wurde erst endgültig dokumentiert in Th. Leibnitz: *Die Brüder Schalk und Anton Bruckner*. Tutzing 1988, S. 178 ff.

[51] Vgl. Quellenangabe in Anm. 46. Einer genauere Analyse dieser modellhaften Vorlage erfolgt S. 356 ff.

[52] Eine solche Selbstbestätigung erscheint mit Evidenz in folgendem Zusammenhang (Notter, *op.cit.* S. 78), wo die musikalische Situation ja doch der Art ist, dass alle Versionen von III/4. eine Passage enthalten, der nur in III$_3$ der Status eines "Reprisenepilogs" verliehen wird (durch den isolierten Choralsatz innerhalb des Durchführungsverlaufs): "Weder die erste noch die zweite Version besitzen einen solchen Epilog; sie brauchen ihn nicht, weil sie das vollständige Hauptthema als Reprise anführen – und ein Reprisenepilog ist nur dann nötig, wenn eine veränderte Gestalt des Hauptthemas direkt an die Durchführung angeschlossen und mit der Reprise gleichgesetzt wird." – So fällt es denn auch schwer, Notter in der Behauptung zu folgen, dass der Seitenthemen-Choral der Durchführung "genau dem Reprisenepilog aus dem Finale der "nullten" Sinfonie entspricht." (*Loc. cit.*) Letzterer brachte (T. 197-209) das durchführungshafte Formstadium auf eine für den frühen Bruckner typische Weise zum Abschluss, mit einem Rückgriff auf die Takte unmittelbar vor dem abstrakten Reprisenmoment. Die durchführungsmäßige Variante des Seitenthemas in III/4. hat keine entsprechende Funktion und auch keine andere formal ausgleichende Wirkung.

Bezüge in der Durchführung ist (vgl. S. 300) –, abgesehen davon aber im wesentlichen reprisenmäßig eindeutig wirkend, auch auf Grund der "Überdetermination" in dynamischer Hinsicht. Der vier Takte später erfolgende Neuansatz des Themas in Ges-Dur stört diesen Eindruck nicht, sondern stabilisiert ganz im Gegenteil das Gefühl einer Reprise, da er im großen und ganzen analog zu der parallelen Expositionsstelle ist: Cis-Dur/cis-Moll? (Takt 9) nach A-Dur. Erst die Zwischendominante Es^7, nach weiteren vier Takten, vor einem zweiten Themeneinsatz in As-Dur – innerhalb einer Reihe von drei Ansätzen – verrät den Sinn des Entwicklungsverlaufs, der von der reprisenmäßig falschen Tonart ausgeht: als Erkämpfung der regulären Reprisentonalität, was ultimativ durch die enharmonische Umdeutung von *as* auf *gis* erfolgt im Übergang zum Dom.$^6_5$- Akkord (E$^7_3$). Die Eroberung der Tonika seitens des Themas – und damit der eigentliche Reprisenpunkt – wird konsequent markiert durch eine zusätzliche Steigerung der Lautstärke auf *fff* und eine entsprechend verstärkte quantitative Repräsentation des identifizierenden Begleitrhythmus des Hauptthemas.

Hierdurch wird deutlich, dass der definitive Augenblick der Reprise dem Takt 25 im Expositionszusammenhang entspricht, d.h. der *Re-Exposition* des Hauptthemenkomplexes in *ff*, und die Takte 209-228 wird nun zu einer im großen und ganzen völlig regulären Reprise von T. 25-46. Wenn also über die darauf folgenden Takte 229-244 gesagt wird, dass sie als "Reprisenepilog" ausgleichen sollen, dass

> der vorangegangene Reprisenkurzschluß [...] nicht eindeutig ausgefallen ist[53],

so wird man wohl sagen müssen, dass sie in dieser Eigenschaft doch recht verspätet eintreffen. Sehen wir einmal davon ab, dass das Reprisenstadium sich ja deutlich genug markiert hat – zuletzt durch das bastante Verscheuchen eines jeden Zweifels am Reprisenmoment, das die Tonika-"Erfüllung" bewirkte –, und konzentrieren wir uns dann auf die eher singulären Aspekte im weiteren Formverlauf. Hier ist nämlich anzumerken, dass die Takte 229 ff. tatsächlich nicht auf übliche "reprisenepilogische" Weise wirken, insoweit als derartige Abschnitte ansonsten Nachwirkungen von Durchführungs-ähnlicher Art mit sich bringen[54] – dies geht auch deutlich aus Notters gültigeren Etikettierungen dies betreffend hervor, von WAB 100/4. angefangen bis hin zu IX/1. (evtl. – im Falle eines längeren Verlaufs – unter der Bezeichnung *"Nachdurchführung"*).

Statt dessen liegt hier eine völlig anders geartete, überraschend einfache, aber – wie das oft der Fall sein kann – sinnige Disposition vor: die abgedämpfte Fortsetzung des Reprisenansatzes bezeichnet grundlegend nur eine Rückkehr zur *ersten* Präsentation des Hauptthemas während der Exposition im *piano*[55], obendrein

---

[53] *Op.cit.* S. 90.

[54] Die abschließenden, stagnierenden Takte 239-244 in diesem Abschnitt werden einem solchen Charakter keineswegs gerecht.

[55] Übrigens ein formales Detail, das sehr an das – wenn auch von einer völlig anderen Form eines tonalen Überraschungseffekts begleiteten – Geschehen in der Reprise des Kopfsatzes von Beethovens 7. Symphonie erinnert (vgl. dort Takt 277 ff.): teils die Umkehrung der ursprünglichen Reihenfolge: *p* und *f*, teils – bei Beethoven – die überraschende Verschiebung der Tonalität vor und nach dem *p*-Ansatz auf die Subdominante (Takt 301), mit nachfolgender weiterer Flucht vor der Tonika.

versehen mit einer nicht untypischen reprisenhaften Beigabe in Form einer aus-schmückenden "Gloriole" um das Thema (Ob., Fl.) – vgl. S. 334. Die dynamische Reihenfolge, die in der Exposition vorherrschte, wurde – bedingt durch die Art und Weise, wie sich das Hauptthema des Satzes seine Reprise erkämpfen musste – schlicht auf den Kopf gestellt. Und dass die Fortsetzung prozessual gesehen sinn-voll ist, leuchtet ein: nach dem vorangegangenen tonalen Triumph kann sich das Thema jetzt in seinem ursprünglichen, ruhigen *Majestoso* entfalten.

Es muss wohl als offene Frage im Raum stehen, ob es sich in diesem Zusam-menhang um eine Formlösung handelt, von der gesagt sein mag, dass sie über ihre thematischen Prämissen reflektiert und in diesem Sinne eine eigentliche kompositorische Logik repräsentiert. Die obige Interpretation ist wenigstens als ein Argument hierfür zu verstehen. Sie stellt zwar nicht den Anspruch, eine musikalische Logik von der Art zu enthüllen, wie sie sich in Brahms' typischer Kompositionstechnik abzeichnet; sie lässt sich andererseits aber auch nicht mit Notters Gesichtspunkt hierzu in Einklang bringen:

> Bruckner begreift den Reprisenanschluß noch nicht als Funktion der thematischen An-lage und nimmt ihn darum auch nicht im Hauptkomplex vorweg. [...] Er beugt sich der Logik seines Formbegriffs, der zentralen Ausrichtung des Satzes auf den Reprisen-beginn.[56]

Die Bestimmung von Bruckners musikalischer "Logik" verknüpft sich also für ihn allein mit dem – an sich ja durchaus typisch Brucknerschen – eher primitiven dynamischen sowie dem rein architektonischen Aspekt am Reprisenanschluss. Dem gegenüber lässt sich behaupten, dass dieses Moment andere Qualitäten enthält als den plakativen, a-perspektivischen Charakter, den die spektakuläre, vordergründige Erscheinungsform der Musik unmittelbar sichtbar macht. Hier wäre u.a. das ungewöhnliche Detail vor dem Reprisenansatz hervorzuheben, welches die Abwesenheit einer crescendierenden Aufladung bezeichnete (T. 189-194, vgl. S. 302), was nun als verborgene Parallele zur ebenso charakteristischen dynamischen Ausdünnung im Hauptthemenfeld der Exposition unmittelbar vor der Wiederaufnahme des Themas in einem unerwarteten *ff* in Takt 25 zu erken-nen ist.

WAB 106/1. ➠ S. 393

WAB 105/1. ↗ S. 292

Es liegt nahe, sich an derartigen Finessen zu orientieren und einen entwicklungs-mäßigen Gesichtspunkt anzulegen, wonach diese Formlösung einen konsequen-ten Fortschritt bezeichnet im Verhältnis zum Reprisenanschluss in **V/1.**, der im großen und ganzen auf denselben expositionellen Voraussetzungen beruht: der doppelten Anführung des Hauptthemas in *p* bzw. *ff*.

Hier erfolgt nun aber – und zwar auf dieselbe Weise wie in VI/1.: als Kulmina-tion eines intensivierenden, Spannung aufbauenden Verlaufs – eine geradezu demonstrativ kurze Wiederaufnahme dieses Themas, was wirken mag wie eine rein formelle, pflichtgemäße Wiederholung der früheren Struktur, wenn auch in

---

[56] Notter, *Op.cit.* S. 90.

einem fest gehaltenen *ff* das – ohne Rücksicht darauf, dass der Themenkern beim zweiten Erscheinen ausnahmsweise in der Tonika kadenziert (Takt 376; ursprünglich auf der Dominante) – unmittelbar darauf notgedrungen weg-sequenziert, fragmentiert und dann, nach nur 18 Takten, auf der (D)Tp abgebrochen wird.

Es wäre nun aber eine Vereinfachung, wollte man diese Prozedur nur als einen phantasielosen Vorläufer des Geniestreichs in VI/1. betrachten. Erweitert man den Gesichtswinkel, liegt hier eine Lösung vor, die auf ihre eigene wenig charmante Art die volle Konsequenz aus dieser allmählich eklatant demonstrierten mangelnden Tragkraft im Hauptthema zieht. Ein derartiges Verhältnis deutete sich schon früh an, und besonders der thematische Prozess der Durchführung ließ dies offenbar werden. Ein weiteres Ergebnis der extremen Kürze der Hauptthemenreprise ist, dass die nachfolgende konventionellere Reprise des Seitenthemas (Takt 381 ff.) in neuer Perspektive erscheint: als unmittelbarer Reflex der beiden Unterbrechungen, die während des alles beherrschenden ununterbrochenen Hauptbereichs in der Durchführung durch eben diese thematische Instanz beim Abschluss des Hauptthemen-Abbaus bewirkt wurde (Takt 325 bzw. 331).

Überhaupt exzelliert Bruckner in Variationen dieser Anschlusstechnik; man kann wohl sagen, dass kein einziger Satz eine standardisierte Prozedur durchspielt, wenn man denn absieht von der Neigung des Komponisten, die mehrfach sequenzierte Themenanführung zu favorisieren. Und das kaschierende Moment ist keineswegs grundsätzlich ein Teil der "homogenisierenden" Formung des formalen Grenzbereichs zwischen Durchführung und Reprise. Eher erhalten die konkreten Umstände ihr gemeinsames Gepräge durch eine *Bedingtheit*: sie sind Ergebnisse primär wirkender dynamischer Momente, die eben durch ihre Funktionsweise "überspülende" Faktoren in diesem Formübergang niederlegen.

Ein solcher dynamischer Impuls kann zu Beginn des eigentlichen Reprisenübergangs ausgelöst werden, wie das der Fall ist in VI/1. (Takt 195 ff.), oder er kann entgegengesetzt wesentlich früher in der Durchführung verwurzelt sein, wie das die Situation in VIII/1. T. 225 ff. zeigt, 60 Takte bevor sich der konkrete Reprisenpunkt – anfänglich recht unmerkbar – manifestiert.

(WAB 108/1. ↗ S. 309)

Exkurs ins 20. Jahrhundert

Formlösungen dieser Art laden dazu ein, die Perspektive auf eine spätere musikgeschichtliche Situation auszuweiten. Bruckners allmählich typisierte Behandlung der Reprisenproblematik hat nämlich mehrere Parallelen, von denen einzelne recht deutlich ausfallen, bei jüngeren Komponisten. Den vielleicht offenbarsten Vergleichsgrundlage liefert ein Beispiel aus der Symphonik des dänischen Komponisten Carl Nielsen.

Nielsen war keineswegs ein Verehrer oder – soweit sich das feststellen lässt – auch nur ein Kenner von Bruckners Musik. Was ihn nichts desto weniger mit Bruckner zu verbinden scheint, ist ein Gespür dafür, wie auch die dazu gehörige Fähigkeit, auf originale Weise musikalisch-dynamische Elementarkomplexe oder formdynamische Aggregate zu großen, kohärenten Formkomplexen zu entwikkeln, und zwar besonders durch Transformation auf zunächst variantenmäßigen und späterhin – in weiterer formaler Perspektive – auf synthetisierenden Wegen.

Die Prozedur der Reprisenbildung im ersten Satz von Nielsens 3. Symphonie, *Sinfonia espansiva* (1910-11), mag hier für einen Vergleich mit Bruckners typischem, späterem Reprisenkonzept herangezogen werden. Dieser Satz weist übrigens auch andere, rein grundsätzliche Brucknersche Kennzeichen auf: schon zu Beginn des Satzes finden sich Züge wie die doppelte Hauptthemen-Exposition, Takt 15-45 / Takt 46-137, im letzteren Zusammenhang mit einer dritten, kulminierenden Themenanführung (Takt 107) und einem unmittelbar folgenden Auslaufen *al niente*. (Diese Proportionierung drückt fast genau das Zahlenverhältnis 1 : 2 : 1 aus.) Und als wäre es eine Unterstreichung der Verwandtschaft mit Bruckners formdynamischen Charakteristika in diesem formalen Zusammenhang, kommt auch die Kategorie Überleitung nicht in der Hauptthemengruppe des Satzes vor.

Auf dem Höhepunkt der Durchführung dieses Satzes, als Ergebnis einer 26 Takte langen, gewaltig crescendierenden Dominant-Spannungsfläche und zugleich als Abschluss dieses Formabschnitts, setzt in Takt 388 ein in erster Linie HTh-transformierendes, orgiastisch geformtes Walzerthema in *ff* ein (siehe Notenbeispiel 86 c) – eine länger ausgestreckte wie auch weit expansivere Weiterführung eines ähnlichen thematischen Zusammenhangs Takt 331 ff. (*pp*, gis-Moll) und tonal gesehen weiterhin entwicklungsbestimmt: von b-Moll aus durch die Paralleltonart Des-Dur, weiter über E-Dur zu dessen Parallele cis-Moll, wo kadenziert wird, während die Dynamik bis zu einem *pp* abnimmt. Ein Doppelstrich in der Partitur zwischen Takt 451 und 452 gibt zweifelsohne den formellen Abschluss der Durchführung an dieser Stelle an. – Eine thematische Rekapitulation:

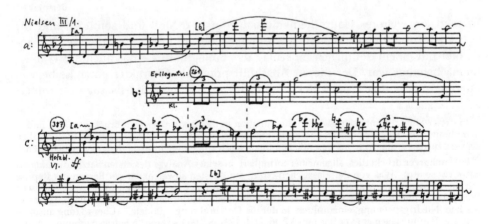

Beispiel 86 a-c

Dieses selbst innerhalb des betreffenden Satzes überwältigende Ereignis – der Beiname des Werks beruht unbedingt vor allem auf seinem Kopfsatz mit der Bezeichnung *Allegro espansivo* – wie auch seine Nachwirkungen entsprechen, wie sich erweist, in formdynamischer Hinsicht recht genau dem Verlauf in

Bruckners VIII₂/1. Takt 225 ff. und in IV₂/4. Takt 307 ff.: in allen drei genannten Zusammenhängen wird der spätere Abschnitt der Durchführung dominiert von einer Höhepunkt-betonten und kulminierenden Partie, der eine kürzere oder längere reaktive Strecke von konsequent latenzbetonter Art folgt. Der letztere Verlauf schiebt sich sozusagen als Hinweis darauf ein, dass die vorangehende Ebene, trotz ihrer machtvollen Repräsentation des Hauptthemas, nicht als Reprise aufzufassen wäre, wenn denn ein solcher Gedanke sich beim Hörenden gemeldet hätte. Andererseits kann der erste nachfolgende, Reprisen-ähnliche Kontext ebenfalls die Kriterien nicht zufriedenstellend honorieren, die für eine unmissverständliche Reprise der Hauptthemeninstanz aufzustellen wären.[57] Der Grund dafür ist aber unmittelbar, dass die formdynamische Wirkung der vorhergehenden Hauptthema-Repräsentation geschwächt würde, und damit die gesamte formale Konstruktion Schaden litte, wenn das Hauptthema hier auf eine Weise eingeführt würde, die es zu einem konventionell Reprisen-erfüllenden Satzmoment machte. Eine derartige Begründung erhält in Nielsens Satz besonderes Gewicht vor dem Hintergrund der originären Kraft des Hauptthemas.[58]

Hieran anschließend erweist sich das erste Ereignis in der formellen Reprise des *Espansiva*-Satzes als schwache, ausgeprägte Variante des Hauptthemas (das gilt besonders für die Takte 456-461 mit ihrer [b]-Qualität, vgl. Notenbeispiel 86 a) in der ebenfalls wenig reprisenmäßigen Tonart f-Moll.[59]

Beispiel 87

Es folgt ein weiteres Hauptthemeninitial, nun in d-Moll und somit an und für sich konform mit einer Reprise, allerdings wiederum in der Gestalt einer Variante, hier mit einem deutlichen Einschlag des Epilogmotivs – das auch am Walzerthema beteiligt war. Der diesen Abschnitt prägende Charakter einer Reihe von kurzen *"Nachwellen"* nach der vorangehenden Höhepunkt-Passage ist unver-

---

[57] In dieser Hinsicht unterscheidet sich die Situation in den Kopfsätzen von Bruckners 5., 6. und 7. Symphonie von der hier behandelten Problematik, insoweit als die HTh-Reprisen in diesen Fällen als vertrauenswürdige, d.h. im wesentlichen topologisch eindeutige formale Ereignisse erscheinen.

[58] P. Hamburger drückt dies, allgemeiner formuliert, in seiner Analyse des ersten Satzes der *Sinfonia espansiva* so aus: "Was von der klassischen Norm am meisten abweicht, ist der Beginn der Reprise mit dem Seitenthema, was aufzufassen ist als natürliche Folge der Unmöglichkeit, auf organische Weise das in linearer Hinsicht so sehr ausdrucksgeladene Hauptthema unmittelbar nach der melodischen 'Niedrigspannung' einzuführen, in der die Durchführung mündete." (Übersetzung aus dem Aufsatz: "Formproblemet i vor tids musik", in: *DMt* 1931, S. 100.) – Diese "Niedrigspannung" ist aber an sich nur das Komplement zur vorhergehenden, machtvollen Entfaltung der walzerhaften Hauptthemenvariante.

[59] Da der Tonalitätsgang des gesamten nachfolgenden Reprisenkontextes sich um eine Quinte *über* die entsprechenden Passagen in der Exposition plaziert, ist es andererseits durchaus denkbar, dass die f-Moll-"Reprise" des Hauptthemas als spezifisch auf das *ff*-Stratum der Walzervariante in b-Moll aufzufassen ist. Eine definitivere Wiederaufnahme des Hauptthemas in der Tonika folgt erst später (Takt 584), als Einleitung einer Schlussdurchführung.

kennbar. Er wird unterstrichen von einer dreigliedrigen Sequenzbewegung über das HTh-Initial T. 468-475 – ein Detail von bemerkenswerter Parallelität zu einer ganzen Reihe von derartigen Bewegungen bei Bruckner –, die schließlich den Weg bereitet für eine dynamische Hochebene von sehr begrenzter Kraft und Ausdehnung, von der aus eine chromatisch fallende Akkordreihe, die sich tonal um die Dominantebene von es-Moll bewegt, zu einer Wiederaufnahme des Seitenthemas in Es-Dur führt (Takt 483). Damit wird der erste eindeutige Reprisenzusammenhang markiert (der nicht davon angefochten wird, dass die Starttonalität des Seitenthemas in der Exposition As-Dur war, vgl. Anm. 59).[60]

Beispiel 88

Rückkehr

Mit dem Abschluss dieses Exkurses können wir auch die Argumentation zum Vorteil der zweiten unter den drei möglichen Erklärungen der spezifisch charakteristischen Einzelheiten um die Brucknersche Reprisenbildung beendigen. Die letzte Hypothese zu dieser Frage muss notwendig von der Tatsache ausgehen, dass sich die hier dargestellten Prozeduren weit mehr im Formprozess der Finalsätze geltend machen als in dem der Eingangssätze.

Die Erklärung bietet sich daher eigentlich an, obwohl sie soweit mir bekannt bislang noch nicht angeführt wurde: der übergeordnete Zweck der verschleierten Reprisenkonstruktion ist, das Hauptthema des Kopfsatzes, alias das grundlegende Thema der Symphonie, als wiederkehrendes und das Werk krönendes Hauptmoment zu legitimieren. Um dieses Zweckes willen lässt Bruckner das Hauptthema des Finales an der Stelle etwas zurücktreten, die neben oder nach der abschließenden, definitiven thematischen Wiederkehr das am meisten "Status-

---

[60] Die Parallelisierung zur typischen Reprisensituation bei Bruckner mag ergänzt werden mit dem Hinweis auf den 1. Satz von Paul Hindemiths *Mathis der Maler*-Symphonie ("Engelkonzert"). Stichwörter: Exposition (nach der Einleitung über das Choralthema, Ziffer 1) mit drei Themen, alle mit konzertierendem Gepräge (jeweils 8 Takte vor Ziffer 3, an Ziffer 7 und an Ziffer 10). Die Durchführung ist geformt als Wechsel und Konfrontation zwischen Thema 1 und 2, später mit dynamisch immer stärkerem Gegenspiel seitens des Choralthemas in einer Cantus firmus-Rolle (im $^3/_2$- gegen den $^4/_4$-Takt, ab Ziffer 16). Die verstärkte Dominanz dieser Instanz über die beiden anderen Themen führt dazu, dass das Thema 1 nicht zum auslösenden Faktor einer eigentlichen Reprise wird. Diese wird verschoben und erst durch die Wiederaufnahme von Thema 3 markiert (an Ziffer 20), nach einem langsameren, entspannenden Übergangsfeld (Ziffer 18-20), das zwar von Thema 1 dominiert wird, dies aber keineswegs auf reprisenmäßige Weise.

betonte" Ereignis im Satzverlauf ausmacht (innerhalb seines eigenen Form- und Werkkonzepts). Gleichzeitig bildet die Dynamisierung innerhalb des Grenz-bereichs der Durchführung gegen die Reprise, die den besonderen relativen Verlust der Identität des Finale-Hauptthemas bedingt, die Grundlage für einen Zusammenhang prozessual gesehen offenerer Situationen, die flexible Möglich-keiten für die Einführung des zyklischen Hauptthemas bieten. Und was ebenso wichtig erscheint: hierdurch wird auch eine wohlbegründete Hintergrunds-situation modelliert, soweit es die "interne" Problematik des Finales betrifft, als notwendige Legitimierung der Vermittlung des Werk-Themas mit dem rele-vanten, aktiven Prozess innerhalb der abschließenden Stadien im Formverlauf des Finales.

Denn es ist niemals so, dass das übergeordnete Thema des Werks als ein bloßer *Deus ex machina* einträfe. Ebensowenig ist die Situation eindeutig so – und so wurde sie oben denn auch nicht dargestellt –, dass das zyklische Hauptthema das des Finales im Satzabschluss verdrängte. In mehreren Fällen wirkt die codale, endgültige Reprisenmechanik eher umgekehrt, nämlich so, dass erst der letzt-liche Durchbruch des Finalethemas, nach seiner früheren unvollkommenen Reprise, ihm die Verbindung mit dem Hauptthema des Kopfsatzes in einer ge-meinsamen Apotheose "ermöglicht".

Es scheint Folge einer derartigen Idee oder Strategie zu sein, dass **VII/4.**, das Finale der 7. Symphonie, so disponiert ist, dass reprisenmäßige Momente in sehr hohem Maße verdrängt werden, besonders soweit es das Hauptthema des Satzes betrifft, das recht eigentlich seine Reprise erst in der Coda erfährt (Takt 315 ff.).

Zwar findet sich eine Wiederaufnahme des Hauptthemas in der Tonika Takt 275, die – abgesehen von ihrem späten Eintreten – als geeignet vorkommen mag für eine Erfüllung der Kriterien eines Reprisenpunkts. Aber mit mehreren kontra-punktischen Beigaben von Beginn an (Vla., Vc.) und einer Reihe von neuen tonalen Ausflügen schon ab dem achten Takt, also noch vor der Kadenz des Themas in der seit dem Expositionszusammenhang gegebenen, "fremden" $\overline{\text{M}}$-Tonart, wird diese Erwartung doch sehr getäuscht, und statt dessen tritt un-missverständlich der Charakter einer abschließenden Durchführung ein.[61]

Nun scheint sich aber eine Rationalität in dieser reprisenmäßigen Aporie zu finden, nicht nur soweit es diesen Satzabschnitt allein angeht, sondern auch in größerer Formperspektive. Die formale Strategie scheint zunächst darin zu be-stehen, dass sich das Hauptthema, will es sich "reprisenmäßig" geltend machen, vom Einfluss einer Reihe von stetig störenden Tonalitäten befreien muss – einer Infiltration, die sich schon auf den Aufbau des Themas gründet, nämlich der chromatischen Sequenzierung des Startelements in der zweiten Hälfte des acht-taktigen Themas, die dazu führt, dass es, wie oben angedeutet, auf dem 9. Takt in

---

[61] Dies wird namentlich nach Takt 299 deutlich – wo die Tonalität (H-Dur, d.h. Dominante) sonst eine beginnende Stabilität anzudeuten scheint –, insoweit als *Varianten* mehrerer Zwei- und Ein-taktglieder des Hauptthemas auftauchen; der Durchführungscharakter wird noch unterstrichen durch die Kombination von Originalgestalt und Umkehrung dieser Varianten.

As-Dur endet, wo es in E-Dur begann.[62] Und die erwähnte befreiende Bewegung manifestiert sich zuerst durch die sequenzmäßig immer weiter leitenden Tutti-takte 307 ff., ja rettet sich nur heil in die Tonika in Takt 315 dank einer melo-dischen "Verbiegung" gegen Ende, in der thematisch führenden Baßstimme Takt 312 ff., wo Takt 313 f. in der regulären Gestaltung – analog mit Takt 8 – zu einer Kadenz in Cis-Dur geführt hätte (siehe Notenbeispiel 89 b):

Beispiel 89 a-b

Dies ist aber nur einer der erklärenden Sachverhalten. Es herrscht kein Zweifel, dass die extreme Verschiebung der Hauptthemenreprise, und spezifisch die Ein-passung dieses Themas in einen reinen Tonika-Zusammenhang erst ganz zu-letzt, ebenso sehr bedingt ist durch die ungewöhnliche Gleichheit zwischen seiner Anfangs- und Kernphrase (Takt 1-2) und dem entsprechenden Segment des Hauptthemas im Kopfsatz (vgl. dort T. 3-5): sie stützen sich beide auf eine auf-steigende Dreiklangbrechung aus dem Tonikaton und, im Detail, auf eine ein-leitende Bewegung aus diesem Grundton zur Unterquarte und wieder zurück.

Ein Finalethema, das in so unmittelbarem Anschluss an das Hauptthema des er-sten Satzes konzipiert wurde, ist natürlich empfindlicher in einem finalen Reprisenzusammenhang als es für ein thematisch selbständiges gilt, wenn man, wie Bruckner, "programmäßig" Rücksicht nehmen muss auf die Wiederkehr eines Werk-übergreifenden Themas.[63] Hier erweist sich u.a. die zweite Hälfte des

---

[62] Drei Tonalitäten, alle in Mediantverhältnis zueinander (M), halten über längere Zeit einander in Schach: E-Dur; As-Dur – worin das ursprüngliche Hauptthema endet (Takt 9) und das Seitenthema beginnt – sowie C-Dur, der Schlusstonart der Exposition (T. 117-144). Das Übergangsfeld zur Durch-führung (T. 145-162) bestätigt dieses Dreiecksverhältnis, indem es ohne jegliche Zwischenstation die retrograde tonale Bewegung zurück nach E-Dur beschreibt. Ein anderes, offensichtlich mehr intermittierendes mediantisches Dreieck manifestiert sich in der Fortsetzung des HTh-Abschnitts (Exposition), mit den Tonarten B-Dur, D-Dur und Fis-Dur Takt 19/21/23. Eine dritte Mediantenachse macht sich in der Schlussdurchführung geltend, mit dem HTh von G-Dur ausgehend in T. 291-298 und dann von H-Dur aus Takt 299 ff. – dies allerdings analog zum Beginn des Satzes (E-Dur, As-Dur).

[63] Notters Gesichtspunkt (*op.cit.* S. 100): "Es kommt zur bisher reinsten Ausbildung der Wiederaus-bruchsidee, an deren Ende kein Motto und kein Choral, sondern das Hauptthema des ersten Satzes wiederkehrt" muss verstanden werden als impliziter Hinweis auf diese thematische Quasi-Identi-tät – andernfalls führte er wohl zu Missverständnissen: teils erhalten die jeweiligen Hauptthemen der Kopfsätze auch in den übrigen aktuellen Finalsätzen das letzte Wort; teils – und vor allem – bezeichnet die Wiederkehr dieses Themas in den Schlusstakten der 7. Symphonie den unbedingt diskretesten Fall dieser Art in sämtlichen Symphonien Bruckners seit einschließlich der dritten, und zwar so eindeutig, dass der Begriff "Wiederausbruch" wohl kaum berechtigt wäre. Dieser weni-ger plakativen Schlussapotheose der siebenten am nächsten steht das Finaleschluss der 4. Sympho-

Finalethemas mit ihren Tonalitäts-verflüchtigenden Bewegungen als nützlich für den Komponisten, insoweit als es im post-expositionellen Zusammenhang darauf ankommen muss, eine "Erhöhung" des Themas in seinem tonikalen und dreiklangsmäßigen Aspekt so lange wie möglich zu vermeiden, wodurch seine Zusammenführung mit dem "dahinterliegenden" Werk-Thema sich sozusagen nicht mehr umgehen lässt. So lässt sich denn auch aus dem Satzverlauf nach der Exposition schließen, dass die zweite, tonal instabile Hälfte des Hauptthemas (vgl. die Takte 5 bis 9) hier in quantitativer Hinsicht die Vorherrschaft an sich reißt, wenn es sich um thematisch *nicht*-invertierten Zusammenhängen handelt.

Der erste deutliche reprisenmäßige Kontext – der als solcher ebenfalls keinen dauerhaften Status einnimmt – ist (wie in mehreren ähnlichen Fällen) der, welcher durch die Wiedereinführung des Seitenthemas (Takt 213) geschaffen wird.[64] Der vorangehende Satzabschnitt, Takt 191 ff., hat – übereinstimmend mit dem typischen späten Konzept des Reprisenübergangs – auch im vorliegenden Fall einen dynamischen Höhepunkt-Status, mit der Wirkung einer Neutralisierung des Spannungsfeldes zwischen Durchführung und Reprise. Rein formell herscht kein Zweifel um seine Funktion: er bezeichnet die Durchführung des Thema III; sie beginnt hier aber ungewöhnlich reprisenhaft[65], und erst nach den beiden einleitenden, korrespondierenden Viertaktsphrasen ändert sich dieses Bild. Die Textur, die mit dem unisonen und homorhythmischen Zusammenhang bricht, ist kein Indiz hierfür, da derselbe Übergang auch an der entsprechenden Stelle der Exposition erfolgte (Takt 101); motivisch gesehen ist es nun aber, im Gegensatz zu dort, die Hauptthemeninstanz, die über zehn Takte die Initiative übernimmt (T. 199-208), mit durchführungsmäßigen Elementen von Gegenbewegung und Themakontraktion.[66]

Dass sich dieser "externe" thematische Einbruch in dieser Verbindung nicht deutlicher manifestiert, liegt vor allem an dem bereits erwähnten Sachverhalt, dass auch das Hauptthema und das Thema III äußerst eng miteinander verwandt sind, und rein perzeptiv wird die Manifestation weiters dadurch geschwächt, dass das Thema III unmittelbar darauf ein letztes Mal "übertrumpfend" erscheint (T. 209).

Der weitere Vergleich mit der Situation in der Exposition zeigt, wie sich die zweite Hälfte des Hauptthemas dort recht unbeschwert von dem dritten Thema des

---

nie, wenn sich dieser Satz auch nicht auf eine thematische Relation zwischen den Hauptthemen gründet.

[64] Dieses Thema hätte problemlos reprisenmäßig orthodox in der Tonika eingeführt werden können, insoweit als ein unisones, prononciertes ces = h den vorhergehenden Zusammenhang so offen wie wohl denkbar abschließt, und somit auch mit ausgeprägt dominantischer Funktion. Statt dessen setzt das Seitenthema, wie in der Exposition, in As-Dur an, nun aber in Terzlage beginnend (vorher: As^8), wodurch die weitere modulatorische Entwicklung dieser Choralzeilen eine andere, keineswegs aber eine tonikalere Richtung nimmt als in der Exposition.

[65] Selbst der ferne tonale Bezug auf die Parallelstelle in der Exposition, h-Moll gegenüber vorher a-Moll, mag sich – was die "sekundären" Themenabschnitte betrifft – in etwa im Zusammenhang der Reprise behaupten: in V/1. besteht dasselbe Verhältnis für Thema III (zwischen Exposition und Reprise); in VI/1. erscheint es in Verbindung mit dem Seitenthema.

[66] Vgl. die reine Umkehrung des Hauptthemeninitials in den Bässen, Takt 199 ff., die mit dem Sequenzelement aus der zweiten Hälfte des Themas amalgamiert wird, Takt 200 (und entsprechend Takt 202, Trp., Vl$_l$).

Satzes freimachte (Takt 113 m.Auft.) und damit den Abschluss der Exposition einleitete. Demgegenüber trägt die Emanation des Hauptthemas innerhalb des Thema III-Kontextes in der Durchführung einen wesentlich mühsameren Charakter: es handelt sich hier keinesfalls um eine Befreiung oder gar eine Hervorrufung in reprisenmäßigem Sinne, sondern wohl am ehesten um die Vorspiegelung seiner späteren Bestimmung als in letzter Instanz Durchbruch-schaffender thematischer Akteur.

Dies ist – im Zusammenhang mit der oben gegebenen Erläuterung – zwar sicher eine "schwere" aber keineswegs unannehmbare Basis für eine Deutung der vorgeschriebenen Strategie für den Prozess des Hauptthemas im zweiten Teil dieses Finales. Umgekehrt wäre auf der gegebenen Grundlage nichts leichter zu behaupten als dass der Satz eine bloße Umkehrung der traditionellen thematischen Reihenfolge der Reprise aufweise, mit dem Thema III Takt 191, Seitenthema Takt 213 und Hauptthema Takt 275. Diese Behauptung wurde denn auch von mehreren Kommentatoren aufgestellt[67], wobei dann aber wesentliche, wenn auch meistenteils nicht gestellte Fragen im Raum stehen blieben betreffs der unbestreitbaren durchführenden Momente, die in *allen drei* thematischen Zusammenhängen im Kielwasser der wechselnden und, wie man trotz allem sagen muss, stets plausibleren Reprisenansätze folgen.

So wird die erneute Durchführung des Seitenthemas Takt 237, mit ihrem bruchlosen Übergang zur thematischen Arbeit über besonders die zweite Hälfte des Hauptthemas, T. 247-274 (insgesamt 38 Takte), von Leopold Nowak unter der nicht weiter kommentierten Bezeichnung *Einschub* "neutralisiert". Eine genauere Aufmerksamkeit verdienen wohl hier vor allem die acht Takte vor der formellen Wiederholung des Hauptthemas aus der Tonika heraus. Sie werden nicht nur von verschiedenen Hauptthemen-Rudimenten beherrscht (Fag. T. 267-270, Hr. T. 271 f.), sondern auch von einer plötzlichen nicht-thematischen, fanfarenhaften Phrasenfolge (Blech *fff*)[68], die offensichtlich mit einem plötzlichen tonalen Durchbruch in die Tonika, E-Dur, korrespondiert. Diese tonale Verdichtung ist nun aber nicht stabil, sondern gleitet umgehend über A-Dur (T. 269) nach Cis-Dur (T. 271), um dann in einen satzauflösenden Takt auf einem unvollständigen Fis^9-Akkord mit verminderter Quinte überzugehen (der also wie C$^7_7$ klingt), unmittelbar vor einem Reprisen-vorgebenden Ansatz des Hauptthemas in Takt 275. Dieser fast über-determinierte Ansatz mit seinem abschließenden, plötzlichen

---

[67] Mit dem kräftigsten Beiklang, eine Sache zu verfechten, bei Leopold Nowak, im Artikel "Das Finale von Bruckners VII. Symphonie", in: *FS. Wilhelm Fischer*. Innsbruck 1956, S. 143-148. (Auch in: L. Nowak: *Über Anton Bruckner. Gesammelte Aufsätze*. Wien 1985, S. 30-34.) – W. Notter verzichtet merkwürdiger Weise darauf, die Konstellation HTh/Thema III als schematisch auftretende, kulminative und anschließend kollabierende Reprisenvariante zu verstehen, und konstatiert statt dessen, wie Nowak, eine umgekehrte thematische Reihenfolge, eingeleitet durch, wie er es nennt, "eine 'Hypervariante' des dritten Themas" (*op.cit.* S. 100). Seine Deutung übersieht dadurch die Teilnahme des Hauptthemas an dieser "Variante", aber ihr besonderer Status im Verhältnis zum üblichen Schema gründet sich wohl besonders darauf, dass er keinen nachfolgenden "Reprisenepilog" identifizieren kann (vgl. Anm. 43).

[68] Kurths Gesichtspunkt wirkt hier ziemlich weit hergeholt: dass es sich um eine Verdichtung der Hauptthemen aus nicht weniger als drei früheren Symphonien handle (IV/1., III/1. und V/4.). (*Bruckner*. Berlin 1925, S. 1029 ff.)

Charakter eines Flimmerns oder einer "Anfechtung" führt zu einer recht leicht-füßig wirkenden Reprise des Hauptthemas (mit umgehenden Einschlägen von Motivumkehrungen in Vla. und Vc.) – die sich denn auch nicht einmal für volle acht Takte als stabil erweist.

Wenn man denn eine Sonatensatzform so weit als möglich ins Feld führen und deswegen die Wiederaufnahme des Moll-Themas in Takt 191 als Reprisenanfang für wahrscheinlich erklären will, wird wohl auch ein derartiger – zweifelhafter – Versuch am besten unterbaut, indem man diese Lösung im Rahmen der oben begründeten Notwendigkeit betrachtet, die Wiederkehr des Hauptthemas so lange wie möglich zu blockieren. In dieser Verbindung mag man behaupten, dass die gegebene, ungewöhnlich enge Affinität zwischen Thema III und Hauptthema eine besondere illudierende Rolle als Reprisenvermittler einnimmt und erfüllt.

Es wäre nicht seriös, die Schwierigkeiten zu übergehen oder gar den Versuch ihrer Wegdeutung zu machen, die eine derartige "strategische" Grundlage eines Formaufbaus für eine eher spontane formale Strukturierung eines Satzes wie des vorliegenden mit sich brächte. Der Erfahrungshorizont des Hörers bzw. des Ana-lytikers bedingt, dass der Satzverlauf als aus dem Schema des Sonatensatzes prä-disponiert aufgefasst wird, und so weit die Exposition reicht und noch weiter, bis tief in die Durchführung, bietet der Satz keinen Anlass, diesen Bezug auch nur irgendwie zu bezweifeln – er unterstütz sogar den Eindruck eines architektonisch akzentuierten, also ganz und gar deutlichen Formaufbaus. Aber vom Augenblick der ersten, wenn auch vorübergehenden Andeutung eines Reprisenkontextes an (Takt 213, und kontraindiziert Takt 237 ff.) steht der Sachverhalt in einem völlig anderen Licht.

Umgekehrt scheint die Preisgabe der Vorstellung einer Sonatensatzform zu die-sem Zeitpunkt wenn auch nicht unmöglich so doch dazu führend, dass der Satz in seiner Ganzheit in unsicherer Perspektive erschiene, mit Rücksicht auf die größere und ebenfalls enge Übereinstimmung mit dem gewohnten formalen Rahmen.

Wie Robert Simpsons Haltung zu dieser Frage bezeugt, mag die Problematik grundsätzlich suspendiert werden, unter der Voraussetzung einer undogma-tischen Einstellung und mit dem notwendigen Mut, ihr Gehör zu verschaffen; ob das Formproblem hierdurch aber aus der Welt geschafft wird, ist mehr als fraglich. Die abschließende Bemerkung im nachfolgenden Zitat mag man viel-leicht sogar so lesen, dass sie ein grelles Licht auf diesen Zweifel wirft – nament-lich da Simpson hier die Tür einen Spalt weit öffnet für eines der formalen Charakteristika – nämlich die Tonalitätsspannung –, das nicht unbedingt für eine spätromantische Sonatensatzform relevant ist:

> It would be a pleasure to be able to answer the simple question "What form is it in?" instead of having to describe this astounding finale [des VII/4.] in such complicated narrative. But its unique organization is describable only in its own terms and if we are to feel its immense cogency and the utter originality of it we must give up the comforting prop of any familiar yardstick. [...] The piece evolves, and along no familiar lines,

though the fact of key-conflict itself derives from sonata.[69]

Am radikalsten jedoch zeigt sich die Verschleierung oder Abstraktion der Reprise des Hauptthemas in **IX/4.**, dem unvollendeten Finalsatz der 9. Symphonie; sie ist aber nicht mit Komplikationen der Art verbunden wie in VII/4., soweit es die Formung der Reprise als ganzes betrifft. Ein Zusammenhang mit diesem Satz besteht nun aber dennoch, zumindest in systematischer Hinsicht: die umgekehrte Themenfolge (III, II, I), die sich formell in der "Reprise" von VII/4. abzeichnet, findet sich in IX/4. in der Durchführung.[70] In diesem Falle stellt sich das abstrahierende Moment in der formkategorialen Übergangssituation als regulär durch die hieraus folgende thematische "Verdichtung" dar: der Durchführung des Hauptthemas muss dasselbe Thema in der Reprise folgen.

Die erwähnte Radikalisierung hat eine weitere Begründung, die sich an die thematische Struktur des Finale-Hauptthemas knüpft: dieses Thema ist nicht nur ein ausgeprägtes Kulminationsthema, wie mehrere andere Finale-Hauptthemen – und so wie es entsprechend im Kopfsatz der Fall ist (Takt 63 ff.) – und aus diesem Grund disponiert für eine modifizierte reprisenmäßige Anführung (vgl. hierzu Bemerkungen Seite 322 bzw. S. 320). Im Gegensatz zu den übrigen erwähnten Exemplaren ist es als dreigliedrige Sequenzform konzipiert – eine maskierte, fallende Terzkette mit einem Auslauf, die insgesamt sechs Oktaven plus eine große Terz umfasst – und erscheint daher von Beginn an (Takt 43 [T. 51]) in einer Gestalt, die im Prinzip Bruckners typischen späteren Weise entspricht, auf die ein kulminierendes Hauptthema in seinem Reprisenkontext angeführt wird.[71]

Das Kriterium für die Unterscheidung zwischen einer Themenbehandlung auf Durchführungs- bzw. auf reprisenmäßiger Grundlage – letztere in abstrahierter Form – ist tonaler Art, wenn auch nicht im üblichen Sinne. Eine markante thematische Anführung des Hauptthemas in der Tonika lässt sich nämlich weder feststellen oder auch interpolieren – mehr zu letzterem sogleich – um die for-

---

[69] Simpson, *op.cit.* S. 156.

[70] In Verbindung mit den nachfolgenden analytischen Bemerkungen verweisen normale Taktzahlen auf *Anton Bruckner. IX. Symphonie d-Moll. Finale. Aufführungsfassung von Samale/Phillips/ Mazzuca/Cohrs*. Taktzahlen in eckigen Klammern beziehen sich auf die Zusammenfassung in Particellform von Bruckners Satzentwürfen in A. Orel: *Anton Bruckner. Entwürfe und Skizzen zur IX. Symphonie. Sonderdruck aus* [Gesamtausgabe, ed.: Haas,] *9. Band* (S. 128* ff.), wobei zu bemerken ist, dass in diesem – nicht durchnumerierten – Particell ein Takt als ein Takt gezählt wird, ohne Rücksicht darauf, ob er sich mit einer größeren Anzahl – unbekannter – Takte deckt. Auf dieselbe Quelle verweist auch die Bezeichnung 'Orel', gefolgt von einer Seitenzahl plus Asterisk. – Durchführungs-Beginn (Übergangszone): T. 217 (Orel: "2. Theil" (Orel S. 100*)). Durchführung "III": Takt 247 oder früher (hier liegt nur ein "*unvollständiger Satzverlaufsentwurf*" vor). Durchführung "II": Takt 291. Durchführung "I": Takt 311 (Bruckner: "*Fuge*"). Die entsprechenden Taktzahlen bei Orel: [Takt 219 / 227/ 266 / 286].

[71] Die ersten Skizzen für diese Hauptthemen-Bildung, die ebenfalls eine dreigliedrige Sequenz aufweisen, nicht aber die spätere kontinuierliche Terzkette, zeigen sogar einen für die d-Moll-Werke fast stereotypen reprisenmäßigen Sequenzgang mit den hervorgehobenen Starttönen *b''*, *c'''* und *es'''*. (siehe Orel S. 64*, Nr. 2.). Vgl. des weiteren die frühe Durchführungsskizze Nr. 6 B (Orel S. 69* f.): *a*, *b*, *cis'*; IX/1. T. 333-345: *d'''*, *es'''* und *ges'''*, sowie WAB 100/4. T. 192-196: *b''*, *c'''* und *es'''*. Schlussdurchführung und gleichzeitige Quasi-Reprise des Hauptthemas in III₃/4., T. 393-404, unterscheiden sich etwas hiervon, mit den Themeneinsätzen aus *es'*, *f'* und *g'*.

male *Crux*, die in Takt 356 [3 Takte vor Takt 319] zu finden ist. (Dagegen geht die fugierte Durchführung des Themas von der Tonika aus.) Dennoch besitzt das tonale Reprisenkriterium eine nicht geringe Durchsetzungsfähigkeit: es besteht aus einer Einfassung des Hauptthemenkerns – in simultaner Originalgestalt und Umkehrung (fortgesetzt aus Takt 340 [T. 315]) – in ein und derselben Tonalität, wodurch zum ersten Male überhaupt die tonal instabile Qualität am Thema ausgeglichen wird, deren ursprüngliche Ursache die Terzkettenstruktur ist.[72]

Beispiel 90 a-b

Dies scheint zu erfolgen in der Form der üblichen dreigliedrigen Sequenzbewegung – von der nämlich nur die beiden letzten Glieder, in b-Moll und fis-Moll, erhalten geblieben sind; zuvor fehlt ein Papierbogen, der mit voller Evidenz 16 Takte umfasste (T. 343-358 [Takt 318]).[73] Dagegen gibt es keine Grundlage für eine philologisch gesicherte Rekonstruktion der Tonart des vorangehenden, ersten Sequenzgliedes, das nach allen Anzeichen das erste in dieser Folge und damit das reprisenmäßig entscheidende ist. Ebenso wenig erlauben die Tonartsverhältnisse der beiden letzten, identifizierbaren Sequenzglieder eine begründete Schlussfolgerung in dieser Hinsicht, wie man das doch wohl gewagt hätte, wenn der Abstand zwischen den uns bekannten Grundtönen eine kleine Terz ausgemacht hätte (vgl. Anm. 71).

Logisch betrachtet gibt es nun aber nur zwei Möglichkeiten für diesen *crucial point*: die erste – überraschender Weise aber am wenigsten wahrscheinliche – ist die Tonika d-Moll. Außer dem trivial einleuchtenden Argument zum Vorteil dieser Tonart mag man das Analogieverhältnis zu den beiden folgenden Sequenzgliedern anführen: eine Rückprojektion der Distanz zwischen fis-Moll und b-Moll ergibt d-Moll.[74]

---

[72] Die Terzkettenstruktur löst sich ab Takt 336 (Klarinette, Streicher, dort aber noch nicht in der Oboe) allmählich auf, was die Tonalität aber in keiner Weise stabilisiert.

[73] Nämlich die Taktnummern 33-48 in der von Bruckner fortlaufend numerierten *"Fuge"* (T. 311-364).

[74] Die übrigen verschollenen Takte, T. 343-355, bestanden mit großer Wahrscheinlichkeit in einer weiteren dreigliedrigen Sequenzfolge, deren erstes Glied im Ansatz bewahrt ist (T. 340-342). In der hier konsultierten, plausibelsten Rekonstruktion wird diese Sequenz eben im Abstand großer Terzen weiter geführt: C^9, $[E^9$, $Gis^9]$; diese "Mechanik" wurde nun aber von den Bearbeitern nicht gewählt für die Rekonstruktion der folgenden, entscheidenden Sequenzreihe. Die überlieferten Skizzen unterstützen in keiner konkreten Weise diese Deutung; sie zeigen aber, soweit es die späteren Abschnitte des Fugatos betrifft, dass die Generierung der thematischen Einsätze unter den früheren Stadien der Komposition einem ähnlichen, tonal nicht gebundenen System folgte, auf Grundlage der kleinen Terz (vgl. Orel S. 73* f.: Skizze B + C: Einsätze aus *E, G, B* und *des*. Skizze G: Einsätze aus *Cis, B* und *g*).

Die Wahrscheinlichkeit einer Tonika an dieser Stelle wird nun aber besonders dadurch eingeschränkt, dass den beiden überlieferten Sequenzgliedern ein rhythmisch markanter, durchbrochener Orgelpunkt *cis/des* in den Trompeten gemein ist, den man wohl rückwärts um ein Glied verlängern mag, sowie dass der hierauf folgende pulsierende Auslauf nach dem Fugato (T. 365-376 [325-336]) ebenfalls weiterhin eng mit des/cis-Moll (Dom./D$_{Vh}$) verwandt ist. Fügt man hinzu, dass die dritte und einzige weitere Moll-Tonart, die mit diesem Orgelpunkt konsoniert, eben cis-Moll ist, ist sie doch sehr in Betracht zu ziehen an der Stelle des ersten Sequenzgliedes.

Auch John Phillips' Nachweis, dass die bei Orel s. 74* wiedergegebene Skizze Nr. 13 G mit den invertierten Themeneinsätzen in der Baßstimme aus *Cis, B* und *g* eine Vorlage für die endgültige Reihenfolge sein muss, von der nur die Einsätze aus *B* und *fis* bekannt sind, wäre wohl als wenn auch nicht zwingend, so doch plausibel zu kennzeichnen.[75] Eine der interessantesten Konsequenzen – mit der sich Phillips nicht befasst – der Berufung auf diese Skizze ist, dass Bruckner durch die Ersetzung des g-Moll-Einsatzes in dieser Vorlage – eines Einsatzes, der übrigens, im Gegensatz zu den beiden anderen, aus der reinen Dreiklangs-Kette austritt – mit einem Einsatz in fis-Moll der naheliegenden Möglichkeit eines Auslaufs hin zu einer eindeutigen Reprise entsagte (die allerdings aktuell mit dem Beginn des Seitenthemas erfolgt, Takt 417 [T. 377]), in einem formal gesehen überdeutlichen D$_{Vh}$-Kontext (d$^6_4$). – Ein solcher Auslauf wird auch nicht auch nur irgendwie angedeutet in der Skizze 13 G, wo es statt dessen darum zu gehen scheint, dass das Hauptthema verhältnismäßig unbemerkt abgelöst wird durch das hiermit verwandte Seitenthema[76], durch einen Umschlag in die Originalform sowie durch eine passende Änderung des Sequenzgangs.

Aber warum wurde schließlich auf das *d* verzichtet zu Gunsten der formtopologisch gesehen wesentlich weniger effizienten As^7/des$^6_4$-Fläche? Wohl kaum mit Rücksicht auf den durchgehenden Orgelpunkt *cis/des* unmittelbar vorher, da es dem Komponisten leicht gefallen wäre, wenn er es denn gewünscht hätte, den näheren Kontext so zu ändern, dass er als *d* erschienen wäre.

Diese Frage führt uns unmittelbar auf das grundlegende Problem betreffs des Reprisenansatzes in diesem Satz zurück. Hier machen sich verschiedene Gesichtspunkte geltend. Phillips' Auffassung, dass die Fuge als solche *"die Funktion der Reprise des Hauptthemas übernimmt"*[77], ist identisch mit Orels:

---

[75] "Neue Erkenntnisse zum Finale der 9. Symphonie Anton Bruckners", in: *BrJb* 1989/90, S. 173. – Weniger gewichtig ist seine Ansicht, dass der erste tonal "homogenisierte" Themeneinsatz kaum in d-Moll stand "angesichts der massiven Bestätigung von d-Moll am Beginn der Fuge". (*Loc.cit.* Anm. 219.) Teils ist die Fuge in sich selbst keineswegs tonal stabil, obwohl ein gewisses Tonikagefühl durch die ersten Themaeinsätze entsteht; teils vertont sich das d-Moll nach den ersten 12 Takten – interessanter Weise unmittelbar nach Des-Dur, b-Moll und fis-Moll!, T. 323-326 –, wodurch die Tonika, nach ihrer Abwesenheit über bis zu 33 Takte, also reichlich Zeit bekommt, sich erneute Aktualität zu verschaffen.

[76] Das atypische Variantenverhältnis in thematischer Hinsicht des Seitenthemas zum Hauptthema, bei Bewahrung von dessen repetitiver Struktur, ist zugleich symptomatisch für die katatone Tendenz, die große Teile dieses Finalsatzes prägt.

[77] Phillips, *op.cit.* S. 173.

Damit sind wir beim Beginn der Fuge angelangt, die nunmehr als Höhepunkt der Durch-führung einsetzt, gleichzeitig aber die Stelle des Hauptthemas in der Reprise ver-tritt.[78]

Genauere Argumente für die Interpretation dieser Formanlage suchen wir bei beiden vergebens; aber das tonale Kriterium sowie die Möglichkeit "zwischen den Hörnern des Stiers zu entkommen" sind naheliegende Erklärungen. Aller-dings muss namentlich der Sachverhalt, dass hier eine *Fuge* über das Thema beginnt, den Analytiker skeptisch stimmen gegenüber einem derartigen Ausweg aus dem Problem. Auch Bruckners eigene Tempoanmerkung zu Beginn der Fuge: *Bedeutend langsamer* deutet eher auf die Akzentuierung eines durchführenden Aspektes an diesem Formabschnitt als eines reprisenmäßigen.[79]

Eine Untersuchung des Skizzenmaterials in seinen früheren Stadien stellt eine gewisse Orientierung zum Status des Reprisenmoments in Bruckners Satz-konzept bereit. Es zeigt sich, dass ein Übergang zwischen Durchführung und Reprise von Anfang an etabliert werden sollte auf identifizierbare Weise, wenn auch mehr unmerklich, als Abschluss des durchführenden Fugatos über das Hauptthema oder jenes fortsetzend. Des weiteren stand der retrograde Verlauf der Durchführungsanlage im Verhältnis zur Themenfolge der Exposition von Anfang an fest[80], mit der thematischen Zuspitzung um das Hauptthema in der formalen Übergangszone zwischen Durchführung und Reprise, die diese Disposi-tion mit sich bringt.

Schon in der frühesten Phase (Skizze Nr. 6 B, Orel S. 69* f.) wird die tonal stabile, dreiklangsmäßige Themenvariante – hier noch als Teil der Durchführung – drei-fach auf das invertierte Hauptthema appliziert, mit T-, S- samt D^9-Funktion. Un-mittelbar darauf wird der Beginn des Themas in originaler Form und ausgehend von d''' angewendet, wie das aus dem "fertigen" Expositionszusammenhang bekannt ist. Hier – offensichtlich als Kennzeichnung des Reprisenanfangs – ver-merkte Bruckner: *"Wie im 1. Theil aber dMoll"*. Dies liegt daran, dass das Haupt-thema ursprünglich (vgl. Skizze Nr. 2, Orel S. 64*) von b'' ausging und also in g-Moll – oder besser: ausgehend davon – exponiert wurde.[81] Die bei diesem Konzept primäre Funktion des Reprisenansatzes war es also, diese verhältnismäßig abstrakte Schleierung – die unleugbar weniger Gewicht hat als die angeborene tonale Mehrdeutigkeit des dreigliedrigen Kulminationsthemas[82] – aufzuheben.

---

[78] Orel S. 105*.

[79] Skizze Nr. 30, Orel S. 105*.

[80] Mit dem Vorbehalt, dass das anfängliche Motiv in der ältesten bewahrten Skizze (Nr. 6 A) eine Variante des Einleitungsmotivs im Finale repräsentieren mag und nicht eine Umkehrungsvariante des rhythmisch identischen Anfangsmotivs der Themengruppe III.

[81] In einer späteren Skizze (Nr. 3, Orel S. 65*) setzt das Thema in der Exposition auf c''' an – sozusagen in C-Dur. Auch hier notierte Bruckner: "im 2. Th[eil] dMoll". – Zur genaueren Beleuchtung der tonalen Unklarheiten um diese Themenbildungen wäre anzumerken, dass das Seitenthema des Satzes, das eindeutig von e-Moll auszugehen scheint, in der Skizze Nr. 3 (Orel S. 66* o.) von Bruck-ners Anmerkung: "Gesang Gdur" begleitet wird. Zwar bezieht sich diese Tonart vorschriftsgemäß auf den ersten Themaansatz in dieser Skizze; das wiederkehrende *dis* ist aber sehr konträr in Zusammenhang mit G-Dur.

[82] Die Terzstruktur scheint ein ursprüngliches Charakteristikum an dieser Themenbildung zu sein,

In der endgültigen Bearbeitung – soweit der Komponist denn zu der definitiven Lösung gelangte – wurde eine andere Form eines tonal stabilisierenden und in diesem Sinne erneut ansetzenden thematischen Eingriffs verwirklicht, und zwar durch die Umgestaltung des Hauptthemas in der reinen Dreiklangsform (T. 356-364 [3 Takte + T.319-324]). Somit wird auch hier wenn nicht ein Reprisenpunkt, so doch eine entscheidende Wende im formalen Verlauf etabliert. Und möglicherweise kann man das wiederholte, dissonierende d in Takt 362 f.[83] als verborgenen Hinweis in der Richtung der rechten Tonika auffassen, zu deren stellvertretendem Repräsentanten also das cis/des-Moll hier vielleicht gemacht wurde.[84] Dass sich aber auch nach diesem Wendepunkt traditionell durchführende Elemente geltend machen, das bezeugen u.a. die weiter laufenden Kernphrasen des Hauptthemas: zunächst in der Umkehrung (bis Takt 373 [T. 333]), dann aber nur in originaler und allmählich noch mehr verkürzter Gestalt. Ein weiterer problematisierender Zug ist das völlig neu eingeführte, markante Ausklangsmotiv mit seinem Schwerpunkt in den Blechbläsern (T. 397-415 [T. 358-375]). Auf abstrakterer Ebene gibt es allerdings eine Parallele zwischen diesem Motiv und dem ausklingenden Choralsatz an der entsprechenden Stelle der Exposition, nämlich unmittelbar vor der Einführung des Seitenthemas.

Eine völlig anders geartete Nuancierung des Reprisen"problems" erscheint in **VIII/4.** und schon vorher – auf mehrere Weisen eng verwandt mit der hier vorgefundenen Prozedur – in VI/4. In beiden Fällen wird eine völlig eindeutige Reprisenmarkierung, die wohlgemerkt nachfolgend offensichtlich keine *fausse* Reprise repräsentiert, durch neue durchführende Züge ersetzt.

Vor allem die Gestaltung im Finale der 8. Symphonie verdient wohl in diesem Zusammenhang eine Kommentierung auf Grund des wesentlich solideren kategorialen Status des Reprisenbeginns, mit vollen 32 massiv Reprisen-bestätigenden Takten (T. 437-468) gegen nur acht entsprechende Takte in VI/4. (T. 245-252). Aber sie unterscheidet sich auch funktionell von der nicht ganz unähnlichen Situation in IX/1. durch ihre fehlende "Legitimierung" der unorthodoxen Wiedereinführung einer durchführenden Strecke, die dort erfolgte, indem vorher die Reprise angesetzt wurde mit dem kulminierenden Bestandteil des Hauptthemas und einer darauf folgenden Ausspinnung desselben zu einer dreifachen – und also sogleich reprisenmäßig "suspekten" – Sequenzfolge (vgl. Seite 320 ff.).

Diese Technik wird eher in VI/4. deutlich vorgegriffen, wo die motivischen Vorstadien des Hauptthemenfeldes ebenfalls ausgelassen werden (T. 1-28). Hier sieht man sich zwar keineswegs, wie in IX/1., vorbereitet auf das Eintreffen des Reprisenmoments – was aber andererseits analog ist zu dem funktionellen Verhältnis zwischen dem einleitenden und dem kulminierenden Stratum in diesen beiden

---

wenn sie sich auch in den früheren Skizzen nur in jedem Sequenzglied für sich geltend macht.

[83] Als kleine Sexte in fis-Moll, Hr. 3-4; Hr. 7-8 in Takt 363. Dieses d erscheint nicht in Orels Zusammenfassung [T. 322-324]; es ist aber durchaus authentisch von seiten Bruckners, vgl. nur Orel S. 111*.

[84] d-Moll manifestiert sich erst erneut zu einem so späten Zeitpunkt wie Takt 487 [4 Takte vor T. 417], d.h. als Auftakt zur Reprise der Themengruppe III (bzw. derem Choralabschnitt, vgl. in der Exposition Takt 169 ff.).

Sätzen: der Reprisen*ansatz* ist beiderorts mit dem Reprisen*ausbruch* auf grundsätzlich dieselbe Weise verknüpft wie das der Fall war bei der Einführung des Hauptthemenelements in der Exposition – in IX/1. nach einem Crescendoanlauf zur Klimax; in VI/4. in der Form einer völlig überraschenden Entladung, wobei die jeweiligen Schockwirkungen bedingt sind durch das Fehlen von harmonischen Vorbereitungen des kräftigen Tonika-Eintritts.[85]

Im Finale der 8. Symphonie (c-Moll→ C-Dur) handelt es sich um eine deutliche Vorbereitung des Reprisenmoments, ohne das dies aber irgendwie kulminierend einträfe; ebenso wenig lässt sich behaupten, dass die Hauptthemenreprise auf andere Weise in eine Funktion als "Klimaxstruktur" aufgestuft würde[86]: die beiden, laut Bruckners "programmatischer" Skizze zum Finalesatz, Hufschläge illudierenden, crescendierenden Vorhangstakte auf einem unisonen *fis* (Takt 437 f. = Takt 1 f.) werden hier, acht Takte vorher, angekündigt als dominantischer "Großauftakt" durch die identische Figuration auf dem Ton *e*, der derart die Rolle der Subdominante einnimmt.

Zu einer "Tonika" kommt es allerdings nicht: das *fis* bleibt, gleich wie zu Beginn des Satzes, Tritonus-Ton im Verhältnis zur völlig abstrakten Haupttonart, dank der · unveränderten Wiederaufnahme der eigenartigen, einleitenden harmonischen Reihe von großen Terzsprüngen im Hauptthema: *fis*, D – b – Ges. Nur entfällt hier das abschließende, plagale Kadenzelement des Themas (vgl. Takt 10 f., harmonisch: [Ges -] es – Des); das erscheint erst, allein stehend und in sequenzmäßiger Anhäufung, nachdem ein dritter Anlauf[87] bis zu dem Thema in seiner vollen Länge durchgeführt wurde, einschließlich der respondierenden Fanfare (T. 463-468, vgl. Takt 11 und T. 25 ff.). Und erst mit dieser Sequenzentwicklung meldet sich tatsächlich ein erneuter Durchführungs-geprägter Kontext, rund um ein – dominantisches! – C-Dur (T. 475-479).

Kann man von dem anfänglich amputierten HTh$_a$-Komplex dennoch behaupten, er habe einen bedeutenden, völlig adäquaten reprisenmäßigen Status, so scheint sich das in nicht geringem Maße auf einige tonal gesehen formbestätigende Verhältnisse zu gründen – wobei Form hier vor allem im architektonischen Sinne des Begriffs zu verstehen ist.

Zum ersten verbleibt das Hauptthemenfragment im Reprisenzusammenhang innerhalb der ansetzenden (implizierten) Tonalität, während sich das Thema in der Exposition in seiner vollständigen Gestalt auf die Dominantstufe hin bewegte:

---

[85] In der Exposition des Hauptthemas, wo d-Moll beim zweiten Mal "gesetzt" ist (Takt 23 ff., nach a-Moll (Tv) von Anfang an), folgt einer d-Dominantfläche der fortissimo-Ausbruch in A-Dur in Takt 29. In der Reprise findet sich dieselbe Tonika (Takt 245) nach einer ähnlichen "schwelenden" As^7-Klangfläche.

[86] Notter wollte hier, ohne weitere Begründung, eine Art Entwicklungsstufe im Verhältnis zum Reprisenmoment im "chronologisch folgenden" Satz IX/1. feststellen: "Bruckner konstruiert weder eine Crescendo-, noch eine Klimax-Struktur; allenfalls setzt er das Hauptthema selber, den ganzen Komplex, mit einer Klimax-Struktur gleich." (*Op.cit.* S. 110.) – Wie früher referiert (S. 346 ff.) ist es die Behauptung des speziellen Notterschen "Reprisenepilogs", die auch in diesem Zusammenhang die postulierte Gegenwart einer "Klimaxstruktur" bedingt (vgl. VIII/4. Takt 480 ff., wiederum aber ohne ein epilogisches Gepräge).

[87] In der Exposition finden sich nur zwei derartige HTh$_{(a)}$-Ausbrüche (T. 3-30).

Exp.:	[1] *fis/ges* ---Ges → Des. [2] *as* --- As → Es.		HT$_b$: c ---→ C.
Rp.:	[1] *fis/ges* -- Ges.	[2] *h/ces* --- Ces. [3] *e/fes* -- Fes → As (Fanfare). "Df.": H – D → C.	

Zum zweiten zeigt die Übersicht, dass die wiederholten Themenansätze in der Reprise eine absteigende quintenmäßige Abfolge bilden: *fis – h – e*, während die Bewegung im Kontext der Exposition eine aufsteigende Quintenreihe bildete: Ges – Des – As – Es. Des weiteren plaziert sich die thematische Ganzheit in der Reprise – vgl. in der obigen Aufstellung: [3] – mit ihrer Termination in As-Dur genau zwischen den beiden tonalen Bestimmungsorten des HTh$_a$ am Satzbeginn (Des-Dur und Es-Dur). Damit nicht genug, endet die weitere, quasi durchführende Arbeit der Reprise über die eben eingeführte kadenzierende Schlussformel des HTh$_a$ (T. 468-480) in C-Dur, wodurch sie indirekt aber auf markante Weise an die Stelle des HTh$_b$ in der Reprise tritt[88]: die Tonart C-Dur – die designierte Schlusstonalität des Satzes – wurde nämlich in keiner Weise fixiert, seit der HTh$_b$-Abschnitt schließlich in den Takten 57-67 in dieser Tonart ausklang.

Übrigens macht diese Entschleierung des harmonischen Skeletts im gesamten Hauptthemenkomplex (HTh$_a$ + HTh$_b$) den Weg frei für eine völlig unerwartete Bestätigung der früher nachgewiesenen diastematisch-strukturellen Verwandtschaft zwischen den Themen der Außensätze (vgl. Notenbeispiel 9 S. 73), – nun auch durch die tonale Dimension: die akzentuierten Töne im Hauptthemenkern des Kopfsatzes: *Ges – des – es – c* scheinen sich recht präzise – wenn auch in großen Linien – auf den gesamten Verlauf des expositionellen Hauptthemenkomplexes im Finale zu projizieren.

Beispiel 91

Wohl nicht gerade als Umkehrung der Situation in VIII/4. so doch kontrastiv zu diesem Satz ist es in **VI/4.** (T. 245 ff.) die *Vollendung* des dortigen HTh$_b$, die den Reprisenbeginn als – wenn auch nur ganz kurz andauernde – tektonische Realität markiert. Das geschieht nach einem längeren Wechselspiel (Takt 215 ff.) zwischen einem verkürzten HTh$_b$ und Ableitungen der Kernphrase im HTh$_a$ – und natürlich zugleich mit der forcierten Introduktion der Tonika – durch die erneuerte Hinzufügung des kadenzierenden Schlusselements (Trp. Takt 246 ff., vgl. T. 29-36). Mit der wieder aufgenommenen Motivabspaltung nach nur acht Takten gleicht dieser weitere Reprisen-abschwächende Verlauf in formdynamischer Hinsicht sehr der entsprechenden Passage in VIII/4., wie es auch eine konkrete Ähnlichkeit gibt, melodisch sowie charakteriell, zwischen den jeweiligen thematischen Schlusselementen, die den Stoff für die weitere Bearbeitung

---

[88] Im nachfolgenden Kapitel wird erläutert, worin sich die Abwesenheit der $_b$-Kategorie des Hauptthemas als thematischer Identität formal begründet, ja dass es das zentrale Moment in der formalen Strategie des gesamten Satzes zu sein scheint.

konstituieren. (Die genaueren Umstände in den jeweiligen formalen Zusammenhängen sollen im folgenden Kapitel dargestellt werden.) Und in beiden Fällen erhält auch die Wiederaufnahme des Seitenthemas denselben beruhigenden Charakter wie auch die reprisenmäßig bestätigende Funktion.

WAB 106/4. ➠ S. 381

WAB 108/1. ↗ S. 309

Etwas weniger problematisch – zwar sicher mit gewissen verschleiernden Momenten, dennoch aber wesentlich mehr topologisch unmissverständlich – zeichnet sich die formale Situation um den Reprisenbeginn im Kopfsatz der 8. Symphonie. Wie im Finale desselben Werks lässt sich eine tonale Konturierung feststellen, die – und das gilt hier für alle drei Themengruppen – genau an die gegebene formale Funktion angepasst zu sein scheint: zunächst das unmerklich auftauchende Hauptthemeninitial selbst (Takt 283 m.Auft.), das aus den tiefen Streichern (von der Exposition aus betrachtet) der Oboe überlassen wird, – noch immer von dem "Schleier" in Flöten und 1. Violinen, später Celli und auch Bratschen umgeben, der der Ausklangspartie der Durchführung ein fernes und unwirkliches Gepräge gab. Nun aber in einer signifikanten Transposition dieses Initials, das zum ersten Male überhaupt seine dominantisch wirkende Phrase in einem direkten Verhältnis zur Tonika plaziert – welche nun allerdings auch hier in konkretem Sinne abwesend ist, gerade wie im expositionellen Zusammenhang. Charakteristisch für den weiteren Verlauf des Hauptthemenkomplexes ist außerdem, dass sein Status als Reprise verstärkt wird, je weiter er voran schreitet, von variantenmäßigen Themenbestandteilen (a^2, b^1 und b^2) bis zu einer im Verhältnis zur ursprünglichen Gestaltung des Themas völlig notengetreuen und harmonisch identischen Wiederholung der letzten motivischen Additionsbildung (c c c...), die endlich in Takt 298 erreicht wird (vgl. Takt 18 ff.).

Dass die Tonika, c-Moll, dennoch ausbleibt, erhält in diesem verkürzten Zusammenhang eine wesentlich stärkere Realität als in der Exposition, wo die Re-Exponierung des Hauptthemas nur die in Takt 23 erwartete Tonika ablösen ließ durch die Wiederaufnahme des Themas aus dem ursprünglichen tonalen Ausgangspunkt, der b-Moll-Dominantsphäre. In der Reprise wird das gesamte Thema gewissermaßen in einem Kollaps abgeschlossen (T. 303), der bedingt ist durch einen ungewöhnlichen Trugschluss: V-♭III (G-Dur → es-Moll).[89] Diese Abweichung in die es-Tonalität wird zugleich aber zu dem motivierten Ausgangspunkt der Bewegung hin zu einem traditionellen tonalen Ausgleich innerhalb des Reprisenverlaufs, insoweit als das Seitenthema acht Takte später in Es-Dur angesetzt wird, der Tp (in der Exposition: G-Dur, Dom.), und die Themengruppe III darauf (Takt 341) in c-Moll, der Tonika, an der stabil festgehalten wird (in der Exposition: es-

---

[89] Im Adagio der 1. Symphonie erscheint eine verwandte aber völlig anders wirkende Wendung in Takt 40 f.: auch hier eine Kadenz mit dem Fokuspunkt in c-Moll, jedoch mit einer Auflösung der Dominante nach III$^{(+)}$, Es-Dur, was die erste Höhepunktwirkung des Satzes auslöst. – Die Bewegung auf den Moll-Akkord auf der großen Unterterz hin ist ein weniger seltenes Ereignis in Bruckners liturgischer Musik, wo allerdings meist der erste, der Dur-Akkord, nicht dominantisch ist. Vgl. etwa Messe in d-Moll, WAB 26, Credo: "Sedet, sedet", Takt 159 f.: E-Dur → c-Moll, und dieselbe Textstelle im Credo-Satz der f-Moll-Messe, T. 219-222: A-Dur → f-Moll.)

Moll → Es-Dur).

WAB 108/1. ➠ S. 388

Dass Bruckners Sonatensatzform – und ganz besonders die finale – eine aus übergeordneter Perspektive derart einheitlich geprägte Prozedur aufweist wie die der Verflüchtigung oder, eher ausnahmsweise (in VII/4. und IX/4.), der geradezu demonstrativen Eliminierung der traditionellen Hauptthemenreprise, mag paradoxal erscheinen, bedenkt man, dass seine Dispositionen der Finalsätze gleichzeitig individuellere Begründungen erfahren. (Mehr zu letzterem Punkt im folgenden Kapitel.) In einigen Fällen – VI/4. und namentlich VIII/4. – fällt, wie bereits erwähnt, der Verflüchtigungseffekt im eigentlichen Reprisenmoment allerdings doch nicht so sehr auf. Trägt die Form auch in den letzteren Fällen dennoch dieses Gepräge – gewissermaßen wie ein Wasserzeichen –, ist das wohl in erster Linie ein Ausdruck für den Drang des Komponisten nach formaler Abstraktion, für seinen Wunsch, ein allmählich etabliertes Konzept zu befestigen.

In manchen Fällen, besonders da, wo sich das klassische Reprisenmoment deutlich nachweisen lässt, die weitere Entwicklung des Satzes aber Anzeichen einer Revozierung dieser Qualität trägt (am deutlichsten wie gesagt in VI/4. und VIII/4.), wirkt dies in höherem Maße – was auch bereits berührt wurde – als Handlung, die dazu dient, die "offene" Situation, welche die Durchführung charakterisiert, fortzuführen: einen formmäßigen Zustand, in dem sich die Bewegung auf die Wiedereinführung und Integration des Werk-Themas mit der erforderlichen dramaturgischen Stringenz durchführen lässt. Das soll im folgenden Kapitel eingehender belegt werden, in Verbindung mit der Untersuchung von zwei Sätzen, die deutlicher als andere geprägt sind durch die Determination individueller formaler Problemstellungen: den Finalsätzen der 6. und der 8. Symphonie.

Es scheint, als habe Bruckner allmählich die Auffassung angenommen, dass das übliche interne Reprisenmoment ein blockierender oder zumindest zerstreuender Umstand sei in derartigen prozessual gesehen "zugespitzten" Finalezusammenhängen. Am unfühlsamsten gegenüber solchen Rückblendungen ist zweifelsohne das Seitenthemenmaterial als der Themenkomplex, der am schärfsten von dem übergeordneten formalen Prozess abgesondert ist und sich statt dessen ihm gegenüber als vegetativ geprägtes Entspannungsfeld entfaltet.[90] Die Wiederaufnahme dieses Themas zur Markierung des typischen, eigentlichen Reprisenortes ist daher nicht nur eine natürliche Entscheidung als Folge seiner Plazierung in der "zweiten Position", sondern auch – und weit eher – kraft des vorherrschenden Themencharakters, der auf alternative Weise die Erwartung einer erneuten Etablierung thematischer Identität einlösen kann.[91] Ob die Tatsache, dass

---

[90] Dies gilt sogar in einem Ausnahmefall wie IX/4., wo das Seitenthema motivisch unmittelbar aus dem kulminierenden Hauptthema abgeleitet wurde.

[91] In mehreren, namentlich früheren Reminiszenz-geprägten Zusammenhängen lässt sich eine ähnliche Auswahl lyrischen Materials zur Vermittlung eines perspektivischen Rückblicks feststellen: vgl. II/4. T. 547-562 (das *Kyrie*-Zitat aus der Messe in f-Moll [T. 124 ff.]), T. 650-655 (das Seitenthema des Finales); außerdem auch das Hauptthemeninitial des 1. Satzes (T. 642-647); in III$_1$/4. T. 675-687 das Seitenthema des 1. Satzes, dem das HTh des Adagios und das Vorhangs-Initial des Scherzos folgt (in III$_2$/4. reduziert auf die Reminiszenz des SThs aus dem Kopfsatz, Takt 535 f.).

Bruckner in seiner späten Stilphase dazu neigt, das Seitenthema des Finales in der Reprise in derselben tonalen Beleuchtung (VIII/4., IX/4.) oder von demselben tonalen Ausgangspunkt aus (VII/4.) wie in der Exposition anzuführen, – ob diese Tatsache als emphatische Pointierung des formal wiederkehrenden Moments aufzufassen ist, muss offen bleiben. Der Sachverhalt ist allerdings bemerkenswert, selbst unter Umständen, in denen die klassischen tonalen Spannungs/Entspannungsmuster der Sonatensatzform ein gut Teil ihrer ursprünglichen aktiv formbildenden Bedeutung verloren haben.

Dieses Themenfeld ist auch das innerhalb der Reprise, dem die wenigsten Modifikationen widerfahren – was ganz allgemein für die Außensätze gilt –, mit zwei wesentlichen Ausnahmen: den Seitenthemenreprisen im Finale der 4. Symphonie (IV$_2$) sowie im Kopfsatz der 7. Symphonie.

Im ersteren Zusammenhang – **IV/4.** – ist es ein erneutes *durchführendes* Gepräge, das die Erscheinungsform dieses Reprisenteils kennzeichnet. Es begründet sich konsequent in dem Umstand, dass die Themengruppe III aus dem formalen Prozess im Satz seit der Durchführung eliminiert wurde (vgl. S. 346).[92] Und dies bedeutet, dass die zweite Themengruppe die formdynamische Entwicklung seit dem indiskutablen Reprisenstadium bis hin zum endlich abrundenden Moment der Coda allein bestreiten muss – was in einem Satz mit einer derart markant gestalteten Coda wie der vorliegenden auch eine vorausgehende Intensivierung des Satzverlaufs im Verhältnis zu den Seitenthemen- und Epilogfeldern der Exposition indiziert.

Die (nur in der spätesten Version des Satzes) thematisch deutlich zweigeteilte Seitenthemengruppe, in der ein kurzer, einleitender Abschnitt in Moll abgelöst wird durch das längere, eigentliche Thema in Dur, wird in der Reprise sogleich auf interner Grundlage "dynamisiert" durch die Einführung einer Variante des STh$_b$-Initials als Kontrapunkt zur STh$_a$-Gestalt, vgl. Fl. T. 413-418 (in Takt 417 f. auf eine rhythmische Referenz reduziert). Was also in der Exposition als grundsätzlich getrennte Sektoren innerhalb des Seitenthemenfeldes erschien, wirkt hier kooperativ.[93] Dies ist sicherlich ultimativ verbunden mit der Schluss-ankündigenden, prä-codalen Wirkung, die dem STh$_b$-Initial als rein rhythmischer Gestalt gegen Ende des Themenfeldes (T. 465 ff., *Langsam*) nach dem unmittelbar

---

[92] Das einzige Pendant einer derartigen Strapazierung von Seitenthemenmaterial im Reprisenteil findet sich in WAB 100/4., wo – nach einer eher traditionellen aber auch variierten Seitenthemen-Reprise (T. 210-228) – eine lange, abschließende Entwicklung einsetzt, zunächst mit Umkehrungs-geprägter und in der Fortsetzung auch sonstiger durchführungshafter Verarbeitung der STh-Gestalt. Dass die Reprise hier auf Material aus der thematischen Schlussgruppe verzichtet, begründet sich nun aber in dessen völlig unselbständigem Status – "verdoppelt" es doch das Hauptthema und nimmt den Fugatosatz des letzteren Thementeils wieder auf. Und wie schon früher erwähnt wurde (S. 341), lässt Bruckner ab dem abstrakten Reprisenmoment in Takt 182 jedes Fugato fallen.

[93] Das STh$_b$, das in sich selber motivisch zweigeteilt ist (T. 105-108 bzw. Takt 109 ff.) wird andererseits in der Exposition, nicht aber in der Reprise, kurzzeitig in einen überlagerten Kontext teleskopiert: T. 125-128 (Hr., Vla. (mit Umkehrung in Vc.) simultan mit den Fl$_1$ und Vl$_1$).

voranstehenden absoluten dynamischen Höhepunkt gegeben wird.[94] Zu dieser prä-codalen Funktion trägt auch die sporadische Integration der die Themengruppe III einleitenden, allmählich meist begleitenden Klangbrechungs-Figur in T. 457-476 bei – des einzigen Rudiments dieses Expositionsabschnittes, dem in der Reprise Platz eingeräumt wurde (vgl. S. 346).

Die durchführungshafte Anlage wird auch durch die verlängerte und tonal unruhigere Bewegung in der Reprise vom Beginn des STh_a bis hin zum STh_b unterstrichen: in der Exposition umfasste dieser Abschnitt 12 Takte mit der Entwicklung: c-Moll (Takt 93) – Dom. (Takt 101) – C-Dur (STh_b, Takt 105); in der Reprise wurde er auf 18 Takte erweitert mit einer konsequent chromatisch absteigenden tonalen Bewegung: fis-Moll! (allerdings traditionell aus seiner Dominante eingeführt, Takt 413) – F (T. 421) – e (T. 423) – Es (T. 425) – es (T. 427) und zu einem bei aller Konsequenz überraschenden Abschluss in D-Dur (STh_b, Takt 431).

Taktzahl: **93** 101   **105**   109 111 113   123 **125**   139 143 147

Exp.: STh_a: c   G STh_b^1: C [STh_b^2: G   g   es   fis] **As** -----F [Ges b-Dom.]

Motiv-Anführung, STh_b^1:   1. Mal   2.   3. Mal

Rp.: STh_a: **fis**, chrom. nach STh_b^1: **D** [ST_b^2: A a   C gis] E **Fis** G **B** Des es-dom.

Taktzahl: **413**   **431**   435 437 439 441 449 **453** 457 **459** 461 463

Motiv-Anführung, STh_b^1:   1. Mal   2. 3 4. 5. 6. 7. Mal.

Die Tonika-Variante, mit der das STh_b in der Exposition ansetzte, erfolgt also in der Reprise nicht nach dem STh_a; allerdings wird dieser Bezug mit einer Verspätung etabliert im dritten Einsatz des STh_b^1, Takt 453, und er bewirkt dann sozusagen, dass auch das mediantische Muster, das in der Exposition des STh_b^1 auftrat – am charakteristischsten: der M-Bezug C-Dur/As-Dur –, wieder aufgenommen wird, und zwar in sehr erweitertem Umfang: D-Dur, Fis-Dur, B-Dur, (Des-Dur, m) und wieder B-Dur (als Hauptdominante). Ebenso stehen die übrigen drei Anführungen des STh_b^1 (Nr. 2, 4 und 6) in einem mediantischen Verhältnis zu einander (m): E-Dur, G-Dur und Des-Dur (+ B-Dur, Nr. 7).

Durchführungshaft wirken ebenfalls die engen, "arbeitenden" Motiveinsätze ab Takt 457, wogegen der neue, freie und ausgesprochen kantabile Kontrapunkt zum überall recht kurzatmigen Initialmotiv des STh_b^1 – der zusammen mit dem E-Dur-Einsatz, dem Beginn der letzten großen dynamischen Steigerung der Seitenthemenreprise, eingeführt wird (Takt 449, Vl.1) und der im nachfolgenden Fis-Dur-Einsatz fortsetzt – die motivische Duplizität an der entsprechenden Stelle in der Exposition zwar wieder aufnimmt (vgl. Anm. 93), hier jedoch unter Verwendung eines Kontrapunkts, der nicht einmal variantenmäßig an irgendeinen motivischen Stoff aus der Exposition anknüpft.

---

[94] Diese rhythmische Gestalt, und noch mehr ihre Umkehrungsvariante in Vl.2, TaktV 467, lässt sich unmittelbar mit der Initialfigur des Finale-Hauptthemas in der 1. Symphonie vergleichen. (Vgl. z.B. die codalen Takte 367 ff. im letztgenannten Satz.)

WAB 104/4. ➡ S. 397

WAB 107/1. ↗ S. 303

Was an der Reprise in **VII/1.** ungewöhnlich ist, ist der Umfang und die Weise, wie das hier dominierende Seitenthema weiter entwickelt wird. Damit wird jedoch die Tendenz aus der Durchführung konsequent weitergeführt, insoweit als es die *Adagio*-geprägte Qualität dieses Themas (vgl. T. 185-210) – oder dessen Wirkungspotential in dieser Hinsicht innerhalb des Rahmens eines Allegro-Satzes – ist, die hier noch mehr hervorgehoben wird. Diese Entwicklung beginnt, nach zwei einleitenden, rein reprisenhaften Durchspielungen, in Takt 335, wo eine markant wirkende melodische Veränderung sich doch bloß als Ergebnis einer abwärtigen Oktavverlegung mitten in der Viertaktsphrase erweist, verbunden mit einer Wendung nach Dur:

Beispiel 92 a-b

Die nächste, entsprechend verkürzte Phrase, mit der sich das Thema von den engen plagalen Kadenzwendungen befreit und sich statt dessen expansiv entfalten kann – obwohl der Ausgangspunkt für jeden vierten Takt (ab Takt 339 sogar für jeden zweiten Takt) immer noch der ursprüngliche Ansatz des Themas ist –, diese folgende Phrase intensiviert mit ihrer Sequenzanlage (2+2 Takte) wie gesagt die Tendenz zur Verkürzung, aber gleichzeitig und besonders auch das expansive Gepräge. Mit Takt 343 – nach bloßen acht Takten – wird denn auch ein dynamischer Höhepunkt erreicht, in dem sich die Entwicklung buchstäblich umkehrt mit einer Inversion des benutzten Themenausschnitts einschließlich der Maskierung der Skalabewegung nach zwei Takten – nun als aufwärts gewendete Oktavverlegung.

Diese sequenzgeführte Stelle mit ihrem charakteristischen Septimensprung wiederholt sich verhältnismäßig deutlich im nachfolgenden Reprisenabschnitt, wo die Prozedur entsprechend verläuft: das Thema III wird zunächst in seiner rein skalahaften Variante (vgl. die Exposition Takt 135 ff.) in umgekehrter, steigender Gestalt angeführt (Takt 379 ff., *pp* crescendo); danach in Takt 383 ff. in der fallenden Originalgestalt. Die Dynamik: *ff-fff* unterstützt unbedingt den Referenzwert dieses Zusammenhangs quer durch die schon an sich distinkt verschiedenen Themen.[95]

---

[95] Kurth wollte eine Verwandtschaft zwischen den beiden Themen bereits innerhalb der Exposition geltend machen: in der Umkehrung des Themas II (Takt 103 f.) sah er die Bläserversion von Thema III (Takt 123) vorgespiegelt (*op.cit.* S. 985). Hier ist sie allerdings kaum tatsächlich wirksam. Die weit

Auch hierauf wird, wie in den Takten 335-342, das Viertakte-Modul in metrischer Hinsicht durch eine rhythmische Intensivierung gebrochen:

Beispiel 93

– anschließend wird aber jede Verbindung des Satzabschnitts mit der gegebenen thematischen Grundlage gekappt, und der Satz übergibt sich in den letzten acht Takten, T. 355-362, ebenso rückhaltlos wie in der Durchführung ab Takt 197 ff., einer elementären melodischen Linearität, wodurch die Seitenthemenreprise mit einem weiteren majestätischen Steigerungsverlauf abgeschlossen wird.[96] Diese letzte Entwicklung als eine verlängerte und völlig frei augmentierte Version des ursprünglichen skalamäßigen Seitenthemas zu betrachten ist zwar möglich, macht aber wenig Sinn im Lichte der vorangehenden, strenger durchgeführten thematischen Manipulationen.

Das Adagio-Gepräge in diesem Satzbild wird noch verstärkt durch die genau gleichzeitig mit der ersten "freien" Entwicklung des Themas in Takt 335 ff. erfolgenden Einführung eines ungefähr komplementärrhythmischen, kontinuierlich weiter geführten Begleitmotivs von Appoggiatura-geprägter Art, das lange in quasi originaler bzw. umgekehrter Form zwischen 1. Violinen und Bratschen mit einem ansehnlichen Grad an fortlaufender Variantenbildung in der jeweils "antwortenden" Stimme alterniert.[97] Ein fast entsprechendes thematisches Begleitmuster findet sich bereits im nachfolgenden langsamen Satz (VII/2. Takt 101 ff.), aber auch frühere Adagiosätze weisen bisweilen ähnliches auf (z.B. IV$_2$/2. Takt 193 ff.).

Entsprechend spiegelt die Harmonik in einem einzelnen Punkt den nachfolgenden langsamen Satz vor: in der rezessiven Passage zwischen den beiden Höhepunktskurven, T. 350-355, zeigt sich auch im folgenden Satz ein Beispiel dessen, was August Halm treffend als Bruckners *Kunst des Akkordtrennens* benannte[98]: eine bewusste – zeitweilige – Suspension der direkten kadenzmäßigen Kohäsion in der harmonischen Progression. Halms Beispiel stammt aus VII/2. Takt 118-127, wo jeder Dominant-Septakkord auf dem ersten Taktschlag zunächst mit einer Verspätung von zwei vollen Takten aufgelöst wird, da sich ein tonal distra-

---

eher unmittelbare Verbindung im Reprisenzusammenhang bemerkte er dagegen nicht.

[96] Diese Steigerung wird abgebrochen in der Form einer regulären Antiklimax durch das joviale Figurenwerk von Thema III in *pp* und mit G-Dur als nüchterner und völlig unerwarteter Trugschluss (V^7-$^\circ$VI) in H-Dur. – Kurths Interpretation dieser Stelle als "ein dunkel unheimlicher Eintritt, [der] schon ganz in die lastend geheimnisvolle Endstimmung fällt" (*op.cit.* S. 993) kommt recht schwach begründet vor. Diese Weiterführung des Satzes annulliert eher auf plötzliche Weise die Andeutung einer unmittelbar bevorstehenden Coda oder eines anderen Abschluss-geprägten Zusammenhangs ähnlich dem, den der Adagio-Charakter der Seitenthemenreprise dem Satz verlieh.

[97] Kurth bemerkt, dass es in einer Diminution einer begleitenden Hauptthemen-Ausschmückung im Reprisenverlauf besteht, Vl.1 Takt 288 (*op.cit.* S. 992).

[98] Halm, *op.cit.* S. 185 (mit Analyse S. 189 ff.).

hierendes Sequenzglied einschiebt:

$$f \rightarrow C^7 \; (E \rightarrow Cis^7) \; F \rightarrow D^7 \; (Fis \rightarrow Dis^7) \; G.$$

Die in etwa entsprechende Situation im hier behandelten Kopfsatz beginnt mit dem Halbschluss eines Dis^7_5-Akkordes in Takt 350, der einen Bruch mit der vorhergehenden Kette von parallel geführten Sextakkorden etabliert (ab Takt 343). Auch die Auflösung dieses Dominant-Septakkords erfolgt erst zwei Takte später als erwartet, insoweit als folgende Akkordprogression eingesetzt wird:

$$Dis/Es^7_5 \; (G_3 \; E^7_5) \; As_3 \; (F^7_5) \; Des^7 \; (es) \; Ges^7_5 \; Ces.$$

In beiden Sätzen fällt in dieser Verbindung der sequenzielle chromatische Anstieg auf, der sich aus den mediantischen Affinitäten mit nur einem gemeinschaftlichen Ton zwischen den nicht "regulär" verbundenen Akkorden ergibt – indem allerdings die Septimen in E^7_5 und F^7_5 (im Zusammenhang des Kopfsatzes) die Anzahl der gemeinsamen Töne "rückwärts" auf zwei erweitern.

Bezieht man den Schlußsteigerung in der Themengruppe III aus der Exposition in **IX/1.** ein, wird dieser Eindruck eines Adagio-Charakters in der Seitenthemen-Reprise von VII/1. unterbaut. Hier wäre möglichst das gesammelte Satzbild einzusehen. Der harmonische Gang mit seinen eher unregelmäßigen und unterschiedlich langen Verschiebungen der Auflösung der Dominantfunktionen – meist in neue Septakkorde! – nimmt sich aus wie folgt:

Takt:	199	201	202	203	204	205	206	207 (Höhepunkt, III_a)
	Ges	fis	Cis^7_5	$(F^7_3$	$D^7_5)$	Ges^7_3	(Es^7_5)	h

Auch Wolfram Steinbeck registrierte ein solches, dem Steigerungsabschnitt dieses Satztypus angehörendes, Adagio-Gepräge auf der Basis der "Akkordtrennung", von der hier die Rede ist; nur betrachtet er den Verlauf als reine mediantische Akkordprogression.[99]

WAB 107/1. ➡ S. 386

Was die dritte Themengruppe betrifft, ist die Haupttendenz im Reprisenkontext die, dass sie sich in der Perspektive einer abschließenden Entwicklung intensiviert, wenn auch nur in einzelnen Fällen so, dass sich der Charakter einer Schlussdurchführung – wie öfters bei Brahms vorkommend – meldet. Es lässt sich des weiteren feststellen, dass die wenigen Beispiele epilogischer Themen oder ähnlichen Materials von dezidiert abrundendem, bzw. bremsendem Charakter innerhalb dieser Themengruppe so gut wie nie im Reprisenkontext wieder aufgenommen wird.[100] Auch die sporadisch vorkommenden Übergangsglieder

---

[99] Steinbeck, *Neunte Symphonie*, S. 70.

[100] Die Ausnahmen finden sich ausschließlich in der 2. Symphonie: im Kopfsatz das Epilogmotiv (T. 161 ff. und T. 460 ff.), im Finale das *Kyrie*-Zitat aus der f-Moll-Messe (T. 200 ff. sowie T. 547 ff.).

zwischen den Themengruppen II und III in der Exposition – die nur in den beiden letzten Symphonien: VIII/1. und 4. sowie IX/1. vorkommen[101] – werden in der Reprise konsequent ausgelassen.

Ein charakteristisches Beispiel dafür, was diese hier benannte Intensivierung in finaler Perspektive besagt, liefert die Themengruppe III-Reprise in VI/4., wo das erste, aus dem Hauptthema abgeleitete Element schlicht entfällt – vgl. T. 125-128 u.a.m. (Holzbläser), die eine augmentierte Umkehrung von Takt 37 f. (Blechbläser) bezeichnen – um allerdings in charakteriell veränderter Gestalt in der Coda wieder aufgenommen zu werden. Hierdurch erlangt der "Wasserfall"-Teil dieser Themengruppe (mehr dazu im folgenden Kapitel) die Alleinherrschaft (Takt 332 ff.) und übt mit seinem eigenen Gepräge eine effektiv beschleunigende Wirkung auf die terminierende Entwicklung des Satzes aus.

In den wenigen Fällen, wo sich eine abschließend durchführende Prägung innerhalb des Rahmens einer Reprise der dritten Themengruppe entwickelt, verbindet sich dies, was für die Grundtendenz in diesem Teil der Reprisengestaltung charakteristisch ist, immer damit, dass das letztere Themenmaterial gegenüber einer Bearbeitung des Hauptthemas mehr oder weniger in den Hintergrund tritt, und in finalem Zusammenhang denn auch in nicht geringem Maße des Hauptthemas aus dem Kopfsatz. So verhält es sich besonders in V/4. T. 460-495 (vgl. S. 101 f.), aber auch in III/4. T. (479)[102], 515-554 und – am wenigsten ausgeprägt, da die "Schlussdurchführung" hier mehr den Charakter eines Reprisenepilogs hat – in IV/1. die Takte (485) samt 503-532. (Siehe weiter, den letztgenannten Satz betreffend, S. 385 f.)

Eine gewisse, wenn auch nicht konsequente Entwicklungstendenz, soweit es die Einfügung von Hauptthemenmaterial in der Themengruppe III-Reprise betrifft, wird durch die drei Fassungen von III/1. illustriert.

WAB 103/1. ↗ S. 278

Ein Vergleich der beiden früheren Versionen dieses Satzes unterstützt die Anschauung, dass die Entwicklung von Bruckners persönlichem Sonatensatzkonzept in der Richtung einer Orientierung auf das Finale hin geht durch eine spezifische motivische Akzentuierung desselben: III$_2$ introduziert im Reprisenzusammenhang eine Passage von abschließend durchführender Wirkung, T. 565-581 (was wohl am ehesten III$_1$ T. 641-670 entspricht), dadurch dass die thematisch abstrakte, Cantus firmus-ähnliche Hauptlinie der frühesten Fassung (Posaunen (1-2) – sie hat kein Pendant in der Exposition) ersetzt wird durch diminuierte und ebenfalls invertierte Hauptthemeninitiale *en masse*, als Vorläufer eines machtvollen Hauptthemenzitats in simultaner Original- und Umkehrungsform, T. 573-580. In der letzten Bearbeitung des Satzes wurde diese allmähliche und zuletzt massive Beschwörung des Themas zurückgezogen, so dass nur eine plötzliche, "Epifanie"-geprägte Anführung der Hauptthemengestalt geblieben ist, die auf die-

---

[101] VIII/1. T. 89-96, VIII/4. T. 123-134 (Kriterium: die Bassbegleitung setzt sich grundsätzlich in der Themengruppe III fort) sowie IX/1. T. 153-166.

[102] Eingeklammerte Taktzahlen geben in dieser Aufzählung den Beginn der Reprise der Themengruppe III als solcher an.

se Weise als tektonisch markantes Übergangsglied zur Coda dasteht (III₃/1. T. 579-586). Die geänderte Disposition erklärt sich aber doch wohl vor allem als verkürzende Maßnahme – obwohl der Satz insgesamt, trotz einer langen Reihe von Modifikationen, nur einen Takt kürzer ist als der in III₂!

WAB 103/1. ➡ S. 394

WAB 101/1. ↗ S. 266 (Durchführung); S. 336 (Reprise)

Dieselbe Entwicklungstendenz bestätigt sich des weiteren, betrachtet man den Kopfsatz der 1. Symphonie im Zusammenhang mit der sehr späten Bearbeitung zur "Wiener Fassung". Unterstrichen wird dies dadurch, dass Bruckner in seiner Revision die Abwesenheit des Hauptthemas aus dem ersten Satz als zyklisch abrundender Faktor im Finale als besonders kennzeichnend für diese Symphonie – wie auch die übrigen Schwesterwerke aus den 1860er Jahren – respektierte. Die Bearbeitung (T. 257 ff., so auch in I₁) eliminiert hier ganze zwei der drei motivischen Schichten im erstenen Teil der Themengruppe III in der Exposition, während die ursprüngliche Version nur auf die motivisch wie auch akustisch bedeutungsärmste Komponente verzichtet, nämlich die in den Flöten Takt 67 f. u.a.m. Das heißt dass die "Linzer Fassung" immer noch – und mit desto mehr Gewicht – die Reprise eines selbständigen Thema III_a anschlägt, vgl. hier die gesamte Bläsersektion, wo die Wiener Fassung – was besonders optisch festzustellen ist – den Teil des Motivkomplexes in III_a betont, der aus dem b-Teil des Hauptthemas übernommen wurde, Takt 18 ff. (vgl. in beiden Zusammenhängen die Streicher).

Größer und wesentlich interessanter sind allerdings die Unterscheide zwischen den beiden Fassungen in Verbindung mit dem Abschnitt dieser Themengruppe, der in beiden Zusammenhängen als Entwicklungspassage an Stelle des kulminierenden, völlig selbständigen Themas III_b der Exposition eintritt (vgl. T. 94 ff.). In der älteren Fassung – in den Takten 277 ff. (I₂ T. 275 ff.)[103] – entwickelt sich dieser Abschnitt motivisch gesehen weg von der HТh_b-Figur, die in den Takten 271-276 zum prägnantesten Motivelement wurde: der darauf einsetzende crescendierende Verlauf stützt sich innerhalb des Rahmens einer graduell variierenden Weiterführung dieses Figurenwerks nun statt dessen auf eine schwache Andeutung des ursprünglichen Hauptthemeninitials (a), um dann bei der *ff*-Stelle in Takt 284 HTh_a- wie auch HTh_b/III_a-Elemente zu assimilieren:

Beispiel 94 a-b

---

[103] Thomas Schipperges' Aufsatz über diese beiden Versionen ("Zur Wiener Fassung von Anton Bruckners I. Sinfonie", in: *AMw* 1990, S. 272-285) – der einzige neuere, in Einzelheiten gehende Beitrag zu einer Untersuchung der Unterschiede zwischen ihnen – unterlässt unverständlicher Weise jegliche Erwähnung dieser abweichenden Taktabschnitte.

Dieses eher distante Relationsmuster *vis à vis* dem Hauptthema als "globaler" Größe – und also im Verhältnis zu einem externen Themenfeld – muss in der Bearbeitung einer handfest eingeführten Sequenzkette über das reine Hauptthemeninitial weichen (entsprechend Takt 3 f., vgl. $I_2/1$. T. 269-274, Hr.1-2 und Trp.2). Auch innerhalb der eigentlichen Entwicklungsfläche, Takt 289 ff., die in I_1 völlig frei angelegt wirkt, macht sich in der Wiener Fassung dieselbe Profilierung mit Hilfe von Hauptthemenstoff geltend: Bruckner fügt hier beharrlich dessen Initial in einer ausgedehnten Kettenformation ein, siehe Holzbläser T. 286-295.

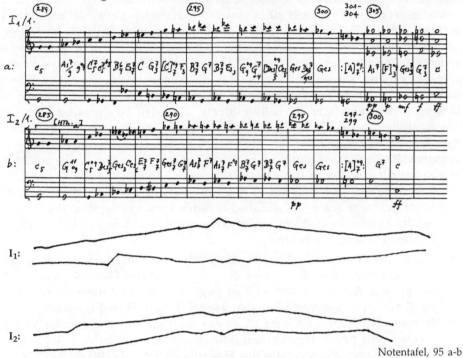

Notentafel, 95 a-b

Gleichzeitig scheint es, als entspränge die umständliche und keineswegs vorteilhafte Reformulierung der harmonischen Folge samt der Stimmführung, die besonders die bunt-schillernde, visionär geprägte Wirkung dieser Klangfläche bestimmt[104], der etwas skurrilen Hinsicht, das Hauptthemeninitial auch in diesem Satzverlauf hervorzuheben: die Anfangstöne in den Tongruppen der Takte 285-287 meißeln dieses Hauptmotiv aus (siehe Klammer in der Notentafel, 95 b) als Ersatz für den stufenweisen Aufstieg von g' nach es'' (und weiter) in I_1 (T. 289-292 etc.). Dieser Verdacht liegt um so näher als die gesamte verbleibende melodische Randlinie bis hin zu Takt 297 in I_2 aus stufenweisen Bewegungen besteht.

Endlich wird sichtbar, wie Bruckner in seiner Revision – leider – danach strebte, diese großartige einfühlungsbetonte Partie kürzer zu behandeln, indem er die

---

[104] Der visionäre Charakter entsteht in nicht geringem Maße aus den stetigen stufenweisen und vielfach chromatischen Gegenbewegungen zwischen den Außenstimmen. In I_2 werden diese überwiegend durch Bewegungen in gleicher Richtung ersetzt (vgl. die graphische Veranschaulichung oben).

vier harmonisch gesehen weiterhin "fließenden", in dynamischer Hinsicht aber durchaus zielgerichteten Takte vor dem Beginn der Coda-ähnlichen Schlusstakte fast gewaltsam abschnitt – man beobachte etwa in I_1 die konsequente Anhebung der Lautstärke in den Takten 305-309. Der Ersatz hierfür in Takt 300-301 (I_2) hat unleugbar eine gewisse konventionelle und mechanische Wirkung.

WAB 101/1. ➡ S. 391

Im Lichte der Entdeckungen, die sich aus den bisherigen Untersuchungen der Reprise ergaben, werden die Kopfsätze als ganzes betrachtet weit weniger als die Finalsätze von dem Charakter eines vorwärts gerichteten Verweises auf die Coda berührt, der die Reprisenbehandlung der Themengruppe III prägt. Im letzteren Satztypus gilt nur selten – wenn auch bis zu einem Grade für III/4. in den beiden ersten Fassungen –, dass der Thema III-Abschnitt die für ein Expositions-Pendant charakteristische, sozusagen "hinter" das Seitenthemenfeld schauende Wieder-aufnahme des Aktivitätsniveaus in der Hauptthemengruppe und ihren weiter-führenden Charakter im Verhältnis hierzu aufweist. Als maximal typisches Gegenbeispiel sei auf VIII/4. T. 583-646 verwiesen. Und es verhält sich sogar so, dass sich die traditionellsten, d.h. die unauffälligsten Themengruppe III-Reprisen, soweit es die Kopfsätze betrifft, im späteren Teil der Werkreihe finden: außer den beiden verhältnismäßig frühen Sätzen II/1. und 4. gilt dies für alle Kopfsätze seit der 5. Symphonie.[105] Dies scheint zu unterstreichen, dass sich die Reprisenproble-matik, besonders in Bezug auf die abschließende Entwicklung bzw. die Coda, als stets schärfer gestelltes Problem für Bruckner erweist, und dies ganz besonders in Werk-abschließender Perspektive.

Man kann aber tatsächlich schon bei seiner frühesten Finalekonzeption, in der f-Moll-Studiensymphonie, diese deutlich ausgesprochene Orientierung auf den Schluss hin konstatieren, wobei es allerdings so geartet ist, dass jede Spur des Thema III der Exposition verschwunden ist (vgl. T. 92-117) und ersetzt wird durch ein dramatisches Spiel – im Rahmen zweier markant crescendierender Verläufe – zwischen völlig neuen Figurationen (Streicher T. 297-310, bzw. T. 330-345) und einer augmentierten Entwicklung des Hauptthemeninitials (Bläser Takt 299 ff.). So weit ging der Komponist doch nicht im Kopfsatz desselben Werkes, obwohl auch hier (T. 511-560) dem Reprisenabschluss eine recht bemerkenswerte Ent-wicklung beigefügt wurde in der Form eines selbständigen, erhabenen Charak-ters, einer frei wirkenden Krönung des Satzes vor seiner codalen Abrundung auf der Basis des erprobten Hauptthemeninitials (vgl. im übrigen S. 228).

---

[105] In IX/1. ist allerdings die ungewöhnliche Starttonalität der Themengruppe III in der Reprise zu beachten: h-Moll (Takt 459, in der Exposition d-Moll) sowie die nachfolgende, dominantisierte und damit entwicklungsbetonte Variante in Takt 461 f.; das Anfangsmotiv wird aber unmittelbar darauf in der Tonika, d-Moll, wiederholt mit vier Takten, die sich auf den Beginn der Themengruppe III in der Exposition beziehen (T. 167-170, worauf "gesprungen" wird zu ≈ T. 183-190). Bruckners Absicht könnte hier durchaus sein, sich mit dem Reprisenansatz tonal auf den h-Moll-Kulminationspunkt in der Exposition zu beziehen, Takt 207. Dieser wurde in der Reprise nach b-Moll "transponiert" (T. 493-503), ist dort aber in erster Linie als Reflex der f-Moll-Peripetie vor dem Durchführungsepilog aufzufassen, vgl. T. 387-397.

2 · Die Coda

Die Orientierung auf den Satzabschluss hin, die im vorangehenden Abschnitt in mehreren Zusammenhängen als Reprisencharakteristikum erwähnt wurde, akzentuiert indirekt die codale Partie als isolierbares und auch auf andere Weise wesentliches Moment in Bruckners Form- und Werkkonzept.

Die Funktion dieses Satzteils ist formhistorisch gesehen keineswegs so eindeutig wie das für den übrigen Reprisenzusammenhang gilt. Untersucht man die wichtigsten neueren Beiträge zu einer systematischen Darstellung des klassischen Formkodexes, lässt sich feststellen, dass die Gesichtspunkte zu den grundlegenden Charakteristika der Coda bereits hier ziemlich breit gestreut sind, berücksichtigt man gleichzeitig den Willen der Kommentatoren zur Verallgemeinerung, zu einer Betrachtung der formalen Kategorie in ihrer "ontologischen" Perspektive.

So bemühte sich Rudolf v. Tobel, die Coda in prinzipieller Hinsicht gegen den vorhergehenden Reprisenverlauf abzugrenzen, auf der Basis des folgenden Kriteriums:

> Der Ausdruck Coda soll für das Formglied nach der Reprise reserviert bleiben; wenn auch nicht alle Sonatensatzformen mit einer besonderen Coda ausklingen und diese nicht überall vom Epilog der Reprise zu trennen ist, so müssen grundsätzlich Schlußgruppe und Coda doch begrifflich auseinandergehalten werden.[106]

Das Kriterium wird dadurch unterstrichen, dass er in Verbindung mit ausgeprägten Codapartien eine Tendenz zu erneuerter Durchführung betont (ebd. S. 20 f.):

> Die Coda ("Schlußanhang") zeigt in Ausmaß und Inhalt solche Verschiedenheiten, daß eine knappe Formel kaum aufzustellen ist. Ausgedehnte Codabildungen entwickeln sich meistens durchführungsähnlich; deshalb wollen wir sie im Anschluß an Ernst Kurth Schlußdurchführungen nennen.

Kurth selbst vermeidet allerdings geradezu konsequent den Codabegriff in Verbindung mit seinen formalen Analysen von Bruckners Sätzen; statt dessen benutzt er Bezeichnungen wie Schluss- oder Endgestaltung, Endereignis bzw. -vorbereitung, oder seltener: Endteil, Abklang und Schlusskrönung – Ausdrücke, die nicht so sehr die Funktion dieses Abschnitts als Abrundung, als nachgehängtes, nur abschließendes Glied indizieren, als vielmehr seine Aufgabe als Vollendung der Form, und besonders als *"dynamische Gleichgewichtserscheinung"*.[107] Darum pointiert Kurth in Verbindung mit Bruckner auch keinen schlussdurchführenden Aspekt des finalen Stadiums im Sonatensatz – und dies größtenteils zu Recht.

Weniger tektonisch begrenzend als das bei Tobel der Fall ist gründet Charles Rosen seine Bestimmung der Coda-Kategorie auf eine dynamisierende Funktion in übergeordnetem Sinne:

> The appearance of a coda always disturbs the binary symmetry of a sonata form. [...] One might say that the coda is a sign of dissatisfaction with the form, a declaration in each individual case that the symmetry is inadequate to the demands of the material,

---

[106] R.v. Tobel: *Die Formenwelt der klassischen Instrumentalmusik.* Bern, Leipzig 1935, S. 19 f. (dort Anm. 4).

[107] Vgl. besonders Kurth, *op.cit.* bd. I, S. 465 f. (dort Anm. 2).

that the simple parallelism has become constraining.[108]
The coda can spring directly from an unresolved detail in the formal structure: [it] is
needed to complete what has been left undone, to add stability.[109]

Dies kann, wie sich versteht, auch durch einen wieder aufgenommenen Durchführungscharakter erfolgen; und offensichtlich denkt Rosen in diesem Zusammenhang an einen solchen, vornehmlich Beethovenschen Codatypus:

Beethoven took the idea [from Haydn] that what sets the coda in motion is unfinished
business: it is not so much that the coda tidies up after the main structure is over, but
that it realizes the main dynamic potential.[110]

Eine fast entgegengesetzte Charakteristik findet sich in Leonard Ratners Coda-
Beschreibung, die – trotz des streng umgrenzten Untersuchungsfelds dieses Verfassers, nämlich der "Klassik" – im Gegensatz zu Rosens Deutung unmittelbar
offen steht für ein typisches Kennzeichen des betreffenden Formgliedes in Bruckners Musik. Besonders die Codaabschnitte in IV/1., VI/1., VI/4. und VII/1. entsprechen prägnant Ratners zentraler Aussage:

Codas are not second developments, as they are often called, but extended areas of ar-
rival; their opening digressions create a harmonic "whiplash" that prepares the final
tonic with increased force, a supreme effect of periodicity.[111]

Den meisten hier erwähnten Deutungen der formalen Eigenart der Coda ist aber
das Kriterium ihrer überdeutlichen Signalisierung des finalen Stadiums im Satzverlauf gemein, eines Zustands, der nicht nur durch die Zuendeführung der
thematischen Wiederholung gekennzeichnet ist, sondern als qualitativer Wechsel registriert wird, ohne Rücksicht darauf, dass das Schlussmoment nachfolgend
durchaus verzögert werden kann, sei es in der Form einer abschließenden
Durchführung oder über eine einleitende "Digression". Auf charakterieller Basis
kann man vielleicht folgende Haupttypen der Coda aufstellen, unter denen der
letztgenannte der für Bruckners Formkonzept eigentlich charakteristische ist:

1. *Stretta-Coda.* – Beispiele: Schubert IX/1., Schumann I/1., Brahms I/4., II/4. und IV/1.,
Bruckner **I/1.** (zum Teil), **WAB 100/4.** und **V/1.**

2. *Retrospektive Coda:* – Schubert VIII/1., Mendelssohn: a-Moll-Symphonie ("schottische"), 1.
Satz, Brahms II/1., III/4., Bruckner **VIII/1.** sowie zum Teil **VI/4.**, **VII/1.** und **IX/1.** (in den drei
letzteren Fällen namentlich unterstrichen durch den Codabeginn).

3. *Schlussdurchführungs-Coda:* Beethoven III/1., Schumann II/1.; Bruckner **WAB 99/1.**, **I/1.**;
weniger stark ausgeprägt **V/1.**

4. *Summations-Coda:* Bruckner **III/4.**, **IV/1.** und **4.**, **V/4.**, **VI/1.** und **VIII/4.**, und außerdem die
drei letzten Beispiele der Gruppe 2.

Funktion und technische Realisierung der Coda haben in Bruckners formaler
Praxis überwiegend ein einheitliches Gepräge, wenn auch vielleicht nicht gerade
unter einer ganzheitlichen Betrachtung so doch zumindest über verhältnismäßig
lange produktive Zeiträume. Was ihre Ortung angeht, dürfte der Beginn der

---

[108] Ch. Rosen: *Sonata Forms.* New York, London 1988, S. 297.

[109] Ebd. S. 315.

[110] Ebd. S. 324.

[111] L.G. Ratner: *Classic Music. Expression, Form, and Style.* New York 1980, S. 231.

Coda wohl nur selten Anlass zu Zweifel oder längere Überlegungen bieten; hier markiert sich der "Formrhythmus" um ihren Ansatz denn doch recht charakteristisch. Dennoch erweist sich, dass der Versuch einer handfesten Kodifizierung der Kriterien für den betreffenden formalen Übergang zu eklatanten Irrtümern sowie zu einem – weniger entscheidenden – Mangel an Präzision führen kann: Michael Moravcsiks *"fact finding"*[112] in diesem Zusammenhang – nachfolgend auf die symphonischen Außensätze begrenzt – mag hier diese Behauptung unter Beweis stellen und des weiteren als Ausgangspunkt in dispositionaler Hinsicht für nuanciertere Coda-Analysen dienen. Er betont folgende Punkte:

> A typical [Brucknerian] coda [...] is *preceded* by a *climactic fortissimo passage, followed* by a *chorale-like section.* When this ends, there is a *pause*, often associated with a *solo drum* [d.h. Pauke, B.M.]. Then the *coda proper* begins, which *consists in two parts.* The first, *introductory and generally subdued* part is sometimes *followed by another chorale-like passage.* The second part ist *the final thundering climax*, which ends virtually always on a quotation of one of the main themes of the symphony.[113]

Natürlich war es kaum Moravcsiks Absicht, dass sich ein Hörer oder gar ein Analytiker für immer von diesen in Einzelheiten gehenden Formkriterien leiten lassen solle. Sein Beitrag entscheidet sich aber tatsächlich dafür, dieses Rezept so weit und so unmittelbar wie überhaupt nur möglich anzuwenden – mit Ergebnissen, die bisweilen dem Verhalten einer Person entsprechen, die zunächst gründlich und genauestens den Fahrplan studiert, um dann irrtümlich auf einer verkehrten Haltestelle auszusteigen, verleitet von einem blinden Glauben an den korrekten zeitlichen Verlauf der Fahrt. Anders ausgedrückt erfordert eine korrekte Bestimmung der Brucknerschen Coda bisweilen andere Überlegungen – sowie eine Erfahrung in weiterem Sinne: eine Vertrautheit mit der gesamten Kodierung – als bloß die, welche die oben geschilderte schematisierte Ereignisreihe ortet und sich an ihr orientiert.

Ein Schulbeispiel hierfür liefert die Coda in **VI/4.** (↗ S. 367) und Moravcsiks Wertung derselben. Er definiert ihren Beginn im Takte 332, während ihr *"pre-coda ff"* bis hin zu Takt 277 zurück plaziert wird, und beschreibt diese Coda als im Besitz von *"normal proportions"*, was ja vielleicht für ihre taktmäßige Absteckung von 84 Takten gelten mag. Dieser Umstand ist aber an sich doch recht unverbindlich – variieren doch die Codas der Außensätze bei Bruckner in numerischer Länge zwischen 25 (VIII$_2$/1.) und 113 Takten (II/4.). (Moravcsiks Charakteristik wird denn auch nur angeführt um zu unterstreichen, dass er hier einen Fall von eindeutigem, unproblematischem Charakter zu behandeln meint.)

Der von Moravcsik angegebene Rahmen ist nun allerdings viel zu weit gesetzt – was im wesentlichen der dogmatischen Identifikation der angegebenen Formkriterien zuzuschreiben ist. Tatsächlich beginnt die Coda in Takt 371 – sie umfasst somit 45 Takte – und auf durchaus plausible Weise: nach einer Fermate. Dieser Beginn markiert sich mit einer scharfen Zäsur nach zunächst einer hoch aufgeschichtete Dominantfläche in F-Dur, Takt 359 ff., und dann einem Crescendo

---

[112] M. Moravcsik: "The Coda in the Symphonies of Anton Bruckner", in: *MR* 1973, S. 241 (-258).

[113] Ebd. S. 242 (meine Kursivierungen).

zu dem *ff*, das die rhythmische Begleitformel des Hauptthemas aus dem ersten Satz wieder einführt, T. 367-370. Alles deutet auf eine unmittelbar bevorstehende Apotheose, trotz der ungewöhnlich hervortretenden Stellung der *F*-Dominante an dieser Stelle in einem a-Moll/A-Dur-Finalsatz.[114]

Der Beginn der Coda – in seiner korrekten Plazierung – löst allerdings nicht unmittelbar ein, was der Ansatz in Aussicht stellte, sondern eröffnet statt dessen einen völlig anders gearteten wenn auch immer noch schlussbetonten Kontext: angesetzt wird im *ppp* auf der Dominantebene in *b-Moll*, also zwar mit einer Deviation, die aber wohl kaum dem entspräche, was Ratner einen tonalen *"whiplash"* nennen würde: der erwartete Grundton *f* erhält nur den Status einer Quinte, wenn auch immerhin in einem Moll-Zusammenhang. Und charakteriell manifestiert sich dieser Neuansatz als codal durch seine thematischen Bezüge bis hin zum Beginn des Satzes: durch die Pizzicati der Celli und unmittelbar darauf die gedämpften Reflexe des HTh$_c$ in Oboe und Klarinette. Der letztere Bezug ist es, der indirekt das tonal "exterritoriale" b-Moll an dieser Stelle bedingte (vgl. T. 37-40).

Auch hier findet sich also, lange nach Moravcsiks Ortung, eine *"climactic fortissimo passage"* als Coda-ankündigendes Element, dafür gibt es aber keine *"chorale-like section"* oder eine Pauke (*"solo drum"*). Eigentlich auch nicht den *piano*-Einschub, den Bruckner recht oft innerhalb der eigentlichen Coda plaziert (vgl. allerdings Takt 397 f., die nun aber eine uncharakteristische Instanz desselben sind) und der nach dem "Fahrplan" als *"another chorale-like passage"* beschrieben wird. (Die Bezeichnung 'Einschub' wurde mit Rücksicht auf die besondere Interpretation dieses Elements gewählt, die später folgen wird.)

Es sind derartige codale und unmittelbar prä-codale Momente, die Moravcsik geradezu sicher erwartet – und nach denen er hier weit zurück suchen muss, bevor sich eine tatsächliche Signalisierung eines codalen Zusammenhangs geltend macht. Sein "prä-codales *ff*" muss er folglich auf ein Stadium im Formprozess voraus verlegen, das noch vor der Seitenthemenreprise liegt (dem tatsächlichen Reprisenbeginn des Satzes!), also innerhalb eines Formabschnitts, den Notter *Reprisenvariante* nennt, d.h. einen Verlauf von bis zu einem Grade weiterhin durchführendem Charakter.[115] Moravcsiks *"chorale"* wird von dem von den Hörnern dominierten Satz T. 327-330 vertreten, der hier die Seitenthemenreprise abschließt und ansonsten völlig den *"langsamer"* bezeichneten Übergangstakten vor der Rückkehr im A–B–A-Verlauf des expositionellen Seitenthemenfeldes entspricht (T. 93-96, Streicher, Klarinetten). Und sein Codabeginn wird identisch

---

[114] Die Wendung zu F-Dur ist eine signifikante Abweichung im Lichte der längeren vorhergehenden tonalen Entwicklung: über 28 Takte, d.h. etwa seit der Stelle, die Moravcsik als Beginn der Coda annimmt, war die Tonalität instabil, hauptsächlich einem Sequenzmuster folgend: (V→ I), III (=V, → I) usw., mit zwei Akkorden pro Takt. Aber der Ausgangs- (T. 331-334) und der Schlusspunkt dieser Sequenzentwicklung ist derselbe: H^7, die Doppeldominante der Satztonart. Und seit dem abschließenden H^7, das in den beiden Echo-geprägten Takten 357-358 wieder stabiler erscheint, verschiebt sich die Tonalität mit einem Halbton zu der C^7-Fläche in den Takten 359-370.

[115] Die STh-Reprise selbst wird nachdrücklich weggedeutet (S. 248) als "the descent [from the *ff*-climax] which includes a lyric reminiscence of some of the more idyllic passages (bars 299-314)".

mit der verkürzten Reprise der Themengruppe III, ihrem "Wasserfall"-geprägten (vgl. S. 426 f.) abschließenden Abschnitt. Nur soweit es den Einschub betrifft, die Holzbläser in T. 356-358, lässt sich von einem typisch codalen Moment vor dem eigentlichen Codabeginn in Takt 371 reden (vgl. sehr ähnliche diesbezügliche Manifestationen in I/1. Takt 323-325 und III/1. Takt 623-627), und nur hier könnte man allenfalls begreifen, was einen Analytiker dermaßen irreleiten konnte. Dass er darüber hinaus "the appropriate drum accent" identifiziert, der nun allerdings in Bruckners Text nicht anzutreffen ist, und dass er die thematische Verankerung seines supponierten Codabeginns (Takt 332) in den Takten 15 ff. des ersten Satzes findet statt – unmissverständlich – im Thema III_b des Finales – das unterstreicht auf der anderen Seite die shortcomings dieser Analyse nicht nur in prinzipieller Perspektive sondern auch was die Einzelheiten betrifft.

Ähnliche Fehleinschätzungen ergeben sich aus derselben methodischen Rigidität in Verbindung mit der Coda in V/4., wo die Ortung des Beginns für diesen Satzabschnitt allerdings durchaus diskutabel ist: entweder bei Takt 496, wo eine lange abschließende Durchführung initiiert wird unter Beteiligung auch eines Seitenthemenelements aus dem Satz – codal gesehen (in Verbindung mit Bruckner) noch untypischer als der eigentliche Durchführungscharakter – oder, was wohl eher akzeptabel ist: bei Takt 564, wo eine Coda-Apotheose in einem konsequenten dreifachen Forte eingeleitet wird, worauf drei sorgfältig geplante – dabei aber kontinuierlich verlaufende – Phasen einsetzen: 1. eine Apotheose des Finale-Hauptthemas; 2. (Takt 583:) eine Choral-Apotheose (während das Hauptthema dem Choral unterlegt wird), und 3. (Takt 626:) die Apotheose des Hauptthemas aus dem ersten Satz alias des "Werk-Themas".

Moravcsik definiert nun aber den Beginn der Coda bereits als in Takt 460 einsetzend – was zu einem riesenhaften Satzabschnitt von 176 Takten führt –, d.h. mit dem Ansatz der rudimentären Reprise von Thema III (vgl. meine analytischen Anmerkungen hierzu S. 101 f.). Wie das in VI/4. der Fall war, könnte man auch hier eine Korrektur allein auf der Grundlage von Tobels Kriterium der grundsätzlichen Integrität der Reprise im Verhältnis zur Coda vornehmen. (In der Erstdruckfassung des Werks, Franz Schalks unautorisierter Bearbeitung[116], ist es übrigens der hier angesprochene Reprisenabschnitt – nach der dort vorgenommenen Streichung der Takte 374-459 –, der allein die Wahrnehmung dieser formalen Funktion sichert.) Moravcsik räumt sogar ein, dass das "prä-codale ff" in Takt 438 uncharakteristisch ist, und wie in Verbindung mit seiner Behandlung der Codafrage in VII/4. muss man auch hier konstatieren: "no chorale, pause or drum"[117]; und auch nachfolgend erscheint kein Einschub.[118]

---

[116] Vgl. Th. Leibnitz: Die Brüder Schalk und Anton Bruckner. Tutzing 1988, S. 178 ff.

[117] Moravcsik, op.cit. S. 249.

[118] Moravcsiks Wertung des Codabeginns in III/4. bei Takt 515 (statt bei Takt 597 mit dem kurzen, apotheotischen Schlussverlauf) scheint damit zusammenzuhängen, dass dies eine Möglickeit für die Plazierung eines Einschub-Elements bietet, nämlich des nostalgisch wirkenden Seitenthema-Zitats aus dem 1. Satz T. 555-558. Takt 515 ff. beginnt wie eine dezidierte Schlussdurchführung, und der Abschnitt nimmt dann allmählich einen prä-codalen Charakter an (die Dominantfläche in c-Moll T. 535-554). Selbst der erneute ff-Zusammenhang, der dem Themenzitat nachfolgt, hat einleitungs-

Die Coda in **VII/4.** bestimmt Moravcsik, zögerlich (*"it is perhaps the most un-orthodox of all Bruckner codas"*[119]) und im Grunde völlig arbiträr, als in Takt 247 m.Auft. beginnend mit dem Ansatz fortgesetzter Durchführungs-geprägter Arbeit an Hauptthemenstoff, nach dem deutlichsten Reprisenmoment (der Wiederaufnahme des Seitenthemas), während die Takte 315 ff. – der erste tatsächlich codal wirkende Zusammenhang – den Status einer *"climax"* erhält (genau wie das auch bei T. 564 ff. in V/4 der Fall war). Dies besagt, dass auch die Zweiteilung (eventuell, wie in Moravcsiks Beurteilung von VII/4. und III/4., eher untypisch ein Verlauf *"in three waves"*) als zu den regulär ausschlaggebenden Faktoren gehörig betrachtet wird. Und dies erfordert ebenfalls einige weitere Kommentare.

Eine Zweiteilung der Coda hat bei Bruckner eine besondere Gültigkeit in Verbindung mit der Gestaltung in zwei grundsätzlich parallelen Verläufen, oder was man als einen *Doppelcursus* bezeichnen möchte. Das unmittelbare Kennzeichen hierfür ist, dass der zweite Verlauf völlig oder so gut wie identisch mit dem ersten beginnt, also mit einem deutlich repetierenden, erneuten Ansatz des codal initiierenden Moments. Dies ist ein etwas spezielleres Phänomen in Bruckners Coden und eine Prozedur, von der er schon bald Abstand nahm. Sie kommt zuerst im Kopfsatz der d-Moll-Symphonie WAB 100 vor[120] (das Werk wurde spätestens 1873 annulliert). Darauf findet sie sich wieder, und zwar fast demonstrativ, in der 2. Symphonie, wobei die Revision (1875/76? sowie 1877) aber eine Überspringung des ersten Verlauf der Coda – in beiden Außensätzen – mit sich führte. Vielleicht nahm Bruckner diese Verkürzung allerdings nicht völlig freiwillig vor, sondern erst auf Wunsch des Dirigenten Johann Herbeck.[121] Jedenfalls enthält die intensivere Umarbeitung der 4. Symphonie (1878, was das Finale betrifft bestätigt durch die dritte Version dieses Satzes, 1880) eine entschiedene Abwendung von der Doppelcursus-Anlage in beiden Außensätzen der Urfassung (vgl. IV$_1$/1. T. 565/587-630 und 4. Satz T. 511/575-616). Nach IV$_1$ wird diese charakteristische codale Prozedur dann nicht mehr benutzt: schon der Satz **V/1.** (↗ S. 351), in dessen Coda eine Weiterentwicklung der Wiederholungstechnik angedeutet sein möchte, weist eine völlig anders geartete Rationalität auf (vgl. T. 453 ff.): das repetierende Moment in den Takten 455-477 ist ein Reflex, in abschließender Perspektive, der ursprünglichen doppelten Exposition des Hauptthemas in *piano* und *fortissimo*, und auch das Einschubelement T. 473-476 wird im Verhältnis zu seinem üblicheren Charakter umgedeutet, nämlich dynamisiert: dies wirkt als Auslöser einer kurzen Schlussdurchführung, unter Verwendung des invertierten Thema I$_a$, gegen I$_b$ gestellt, vgl. auch die eigentliche Durchführung.

---

weise einen reprisenhaften Rückbezug auf die Exposition (Takt 197 ff.).

[119] Moravcsik, *op.cit.* S. 248.

[120] Vgl. Takt [285] 298 ff., bzw. T. 319 ff. Es mag nahe liegen, den Kopfsatz der 3. Symphonie, in derselben Tonart, als ausschlaggebend für die Eliminierung dieser Art von Codaverlauf zu betrachten; das wird aber durch das ein Jahr jüngere Werk IV$_1$ (1874) dementiert, das – in beiden Außensätzen – den doppelten *cursus* enthält.

[121] Während Robert Haas Bruckners ursprüngliches Codakonzept restituierte, entschied sich Leopold Nowak in seiner Ausgabe, die 1872/1873-Alternativen in der Form einer *vi - de*-Markierung des ersten Verlaufs der beiden Codas durchscheinen zu lassen (1. Satz T. 488-519 und 4. Satz T. 590-655).

Natürlich finden sich auch andere Ausführungen einer grundlegend zweigeteilten Codaanlage, wie das Moravcsiks ungefähre Regel ja ebenfalls andeutet (1. *subdued part* — 2. *climax*). Vielleicht ist es eben die Implikation einer derartigen Zweiteilung, die Moravcsik veranlasste, den Beginn der Coda in **IV/1.** auf den Takt 501 anzusetzen; er steht allerdings keineswegs allein mit dieser Annahme.[122] Dennoch muss er auch hier nach den zäsurierenden Momenten "Choral, Pauke und Pause" fahnden, und das prä-codale *fortissimo* könnte zumindest in gleichem Maße wie die angezeigte Stelle – die Reprise von Thema III, Takt 485 ff. – auf die Takte 517 ff. geortet werden, mit Plazierung der Coda-Ansatz selbst in seiner alternativen und doch wohl eigentlichen Erscheinung in Takt 533. Dieser Fall ist – vielleicht charakteristisch für die trotz allem unterschiedlich große formale Bedeutung der Coda ganz allgemein in den beiden Außensätzen – Moravcsiks einzige zweifelhafte Entscheidung in Verbindung mit den Codaabschnitten der Kopfsätze. Und eine Richtigstellung dieses Sachverhalts erfordert wohl noch einen Vergleich der Formverläufe in den beiden Fassungen dieses Satzes.

In der früheren Version zerfällt die Coda, wie oben angeführt, in zwei parallele Verläufe – und grenzt sich daruch in formaler Hinsicht eindeutig ab gegen den vorhergehenden reprisenmäßigen Kontext.[123] Der Abschnitt, der hier zur Coda führt, nach der Reprise von Thema III, trägt in seinem Ansatz (IV$_1$ Takt 509 ff.) einen agitierten, Stretto-geprägten Charakter; was auch in der Exposition (Takt 132 ff.; vgl. S. 243) vorkam, hier aber breiter entwickelt wird (T. 528 ff.). Und von diesem gesamten expansiven Zusammenhang werden in der revidierten Fassung nur zwei isolierte Momente übernommen: die Figuration in Takt 541 (und ihre repetitive Weiterführung) wie auch die in Takt 551 (in den folgenden Takten entsprechend weiter geführt); vgl. IV$_2$/1. T. 509-516 – wo die Änderung von *ff* zu *pp* zu beachten ist – bzw. die unmittelbar nachfolgenden Takte 517-520.

Diese Einbeziehung kulminierenden, Reprisen-abschließenden Materials aus dem früheren Satzkonzept in der späteren Version gibt unmittelbar Anlass dazu, dem betreffenden Formabschnitt eine ähnliche prä-codale Funktion zuzuschreiben. Seine Transplantation in einen intensiv revidierten Satz erfordert allerdings gleichzeitig eine gewisse kritische Aufmerksamkeit: betont der geänderte Kontext möglicherweise eine typisch codale Charakteristik? Hier werden die – wenn das denn so ist: auslösenden – Takte 501-508, die wir bisher nicht in die Betrachtung einbezogen haben, in hohem Maße den Ausschlag geben.

Das einzige, was hier in der Richtung einer codalen Sphäre zeigen könnte, ist das lange durchgehaltene niedrige dynamische Niveau. Tonal gesehen ist die festgehaltene c-Moll-Fläche, die nur vorübergehend dominantisiert wird, und zwar in Form von (D)S$_p$ – wodurch (und wonach) die subdominantische, eben codal wirkende harmonische Sphäre allerdings zumindest berührt wird –, kein ein-

---

[122] So jedenfalls auch Kurth, Auer, Wohlfahrt (Takt 509!), Simpson und Langevin.

[123] Die Gegenwart dieser ursprünglichen Doppelcursus-Anlage entzieht einer Spekulation betreffs eines möglichen Zusammenhangs zwischen dem bei Bruckner selten vorkommenden *einfachen* Hauptthemenverlauf in der Exposition (der in IV/1. und in IX/1. erscheint) und einem entsprechenden, nicht-repetitiven Codaverlauf jegliche Grundlage – obwohl die Situation in IX/1. eine solche Annahme bestätigen könnte.

deutiges Signal in dieser Hinsicht; und die in den Bläsern alternierenden, variantenmäßigen Hauptthemeninitiale (in Diminution) betonen eher eine durchführende, vielleicht gar noch mehr eine retrospektive, erinnernde Attitüde. Mit anderen Worten herrscht wohl eher ein allgemein epilogischer Charakter vor, und der Abschnitt als ganzes verdient darum die Etikettierung: Reprisenepilog (im eigentliche Sinne dieser Bezeichnung).

Was im *späteren*, abschließenden Satzzusammenhang, Takt 533 ff., das codale Stadium unterstreicht, ist nicht so sehr die Rückkehr des Hauptthemas zu den ursprünglichen, längeren Notenwerten – eine gewisse variantenmäßige Umformung erfolgt auch hier immer noch –, sondern vielmehr eine distinkte harmonische Verschiebung: Die Zwischendominante zur Subdominante (S = As-Dur) wird chromatisch in der Auflösung Takt 533 nach *E-Dur* gerückt. Gleichzeitig wandeln sich die Achtelfigurationen der Streicher von einer Appoggiaturamäßigen Betonung des Oktavintervalls (und der Sekunddissonanz bzw. einer chromatischen Verschiebung von Oktavschritten) hin zu der Bildung einer stabilen Dreiklangfläche. Wesentlich ist aber unter diesen Veränderungen die plötzliche harmonische Verschiebung, die fast schon allein eine qualitative Verrükkung der formalen Perspektive bewirkt und den Grund legt zu einer völlig anders gearteten formalen "Atmosphäre".[124]

Auf der Basis einer solchen Registrierung und eines derartigen technischen Zusammenhangs lässt sich vielleicht genauer verstehen, was August Halm – suggestiv, zugleich aber auch dunkel – über Charakter und Funktion der Coda in "Reinkultur" sagt:

> Bruckner sorgt mit einer formalen Genialität, für die kaum ein Wort der Bewunderung zu stark sein kann, dafür, daß der Epilog [= Coda, *B.M.*] sich mit der vorher wiederkehrenden dritten Gruppe nicht vollkommen verbindet, aus ihr nicht so recht herauswächst.[125] Damit bereitet er nicht nur einem folgenden Satz Weg und Aufgabe, sondern dient auch dem Abschluß selbst und damit dem ersten Satz. Der Epilog ist als solcher ideell getrennt von dem Geschehen, und das Überzeitliche des letzten Schlusses könnte sonst nicht wirken: es gibt für uns keinen Weg von Zeit zu Überzeit, und der Blick in ein meontisches Land kann nur über einen See Nirwana hinüberreichen.
> [...] Ich bin mir bewußt, daß diese Schilderung genau genommen nur für eine Coda ganz zutrifft, nämlich für die der VII. Symphonie [1. Satz].[126]

WAB 107/1. ⟋ S. 372

Es muss betont werden, dass auch in dem von Halm hier angesprochenen "Idealfall" zwei mögliche Ansätze für die Coda vorliegen: entweder an der Bezeichnung *Sehr ruhig* in Takt 413, was unmittelbar plausibel ist durch die Gegenwart

---

[124] Die Coda selbst erfordert keine detaillierten analytischen Kommentare: der harmonische Wechsel zwischen Licht- und Schattenwirkungen, der die ursprüngliche Entwicklung des HTh_a kennzeichnete, ist auch hier der hervorstechende Zug; und die mediantische Restituierung in Takt 541 eben des As-Dur, das durch den chromatischen Ruck nach E-Dur im Anfangsmoment der Coda blockiert wurde, erweist sich letztendlich als unmittelbarer Hintergrund für die archetypische Verdunkelung des Paenultima-Akkords der plagalen Schlusskadenz. Hier also (T. 549-556) as^6: der "klassische" Schattenakkord von Es-Dur.

[125] Ein derartiger "ungebrochen" fortsetzender Charakter kennzeichnet ja gerade T. 501 ff. in $IV_2/1$.

[126] A. Halm: *Die Symphonie Anton Bruckners*. München [3]1923, S. 69.

eines Doppelstrichs in der Partitur (der nicht etwa einen Wechsel der Vorzeichen oder eine andere Form tonalen Wechsels markiert); oder aber vorher in Takt 391 mit der Bezeichnung *Sehr feierlich*.[127] Halm geht auf diese Alternative nicht ein, wie er auch in keiner Weise andeutet, welche dieser beiden Stellen er selbst als die in dieser Verbindung reale betrachtet. Der einzige distinkt Coda-initiierende Übergang ist aber Takt 390 f.: die vorhergehenden Takte, der Abschluss der Themengruppe III in Reprisenform, fallen nach einem instabilen, sequenzierenden *ff*-Zusammenhang zur Ruhe (subito *pp* diminuendo zu *ppp*) auf einer b-Moll-Dominantfläche mit einem unisonen Abschluss auf *F* in Takt 390. Hierauf folgt als einziges Ereignis in Takt 391 ein chromatischer "Versatz" in den Bässen und der Pauke zu *E*, allerdings nicht als Tonika sondern als V. Stufe zur °S, a-Moll.[128]

Diese Verschiebung der tonalen Perspektive verbindet sich hier mit der Hervorrufung eines thematischen Bestandteils, dem b-Teil des Hauptthemas (vgl. Takt 12 ff.), der im Satz bislang fast völlig brach lag: zwar wurde er, wie sich das gehört, in der Reprise angeführt (T. 290-301) – das war es dann aber auch. Wenn ihm dann zu Beginn der Coda endlich eine kurze aber intensive Entwicklung widerfährt (mehr als eine bloße Variantenbildung), ist der Eindruck seines formalen Status, dass dieses Element gewissermaßen erst hier dem Vergessen entrissen wird. Sollte man nicht annehmen, dass Halm eben dies meinte mit seinem Ausdruck eines *"Blick[es] in ein meontisches* [nicht-existierendes] *Land"*?

Der besondere langsamere Duktus in diesem Satz, das bereits kommentiert wurde, wird durch diese ausdrucksvolle Hervorhebung ein weiteres Mal bestätigt, denn die Coda im Adagio der 7. Symphonie, dem folgenden Satz, enthält selbst eine ähnlich späte und noch überraschendere "Rehabilitierung" eines vergessenen Hauptthemenelements: ab Takt 193 erscheint wieder das erste Thema des Satzes mit seinem Bestandteil d (den Takten 13-18), zum ersten Mal überhaupt – trotz der zwei Reprisenverläufe des Satzes –, unmittelbar nach dem besonderen *Tombeau de Wagner* (über das HThb, Takt 184 ff.), das wohl den Beginn der Coda bezeichnet, und zwar in einem für dieses Formglied typischen, charakteriell verwandelten Licht: ursprünglich eine ausgeprägt vertrauensvolle, lyrische Hauptthementeil; später dann eine unbeschreiblich resignierte, weltabgewandte Variation desselben.

Wie die voran stehende Reihe analytischer Kommentare und Beobachtungen hoffentlich deutlich machte, gäbe es wohl nur mangelhafte Unterstützung für die Behauptung, dass es bei Bruckner mehr oder weniger durchschematisierte Prozeduren für den Übergang zur Coda und die Gestaltung derselben gebe. Dagegen herrscht kein Zweifel, dass dieses Formglied mehr als irgendeines der hier angeführten für ein funktionell gesehen gebundenes Konzept in seinem Formkodex steht. Man kann vielleicht sagen, dass eine Reihe formal signifikant funktionie-

---

[127] Moravcsik setzt die Coda "itself" auf Takt 413 an, fügt dann aber hinzu: "although one could legitimately consider the slow passage from bar 391 on as part of the coda also."

[128] Die spätere Möglichkeit des Übergangs, über den Doppelstrich, macht nur eine $\mathrm{II}^{\mathrm{o9}}$-Kadenz zu einem ausgeschmückten Tonika-Dreiklang aus, der über die nachfolgenden 31 Takte festgehalten und verstärkt wird, mit ständiger thematischer Verankerung im viertaktigen Hauptthemeninitial.

render kompositionstechnischer "Archetypen" in codalem Kontext in dichterer Folge und homogener gruppiert erscheinen als in anderen Zusammenhängen. Dies begründet sich darin, dass die Coda bei Bruckner durchgehend eher eine stark betonte affirmative Funktion einnimmt im formprozessualen Schema als solchem als im Verhältnis zum individuellen Charakter der einzelnen Sätze und dem sich hieraus ergebenden phänotypischen Formverlauf. Die einzige markante Ausnahme von der benannten grundlegenden Funktion ist die Coda im ersten Satz der 8. Symphonie. Die frühere Version dieses Satzes bestätigt aber mit der erweiterten Anlage der Satzabschlusses, der plötzlich eintreffenden *ff*-Apotheose nach der vollständigen thematischen Auflösung, die "Natur" dieser Art von Coda bei Bruckner, vgl. VIII$_1$/1. Takt 425 ff.[129] Dieses Beispiel unterstreicht sogar noch das oben angeführte, ohne dass gleich behauptet werden sollte, man vermisse bei Bruckner ganz allgemein eine individuelle Anpassung der Coda an den Charakter des jeweiligen Satzes. Auch dies wird besser als durch jedes andere Beispiel eben durch die bezeichnende, verkürzende Änderung der Coda in VIII/1. in der späteren Fassung unterstrichen.[130]

Einer der codalen Archetypen soll hier genauer kommentiert werden, mit besonderer Aufmerksamkeit auf seinen "prä-stabilisierten" formalen Symbolwert: es handelt sich um den plötzlichen *piano*-Einschub im Verlauf der Coda, der sich innerhalb eines *Maiestas*-geprägten "Überwältigt-Sein" äußern mag, etwa in III/1., wie auch im Zusammenhang mit einem triumphalen, Apotheosen-bildenden Satzabschluss, vgl. z.B. VI/1. Solche Einschübe erscheinen in folgenden Codas:

WAB 99/1. (T. 603-606), **I/1.** (T. 323-327), **WAB 100/1.** (T. 336-339) und **4.** (T. 298-303, allerdings nur soweit man annimmt, dass die Coda in Takt 271 beginnt und nicht nach dem Doppelstrich, mit Takt 304); **II/1.** (T. 544-553) und **4.** (T. 640-655, hier in der Form von dezidiert retrospektiven Themenanführungen); **III/1.** (Takt 623 m.Auft. - Takt 627), **V/1.** (T. 473-476) sowie **VI/1.** (T. 349-352). Zu **VI/4.** T. 356-358 siehe S. 382.

Sie finden sich also ganz besonders in der Coda der Kopfsätze.

Der codale (oder seltener: prä-codale) *piano*-Einschub repräsentiert zweifelsohne eine der wesentlichsten nicht-zitathaften Parallelen zu Gestaltungsweisen, die für Bruckners liturgische Werke typisch sind.[131] Soll der Ausdruck Karl Grunskys zu

---

[129] Die früher als "Antiklimax" bezeichnete Wirkung des codalen Umschlags zu einer *ff*-Apotheose des Hauptthemas in VIII$_1$/1. (vgl. S. 313 f.) begründet sich nicht nur in ihrer deutlich collagierten, cliché-haften Einfügung in die Ganzheit, sondern auch darin, dass der derart "aufgeklebte" Schlusseffekt eine tatsächliche Vermeidung der Frage zur tonalen Verankerung des Hauptthemas bezeichnet (vgl. S. 311), oder eben des Fehlens einer solchen Befestigung: bei seiner *fff*-Anführung wird das Thema zerstückelt und dabei sukzessive auf die drei melodischen Kerntöne des Themas harmonisch appliziert: Ges-Dur, Des-Dur und C-Dur – mithin so "tautologisch" wie nur möglich.

[130] Kurths Auffassung ist wohl letztendlich glaubwürdig, wenn man vielleicht auch von seiner Begründung Abstand nehmen mag: "Trotz vieler Gemeinsamkeiten weist jede von Bruckners Schlußsteigerungen anderen Charakter auf, d.h. sie erfüllen stets den Grundausdruck der ganzen Sätze, nicht im Sinne seiner stärksten Betonung, sondern seiner mächtigsten Läuterung, denn Bruckner ist eine Überwindernatur." (*Op.cit.* S. 947.) An anderem Ort (ebd. S. 793) beschreibt Kurth die *generelle* Bedeutung der Coda in seinem Formkonzept als "den allauflösenden Untergang, der Bruckners Endgestaltungen stets als ergreifendes Erlebnis zugrunde liegt." (Vgl. ebenfalls dort S. 630 o.)

[131] J.-H. Lederer hat gute Indizien dafür beigetragen, dass der jüngere Bruckner als Ergebnis seiner

den Symphonien:"*Messen ohne Text*" überhaupt als in irgendeiner Weise gültig betrachtet werden, so wäre dies wohl ein Hauptargument für eine solche – ohnehin ästhetisch fragwürdige – Auffassung.[132] Am häufigsten erscheint ein solcher Einschub unmittelbar vor dem Abschluss des *Credo*-Satzes (in Verbindung mit dem Text *Et vitam venturi saeculi, amen*.

Die genannte musikalische "Interpolation" entspricht völlig dem in codalem Zusammenhang angetroffenen vorübergehenden Rückzug auf eine introvertiert geprägte Vertiefung innerhalb einer apotheosenhaften ausdrucksmäßigen Steigerung. Am deutlichsten codal geprägt ist der Vorfall in der d-Moll-Messe, WAB 26 (T. 280-320, mit Orgelpunkten auf Dominante und Tonika), mit dem kontemplativen *Amen*-Einschub genau in der Mitte, in den Takten 300-307, wo außerdem der Orgelpunkt suspendiert ist. In der f-Moll-Messe, WAB 28, wird der *Et vitam*-Text als traditionelle Schlussfuge gesetzt, mit Exposition, vierteiliger Durchführung und Coda[133]; hier steht der *Amen*-Einschub unmittelbar vor der zehn Takte langen, schlicht abrundenden *ff*-Coda in den Takten 509-514.

Solche Einschübe üben ihre formale Wirkung gewissermaßen als *contraposto*-Effekt aus, wodurch die monumentale Anlage des verbleibenden Abschlusses in Relief gesetzt wird. Im Zusammenhang der Messe wird der kollektive Aspekt der Begriffe Auferstehung und ewiges Leben dadurch akzentuiert als ein ebenfalls subjektives Anliegen.[134] In den symphonischen Kontext umgepflanzt dienen die ähnlichen *"Rückflutungen"* (Kurth) als Funktionsmittel in einem abstrakteren, architektonischen Zusammenhang: die Coda wird indirekt als Höhepunkt im Satz hervorgehoben – und nicht selten als sein absoluter Höhepunkt in "charakteriellem" Sinne – durch einen solchen Absturz in eine kontemplative Reaktion auf ihre *Maiestas*-Aspekte.[135] Für diesen Zweck stellen die Finalcodas im allgemeinen alternative Mittel bereit. Sie benötigen diese besondere *contraposto*-

---

Studien bei Otto Kitzler dieses codale Wirkungsmittel aus dem Kopfsatz von Beethovens Klaviersonate in c-Moll, op. 13 (und vielleicht auch aus op. 27,1) übernahm; vgl. den Aufsatz "'Zurück in die Zukunft'. Zu Bruckners Beethoven-Rezeption in der Finalgestaltung des symphonischen Frühwerks", in: *BrS 1993. Bericht*, S. 128 ff.

[132] H.F. Redlich erwähnt diese *piano*-Einschübe, die aus dem *Credo*-Glied "übernommen" wurden, nicht in seiner Aufzählung aus der Messe abgeleiteter musikalischer Einzelheiten in Bruckners Symphonien, vgl. seinen Beitrag "Das programmatische Element bei Bruckner", in: F. Grasberger (Hrsg.): *Bruckner-Studien. Leopold Nowak zum 60. Geburtstag*. Wien 1964, S. 93-97.

[133] Vgl. W. Kirsch: *Studien zum Vokalstil der mittleren und späten Schaffensperiode Anton Bruckners*. Frankfurt a.M. 1958, S. 86.

[134] So mag man wohl auch H.-G. Scholz' Argument in Verbindung mit dem *Credo*-Abschluss der f-Moll-Messe verstehen (*Die Form der reifen Messen Anton Bruckners*. Berlin 1961, S. 224, Anm. 19): "Der liturgische Text faßt Totenerstehung und ewiges Leben zusammen. Bruckner aber erhebt das "*Et vitam*" zu einer selbständigen Glaubensaussage, indem er es mit dem *Credo*-Ruf verbindet."

[135] In jeder Hinsicht *entgegengesetzt* wird in der kleineren und in mancher Hinsicht stärker liturgisch geprägten Messe in e-Moll, WAB 27, betont, dass der Einschub im *Credo*-Abschluss typisch dimensionsmäßig "vergrößernder" im abschließenden Zusammenhang wirkt: im dortigen *Credo*-Satz wurde das *Et vitam*-Glied als recht kurzer, auch rein homophoner Satz geformt, sogar ohne besondere codale Unterstreichung (T. 211-225), und völlig ohne irgendeinen *piano*-Einschub. – Man möchte wohl ein ähnliches *Maiestas*-Komplement innerhalb der abschließenden *Amen*-Fuge der *Gloria*-Sätze erwarten (wie es in allen drei erwähnten Messen vorkommt, in WAB 28 auf der Textgrundlage *In gloria Dei Patris, amen*); dies ist aber nirgendwo der Fall.

Wirkung nicht, sondern triumphieren statt dessen durch das Hauptthema des Kopfsatzes, das hauptsächliche Thema des Werks. Und in diesem Zusammenhang erscheint es fast symptomatisch, dass zwei von drei Instanzen derartiger *piano*-Einschübe in den oder um die codalen Regionen der Finalsätze mit der stilistischen Phase vor der in konzeptuellem Sinne "voll-entwickelten" dritten Symphonie verbunden sind.

Mehrere der symphonischen *piano*-Einschübe haben sogar eine gewisse gestaltmäßige Ähnlichkeit mit denen, die sich in den *Credo*-Abschlüssen finden, und unterstreichen dadurch die Gültigkeit dieses Bezugs. Diesen Beispielen gemeinsam ist eine diastematisch verengte Bewegung, die einen demütigen und vielleicht sogar unterdrückten, kriechenden Gestus unterstreicht[136]:

Beispiel 96 a-f

In den frühesten trithematischen Sonatensätzen nimmt die Coda noch nicht die hervorgehobene Rolle in erhabenem Sinne ein, die ihr später zufällt. So ist es durchaus fraglich, ob die *piano*-Einschübe in WAB 99/1. samt in I/1. überhaupt Interpolationen innerhalb einer codalen Einheit sind oder ob sie hier den Beginn von ultrakurzen Codas in der ursprünglichen Bedeutung des Wortes markieren: im Sinne eines Anhängsels (von 19 bzw. 24 Takten). Vorherrschend in rein technischem Verstand ist im terminierenden Verlauf dieser beiden Sätze jedenfalls der Charakter einer Schlussdurchführung.

---

[136] Marginalien hierzu (allgemeiner melodisch/harmonischer Perspektive) finden sich in H.-D. Kleins "Philosophische Hypothesen zum Aussagegehalt von Anton Bruckners Musiksprache", in: *BrJb* 1981, S. 121 (Sp. 2) f.

WAB 99/1. ↗ S. 264

Im Kopfsatz der f-Moll-Symphonie übernimmt das Figurationsmotiv aus Takt 71 ff. – das in der Exposition eine Überleitung bildete (vgl. auch in der Themengruppe III Takt 151 ff.) – ab Takt 511 die Rolle als Grundierung (in invertierter und augmentierter Form) einer ruhig getragenen, völlig freien und an und für sich codal geprägten Melodielinie. Die Abweichung der Tonalität von der Dominante zu einem stabilen Tonika-stellvertretenden Des-Dur durch die ersten 12 Takte mag diesen Satzcharakter unterstreichen. Später, Takt 542 ff., kehrt das Entwicklungsmotiv zurück in seiner ursprünglichen Form – und sporadisch in Umkehrung (Takt 543) –, jetzt als Begleitung einer weiteren freien Melodielinie, einem dreistimmigen Fauxbourdonsatz in den Hörnern über einem Dominant-Orgelpunkt, der in Choral-ähnlicher Form zugleich das Hauptthema des 2. Satzes antizipiert (vgl. S. 228 f.). Darauf, Takt 561 ff., setzt eine abschließend durchführende Entwicklung über das Hauptthema selbst ein, mit stetigen, engen Imitationen und gelegentlich auch Umkehrungen (Takt 579 ff.). Diese Passage, die übrigens ebenfalls mit einer tonalen Bewegung von der V. zur °VI. Stufe ansetzt, wird noch auf analogiemäßiger Grundlage als erster eindeutig codaler Abschnitt konsolidiert, insoweit als alle indiskutablen Coda-Glieder bei Bruckner, soweit es ihren Bezug zur Exposition betrifft, sich ausschließlich auf das Hauptthema stützen. (Zu dem freien codalen Thema in IV$_2$/4. siehe Seite 393.)

WAB 101/1. ↗ S. 376

Im Kopfsatz der 1. Symphonie wird eine schlussdurchführende Technik erst nach dem *piano*-"Einschub" benutzt; der vorhergehende Zusammenhang, vom kulminierenden Punkt der großartigen Entwicklung der Thgr. III-Reprise in Takt 309 (vgl. S. 376 f.), ist motivisch gesehen völlig ungebunden und erhält ein codales Gepräge allein durch seine massive Bestätigung der Tonika samt seinen verlangsamenden, choralischen Blechbläsersatz, der eine deutliche Ankündigung des bevorstehenden Abschlusses enthält. Hierauf beherrscht das durch den "Einschub" eingeleitete Hauptthemeninitial den Rest des Satzes: es macht ein Stretto aus, dessen technische Rechtfertigung des Begriffs Durchführung dadurch unterstrichen wird, dass die dort einzig vorkommende Bearbeitungsweise des Hauptthemas nun wieder augenommen wird, indem Bruckner das Grundmotiv in eine bestimmte Bewegungsrichtung zwingt und die Reichweite dieser Bewegung erweitert durch eine additive Reihe von Hauptthemeninitialen[137]: zunächst aufwärts bis hin zur Fermate in Takt 339, dann entsprechend abwärts.[138] Letzterer Sachverhalt findet eine teilweise Parallele in der "natürlichen" Behandlung, die dem Hauptthemeninitial aus WAB 99/1. in seiner entsprechenden massiven Anhäufung im abschließenden Zusammenhang widerfährt. In beiden Sätzen bekommt der endliche Abschluss des Satzes damit den Effekt eines Kollapses. Auch was dies angeht unterscheiden sich die genannten Satzabschlüsse sehr von

---

[137] Vgl. auch S. 269 (zur Durchführung des Satzes).

[138] Im codalen Zusammenhang lässt sich feststellen, dass gleichzeitig Umkehrungsvarianten in beiden Phasen vorkommen, die aber den grundlegenden Eindruck einer stetigen zunächst auf- und dann absteigenden Bewegung nicht berühren können.

dem *lysis*-Charakter, der sich mit wenigen Ausnahmen in Bruckners späteren Codas manifestiert.

Wollen wir dennoch die *piano*-Takte 323-325 in I/1. als regulären Coda-Einschub ansehen – und damit der Auffassung vieler widersprechen[139] –, so geschieht dies vor dem Hintergrund einer Betrachtung des prägnanten Bezuges dieser wenigen Takte auf beiden Seiten, der eine Funktion nicht als Trennlinie zwischen "Reprise" und "Coda" sondern als Gleichgewichtspunkt zwischen zwei daraus folgenden, formmäßig eher homogenen Blöcken gerade zu unterstreichen scheint: die vorhergehenden, nicht deutlich codalen Takte mit ihrer wie gesagt massiven Unterstreichung der Tonika enden überraschend auf einem T_V-Akkord. Die erste *piano*-Variante des Hauptthemeninitials – in der Soloflöte – bestätigt sogleich darauf dieses C-Dur; die zweite Hälfte des Einschubs kehrt aber mit den Celli in Takt 325 wieder zu einem c-Moll zurück, das nachfolgend indirekt den verbleibenden Satzverlauf beherrscht.

WAB 101/4. ↗ S. 337

Im *Finale* der 1. Symphonie ist die Grenze zwischen Reprise und Coda – eher in kategorialer als in tektonisch-formaler Hinsicht – ebenfalls als fließend zu bestimmen: die Reprise der Themengruppe III, deren Beginn übereinstimmt mit dem Übergang aus der Vorzeichensetzung von c-Moll zu C-Dur, setzt die für diesen Satz eigenständige, kontinuierliche Transformation des "Motivbündels" der Themengruppe fort, die schon in der Durchführung akzentuiert wurde, indem erst hier ein für diese Themengruppe archetypisches Motiv eingeführt wurde (Takt 208 ff., Vl.1, entwickelt als Fugato). Im reprisenmäßigen Stadium ist dieses signifikante Thema III wiederum abwesend, und das pulsierende Begleitmaterial definiert als einziges die Reprisenfunktion als real; die tonangebende thematische Komponente ist eine kurze, freie Chorallinie in Trompete und Horn – ein Choralelement machte sich auch an der entsprechenden Stelle der Exposition geltend, vgl. Takt 58 ff. –, deren schneller Durchbruch von C-Dur nach E-Dur (T. 315-318) in Gemeinschaft mit den "ausfüllenden" Figurationen vor allem einen prä-codalen Charakter von der Art erschafft, wie er im Reprisenverlauf der früheren Symphonien nicht ungewöhnlich ist (vgl. Seite 336 ff.). Ein codales Stadium wird deutlicher in Takt 340 identifiziert mit dem Übergang zu einem Neuansatz in *piano* des Hauptthemeninitials von etwas eschatologischer Wirkung und in der exterritorial geprägten Tonart e-Moll; von hier an zeigt sich außerdem ein allmählich immer dominierender hymnischer Charakter, der sich allerdings gleichzeitig mit einem Mangel an Entfaltung des Hauptthemas – außer seinem rhythmisch identifizierbaren Fragment – verbindet.[140]

---

[139] Moravcsik, *op.cit.* S. 242, und Schipperges (Anm. 103), deren Argumente durch die noch schärfere Unterbrechung des musikalischen Verlaufs in der Wiener Bearbeitung als durch die Fermate der Linzer Fassung an dieser Stelle gestützt werden (*op.cit.* S. 279).

[140] In der Wiener Fassung wurde charakteristischer Weise eine stärkere Profilierung des fragmentierten Hauptthemas durch Einfügungen des charakteristischen, einleitenden Oktavsprungs nach oben versucht (Takt 341 ff., vgl. I₁ T. 344 ff.). Später erscheinen auch hier absteigende Oktavsprünge im Themeninitial (Takt 353) sowie andere, prägnant ansetzende Varianten desselben (Takt 364).

Abgesehen von solchen formarchitektonischen bzw. charakteriellen Zweifelsfragen, die sich nicht zuletzt darin begründen, dass ein prägnanter Codabegriff von der Art, wie er sich später erweist, noch nicht entwickelt wurde, entziehen sich diese Formabschnitte mit ihrem hohen Grad an Homogenität in thematischer Hinsicht sowie mit der stofflich gesehen oft paradox wirkenden nivellierenden oder "liquidierenden" – verallgemeinernden – Erhebung des Hauptthemas bzw. der Hauptthemen dem Bedarf rein technischer Analysen: sie analysieren sich sozusagen selbst durch die deutliche Darlegung einer thematischen Essenz. In höherem Maße erfordern mehrere dieser Formabschnitte eine *Deutung*, teils deren spezifischen Bezugs auf frühere Stadien im formalen Prozess, teils ihrer individuellen Wirkung als Coda in eminentem Sinne. Einige dieser Verhältnisse wollen wir aber im einzelnen erst in Verbindung mit den genaueren Betrachtungen des folgenden Kapitels von ausgewählten Finalsätzen – der dritten, der sechsten und der achten Symphonie – entfalten.

Die Anwendung selbständiger, wenn auch sekundärer codaler Themen kommt – im Gegensatz zu repetitivem codalem Figurenwerk – nur ganz ausnahmsweise vor, wie im Finale der 4. Symphonie (IV$_2$) mit dem resignierten Choralsatz Takt 489-505, den Bruckner charakteristischer Weise selber mit einem formspezifischen Kommentar versah, indem er diese Kantilene als *"das Schwanenlied der Romantik"* bezeichnete.[141] Die Haupttendenz ist eher, wie gerade angesprochen, dass die Coda eine Art Aufhebung des thematischen Prozesses einführt, entweder durch eine Nivellierung des thematischen Profils (vgl. etwa die Schlusstakte in I/4., V/4. und zum Teil in VII/4.), durch eine Homogenisierung mehrerer Themen, evtl. aus mehreren Sätzen, unter dem Tonika-Dreiklang, wie man das am deutlichsten in VIII/4. Takt 697 ff. sieht, oder durch eine feierliche Neu-Profilierung (VI/4., auf der Basis des Hauptthemas aus dem Kopfsatz). Die Coda repräsentiert in Bruckners reinem Formkonzept mehr die *Transzendenz* des formalen Prozesses als sein endliches *Ergebnis*.

Diese Wertung will eine Einstellung markieren, die in einem Punkt von der August Halms abweicht; nicht so sehr im Streit über die Prämissen seiner aphoristischen Kernaussage zur Coda bei Bruckner als vielmehr in ihr selbst, in der Konklusion (die in dem folgenden Zitat hervorgehoben wird):

> Es ist [...] klar, daß auf diese Weise vorgebracht, d.i. eben nur immer wieder konstatiert, das Thema nichts mehr erlebt, ja sogar keine Kraft mehr äußert: es wird mit ihm gewirkt. Wie gewaltig und jauchzend auch die Kraft selbst hier erschiene, so wenig ist es doch eine von dem Thema selbst ausströmende oder von ihm ausgeübte Kraft: *die Apotheose hat erst nach dem Ende statt.*[142]

Eher neigt bei Bruckner die Coda als solche dazu, das weiter ausgedehnte Bereich der Apotheose zu werden. Das Gefühl der Berufung auf eine Art von Dogma tritt hier nicht selten ein; gelegentlich lässt das sich sogar in semantischer Richtung konkretisieren, wie in der Formung der Coda im Kopfsatz der 6. Symphonie.

WAB 106/1. ↗ S. 349

---

[141] *Göll.-A.* IV/1, S. 519.

[142] A. Halm, *op.cit.* S. 68.

Die Coda, die hier mit Takt 309 eintritt – was genau der Stelle in der Exposition entspricht, wo ein stimmungshaft abgeklärter, motivisch aber vager das Hauptthema reflektierender Epilogabschnitt eingefügt wurde (vgl. T. 125 ff.) –, bestätigt nun, im gesamten satzmäßigen Epilog, die tragende Funktion des Hauptthemas mit vollster Evidenz: auch die retentiven Teile der Coda – Pendant zu den oben angesprochenen typischen *piano*-Einschüben (in den Takten 329-336 und 349-352) – machen eine thematische Schicht aus, die originär in den Hauptthemen-Zusammenhang eingeschmolzen wird; nur klingt diese weiter, während die charakteristischeren und gewissermaßen endlos wiederholten HTh$_a$-Fragmente momentan zurücktreten. Die erwähnte "Ewigkeitswirkung" des Hauptthemas wird in nicht geringem Grade von den immer neuen tonalen Beleuchtungen unterstrichen, in die es hier gesetzt wird: nach einer sozusagen bereicherten Reprise des Hauptthemas in simultaner Originalgestalt und (freier) Umkehrung (vgl. das Reprisenmoment in VII/1.), wird das Themeninitial nach Takt 317 auf zwei Takte verkürzt, mit stetigen Neuansätzen über einem plagalen Kadenzmuster, vor allem durch mediantische Schritte getrennt (M): Des → As, E → H etc. Ab Takt 337 wird das Thema noch mehr verkürzt und entsprechend die plagalen Kadenzmodule, von 2+2 auf 1+1 Takte, bis dieses gesamte Muster mit der endlichen Kulmination der Coda gebrochen wird in den Takten 353-369 – die auf verschiedenste Weisen und besonders in ihrem harmonischen Gang, mit der Betonung der Moll-Subdominantregion, an die Coda in IV/1. erinnern.

In diesem Zusammenhang drängt sich eine spezifische ideelle Gleichheit mit einem *Credo*-Abschluss auf; und wieder ist es der in der f-Moll-Messe, dessen fugierte Verlauf über dem Text *"Et vitam venturi saeculi, amen"* immer wieder durch hauptsächlich plagal kadenzierende Interpolationen: *"Credo, credo"* unterbrochen wird, in ähnlich wechselnden tonalen Beleuchtungen. Dieselbe dogmatische Bestätigung des Hauptthemas findet – in großartiger Entwicklung – in der Coda von VI/1. statt.

Grundsätzlich dasselbe Erscheinungsbild, nur wesentlich ostentativer wirkend und in höherem Maße wie vom Himmel fallend, bietet die Apotheose des Werkschlusses der "epochalen" 3. Symphonie (z.B. III$_2$/4. Takt 597 ff.); und nur eine Analyse in der tonalen Dimension, worin sich die formale Strategie dieses Satzes zu entfalten scheint, vermag den Eindruck eines rein äußerlichen, plakativen Schlusseffekts durch eine Darstellung seiner formprozessual begründenden Motivierung zu modifizieren. Dieser Fall soll daher vorläufig – unter Hinweis auf die betreffende Analyse im folgenden Kapitel – bloß als mahnendes Beispiel dafür angeführt werden, dass selbst besonders mechanisch wirkende Realisierungen der formalen "Erfüllung" durch die Coda ein gewisses Maß an prozessualer Rationalität in sich bergen mögen.

WAB 103/1. ↗ S. 375

Eine etwas ähnliche abschließende Einlösung eines basalen Formgedankens findet sich schon in der Coda von III/1. (Takt 591 ff.). Die Frage der thematischen Priorität innerhalb des Hauptthemenfeldes: zwischen HTh$_a$ und HTh$_c$ (vgl. S. 162 ff.) wird hier, wie es scheint, noch einmal gestellt und dann beantwortet mit der zum zweiten Mal wieder aufgenommenen Darstellung von HTh$_a$ *einschließlich* seines kurzen prä-prozessualen Vorläufers[143]: das embryonale motivische "Medium", aus dem heraus das HTh$_a$ gestaltet wurde und hier wieder emporgetragen wird, endgültig zum Vorteil dieser Instanz. Dieses HTh$_a$ scheint nun in seiner hier fragmentierten Form den abschließenden Verlauf ebenso massiv beherrschen zu wollen wie es sich in der Coda in VI/1. geltend macht. Die formale "Diskussion" wird dann aber profiliert durch das Mitagieren der HTh$_c$-Instanz: diese wird als Motivkette eingeführt (Takt 623 m.Auft.), mit ausgesprochen symbolischer Wirkung: zuerst als Träger des subjektiven, verzagten *piano*-Einschubs – dessen nimmt sich die quasi wieder aufbauende zweite Hälfte des HTh$_c$s an[144] –, außerdem aber auch als der wesentlichste motivische Faktor in dem Einsturz, der unmittelbar darauf eintritt (Takt 629 ff., Fl., Kl. und Hr.), basierend auf dem einleitenden, kollabierenden Element des HTh$_c$s, woran nun auch die ganz ursprüngliche, einleitende Thema-"Hülle" beteiligt ist (Streicher). Selbstverständlich rettet sich das HTh$_a$ (Blechbläser) aber in eine symbolisch ausgesprochene Überwindung dieses letzten Gegendrucks.

Eine dementsprechend konsequente aber – eben darum – völlig andere Realisierung einer Coda mit thematischem Hintergrund in einem stark zusammengesetzten Hauptthemenfeld (so wie in III/1.) findet sich im Kopfsatz der 9. Symphonie. Diese soll als letzte beispielhafte Beleuchtung in diesem Kapitel der differenzierten Funktionsweisen der Coda bei Bruckner dienen.

WAB 109/1. ✗ S. 378, Anm.

Diese Coda gehört eigentlich zu denen, die alle wesentlichen Kriterien einlöst, mit denen Moravcsik operiert, hierunter auch denen, die sich an ihre Vorankündigung knüpfen: mit prä-codalem *ff* (Takt 493), Choral (Takt 505) und Pause mit Pauke (Takt 517). Auch in ihrem eigentlichen Verlauf ist sie so typisch wie nur irgend eine; nur ist sie, im Lichte des besprochenen Kodex betrachtet, nicht zweigeteilt, sondern entwickelt sich in dynamischer Hinsicht geradlinig bis zum letzten Takt des Satzes.

Der Beginn rückbezieht sich mit dem repetitiven Violinmotiv in Takt 519 m. Auft. auf den Durchführungsepilog nach der gewaltigen *Peripetie* dieses Formabschnitts (Takt 400 ff. bzw. Takt 387 ff.) und betont schon dadurch eine formal sinnvolle Wirkungsweise dieser Coda, indem die kulminierende und bis dahin überwiegend machtvoll erscheinende Hauptthemeninstanz (vgl. Takt 63 ff. und Takt 333 ff.) – anders ausgedrückt die charakterielle (nicht aber syntaktische!) Parallele zum HTh$_a$ in III/1. – hier, mit der Peripetie, endgültig zusammenbrach statt reprisenmäßig wieder "aufgerichtet" zu werden (vgl. S. 322 f.). Die Coda könnte in diesem Fall als der Ort für eine derartige endliche und eigentliche Reprise des kulminierenden Bestandteils des Hauptthemenkomplexes vorgestellt werden. Eine Entwicklung in dieser Richtung möchte auch sogleich aktiviert erscheinen mit ihrer Fragmentierung in der Form des hauptsächlich identifizie-

---

[143] Das erste Mal erfolgte dies beim regulären Reprisenbeginn.

[144] Vgl. S. 157. Man beachte aber hier die harmonische Termination des Motivabschlusses auf dem verminderten Septakkord, ♭D^{o9}, und nicht etwa wie ursprünglich: in der Tonika.

renden Oktavfall-Elements (Fl., Ob.), unterstützt durch Varianten teils in Umkehrung teils diminuierend (Fag., Kl.2-3). Das Violinmotiv bildet auf seine Weise einen stabilisierenden Faktor, indem es nun das thematisch fortsetzende Element nach Tonika führt und nicht mehr nach deren "neapolitanischer" Obersekunde, Es-Dur:

Beispiel 97

Auf dieser Grundlage hätte die Entwicklung fortsetzen können bis hin zu einer vollbrachten Apotheose des Kulminationsthemas, durch Augmentation des diminuierten Elements im vorigen Notenbeispiel und an seiner Verankerung in der Tonika festhaltend. Die weitere harmonische Entwicklung zeigt aber in eine andere Richtung, nicht so sehr durch ihre Wendung zur Subdominant-Sphäre in Takt 525 f. (was schon an sich ein codales Kennzeichen ist) als vielmehr durch den darauf folgenden Übergang zum Schattenakkord dieses g-Moll: dem Septakkord mit verminderter Quinte auf *a* (T. 527-530, weiterhin mit dem Tonika-Ton als Orgelpunkt) und, noch stärker verdunkelnd, dem es-Moll in Takt 530 als völlig un-funktionellen Rückkopplungsglied zum d-Moll des folgenden Takts. Unter diesem Verlauf scheidet sich auch das Violinmotiv, bei sukzessiver Mutierung, von seinem bislang diastematisch eindeutigen thematischen Status, wird im übrigen aber als allmählich völlig neutral wirkende Begleitung fortgesetzt.

Neutralisiert wird dieses zentrale Hauptmotiv auch durch die nachfolgende, abschließende Komponente des kulminierenden Hauptthemenelements. Der damit gegebene zentrale Abschnitt der Coda ist völlig von dem kadenzierenden Schlusselement beherrscht, das seit der Exposition nicht mehr benutzt wurde, hier aber in potenzierter Form durch eine dreifache Sequenzfolge zu Entfaltung gelangt: die beiden ersten Glieder plagal betont und mit Halbschluss, das letzte (in den Takten 539-551) über der vollen authentischen Kadenz und mit einem ausgedehnten Verweilen auf der °S^6-Funktion.

Noch einmal hypothetisch vorgestellt: analog mit der Coda in III/1. gestaltet hätte dieses Kadenzmotiv als Einschubelement vor dem endlichen Satzabschluss benutzt werden können. Tatsächlich und statt dessen wird betont, was das immer deutlichere Charakteristikum dieses Formverlaufs war, nämlich dass die "eigentliche" Hauptthemeninstanz, das vom Oktavfall dominierte Thema, kraft seiner Formung als Kulmination auch nur diese Funktion einnehmen konnte; vorher drückte sich dies am deutlichsten aus durch die niemals reprisenmäßig wirksame dreifache Sequenzfolge, in welcher es im abstrakten Reprisenmoment in Takt 333 ff. "potenziert" angeführt wurde.[145] Und statt dessen erfüllt in dem Abschluss des

---

[145] Nur in diesem Sinne lässt sich bestätigen, was Steinbeck über das kulminierende Hauptthemen-

Satzes das übersehene – oder tatsächlich wohl eigentlich: aufgesparte –, weniger spektakuläre Kadenzmotiv die Funktion, die Identität des Kulminationsthemas als Hauptthema zu befestigen.

Diese Strategie stimmt vor allem überein mit der Formgestaltung im Finale der 4. Symphonie (IV_2), dessen Hauptthema (T. 43 ff.) ebenfalls einen derartigen kulminativen Charakter besitzt (obwohl es so nicht gleich von Anfang an eingeführt wurde). Auch hier disponierte dies für Unsicherheitsrelationen im Reprisenmoment, und selbst in der Coda ist dieser Sachverhalt fühlbar als Schwierigkeit für das Thema, ein weiteres Mal durchzubrechen; statt dessen wirkt es mehr als eine Art Geburtshelfer für das Hauptthema des ersten Satzes (in mancher Hinsicht ähnlich wie im Codaverlauf von VIII/4.). Hierzu trägt in nicht geringem Maße die Wiederaufnahme der es-Moll-Tonalität aus dem Satzbeginn bei (T_V, hauptsächlich in dominantischer Beleuchtung), die dem dort isolierten Hauptthemeninitial eine unerfüllte Qualität verlieh, ein bloßes und bares Streben hin zu einem kulminativen Durchbruch des Themas. Der gesamte Verlauf der Coda kehrt auf diese Weise – und entscheidend bestätigt durch den abschließenden Durchbruch des Mottos im Werk[146] – zurück zu der charakteristischen Entfaltungsweise dieses Themas, dem stetigen Wechsel zwischen Licht und Schatten.[147]

Indirekt wird hierdurch – in IV/4. wie auch in IX/1. – Bruckners späteres Formkonzept bestätigt, soweit es das stringente Verhältnis zwischen Reprise und Coda betrifft. Und durch den Vergleich mit der Situation im eben angesprochenen Finale entdeckt man nun auch, dass der Komponist in seinen zwei spätesten Werken konsequenter handelt im Umgang mit den anders gearteten Bedingungen, die für einen Eingangssatz gelten: die Coda wird keineswegs nach dem apotheotischen Hauptmodell geformt – so auch nicht die Coda in VIII/1. in der endgültigen Fassung –, was mit voller Deutlichkeit unterstrichen wird durch die abschließenden 15 Takte, die durch das Aufschwung-Element des Hauptthemenkomplexes bestritten werden (ursprünglich Takt 19 m.Auft. ff.), das bis fast ans Ende an eben dem dissonanten *Es* festhält (hier figurativ beteiligt an einem S_n-Akkord über Tonika-Orgelpunkt), welches auch den kulminierenden Teil des Hauptthemenkomplexes tonal in seinem Abschluss entgleisen ließ (Takt 69 f.).[148]

---

element sagt: es sei mit seiner abstrakten, reprisenbetonten Wiederanführung "zu seinem Ziel gelangt, hatte sich erfüllt und konnte im Grunde nicht nochmals aufgewendet werden" (*Neunte Symphonie*, S. 79). Selbstverständlich muss es aber eben unter derartigen Voraussetzungen eine notwendige Aufgabe für die Coda sein, einen solchen formalen strategischen Moment festzuhalten, durch die Einbeziehung auch des "ausgedienten" thematischen Elements (wie ja auch die Coda in III/1. sich spezifisch auf das HTh$_c$ bezog).

[146] Dass Bruckner das konstitutive Quintintervall des "Werk-Themas" erst sehr spät endgültig einführte, und zwar gegen Ende der 1880er Jahre (in einer Partiturabschrift für den Dirigenten Anton Seidl in New York, die in den 1950er Jahren auftauchte und daher auch erst in L. Nowaks Herausgabe berücksichtigt wurde), verdeutlicht nur auf einleuchtende Weise die Wirkung. die sich schon seit dem ersten konzeptiven Stadium des Um- und Ausarbeitungsverlaufs für diesen Satz geltend machte. (Vgl. S. 72, Anm. 151.)

[147] Anders kann man kaum das – akustisch fast unhörbare – Mitklingen des Tons *ces* in den Violinen durch das Es-Dur der letzten Takte, T. 533-540, verstehen (vgl. die signifikante Entwicklung des ersten Quintenmotivs im Werk, *b-es* zu *ces-es* im 1. Satz, Takt 7).

[148] Eine weitere, weniger ausgeprägte fernperspektivische Wirkung entsteht dadurch, dass der prä-

Andererseits wird aber auch ein eher weiter führendes, über den Satz selbst hinaus weisendes denn ein terminierendes Moment an diesem Satzschluss betont; vgl. so die abschließende leere Quinte *a-d*. In dieser Hinsicht steht der Ausklang des Satzes – rein charakteriell gesehen – gewissermaßen in einem näheren Verhältnis zu den noch nicht besonders emphatischen Codas in I/1. und II/1. (vgl. S. 390 ff.). Aber das formale Konsequenzdenken erscheint im späteren Werk entscheidend weiter entwickelt, und die Coda damit auch (zwar auf fast paradoxale Weise gefasst) in weit höherem Grad als Summation: als das – durch Transzendenz erlangte – erfüllte Schlussmoment des Satzes.

---

codale Höhepunkt vor dem überleitenden Choralsatz (T. 493 ff.) mit seiner ostinaten Bassfiguration (plus Hr. 3-4) ebenfalls eine prononcierte, dissonierende kleine Obersekunde ausspielt: das *ges* über *f* des Schlusstons (der allerdings als Quinte im b-Moll-Quartsextakkord erscheint).

KAPITEL VI

Die Perspektive der Finalität

WAS BRUCKNERS symphonische Schlußsätze angeht, scheiden sich die Geister hier vielleicht mehr als bei irgend einer anderen Frage betreffs dieses Komponisten. Das gilt nicht nur für die allgemeine Wertung der "Qualität" der Finalen im Verhältnis zu den übrigen Bestandteilen des symphonischen Zyklus, sondern auch wenn es um den eigentlichen Charakter des Brucknerschen Finales geht, und besonders um seinen funktionellen Status innerhalb der werkmäßigen Ganzheit.

Und solche Unterschiede in den Auffassungen gab es immer wieder: so musste schon Rudolf Louis in seiner Monographie aus dem Jahre 1905, der ersten umfassenden Darstellung zu Bruckners Musik, sich gegen die formale Gestaltung mancher seiner Schlußsätze verwahren:

> Das eigentliche Problem der letzten Symphonien Bruckners ruht jeweils im Finale.

Louis sah in diesen Sätzen eine "zyklopische" Kraftentfaltung, deren "gewaltiges Mauerwerk", Zusammenfügungen von "unhandlichen Felsblöcken", "klaffende Risse" aufweist, weil der Komponist hier "das unvereinbare" vereinen wollte:

> Die Steigerung im letzten Satze sucht Bruckner [...] dadurch zu erreichen, daß er sich U n m ö g l i c h e s zumutet. [...] Nachdem alles gesagt ist, was gesagt werden k a n n, soll das U n s a g b a r e Sprache gewinnen. [...] In seinen Finalen hat Bruckner i n - h a l t l i c h das Gewaltigste geleistet, dessen sein Genius überhaupt mächtig war; f o r m e l l bleiben sie aber gewiß oft hinter dem zurück, was man von einem gut gebauten Symphoniesatze verlangen muß.[1]

70 Jahre später ist es Theodor Wünschmann, der einem ähnlichen Gesichtspunkt Ausdruck verleiht, und zwar verschärft und verallgemeinert:

> Gerade in dem Versuch, mit dem Finale die vorhergehenden Sätze zu überbieten, liegt das fundamentale Übel der Brucknerschen Symphonien.[2]

Und – ohne Bezugnahme auf irgendeinen dieser beiden Autoren – wird dieselbe Auffassung in grober Überblendung bei Werner Notter exponiert:

> Nimmt man die "pyramidalen" Schlußsätze [...] beim Wort und mißt sie an dem Anspruch, den sie an sich selbst stellen: die Sinfonie zusammenzufassen und abzuschließen, so muß man Bruckner vorwerfen, er habe in ihnen mit physischer Gewalt ein sinfonisches Ganzes realisieren wollen, das von den Vordersätzen bereits hinreichend umschrieben wird. [...] Statt generell zu sagen, Bruckners Sinfonie sei kein Ganzes, weil das Finale aus ihr herausfalle, sollte man sagen, sie sei möglicherweise auch ohne Finale ein Ganzes.[3]

---

[1] R. Louis: *Anton Bruckner*. München, Leipzig 1905, S. 196 f. (Hervorhebungen von Louis.)

[2] Th. Wünschmann: *Anton Bruckners Weg als Symphoniker*. Steinfeld 1976, S. 88.

[3] W. Notter: *Schematismus und Evolution in der Sinfonik Anton Bruckners*. München, Salzburg 1983, S. 48. – Die Ansicht wird ebd. S. 108 f. und besonders im folgenden Zitat verschärft (S. 79): "Wenn die Vordersätze länger werden, so tangieren sie damit auch den Schlußsatz; sie greifen ihn an,

Ganz anders fasste – schon lange Zeit bevor Halms und Kurths Monographien entsprechend kategorische Verherrlichungen von Bruckners Finalekonstruktionen zur Debatte stellten – Max Morold den Komponisten auf: nämlich als *"geradezu de[n] Meister des Finale"*.[4] Hier wurden nun umgekehrt stoffliche Heterogenität und orientierungsmäßige Komplikationen – die Pendants zu den Sachverhalten, die Louis als Disharmonie und fehlende Folgerichtigkeit im Formbau ansah – als spezifische und begründete Elemente in der Physiognomie der Finalen hervorgehoben, und zwar besonders im Verhältnis zu den vorhergehenden Sätzen. Einleitend mit einer Formulierung, die unmittelbar vor allem an eine Prämisse bei Werner Korte erinnert (vgl. in der vorliegenden Abhandlung S. 34 und Anm. 16 dort), aber in gegensätzlicher Anschauung, sagte Morold hierzu:

> Bruckner weiß, daß in der Themenbildung das Geheimnis der Form und des Inhaltes zugleich beschlossen ist, und e r f i n d e t im Finale schon ganz anders als im ersten Satze. [...] Hier soll und darf zunächst keine Einheitlichkeit herrschen, und die n o t - w e n d i g e Zerrissenheit bereitet auf das wirksamste das Gefühl der Befreiung vor, das mit dem endlich hereinbrechenden "Siege" uns überwältigt. [...] Statt der vermißten Einheitlichkeit des Finales haben wir die thematische Einheit [!] der ganzen Symphonie. [...] Das Brucknersche Finale ist ein Teil des Ganzen, ohne das Vorhergehende nicht verständlich und zum Verständnis des Übrigen selber unentbehrlich.[5]

Wie die vor dem letzten Zitat angeführten Aussagen (die nicht näher kommentiert werden sollen) angeht, hat aber auch die Auffassung Morolds einige nicht tragfähige argumentatorische Grundlagen: so wenig nuanciert die Behauptung auch sein mag, dass Bruckner – laut Korte – keine Möglichkeit gehabt habe, seine Schlußsätze anders als die Kopfsätze zu konzipieren, da seine Themenbildung und musikalische Syntax, ja *"seine kompositorische Vorgangsweise dies gar nicht zuläßt"*[6], so wenig ist Morolds Gesichtspunkt haltbar, es bestehe einen generellen charakterlichen Kontrast zwischen den Themengruppen I und II in den Finalsätzen gegenüber den

> Themen und Gegenthemen [der Kopfsätze, die] eben nur zwei Seiten desselben Gegenstandes [sind]; die sogenannte Gesangsgruppe offenbart uns hier nichts anderes als den Charakter des Hauptthemas in ruhigerer Bewegung und in milderen Farben. Tonart und Rhythmus stellen diese innere Verwandtschaft unzweideutig fest.[7] [...]
> Noch jeden unbefangenen Zuhörer haben die weichen, süssen, beinahe tanzartig sich wiegenden Gegenthemen der *letzten* Sätze dieser Symphonieen entzückt; und um so häufiger wurde auch die Frage laut: *was sollen diese Themen hier? Warum wird hier Bruckner dem männlich-starken Wesen der früheren Sätze untreu?*[8]

---

machen ihn tendenziell überflüssig. Bruckner weigert sich, diese Folgerung zu ziehen, liefert aber *contre cœur* den Beweis dafür, indem er die Überflüssigkeit als thematische Redundanz, als "gloriosen Wiederausbruch des Anfangsthemas des ersten Satzes" [Kurth] in nervöser Drastik und unfreiwilliger Komik "auskomponiert". [...] Dabei beweist die langsame doch stetige Wertsteigerung der Mittelsätze, daß die Sinfonien gerade nicht auf das Finale hin konzipiert sind, [...] vielmehr, daß die Schlußsätze über den Rand der Sinfonie fallen, weil das Becken bereits voll ist."

[4] M. Morold: "Das Brucknersche Finale", in: *Die Musik* 1906-07, S. 28-35.

[5] Ebd. S. 32 f. (Morolds Hervorhebungen.)

[6] W.F. Korte: *Bruckner und Brahms. Die spätromantische Lösung der autonomen Konzeption.* Tutzing 1963, S. 64.

[7] Morold, *op.cit.* S. 32.

[8] Ebd. S. 33 (meine Hervorhebungen).

Was nun Morold betrifft, ergibt sich der kategorische und in weiteren Einzelheiten geradezu fehlerhafte Charakter der zitierten Äußerungen aus elementären Vergleichen der Haupt- und Seitenthemen-Bezüge zwischen den jeweiligen Außensätzen in folgenden Werken:

Die Symphonien Nr. 1; 2! (man beachte die Ähnlichkeit zwischen den Seitenthemen), 3; 5! (hier ist der Kontrast im Kopfsatz *größer* als im Finale), 6; 7, 8 und 9! (wo das Seitenthema im Finale – einem Satz, der Morold allerdings sicher unbekannt war – im großen und ganzen identisch ist mit dem Hauptthema).

Als geeigneter Lackmustest für eine Demonstration der Simplifizierung an *Kortes* Auffassung bieten sich Anschlag und Durchlauf der jeweiligen ersten Themengruppen in den Außensätzen an. Eine diesbezügliche Kontrolle fällt besonders deutlich aus, soweit es folgende Symphonien betrifft: Nr. 2, 3, 6, 8 und 9, wobei hinzuzufügen ist, dass die fugierten Satzanlagen in den Finalen der annullierten d-Moll-Symphonie (WAB 100) und der 5. Symphonie ohne weiteres zusätzliche Argumente gegen Korte bieten werden.

Kehren wir nun aber zu Morolds Grundauffassung des Vorhandenseins und der Berechtigung einer motivischen Heterogenität in Bruckners Finalsätzen zurück, muss angemerkt werden, dass eben dieses Satzgepräge einige Jahre später angeführt und aufs neue verteidigt wurde von August Halm; d.h. von einem Analytiker, bei dem eine wesentlich schärfere Urteilsfähigkeit zu erwarten ist. Sein Gesichtspunkt ist, dass Bruckner als Exponent eines Finaletypus erscheine, dessen Grundcharakter auf der *"Fülle der Bilder"* beruhe,

> ein[em] von den Klassikern nur selten erreichte[n] oder genügend erkannte[n] und erstrebte[n] Ideal.[9] [...] Dieses nämlich, weniger Form im lebendigen Sinn, im Sinn des Leben schaffenden Gesetzes über dem Geschehen, dagegen mehr Schauplatz des Geschehens, lebt von der Fülle. Solche Vitalität aber der Erscheinung hat Bruckner in außerordentlichem Maß, und er ist deshalb gerade diesem Ideal von Finale weitaus näher gekommen denn alle seine Vorbilder.[10]

Diese besondere Betrachtungsweise scheint sich zwanglos mit einer an anderer Stelle in derselben Monographie dargelegten, allgemeineren Auffassung von Bruckners Musik zu verbinden, wobei die Kompositionsweise Beethovens als gegebene Vergleichsgrundlage dient:

> Bruckner [...] komponiert innerhalb einer Gruppe mehr, als daß er disponierte, er läßt da mehr real entstehen, sich entwickeln. [...] Wir sind durch das, was wir hören, durch das prachtvolle Dasein, die lebendige Schönheit der tatsächlichen Musik nicht so gezwungen, nach dem Geist zu forschen.[11]

Dabei darf nicht vergessen werden, dass Halm die Verwandtschaft dieses Satzes mit der dritten Themengruppe (der von ihm so bezeichneten *"Phantasiegruppe"*) im Sonatenform des Kopfsatzes als einen grundsätzlichen Zug am Charakter des

---

[9] Halm erwähnt außerdem die Typen von "großem Zug, begeistertem Schwung (die Tanzform etwa der Finales der VII. und VIII. Symphonie Beethovens)" sowie den, dessen Bewegungsweise der "der Etüde [entspricht], etwa auch des Perpetuum mobile (die Finales der *Appassionata* und der d-Moll, der Es-Dur-Sonate op. 31, der F-Dur-Sonate op. 54)".

[10] A. Halm: *Die Symphonie Anton Bruckners*. München ³1923, S. 130.

[11] Ebd. S. 95 f. – Mit *'Geist'* ist hier, wie meist, wenn Halm dieses Wort benutzt, schlicht 'sinnvolle Form' gemeint; vgl. meinen Beitrag: "Anton Bruckner als geistiger Lehrer", in: *BrS 1988. Bericht*, S. 158 f.

Brucknerschen Finales empfand. Dieses Formfeld projiziert sich laut Halm in den Schlußsatz, gleich wie der Charakter der Seitenthemengruppe als Grundlage einer potenzierten Satzbildung im Brucknerschen Adagio aufgefasst wurde.[12]

Ohne in dieser Argumentation einen direkten Halt für derartige Finalecharakteristika zu finden – und also als Interpretation des (wie so oft) kompakten Gedankengangs Halms –, lässt sich hier die wohl charakteristischste formale Prozedur unter allen in Bruckners Finalen ins Spiel bringen. Es handelt sich selbstverständlich um die zyklische Abrundung gegen Ende des Werks, wie sie durch die Wiedereinführung des Hauptthemas aus dem ersten Satz entsteht (ab der 3. Symphonie).

Begnügt sich Halm betreffs dieser Stereotypie sozusagen mit der Feststellung – sogar nach einer kritischen Dämpfung der Funktion "Abrundung":

> Die Form wünscht es, daß die hauptsächlichen Themen noch einmal angerufen werden oder in das Gesichtsfeld rücken[13],

so könnte dies, isoliert betrachtet, als reine Form-Metaphysik aufgefasst werden, worum es sich nun allerdings keineswegs handelt – was sich wohl schon aus der unmittelbaren Fortsetzung ergibt:

> Doch ist das mehr Folge, gehört nicht zum Ursächlichen des formalen Willens.

Was den letzteren Punkt angeht, sind hier zwar Einzelheiten diskutabel: die Frage, ob sich nicht in Bruckners Finalekonzept eben ein vor-programmiertes Moment findet, soweit es den bekannten zyklisch teleskopierenden Abschluss betrifft, ist nämlich nicht von der Hand weisen, sondern lässt sich geradezu mit Evidenz beantworten, und zwar bejahend; somit ist die betreffende Prozedur doch wohl eher ein Wirkungsmoment begründender Art.[14] Was Halm nun aber zu meinen scheint, und was für ein "essenzielles" Verständnis des übergreifenden typologischen Grundgepräges der Finalsätze wesentliche Perspektiven aufschließt[15], ist dies: der Bilderreichtum, der Grad an disparater Lockerheit im formalen Verlauf, ist ein dialektisch motivierter Hauptfaktor in Bruckners präprogrammierter Finaleidee. Und genau dies war auch Louis aufgegangen, bloß gelang es ihm nicht, es adäquat zu erläutern.

Zwei verschiedene phänomenologische Entwürfe eines Grundrisses unterschiedlicher symphonischer Finaletypen als geschichtlich entwickelte Erscheinungen sollen im folgenden zusammenhängend betrachtet werden. Deren Urheber sind August Halm und Robert Simpson. Eine Auseinandersetzung mit diesen beiden, unmittelbar recht divergierenden Darlegungen scheint nämlich, im Hinblick auf "das Brucknersche Finale", eine Klärung und dazu eine relative Einigung der je-

---

[12] Halm, *op.cit.* S. 129.

[13] Ebd. S. 132.

[14] Halm hält allerdings an seiner besonderen Auffassung dieser "gewissen Lockerheit des Gefüges" fest, deren Prinzip er dann später unter der Formel "tendenzlose Antithese" charakterisiert. (Ebd. S. 136.)

[15] Was diesen Satz betrifft, operiert sogar Ernst Kurth ausnahmsweise mit dem Typusbegriff: "Aber all die Mischformen und kühnen Neugestaltungen stellen jedesmal durch vollendete Ausprägungen eine zum Typus berechtigte, ganz in sich ruhende Formeinheit dar." (*Bruckner.* Berlin 1925, S. 512.)

weiligen Betrachtungen zu ermöglichen.

Halm operiert mit drei verschiedenen Grund-"Symbolen" für ein symphonisches Finale:

(1.) die Tangente zu einer Kreisbewegung.[16]

(2.) die Diagonale in einem Parallelogram der Kräfte:

> Sein Inhalt [der des Finales] war nicht vorgebildet, [...] höchstens angerufen, aber ohne zu herrschen. Dennoch könnte man ihn als erfüllend auffassen. Der Wille zum eigentlichen und wesentlichen Finale scheint mir hier stärker verlangt und richtiger geleitet zu haben.[17]

(3.) die Symbolbezeichnung *Orbis* als Veranschaulichung speziell von Bruckners Finaletypus; dies aber nicht im Sinne einer abgerundeten Ganzheit: zwar findet Halm, dass der Schlußsatz hier *"alles vorangehende in sich aufnimmt"* und in diesem Sinne eine *"Synthese"* der vorhergehenden Teile ist; aber wie er sogleich – dunkel aber bedeutungsvoll – hinzufügt:

> Freilich nicht realisiert – das schiene mir [...] nur auf dem Weg zu erreichen, den Beethoven in der V. Symphonie eingeschlagen hat. Dagegen schafft sich die Synthese ein geistiges Dasein eben durch die gesteigerte Expansion, die sich als die Folge des Vorhergehenden, sowie als letzte Bestätigung der expansiven Tendenz der Sonate überhaupt rechtfertigt und begründet [...][18]

Die eine Möglichkeit, eine derartige paradoxal erscheinende "nicht-realisierte Synthese" einzusehen, ist, sie als eine erzeugte, sozusagen beschworene Zusammenfassung zu begreifen, wobei eine werkmäßige Synthese nicht durch die interne formale Konsequenz des Finales erschaffen wird, sondern durch ein "manipuliertes" Zusammenspiel zwischen dem Schlußsatz und den vorangegangenen Stadien des Werks.

In dieser Verbindung genügt es nicht, den Blick einseitig auf die spektakuläre Wiederkehr, den "Wiederausbruch" (Kurth) des Hauptthemas aus dem Kopfsatz zu richten (wo immer sich dies auch im Finale manifestiert – das kann auch an anderen Orten als im codalen Stadium sein[19]). Bruckners Prozeduren in konkreteren technischen Formen variieren, soweit es eine derartige manipulierte Zusammenfassung betrifft: außer der einleitenden Reihe von Zitaten zu Beginn

---

[16] Beispiele: Beethovens 4. und 8. Symphonie: "Das, was umkreist wurde, Kern und Inhalt an Charakter, spielt kaum mehr eine Rolle. Diese Sätze sind kein Extrakt des Ganzen, sondern vielleicht eines ausgewählten Teils, und dann nicht des besten." (Halm, *op.cit.* S. 140.)

[17] *Loc.cit.* Halms Beispiel ist das Finale in Beethovens 5. Symphonie. – Es wäre zu fragen, ob nicht Kurth mit seiner alles dominierenden Betonung des "Hinstreben[s] zu [...] dem Wiederausbruch des Anfangsthemas des ersten Satzes" im Finalsatz (Kurth, *op.cit.* S. 512 f.) dieses "Modell" als das für Bruckner gültigste – und als das vollkommenste betrachten würde. Halm dagegen wertet das Variationsfinale der *Eroica*-Symphonie höher und bringt darauf Bruckner im Verhältnis zu diesem ins Spiel: "Bruckner nun versteht und wagt es, dank seiner überragenden Technik und seinem Über-Reichtum der Phantasie, auch der äußerlich mehr zusammenhängenden, der des ersten Satzes ähnlicheren Form des Finales jenen Charakter zu verleihen, um dessenwillen seine Vorgänger die Form der Variation gewählt haben mochten." (Halm, *op.cit.* S. 141.)

[18] Ebd. S. 141 f. (meine Hervorhebung.)

[19] Das erste Mal, sehr diskret, in der 2. Symphonie, während der Durchführung von Hauptthema und Seitenthema (T. 280-284 bzw. T. 340-343).

des Finales der 5. Symphonie[20] mit ihrer offensichtlichen Parallele in Beethovens Neunter gibt es u.a.:

– Unmittelbar homologe Abschnitte an formal identischen Stellen: so etwa die große Ähnlichkeit in den codalen Partien der Außensätze in der 2. Symphonie, auch was Themenbildung und Satzfaktur angeht (1. Satz T. 488 ff.; 4. Satz T. 590 ff.). Dasselbe ungewöhnlich enge Verhältnis besteht zwischen den jeweiligen zweiten Themengruppen innerhalb dieser Sätze.

Gegen Ende der Exposition in den Außensätzen der 4. Symphonie erfolgt ein – ansonsten nicht praktizierte – Rekurs auf das jeweilige Seitenthema.

In beiden Außensätzen der Symphonie Nr. 8 erscheint als dynamischer Höhepunkt in der Durchführung eine thematische Überlagerung ("Coniunction") von Motiven aus den Themengruppen I und III, an beiden Orten in drei fortlaufenden Phasen durchgeführt (1. Satz T. 225 ff.; 4. Satz T. 301 ff.).

– "Exterritoriale" Zitate, die sich aufeinander beziehen, obwohl es sich nicht um die Wiederaufnahme eines gegebenen Zitats handelt: das Messe-Zitat gegen Ende der Exp. in II/4., T. 200 ff. (aus dem *Kyrie* der Messe in f-Moll, WAB 28, T. 122 ff.) "ruft" den 2. Satz "hervor" kraft dessen eingeschobenen Zitats aus dem *Benedictus*-Satz derselben Messe, das zweimal erscheint: T. 137 ff. und ausgedehnter in den Takten 180-183.

Im Finale von IV_2 (1880, Takt 93) wird eine ähnliche Erinnerung an den Andante-Satz der Symphonie geweckt (Ähnlichkeit mit dessen Hauptthema) durch die "Einblendung" eines Seitenthemas von kursorischer Wirkung im Expositionszusammenhang; dies wird nach 12 Takten durch das ursprünglich einzige Seitenthema abgelöst und außerdem durch die Moll-Tonart in der Richtung einer exterritorialen Qualität betont.

Überhaupt ist der Gesichtspunkt verlockend, das Brucknersche Finale sei (in seinen verschiedenen *typischen* Ausprägungen, was die Schlußsätze der drei Werke vor der 2. Symphonie ausschließt) in gewissem Sinne als *Coda* im Verhältnis zum vorhergehenden Zusammenhang zu betrachten. Ein solcher Vergleich reimt sich auch mit dem rückwärts orientierten Moment, der sich parallel mit der Bewegung gegen den Schluss hin in diesem Satz findet. Ähnlich wie in Bruckners Codas handelt es sich hier typisch nicht um eine primär logisch erfolgte Zusammenfassung oder Bildung von Ergebnissen; und so kann man den Finalsatz wohl eher im Lichte früher angeführter Beschreibungen des klassischen Coda-Repertoires charakterisieren, etwa Leonard Ratners:

> Codas are [...] extended areas of arrival.[21]

Oder mit Charles Rosen, und hier besonders auf den vielfach tastenden, nachprüfenden oder umkreisenden Charakter zu Beginn von Bruckners Finalsätzen bezogen (in den Symphonien II, IV, V, VI und IX):

> One might say that the coda is a sign of dissatisfaction with the form, [...] it can spring directly from an unresolved detail in the formal structure [...] What sets the coda in motion is unfinished business: [...] it realizes the main dynamic potential [das der formalen Struktur angehört, *B.M.*].[22]

---

[20] Eine ähnliche Situation findet sich in III_1 und (abgeschwächt) in III_2 (T. 681-687, bzw. T. 555-558), dort gegen Ende des Satzes.

[21] L.G. Ratner: *Classic Music, Expression, Form, and Style.* New York 1980, S. 231.

[22] Ch. Rosen: *Sonata Forms.* New York, London 1988, S. 315, S. 324.

Sehen wir uns jetzt Robert Simpsons Versuch einer Erklärung an, dessen Bedeutung durch den überaus zentralen Status unterstrichen wird, der sich im Titel seines Buchs *The Essence of Bruckner* widerspiegelt – er wird denn auch recht genau in der Mitte des Buches vorgebracht.[23] Auch hier werden drei Typen von Finalsätzen berücksichtigt:

> The energy of the classical finale is a resultant force.[24] The rhetoric of a romantic finale is an emotional and sometimes brainless reaction.[25] Both are after-effects; they are not necessarily summings-up, but they are the conclusive upshots of previous stimuli.

Der dritte Typus des Finales ist der, den Bruckner allmählich auskristallisiert:

> The type of Bruckner finale we are discussing is neither resultant nor reaction; nor is it a summing-up. It is not an after-effect, nor any kind of conclusion.
> [It is] rather the [...] intensification of an essence. A Bruckner symphony is, so to speak, an archaeological "dig". The first three movements are like layers removed, revealing the city below, the finale. [...] Bruckner's finale is intended [...] to form the bedrock of the symphony, its background contemplated[26].

Was bei Halm Synthese genannt wird, heißt hier *Essenz*. Außerdem wird deutlich, dass Halm und Simpson in etwa darin übereinstimmen, dass sie bei Bruckner die Existenz dessen dämpfen oder geradezu verneinen, was Notter als ein *"pyramidales Finale"* betrachtet. Abgesehen von dieser Gemeinsamkeit werden ihre Gesichtspunkte allerdings recht verschieden ausgedrückt (und die Implikation in Simpsons Theorie vom Finale als dem "begründenden" Satz im Werkganzen ist doch recht eigensinnig[27]) – obwohl ihre Haupttendenz sich durchaus vereinen ließe.

Indirekt berührt Simpson auch die Coda-ähnliche Funktion des Schlußsatzes: für den besonderen Zusammenhang des Finales mit den vorhergehenden Sätzen bietet er nämlich eine spezifische und für seine musikalische Auffassungsweise typische Erklärung:

> Such a phenomenon [vgl. das letzte Zitat] is inevitable, because the first three movements do not generate the kind of energy that propels a classical finale, or delineate the sort of emotional drama that precipitates a romantic catharsis.[28]

Es drängt sich hier die Parallele zum Gesichtspunkt eines codal anschließenden

---

[23] R. Simpson: *The Essence of Bruckner*. London 1967, S. 94 f.

[24] Es ist anzunehmen, dass Simpson sich hier vor allem auf den Sachverhalt bezieht, den Halm als "diagonales" Finale charakterisiert. Vorher heißt es: "In classical symphonic music the artistic problem has always been to find a last movement that will somehow arise naturally from the combined effect of the first three [...] different forces."

[25] Das Zitat der voranstehenden Fußnote setzt sich fort: "Many romantic composers, mistakenly claiming Beethoven as mentor, have taken the easy way out of this profoundly taxing problem by substituting facile emotional progression for organic growth, so that the finale can seem to be the obvious dramatic conclusion, triumphal or despairing as the case may be." – Dies könnte wohl der Kategorie des "tangentialen" Finales angehören.

[26] Ebd. S. 95.

[27] Nur in der 1. Symphonie ging Bruckner im tatsächlichen kompositorischen Prozess vom Finalsatz aus.

[28] *Loc. cit.* – Es wäre aber zu fragen, ob es sich nicht bei allem, was hier gesagt wurde, um einen "conclusive upshot of previous stimuli" handelt (vgl. oben).

Impulses oder (finalen) Prozesses aus dem Gefühl einer *"dissatisfaction with the form"*, eines *"unfinished business"* und also also einer *"realization of a main dynamic potential"* auf (Zitat ad Anm. 22). Er führt dies genauer aus:

> The characteristic Brucknerian process is essentially the reverse of the kind which raises the tension until it explodes into a finale. [...] Tensions in Bruckner are usually gradually pacified [...] The massive endings of all Bruckner's symphonies are [...] not really culminative in the old sense; they are formal intensifications that blaze with calm. [...] When a Bruckner finale is not successful it is not because it fails to achieve an accumulative climax in relation to the rest of the symphony; it is because the process of pacification has become dangerously near petrification. He has [then] failed, not to resolve conflicting tensions in a burst of unidirectional energy, but to b a l a nce them in a statuesque structure.[29]

Einer Charakteristik dieser Art kann wie's scheint auch Halm zustimmen – mit folgendem bereits teilweise zitierten Satz – nur betont er zugleich in höherem Maße die Dialektik der Diversität, wo sich Simpson an sein Formsymbol hält und sagt, dass *"the distillation of an essence must result in something plainer than the brew from which it is distilled"*[30]:

> Die Synthese schafft sich ein geistiges Dasein eben durch die gesteigerte Expansion, die sich als die Folge des Vorhergehenden, sowie als letzte Bestätigung der expansiven Tendenz der Sonate überhaupt rechtfertigt und begründet, durch die anscheinend ins Unbegrenzte erweiterte Möglichkeit des Vielfachen, der Distanzen, als ein Schweben über Klüfte, ein Flug über Länder und Meere von Musik.[31]
>
> Es [das Finale] nährt sich, es nimmt die Energie seines Flugs und Schwungs von der Kraft, die vorher erzeugt wurde – dies der formale Sinn des Wiederkehrens der Themen der vorigen Sätze.[32]

Die voran stehenden Darlegungen – zu denen andere relevante Beiträge zu einer grundlegenden Diskussion nur aus Gründen der Konzentration nicht einbezogen wurden[33] – sollten nicht nur der Einleitung dienen, deren Phänomenologie ebenso unumgänglich ist wie die des Abschlusses; ihr Endzweck war auch und besonders eine Motivierung des analytischen Programms, das für dieses abschließende Kapitel gewählt wurde.

Gilt einerseits, dass Bruckners Finalen grundlegend dieselbe tektonische Formbildung aufweisen wie die Kopfsätze[34], und weiter, dass die eher befestigten Themencharaktere des ersten Satzes – soweit es die Expositionsgruppen II und III betrifft – in den Schlußsätzen wiederkehren; und wird weiter und andererseits in einem neueren Hauptbeitrag zur Bruckner-Analyse proklamiert – und das, wie

---

[29] Simpson, *op.cit.* S. 199. (Meine Hervorhebung, die besonders auf die Betonung von Seiten Kurths der Coda als der Erstellung eines dynamischen Gleichgewichtszustands aufmerksam machen will; vgl. oben in dieser Abhandlung S. 379 mit Anm. 107 dort.)

[30] Ebd. S. 135.

[31] Halm, *op.cit.* S. 141 f.

[32] Ebd. S. 134.

[33] Ergänzend sei verwiesen auf Th. Röders Behandlung in der Dissertation *Auf dem Weg zur Bruckner-Symphonie. Untersuchungen zu den ersten beiden Fassungen von Anton Bruckners dritter Symphonie.* Stuttgart 1987, S. 177-181 und S. 203-205.

[34] Kurths Gesichtspunkt, dass die Schlußsätze "ein starkes Einfließen der Rondoidee [aufweisen], so daß man zuweilen von einer Synthese der beiden im Grundplan sprechen kann" (*op.cit.* S. 511), kann ich nicht teilen.

ich meine, nicht ohne Berechtigung –, dass *"es kein 'Brucknersches' Finale [gibt],*
so wenig wie ein 'Brahmssches' oder ein 'Mahlersches'"[35]; – verhält es sich so wie
hier beschrieben, möchte nachfolgend eine möglichst Finale-spezifische Behandlungsweise angestrebt werden, was denn aber eine andere Vorgangsweise erfordert als eine der beiden – letztendlich verwandten – Prozeduren, die in den vorangehenden Kapiteln III bis V zur Anwendung gelangten.

Dieser Intention liegt die Auffassung zu Grunde, dass sich die Frage der Typen-
problematik für die analytische Behandlung des Finalsatzes grundlegend anders
stellt, als das in Verbindung mit irgend einem der zuvor stehenden Satztypen der
Fall wäre. In dieser Situation liegen nun zwei Wege offen:

(1.) Eine Analyse unter einem Hauptgesichtspunkt, der das gesamte Netzwerk
kontingenter Art in Bezug auf die im einzelnen Werk vorhergehenden Sätze
berührt. Dieses Projekt wird in jeder irgendwie konsequenten Form vermieden,
da es innerhalb der vorliegenden Abhandlung material ungenügend unterbaut
ist und da eine Etablierung der hierfür notwendigen Bedingungen alle, auch
selbst die weitest gefassten, Rahmen sprengen müsste.

(2.) Eine genauere Erläuterung besonderer "Formstrategien", die sich in ausgewählten Finalsätzen finden und die, insoweit als sie zugleich übereinstimmend
beteiligt sind an der wohlbekannten prä-programmierten Schlussfunktion sowie
der apotheotischen Wirkung des Brucknerschen Finales, sich als gleichzeitig
archetypische wie auch phänotypische Formverwirklichung betrachten lassen.
Dieses mehr handliche, zugleich doch wohl wesentlichere Projekt soll durchgeführt werden, und zwar in der Form einer kürzest denkbaren Reihe von drei
obendrein "schlanken" Analysen.

Dieser Entscheidung wohnt der – vielleicht etwas pointiert ausgedrückte –
Gesichtspunkt inne, dass der typische Brucknersche Finalsatz nicht im selben
Maße wie der Kopfsatz den Charakter trägt, "in" Sonatensatzform komponiert zu
sein, sondern eher den, eine Komposition *über* dieses Formschema zu repräsentieren: größere Abschnitte des Satzes lassen sich hier – etwa als eine Art Konsequenz aus eben der Betonung der prä-determinierten Formidee, die die Analyse
bestimmen muss – als Digression oder vielleicht besser als reine Konvention betrachten, und in dieser Hinsicht mögen sie denn als Passagen erscheinen, denen
die hier angewendete "Lesung" nicht grundsätzlich verpflichtet ist, ja von denen
zu dispensieren sie durchaus berechtigt ist. August Halms Hervorhebung der
materiellen, "bildhaften" Fülle des Finalsatzes und seiner auf andere Weisen
charakteristischen Diversität legitimiert in bestimmter Perspektive eine solche
Liberalität: eben mit dem vor-programmierten Formkonzept des Satzes als – fast
schon indiskutabler – Prämisse. Halm scheint an eben diesen Sachverhalt zu
denken, obzwar weniger spezifisch lokalisiert, wenn er folgende wichtige Aussage macht:

> Bruckner [hat] das kühnere V e r t r a u e n a u f e i n e S y n t h ese höherer Ordnung, wel-

---

[35] Röder, *op.cit.* S. 203. (Ich bin allerdings doch wohl der Auffassung, dass es sich um einen graduel-
len Unterschied zwischen der Situation bei Bruckner auf der einen und denen bei Brahms und Mahler
auf der anderen Seite handelt.)

che auch die in sich fertigeren, satteren thematischen Gebilde und Wesen, wie auch eine Gruppe, eine Symbiose von solchen sich zur Idee, zum Gesamtcharakter vereinigen läßt.[36]

Was die Wahl der drei Finalsätze betrifft, wären einzelne Punkte anzumerken:

Das erste hier in Betracht zu ziehende Werk ist die *3. Symphonie*, die eben kraft der prägnanten Werk-abschließenden Prozedur sich grundlegend von jeder der früheren Symphonien unterscheidet. Dieser Satz wurde außerdem, was allerdings nur eine sekundäre Rolle spielt, innerhalb der vorhergehenden Kapitel deutlich weniger analysiert als das für die Finalsätze der 4., 5. und 7. Symphonie der Fall war.

Entsprechend wurde auch die *6. Symphonie* gewählt, und schließlich die *achte*, insoweit als die unvollendete Form, in der das Finale der 9. Symphonie – und zwar besonders dessen Schluss – vorliegt, diesen Satz von einer Analyse unter den vorgegebenen Hauptgesichtspunkten von vornherein ausschloss.

1 · Das tonale Versteckspiel: der Finalsatz der 3. Symphonie

Dieser Satz begründet durch seine besondere formale Anlage so deutlich wie nur möglich die "verkürzende" analytische Optik, die oben angekündet wurde. Im Verhältnis z.B. zum Kopfsatz desselben Werks ist die interne formale Prozessualität oder Dialektik des Finalsatzes eindeutig schwächer ausgeprägt: das Hauptthema ist eine integrierte Einheit aus Bewegungs-schaffendem Figurenwerk (Streicher T. 1-8 und folgende) und einem syrrhythmischen, Choral-geprägten Monolith (Blech plus Fag. und Bässe Takt 9 ff.) – völlig anders als im Eingangssatz mit seinem heterogenen und späterhin dramatisch interagierenden Themenkomplex. Das Seitenthemenfeld ist, namentlich in der ursprünglichen Fassung des Satzes (1873), *"fast ein 'Stück im Stück'"*[37], und nur die abschließende III. Expositionsgruppe regt, indem sie eine Art (verkürzte) Variante des Hauptthemas ins Spiel bringt (III$_2$ Takt 197 ff., Pos.), ein bescheidenes Maß an motivtechnischer Dynamik zur Entfaltung an. Die hier beschriebene Tendenz wird bestätigt durch den Verlauf der Durchführung, die im großen und ganzen ohne Modifikationen den Satz in seinem flächenhaften, "a-perspektivischen" Grundcharakter festhält.

In keiner Hinsicht, die in essenziellerem Sinne mit der *thematischen* Dimension zu tun hätte, baut sich dieser Satz auf das entscheidende in ihm enthaltene neue Phänomen hin auf: die abschließende apotheotische Wiederkehr des Hauptthemas aus dem Kopfsatz, dem Thema des *Werkes*, in seiner ursprünglichen Gänze.[38] Dafür erfährt diese *"peroratio"*, die nicht selten zum Gegenstand kriti-

---

[36] Halm, *op.cit.* S. 96. (Meine Hervorhebung.)

[37] Röder, *op.cit.* S. 187.

[38] Dieses *Thema* – so Bruckner selbst in der Partitur von III$_2$ – wurde schon vorher, zu Beginn des abschließenden Feldes in der Durchführung, in deutlicher wenn auch eher rudimentärer Form eingeführt in III$_2$ (Takt 341 ff.) und III$_3$. In III$_1$ handelt es sich nur um die Andeutung einer Themenrelation, eher sichtbar als hörbar, da sie besonders vom Blech-Choral überdeckt wird (Takt 399 f. und Takt 403 f.).

scher oder gar verächtlicher Kommentare wurde[39], ihre Berechtigung durch eine andere Dimension: das tonale Spiel im Satz. Und die derart entfaltete Rationalität wird folglich das Anliegen fast der gesamten analytischen Lesung ausmachen.

Ausgangspunkt der Analyse ist hier, dass die notationsmäßig implizierte Tonalität, d-Moll – die im Übergang zur Coda-Apotheose (III₂ Takt 597) in D-Dur übergeht –, nirgendwo direkt zur Wirkung kommt, sondern nur sozusagen formal impliziert ist, und dies im wesentlichen sogar nur durch den Abschluss der Exposition in F-Dur, der Tp von d-Moll. Statt dessen nimmt eine andere Tonart den Status ein, der erwartungsgemäß durch das Hauptthema verdeutlicht werden sollte – und der ebenfalls einen eher implizierten Charakter trägt – sowie durch die formale Anlage des Satzes im übrigen. Diese Hypothese ist neu, soweit mir die analytische Situation um dieses Werk vertraut ist; und sie setzt den Satz in ein neues Licht – und das nicht nur in tonalem Verstand. Es mag wundern, dass nicht einmal die Spezialanalysen der 3. Symphonie (so die von Josef Tröller und Thomas Röder) diesen Sachverhalt entdeckten, obwohl sie – und besonders letzterer – die Frage des tonalen Zentrums im Satz streiften. Oder dass Simpson, bei all seiner ansonsten massiven Betonung der Bedeutung tonaler Faktoren in dieser Art von Musik, in solcher Hinsicht die rechte Spur nicht entdeckte. Das könnte aber nur als weitere Begründung des markanten Ausschnitts dienen, den die Analyse innerhalb der stofflichen Fülle des Satzes vornimmt. Übrigens gilt für die folgende Interpretation, dass sie für alle drei Versionen des Satzes dieselbe Relevanz besitzt, trotz aller sonst bedeutsamen Unterschiede. Wo nichts anderes angegeben ist, bezieht sich die Darlegung – wie gewohnt – auf die zweite Fassung (1877).

Das Hauptthema des Satzes lässt sich weder als in d-Moll "stehend" noch als dieses implizierend beschreiben:

Beispiel 98

Die beiden chromatischen Nebentöne zu *d*, die in der Form eines verminderten Dezimfalls das eigentliche Thema einleiten (Takt 9 f.), stabilisieren keineswegs ein *d* als Grundton: *es'* wird, in der Form von Es-Dur, zur authentischen Auflösung eines wiederholten, enggefügten dominantischen Auftakts: nach der B-Dur-Fläche des einleitenden Figurenwerks; während sich der andere Nebenton, *cis*, als Basston in einem Akkord auditiv als Es⁷₇ zu erkennen gibt, also als Dominantisierung dieser Tonalität. Die Weiterführung des Akkords zu D-Dur (Takt 11; darauf d-Moll eben im nächsten Takt) verleiht "Es⁷₇" den Status einer unvollständigen (Doppel-)Dominante

[39] Simpson, *op.cit.* S. 79, wie auch Notter, *op.cit.* S. 79 (bereits in der Anm. 3 dieses Kapitels zitiert: "... in nervöser Drastik und unfreiwilliger Komik 'auskomponiert'."); Notter bringt (ebd.) auch ein Zitat des Philosophen Ernst Bloch, das eine ähnliche Auffassung ausdrückt.

mit verminderter Quinte (eben mit *cis* und nicht *des*), also eines vierfachen Leittonklangs zu D-Dur. Und endlich weist das Tongeschlecht des letzteren in der Richtung einer *dominantischen* Funktion, was diesen Akkord betrifft – wie das auch für die Takte 21-24 auf dem 3. und 4. Taktschlag gelten muss: ein so frühzeitiger Durchbruch gewissermaßen zur Dur-Variante der Tonika ist unwahrscheinlich und wird denn auch später unzweideutig dementiert, falls sich ein derartiger Eindruck eingefunden haben sollte.

Die Empfindung dieser Richtung auf g-Moll hin wird bestärkt durch die skalenhafte Fortsetzung des Themas (T. 12-17) mit ihrem Charakter eines plagalen g-Moll, und die Tendenz gegen dieses Zentrum wird noch bestätigt durch die wiederholten Kadenzschritte (g: I_3 - V) in den Takten 21-24. Ebenso ist anzumerken, dass der Ton *d* dort, wo er sich mehr insistierend durchsetzt, nach der absteigenden Skala (T. 17-20, Bässe, auf den ersten beiden Taktschlägen), nicht etwa als d-Moll erscheint sondern in einen B-Dur-Akkord gekleidet wird.

Das plagale Gepräge, das hier dem Skalenelement des Hauptthemas zugeschrieben wird, ist das schwächste Glied in der Argumentation für g-Moll als implizierte Tonika, da die Tonleiterbewegung ein *e* enthält und nicht das skalaeigene *es* von g-Moll. Dies wäre vielleicht – in einer pointierten Analyse – zu verstehen als einleitende Camouflage, als adäquate Verschleierung der gewählten tonalen und damit (in diesem Falle) letztendlich der formalen Strategie. Man könnte das natürlich auch als Inkonsequenz begreifen – die im gegebenen Falle eine ironisch dialektische Verbindung einginge mit einer wesentlich später im Satz eintretenden breiten Auskomponierung des G-Dur – der einen von insgesamt drei überdeutlichen Kundgebungen der zentralen Bedeutung der g-Tonalität in diesem Satz. Hier, in den Takten 532-535, die sich spezifisch auf das Skalenelement des Hauptthemas beziehen, ist die Plagalität nämlich konsequent durchgeführt, wenn auch in einer *c-Moll*-Perspektive (*as* anstelle von *a*[40]), an einem Ort, wo eigentlich gerade g-Moll lanciert wird als Glied wie auch als Höhepunkt einer breiteren Kulmination: des dritten einer fortlaufenden Reihe von Durchbrüchen seitens des Hauptthemas aus dem Kopfsatz, in den Tonarten: d-Moll, Es-Dur samt g-Moll (→ G-Dur).

Kehren wir zum Satzbeginn zurück: die Hauptthema-Fläche verklingt in A-Dur (Takt 25 ff.), als Gegenstück zu Takt 1 ff. Hört man nun aber diese Takte als Dominante in d-Moll und folglich in der Erwartung einer lang erwarteten Bestätigung dieser Tonalität, so wird man allerdings enttäuscht: das Hauptthema wird wieder ausgespielt, grundsätzlich wie beim ersten Male, allerdings um eine große Sekunde nach oben versetzt, nun also mit einer chromatischen Umschreibung des Tones *e*. Wo schließlich das gesamte Themenfeld mit einem Ausklang über *d* endet (in den Takten 49-64), ist das D-Dur septimisiert (abschließend obendrein noch dominantisiert durch die pointierte kleine None *es*, ab Takt 57). Und somit ist eher wieder einmal g-Moll indirekt als Prätendent für die Tonikafunktion im Satz zu nennen.

---

[40] Man könnte dies auch als g-phrygische Skalenbewegung kennzeichnen. Th. Röder beschreibt es eben als "plagale [c-]Tonleiter [... mit] G als vielfachem Liegeton". (*Op.cit.* S. 202.)

Das Hauptthema – und sekundär das gesamte Hauptthemenfeld in seinen zwei korrespondierenden Phasen – ist also grundsätzlich *dominantisch* angelegt. Und so klingt das Thema tatsächlich auch, in Analogie mit dem verwandten fugalen Hauptthema im Finale der annullierten d-Moll-Symphonie WAB 100; nur umschreibt hier der absteigende verminderte Dezimfall eindeutig den Dominant-Ton:

Beispiel 99

Entsprechend bestätigt das Fugenthema im Finale des Streichquintetts, WAB 112 (1879), den prinzipiellen dominantischen Charakter dieses Thementypus' bei Bruckner[41] (der Satz steht in f-Moll/F-Dur):

Beispiel 100

Bevor nun diese grundlegende Beobachtung in ihren formalen Konsequenzen entfaltet wird, sei angeführt, wie dieser Sachverhalt in den übrigen ausgewählten Analysen beschrieben wurde. Dass diese Dokumentation einbezogen wird, liegt daran, dass mit der alternativen Auffassung der Tonalitäts-Problematik auch eine neue, oder anders begründete, Formbetrachtung behauptet wird. Und dass sie nicht parasitär gegenüber den existierenden Analysen auftritt, soll folgendermaßen festgestellt werden:

(1.) Robert Simpson spricht davon, dass das Hauptthema *"attacks the tonic from an acute angle"* (nämlich durch die chromatische Umspinnung), und behauptet weiter, ebenfalls etwas zu unpräzise, über die beiden Durchgänge des Themas: *"the second ending in the tonic major"*.[42] Dass es sich in dieser Verbindung um eine für die tonale

---

[41] Weitere Vorkommen sind: das Hauptthema in IX/3. (Adagio): *c - ais* als Umspinnung von *h*; die Tonart des Satzes ist E-Dur. Des weiteren *Psalm 150*, WAB 38 (1892): das Fugenthema über den Text *"Alles was Odem hat, lobe den Herrn"* (Takt 165 ff.).

[42] Simpson, *op.cit.* S. 75.

Erläuterung des Satzes schlecht erwählte Ausgangsposition handelt, wird später unterstrichen in seiner Diskussion möglicher Verbesserungen im Verhältnis zu Bruckners formalen Problemen innerhalb der Durchführung, woraus hervorgeht, dass Simpson weiterhin der Auffassung ist, das Hauptthema – nun in seinem Reprisenmoment – sei fähig *"to ensure the security of the tonic"* [T. 379].[43] Sein Festhalten an d-Moll, oder besser gesagt D-Dur, als dem tonalen Zentrum in der Gesamtheit des Satzes wurde denn auch keineswegs adäquat in Frage gestellt durch seine frühere Nebenbemerkung:

> As it [das Hauptthema] is dying away [T. 49 ff.] we begin to wonder if it is really the tonic, not a dominant. But it would be odd indeed to go full pelt into the subdominant so early in the movement.[44]

Die subdominantische Möglichkeit ist denn auch nicht die Alternative: diese ergibt sich vielmehr, wie schon erwähnt, durch eine korrektere tonale Hörweise, wodurch die "Subdominante" (g-Moll) schon zu diesem Zeitpunkt eher Tonika ist. Weswegen denn auch Simpsons Wertung des ersten Ausbruchs des Hauptthemas aus dem Kopfsatz in G-Dur in Takt 341 (vgl. Anm. 39), der zugleich die erste explizite Manifestation der g-Tonalität im Satz ist, zum Dissens führen muss – einem Dissens, der sich übrigens tatsächlich auf seine gesamte Argumentation ausweiten könnte:

> Its appearance at this juncture [T. 341] was a temptation Bruckner would have done well to resist. [...] The abrupt introduction of its plain diatonicism into a development getting its driving force from chromatic inflections, added to the fact that it nails down the dominant of a foreign key [c-Moll, das mit dem Choral-Element des Seitenthemas folgt, B.M.], is more than the momentum can support. There is a horrible finality about this theme, almost as embarassing when it is insisting on a dominant as when it is affirming a tonic [wie in der *fausse* Reprise in der Durchführung des Kopfsatzes, B.M.].

(2.) Die Situation um das Hauptthema in der Initialphase des Satzes wurde von Josef Tröller auf eine Weise beschrieben, die dem Buchstaben nach vielleicht annähernd richtig sein mag, sinngemäß aber nichts desto weniger völlig verkehrt: mit dem Akkord in Takt 10 (Es-Dur + *cis*), so heißt es,

> entsteht ein alterierter Septakkord[45], der sich in den auch den Schlußteil des Finale beherrschenden D-Dur Dreiklang auflöst.[46]

Dabei wurde die rechte tonale Perspektive hier verzerrt, insoweit als das D-Dur in Takt 11 so transitorisch wie nur denkbar ist. Die Verbindung zum letztgenannten Satzmoment ist darum eine Parallele, in der vor allem die *Unterschiede* zählen: hier besonders bemerkenswert ist der Sachverhalt, dass im abschließenden Kontext – zum ersten Male in dem Satz, nach ganzen zwölf früheren Ansätzen – eine Anführung des Hauptthemas im Rahmen der d-Tonalität erfolgt. Dies führt

---

[43] Ebd. S. 79 o. – Ein Mangel an Sensitivität zeigt sich auch dort, wo Simpson die Sätze III/4. und IV/4. unter dem Gesichtspunkt vergleicht (S. 95), dass "both these movements begin with a massive paragraph that ends in the tonic key."

[44] Ebd. S. 75.

[45] Korrekt wäre: ein alterierter Nonakkord (unvollständig kraft des fehlenden Grundtons *A*), mit Verminderung der Quinte: *es*.

[46] J. Tröller: *Anton Bruckner. III. Symphonie d-Moll.* München 1976, S. 49.

wohlgemerkt mit sich, dass der alterierte Akkord nicht, wie Tröller schreibt, in D-Dur aufgelöst wird, nämlich nicht *direkt* (wie in Takt 11), sondern erst *nach* dem aufsteigenden Oktavsprung des Themas: A - a (mit Dominantfunktion), und nun zeitgleich mit dem Ansatz des "Werk-Themas".

Mit dieser abschließenden – und obendrein Satz-uniken – horizontalen Koppelung der Hauptthemen aus dem ersten Satz und dem Finale wird endlich abschließend und eindeutig erkenntlich, dass die Auflösung des alterierten unvollkommenen Nonakkords *grundsätzlich* – und also in Takt 10 ebenso wie in Takt 34, T. 260, T. 302 usw. und schließlich in Takt 591 f. (wo das Thema in Augmentation erscheint) – zur *Dominante* erfolgt – also als $\text{DD}^{7\flat 9\, \flat 5}$-D. Damit bestätigt sich auch endgültig, dass das scheinbar tonikale d zu Beginn des Finales nicht als solches funktioniert – der Satz hat mit anderen Worten ein völlig alternatives tonales Programm: dies ist "progressiv" konzipiert (wie das ausgerechnet Simpson – jedoch in ganz anderer Verbindung – darlegte[47]).

(3.) Dem Kern des Problems am nächsten kam Thomas Röder, ohne dass er allerdings die Konsequenz aus seinen relevanten Beobachtungen zog; bei ihm geht es mehr um eine Diskussion von Einzelheiten; sein analytisches Hauptanliegen ist offensichtlich eine andere, wie das denn auch aus dem Abschluss des folgenden Zitats hervorgeht.

Durchaus berechtigt – vgl. auch die obige Diskussion – ist etwa seine Replik auf Tröllers harmonische Analyse:

> Die verminderte Quint des [...] Akkords [T. 10] kann ja als "charakteristische Dissonanz" der Doppel-Dominante gelten. Somit entspricht Tröllers Auffassung des D-Dur als Vorwegnahme des Satz- und Symphonieschlusses nicht ganz dem Sachverhalt [– was wohl recht wohlwollend ausgedrückt ist, B.M.]; eher stellt sich hier die Schluß-Situation gefährdet dar. Man kann noch weiter gehen und sagen: mit d i e s e m Thema kann nicht geschlossen werden.[48]

Letzteres ist natürlich eine völlig richtige Beobachtung und eine sehr wichtige Pointe; das besondere an diesem Satz ist aber, dass sich ein adäquater Satz- und Werkabschluss nicht durch einen *thematischen* Prozess begründet, wie im Finale der 8. Symphonie, oder einen primär dynamischen Prozess wie im Schlußsatz der 6. Symphonie. Sonderbarerweise kam Röder der tonal-formalen Rationalität dieses Finalsatzes trotzdem nicht auf die Spur – weder hier noch dort, wo seine Analyse das Stadium der Reprise erreicht:

> Wenn auch das letzte Erscheinen des Hauptthema-Komplexes [T. 379] tonal mit dem ersten identisch ist, so legt diese musikalische Formung doch beide Male kaum ein d-Moll fest. Erstaunlicherweise spielt die Tonika auf d (ob in Dur oder Moll) überhaupt fast keine Rolle im Satzverlauf [...][49]

Dieses relative Desinteresse wird auch dadurch bestätigt, dass keiner seiner Kommentare zu den beiden markanten G-Dur-Durchbrüchen im Satz – die obendrein

---

[47] R. Simpson: *Carl Nielsen. Symphonist.* London 1952. – Die tonale Entwicklung im Kopfsatz von Nielsens 3. Symphonie, *Sinfonia espansiva*: d-Moll → A-Dur, entspricht tatsächlich sogar völlig der in Bruckners III/4.: g-Moll → D-Dur.

[48] Röder, *op.cit.* S. 183.

[49] Ebd. S. 200.

mit beiden Vorfällen vor dem Schlussereignis der Coda zusammen fallen, in denen das Hauptthema des Kopfsatzes in den Formprozess einbezogen wird[50] – besondere Perspektivierungen der tonalen Situation in diesen Zusammenhängen beinhaltet.[51]

Hiermit verlassen wir die literarisch bezogene Diskussion der Tonalitätsfrage.

Das alternative Formprogramm des Finales lässt sich, in äußerster Konsequenz, einfach beschreiben als ein großes Auskomponieren einer plagalen Kadenz: g/G → D-Dur. In der konkreten, extensiven Ausdehnung andererseits ist dieser Satz von einem Fraktal-haften, "kurvenreichen" Verlauf geprägt, dem man, im Verhältnis zur genannten Strategie, eben einen gewissen Charakter des Zufälligen beimessen mag.

Zur Argumentation für die g-Tonalität als lange vorherrschender aber abstrakter Fixpunkt gehört, neben den oben angeführten Momenten, eine Aufmerksamkeit auf die äußerst untraditionellen tonalen Verhältnisse der zweiten Themengruppe, in der Exposition wie auch in der Reprise: wie in der formalen Synopsis nachfolgend angezeigt gruppieren sich das Anfangs- wie auch das Schlußstadium in diesem Formabschnitt – vergleicht man die Exposition mit der Reprise – abstrakt um *g* als Achsenton: in der Anfangsphase als "chromatische", in der Endphase als "diatonische" Symmetrie.

⟋ : bezeichnet das Hauptthema oder einen Hauptthema-Ansatz mit Richtung auf das tonale Zentrum wie von der Ganznote angegeben.

Figur

---

[50] III₂ T. 341 ff. und T. 532 ff. – Vgl. im übrigen Anm. 38.

[51] Vgl. Röder S. 198 und S. 202.

Dass sich der Auflösungs-"Akkord", in Gestalt der letzten Anführung des Haupt-themas aus dem Kopfsatz, erst ziemlich gegen Ende des Satzes authentisch zu manifestieren vermag – und als solcher mit dem Status der trotz allem eigent-lichen Tonika –, das ist die Hauptpointe des Formplans. Diese strategisch verur-sachte Bedingung, kalkuliert im Zusammenhang mit der Verwirklichung der Apotheose, wird – außer durch die seltene Präsenz der d/D-Tonalität überhaupt – auch und am deutlichsten unterstrichen durch die dreifache Folge des Themen-einbruchs aus dem ersten Satz, in den Takten 519-532: der ersten hier eintre-ten-den Anführung, in D-Dur, folgt unmittelbar ihre chromatische Verschiebung nach Es-Dur, die dadurch das vorangehende Sequenzglied geradezu außer Kraft setzt, worauf dann die G-Dur-Gestalt beiden den Trumpf aufsetzt.

Weniger gut reimt sich dieser Formgedanke mit dem Umstand, dass das sekun-däre Thema der Themengruppe III (in der Exposition: T. 167 ff.) in seinem Repri-senverlauf sich in der designierten Schlusstonart ausbreitet (T. 499-514). *Sollte* sich aber ein Thema hierher vorwagen – was ja der Komponist zuließ – ohne die formale Strategie entscheidend zu stören, musste es wohl dieses idyllische und vegetative Nebenthema sein. Dazu sei zu bemerken, dass Bruckners (und wohl besonders Franz Schalks) spätere Bearbeitung des Satzes (1888-89)[52] diesen von einer Inkonsequenz befreite; allerdings zu einem recht hohen Preis: der Eliminie-rung der ganzen dritten Themengruppe aus der Reprise.

Durch die Aufdeckung der tonalen Dialektik zwischen g-Moll und D-Dur, in der die prozessuale Rolle der G-Dur-Partien offenkundig sein dürfte, lässt sich end-lich der Sachverhalt betonen, dass der Paenultima-Akkord in der Schlusskadenz der Apotheose, die an und für sich historisch trivialisierte g-Moll→ g-Moll^{+6}-Wendung, hier mit realer perspektivischer Wirkung erscheint, und zwar nicht nur in emotionaler Hinsicht, sondern auch konsequenter Art im Verhältnis zum gesamten formalen Entwicklungsgang. Tatsächlich hat Bruckner in seinen sym-phonischen Außensätzen diese abgenutzte Version der plagalen Kadenz ganz selten als Schlusseffekt benutzt. Hier ist noch das markante Beispiel im ersten Satz der 4. Symphonie zu nennen, wo die °S^6-Funktion in formaler Hinsicht indessen ebenso gut begründet ist: in einem Dur-Satz, der von Anfang an zwischen harmonischem Licht und Schatten oszillierte (vgl. S. 168 f.).

Exkurs zu Brahms: *Intermezzo*, op. 118 Nr. 1

Es ist erwähnenswert und dann auch analytisch genauer auszuführen, dass eben die beiden kompositionstechnischen Momente, die die tonal-formale Rationali-tät in Bruckners Finalsatz der 3. Symphonie bestimmen, sich zwanzig Jahre später im ersten von Johannes Brahms' Klavierstücken op. 118 (1893) wieder fin-den. Der extensive symphonische Kontext auf der einen Seite und der intensive Zusammenhang innerhalb der 41 Takte des Klavierstücks auf der anderen erlau-

---

[52] Siehe hierzu meinen Aufsatz: "Die letzte Fassung von Anton Bruckners 3. Sinfonie. Ein Problem-fall in der kritischen Gesamtausgabe", in: *Berliner Beiträge zur Musikwissenschaft* 1993 (= Beiheft 1993/3 zu *Neue Berlinische Musikzeitung*), S. 22-32.

ben kaum mehr als verallgemeinernde Konklusionen – die wir uns denn auch ersparen – betreffs der völlig unterschiedlichen musikalischen Denkweisen und Vorstellungswelten der beiden Komponisten. Die spezifischen Ähnlichkeiten trotz dieser Umstände – und zwar eben in formstrategischer Hinsicht – haben aber einen Umfang, der ihre Erwähnung oder zumindest Andeutung rechtfertigt.

Eine Betrachtung der Vorzeichen-Angabe im *Intermezzo*, verglichen mit dem Abschluss des Stücks, lässt die Annahme der Tonart a-Moll (mit einer Verklärung in der Variante, A-Dur, am Ende) fast unumgänglich erscheinen. Dass der Satz – der sich in formaler Hinsicht als monothematischer und überaus konzentrierter Sonatensatz einschließlich einer Coda werten ließe[53] – im Laufe der Exposition nach der TP, C-Dur, moduliert, ist auch für einen schlichten bogenförmigen Satz in Moll üblich und muss diese Tonart-Bestimmung unterstützen. Die Hauptmodulation erfolgt in rein klanglicher Hinsicht mit größtem Zielbewusstsein[54], von der subdominantischen Ebene in Takt 5 (mit DD in Takt 6) über drei dominantische Takte hin zur neuen Tonika in Takt 10.

Die gegebene analytische Problematik, die angekündigte tonale Zweideutigkeit, erhebt sich allerdings schon während der ersten vier Takte, im Lauf der Gestaltung der Kernphrase des Themas. Der C⁷-Akkord in Takt 1 überrascht als Eröffnung des Satzes, und seine etwas spätere authentische Auflösung in ein F-Dur (T. 3-4) bestätigt und verstärkt diesen abweichenden Eindruck, indem die dazwischen liegende Umspielung eines a-Moll-Akkordes – nominell der Tonika! – zwanglos die Funktion einer Dominante auf der dritten Stufe einnimmt (in funktionaler Hinsicht erscheint das Prädikat *mediierende* Dominante hier präziser als die recht nichtssagende Bezeichnung DP).

Das Spiel hat begonnen – denn wie man das Stück von Anfang an *hört*, nämlich als in F-Dur stehend, hat die modulatorische Bewegung zur Dominante C-Dur in Takt 10 ebenfalls nichts ungewöhnliches an sich. Mit anderen Worten hält der Komponist – wohlgemerkt in formalistischem Zusammenhang und bislang nicht mit auditiver Wirkung – den Analytiker in Ungewissheit über den tonalen Fixpunkt des Stücks. Dies allerdings nicht wie ein virtuoser Zauberkünstler: die Rationalität hinter dem Kunststück ist bei Brahms zweifelsohne Bestandteil der ästhetischen *raison d'être* des Satzes, und ihre Enthüllung dürfte somit auch eingeplant sein.[55] Und hier sieht sie, in grundsätzlich genauer Analogie zur tonalen Stringenz in Bruckners Finalsatz, so aus: der Satz ist eine konsequente Aus-Komponierung von plagalen Kadenzen. Diese hintergründige Logik suspendiert

---

[53] Allerdings mit einer Wiederholung auch der Durchführung, und weiterhin mit Reprisenmoment in Takt 21 m.Auft. samt Coda ab Takt 31.

[54] Das unmittelbar störende *dis* auf dem 3. Viertel in Takt 5 ist klanglich und harmonisch-real ein *es*. Die Notationsweise erklärt sich nur im Verhältnis zum nachfolgenden *h*: als Teil einer chromatischen Linie *f - e -X - d* müsste X *es* heißen. Der chromatische Gang wird vorübergehend durch das *c* unterbrochen, und zwar nur weil ein *h* an der Stelle der Viertelpause die zielgerichtete kadenzierende Bewegung nach C-Dur ungebührlich verschleiern würde, da in diesem Falle eine Nebendominante zu e-Moll entstünde.

[55] Die Maxime *Nascondere l'arte*, die bei Brahms – im Gegensatz zu Bruckner – von großer Relevanz ist, ist keineswegs unvereinbar mit einer zu Grunde liegenden Absicht der Entschleierung der Kunstfertigkeit während einer späteren perzeptorischen Phase.

unterwegs, mit stetig anwachsender Evidenz, die "Irrwege" (im Verhältnis zu den tonalen Grundsätzen des Sonatensatzes), für die oben ein Beispiel gegeben wurde.

Der Durchführungs-hafte Abschnitt fällt, wie auch der einzige IV-I-Schritt der "Exposition", in mehrere derartige, mehr oder weniger elaborierte, plagale Kadenzen: von der D^{o9}-T_3 in a-Moll, Takt 11, zu einem Abschluss in E-Dur in Takt 14. Darauf folgt, sequenzmäßig bedingt, eine entsprechende Bewegung von d-Moll nach A-Dur (T. 15-19); nur ist hier der Terminus in Takt 19 mehr transitorisch auf Grund der fortlaufenden, chromatisch betonten und intensivierten Sequenzbewegung, die in Takt 17 eingeleitet wurde.

Diese Intensivierung wird jetzt weniger "mechanisch", eher formkonstruktiv durchgeführt: Die zweite Hälfte von Takt 19 ist ein Vorgriff des ursprünglichen Themenkopfs (in Diminution) – das Thema erschien in der "Durchführung" in annähernd invertierter Form –, und unmittelbar darauf widerfährt nun auch dem Reprisenmoment selbst, Takt 21 m.Auft., eine Plagalisierung, indem eine *aufsteigende* Sequenzierung des Themenkopfs folgt, nach C-Dur (T. 23 m.Auft.); ursprünglich, in Takt 3 m.Auft., wurde diese Gestalt abwärts sequenziert. Diese IV-I-Verbindung: "F-Dur" (wie sich die real notierte a-Moll-Klangbrechung hört) - C-Dur astringiert zugleich den Plagalkonnex zu einem zweitaktigen Raum. (In der "Exposition" wurde die Kadenz über 6 bis 8 Takte realisiert: Takt 3/8/10; im Mittelabschnitt des Satzes über 3 bzw. 4 Takte: T. 11→ 14, T. 15→ 19.)

Dieser neue Schritt bedeutet zugleich eine Dynamisierung des Reprisenmoments, und zwar – wie sich später zeigen wird – in einer formal verdeutlichenden Absicht: die Realität nach dem zusätzlichen Themenansatz ist nun, dass F-Dur als Tonika-Prätendent so gut wie abgeschlagen ist gegenüber *C-Dur*. (Außer den fehlenden festen Vorzeichen des Satzes ist hier die reale Abwesenheit des F-Dur im Reprisenmoment selbst zu bedenken.)

Das F-Dur in Takt 25 wird folglich – trotz seiner Appoggiaturen-Komplikationen – zwanglos als Subdominante in der reprisenmäßig bestätigten Tonart C-Dur gehört. Aber die folgende Sequenzierung von Takt 25 m.Auft. in Takt 26 initiiert wiederum eine plagale Kadenz, diesmal in a-Moll: von IV_3 (Takt 26, dritter und besonders vierter Taktteil), hin zur I. Stufe in Takt 30a (nach einem "Tonika-Vorhalt"). Mit der vorgeschriebenen Wiederholung des Verlaufs ab Takt 11 wird derart der Status von a-Moll als der eigentlichen Tonart des Satzes bestätigt, was mit der Bewegung nach C-Dur in der ersten Hauptabteilung ja durchaus vereinbar ist.

Die lange, einstimmige Umspielung eines verminderten Septakkords zum Beginn der Coda stört grundlegend nicht das Gefühl eines Abschlusses in einer *a*-Tonalität, vor allem auf Grund des Dominant-Orgelpunkts, der nur das endgültige tonale *grounding* des Stücks verzögert. Innerhalb dieser Verschiebung fällt nun die entscheidende Schlusspointe, und wiederum handelt es sich in erster Linie um eine solche in formallogischer Hinsicht. Sie erfolgt in Takt 35 und unmittelbar danach: das plötzliche D-Dur in Takt 35 (als $^6_4$-Akkord), das im folgenden Takt schmerzlich nach Moll gewendet wird, ist selbstverständlich eine Antizipation des Ausklangs des Satzes in der T_V-Tonart – und steht ein weiteres Mal als die plagale IV. Stufe gegenüber dem Schlussakkord A-Dur.

Aber warum muss es einem d-Moll weichen? Das hängt einzig und allein mit der zum letzten Mal erscheinenden, augmentierten melodischen Anführung des Themenkopfs in T. 36-38 zusammen: die Ablösung von D-Dur durch d-Moll liegt daran, dass das *fis* "vermittelt" werden muss durch einen anderen Klang vor der Anführung des ersten Akkords in Takt 37, der in seinem *f* einen besonders prononcierten Ton hat. Denn mit diesem Akkord tritt nun die Formidee hervor in ihrer endlichen und leuchtenden Klarheit: der Akkord in Takt 37 ist $°IV^{+6}$ in C-Dur – nur mit der Notation *gis* statt *as*, die sich in der fortgesetzten melodischen Entfaltung der a- Dominante begründet. Und dieser besonders akzentuierte Klang (*sf*) entschleiert sich – das aber nur, nachdem man die plagale Gesetzmäßigkeit in den tonalen Bewegungen erkannt hat! – als letzter, genial angebrachter Versuch, ein C-Dur hervorzuzwingen – das sich in Takt 26 ja verdrängt sehen musste von a-Moll als tonalem Zentrum des Stücks –, und zwar durch eine weitere plagale Kadenz-Initiative, die sich sogar zwischen das IV- und I-Glied der A-Kadenz schiebt.

Dies allerdings nur als ein "Versuch", der missglückt. Der Sinn der Sache liegt für Brahms natürlich darin, dass es sich gar nicht um eine eigentlich letzte Initiative handelt, sondern nur darum, mit endlicher Evidenz klar zu stellen, dass C-Dur die eigentliche mit a-Moll rivalisierende Haupttonart seit Anfang des Stückes war, also schon seit der ersten plagalen Bewegung von F- nach C-Dur. Und dies beinhaltet eine formale Konklusion: eine sonatenförmige Rationalität hatte nur in dem minderen Umfang Bestand, wo F-Dur die Position als Haupttonart einzunehmen vorgab. Die Illusion in diesem Sachverhalt wurde zuerst deutlicher in dem dynamisierten Reprisenmoment, indem hier der maskierten F-Dur-Klausel (Takt 21 f.) eine prinzipiell entsprechende D-T-Formel in C-Dur in T. 22-24 folgte. Bei diesem zusätzlichen thematischen Antritt hatte die Plagalität ausnahmsweise einmal mehr als im Grunde bloß statistische Signifikanz, nämlich die Funktion einer Kurskorrektur in dem gegebenen tonalen Orientierungsanliegen.

2 · Die unbeschlossene Dialektik des Themenausbruchs: der Schlußsatz der 6. Symphonie

Der formale Individualcharakter dieses Satzes liegt – will man den individuellen Aspekt pointiert ausdrücken: als Formstrategie – primär auf dynamischer Ebene, wenn auch, da dies der Fall ist, andere Faktoren erwartungsgemäß ebenfalls eine aktivere Rolle spielen werden. Dies gilt im hier gegebenen Zusammenhang in der Form tonaler Verhältnisse, die allerdings, vergleicht man mit dem Finale der 3. Symphonie, eine eher zurückgezogene und, namentlich aus einem analytischen Gesichtswinkel, eine unterstützende Funktion einnehmen. Für die Perzeption bewahren die dynamischen Kräfte und ihre Widersprüche die Priorität.

Auch hier soll eine ausschnittweise Analyse vorgenommen werden, um gerade kraft ihrer Begrenzung einen – jedenfalls für den Verfasser – klar ersichtlichen, deutlichen und zugleich überzeugenden Formausdruck bloßzulegen. In Verbindung mit diesem Satz ließ sich der Ausgangspunkt für die genauere Einkreisung der Konsistenz des Formverlaufs am genauesten auf die Feststellung hinführen, dass das Anhören verschiedener musikalischer Interpretationen des Satzes zu sehr unterschiedlichen Graden an Akzeptanz des Formverlaufs mit sich führte.[56] Und erst eine genauere "Vergegenwärtigung" der Elemente, die in dem einen bzw. dem anderen Falle überzeugend oder störend wirkten, brachte größere Klarheit mit sich betreffs der formalen Mechanik des Satzes, ergab ein erhöhtes Bewusstsein um die individuelle Dialektik, die die Voraussetzung dafür ist, dass ein Sonatensatz von größeren Ausmaßen oder größerem Gewicht ästhetisch befriedigend zu wirken vermag, so unorthodox seine Ausformung auch erscheinen mag.

Das störende Element auf der einen Seite verband sich bei jedem erneuten Hören mit dem Eindruck einer Heterogenität im Formbau, die nicht in notwendigem Umfange innerhalb irgend eines sinngebenden perspektivischen Rahmens koordiniert wurde, sondern deren einzelne Elemente eher wie Perlen auf einer Schnur erschienen, und hier also vor allem als eine Kette, die einen übergeordneten Schönheitswert vermissen ließ. Auf der anderen Seite wurde in ästhetisch zufriedenstellenden Aufführungen die strukturelle Lockerheit der Form – die in diesem Satz eine Tatsache ist – durch eine Reihe von assoziativen Momenten auf formaler Ebene vervollständigt, die sich auf die Profilierung des Notenbildes seitens des Interpreten vor allem in dynamischer Hinsicht zurückführen lassen.

Dennoch lässt sich die Analyse weder tragen noch genauer unterbauen durch Einzelheiten von praktisch-interpretatorischer Art. Der Verweis auf diesen Bereich berührt eben einen katalysierenden Faktor, der – in Übereinstimmung mit der eigentlichen Bedeutung und Wirkungsweise dieses Begriffs (innerhalb der Chemie) – nicht durch seine Beteiligung am gegebenen Prozess verbraucht werden soll.

Was den anderen Aspekt des interpretatorischen Akts betrifft, der unvermeidlich der sprachlich gekleideten Analyse angehört, sei einleitend betont, dass Momente eines gewissen hermeneutischen Gepräges sich kaum entgehen lassen. Das liegt nun gerade nicht zuletzt an der mehrfach erwähnten Dominanz dynamisch definierter formaler Wirkungsmittel in diesem Satz, die eine Beschränkung der analytischen Sprache auf die engeren Rahmen der "Formalitäten" erschwert. Und wenn diese Schwierigkeit auch keinen Einfluss auf die Analyse in der Form einer Umschreibung technischer Sachverhalte in episch oder dramatisch gefärbte Formulierungen haben soll, mag es geboten sein zu unterstreichen, dass jede

---

[56] Um Voreingenommenheit handelte es sich in dieser Verbindung keineswegs – eher im Gegenteil: Die Aufnahme Günter Wands mit dem Sinfonieorchester des Westdeutschen Rundfunks Köln z.B. ist für mich ein für alle Mal nicht zufriedenstellend, trotz meiner ansonsten großen Bewunderung für Wand als Bruckner-Dirigent; andererseits war es gerade Herbert von Karajan, der mir im allgemeinen in diesem Repertoire nicht zusagt, der in diesem Falle – mit den Berliner Philharmonikern – das "richtige" erreichte und darin seither meines Erachtens nur von Franz Welser-Möst übertroffen wird.

mögliche hermeneutisch wirkende sprachliche Wendung in Verbindung mit der folgenden Darstellung *nicht* aufzufassen ist als ob die Musik diese oder jene Bedeutung ausdrücke, oder als ob der Komponist einen dramatischen Verlauf dieser oder jener Art habe schildern wollen; sondern vielmehr: "Die musikalische Formlogik äußert sich auf eine Weise, die auch so ausgedrückt werden kann", oder: "Bruckners formale Intention erweist sich als in dieser oder jener bestimmten Pointierung, Beziehung, Gegensätzlichkeit usw. zu bestehen, die sich sinnvoll durch diese Umschreibung verbalisieren lässt".

Wie schon angedeutet bietet dieser Satz Schwierigkeiten, was seine Auffassung betrifft: wird immer wieder festgestellt, dass die 6. Symphonie im Schatten aller übrigen in der Werkreihe seit der dritten einschließlich stehe, liegt das in erster Linie ohne jeden Zweifel an ihrem Finale mit seinem unmittelbar zerbrechlich wirkenden Formbau, seinen undeutlich profilierten, Gegensätze hervorkehrenden Bruchlinien und seinem eher richtungslosen Gang im übergeordneten Verlauf wie auch im Detailbereich.[57] Dieses gerade *hervortretende* Gepräge ist schon an sich ein Handicap für den Satz: im extensiven Zusammenhang, als ausgedehnte Substanz, wie auch im intensiven Zusammenhang, als quasi-codaler Abschluss des Werkes als Ganzheit.

Anders gesagt: besonders der Satz- und Werkabschluss ist in diesem Falle in seinem prä-programmierten Status bedroht – wobei man allerdings überlegen sollte, ob nicht dieser Status und diese Wirkung mit unterschiedlichen Graden an Intensität von einem Werk zum andern impliziert sein könnte. So verhält es sich tatsächlich, auch mit den Symphonien nach der dritten, und zwar so, dass die Idee eines zyklischen *"Wiederausbruchs"* sich deutlich am schwächsten in der sechsten und namentlich der siebenten Symphonie manifestiert.[58]

Nichts desto weniger lässt sich dieses Finale "lesen" als letztendlich konsistenter und wirkungsvoller Abschluss vor allem in kürzerer Perspektive, d.h. als in sich geschlossener Satz: als Schlußsatz ohne größere zyklisch übergreifende Ansprüche und ohne metaphysische Obertöne; mit einer mehr mundanen und somit eher rein musikalisch, weniger psychologisch wirkenden und dadurch vielleicht geradezu "bescheideneren" Zielsetzung als die drei voran gehenden Werke der Reihe. So gibt es in diesem Satz etwa keinerlei Choralmelodien oder -phrasen, im Gegensatz zu den drei erwähnten wie auch den drei nachfolgenden Finalsätzen. Ebenso wenig erscheinen, wie das in der 2. Symphonie noch der Fall ist, Zitate aus liturgischer Musik.

---

[57] Vgl. etwa das harte Urteil des schwedischen Komponisten und Musikkritikers Wilhelm Peterson-Berger: "Bruckners 6. Symphonie ist vielleicht nicht so umständlich wie viele ihrer Schwester, statt dessen aber von so schwacher Inspiration in den beiden letzten Sätzen, so engbrüstig in Inhalt und Form, dass man sich wundern muss, wie sie überhaupt als einer Aufführung wert angesehen werden kann." (Übersetzung seiner Rezension in *Dagens Nyheter*, 1. November 1928.)

[58] Was das Finale der 7. Symphonie betrifft, vgl. S. 356 ff. Für die 4. Symphonie, die mit den beiden hier genannten erwähnt werden muss, gilt, dass die erneute Anführung des Hauptthemenkerns aus dem ersten Satz ein verhältnismäßig diskretes Element im Abschluss des Werkes ist; dafür bewirkt aber der vorbereitende Verlauf der Coda, mit dem ernsten es-Moll-Choralsatz Takt 489-505 (vgl. S. 393) die Erwartung eines apotheotisch betonten Satz- und Werkabschlusses.

Es lässt sich allerdings ein intern-musikalisches "Drama" heraus-anaysieren – tatsächlich: ein Spiel zwischen hauptthematischen Kräften und deren ungleichem Grade an abschließender Effizienz, oder ihrem Sinn für *timing*. Es scheint hier wiederum eine Formstrategie vorzuliegen, die sich als durchaus konsequent auskomponiert erweist und die – als formprozessuale "Argumentation" betrachtet – hauptsächlich triumphiert im Satzabschluss selbst, also in dem Formmoment, auf das sich Bruckners Werkkonzept traditionell von vornherein richtet.

Die Ausgangslage des Satzes, im Hauptthemenfeld ausgebreitet, erscheint äußerst heterogen (Takt 1 ff./T. 29 ff./T. 37 ff./T. 47-64), wobei sich allerdings innerhalb eines übergeordneten großen Gegensatzes verbindende oder richtiger: dialektisch vermittelnde Elemente finden. Eines dieser Elemente betrifft das Verhältnis zwischen einerseits T. 1-28 und andererseits T. 29-64 (wenn auch nicht gerade deutlich erscheint, dass die Pizzicatolinien der Bässe in Takt 3-7 usw. vergleichbar sind mit der Bassfiguration in Takt 29-31 usw.)[59] Die übergeordnete Struktur ist grundsätzlich dieselbe wie in der Konstruktion des doppelten Hauptthemas im Finale der 2. Symphonie[60] (siehe Notenbeispiel 101). Allerdings ist die Ähnlichkeit innerhalb dieses Kontrastverhältnisses einerseits weniger tragkräftig und minder deutlich hervortretend in der 6. Symphonie, während andererseits das unmittelbare Charakteristikum: der dynamische und charakterliche Kontrast innerhalb der thematischen Doppelinstanz, hier mit größerer formprozessualer Tiefenwirkung exponiert wird als in dem früheren, "unschuldigeren" Werk.

Beispiel 101 x, a-b

Das Spannungsverhältnis im Finale der 6. Symphonie besteht einerseits in einer einleitenden Themalinie, die einen ausgeprägt vegetativen Charakter aufweist, und andererseits in einem ebenso prägnanten, fast apotheotischen Themenausbruch (vgl. Notenbeispiel 102). Was das letztere Element betrifft (Beispiel 102 b),

---

[59] In diesem Fall zeigt sich die einheitlich geprägte Wirkung wesentlich deutlicher in auditiver Hinsicht als durch ein in Einzelheiten gehendes Studium der jeweiligen notierten Zusammenhänge. – Kurth macht des weiteren geltend, dass der schneidende unisone Einbruch in den Blechbläsern Takt 37-40 Verbindung hat mit der allerersten kurzen Drehfigur der Violinen in Takt 3-4: *f - e-d - e*. Diese etwas zweifelhaftere Deutung wird jedoch nicht perspektiviert; andere Einzelheiten dieser starken Wirkung können mehr über die Bedeutung dieser Stelle aussagen.

[60] Diese Ähnlichkeit wird im weiteren formalen Prozess unterbaut durch die jeweiligen Reprisenmomente, die in beiden Sätzen durch das kräftige und Durchbruch-geprägte HThb bestritten werden: vgl. II/4. Takt 388; VI/4. Takt 245.

lassen sich – zum näheren semantischen Beleg – zwei seiner drei Bestandteile: die Treppenfigur der Streicher und der diatonische Terzdurchgang, in noch ostinaterer Ausprägung im *Arterna fac*-Abschnitt aus Bruckners ungefähr gleichzeitigem *Te Deum* wiederfinden.[61]

Beispiel 102 a-b

Eine Bestimmung der Differenz- sowie der Zusammenhangsmomente innerhalb dieser Themengruppe ist entscheidend für die weitere Analyse. Kurths Charakteristik dieses Formteils, mit den Worten *"Werdeentwicklung"* (Takt 1-28) samt *"Themenausbruch"* (Takt 29-46), ist typisch für seine musikalische Empfindungsweise und deren Niederschlag in der größtmöglichen analytischen Betonung des Einheitsaspektes[62]; meines Erachtens irrt er sich aber hier betreffs der individuellen Formintention, der "Strategie", die in diesem Satz aufscheint. Kurth unterstreicht nämlich auch, dass dieser Themenausbruch, wenn das Finale seine Schlussphase erreicht, seine "Erfüllung" nicht durch das Themenelement aus Takt 47 ff. (bzw. Takt 29 ff.) erreicht – laut Kurth die eigentliche expositionelle Hauptthemengestalt im Finale, für sich genommen[63] –, sondern dass dies im abschließenden Zusammenhang in der Form des Hauptthemas aus dem Kopfsatz erfolgt (vgl. T. 399 ff. Hr$_r$, Trp$_p$, sowie T. 407 ff., Pos$_s$). So unbestreibar dies ist, eben so klar lässt sich sagen, dass diese Pointe durch ihren sozusagen allzu weitsichtigen Blick auf das abschließende, zyklisch abrundende Durchbruchmoment von der dynamischen und charakteriellen *Unvereinbarkeit* zwischen den beiden thematischen Hauptthemen-Strata des Finales selbst absieht. Diese ist es aber, die die Grundlage bildet für eine formale Dialektik und die eine entwicklungsmäßige Spannung im gesamten Satz oder zumindest während dessen größten Teils aufrecht erhält. Zu den oben erwähnten vermittelnden Momenten innerhalb der Hauptthemengruppe gehört daher – paradoxaler Weise – die abstrakte Qualität 'Differenz', im partiellen Gegensatz zu der konkreten Qualität 'Kontrast'.

Dieser Gesichtspunkt ist zu konkretisieren: zunächst mit der Feststellung, dass der "Themenausbruch" wie auch seine nachfolgende bestätigende Verfestigung in den Takten 47-64, in der Form des triumphalen Abschlusses des Themen-

---

[61] *"Aeterna fac cum sanctis tuis, in gloria munerari"*. – In der ursprünglichen Fassung des *Te Deum*, und zwar im Satz *"In te, Domine, speravi"*, fand sich außer diesen beiden Elementen auch der dritte Bestandteil des HTh$_b$, in VI/4., der Oktavsprung; vgl. R. Haas: *Anton Bruckner*. Potsdam 1934, S. 90.

[62] Vgl. die Diskussion hierüber S. [106-110]. – Um der Deutlichkeit willen: Kurth bezeichnet den Anfang des Satzes als "Werdeentwicklung des ersten Themas".

[63] Erst den Verlauf ab T. 47 fasst Kurth auf als "streng genommen die eigentliche Ausprägung des Themas" (*op.cit.* S. 963).

feldes, als formales "Ereignis" prämatur in der x'ten Potenz zu nennen ist: im vorhergehenden ultrakurzen Satzverlauf findet sich schlicht keine Deckung für diesen plötzlichen und gewaltigen Schub, auch nicht soweit es die tonale Dynamik betrifft: von der Grundtonart a-Moll zur designierten Schlusstonart A-Dur und dann noch weiter, mit dem Endziel in der Dominante E-Dur. (Es ist wohl eher eine solche Serie von Ausbrüchen, die man mit einem Ausdruck Robert Simpsons – der sich auf ein Detail in III/4. bezieht – als geladen mit *"a horrible finality"* bezeichnen könnte.[64]) In dieser Hinsicht gebärden sich diese Durchbruchelemente, der HTh_b-Komplex, wesentlich unmotivierter als das der Fall ist mit dem HTh_b in II/4., das teils, in den ersten beiden Takten (T. 33 f.), eher wie ein Kollaps nach der vorhergehenden längeren Aufspannung einsetzt, teils anschließend am ehesten eine aufspannende Entwicklung von großer Ähnlichkeit mit der ersten wieder aufnimmt.[65]

Wie es sich nun aber im Finale der 6. Symphonie verhält, begreift man die mangelhafte Deckung für den Ausbruch vor dem Hintergrund oder, mit einer formintentionalen Pointierung, als Folge eines anderen "Defekts", nämlich des allzu vegetativen und labilen Charakters des homogenen HTh_a-Komplexes. Vegetativ geprägt sind vor allem die stetig verkürzten Ausspinnungen in den Takten 11-17, und labil ist der Abschnitt in mehrerer Hinsicht: die zweite der beiden variierten Phasen im ersten thematischen Abschnitt (_a_^2, Takt 19 ff.) plaziert sich zwar in einer höheren Lage als die erste; dabei ist sie aber in die subdominantische Sphäre versetzt. Dies lässt sich deuten als Zeichen einer Schwächung; und vor allem ist dieser Schritt der Entwicklung vor dem Hintergrund des destabilisierten Zustands der einleitenden Tonart zu betrachten: das a-Moll ist sehr plagal geprägt[66], und die gesamte Gestalt ist schon an sich tonal geschwächt durch ganze zwei "fremde" Töne in der thematischen Linie: im eigentlichen Ansatz wie auch in dem sonderbar offenen Abschluss. (Hierdurch liegt ein diskreter Bezug auf den ersten Satz vor (siehe Notenbeispiel 103), – wiederum ein Detail, das eine Parallele in der 2. Symphonie hat, vgl. Notenbeispiel 101 a-x.)

Beispiel 103 a-b

---

[64] Simpson, *op.cit.* S. 78.

[65] Das verwandteste Gegenstück zum prämaturen Themendurchbruch in VI/4. stellt das HTh-Feld in IV_2/4. dar; hier wurde die Situation hin zum ebenfalls auffallend frühen Durchbruch – des Hauptthemas des *Kopfsatzes*, in Takt 79 – allerdings wesentlich organischer aufgebaut, mit Anführungen zunächst des Hauptmotivs aus dem *Scherzo* (Takt 29 m.Auft. ff.) und später eines schwerfälligen, unisonen und "erdgebundenen" Finale-Hauptthemas Takt 43 ff.

[66] Harry Halbreich spricht von phrygischer Tonalität (dies auch betreffs der Anfangsthemen in den ersten beiden Sätzen des Werks, vgl. "Bruckners Sechste: kein Stiefkind mehr", in: *BrS 1982. Bericht*, S. 85 f.).

Diese beiden Töne, *f* (sowie *b* als Pendant und "Tonika" zu *f*) und sekundär *d*, üben, wie sich erweisen wird, eine nachhaltigere Kritik der verschiedenen Durchbruchsversuche im Satzverlauf seitens des HTh$_b$s aus – Initiativen zu einer Befreiung, deren Grad an Unüberlegtheit betrachtet sein will als Protest gegen die zögerliche, zugleich aber nicht gerade wirkungslose Gegenwart des HTh$_a$. Diese Ausbrüche werden in tonaler Hinsicht vor allem in E-Dur eingesetzt – sekundär in A-Dur und H-Dur[67] –, und sie lassen sich mit ähnlicher Unmittelbarkeit klanglich daran erkennen, dass sie sich in der Richtung eines Trompeten/Posaunensatzes neigen, wozu sich Hörner und eventuell Tuba gesellen können.

Der erste kombinierte Effekt dieser Kennzeichen findet sich in Takt 49 m.Auft., unmittelbar nach dem zweiten Themenausbruch in H-Dur. (Das erste Mal erfolgte dies in A-Dur.) Diese dominantische "Doppel-Potenzierung" ist als Folge des beträchtlichen Gegendrucks der in der Anmerkung 59 berührten einschneidenden unisonen Einbrüche seitens f-Moll und b-Moll in den Takten 37-46 zu betrachten. Der thematische Ausbruch wird aber, noch bevor er zum Abschluss kommt, zurückgewiesen durch einen unisonen *d*-Oktavfall, bei dem die Blechbläser ebenso plötzlich entfallen wie die übrigen Instrumente determiniert eintreten – ein recht ausdruckskräftiger Ersatz für den zu Ende geführten Dur-Abschluss des Blechbläsersatzes in Takt 30-31 (die Parallele im ersten (A-Dur-) Zusammenhang). Dieser Einspruch hat allerdings nicht ausreichend Durchschlagskraft, um das ausklingende HTh$_b$-Feld in einer Übertrumpfung der f- und b-Moll-Einbrüche in den Takten 53-64 zu verhindern (mit dem dominierenden Motiv in Fl., Ob., Kl. und Trp.): in Dur, und zwar in E-Dur, der Brucknerschen Durchbruch-Tonart par exellence.

Hiermit ist das Spiel gewissermaßen in Gang gebracht.

Die in der Folge am meisten bedrohte Tonart ist nun aber nicht so sehr das E-Dur, das sich derart Parvenü-haft der Bühne bemächtigte, sondern viel eher die hierdurch so drastisch vorgespiegelte Haupttonart, A-Dur. Ein recht unansehnliches Zeichen dieser Situationslage scheint sich in der beruhigenden und analytisch sonst recht uninteressanten zweiten Themengruppe zu zeigen, die überwiegend in C-Dur zentriert ist – was indirekt die Haupttonart a-Moll bestätigt und damit auch die Auffassung, dass das HTh$_b$ zu weit ging; und zwar dort, wo wiederum E-Dur sich einfindet, in Takt 72, als dominantische Endstufe einer phrygischen Kadenz. Diese Dominante wird sorgfältig "demontiert", als ob es sich dabei um einen Sprengstoff handelte, indem sie überraschend um eine Quinte in *dominantischer* Richtung weiter geführt wird (T. 73-80). Und tatsächlich erfolgt der – abgesehen von der abschließenden crescendierenden Anlauf zur dritten Themengruppe – einzige Ansatz zu einem Aufbruch innerhalb dieses Themenfeldes in Form von zwei zutiefst isolierten A-Dur-Takten: Takt 89 und 90.[68] Die-

---

[67] Allerdings muss angemerkt werden, dass die Tonalität in diesen Ausbrüchen nicht "Dreiklangrein" ist, indem sie z.B. im A-Dur der Takte 29-30 von der Quarte angegriffen wird (*d* in Takt 29, Hörner, vor dem *e* in Takt 30).

[68] Man bemerke hier auch die rhythmisch intensivierte Variante des Seitenthema-Anfangs aus Takt 65 f. in Takt 90 (oder, auf derselben Partiturseite wie T. 90, Takt 101 f., Vl.1).

sen folgt unmittelbar ein Takt in a-Moll sowie eine resignierende Entwicklung (T. 91-96) vor der Wiederaufnahme des anfänglichen C-Dur-Materials.

Die Themengruppe III setzt in Takt 125 an mit einer *ff*-Rekurrenz auf das abschließend auftrumpfende Drehmotiv des HTh$_b$ (vgl. T. 53 ff., Fl., Ob., Kl., Trp.), mit Änderungen einerseits in der Form melodischer Umkehrung, andererseits einer erneuten Präsentation von H-Dur als Tonart (oder als Dominante in e-Moll), und dies obendrein nach einem massiven dominantischen Ansatz (C^{11}) zu F-Dur und somit tendenziell zur $_a$-Kategorie in thematischer Hinsicht.[69] Nichts desto weniger setzt sich nun aber (Takt 139), nach einem weiteren derartigen Ausbruch – und mit einer vorhergehenden dynamischen Abschwächung zu *pp* und *p* in den Takten 129-134 –, E-Dur (oder die Dominante zu A-Dur) durch – zwar nicht ohne eine starke Einblendung des Tones *f* (T. 141 f.), hier allerdings wiederum nur als "ohnmächtiger" Durchgangston zu *fis* vor dem Höhepunkts- und Schlusston *gis* in dem E-Dur-Akkord.

Und dennoch: der hier eintretenden plötzlichen "Zäsur" folgt unmittelbar ein *unisono* pulsierendes *F* in den Bässen; allerdings in *pp* ,– aber die Abweisung des A-Dur als der erwarteten harmonischen Auflösung der vorhergehenden Takte könnte kaum kategorischer markiert werden als durch eben dieses insistierende *F*.[70] Es etabliert denn auch sogleich eine andere tonale Sphäre, die eher von der $_a$-Seite der Hauptthemengruppe geprägt ist: B-Dur und b-Moll, um dann nach einer langen Reihe von harmonisch/melodischen Sequenzbewegungen zeitgleich mit dem wie üblich ruhigen Abschluss der Exposition ein Ende in E-Dur zu erreichen (T. 167-177).[71] Diese ruhelose tonale Wanderung verbindet sich motivisch mit einer ostinaten Wiederholung des bestimmten Motivs, das schon einmal (T. 130-134) in einem plötzlichen Übergang zu *piano* den erneuten Durchbruch zu H-Dur mit einer schwächeren Ausgabe desselben unterbrach (man bemerke die Diminution). Und dieses Stadium des Formverlaufs verdient etwas genauere Aufmerksamkeit.

Namentlich Ernst Kurth schrieb dieser Passage wesentliche Bedeutung zu (wogegen Robert Simpson sie als fast völlig irrelevant betrachtete), indem er ihr den Status des entscheidenden Schrittes in der Phase des Formprozesses erteilte, in welcher das Hauptthema des Finales zuerst dem des Kopfsatzes Platz einzu-

---

[69] In den letzten vier Takten vor der Auflösung des C^{11}-Akkords (T. 121-124) werden None wie auch Undezime (chromatisch) zu *dis* bzw. *fis* erhöht, also zu Tönen, die der nachfolgenden Tonart H-Dur angehören. Dies hat nun aber keinesfalls Einfluss auf die eindeutig massive Wirkung einer Dominante zu *F* (vgl. den Orgelpunkt C), sondern färbt diesen nur auf charakteristisch Brucknersche, leuchtende Weise.

[70] Manche Dirigenten wünschen diese *F*-Fläche offenbar von ihrem ersten Ton an hörbar zu machen und setzen daher eine kurze Fermatewirkung zwischen den *ff*- und *pp*-Takten ein; allerdings ohne einen gültigen Grund dafür zu haben: teils gibt es eine solche Vorschrift seitens des Komponisten nicht, teils – und das ist entscheidend – ist die Pointe dieses zäsurlosen Übergangs wohl die, dass das *f*, indem es allmählich aus dem Getöse hervortritt, so wirkt, als hätte es sich bereits zuvor "protestierend" geltend gemacht. – Völlig dieselbe Wirkung wurde in V/1. Takt 325-328 realisiert.

[71] Es fällt auf, dass der Bläsersatz plötzlich abbricht eben dort, wo der Gang der Sequenzbewegung A-Dur anspricht, worauf sich dann die harmonische Progression ungestört fortsetzt (Takt 159 ff.) in einem reinen Streichersatz.

räumen beginnt. Und zwar mit der Begründung, dass das ostinat angeführte Motiv eine Ableitung aus dem zweiten Teilmotiv im Hauptthema des Kopfsatzes ist (Takt 15 f. etc., Bässe und dann in freier Umkehrung in Flöte und Oboe). Das betreffende Motiv im Finale lässt sich allerdings mit weit größerer Evidenz als reguläres Zitat auffassen (dessen Berechtigung als solches sich allerdings schwerlich erklären lässt) – eine Erinnerung des zweiten Elements im Hauptthema des Adagios (VI/2. Takt 5 f., Oboe solo). Auf diesen Bezug ist Kurth zwar nicht unaufmerksam, er vernachlässigt ihn in seiner Formdeutung aber ohne weiteres zum Vorteil seiner üblichen Formanschauung. Diese veranlasst ihn auch, den Beginn der Durchführung hier, in Takt 145 und demnach 32 Takte zu früh, anzusetzen – freilich unter Anführungszeichen –, wobei er folgende Erklärung gibt:

> Das Problem ist gestellt und seine Lösung beginnt.[72]

Dies ist jedoch ein schwach motivierter Punkt in einem derart prägnanten interpretatorischen Anliegen. Nach der Auffassungsweise der gegenwärtigen Analyse hat sich die Formproblematik längst abgezeichnet, und zwar als Satz-internes Spiel um die Initiative – einleitend sowohl zu wenig als auch zu viel – und eine dazu gehörige Problematik betreffs eines ausgeglichenen Formrhythmus, eines natürlichen *Momentums* in der Satzentwicklung, wie das Simpson sicher ausdrücken würde. Es mag durchaus gerechtfertigt sein, Takt 145 als die Stelle zu benennen, wo eine "Lösung" angesetzt wird, aber nur in dem Sinne, dass ein weniger antagonistisches Verhältnis zwischen den bislang starken Gegensätzen im Satz gerade hier seinen ersten Ausgang nimmt.

In dieser Verbindung spielt u.a. und besonders der insistierende Sequenzgang eine entscheidende Rolle: die ständig weitergehende Bewegung durch eine lange Reihe von Tonarten, die zunächst jeweils einen ganzen und dann nur einen halben Takt beanspruchen – jeweils als Nebendominante bzw. als Auflösungsakkord –: diese Bewegung suspendiert momentan jeglichen dynamisch wie auch tonal definierten Gegensatz; alles fügt sich in eine andere Ordnung.

Es ändert sich somit der Charakter zu etwas unvermeidlichem, quasi natürlichem, an und für sich "gegensatzfreiem"; und man übt kaum Gewalt gegen die Musik, wenn man in interpretatorischer Absicht auf eine genaue Parallele im Finalsatz der 8. Symphonie hinübergreift: dort im Abschnitt Takt 501 ff., eine Stelle, die Bruckner explizit als '*Wasserfall*' bezeichnet hat.[73] Es lässt sich in beiden Zusammenhängen ein initiierendes Moment registrieren, das zu einer charakteristischen Dämpfung antagonistischer Momente führt. Nur erscheint es hier – im Vergleich zu den verwandten Fällen (vgl. Anm. 73) – auffallend frühzeitig (es wird später allerdings im Reprisenkontext wieder aufgenommen, und diesmal an typischerem Ort, nämlich kurz vor der Coda). Was sich hier abspielt, ist

---

[72] Kurth, *op.cit.* S. 968.

[73] *Göll.-A. IV/3*, S. 20. – Vgl. Friedrich Hölderlin: "wie Wasser von Klippe zu Klippe geworfen" (*Schicksalslied*). – Ein drittes Beispiel dieses "Satztypus" findet sich in V/4. Takt 354 ff., und ein viertes, kürzeres und weniger charakteristisches in VII/4. Takt 263-266. Klar ist, dass sich dieses Satzphänomen an die Finalsätze knüpft, und in Sonderheit an die späteren. Mit etwas Freizügigkeit ließen sich auch, gewissermaßen als Vorläufer, die Schlusstakte in I/1. (T. 339 ff.) anführen – auch hier in formal entspannendem Kontext.

eine Ausbalancierung der wohl eher latenten als manifesten dramatischen Konturierung der Exposition[74], die – wie das im allgemeinen bei Bruckner an dieser Stelle der Fall ist – zwischenzeitlich die grundlegende Dynamik des Satzes suspendiert.

Diese Suspension lässt dann, zu Beginn der Durchführung (Takt 177), erneut die HTh_a-Gestalt sich manifestieren[75], und das zum ersten Mal, seit sie, in Takt 26, in ihrer *dynamischen* Grundlage unterbrochen wurde – die beginnenden A-Dur-Eruptionen der Hörner in Takt 27 hatten einen motivisch Rückbezug auf T. 15-17 (Violinen). Allerdings ist das lethargische Gepräge des Themas hier, am Anfang der Durchführung, nicht weniger ausgesprochen: *"bedeutend langsamer"*; es setzt auch genau wie zu Beginn des Satzes an, also aus dem Ton *f*. Sein vegetativer Charakter ist ebenfalls derselbe wie vorher, was sich am deutlichsten ab Takt 197 erweist, wo das Thema sich in melodisch invertierter Form in einer tieferen Zwischenstimme verbirgt (in den Celli), worüber eine kontrapunktierende, aber qua ihrer lyrischen Oberstimme tatsächlich primäre melodische Linie sich ohne jegliche thematische Zugehörigkeit bis hin zu Takt 207 entfaltet – und dann, nach einer Unterbrechung von zwei Takten, in der nur die Umkehrung des Themas vorherrscht, über zwei weitere Takte. Auch das Tonart-Spektrum trägt nun ungestört das fundamentale Gepräge der $_a$-Instanz, mit der Verschiebung aus dem einleitenden Zentrum E-Dur nach F-Dur (Takt 197)[76] und f-Moll (Takt 201); später gesellt sich dann die Parallele As-Dur hinzu (Takt 203), der die Dominante von f-Moll und schließlich (Takt 211, mit der Originalgestalt der HTh_a-Linie) die von as-Moll folgen.

Aus derartigen (un)dynamisch bedingten Gründen zeigen sich nun allmählich wieder die Gegenkräfte, als Blöcke kurzer *ff*-Ausbrüche in den Blechbläsern, die sich in die weiterhin letargische $_a$-Entwicklung einsprengen (Streicher und Holzbläser) und die sich, wie das auch natürlich ist, auf – unterschiedliches – $_b$-Material stützen: Takt 215 f. und T. 225-228 ("Themenausbruch"), T. 235-240 ("Thematrumpf") – d.h. auch in stetiger taktmäßiger Erweiterung. Interessant vermittelt wird der Übergang vom Material des ersten Themenausbruchs (vgl. in der Exposition Takt 29 f.) zu "Thematrumpf"-Material (in der Exposition: Takt 53 ff.), insoweit als er innerhalb einer *piano*-Passage mit den Takten 229 ff. erfolgt, was sich am direktesten auf die *ff*-Einblendung in Takt 37 f. bezieht (vgl. auch den Beginn der Themengruppe III, T. 125-128).

---

[74] Der Satz wird – wie auch das Werk überhaupt – in der Literatur vielfach als idyllisch oder undramatisch charakterisiert – was diesen Satz angeht, allerdings eher zu Unrecht. So meinte Gabriel Engel kategorisch (*The Symphonies of Anton Bruckner*. Iowa City 1955, S. 49): "The comparatively calm atmosphere prevailing over the finale is one of the most individual features of this symphony. The virtual absence of conflict is wholly consistent with its artistic integrity. Since the opening movement advanced no conflict, the finale has none to resolve. Lacking the dramatic character of other Bruckner closing sections [etc.]" .

[75] Die Unterbrechung zwischen den Themalinien, hier als Nachhall des *"Wasserfall"*-Elements, ist eine Prozedur, die sich an derselben formalen Stelle in VII/1 wiederfindet.

[76] Die harmonische Entwicklung vor dem Eintreten von F-Dur in Takt 197 schließt auf einer Dominantfläche zu d-Moll, worin sich erneut die sekundäre Bedeutung des *d* der $_a$-Kategorie (im Verhältnis zu *f* und *b*) erweist.

Die Aufnahme dieses Motivs in eng sequenzierter Folge macht den Eindruck einer schlicht assoziativ ausgelösten Nachwirkung des ebenfalls sequenzierten HTh_a-Initials – der ersten vier Töne des Themas – unmittelbar zuvor in den Takten 217-222.[77] Die dahinter liegende formale Bedeutung davon erscheint nun allerdings viel wesentlicher, lässt sie sich doch verstehen als auslösender Faktor des nachfolgenden Reprisenmoments im Satze: die Vermittlungsinstanz ist mit ihrer Wurzel in Takt 37 ff. – in den starken f- und b-Moll-Einblendungen in dem HTh_b-Ausbruch – grundsätzlich ein Wirkungsfaktor auf der $_a$-Seite der Hauptthemengruppe. Und nun erweist sich im Kontext der Durchführung, unmittelbar nach dem erneuten und konsequenteren Einsatz dieser "kritischen" Instanz, dass die erste und eindeutigste Artikulation einer Ungeduld gegenüber dem gesamten unentschlossenen "durchführenden" Verlauf in der Form der fragmentarischen Wiederaufnahme in den Streichern, ab Takt 235, der Treppenfigur aus dem HTh_b-Ausbruch zu Beginn der Exposition einsetzt (vgl. Takt 29 ff.). Wie es sich auch erweist, dass diese Figur nun überlagert wird von dem massiven und durch Engführungen intensivierten Motivfragment in den Blechbläsern.

Der unmittelbare auditive Eindruck dieses Verlaufs trägt natürlich einen etwas unbestimmteren Charakter als hier beschrieben; man nimmt in erster Linie den stetigen Wechsel wahr zwischen dynamischen Extremen, Instrumentengruppen und – sekundär – zwischen Motiven, die überwiegend in dichten, stufenweisen Sequenzen angeführt werden; also – in übergeordneter Sicht – eine schwerfällige, langsam voran schreitende Entwicklung gewissermaßen ohne sichtbares Ziel.

Für die analytische Betrachtung dieses Abschnittes gilt, dass der Druck der Takte 229-234 Gegendruck erzeugt, der hier zudem eine starke Wirkung ausübt. Die allererste Abnahme der Spannung, mit der Einführung des dünnen *piano*-Satzes über dem As-Dur-Septakkord in den Takten 241-244, genügt so, um einem HTh_b-Ausbruch in einem chromatisch plötzlich nach A-Dur verschobenen Moment Platz zu verschaffen, für einen Augenblick von acht Takten mit reprisenartigem Status. Dies kommt in einer nicht-reflektierten Perzeption völlig unerwartet[78] – wie aber aus dem eben gesagten hervorgeht: für einen analytischen Mitvollzug weniger überraschend.

Dass dieser Reprisenansatz ein weiterer stark emanzipatorischer Schritt seitens des HTh_bs ist, wird dadurch unterstrichen, dass die Reprisenwirkung, wie gesagt,

---

[77] Vor dem Hintergrund dieser Konstellation kann man Kurth (und Simpson) bedingt zustimmen in ihrer Annahme einer Verwandtschaft zwischen den beiden Gestalten (vgl. Anm. 59).

[78] Die gleichzeitig vorgeschriebene Änderung des Tempos vom *bedeutend langsamer* der gesamten (bisherigen) Durchführung zum *Tempo I^{mo}* verstärkt die Wirkung eines gewaltsamen Repriseneinbruchs, ist aber eben in solcher Hinsicht eine konsequente Disposition. Dies ist in voller Ehrlichkeit hörbar in Franz Welser-Mösts Aufführungen, während Herbert von Karajans Aufrechterhaltung, an der betreffenden Stelle, des vorherigen, langsameren Tempos, das dann allmählich und in Etappen beschleunigt wird, eine willkürliche Interpretation bezeichnet. Völlig fehl am Platze waren aber – in einer *live*-Aufführung während der Linzer Bruckner-Festspiele 1989 mit dem London Symphony Orchestra – Michael Tilson Thomas' ständige Tempojustierungen während des Wechselspiels im unmittelbar vorhergehenden Abschnitt: hier wurden sämtliche Einbrüche der Blechbläser im *Tempo I^{mo}* genommen die übrigen Taktgruppen im *bedeutend langsameren* Tempo gegenübergestellt. (Dem Verfasser stand eine Rundfunkaufnahme dieser Aufführung zur Verfügung.)

von äußerst kurzer Dauer ist, was sich namentlich daran erweist, dass umgehend eine erneute tonale Instabilität einsetzt.[79] Und vor allem ist die erste Anfechtung der Reprise als traditionell stabilisierenden Formmoments, in T. 353-356, bemerkenswert als eine Art symbolischer Manifestation, teils weil das über *d-Moll* erfolgt und teils weil sich dieser Schritt mit der Umkehrung der ursprünglich aufwärts-springenden Oktavfanfare in den Trompeten verbindet. Das nächste "Formzeichen" in diesem Zusammenhang ist der Übergang zu einem erneuten, Reprisen-*ähnlichen* Themenansatz Takt 265, in einem E-Dur-*piano*. Das dominierende Motiv in dieser zweiten Phase ist die diatonische Durchschreitung der Terz (Pos., dann auch Trp.), die in Sequenzbewegungen perpetuiert wird, grundsätzlich genau so wie unmittelbar vorher (Takt 246 ff.), aber mit ausgesprochen dynamisch ansteigendem Effekt (zu *fff* und mit melodischem Anstieg) – eine "Flutwelle", die im Ges-Dur der Takte 281-284 kulminiert, um dann plötzlich durch eine unison geführte chromatische Abbiegung zum Ton *e* einzuhalten.

Dieser Zusammenbruch bezieht sich strukturell wie auch unmittelbar hörbar auf den entsprechend unison gestalteten Kollaps unter dem zweiten Themenausbruch in der Exposition, in Takt 49, wo der Ton *d* war. Dass es nun die bislang so auftrumpfende *e*-Instanz ist, die sozusagen kapituliert, hat weitreichende formmäßige Wirkungen: der Konzilianz folgen 13 Takte mit "retrograder" Bewegung (T. 286-298): die Flutwelle zieht sich zurück, der diatonische Terzdurchgang wird in melodischer *Umkehrung* sequenziert (Ob., Kl., Vl.2) und schließt in einer langen absteigenden Skalalinie (Takt 290-294), deren Reminiszenzen an die einleitende Themenphrase des Satzes dadurch unterstrichen werden, dass die Entwicklung wie dort über einer a-Moll-Fläche mit einem Orgelpunkt auf *e* erfolgt. Und schließlich setzt sich das eindeutige Reprisenstadium durch mit der Wiederaufnahme der Themengruppe II in Takt 299.

Nun scheint sich alles in einem Ausgleich sämtlicher Spannungen zu gestalten; was in der Folge auch bestätigt wird durch die Überspringung des einleitenden, dramatisch gespannten Abschnitts der Themengruppe III-Reprise (vgl. T. 125-128 und T. 135-144). Aber trotz der unvermittelten Wiederaufnahme der "*Wasserfall*"-Sequenzen – beginnend wie auch endend mit dem Dominantseptakkord von E-Dur (Takt 331 bzw. Takt 357) – gibt es immer noch Formkräfte, die nicht neutralisiert wurden. Wie könnte denn sonst auch eine Brucknersche Coda ihrer Funktion gerecht werden?

Diese tatsächlich fehlende Klärung wird denn auch durch den zweifachen Umstand unterstrichen, dass der erste H^7-Akkord der *Wasserfall*-Passage eingeführt wird durch eine chromatische Verschiebung aus B-Dur (Takt 327-330/331), während dem abschließenden H^7-Akkord eine lange und hoch aufgebaute Dominantfläche mit Richtung nach F-Dur folgt (T. 358-370): die kreuz- und b-tonartlichen Instanzen reiben sich fortan aneinander. Der letztere "Block" verrät geradezu den noch nicht eingelösten Rest an dynamisch unrealisiertem Entwicklungspotential, indem er sich unmissverständlich prä-apotheotisch gebärdet – allerdings in einer

---

[79] Vgl. S. 367.

"falschen" Dominanttonart: der Werkabschluss kündet sich mit allen für Bruckner hierzu adäquaten kompositionstechnischen Mitteln an[80] – nur eben dass ein solcher Schluss selbstverständlich in F-Dur undenkbar ist.

Der Beginn der Coda[81] präsentiert sich deshalb unmittelbar als Rückschlag: im dunkelstem b-Moll-pianissimo, wo – im eigentlichsten Sinne – ein A-Dur-fortissimo zu erwarten wäre. Bei genauerem Hören und näherer Betrachtung erweist sich aber als bemerkenswert besonders die Komplexität der Situation, die jenseits von allem irgendwie zu erwartendem steht: Bruckner hat hier einen musikalischen gordischen Knoten geschaffen – das Prädikat findet seine Berechtigung vor dem Hintergrund der Lösung dieses Knotens in Takt 385 und wieder, "endgültig" in Takt 399. Die Verfilzung von Elementen aus beiden Hauptthemeninstanzen ist evident: die $_a$-Seite zeigt sich in der Pizzicatolinie der Celli, Takt 371 ff., wie auch später in der Fl./Kl.-Linie T. 380-384; die $_b$-Seite reproduziert sich, ebenfalls vom Anfang an, in den Treppenfiguren der Violinen sowie im Drehmotiv der Oboe und Klarinette Takt 373 ff. – wodurch zugleich, mit dem letztgenannten Bezug, das erste Motiv der Themengruppe III, welches in der Reprise eine erneute Entfaltung ja nicht erreichte, stattdessen hier seinen – bescheideneren – Platz einnehmen kann.

Ebenso evident sind die beiden "Hiebe" eines Tonika-Durchbruchs in Takt 385 bzw. Takt 399. Dass dies zweimal erfolgt, ist keineswegs so tautologisch, wie sich das anhört – und wie es vielleicht auch klingt. Was den ersten Vorfall betrifft ist eine weitere derartige tonale Verschiebung nach A-Dur signifikant im Lichte der entsprechenden drastischen Momente früher im Satz: gemeint ist die unerwartete Emanzipation in Takt 29 im *ff* der vorhergehenden langen d-Moll-Dominantfläche zum Status einer Tonika (-Variante) sowie der chromatische Ruck von As^7 nach A-Dur im Reprisen-vorgaukelnden Moment, Takt 245. Da sich nun in Takt 385 ein entsprechendes Zeichen von Übereiltheit zeigt – im codalen Kontext: in der Entwicklung hin zur obligaten Apotheose –, setzen hier allerdings auch neue Momente dynamisch und tonal artikulierter Kritik ein: dem Durchbruch in A-Dur folgen sequenzhaft solche in Cis-Dur, E-Dur und (Takt 395:) *F-Dur*[82] – was nun allerdings sogleich zu einer b-Moll-Dominantfläche in *pp* abgeschwächt wird – wie zu Beginn der Coda!

Und dieses Zeichen der Schwäche wird prompt – genau wie im überrumpelnden Manöver des Reprisenmoments – für den zweiten und letzten Ausbruch in A-Dur genutzt. Dieser unmittelbare Bezug auf den Reprisenübergang wird noch

---

[80] Es spielt hier sicherlich die Einführung des ostinaten Begleitrhythmus zum Hauptthema des Kopfsatzes in den Takten 367-370 eine Rolle (Oboen, Hörner), allerdings keineswegs die entscheidende. Zwar sind die rhythmischen Figuren deutlich hörbar, im Gegensatz zum Sachverhalt in den Takten 349-355 (Holzbläser), wo sie zum ersten Mal im Satz wieder eingeführt wurden. Dennoch tragen sie hier eher das Gepräge einer *Bestätigung* des unmittelbaren Status der Takte als prä-apotheotisch und nicht so sehr das der *Erfüllung* dieser Funktion.

[81] Weitere analytische Einzelheiten hierzu wurden S. 381 f. erläutert.

[82] Diese Folge von Tönen – nicht von Tonarten – legt die Behauptung einer Verbindung von dieser Stelle zu der Werk-abschließenden Variante des Hauptthemas im ersten Satz nahe: (*e*) - *a -, cis-e-fis* (*e-cis -e - a*); Jedoch: Bruckner ein derart abstraktes oder konstruktivistisches Formdenken zuzuschreiben will mir nicht besonders begründet vorkommen.

unterstrichen, zwar weniger unmittelbar hörbar als in der Form eines kompositionstechnischen Details von formal spezifischer, d.h. sinngebender Funktion:
durch die komplementäre Umkehrung der Treppenfiguren in den Violinen Takt
399 ff. – die vorher eben nur zu Beginn der Reprise vorkam (sowie "diminuiert"
und *piano* im korrespondierenden, Reprisen-dementierenden Verlauf ab Takt
265).

Im Verhältnis zu diesen "vorletzten" formalen Handlungen ist die Wiederkehr
der eigentlichen Hauptthemeninstanz aus dem ersten Satz (nach der etwas prämaturen Voranzeige des rhythmischen Begleitmotivs in den Takten 349-356)
weniger entscheidend für die Sicherung der formalen Integrität des Satzes. Und
so macht diese abschließende Themengestalt denn auch ebensowenig vom thematischen Bezug her wie die ebenfalls stark abstrahierte diastematische Variante
in den Schlusstakten des Kopfsatzes. Der Rhythmus ist beiderseits der entscheidende und vor allem der ausreichend identifizierende Faktor.

3 · Die entfaltete Kategorialität: das Finale der 8. Symphonie

Das konsequenteste Beispiel für die Verwirklichung einer finalemäßigen Formstrategie findet sich bei Bruckner ohne Zweifel in der 8. Symphonie. Kriterium
hierfür ist einerseits die weitaus gleichwertigere Beteiligung verschiedener kompositionstechnischer Mittel an der Entfaltung der Form des Satzes, andererseits
die größere Tiefe des Formprozesses, u.a. und besonders im Verhältnis zu dessen
zyklischen Aspekt. Dieser Prozess scheint im vorliegenden Fall den musikalischen Intellekt des Komponisten mit etwas zu verbinden, das ich versuchsweise
als eine signifikante Erweiterung der Beteiligung des Unbewussten an einem
sinnvoll strukturierten Kompositionsprozess beschreiben möchte.

Große Worte! Aber auch ohne sein Heil in einer solchen grundsätzlich unsicht-
baren und jedenfalls schwer zu erfassenden Instanz zu suchen, stellt sich das
formmäßige Programm in diesem Satz als das deutlich umfassendste oder kom-
plexeste dar, das Bruckner sich gestellt hat. Nur muss man sich dabei unwill-
kürlich fragen: ist der Formprozess, der sich aus diesem Programm ergibt, überhaupt als überwiegend durch den Intellekt des Komponisten kalkuliert denkbar?
Der eventuelle Einwand, ein solcher Prozess sei – als Ergebnis einer Analyse betrachtet – als reines Postulat eines Formprozesses anzusehen, wäre mir als Argument ungenügend, da es in letzter Instanz jegliche Analyse, die sich auch nur
irgendwie mit interpretatorischen Momenten verbindet, disqualifizieren müsste
und folglich einen wissenschaftlichen Charakter jeder derartigen Arbeit verneinen würde.

Die Schwierigkeiten, die Haltbarkeit der oben dargestellten präliminären Betrachtung nachzuweisen, liegen weniger darin, dass die Analyse beide Außensätze des
Werks umfassen muss; diese Komplikation ist weithin überwindbar durch Hinweise auf Einzelheiten in den voran stehenden Kapiteln. Diese Probleme ergeben
sich eher daraus, dass die Arbeit tatsächlich bereits getan ist und in einem Aufsatz

des Verfassers (ursprünglich auf dänisch) vorliegt.[83]

Nun scheint dies die Sache allerdings zu vereinfachen. Inzwischen erwies sich aber, dass die betreffende Analyse, wie es scheint, kraft ihrer zahlreichen und intensiven tiefenpsychologischen Bezüge dazu neigt, beim fachlichen Leser eine gewisse Skepsis wach zu rufen, oder aber eine Registrierung fehlender Voraussetzungen dafür, nicht nur die Perspektiven der Untersuchung zu beurteilen, sondern auch ihre Haltbarkeit, soweit es die musikalische Analyse an sich betrifft. Das Problem, einen derartigen internen musikalischen Aspekt einzugrenzen, liegt einleuchtend darin, dass die betreffenden Sätze der 8. Symphonie in der früheren Arbeit eben nicht in ihrer rein musikalischen Immanenz analysiert wurden, sondern dass die Einzelheiten darin meist im Lichte einer ganz anderen spezifischen Phänomenologie erläutert und interpretiert wurden.

An dieser längst ausgeführten Analyse halte ich auch heute noch fest und muss sie sogar als die vollständigste Exponierung der formalen Rationalität des Finale- (und des Eingangs-)satzes betrachten, die ich vorzulegen vermag. Dies schließt andererseits nicht die Möglichkeit aus, die tiefenpsychologische Phänomenologie abzustreifen, wie es denn auch keinen persönlichen Zweifel an der Berechtigung derselben im Verhältnis zu den übergeordneten Perspektiven dieser Abhandlung zu hegen vermag. Die hier anschließende Analyse wird in diesem Falle zu einem Beispiel für wissenschaftliches "Recycling", in einer weniger komplex vermittelten, wenn man denn so will: einer popularisierten Ausformung; und zugleich in weniger opulenter Form, da es um der Kürze der Darstellung willen berechtigt erscheint, auf Einzelheiten in der einen oder anderen der früher veröffentlichten Versionen zu verweisen. Es wäre jedoch zu empfehlen, dass der Leser daraus die musikalischen Analysen konsultiert, da sie eine größere Fülle an Details enthalten; andernfalls wüchse im folgenden die Menge der Hinweise ins nicht vertretbare.

Die hypothetisch vorliegende Formstrategie im Schlußsatz der 8. Symphonie wurde in der Überschrift dieses Abschnitts als Entfaltung einer Kategorialität beschrieben. Ganz allgemein wie auch spezifisch ist Kategorialität zu verstehen als Spaltung einer phänomenalen oder begrifflichen Einheit in zwei logische Gegensätze – auf anderer, detaillierterer Ebene –, von denen der eine Teil durch eine eben *kategoriale* Hervorhebung zur hauptsächlich sichtbaren oder bestimmenden Kategorie wird, ohne dabei aber die Verbindung, auf der ursprünglichen Ebene, mit dem anderen Teil bzw. der anderen, "verdrängten" Kategorie einzubüßen. Ein Beispiel wäre die Kategorie 'Welle' gegenüber der Kategorie 'Partikel' innerhalb des übergeordneten Begriffs 'Lichtstrahlung'.

Im konkreten Falle ist die noch nicht kategorial entfaltete, übergeordnete Einheit als den Begriff *Thema* zu nennen, wohlgemerkt in der emphatischen Bedeutung,

---

[83] Bo Marschner: "Den cykliske formproces i Anton Bruckners Symfoni nr. 8 og dens arketypiske grundlag", in: *DAM* 1981, S. 19-68 + Beilage. Eine gekürzte deutsche Übersetzung wurde als "Die 8. Symphonie von Anton Bruckner und seine archetypische Grundlage" in *Berliner Beiträge zur Musikwissenschaft* 1996/1, S. 3-29, publiziert; ungekürzt ist sie, unter dem gleichen Titel, im Archiv des Anton Bruckner Institut Linz zugänglich.

die diesem Begriff bei Bruckner innewohnt: als die absolute Hauptinstanz des gesamten Werks. Dabei ist der vorliegende Satz der einzige bei Bruckner vorkommende Fall, wo die Frage der zyklischen thematischen Wiederkehr im Finale sich auf einer konsequenten kategorialen Grundlage erhebt. Dies ist der Gesichtspunkt, den die Analyse zu dokumentieren oder plausibel zu machen sich vornimmt.

Eine sehr vorläufige Andeutung des in diesem Satz singulären Sachverhalts erweist sich, wenn man die in äußerem konstruktivem Sinne gleich gearteten Hauptthemenfelder in den Schlußsätzen der 2., 6. und 8. Symphonie betrachtet, die in diesem Punkt jeweils durch einen deutlichen Kontrast oder eine Doppelheit in thematischer Hinsicht geprägt werden. Denkt man an das analytische Programm, das für den Finalsatz VI/4. entwickelt wurde, muss nun gerade behauptet werden, dass die gegensätzlich betonte Doppelheit in dessen Hauptthemenfeld als solche beständig blieb, ohne eine deutliche funktionelle Verschiebung zwischen den Konstituenten im Formverlauf des Satzes, und ohne dass ihnen derart durch ihre jeweilige Entwicklung spezifische Bestimmungen zuerkannt wurden, die dazu führten, dass eine thematische Kategorie allmählich oder auch nur abschließend auf Kosten der anderen als die zentrale sich herausstellte.

Die durchaus konsequente musikalische Repräsentation des Ausgangspunkts für einen kategorialen Entfaltungsprozess in der Formentwicklung wäre eine thematische Doppelheit, die sich in einer *Simultaneität* darstellte. Dies geschieht bei Bruckner nirgendwo in einer eigentlichen Satzeröffnung, wohl aber in zwei Fällen in Verbindung mit der Themengruppe II: im Finale der 3. Symphonie – der Gleichzeitigkeit eines Polka- und eines Choral- bzw. Equalsatzes[84] – sowie in der 8. Symphonie.

Hier ist nun aber die gegebene Simultaneität (T. 69-73) strukturell verbunden mit den beiden – deutlich separierten – Themengestalten des Hauptthemenfelds, die beide zweimal hintereinander angeführt werden (Takt 3 ff. (17 ff.)/T. 31 ff. (36 ff.):

Beispiel 104 a 1-2, b 1-2

Von weiter reichender Bedeutung ist auch, dass diese beiden Hauptthemengestalten sich auf den Kopfsatz rückbeziehen: HTh$_a$ als Potenzierung des Hauptthemas (siehe Notenbeispiel 105, vgl. hierzu auch S. 366 f. und Notenbeispiel 91),

---

[84] Vgl. genauer Marschner, *op.cit.* (1981) S. 51.

und HTh_b als Ableitung der Thema III-Fortsetzung (VIII/1. Takt 103 ff.) und mit dynamischem wie auch melodischem (Umkehrungs-geprägtem) Bezug auf das Vorstadium zu dem endgültigen Zusammenbruch des Hauptthemas in der Coda des ersten Satzes. Der tonale Zusammenhang ist an beiden Orten ebenfalls derselbe: c-Moll (siehe Notenbeispiel 107).

Beispiel 105 a-b

Beispiel 106

Beispiel 107 a-b

Verbindende Momente zwischen den beiden Themenkategorien des Finalsatzes selbst machen sich allerdings ebenfalls geltend: neben der indrekten Andeutung durch das gemeinsame ostinate Begleitmuster in den Streichern geht dies unmittelbar aus derselben scharfen Rhythmik hervor, und außerdem – eher verborgen – aus den jeweiligen harmonischen Progressionen:

I a :	fis/ges - D - b - Ges	- es - Des,
	as - Fes - c - As	- f - Es.
I b :	c - As - f - c	- Des/f - G - c.

Figur

In quantitativer Hinsicht dominieren in der ersten Hälfte des Satzes die motivischen Repräsentanten der b-Instanz, was zu bemerken ist gegenüber der Tatsache, dass diese Themenkategorie sich später im großen und ganzen aus dem Satz verabschiedet. Die nachfolgende zweispaltige Übersicht – die in enger Verbindung

434

mit dem Notenbeispiel 109 zu betrachten ist – zeigt auch, dass die weniger zahlreichen $_a$-Repräsentationen in motivischer Hinsicht schneller als die häufigeren
$_b$-Gestalten eine klarere Identität mit ihrem Ursprung erreichen; dies ergibt sich
in beiden Zusammenhängen aus den jeweiligen Motivabschlüssen: was das $_a$-
Motiv betrifft, ist dies die aufsteigende Schlusswendung, beim $_b$-Motiv handelt es
sich um die Drehfigur, die zum ersten Mal in Takt 165 f. mit der b 6^2-Linie verwirklicht wird. Beide Umstände – sowie das spätere eindeutig ungleiche Verhältnis zwischen den Themeninstanzen – indizieren, dass die $_b$-Kategorie ein
entwicklungsmäßig trägerer, vegetativerer oder, aus einem anderen Blickwinkel,
ein vom Komponisten prozessual weniger fokussierter Faktor ist. Und dies hängt
für eine formintentionale Wertung mit der Verwurzelung der $_a$-Instanz im
Hauptthema des Kopfsatzes zusammen, es begründet sich also ultimativ in der
zyklischen Perspektive.

Beispielkomplex 108

Die $_b$-Kategorie des Hauptthemas erreicht, wie oben angeführt, erst mit ihrer
"Doppelgestalt" b 6 in den Takten 159-166 überhaupt einen mehr hervortretenden und profilierten Themencharakter. Mit ihrer choralhaften Formung und,
wie das u.a. Kurth bemerkte, als *"ein viertes, halbselbständiges Thema"*[85] ist sie
allerdings ein markanter Bestandteil der Exposition: teils zeigt sich hier zum
ersten Mal – seit dem doppelaspektierten Hauptthemenfeld selbst – eine klare

---

[85] Kurth, *op.cit.* S. 1081.

und isoliert auftretende thematische Gestalt (vgl. z.B. noch das Protoplasma-artige "variierte Unisono" in Thema III), teils führt sie mit ihrer zweiten Teil-phrase selber eine Entwicklungslinie aus dem Beginn der zweiten Themengrup-pe zu Ende:

Beispiel 109

Dennoch würde ein Vergleich mit der Einführung eben der Choralphrase, die auf entsprechende Weise den Expositionsschluss im Finale der 5. Symphonie be-kundet (dort Takt 175 ff.) – einer Phrase, die den dauerhaften Status eines selb-ständigen Themas erreicht –, in die Irre führen, schon allein als Folge des großen Unterschiedes, der zwischen den betreffenden Choraleinschüben besteht in Bezug auf ihre weitere formale Bedeutung.[86] Es handelt sich in VIII/4. nur um eine identitätsmäßige Stärkung auf der ♭-Seite, die zum einen keinen weiteren unmittelbaren Bestand hat: die Takte 167-182 bewegen sich wieder in der Richtung früherer Stadien in der Entwicklungslinie der ♭-Instanz: die Streicher-begleitung mit Anschluss zum Beginn der Themengruppe III und die Takte 175 ff. am ehesten zu Takt 123 ff. Des weiteren geht die Initiative und der energetische Zuwachs anschließend, und mit usurpierender Wirkung, an die $_a$-Kategorie über, in der fortissimo-Strecke der Takte 183 ff. mit ihrem ansteigenden Verlauf, der in Sonderheit durch das stufenweise aufsteigende, triumphale Schlusselement des Finale-HTh$_a$ bestritten wird. In diesen Chor mischt sich sogar – kaum hörbar und dennoch vielsagend – noch der Rhythmus des Hauptthemas aus dem ersten Satz ein, vgl. die Hörner Takt 189 ff.

Der Abschluss der Exposition deutet denn auch eine Form vorläufiger Entschei-dung des Kräfteverhältnisses innerhalb der kategorialen Entfaltung an, und er unterstreicht seine Funktion als Zwischenbilanz dieser Art, indem er auf Coda-ähnliche Weise zusammenfassend zurückgreift: zunächst auf das Hauptthema des Adagio-Satzes (diastematisch wie auch rhythmisch) in den Takten 215-227 (Hörner), dann eher andeutend auf das Hauptthemeninitial aus dem Scherzo

---

[86] In V/4. setzt die Durchführung unmittelbar mit einem fugierten Abschnitt über das eben einge-führte Choralthema ein, worauf es dann Teil hat an einer Doppelfuge mit dem Hauptthema des Finales. Auch der prominente Status des Chorals in der Coda des Satzes bezeichnet eine völlig andere Situation als die, die überhaupt irgendwo in der zweiten Satzhälfte von VIII/4. der ♭-Kategorie zu Teil wird.

(Takt 234 f., ebenfalls in den Hörnern). Gleichzeitig werden auch die beiden Chorallinien wieder angeführt, worauf dann allerdings unmittelbar in eine leicht variierte HTh$_a$-Gestalt übergegangen wird, einschließlich deren abschließenden – hier aber, wie das auch für den übrigen Kontext gilt, gedämpften – Fanfare[87] (in den Takten 239-251). Eine zusammenfassende Funktion hat auch diese unmittelbare Verkettung einer $_a$- und einer $_b$-Instanz, wodurch das Kräfteverhältnis zwischen den beiden Themenkategorien dem Sachverhalt Sinn verleiht, dass die zweite der Chorallinien (b6^2) in harmonischer Hinsicht unter die Harmoniefolge gezwungen wird, die der HTh$_a$-Gestalt angehörte, als sie im Satzbeginn zum zweiten Male angeführt wurde (Takt 17 ff.), wie hieraus auch deutlich wird, dass der Choral als solcher (nämlich b6^1) auch in harmonischer Hinsicht mit der $_b$-Kategorie des Hauptthemas verknüpft ist (vgl. Takt 30-35):

I_a :   T. 17-25: $\overline{\text{as - Fes - c - As - f - Es.}}$

$I_b + I_a$:   T. 231-247: $\overline{\text{Es - c - As -}}$ $\overline{\text{f - C;}}$ $\overline{\text{as - Fes - des - As - f - Es.}}$

I_b : T. 25-30: $\overline{\text{Es;}}$ T. 31-35: $\overline{\text{c - As (Es) f - c...c.}}$

Figur

Überhaupt wird ab hier vollends deutlich, dass die Bezüge auf den Kopfsatz in diesem Finale eine größere Rolle spielen als in irgend einem früheren Fall. Es lässt sich gerade thesenhaft verallgemeinern, auf der Basis von insgesamt fünfzehn Spiegelungsmomenten, unter denen die meisten den respektiven Satzverläufen auf eine Weise zugeordnet sind, nach der sich die "Originalfolge" des Kopfsatzes von derartigen referentiellen Momenten (① - ⑮) in einer "Retrogradfolge" im Satzverlauf des Finales spiegeln. Eher formlogisch aufgefasst bedeutet dies, dass der Finalsatz den zusammengebrochenen Formprozess, der dem ersten Satz widerfuhr (vgl. S. 309 ff. und S. 386 f.), sozusagen unmittelbar fortsetzt und zugleich wieder "aufrichtet" – siehe die Figur auf der folgenden Seite.

Bevor sich dies mit etwas deutlicherer Evidenz zeigt, in der Durchführung, wird auf eher vegetativer Grundlage die Demonstration des abgeschwächten Status der $_b$-Kategorie fortgesetzt. Die konkrete Prozedur (T. 253-284) gleicht sehr dem, was in dem entsprechenden Anfangsabschnitt in der Durchführung von VI/4. stattfand (vgl. S. 427) in der Form relativ kräftiger "verdeckter" Ausformungen der angeführten thematischen Gestalt.[88] Aber auch dort, wo nachfolgend die Bühne grundsätzlich von der Themengruppe III eingenommen wird, erweist sich, dass sich der skalenhafte Abstieg der $_b$-Themalinie über die kleine Sexte in das melodische Element des dritten Themenkomplexes einprägt, vgl. die Umkehrungs-Variante der Klarinetten in den Takten 285-288.

---

[87] Der rückwärtige Zusammenhang bis hin zur Fanfare im Abschluss der Exposition des ersten Satzes Takt 125 ff. ist bezüglich beider Finalefanfaren evident, was durch die Tonart unterstrichen wird, die in sämtlichen Fällen Es-Dur ist.

[88] Vgl. Marschner, *op.cit.* (1981) S. 56 n. - 57 o.

Spiegelungsmomente in den Ecksätzen der 8. Symphonie

1. SATZ: **4. SATZ:**

	1. SATZ		4. SATZ	
T. 1-50 (50)	Thema I	① --- --- ①	Abschied vom Thema I des Kopfsatzes, (T. 619-623), dann Wiedergeburt und Reformulierung des Themas T. 647-709	(5) (63)
T. 40-49 (10)	Abspaltung abwärtsgehender Formeln; Terz- und Quarträume dominierend	② --- --- ②	Abspaltung aufwärtsgehender Formeln; Terz- und Quarträume dominierend [T. 609-618	(10)
T. 51-88 (38)	Thema II des Satzes	③ --- --- ③	Thema II des Satzes T. 547-582	(36)
T. 93-96 (4)	④ ④ Motivisch und rhythmisch verwandte Thema I-Fragmente der beiden Sätze		T. 541-547	(7)
T. 97-110 (14)	vgl. ⑪ Thema III des Satzes; merkuriell, entwickelt "Wasserfall"-Charakter	⑤ --- --- ⑤	Motiv merkuriellen T. 501-519 Charakters; von Bruckner "Wasserfall" genannt vgl. ⑪	(19)
		⑥	Thema I-Fragmente T. 468-500	(33)
T. 109-128 (20)	⑦ Thema I setzt sich durch, mit Fanfare schließend	--- --- ⑦	Reprise des Finalethema I, mit Fanfare schließend T. 437-468	(30)
T. 129-167	(40) Thema I-Fragmente ⑥			
		⑧	Gegenüberstellung T. 387-436 von Thema I und merkuriellen Kräften	(50)
T. 169-192 (24)	⑨ Thema I in Originalform und Umkehrung; schrille Klänge	--- --- ⑨	Thema I$_a$ des Satzes T. 367-386 in Original- und Umkehrungsform; schrille Klänge	(20)
T. 193-224 (32)	⑧ Merkurielle Aktivität gegenüber Thema I			
T. 225-262 (38)	⑩	Coniunctio ⑩	T. 301-345	(45)
T. 262-282 (21)	vgl. ⑤ ⑪ Aufspannungs–Abschnitte mit "Wasserfall"-Gepräge/	⑪ \basiert auf Thema III vgl. ⑤	T. 285-300	(16)
T. 283-311/ 311-340 (58)	⑫ Thema I, gefolgt von Thema II. Träger Auslauf	--- --- ⑫	Thema I, gefolgt von [T. 239-251/ Thema II. Träger Auslauf [253-284	(46)
T. 341-360 (20)	⑬ Themengruppe III --- --- 341 347 353	⑬ Themengruppe III 135 139 159	T. 135-182	(48)
T. 369-385 (17)	⑭ ⑭ Gemeinsame Tonalität (c-Moll) und Dynamik. Skalenhafte Motive mit Betonung des °6-Raums. Aufwärtsgehend - - Abwärtsgehend		T. 31-40	(10)
T. 386-417 (32)	⑮ Opferung - - Bruckner: "Totenuhr"	⑮ Wendepunkt	T. 1-30	(30)

Die eher begleitenden Details sind allerdings gerade in dieser Phase der Durchführung der Themengruppe das Moment, das die größte Aufmerksamkeit an
sich zieht; so etwa die freie Engführung ab Takt 293 als Unruhe-schaffendes Element, und darauf folgend die tremolierende Agitierung des Satzbildes in den
Streichern: ein dramatischer Höhepunkt bereitet sich vor. Ein Rückblick auf die
Exposition (T. 135 ff.) zeigt, dass derselbe Themenkomplex (III) hier in einem Zusammenhang die Führung übernahm, wo die b-Instanz schwach markiert war.[89]
Diese Situation besteht auch in der Durchführung; ein Vergleich muss aber nun
vor allem den parallelen Formabschnitt in der Durchführung des Kopfsatzes berücksichtigen, wo ein ähnliches Zusammenfließen von Thema II- und III-Linien
einen Ausgangspunkt bildete für ein entscheidendes Entwicklungsmoment –
vgl. im Kopfsatz Takt 193 (Thema II in Umkehrung), dem in Takt 199 der Schluss
desselben folgt, kontaminiert mit der Thema III-Entwicklung (aus Takt 103 ff.).
Der sozusagen umgekehrte formale Prozess, den der Finalsatz im Verhältnis
zum ersten repräsentiert, zeigt sich in konsequenter kompositionstechnischer
Ausführung: während im Kopfsatz absteigende Skalalinien in ostinater Wiederholung die Schubkraft auf die Höhepunktpassage hin lieferten – die dort zum
Zusammenbruch des Hauptthemas führte –, findet sich hier, in Takt 297-300, das
Gegenteil: wiederholte ansteigende Skalafiguren, die derart einen kommenden
energetischen Zuwachs oder eine bevorstehende kategoriale Klärung zu signalisieren scheinen.
Diese Konsequenz wird auch durch die nachfolgende Themenkollision und in
ihren formalen Folgen aufrecht erhalten. Prozedurenmäßig und in den technischen Einzelheiten gleicht das "Coniunctions"-Moment des Finales zwar recht
genau dem im ersten Satz, in seiner Durchführung, in der Form dreier korrespondierender Wellen und mit einer Destruktion des einen der beiden hieran
Teil habenden Themen als dem gegebenen Resultat. Die formale Umkehrung des
Prozesses im Verhältnis zu dem des Kopfsatzes lässt sich daher hier anders ablesen als dort, nämlich auf der Basis des Zuwachses, der nachfolgend der anderen
Hauptthemakategorie widerfährt: der, die an der thematischen Konfrontation
nicht beteiligt ist. Der Energieverlust auf der einen Seite der Kategorialität wird
auf der anderen Seite zu einem Energiezuwachs.
Die "Gegenconiunction" Takt 301 ff. zwischen dem HTh_b (Blechbläser und Streicher[90]) und dem Thema III (Holzbläser, wieder in der Originalgestalt) rekurriert,
soweit es die Hauptthemeninstanz betrifft, auf die ursprüngliche, machtvolle
Gestalt des Themas, die in jeder der drei Phasen einmal wiederholt wird (wie in
der Exposition), und tonal gesehen stufenweise ansteigend durch diese Phasen
(von es-Moll über f-Moll zu g-Moll). Was die spezifische Mechanik im thematischen Prozess der Auflösung betrifft, ist die erste, längere Zwischenphase zu
bemerken (T. 309-322), die mit dem Ansatz zum Beginn der gesamten dynamischen Höhepunktstrecke verbunden ist: es findet sich hier eine erneute

---

[89] Vgl. ebd. S. 53 m.

[90] Man bemerke in den ersten Takten die schwächeren Variantenformen des HTh_b in den Violinen;
namentlich Vl.1.

Sammlung der Kräfte, mit der Fortsetzung von Thema III als agierender Instanz (vgl. Takt 139 ff.) und unter Engführungs-mäßiger Intensivierung. Zwischen den beiden letzten Konfrontationen verstreichen dagegen nur zwei Takte, und schon in der Phase der zweiten Themenkollision (T. 323-331) ist Thema III wesentlich schwächer repräsentiert als in der ersten – es hat hier vor allem die Wirkung eines Enzyms. Endlich ist es in der dritten und letzten Phase dieses Abschnitts das HThb, das sich selbst neutralisiert durch Vereinigung von Umkehrungs- und Originalgestalt; Thema III ist hier, in seiner rudimentären Gestalt, ein reiner Platzhalter (Takt 333 bis 345).

Die Rationalität des Formprozesses zeichnet sich nun so ab, dass die HThb-Kategorie sich nachfolgend nur als ein Schatten ihres ursprünglichen Selbst zeigt (weswegen einleuchtet, dass ihr letzter Auftritt als thematische Entität in der Gestalt erfolgen musste, worin ihre ganz unmittelbare *Identität* bestand). Dieselbe Rationalität wird nun aber von etlichen weiteren formalen Argumenten unterbaut. Hierzu gehört, soweit es die verbleibende Durchführungspartie betrifft, ein langsamer aber insistenter Aufbau der anderen Hauptthemeninstanz, der HTha-Kategorie, die erst Energie gewinnt innerhalb eines längeren Verlaufs, der grundlegend durch Entspanntheit und ruhiges Fließen geprägt ist (T. 345-386) und im nachfolgenden Abschnitt unterbaut wird, insoweit als sich hier erneut die HThb-Instanz zeigt (Vll Takt 387 ff.), nun aber als ausgesprochen subsidiäres Element, als motivisch gerade noch zu identifizierendes Kontrapunkt zu dem stetig expandierenden HTha (siehe Notenbeispiel 110). An der formellen Hauptthemenreprise (ab Takt 437) hat das HThb als solches dagegen keinen Anteil; es erscheint hier nur als Rhythmus und Bewegungsrichtung (Vll, Vla., Takt 439 ff.).

Beispiel 110 a-b

Als kompensativer Zug demgegenüber assimiliert die HTha-Instanz im weiteren Verlauf – unter dem der reprisenmäßige Charakter einer primär dynamischen Entwicklung des Themas weichen muss – die ursprüngliche tonale "Gewichtfülle" der HThb-Instanz, indem die Durchführungs-hafte Verfolgung der triumphalen Schlussformel des a-Themas in den Takten 468-480 in C-Dur endet, und zwar wiederum mit fast usurpierender Wirkung: also in der Tonart, in der das HThb bei seiner Exposition endete (T. 57-67); der Tonart, die die vorgespiegelte Schlusstonalität des Satzes ist und die, *last not least*, während des gesamten dazwischen liegenden Verlaufs nicht berührt wurde und mit anderen Worten hier reprisenhaft erfüllt wird in der Gestalt der *anderen* Themenkategorie. Eben in dieser Situation setzt nun Bruckner die sinnreiche formale Pointe ein, dass während der kurzen C-Dur-Fläche eine allmähliche Umformung der Schlussformel des $_a$-Themas erfolgt, in drei Stadien und abschließend mit einer plötzlichen klaren Assoziation zum Hauptthema des ersten Satzes – wozu die gegebene rhythmische Verwandtschaft durchaus beiträgt:

Beispiel 111 a-b

Diese deutliche und überraschende Signalisierung bewirkt umgehend eine satztechnische Gestaltung krisenhafter Art, eine Anhäufung von unruhigen Einzelmomenten, die auf der Basis eines nervös tremolierenden *pp*-Kontextes in einem Crescendo verstärkt werden und bis zu einer Entladung in dem *"Wasserfall"*-Moment[91] des dynamischen Maximums in Takt 501 ff. anwachsen. Blickt man innerhalb des Satzes zurück, erschien in den Takten 424-437 eine deutliche Vorform dieses *"Wasserfall"*-Motivs. Es handelte sich hier um ein Spiel zwischen rudimentären Gestalten innerhalb beider Hauptthemenkategorien, und der Verlauf endete damit, dass die $_a$-Instanz, die dort ebenfalls nur durch ihre Schlussformel repräsentiert war, ihre volle, reprisenhafte Identität erreichte. Auch im späteren Zusammenhang ist der Satz einer "Identitätsproblematik" unterworfen, die durch die bedeutenden Momente weiterer Entwicklung mehr als durch reprisenhafte Bestätigung veranlasst wird; eine ostentative Hervorhebung eines Themenfragments, das ungehemmte Steigungsverläufe mit sich bringt und die Notwendigkeit eines Lösungsversuchs hervorruft (das *Wasserfall*-Moment mit seinem – wie es das Symbol andeutet – Ausgleich von Extremen bzw. Gegensätzen) oder eine Abbremsung zur Nachdenklichkeit wie etwa in den Takten 539-546, die sich unmittelbar auf die Takte 215-230 der Exposition beziehen: auch dort bestand die Funktion in einem Abbremsen nach knapp 30 vorhergehenden Takten mit aufbrausender Tätigkeit. Aber diese konkreten Zusammenhänge gehören zu den Stadien im Formprozess, die in ihrer weiterer Bedeutung erst im Lichte einer tiefenpsychologischen Phänomenologie verständlich werden.[92]

Die Lösung der späteren Problematik scheint – vorläufig – also mit der Reprise der zweiten Themengruppe zu erfolgen, d.h. nur in eher formalem Sinne. Dass sie "uneigentlichen" Charakters ist, dafür lässt sich – in strenger Begrenzung auf

---

[91] In diesem Fall stammt die Bezeichnung von Bruckner selbst (vgl. Anm. 73).

[92] Vgl. Marschner, *op.cit.* (1981) S. 61-63.

eine formanalytische Erklärung – nur unverbindlich argumentieren durch den tonalen Rückfall auf As-Dur, in welcher Tonart die thematische Duplizität auch in der Exposition ansetzte.[93] Einleuchtender erweist sich, dass der Formprozess fundamental immer noch seine endgültige Lösung und Abschließung erwartet, und zwar durch die umgehend einsetzende, "liquidierende" Satzgestaltung der Reprise der Themenguppe III: eine Fugato-Passage mit dem Einschub einer subsidiären, rhythmisch verschobenen freien Engführung von Thema III-Varianten (T. 583 ff.), die ab Takt 609 in eine Satzart übergeht, die überaus deutlich an die Aufspannungstakte zur großen "Gegenconiunction" der Takte 301 ff. erinnert (vgl. besonders die aufsteigenden melodischen Figuren innerhalb des Intervallrahmens der Quarte).

Das entscheidende formale Ereignis in diesem späten Stadium des Finales wird die erneute Einführung in Takt 619 m.Auft. des Hauptthemas aus dem Kopfsatz: nun zum zweiten Male in einem krisenhaften Zusammenhang (vgl. T. 478 f.), und wiederum in finaler Perspektive hervorgehoben durch die harmonische Einkleidung des Themas – jetzt in seiner Gänze – in den Schattenakkord von C-Dur: $d^{7b5}+$ Dominant-Orgelpunkt g. Aber dieses Thema verschwindet ebenso plötzlich wie es auftauchte – verschwindet wie in einem Wirbelstrom: durch die Takte 626-645, deren letzte thematische Gestalt eine Repräsentation – wiederum die letzte – der $_b$-Kategorie des Finale-Hauptthemas ist, und abschließend wie ein ausgesprochenes Gegenstück zur *"Totenuhr"*-Monotonie in der Coda des ersten Satzes (vgl. dort die Takte 405 bis zum Satzende).

Der Sinn dieser ungewöhnlichen Reihe von Bezügen kann nur sein, in der unmittelbar danach beginnenden Coda des Finales die Bühne frei zu machen für eine thematische Wiederaufrichtung. Diese erfolgt denn auch durchaus einleuchtend: zunächst als Wiederkunft des Finale-Hauptthemas in seiner $_a$-Instanz – sukzessive, wie in einem Geburtsprozess. Dann öffnet sich, nach einem gigantischen harmonischen Sprung aus der ^{b}-Tonartsregion (ursprünglich: c-Moll), der Weg zu dem transformierten Werk-Thema (verkürzt, diatonisiert und in Dur) als dem letztendlich alles dominierenden. Der konkrete Prozess beinhaltet im gegebenen F-Dur-Zusammenhang (ab Takt 679) zunächst einen Schritt auf die doppelte Subdominante hin, mit einer Verdunkelung in einen B-Dur-Quintsextakkord, und von da aus in einem Sprung volle drei Quinten hin zur Doppeldominante, dem G-Dur-Terzquartakkord (beides in Takt 686), worauf dann die Schlusstonart C-Dur herrschen kann – uneingeschränkt und in ihrer strahlenden "Universalität" bestätigt durch Bezüge auf den Scherzosatz (Takt 687 ff., Hörner) wie auch zu den beiden übrigen früheren Sätzen: Takt 697 ff., Hörner (Adagio); Fag., Pos., Bässe (Kopfsatz).

Diese vollständige thematische Zirkularität – früher ebenso sehr gepriesen als kontrapunktischer Schlusseffekt wie heute eher restituiert auf ihren tatsächlichen Status als simple Einordnung von Themenfragmente unter einen Dreiklang – dient nur als formales Symbol: als eine – an und für sich völlig überflüs-

---

[93] Eine eingehendere Analyse findet sich ebd. S. 63 f.

sige – Unterstreichung der qualitativ größeren Bedeutung des zyklischen Aspekts in dieser Symphonie gegenüber z.B. den beiden vorangehenden Werken, die in dieser Hinsicht eher als Nadire anzusehen sind. Nur in der 5. Symphonie wurde evident ebenso viel Energie darauf gespendet, den Finalsatz als den zusammenfassenden Abschluss einer zyklischen Ganzheit erscheinen zu lassen, hier aber vor dem Hintergrund völlig anderer formaler Prozeduren – die auch spezifischer die beiden mittleren Sätze einbeziehen.[94] Im Lichte dieser Ähnlichkeit mag es daher gerechtfertigt sein anzuführen, dass die motivischen Abschluss-Elemente in den beiden Sätzen so einheitlich gestaltet sind wie folgt:

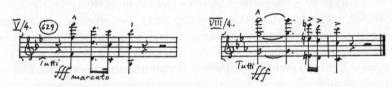

Beispiel 112 a-b

Sicherlich, wenn auch nicht ohne Konkurrenz seitens der Symphonie Nr. 4, setzt sich die 3. Symphonie nach den beiden hier hervorgehobenen ein als das dritte markant "Finale-lastige" Werk unter Bruckners Symphonien, nicht nur isoliert im Verhältnis zu den übrigen Sätzen als solchen bewertet, sondern speziell in der zyklischen Perspektive. Und auch in diesem Falle lässt sich ein besonderes Detailargument für diese Qualifizierung anführen, neben substantielleren Gründen: Eben neben der fünften und der achten Symphonie lässt Bruckner nur in der dritten das Werk mit dem "Superthema" in unisoner Anführung enden.

4 · Schlussbetrachtungen

Von den beiden Außensätzen innerhalb der Brucknerschen Symphonie gilt, so will es dem Verfasser scheinen, dass deren Analyse – anders als in Verbindung mit den Binnensätzen – sich schwerlich auf einer streng intern-musikalischen, formalistischen Basis durchführen lässt, selbst wenn sie sich nicht mit einer semantisch ausgerichteten Deutung zu befassen trachtet. Diese Ansicht hat wohl einen gewissen subjektiven Stellenwert, und von einer Generalisierung kann kaum die Rede sein; sie muss vorerst als Behauptung einer (allerdings charakteristisch vorkommenden) Tendenz gelten.

Nähere Reflexionen über den angegebenen Sachverhalt führen fast unvermeidlich auf die Spuren einer besonderen Art von Prozessualität, die den symphonischen Typus Bruckners, und zwar besonders die Rahmenteile der Satzfolge, kennzeichnet. Zwar könnte man, weniger genau betrachtet, behaupten, die Wirkungskraft der Prozessualität sei in Bruckners Musik gefährdet: erstens aufgrund starker architektonischer Momente in der Formbildung, zum zweiten als Folge

---

[94] Mehr dazu, wenn auch nicht erschöpfend, auf Seite 100 ff. (und S. 375) der vorliegenden Abhandlung.

eines vorgegebenen Grundvorgangs, einer Schematisierung nicht zuletzt in charakterlicher Hinsicht. Beides untergräbt gewissermaßen den Eindruck von einer vorherrschenden formalen Dramaturgie von zwingender oder sonstwie überzeugender Wirkung. Sicher bestimmen solche Merkmale im höherem Grad die Binnensätze; diese sind indessen zugleich weit weniger empfindlich gegenüber einem solchen "Defizit": sie sperren sich gegenüber den Rahmensätzen gerne ab und suspendieren dadurch eher indirekt den zyklisch-formalen Prozess, überlassen ihn sozusagen diesen.

Setzt sich andererseits eine Prozessualität, ein Konsequenz-geprägtes Formdenken, zeitweise in Bruckners Außensätzen durch – was die Analysen dieses und der vorhergehenden Kapitel mit genügender Evidenz veranschaulicht haben dürften –, dann stellt sich heraus, dass die Analyse sich wie von sich selbst (d.h. gewissermaßen zwangsläufig aus der Sache selbst) anders formt als wenn es sich z.B. um eine Analyse eines Werks von Brahms handelte; und dies gilt für den Grad an Nähe, welchen die Lesart zu dem Aussageniveau der klingenden und der formalen Einzelheiten einnimmt wie auch – und sich daraus ergebend – für die jeweilige sprachliche Seite der Interpretation. Abgesehen davon, dass die formalen Konsequenzmomente bei Brahms bzw. Bruckner sich gelegentlich berühren, sich einander nähern oder in qualitativer Hinsicht sonstwie vergleichen lassen, wird eine Brahms-Analyse fast unausbleiblich die Ausprägung eines musikalischen Intellekts enthalten und somit als Darstellung eines in eminenter Weise *handelnden* kompositorischen Subjekts erscheinen. Wogegen eine Bruckner-Analyse ein, obzwar nicht passives, so aber gewissermaßen *ausgeliefertes* Subjekt hervortreten lassen wird. Demnach äußert sich der thematische Prozess, wo ein solcher in prägnanterem Grad erscheint, als Schicksalsgeschichte eines – oder mehrerer – Themen; vielleicht besser: als Darstellung ihrer *Bestimmung*. Nicht zuletzt daraus ergibt sich wohl der oft vermerkte epische Charakter des symphonischen Typus Bruckners.[95] Im ersteren Fall kann deshalb die Analyse das formale Handeln ziemlich rein und interpretatorisch relativ unvermittelt als Abbildung einer musikalischen Struktur zum Vorschein treten lassen. Im letzteren Fall, wo der Formprozess von starken intuitiven Momenten getragen und geprägt ist, muss die Analyse in ihrer Ausführung und Darstellung dem *Gang* der musikalisch-formalen Entwicklung nachgehen – und das heißt manchmal: diesen auch mittels hermeneutisch geprägter Einfühlung verfolgen.

Dieser Gesichtspunkt hat mehrere Konsequenzen, deren eine ist, dass die Hauptproblematik dieser Abhandlung, die Frage von dem Typus- oder Schematismusproblem in Bruckners symphonischem Werk, auf der Grundlage der vorgenommenen Untersuchungen sich zusammenfassend nur beantworten lässt in einer Bewegung, die dem Versuch gleicht, den Hörnern des Stiers auszuweichen: die Frage des Gewichtsverhältnisses zwischen typisierten und individuellen Mo-

---

[95] Am aktuellsten wohl bei Thomas Röder (*III. Symphonie D-Moll. Revisionsbericht*. Wien 1997, S. 246): "Zu Lebzeiten Bruckners konnte das Problem der Dritten Symphonie nicht gelöst werden: in ungehemmter Breite ein instrumentales Epos zu erzählen und dafür auch noch sowohl Medium als auch Publikum zu finden."

menten lässt sich nicht eindeutig klären; dafür löst sie sich aber allmählich in der Richtung einer weniger entscheidenden Doppeldeutigkeit auf, im Zusammenhang mit der Intensivierung einer Analyse, die sich an dem oben beschriebenen Grundcharakter dieser Musik ausrichtet. Oder mit dem Hinweis auf das eingangs gesetzte Motto der Abhandlung: die Frage nach einer eindeutigen Antwort wird eher irrelevant, insofern als diese davon abhängt, *"wie tief die Analyse greift"*.

Des weiteren: verbindet sich etwa die oben dargestellte Anschauung mehr oder weniger mit der Behauptung, die dominierende formprägende Kraft hinter Bruckners symphonischem Formtypus und Stil sei Einfühlung? Das denn doch wohl nicht: betrachtet man einige weitaus typischere Beispiele "reiner" Einfühlungsbestimmten Musik – z.B. Werke von Leoš Janáček oder Claude Debussy –, stellt sich heraus, dass die naheliegendste Darstellungsweise, d.h. der praktische Vorgang, der den Charakteristiken einer solchen Musik angemessen ist, von verhältnismäßig streng formalistischer Art sein wird, in Form einer Analyse, die vor allem durch eine nüchterne und objektive Darstellung einer vorhandenen motivischen Variantentechnik und deren formbildenden Auswirkungen innerhalb einer Montage-geprägten Anordnung zum Tragen kommt.

Anders gesagt wird hier ein Analytiker, der sich vornehmlich durch Einfühlung orientiert, wenige Chancen haben; bestenfalls sieht er sich – unter Voraussetzung einer hohen analytischen Kapazität in dieser Hinsicht – äußerst schwierigen Bedingungen gegenübergestellt. Und dies trotz recht augenfälliger programmatischer Attitüden, die bei diesen Komponisten festzustellen sind; am deutlichsten bei Janáček, dessen persönliche Auffassung von der ausdrucksmäßigen Konkretion der Musik ziemlich extrem war. Was sich in diesen Fällen einer derartigen analytischen Vorgangsweise verweigert, ist in erster Linie die relative Abwesenheit von prozessualer Dimension in der Formbildung; das begründet sich bei Debussy hauptsächlich in einer vegetativen Permanenz und bei Janáček in der mitunter fast manisch anmutenden Insistenz auf einer quasi *nicht*-formbildenden Funktionsweise seiner Thematik.

Zwar wird man auch bei Bruckner ohne Schwierigkeit Momente beider hier angeführten musikalischen Merkmale finden, jedoch mit einer Formauffassung gepaart, die grundsätzlich als prozessual intendiert und meistens auch dementsprechend geprägt zu beschreiben ist. Die hieraus resultierende Spannweite und, will man das gelten lassen, das schließlich ausgeglichene Gepräge seines symphonischen Typus besteht in einem besonderen Spannungsverhältnis zwischen Momenten geprägt von Abstraktion sowie von Einfühlung; zwischen selbstauferlegten Formgesetzen oder Formbedingungen einerseits, in Form einer charakterlichen und tektonisch-formalen "Anlage"; und andererseits einer musikalischen "Ausführung", die in stringenten Zusammenhängen in der Durchspielung einer individuellen Formstrategie besteht. Dieses Spannungsverhältnis ist gewaltsamer und stellt sich zweifelsohne auch als disharmonischer dar als – um zu dem wesentlichsten Vergleich zurückzukommen – das eher moderat gehaltene und vor allem persönlich beherrschte Spannungsfeld, das sich in Brahms' Musik findet: es ist dies eher eine Spannung zwischen Intellekt und Emotion. Zugleich aber hat das kompliziertere Spannungsverhältnis in der Symphonik Bruckners dem Analytiker eine weit offene musikalische Landschaft dargeboten, einen Erdboden, der die Mühe der Bearbeitung mit überraschend großem Ertrag lohnt. Dies bleibt wenigstens die Erfahrung des Verfassers.

Als letztes Moment betreffs dieses Spannungs- oder Wechselwirkungsverhältnisses – und aus welchem Moment denn auch ersichtlich sein sollte, warum die vorliegende Abhandlung den Titel *Zwischen Einfühlung und Abstraktion* erhielt – seien einige Anmerkungen gefügt zu den Bedingungen, die bei der analytischen Auseinandersetzung mit dem definitiven Endstadium im Formprozess der Brucknerschen Symphonie gegeben sind. Mehr als jedes anderes Einzelmoment ist nämlich der Werkschluss für den Sachverhalt bestimmend, dass der analytische Prozess vorzugsweise in einem näheren Parallelgang mit dem konkret gegebenen musikalischen Verlauf dargestellt werden will.

Der charakteristische Umstand ist hier nicht allein die exorbitante argumentative Last, welche dieser final zugespitze symphonische Typus unmittelbar, wie auch ideell gesehen, der analytischen Erklärung bzw. Begründung eben des Satz- und Werkschlusses aufzubürden scheint. Mit der hiermit verbundenen Schwierigkeit verknüpft sich nämlich ein beklemmendes Gefühl, das den Analytiker hin und wieder befallen mag: dass nämlich die Pointen, die er in Bezug auf den Schluss anbringt, eigentlich unter der unmittelbaren Evidenz und Sinnvollheit der musikalischen Begebenheiten machtlos zusammenbrechen.

Dieser Umstand mag sich indessen ins Positive wenden lassen, und zwar durch eine Akzentuierung der analytischen Anstrengung in Form einer Bloßlegung der formalen Intention oder Strategie. Mit anderen Worten: in der Klärung des formalen Individualaspekts, wofür im Vergleich zum Ablauf der definitiven Schlusshandlung die für das Verständnis der Form weitaus wesentlicheren *bedingenden* Momente einstehen, eben die Grundlage der zugleich präformierten Formdisposition; jener vorkalkulierten "Lösung", die in den meisten Fällen – eine Ausnahme haben wir im Finale der 6. Symphonie gesehen – die Coda zu dem "weiter ausgedehnten Bereich der Apotheose" (Seite 393) machte.

Die Frage von der Beurteilung der symphonischen Schlusswirkung und ihrer Funktion einer "Synthese" scheint grundsätzlich kein analytisch restlos zu legitimierendes Anliegen zu sein. Vielmehr dürfte sie, sowohl bei dem einzelnen Hörer als im Kollektiv des Konzertsaals, durch eher unmittelbare ästhetische Reaktionen erfolgen. Dass diese von ausgesprochen unterschiedlicher Beschaffenheit sein können, dafür liefert die Bruckner-Rezeption in der Geschichte wie in der Gegenwart beredteste Zeugnisse. Und angesichts dieser Situation, die der Verfasser auf kürzestem Weg, aber auch nach bestem Wissen und Gewissen mit Hinweis auf den ausgesprochenen Effekt einer intuitiven Funktion in der kompositorischen Tätigkeit Anton Bruckners zu erklären geneigt ist, könnte derselbe Analytiker ausnahmsweise versucht sein, seine Argumentation über dieses – eben nicht "entscheidende" – musikalische Moment zu suspendieren.

ANHANG

Bibliographische Abkürzungen

19CM	19th Century Music
AcM	Acta Musicologica
AMw	Archiv für Musikwissenschaft
BMw	Beiträge zur Musikwissenschaft
BrJb	Bruckner-Jahrbuch
BrS	Bruckner-Symposion. Bericht
DAM	Dansk Årbog for Musikforskning
DMt	Dansk Musiktidsskrift
Grove6 1.	The New Grove Dictionary of Music and Musicians (1980)
Grove6 2.	The New Grove Dictionary of Music and Musicians, 2nd ed. (2001)
HMT	Handwörterbuch der musikalischen Terminologie
JbSIM	Jahrbuch des Staatlichen Instituts für Musikforschung Preussischer Kulturbesitz
KJb	Kirchenmusikalisches Jahrbuch
Mf	Die Musikforschung
MG	Musik und Gesellschaft
MGG1.	Die Musik in Geschichte und Gegenwart (Hrsg.: Friedrich Blume)
MGG2.	Die Musik in Geschichte und Gegenwart, 2. Ausg. (Hrsg.: Ludwig Finscher)
M R	The Music Review
MT	The Musical Times
NBeJb	Neues Beethoven-Jahrbuch
NZM	Neue Zeitschrift für Musik
SMH	Studia musicologica Academiae scientiarum hungaricae
SMN	Studia musicologica norvegica
SMw	Studien zur Musikwissenschaft
ÖMz	Österreichische Musikzeitschrift

LITERATURVERZEICHNIS

Adensamer, Michael: Bruckners Einfluß auf die Moderne (mit Beispielen aus dem Adagio der IX. Symphonie), in: *BrJb* 1980, S. 27-31.

Adorno, Theodor W.: *Mahler. Eine musikalische Physiognomik.* Frankfurt a.M. 1960.

Angerer, Manfred: Naturbilder bei Liszt und Bruckner, in: *BrS 1984. Bericht,* S. 163-170.

–: Theorie und Ästhetik der Symphonie im 19. Jahrhundert. Wege der Begriffsgeschichte, in: *BrS 1989. Bericht,* S. 23-37.

Antonicek, Theophil: *Anton Bruckner und die Wiener Hofmusikkapelle* (= Anton Bruckner Dokumente und Studien, Bd. 1). Graz 1979.

–: Ein neues Bruckner-Bild?, in: Othmar Wessely (Hrsg.): *Bruckner-Vorträge Budapest 1983-84. Bericht.* Linz 1985, S. 21-24.

Auer, Max, August Göllerich: *Anton Bruckner. Ein Lebens- und Schaffensbild. I-IV.* Regensburg 1922-1937.

Auer, Max: *Anton Bruckner. Sein Leben und Werk.* [5.]Wien 1947 [1956].

Backes, Dieter Michael: *Die Instrumentation und ihre Entwicklung in Anton Bruckners Symphonien.* Mainz 1997.

Bekker, Paul: *Die Sinfonie von Beethoven bis Mahler.* Berlin 1918.

Blume, Friedrich: Bruckner, Anton Josef, in: *MGG* [1.], Bd. 2, Sp. 341-382.

Blumröder, Christoph von: Gruppe, Gruppenkomposition, in: Hans H. Eggebrecht (Hrsg.): *HMT,* Ordner II, 12 (1984).

–: Thema, Hauptsatz, in: *HMT,* Ordner IV (1995).

Brinkmann, Reinhold: Anhand von Reprisen, in: Friedhelm Krummacher, Wolfram Steinbeck (Hrsg.): *Brahms-Analysen. Referate der Kieler Tagung 1983.* Kassel etc. 1984, S. 107-120.

Broel, Wilhelm: Die Durchführungsgestaltung in Beethovens Sonatensätzen, in: *NBeJb* 1937, S.37-90.

Bruckner, Anton: *Sämtliche Werke.* Vorgelegt von Leopold Nowak. Bd$_d$ I$_1$, I$_2$ (Hrsg.: Günter Brosche), II, III$_1$, III$_2$, III$_3$, IV$_1$, IV$_2$, V, VI, VII, VIII$_1$, VIII$_2$, IX, X, XI, XII/5 (Hrsg.: Hans Jancik, Rüdiger Bornhöft). Wien 1951 ff.

–: *Ouvertüre, g-Moll* [WAB 98]. Ed. by Arthur D. Walker. London 1969.

–: *IX. Symphonie d-Moll. Finale.* Rekonstruktion der Autograph-Partitur nach den erhaltenen Quellen. Aufführungsfassung von Nicola Samale, John A. Phillips, Giuseppe Mazzuca u. Gunnar Cohrs. Adelaide 1992.

–: *Gesammelte Briefe, neue Folge.* Gesammelt und herausgegeben. von Max Auer. Regensburg 1924.

–: *Briefe 1852-1886.* Vorgelegt von Andrea Harrandt und Otto Schneider (= Sämtliche Werke XXIV/1). Wien 1998.

Brusatti, Otto: Zur thematischen Arbeit bei Johannes Brahms, in: *SMw* 1980, S. 191-205.

Brüstle, Christa: *Anton Bruckner und die Nachwelt. Zur Rezeptionsgeschichte des Komponisten in der ersten Hälfte des 20. Jahrhunderts.* Stuttgart 1998.

Bushler, David M.: *Development in First Movements of Bruckner's Symphonies.* Diss., City University of New York 1975.

Cadenbach, Rainer: Der implizite Hörer? Zum Begriff einer "Rezeptionsästhetik" als musik-wissenschaftliche Disziplin, in: Hermann Danuser, Friedhelm Krummacher (Hrsg.): *Rezep-tionsästhetik und Rezeptionsgeschichte in der Musikwissenschaft* (= Publikationen der Hoch-schule für Musik und Theater Hannover, 3). Laaber 1991, S. 133-163.

Carragan, William: Anton Bruckner: Symphonie, c-Moll. Geschichte und Kommentar, in: CD-Textheft Camerata 30 CM-195/196. Tokyo 1992, S. 1-21.

Černý, Miroslav: Zum Kompositorischen Typus Antonín Dvořáks. Variation und Kontrast der Themen in der Sonatenform, in: Rudolf Pecman (ed.): *Dvořák, Janáček and Their Time. Colloquium Brno 1984*. Brno 1985, S. 155-159.

–: Antonín Dvořák und die Sonatenform sowie einige spezifische Züge der thematischen Ar-beit in ihr, in: Milan Pospíšil, Marta Ottlová (eds.): *Antonín Dvořák 1841-1991. Report of the International Musicological Congress Dobřís 1991*. Praha 1994, S. 73-83.

Cooke, Deryck: The Bruckner Problem Simplified, in: *MT* 1969, S. 20 ff., 142 ff., 362 ff., 479 ff., 828.

–: Bruckner, Anton, in: *Grove6* [1], Vol. 3, S. 352-371.

Dahlerup, Pil: *Dekonstruktion. 90ernes litteraturteori*. København 1991.

Dahlhaus, Carl:. *Die Idee der absoluten Musik*. Kassel 1978.

–: *Beethoven und seine Zeit*. Laaber 1987.

–: *Die Musiktheorie im 18. und 19. Jahrhundert, Bd. 2* (= Geschichte der Musiktheorie, Bd. 11). Darmstadt 1989.

–: Studien zu romantischen Symphonien, in: *JbSIM* 1972, S. 104-119.

–: Zur Problematik der musikalischen Gattungen im 19. Jahrhundert, in: Wulf Arlt (Hrsg.): *Gattungen der Musik in Einzeldarstellungen. Gedenkschrift Leo Schrade. Erste Folge*. Bern, München 1973, S. 840-895.

–: Zur Problemgeschichte des Komponierens, in: *Zwischen Romantik und Moderne. Vier Studien zur Musikgeschichte des späteren 19. Jahrhunderts* (= Berliner Musikwissenschaftliche Arbei-ten VII). München 1974, S. 40-73.

–: Ist Bruckners Harmonik formbildend?, in: *BrJb* 1982/83, S. 19-26.

–: Bruckner und die Programmusik. Zum Finale der Achten Symphonie, in: Christoph-H. Mahling (Hrsg.): *Anton Bruckner. Studien zur Werk und Wirkung* (= FS. Walter Wiora [80 Jahre]). Tutzing 1988, S. 7-32.

Darcy, Warren: Bruckner's Sonata Deformations, in: Paul Hawkshaw, Timothy L. Jackson (Eds.): *Bruckner Studies*. Cambridge (Mass.), New York 1997, S. 256-277.

Dawson-Bowling, Paul: Thematic and Tonal Unity in Bruckner's VIII. Symphony" in: *MR* 1969, S. 225-236.

Dehnert, Max: *Anton Bruckner. Versuch einer Deutung*. Leipzig 1958.

Dilthey, Wilhelm: *Der Aufbau der geschichtlichen Welt in den Geisteswissenschaften* (= Gesam-melte Schriften VII. Band). Leipzig, Berlin 1927.

–: Die Einbildungskraft des Dichters. Bausteine für eine Poetik, in: *Gesammelte Schriften VI. Band*. Leipzig, Berlin 1938, S.103-241.

Doernberg, Erwin: *Anton Bruckner. Leben und Werk*. München, Wien 1963 (erweiterte Fassung der engl. Erstausg. London 1960).

Döge, Klaus: *Dvořák. Leben – Werke – Dokumente*. Mainz 1991.

Eckstein, Friedrich: *Erinnerungen an Anton Bruckner*. Wien 1923.

Eggebrecht, Hans Heinrich: Versuch über Bruckner, in: ders.: *Musik im Abendland. Prozesse und Stationen vom Mittelalter bis zur Gegenwart*. München 1991, S. 694-707.

Engel, Gabriel: *The Symphonies of Anton Bruckner*. Iowa City 1955.

Eybl, Martin: Grandiose Isolierzellen und rasselnde Fugenmechanik. Zu Schenkers Kritik an seinem Lehrer Bruckner, in: *BrS 1988. Bericht*, S. 137-145.

–: Rezension: Bruckner-Symposion Linz 1992: "Anton Bruckner – Persönlichkeit und Werk", in: *IBG Mitteilungsblatt* Nr. 39, 1992, S. 36-38.

Federhofer, Hellmut: Heinrich Schenkers Bruckner-Verständnis, in: *AMw* 1982, S. 198-217.

–: Anton Bruckner im Briefwechsel von August Halm – Heinrich Schenker, in: Christoph-H. Mahling (Hrsg.): *Anton Bruckner. Studien zu Werk und Wirkung* (= FS. Walter Wiora [80 Jahre]). Tutzing 1988, S. 33-40.

Finscher, Ludwig: Zur Stellung der "Nullten" Symphonie in Bruckners Werk, in: Christoph-H. Mahling (Hrsg.): *Anton Bruckner. Studien zu Werk und Wirkung* (= FS. Walter Wiora [80 Jahre]). Tutzing 1988, S. 63-79.

–: Symphonie, VIII-X: Beethoven und das 19. Jahrhundert; Von Beethoven bis zum Tode Mendelssohns und Schumanns; Von der Jahrhundertmitte bis zur Neuen Musik, in: *MGG* ², Sachteil, Bd. 9, Sp. 56-89.

Floros, Constantin: *Brahms und Bruckner. Studien zur musikalischen Exegetik*. Wiesbaden 1980.

–: Zur Antithese Brahms-Bruckner, in: *Brahms-Studien, Bd. 1*, Hamburg 1974, S. 59-90.

–: Bruckner und Mahler. Gemeinsamkeiten und Unterschiede, in: *BrS 1981. Bericht*, S. 21-29.

–: Thesen über Bruckner, in: *Musik-Konzepte* 23/24: *Anton Bruckner*. München 1982, S. 5-14.

–: Zur Gegensätzlichkeit der Symphonik Brahms' und Bruckners, in: *BrS 1983. Bericht*, S. 145-153.

–: Diskussionsbeitrag zum Thema Bruckner und Liszt, in: *BrS 1986. Bericht*, S. 181-188.

–: Zu Bruckners frühem symphonischem Schaffen, in: *BrS 1988. Bericht*, S. 173-190.

Flotzinger, Rudolf: Zur Bedeutung des Selbststudiums in Bruckners musikalischer Ausbildung, in: *BrS 1988. Bericht*, S. 51-58.

Frisch, Walter: *Brahms and the Principle of Developing Variation*. Berkeley, Los Angeles, London 1984.

Fuchs, Ingrid: Aspekte der Instrumentation der Symphonien Brahms' und Bruckners, in: *BrS 1983. Bericht*, S. 133-144.

Gabrielová, Jarmila: Die Sonatenform in den frühen Werken von Antonín Dvořák, in: *Dvořák, Janáček, and Their Time. Colloquium Brno 1984*, S. 193-198.

–: Dvořák's Symphonic Output in the European Context, in: Milan Pospíšil, Marta Ottlová (eds.): *Antonín Dvořák 1841-1991. Report of the International Musicological Congress Dobřís 1991*. Praha 1994, S. 67-71.

–: Österreichische und böhmische Symphonik – ein Widerspruch? Die frühen Symphonien von Antonín Dvořák im Kontext der österreichischen Symphonik im zweiten Drittel des 19. Jahrhunderts, in: *BrS 1993. Bericht*, S. 99-110.

Gilliam, Bryan: The Two Versions of Bruckner's VIII. Symphony, in: *19CM* 1992, S. 59-69.

Göllerich, August, Max Auer: *Anton Bruckner. Ein Lebens- und Schaffensbild. I-IV*. Regensburg 1922-1937.

Grandjean, Wolfgang: Bruckners frühe Scherzi, in: *BrJb* 1994/95/96, S. 47-66.

Grant, Parks W.: Bruckner and Mahler. The Fundamental Dissimilarities of Their Styles, in: *MR* 1971, S. 36-55.

Grasberger, Franz: Form und Extase. Über eine Beziehung Haydn - Schubert - Bruckner in der Symphonie, in: *FS. Anthony van Hoboken*. Mainz 1962, S. 93-100.

–: Anton Bruckners zweite Symphonie, in: Othmar Wessely (Hrsg.): *Bruckner-Studien*. Wien 1975, S. 302-321.

–: Anton Bruckner zwischen Wagnis und Sicherheit. Aspekte einer Bildrevision, in: *BrS 1977. Bericht*, S. 11-18.

Grasberger, Franz: Selbstkritik, Überzeugung und Beeinflussung. Zum Problem der Fassungen bei Anton Bruckner, in: *BrS 1980. Bericht*, S. 33-38.

Grasberger, Renate: *Bruckner-Bibliographie bis 1974* (= Anton Bruckner Dokumente und Studien, Bd. 4). Graz 1985.

–, Erich Wolfgang Partsch (Hrsg.): *Bruckner – skizziert. Ein Porträt in ausgewählten Erinnerungen und Anekdoten* (= Anton Bruckner Dokumente und Studien, Bd. 8). Wien 1991.

Grebe, Karl: *Anton Bruckner*. Reinbek bei Hamburg 1972.

Gruber, Gernot: Zum Verhältnis von Strukturanalyse, Inhaltsdeutung und musikalischer Rezeption, exemplifiziert an Bruckners VIII. Symphonie, in: *BrS 1992. Bericht*, S. 129-142.

Gülke, Peter: *Brahms. Bruckner. Zwei Studien*. Kassel 1989.

–: Kantabilität und thematische Abhandlung, in: *BMw* 1970, S. 252-273.

–: Der schwierige Jubilar. Zu Anton Bruckners 150. Geburtstag, in: *MG* 1974, S. 547-550.

–: Über die Zeitgenossenschaft Bruckners, in: *BrS 1987. Bericht*, S. 15-21.

Haas, Robert: *Anton Bruckner*. Potsdam 1934.

–: *Vorlagenberichte* [zu den großen Partiturausgaben der älteren kritischen Gesamtausgabe].

Halbreich, Harry: Verlangt Bruckner ein einheitliches Tempo?, in: *BrJb* 1981, S. 199-204.

–: Bruckners Sechste: kein Stiefkind mehr, in: *BrS 1982. Bericht*, S. 85-92.

Halm, August: *Die Symphonie Anton Bruckners*. München ³1923.

–: *Von zwei Kulturen der Musik*. München ²1920.

–: *Beethoven*. Berlin 1927.

–: Über den Wert musikalischer Analysen I: Der Fremdkörper im ersten Satz der Eroika, in: *Die Musik* 1928-29, S. 481-484.

–: Über den Wert musikalischer Analysen II: Die fausse Reprise im 1. Satz der III. Symphonie von Bruckner, in: *Die Musik* 1928-29, S. 591-595.

Hamburger, Povl: Formproblemet i vor tids musik, in: *DMt 1931*, S. 89-100. (Engl. Übersetzung in: Mina Miller (ed.): *The Carl Nielsen Companion*. London 1994.)

Hansen, Mathias: *Anton Bruckner*. Leipzig 1987.

–: *Arnold Schönberg. Ein Konzept der Moderne*. Kassel 1993.

–: Anton Bruckner – Gustav Mahler. Verbindendes und Trennendes, in: *BrS 1988. Bericht*, S. 165-171.

–: Persönlichkeit im Werk. Zum Bild Anton Bruckners in der Analyse seiner Musik, in: *BrS 1992. Bericht*, S. 187-193.

Harrandt, Andrea, Otto Schneider (Hrsg.): [Anton Bruckner] *Briefe 1852-1886* (= Sämtliche Werke XXIV/1). Wien 1998.

Harten, Uwe (u.A., Hrsg.): *Anton Bruckner. Ein Handbuch*. Salzburg 1996.

–: Bruckners Äußerungen zur Orchestermusik seiner Zeit, in: *BrS 1989. Bericht*, S. 161-171.

Hawkshaw, Paul: The Date of Bruckner's "Nullified" Symphony in D Minor, in: *19CM 1983*, S. 252-263.

–, Timothy L. Jackson: Bruckner, Anton, in: *Grove6* ², Vol. 4, S. 458-487.

Hecker, Joachim von: Symphonie, C, I, 1: Die Symphonik von Beethoven bis Bruckner, in: *MGG* ¹, Bd. 12, Sp. 1832-1850.

Hilscher, Elisabeth Th.: Auseinandersetzung mit der Tradition. Bruckner-Symposion 1997 *Bruckner – Vorbilder und Traditionen*, in: *Studien und Berichte* (IBG-Mitteilungsheft) 49, 1997, S. 26-27.

Hinrichsen, Hans-Joachim: Die Sonatenform im Spätwerk Franz Schuberts, in: *AMw* 1988, S. 16-49.

Holoman, D. Kern (ed.): *The Nineteenth-Century Symphony*. New York 1997.

Horn, Erwin: Analyse der Scherzo-Themen der Symphonien Nr. V, VI, VII und VIII, in: *BrJb* 1991/92/93, S. 45-60.

Hubig, Christoph: Musikalische Hermeneutik und musikalische Pragmatik. Überlegungen zu einer Wissenschaftstheorie der Musikwissenschaft", in: Carl Dahlhaus (Hrsg.): *Beiträge zur musikalischen Hermeneutik* (= Studien zur Musikgeschichte des 19. Jahrhunderts, Bd. 43). Regensburg 1975, S. 121-158.

–: Rezeption und Interpretation als Handlungen. Zum Verhältnis von Rezeptionsästhetik und Hermeneutik, in: Hermann Danuser, Friedhelm Krummacher (Hrsg.): *Rezeptionsästhetik und Rezeptionsgeschichte in der Musikwissenschaft* (= Publikationen der Hochschule für Musik und Theater Hannover, 3). Laaber 1991, S. 37-56.

Iselin, Hans Konrad: *Zur Entstehung von C.G. Jungs "Psychologische Typen"*. Aarau, Frankfurt a.M., Salzburg 1982.

Iser, Wolfgang: *Der implizite Leser. Kommunikationsformen des Romans von Bunyan bis Beckett*. München 1972.

Jackson, Timothy L.: Bruckner's Metrical Numbers, in: *19CM* 1990, S. 101-131.

–: Bruckner's Rhythm: Syncopated Hyperrhythm and Diachronic Transformation in the 2nd Symphony, in: *BrS 1992. Bericht*, S. 93-106.

–, Paul Hawkshaw: Bruckner, Anton, in: *Grove6* [2], Vol. 4, S. 458-487.

Jauß, Hans Robert: Rückschau auf die Rezeptionstheorie. Ad usum Musicae Scientiae, in: Hermann Danuser, Friedhelm Krummacher (Hrsg.): *Rezeptionsästhetik und Rezeptionsgeschichte in der Musikwissenschaft* (= Publikationen der Hochschule für Musik und Theater Hannover, 3). Laaber 1991, S. 13-36.

Jung, Carl Gustav: *Psychologische Typen* (= Gesammelte Werke, Bd. 6). Zürich (Stuttgart) 1920, [9] 1960.

–: *Über das Phänomen des Geistes in Kunst und Wissenschaft* (= Gesammelte Werke, Bd. 15). Olten, Freiburg i.Br. 1971.

Kirsch, Winfried: *Studien zum Vokalstil der mittleren und späten Schaffensperiode Anton Bruckners*. Frankfurt a.M. 1958.

–: Die Bruckner-Forschung seit 1945, I-IV, in: *AcM* 1981, S. 157-170, *AcM* 1982, S. 208-261, *AcM* 1983, S. 201-244, *AcM* 1984, S. 1-29.

–: Das Scherzo bei Brahms und Bruckner, in: *BrS 1983. Bericht*, S. 155-172.

–: Anton Bruckners Symphonik und die Krise der "schönen Melodie", in: Steffen Lieberwirth (Hrsg.): *Kongreßbericht zum V. internationalen Gewandhaus-Symposium: Anton Bruckner – Leben, Werk, Interpretation, Rezeption*. Leipzig 1988, S. 118-143.

Klein, Hans-Dieter: Philosophische Hypothesen zum Aussagegehalt von Anton Bruckners Musiksprache, in: *BrJb* 1981, S.115-136.

Klein, Rudolf: *Das Symphoniekonzert. Ein Stilführer durch das Konzertrepertoire*. Wien 1971.

Klose, Friedrich: *Meine Lehrjahre bei Anton Bruckner. Erinnerungen und Betrachtungen*. Regensburg 1927.

Knab, Armin: Die thematische Entwicklung in Anton Bruckners V. Symphonie. [1908] [1]Wien 1922, vgl. (ders.:) *Denken und Tun. Gesammelte Aufsätze über Musik*. Berlin 1959, S. 18-36.

Kobald, Karl (Hrsg.): *In Memoriam Anton Bruckner*. Zürich, Wien, Leipzig 1924.

Korstvedt, Benjamin Marcus: *The First Edition of Anton Bruckner's Fourth Symphony. Authorship, Production and Reception*. Diss., Univ. of Pennsylvania. Ann Arbor 1995.

–: The First Published Edition of Anton Bruckner's Fourth Symphony: Collaboration and Authenticity, in: *19CM* 1996, S. 3-26.

Korte, Werner F.: *Bruckner und Brahms. Die spätromantische Lösung der autonomen Konzeption*. Tutzing 1963.

... 453

Korte, Werner F.: Struktur und Modell als Information in der Musikwissenschaft, in: *AMw* 1964, S. 1-22.

Krebs, Wolfgang: *Innere Dynamik und Energetik in Ernst Kurths Musiktheorie.* (Habil.-Schrift, Univ. Frankfurt a.M. 1996.)

Krims, Adam: Disciplining Deconstruction (For Music Analysis), in: *19CM* 1998, S. 297-324.

Krohn, Ilmari: *Anton Bruckners Symphonien. Untersuchung über Formenbau und Stimmungsgehalt. 1-3* (= Annales Academiae Scientiarum Fennicae LXXXVI). Helsinki, Wiesbaden 1955-57.

Kross, Siegfried: Brahms und Bruckner. Über Zusammenhänge von Themenstruktur und Form, in: *BrS 1983. Bericht*, S. 173-181.

–: Das 'zweite Zeitalter' der Symphonie – Ideologie und Realität, in: Siegfried Kross, Marie L. Maintz (Hrsg.): *Probleme der symphonischen Tradition im 19. Jahrhundert. Kongressbericht Bonn 1990.* Tutzing 1990, S. 11-36.

Kühnen, Wolfgang: Die Botschaft als Chiffre. Zur Syntax musikalischer Zitate in der ersten Fassung von Bruckners III. Symphonie, in: *BrJb* 1991/92/93, S. 31-43.

Kurth, Ernst: *Bruckner*, I-II. Berlin 1925. (Neudruck Hildesheim 1971.)

Langevin, Paul-Gilbert: *Anton Bruckner. Apogée de la Symphonie.* Lausanne 1977.

Lederer, Josef-Horst: "Zurück in die Zukunft". Zu Bruckners Beethoven-Rezeption in der Finalgestaltung des symphonischen Frühwerks, in: *BrS 1993. Bericht*, S. 119-134.

Leibnitz, Thomas: *Die Brüder Schalk und Anton Bruckner.* Tutzing 1988.

Lester, Joel: Robert Schumann and Sonata Forms, in: *19CM* 1995, S. 189-210.

Lobe, Johann Christian: *Lehrbuch der musikalischen Komposition.* Bd. 1-4. Leipzig 1850-1867.

Louis, Rudolf: *Anton Bruckner.* München, Leipzig 1905.

Lübcke, Poul (Hrsg.): *Politikens filosofileksikon.* København 1983.

Mahling, Christoph-Hellmut: Zur Frage der 'Einheit' der Symphonie, in: (ders., Hrsg.:) *Über Symphonien. FS. Walter Wiora* [70 Jahre]. Tutzing 1979, S. 1-40.

Maier, Elisabeth: *Anton Bruckner. Stationen eines Lebens.* Linz 1996.

–: *Verborgene Persönlichkeit. Zugänge zu einer 'inneren Biographie' Anton Bruckners* (Schriften der Wiener Katholischen Akademie 4). [2.]Wien 1997.

–: Anton Bruckners Arbeitswelt, in: *Anton Bruckner in Wien. Eine kritische Studie zu seiner Persönlichkeit* (= Anton Bruckner Studien und Dokumente, Bd. 2). Graz 1980, S. 161-228.

–, Wolfram Steinbeck: Bruckner, (Joseph) Anton, in: *MGG* [2], Personenteil, Bd. 3, Sp. 1037-1105.

Marschner, Bo: Den cykliske formproces i Anton Bruckners Symfoni nr. 8 og dens arketypiske grundlag, in: *DAM* 1981, S. 19-68 (+ Beilage). (Gekürzte, deutschsprachige Fassung in: *Berliner Beiträge zu Musikwissenschaft* 1996/1, S. 3-29.)

–: Die chronologischen Probleme der "Nullten" Symphonie Bruckners , in: *BrJb* 1987/88, S. 53-62.

–: Die letzte Fassung von Anton Bruckners 3. Sinfonie. Ein Problemfall in der kritischen Gesamtausgabe, in: *Berliner Beiträge zur Musikwissenschaft* 1993 (= Beiheft 1993/3 zu *Neue Berlinische Musikzeitung*), S. 22-32. (Orig. als: Anton Bruckners 3. symfoni i dens seneste version (1889) – et problembarn i den kritiske *Gesamtausgabe*, in: *Otte ekkoer af musikforskning i Århus.* Århus 1988, S. 135-157 + Notenfaksimile.)

–: Zum Verhältnis von Persönlichkeit und Werk Anton Bruckners in C.G. Jungscher Sicht, in: *BrS 1992. Bericht*, S. 19-29.

–: Zu den frühen Orchesterwerken Anton Bruckners, in: *Bruckner-Fest Würzburg 1993.* Programmbuch, S. 10-17.

Marschner, Bo: Schema und Individualität in der Formbildung Bruckners anhand seiner späteren Reprisenkonzeption, in: *BrS 1996. Bericht*, S. 17-24.

Marx, Adolf Bernhard: *Die Lehre von der musikalischen Komposition*, Bd. 3.-4. Leipzig 1845, 1847.

Marx, Eva: Bad Kreuzen – Spekulationen und kein Ende, in: *BrS 1992. Bericht*, S. 31-39.

Massow, Albrecht von: Anachronismus als Moderne. Zur Eigenart eines kompositorischen Prinzips in der Musik Anton Bruckners, in: Albrecht Riethmüller (Hrsg.): *Bruckner-Probleme. Internationales Kolloquium 7.-9. Oktober 1996 in Berlin* (= Beihefte zum *AMw*, Bd. XLV). Stuttgart 1999, S. 153-171.

Mauser, Siegfried: Formbildung und musikalische Zeitwahrnehmung: Analoge Konzepte bei Franz Schubert und Anton Bruckner, in: *BrS 1992. Bericht*, S. 195-200.

Mayer, Johannes-Leopold: Musik als gesellschaftliches Ärgernis – oder: Anton Bruckner, der Anti-Bürger. Das Phänomen Bruckner als historisches Problem, in: *Anton Bruckner in Wien. Eine kritische Studie zu seiner Persönlichkeit* (= Anton Bruckner Studien und Dokumente, Bd. 2). Graz 1980, S. 75-160.

Mitschka, Arno: *Der Sonatensatz in den Werken von Johannes Brahms*. Gütersloh 1961.

Moravcsik, Michael J.: The Coda in the Symphonies of Anton Bruckner, in: *MR* 1973, S. 241-258.

Morold, Max: Das Brucknersche Finale, in: *Die Musik* 1906-07, S. 28-35.

Muckenschnabel, Walter Robert: Schweigende Zeugen im Schriftbild Anton Bruckners, in: *BrS 1977. Bericht*, S. 43-63.

Murphy, Edward: Bruckner's Use of Numbers to Indicate Phrase Lengths, in: *BrJb* 1987/88, S. 39-52.

Nagler, Norbert: Bruckners gründerzeitliche Monumentalsymphonie. Reflexionen zur Heteronomie kompositorischer Praxis, in: *Musik-Konzepte 23/24: Anton Bruckner*. München 1982, S. 86-118.

Negishi, Kazumi: Anton Bruckner und seine 6. Symphonie, in: *The Memoirs of Osaka Kyoiku University*, Ser. I, Vol. 35/1, 1986, S. 55-137.

Neumann, Friedrich: Zum Verhältnis von Akkordik und Melodik bei Anton Bruckner, in: *BrJb* 1981, S. 167-170.

Nielsen, Poul: *Den musikalske formanalyse. Fra A.B. Marx' Kompositionslehre til vore dages strukturanalyse*. København 1971.

–: Tematisk analyse, substansfællesskab, struktur. Nogle kritiske kommentarer, in: *DMt* 1963, S. 266-274.

–: "Øksen ligger ved træets rod." Nogle marginalier til Beethovens dynamisering af reprisen i 1. sats af "Eroica", in: *FS. Povl Hamburger*. København 1970, S. 18-35.

Notter, Werner: *Schematismus und Evolution in der Sinfonik Anton Bruckners* (= Freiburger Schriften zur Musikwissenschaft 14). München, Salzburg 1983.

Nowak, Adolf: Dilthey und die musikalische Hermeneutik, in: Carl Dahlhaus (Hrsg.): *Beiträge zur musikalischen Hermeneutik* (= Studien zur Musikgeschichte des 19. Jahrhunderts, Bd. 43). Regensburg 1975, S. 11-26.

–: Zur Analyse Brucknerscher Symphonik, in: *NZM* 1974, S. 674-676.

–: Über den Anfang in Bruckners Symphonik, in: Christoph-H. Mahling (Hrsg.): *Über Symphonien. Beiträge zu einer musikalischen Gattung* (= FS. Walter Wiora [70 Jahre]). Tutzing 1979, S. 141-155.

–: Die Wiederkehr in Bruckners Adagio, in: Christoph-H. Mahling (Hrsg.): *Anton Bruckner. Studien zu Werk und Wirkung* (= FS. Walter Wiora [80 Jahre]). Tutzing 1988, S. 159-170.

Nowak, Leopold: *Über Anton Bruckner. Gesammelte Aufsätze. 1936-1984*. Wien 1985.

Nowak, Leopold: Das Finale von Bruckners VII. Symphonie. Eine Formstudie, in: *FS. Wilhelm Fischer* (= Innsbrucker Beiträge zur Kulturwissenschaft, Sonderheft 3). Innsbruck 1956, S. 143-148.

–: Symphonischer und kirchlicher Stil bei Anton Bruckner, in: *FS. Karl Gustav Fellerer zum 60. Geburtstag*. Regensburg 1962, S. 391-401.

–: Form und Rhythmus im ersten Satz des Streichquintetts von Anton Bruckner, in: Horst Heussner (Hrsg.): *FS. Hans Engel*. Kassel 1964, S. 260-273.

–: Metrische Studien von Anton Bruckner an Beethovens III. und IX. Symphonie, in: Othmar Wessely (Hrsg.): *Beethoven-Studien. Festgabe der Österreichischen Akademie der Wissenschaften zum 200. Geburtstag von L. van Beethoven*. Wien 1970, S. 361-371.

Oeser, Fritz: *Die Klangstruktur der Bruckner-Symphonie: eine Studie zur Frage der Original-Fassungen*. Leipzig 1939.

Orel, Alfred: *Anton Bruckner. Das Werk, der Künstler, die Zeit*. Wien, Leipzig 1925.

–: *Anton Bruckner. Entwürfe und Skizzen zur IX. Symphonie*. Sonderdruck aus [Gesamtausgabe, Hrsg.: R. Haas] Band 9.

–: Zum Problem der Bewegung in den Symphonien Anton Bruckners, in: Karl Kobald (Hrsg.): *In memoriam Anton Bruckner*. Zürich, Wien, Leipzig 1924, S. 202-232.

Ostwald, Peter F.: Anton Bruckner – musikalische Intelligenz und depressive Störung, in: Steffen Lieberwirth (Hrsg.): *Kongressbericht zum V. internationalen Gewandhaus-Symposium 1987: Anton Bruckner – Leben, Werk, Interpretation, Rezeption*. Leipzig 1988, S. 48-51.

Parkany, Stephen: Kurth's *Bruckner* and the Adagio of the VII. Symphony" in: *19CM* 1988, S. 262-281.

Parkany, Stephen: The "Kecke Beserl" and Bruckner's Symphonic Tradition, in: *Atti del XIV Congresso della Società internazionale di Musicologia*. III: Free Papers. Torino 1990, S. 811-817.

Partsch, Erich W.: Künstlertypus und Brucknerbild, in: *BrS 1991. Bericht*, S. 21-25.

–, Renate Grasberger (Hrsg.): *Bruckner – skizziert. Ein Porträt in ausgewählten Erinnerungen und Anekdoten* (= Anton Bruckner Dokumente und Studien, Bd. 8). Wien 1991.

Pascall, Robert: Some Special Uses of Sonata Form by Brahms, in: *Soundings* 1974, S. 58-63.

Phillips, John A.: Neue Erkenntnisse zum Finale der 9. Symphonie Anton Bruckners, in: *BrJb* 1989/90, S. 115-203.

–: Die Arbeitsweise Bruckners in seinen letzten Jahren, in: *BrS 1992. Bericht*, S. 153-178.

Redlich, Hans Ferdinand: Das programmatische Element bei Bruckner, in: *Bruckner-Studien. Leopold Nowak zum 60. Geburtstag*. Wien 1964, S. 87-97.

Réti, Rudolph: *The Thematic Process in Music*. New York 1951.

Richter, Ernst Friedrich: *Die Grundzüge der musikalischen Formen und ihre Analyse*. Leipzig 1852.

Ringel, Erwin: Psychogramm für Anton Bruckner, in: *BrS 1977. Bericht*, S. 19-26.

Ritzel, Fred: *Die Entwicklung der 'Sonatenform' im musiktheoretischen Schrifttum des 18. und 19. Jahrhunderts*. Wiesbaden 1968.

Röder, Thomas: *Auf dem Weg zur Bruckner-Symphonie. Untersuchungen zu den ersten beiden Fassungen von Anton Bruckners dritter Symphonie* (= Beihefte zum *AMw*, Bd. XXVI). Stuttgart 1987.

–: *III. Symphonie d-Moll. Revisionsbericht* [zu] Anton Bruckner: Sämtliche Werke Band $III_{[1-3]}$. Wien 1997.

–: Motto und symphonischer Zyklus. Zu den Fassungen von Anton Bruckners IV. Symphonie, in: *AMw* 1985, S. 165-177.

–: Das 'verstümmelte' Finale. Zum vierten Satz von Anton Bruckners III. Symphonie, in: *IBG-Mitteilungsblatt 37*, 1991, S. 11-20.

Röder, Thomas: Eigenes angewandte Nachsinnen – Bruckners Selbststudium in Fragen der Metrik, in: *BrS 1992. Bericht*, S. 107-122.

–: Zu Bruckners Scherzo: der "responsoriale" Thementyp, die Kadenz, die Coda und der Zyklus, in: *BrJb 1994/95/96*, S. 67-77.

Rosen, Charles: *Sonata Forms*. New York, London 1988.

Rösing, Helmut: Gestalt und Wiederholung in Bruckners Sinfonien, in: *BrJb 1981*, S. 17-25.

Rothfarb, Lee A.: *Ernst Kurth as Theorist and Analyst*. Diss., Yale University 1985.

Röthig, Claudia C.: *Studien zur Systematik des Schaffens von Anton Bruckner, auf der Grundlage zeitgenössischer Berichte und autographer Entwürfe* (= Göttinger musikwissenschaftliche Arbeiten 9. 1978).

Rubarth, Hermann: *Die Reprisengestaltung in den Symphonien der Klassik und Romantik*. Diss. (masch.), Univ. Köln 1950.

Schalk, Franz: *Briefe und Betrachtungen*. Wien, Leipzig 1935.

Scheder, Franz: *Anton Bruckner Chronologie*, I-II. Tutzing 1996.

Schenker, Heinrich: *Kontrapunkt*. Wien 1910.

–: Vom Organischen der Sonatenform, in: (ders.:) *Das Meisterwerk in der Musik. Ein Jahrbuch.* Bd. II. München, Wien, Berlin 1926, S. 43-54.

–: Über Anton Bruckner (zusammengestellt von Oswald Jonas), in: *Der Dreiklang 1937*, S. 166-176.

Schipperges, Thomas: Zur Wiener Fassung von Anton Bruckners I. Sinfonie, in: *AMw 1990*, S. 272-285.

Schmidt, Christian Martin: *Johannes Brahms: Sinfonie Nr. 4, e-Moll, op.98. Einführung und Analyse*. Mainz 1980.

Schmiedel, Peter: Das Tonsystem als Erlebnisqualität im Spannungsfeld der V. Sinfonie, in: Steffen Lieberwirth (Hrsg.): *Kongressbericht zum V. internationalen. Gewandhaus-Symposium 1987: Anton Bruckner – Leben, Werk, Interpretation, Rezeption*. Leipzig 1988, S. 108-111.

Schmitz, Arnold: *Beethovens 'Zwei Prinzipe'. Ihre Bedeutung für Themen- und Satzbau*. Berlin, Bonn 1923.

Schnebel, Dieter: Der dreieinige Klang oder die Konzeption einer Leib-Seele-Geist-Musik, in: *Musik-Konzepte 23/24: Anton Bruckner*. München 1982, S. 15-22.

Schollum, Robert: Umkreisungen. Anmerkungen zum Beginn des Adagio der IX. Symphonie Bruckners, in: *BrJb 1981*, S. 97-102.

Scholz, Horst-Günther: *Die Form der reifen Messen Anton Bruckners*. Berlin 1961.

Schönberg, Arnold: *Stil und Gedanke*. Hrsg. v. Frank Schneider. Leipzig 1989.

–: *Gesammelte Schriften 1*. Hrsg. von Ivan Vojtech. Frankfurt a.M. 1976.

Schubert, Giselher: Themes and Double Themes: The Problem of the Symphonic in Brahms, in: *19CM 1994*, S. 10-23.

Schwanzara, Ernst (Hrsg.): *Anton Bruckner, Vorlesungen über Harmonielehre und Kontrapunkt an der Universität Wien*. Wien 1950.

Seidel, Wilhelm: Das Streichquintett in F-Dur im Œuvre von Anton Bruckner und Johannes Brahms, in: *BrS 1983. Bericht*, S. 183-189.

Simpson, Robert: *The Essence of Bruckner. An essay towards the understanding of his music.* London 1967.

–: Bruckner and the Symphony, in: *MR 1946*, S. 35-40.

–: The 1873 Version of Bruckner's Third Symphony, in: *BrJb 1982/83*, S. 27-32.

Skyllstad, Kjell: Wertungskriterien zeitnaher Sinfonik im Schrifttum von Ernst Bloch und Georg Lukács, in: *SMN 1979*, S. 49-65.

Steinbeck, Wolfram: *Anton Bruckner. Neunte Symphonie d-Moll* (= Meisterwerke der Musik. Werkmonographien zur Musikgeschichte, Bd. 60). München 1993.

–: Schema als Form bei Anton Bruckner. Zum Adagio der VII. Symphonie, in: *Beiträge zu einer Problemgeschichte des Komponierens. FS. H.H. Eggebrecht* [65 Jahre] (= Beihefte zum *AMw*, Bd. XXIII). Wiesbaden, Stuttgart 1984, S. 304-323.

–: Zu Bruckners Symphoniekonzept oder: Warum ist die *Nullte* 'ungiltig'?, in: Siegfried Kross, Marie L. Maintz (Hrsg.): *Probleme der symphonischen Tradition im 19. Jahrhundert. Kongreßbericht Bonn 1990.* Tutzing 1990, S. 545-569.

–: Liedthematik und symphonischer Prozeß. Zum 1. Satz der 2. Symphonie, in: Friedhelm Krummacher, Wolfram Steinbeck (Hrsg.): *Brahms-Analysen. Referate der Kieler Tagung 1983.* Kassel etc. 1984, S. 166-182.

–, Elisabeth Maier: Bruckner, (Joseph) Anton, in: *MGG* ², Personenteil, Bd. 3, Sp. 1037-1105.

Stephan, Rudolf: Zu Anton Bruckners III. Symphonie, in: *BrS 1980. Bericht*, S. 65-73.

–: Zum Thema 'Bruckner und Mahler', in: *BrJb* 1981, S. 137-143.

–: Über den Einfluß, den Anton Bruckner ausgeübt hat, in: *BrS 1981. Bericht*, S. 41-48.

–: Mahlers Bruckner-Interpretation, in: *BrS 1982. Bericht*, S.103-108.

–: Bruckner und Liszt. Hat der Komponist Liszt Bruckner beeinflußt?, in: *BrS 1986. Bericht*, S. 169-180.

Subotnik, Rose R.: How Could Chopin's A-Major Prelude Be Deconstructed?, in: (dies.:) *Deconstructive Variations. Music and Reason in Western Society.* Minneapolis, London 1996, S. 39-147.

Temperley, Nicholas: Symphony, II: 19th Century, in: *Grove6* ¹·, Vol. 18, S. 453-462.

Thaler, Lotte: *Organische Form in der Musiktheorie des 19. Jahrhunderts* (= Berliner musikwissenschaftliche Arbeiten XV). München, Salzburg 1984.

Thiele, Siegfried: Bruckner und die Musik des 20. Jahrhunderts, in: *Melos/ NZM* 1978, S. 396-403.

Tobel, Rudolf von: *Die Formenwelt der klassischen Instrumentalmusik.* Bern 1935.

Tröller, Josef: *Anton Bruckner. III. Symphonie d-Moll* (= Meisterwerke der Musik. Werkmonographien zur Musikgeschichte, Heft 13). München 1976.

Vysloužil, Jiří: Anton Bruckner und Antonín Dvořák?, in: *BrJb* 1981, S. 107-113.

Wagner, Karl: Bruckners Themenbildung als Kriterium seiner Stilentwicklung, in: *ÖMz* 1970, S. 159 ff.

Wagner, Manfred: *Die Melodien Bruckners in systematischer Ordnung. Ein Beitrag zur Melodiegeschichte des 19. Jahrhunderts.* Diss. (1-3, masch.), Universität Wien 1970.

–: *Bruckner.* Mainz 1983.

–: *Der Wandel des Konzepts. Zu den verschiedenen Fassungen von Bruckners III., IV. und VIII. Sinfonie.* Wien 1980.

–: Der Quint-Oktavschritt als 'Maiestas'-Symbol bei Anton Bruckner, in: *KJb* 1972, S. 97-103.

–: Gefahr der Anekdote, in: *BrS 1977. Bericht*, S. 27-33.

–: Die Themenbildung bei Anton Bruckner, in: *BrS 1995. Bericht*, S. 67-72.

Webster, James: Schubert's Sonata Form and Brahms's First Maturity (I-II), in: *19CM* 1978, S. 18-35; 1979, S. 52-71.

Werner, Eric: Die tektonische Funktion der Variante in Bruckners Symphonik, in: Othmar Wessely (Hrsg.): *Bruckner-Studien.* Wien 1975, S. 285-301.

Wessel, Matthias: Die Zyklusgestaltung in Franz Schuberts Instrumentalwerk. Eine Skizze zu Anlage und Ästhetik der Finalsätze, in: *Mf* 1996, S. 19-35.

Wessely, Othmar: Beharrung und Fortschritt im Schaffen des jungen Bruckner, in: *BrS 1977. Bericht*, S. 35-42.

–: Zur Suche nach einer Authentizität des Bruckner-Bildes, in: *De editione musices. FS. Gerhard Croll zum 65. Geburtstag.* Laaber 1992, S. 431-437.

Wilcox, James H.: *The Symphonies of Anton Bruckner.* (Diss., Univ. of Florida, Tallahassee 1956.) Ann Arbor 1968.

Wind, Hans Christian: *Filosofisk hermeneutik.* København 1976.

Winkler, Gerhard J.: Anton Bruckner – ein Neudeutscher? Gedanken zum Verhältnis zwischen Symphonie und symphonischer Dichtung, in: *BrS 1984. Bericht*, S. 149-162.

Wiora, Walter: Über den religiösen Gehalt in Bruckners Symphonien, in: W. Wiora, Günter Massenkeil u. Klaus-W. Niemöller (Hrsg.): *Religiöse Musik in nicht-liturgischen Werken von Beethoven bis Reger* (= Studien zur Musikgeschichte des 19. Jahrhunderts, Bd. 51). Regensburg 1978, S. 157-184. (Auch in: Christoph-H. Mahling (Hrsg.): *Anton Bruckner. Studien zu Werk und Wirkung* (= FS. Walter Wiora [80 Jahre]). Tutzing 1988, S. 235-275.)

Wohlfahrt, Frank: *Anton Bruckners sinfonisches Werk. Stil- und Formerläuterung.* Leipzig 1943.

–: *Geschichte der Sinfonie.* Hamburg 1966.

Wörner, Karl H.: *Das Zeitalter der thematischen Prozesse in der Geschichte der Musik.* Regensburg 1969.

Worringer, Wilhelm: *Abstraktion und Einfühlung. Ein Beitrag zur Stilpsychologie.* [1]1908, [2]München 1959, [3]Leipzig 1981.

Wünschmann, Theodor: *Anton Bruckners Weg als Symphoniker* (= Beiträge zur Musikreflexion III). Steinfeld 1976.

Zwol, Cornelis van: Der Finalsatz der Neunten Symphonie Anton Bruckners, in: *BrJb 1987/88*, S. 31-38.

Wegweiser zu den Satzanalysen

(nur Außensätze betreffend)

Die Seitenzahlen verstehen sich im Allgemeinen als die betreffende Seite und folgende Seite(n).

Sachregister

Nachfolgendes Register beschränkt sich aus praktischen Gründen auf die wesentlichsten, meist spezifischen Begriffe der Abhandlung und ebenso auf die substanzielleren Erwähnungen derselben. Stichwörter, die mehr unmittelbar aus dem Inhaltsverzeichnis hervorgehen, wurden nicht berücksichtigt. Weiters komplettiert sich das Register durch den voranstehenden Wegweiser zu den Satzanalysen.
Ein Asterisk bedeutet einen Verweis auf das Fußnotenapparat auf der betreffenden Seite.

Tonika-Flucht: 33* f., 164 f., 184 f., 311 f., 363 ff., 366, 368 f., 409 ff., 416 f.

Typologie, psychologische: 23, 25, 127 ff., 134, 446

Überleitung: 58 ff., 154 ff., 170 f., 173*, 184 f., 221, 226*, 261*, 305, 353, 374 f.

Umriss: 17, 109, 326 f., 348 f.

Variante, Variantentechnik: 32, 37 f., 52 ff., 59*, 77 ff., 84 ff., 138, 168 f., 200, 207, 212, 249, 261, 267, 277 f., 300, 309 f., 319, 332

Varianten-Durchführung: 85, 95, 289 f., 293, 299, 301, 303

Wasserfall (als Symbol für Transzendenz): 426, 429, 441

Welle (symphonische; vgl. auch "Nachwelle"): 12, 16, 31, 160, 342 f.

Wiener Klassik: 17, 191*, 224(*), 277, 331(*), 342, 343*, 350*, 380, 388* f., 401, 403

Zeitgenössische Komponisten: 20, 31 f., 34, 43, 46 f., 52 ff., 69, 80, 83, 87, 98 f., 116 ff., 145, 157*, 179, 197*, 216*, 217 ff., 223*, 224, 228*, 229*, 256, 277, 286, 291, 309*, 321, 327, 331 ff., 341, 352 ff., 374, 380, 407, 415 ff., 445

(Brahms, Johannes: 20, 31 f., 34, 47, 52 f., 62, 69, 83, 87, 98 f., 117 f., 145, 179, 216*, 218, 220 f., 223 f., 256, 277, 301, 331 ff., 341, 374, 380, 407, 415 ff., 444 f.)

Zitate, musikalische Eigen-: 95 f., 191*, 239 f., 286 (*), 369*, 374*, 404

Zyklus, zyklische Formperspektive: 80 ff., 163 f., 329, 335 f., 340, 355 ff., 369 f., 375 f., 433 ff., 443 ff.

Unterlagen zur Statistik
(vgl. S. 333)

Taktmäßige Verhältnisse zwischen Themengruppen in Exposition und Reprise.

A. Die symphonischen Außensätze Anton Bruckners:

Kopfsätze, Themengruppe I	Exp.: Takte:	Rp.: Takte:	
WAB 99/1.	84	68	
I_1/1.	44	41	
WAB 100/1.	32	16	
II/1.	62	50	
III_2/1.	102	52	
IV_1/1.	70	60	
IV_2/1.	74	72	
V/1.	46	18	
VI/1.	48	36*	(*einschließlich *fausse* Reprise: 50 Takte)
VII/1.	50	38	
VIII_1/1.	50	26	
IX/1.	75*	22	(* ausschl. Übergangssatz zum Seitenthema)
Insgesamt:	739	499 Takte	

Finalsätze, Themengruppe I	Exp.: Takte:	Rp.: Takte:	
WAB 99/4.	59	28	
I_1/4.	38	27	
WAB 100/4.	50	28*	(*mehr ein Rp.-Punkt als eine reale Reprise)
II/4.	75	44	
III_2/4.	64	54	
IV_1/4.	101	62*	(*zusammengesetzt aus: T. 337-368 und T. 389-418)
IV_2/4.	92	30	
V/4.	36	24	
VI/4.	64	8	
VIII_1/4.	68	44	
Insgesamt:	647	349 Takte	

Kopfsätze, Themengruppe II	Exp.: Takte:	Rp.: Takte:
WAB 99/1.	61	61
I_1/1.	22	17
WAB 100/1.	24	24
II/1.	34	34
III_2/1.	70	66
IV_1/1.	50	48
IV_2/1.	44	48
V/1.	60	44
VI/1.	52	40
VII/1.	72	44
VIII_1/1.	46	30
IX/1.	56	46
Insgesamt:	591	502 Takte

Finalsätze, Themengruppe II	Exp.: Takte:	Rp.: Takte:
WAB 99/4.	32	32
I_1/4.	19	15
WAB 100/4.	23	19
II/4.	72	61
III_2/4.	90	46
IV_1/4.	58	44
IV_2/4.	62	64
V/4.	70	62
VI/4.	60	33
VIII_1/4.	66	36
Insgesamt:	552	412 Takte

Kopfsätze, Themengruppe III	Exp.: Takte:	Rp.: Takte:
WAB 99/1.	34 (÷ Epilog)	68 (einschließlich prä-codaler Schlussdurchführung)
I_1/1.	34	52
WAB 100/1.	17	17
II/1.	64	52
III_2/1.	48	40
IV_1/1.	34	68
IV_2/1.	50	48
V/1.	48	28
VI/1.	24	24
VII/1.	26	28
VIII_1/1.	32	52
IX/1.	60	46
Insgesamt:	471	513 Takte

Finalsätze, Themengruppe III	Exp.: Takte:	Rp.: Takte:
WAB 99/4.	53	76* (* mangelt an thematischer Übereinstimmung
I_1/4.	21	25 mit der Exposition)
WAB 100/4.	27	14 (nur Dur-Stretto)
II/4.	50	55
III_2/4.	63	108 (einschl. eingeschobener Schlussdf. T. 515-596)
IV_1/4.	64	47
IV_2/4.	38	20 (Reprisenepilog)
V/4.	38	36
VI/4.	52	39
VIII_1/4.	96	64
Insgesamt:	502	484 Takte

B. Die symphonischen Außensätze Johannes Brahms':

Kopfsätze, Satzgruppe I	Exp.: Takte:	Rp.: Takte:
I/1.	83	48
II/1.	81	52
III/1.	35	29
IV/1.	52	52
Insgesamt:	251	181 Takte

Finalsätze, Satzgruppe I	Exp.: Takte:	Rp.: Takte:
I/4.	52	32 (Aufgeteilte Reprise: T. 186-204, T. 220-232)
II/4.	78	39
III/4.	52	49 (Aufgeteilte Reprise: T. 108-133, T. 172-194)
Insgesamt:	182	120 Takte

Kopfsätze, Satzgruppe II	Exp.: Takte:	Rp.: Takte:
I/1.	36	36
II/1.	36	36
III/1.	13	10
IV/1.	25	24
Insgesamt:	110	106 Takte

Finalsätze, Satzgruppe II	Exp.: Takte:	Rp.: Takte:
I/4.	24	24
II/4.	36	36
III/4.	19	19
Insgesamt:	79	79 Takte

Kopfsätze, Schlußsatz	Exp.: Takte:	Rp.: Takte:
I/1.	34	49
II/1.	38	38
III/1.	24	25
IV/1.	27	40
Insgesamt:	123	152 Takte

Finalsätze, Schlußsatz	Exp.: Takte:	Rp.: Takte:
I/4.	42	42
II/4.	41	37
III/4.	39	39
Insgesamt:	122	118 Takte

Dansk resumé

I afhandlingens første hovedafsnit, *Einleitung* (s. 11-28), beskrives arbejdets overordnede problemstilling. Denne er historisk set lokaliseret i en række markant forskellige vurderinger af Anton Bruckners symfoniske musik, såvel alment æstetisk opfattet som m.h.t. konkrete kompositionstekniske forhold. Det centrale diskursive moment i disse divergerende synspunkter er spørgsmålet om en formmæssig typisering eller – mere graverende – en skematisme som et overordnet særkende for denne musik. Der gives eksempler på sådanne positioner, hvoraf det fremgår at også helt modsatgående opfattelser har gjort sig gældende. Bag sådanne skarpe formuleringer, som hver for sig har fået karakter af paradigmatisk status, kan erkendes to sæt af indstillinger der udtrykker grundfæstede og formentlig ikke mindst individuelt betingede positioner i forskningen; de karakteriseres herefter som en abstraktionspræget hhv. en indfølingsbetonet indstillingsmåde. De nævnte begreber bliver her blot introduceret, foreløbigt forklaret – med henvisning til senere følgende behandling i en kreativt-psykologisk sammenhæng – og demonstreret på grundlag af udvalgte prøver fra den analytiske Bruckner-litteratur samt med henvisning til forholdet mellem forskellige versioner af det samme værk (en anden noksom bekendt problematik vedrørende den givne værkgruppe). Afslutningsvis plæderes der for behovet for at opsøge nye erkendelsesmomenter gennem mere balancerede betragtningsmåder; i den forbindelse understreges det at en – også i detaljer gående – diskussion af de forskellige synspunkter i den eksisterende forskning vil blive opretholdt videre frem i afhandlingen.

Kapitel I (s. 29-114) indeholder den grundlæggende gennemgang i så henseende. Med udgangspunkt i det velnok mest indflydelsesrige forskningsbidrag om den overordnede teoretiske problemstilling fra nyere tid: af Werner F. Korte (1963) vises det i *afsnit 1* (s. 30-44) at hovedsynspunktet heri, en række strukturalistisk abstraherede tematiske og syntaktiske karakteristika der anskues som determinanter for formstrukturen, i for høj grad er generaliserede ud fra nogle af Bruckners seneste værker (især symfonierne nr. 7 og 8). Også den heraf resulterende formopfattelse diskuteres (s. 39-44), med videre argumentatorisk perspektivering i det følgende *afsnit 2* (s. 44-54) som tager spørgsmålet om Bruckners basale formforestilling op til nærmere behandling. Denne er ikke, som hævdet af flere, af nominalistisk men langt mere af realistisk art. Disse positioner forklares, med udblik til komponistens formlæremæssige ballast og ligeledes til hans almene personlighedsstruktur, hvorefter der igen formidles til den konkrete problematik i form af en kritisk uddybning af Kortes iøvrigt relevante begreb 'variant' (karakteristisk for Bruckner) stillet overfor begrebet 'udviklende variation'.

I *Afsnit 3* (s. 55-63) undersøges det forskningsbidrag som indtil nu mest skarptskåret har hævdet en gennemskematiseret formprocedure som karakteristisk for Bruckners symfonier: Werner Notters dissertation (1983), og som dér er nuanceret gennem synspunktet om en kontinuerlig detailudvikling inden for rammerne af det fastholdte grundkoncept. Det påvises at forfatteren i hvert fald ikke med den dispositionsmåde han har anlagt har kunnet indløse sit forehavende, og at de mange og stærke postulater i alt for høj grad savner empirisk evidens ud fra den givne fremstilling.

De efterfølgende *afsnit 4-6* (s. 63-102) tager forskellige andre nyere eksempler på sammenfatninger af Bruckners symfoniske type i øjesyn. Det vises at en del af de generaliseringsforsøg som er gjort (blandt andre af Wolfram Steinbeck, Mathias Hansen og Manfred Wagner) er fælles om et grundlæggende signifikansproblem. Dette lader sig klarest udlede af bestemte dominerende synspunkter både af form- dynamisk og motivteknisk art. En række eksempler på manglende præcision eller stringens bliver fremlagt (s. 66-75 og s. 81-87); i forlængelse heraf skitseres alternative anskuelsesmåder. Dette problemfelt vedrører ikke mindst den analy- tiske kategori 'motivslægtskab' som søges nuanceret, for det givne repertoires vedkommende, på grundlag af analytiske prøver og ud fra en diskussion omkring en strukturalistisk versus en fænomenologisk grundposition (s. 87-102). Forfatterens opfattelse er den at realitetsområdet for Bruckners tematisk/moti- viske relationer må vurderes som afgørende smallere end hos komponister af en type som Johannes Brahms eller Arnold Schönberg. *Afsnit 7*, der behandler metrik og "metrisering" hos Bruckner (s. 103-106), udgør en mere speciel og detailpræget undersøgelse; men også her er der tale om en udløber af hovederfa- ringen fra de foregående afsnit om nødvendigheden af en begrænsning af de generaliserende betragtninger vedrørende denne musik.

Endelig kommer i *afsnit 8* (s. 106-114) en i forhold til de foregående forskere helt alternativ anskuelses- og analysemåde til nærmere diskussion: det gælder Ernst Kurth (med hovedværket fra 1925), hvis særstatus i Bruckner-forskningen også betingede at han, ligesom det gjaldt for den i nyere tid mere indflydelsesrige Korte, fik sin foreløbige introduktion i indledningskapitlet. Forbindelsespunktet til de umiddelbart foregående afsnit er forekomsten også hos Kurth af et signifi- kansproblemen, omend af ganske anden art end hos de førnævnte: det fremstår som en konsekvens af hans særlige betoning af et ontologisk anskuet enheds- begreb i den enkelte sats' formudvikling; det giver her anledning til at opfatte Kurth som en forløber for en senere tidsalders dekonstruktive metoderetning med dens karakteristiske betoning af en "anderledeshed" i betragtningsmåden.

Kapitel II, *Einfühlung und Abstraktion* (s. 115-147), er en uddybning af de i ind- ledningen indførte hovedbegreber, men her bliver de appliceret på selve de kreative, formprægende kræfter og følgelig på komponisten selv, betragtet som "psykologisk type". Hensigten med undersøgelserne i dette kapitel er at kaste lys over Bruckners musikalske *stil*, hvor dette begreb dog her forstås som en meget generel sammenfatning af karakteristiske udtryksmåder på det musikalske plan og på grundlag af bevidsthedsmæssige sagsforhold, så vidt som dette nu lader sig gøre. Til dette formål redegøres der detaljeret for to grundlæggende og, som det viser sig, beslægtede udformninger af en *typologi*, en ordnet definition og beskri- velse af forskellige indstillings- og funktionstyper med specifikke karakteristika:

Først ud fra Wilhelm Dilthey (s. 119-128); denne redegørelse har trukket en diskussion af hans centrale begreb om den "psykiske struktursammenhæng" med sig, ligesom forholdet mellem den "psykologiske" og den "hermeneutiske" fase af hans forfatterskab præciseres. Dernæst (s. 128-134 m.v.) primært ud fra Carl Gustav Jung og med inddragelse af kunsthistorikeren Wilhelm Worringer, som er den konkrete ophavsmand til de anvendte hovedbegreber indføling og abstraktion.

På dette grundlag kan Bruckners habitus i typologisk henseende herefter udredes (s. 134-145), med særlig, supplerende reference til ét af forfatterens tidligere bidrag. Denne status belyses såvel ud fra mere almene personlighedsmomenter som med henvisning til specifikt musikalske karakteristika hos Bruckner. Resultatet heraf bliver et forholdsvis skarpt optegnet billede af psykologiske og kreative faktorer, hvis overordnede kendetegn viser sig som et spændingsforhold mellem stærke modsatrettede kræfter og dertil svarende modstridende og på en vis måde uformidlede tendenser i hans gestaltnings- og formningsmåde.

Efter disse kapitler, som overvejende har haft karakter af en diskussion af forforståelser, påbegyndes med *Kapitel III* (s. 149-257) de egentlige, systematiske analyser inden for det symfoniske korpus. I dette og det efterfølgende kapitel sker det alene på grundlag af førstesatserne, hvilket der argumenteres sagligt såvel som mere praktisk betonet for (s. 151 f.). Til gengæld for denne prioritering, som gradvist svækkes sidenhen i afhandlingen – kapitel V lægger lige vægt på begge ydersatser, og slutkapitlet er helt helliget finalesatsens problematik –, er samtlige versioner der foreligger i trykt udgave tilgodeset (kun de to tidligste – og dertil ikke væsentligt forskellige – versioner af den 2. symfoni har ikke været tekstmæssigt fuldt tilgængelige, kun igennem Robert Haas' "Vorlagenbericht").

Hovedformålet med disse analyser er at give et klarere overblik over graden og arten af typiserede hhv. skematiserede træk. Det betones dog specielt (s. 152 f.) at undersøgelsen ikke med rimelighed kan gennemføres alene med henblik på at fremhæve sådanne fastere forekommende procedurer, men at individuelle momenter i lige så høj grad har krav på beskrivelse og vurdering. For dog at tilgodese det komparative aspekt bedst muligt gennemføres i dette kapitel undersøgelsen ud fra kortere, isolerede formafsnit, tværgående gennem værkrækken; men et system af krydshenvisninger, som fortsættes i de senere kapitler, gør det enkelt at skifte over til læsningen af en nogenlunde fortløbende analyse af "hele" førstesatser, om det ønskes. Således behandler *afsnit 1* (s. 154-185) expositionens 1. temagruppe, *afsnit 2* (s. 185-223) sidetemagruppen og *afsnit 3* (s. 223-257) det 3. temafelt samt expositionsafslutning.

Som følge af dette dobbelte fokus for undersøgelserne lader detaljerede resultater sig vanskeligt resumere i kort form. Selv med den tilstræbte, maximale opmærksomhed på fællesprægede træk har det vist sig at mere minutiøse analyser ender med at fremvise et billede hvori individuelle momenter i sats- og formgestaltningen klart kommer i overtal og får prioritet også i en kvalitativ vægtning. Men selvsagt afdækker disse undersøgelser en række karakteristika til belysning af spørgsmålet om den Brucknerske symfoni som en særlig type.

Hertil hører at de to senere expositionsgrupper er afgjort mindre individuelt udformet end hovedtemagruppen (temagruppe I), hvor forsøgene på en detaljeret skematisering (jvf. især Notter) især viser sig uholdbare. I højere grad fremtræder sidetemafeltet og den 3. temagruppe med et betydeligt præg af "for-programmerede" formafsnit, navnlig i karakteriel henseende; hvad temagruppe II angår på grundlag af melodiformer, mens homogene tema- og satstyper præger temagruppe III-afsnittene. Hertil kommer for sidstnævntes vedkommende en karakteristisk udviklingslinie i det kronologiske perspektiv: I de tidligere symfonier (de to unummererede og nr. 2 – delvis også nr. 1 – samt nr. 4) dominerer en tilbagegriben til hovedtemastof som udgangspunkt for det videre expositionelle forløb. Dette mønster opgives efterhånden til fordel for tematisk set heltigennem selvstændige udformninger, hvis funktionsmåde grunder sig mere udpræget på rent dynamisk virkende satsmæssige faktorer; den 9. symfoni er dog alternativt disponeret på dette punkt, mens nr. 3 (pga. tonearten ofte sammenlignet med den 9.) snarest foregriber den senere funktionsform.

Vigtigere end sådanne forhold, som er relativt velkendte, er imidlertid det næsten typiserede præg som opstår igennem det funktionelle forhold mellem de enkelte temagrupper i expositionen. Karakteristisk er her at begge de to første temafelter er indkapslede i forhold til hinanden: kategorien 'overledning' eksisterer nærmest ikke hos Bruckner, højst i elevarbejdernes udviklingsfase (jvf. diskussion herom s. 154-158 og tidligere s. 58-60), og en formal processualitet der i egentlig forstand leder fra hovedtemafeltet til sidetemagruppen er tilsvarende sjælden eller ukarakteristisk. Denne særlige "vegetative" formgruppering hhv. formudvikling belyses endvidere, modsætningsvis, gennem en redegørelse (s. 217-221) for expositions"gangen" – i typiseret belysning – hos andre samtidige symfonikere som Antonín Dvořák, Max Bruch og Joachim Raff (med supplerende referencer til Felix Mendelssohn Bartholdy og Robert Schumann). Denne mere summariske undersøgelse tjener til at sætte de særlige, ovenfor refererede kendetegn ved Bruckners expositionstype i relief.

Ligeledes fremtræder den 3. temagruppe, som det bliver vist i en skitsemæssig beskrivelse gennem sammenligninger med klassikernes samt Brahms' måder at gestalte den expositionelle slutgruppe hhv. epilogafsnittet på (s. 223-225), som en personligt typiseret udformning inden for expositionsmodellen, i form af et mere voluminøst og også mere aktivt fungerende temafelt. Undersøgelserne synes at tillade den konklusion på dette forhold at Bruckners 3. expositionsgruppe i højere grad end ellers hos det 19. århundredes symfonikere er motiveret med formdynamisk nødvendighed ud fra de to foregående gruppers hver for sig mere isoleret konciperede forløb.

Kapitel IV (s. 259-328) fortsætter undersøgelsen af sonatesatsformens stadier ud fra førstesatserne og behandler således disses gennemføringsdele (i samtlige tilfælde som ét sammenhængende forløb). I modsætning til forfattere som Notter og Steinbeck, som anser dette formafsnit for kun i ringe grad at respondere på en eftersporing af skematiseringer, fortsættes i dette kapitel en undersøgelsesmetode der tilstræber at give stilmæssigt typiske eller invariante momenter samme vægt som individuelle træk og procedurer. Også her tegner billedet sig som et princi-pielt typiseret formkoncept, men samtidig, ligesom det har kunnet konstateres tidligere, med en tendens til at det er de singulære detaljer og procedurer som både i højere grad fanger den analytiske opmærksomhed og også er dem der især giver anledning til nye og uventede erkendelser af kompositionsteknisk konse-kvente momenter i Bruckners tema/form-dialektik. I denne forbindelse kan der særlig peges på afsnittene om den 3. og 4. symfoni – som til en vis grad viser sig at repræsentere indbyrdes kontrasterende konceptioner – samt den 9. symfoni (jvf. s. 279 ff., s. 287 n.-289 ø. og s. 314-322). Svagere momenter ved det andet typiske, variantmæssige gennemføringskoncept – en "simuleret gennemføring" (Thomas Röder) – påpeges og sættes i perspektiv i forbindelse med symfonierne nr. 2 og 7 (jvf. især s. 276-278 og s. 303 ff.).

De mere gennemgående træk ved Bruckners måde at bearbejde sit tematiske materiale på vedrører ikke på nogen karakteristisk måde *hvilket* temastof det her drejer sig om (dominerende er dog hovedtemaets); i højere grad gør en tendens sig gældende m.h.t. rækkefølgen af temaer (hvor der refereres til flere expositionsgrupper), og her med en vis præference for et analogiforhold til expositionen. Mest invariant tager situationen sig ud hvad angår de konkrete bearbejdningsmåder, idet motivafspaltning er forholdsvis ukarakteristisk, mens til gengæld melodiske omvendingsprocedurer (i strengere eller variantmæssig udformning) er særdeles almindeligt forekommende. Begge disse forhold kan muligvis føres tilbage på Bruckners konservative formlæremæssige grundlag (s. 325).

Væsentligere at resumere er dog igen – vurderet i forhold til afhandlingens over-ordnede sigte og fremstillingsmåde – at gennemføringsprocedurerne hos Bruck-ner sammenfattende grupperer sig i to hovedtyper: På den ene side en vegetativt betonet og dermed grundlæggende udramatisk virkende gennemføringsdel, hvor en relativ dynamisk lavspænding (eventuelt afbalanceret af sparsomme udbruds-momenter) og en variantmæssig karakteriel udvikling (eller måske ligefrem en mangel på samme) gør sig gældende (eksempler: symfonierne nr. 2, 4, 6 og 7 samt til dels nr. 9); og på den anden side en mere dramatisk konciperet eller blot mere processualt karakteriseret gennemføring (især i symfonierne nr. 3, 5 og 8, samt igen til dels nr. 9). Ligeledes – og i nogen grad som et parallelfænomen til det tidligere omtalte kronologiske skel mellem en tidligere og en senere værkgruppe (jvf. ovenfor om expositionen af den 3. temagruppe) – udvikles der, fra og med den 5. symfoni, dramatiske eller dramaturgisk nøje kalkulerede usikkerheds-relationer mellem gennemføringsdel og reprise, med den 7. symfoni som et enkelt relativt tilbageslag. Dette ses ligeledes i finalesatserne, hvilket der bliver redegjort betydeligt mere detaljeret for i kapitel V. Det diskuteres i denne forbin-delse, som et specielt anliggende, hvilke konsekvenser sådanne tilslørende for-hold bør få for en fastholden ved sonatesatsens nomenklaturer som realt virk-somme formanalytiske kategorier (s. 307 f. og s. 326 ff.); dette spørgsmål har tidligere været berørt, ud fra W. Kortes radikalere synspunkter, under den fore-løbige grundlagsdiskussion (jvf. s. 39-44).

Kapitel V (s. 329-398) behandler i sine to hovedafsnit reprisen samt codaen i Bruckners tritematiske symfoniske sonatesatser generelt. Det indebærer at finale-satserne her inddrages i undersøgelsen på lige fod med de hidtil altdominerende førstesatser. Dette skyldes dels, og specielt, at den ovennævnte, særlige reprise-tilslutning i dens slørede udformning i særdeleshed er karakteristisk for finale-satserne; tidligst forekommer det i den 5. symfonis fugaprægede slutsats samt i den omarbejdede 4. symfoni (1880-finalen). Dels er det begrundet i et skift i undersøgelsesformen, fra en fortløbende procedure i kronologisk følge til en systematisk ordnet fremstilling, der med fordel lader sig praktisere som følge af at reprisestadierne principielt har deres rationalitet i et strikte forhold til de fore-gående formale hovedafsnit (især naturligvis expositionen) der jo – for første-satsernes vedkommende – allerede er behandlede.

Det fremgår af undersøgelserne (s. 333 ff.) at *repriseafsnittet* overordnet set er karakteristisk ved dets ligeså meget videreførende som rekapitulerende funktion. Dette gælder i højere grad end f.eks. for Brahms' repriseteknik, i særdeleshed sammenlignet med dennes behandling af reprisens sidetemafelt. De forskellige udformninger af Bruckners friere repriseforløb, som her er genstand for nøjere analyse, peger tilsammen på en formningstendens der har sit primære fokus i sats- hhv. værkafslutningen. Også de forskellige måder hvorpå den tilslørende repriseanslutning teknisk udkomponeres, og som i dette kapitel ofres særlig nøje opmærksomhed (især s. 335-369), finder deres formallogiske eller form"strategi-ske" forklaring i en specifik hensyntagen til sats/værkslutningen som det for komponistens formintention absolut væsentligste anliggende. Reprisemomentet – som i en sonateformal tænkemåde hhv. æstetik fra og med Beethoven er det mest egentlige springende punkt i formudviklingen, dens *"crux"* (Th.W. Ador-no, 1960) – bringes af Bruckner til at træde tilbage til fordel for det codale stadium (s. 355 ff.). Denne tese fremføres hermed, såvidt forfatterens overblik rækker, for første gang. Og den reprisemæssige konsekvens af dette forhold bliver tendentielt at sidetemaet i sin genoptagelse bliver en seriøst konkurrerende, i enkelte tilfælde den reelle reprisemarkør. – En kort exkurs til senere komponister, Carl Nielsen og Paul Hindemith, følger denne tendens et stykke ud over "senromantikkens" æra (s. 352-355).

For *codaen*s vedkommende koncentreres opmærksomheden indledningsvis om de forskellige typer der (også ud fra den formhistoriske og -teoretiske litteratur) lader sig udmønte i det 19. århundredes symfoni, samt hvilke typiske funktions-måder codaen har i forhold til det foregående satsforløb. Det konstateres at Bruck-ners codaer er ganske stærkt typiserede netop m.h.t. den formale funktionsmåde. Betegnelsen 'summations-coda' foreslås for den hos ham fremherskende type. Tilsvarende ukarakteristisk er den mere "åbne", slut-gennemførende codatype, som er langt mere typisk for Brahms. Et konkret forsøg på en skematiserende beskrivelse af forløbet i den Brucknerske coda (Michael Moravcsik) tages op til vurdering og forkastes som upræcis og til dels direkte fejlbehæftet m.h.t. de tektoniske forhold, især hvad angår en bestemmelse af codaens begyndelse (s. 381-386). Endvidere tages et andet, mestendels ellers ukommenteret detailmoment der forekommer i flere codaafsnit, op til nærmere undersøgelse (s. 388-390): dette særlige codale stiltræk, som består i korte, sostenuto-prægede indskudspartier i en mere apoteotisk præget sammenhæng, forklares her som en parallel til flere, meget lignende indskud i Brucknerske *Credo*-satser (slutpartiet herfra), hvilket synes at understrege, gennem en *contraposto*-funktion, codaens mest typiske dramaturgiske karakter hos komponisten som "apoteosens udstrakte domæne" (s. 393). Men det vises også hvordan codaen i visse tilfælde (den 3. og den 9. symfonis førstesatser) på specifikt forskellige måder fører en iværksat formal dramaturgi stringent igennem, idet den bringer en udvikling på baggrund af mere individuelle præmisser til ende (s. 394-398).

Kapitel VI (s. 399-446) koncentrerer endelig opmærksomheden så godt som helt om finalesatsens særlige betydning og funktion inden for Bruckners værkcyklus og fokuserer dermed, som det påbegyndtes i det foregående kapitel, på bestemte problematikker i værket der har deres specifikke lokalisering i denne sats. Det sker nu blot mere pointeret, hvad der også signaleres af kapitlets overskrift: *Finalitetens perspektiv*.

Slutsatsen indtager også en særstilling i Bruckner-litteraturen som den generelt mest forskelligt vurderede sats i komponistens symfoniske cyklus. En række synspunkter herom refereres indledningsvis, fra en fremhævelse af Bruckner som finalesatsens egentlige mester i det 19. århundredes symfoniske musik over mildt kritiske udtalelser og til den modsatte yderlighed: en radikal vurdering af disse satser som dybest set overflødige, selv i lyset af forestillingen om en værkmæssig helhed. Særlig bliver kontrasten mellem følgerigtighed og et disparat betonet satsanlæg fremhævet i det fænomenologisk diskuterende første afsnit (jvf. s. 401-406), fordi dette ansatspunkt, sammen med det indiskutable forhold at slutsatsen står som den for komponistens formkoncept realt væsentligste, indbyder til at udskifte de i de foregående kapitler anvendte analytiske procedurer med en anden. Denne suspenderer principielt den hidtidige opmærksomhed på typiserede form- og formningsmomenter overfor individuelle, og opgiver endvidere reelt den hidtil praktiserede fokusering på Bruckners forhold til sonatesatsen som en formalt regulerende hovedfaktor, som begrebsrealistisk fænomen, samt de hertil hørende regulativer for den analytiske betragtningsmåde (jvf. s. 407).

Istedet, og i konsekvens af en lanceret (men ikke exklusivt opfattet) forståelse af den Brucknerske finale som en art værkmæssig "supercoda" (s. 404) – båret eller legitimeret i høj grad af gen-indførelsen (for første eller sidste gang) af et "supertema": førstesatsens hovedtema – gennemføres der langsgående analyser af tre udvalgte finalesatser, som sigter på at demonstrere en individuelt given og definérbar formstrategi samt gennemførelsen heraf. Der er herved tale om analyser – fra symfonierne nr. 3, 6 og 8 – som stort set adskiller sig fra de angrebsmåder som tidligere forskning har præsenteret; derimod baserer den sidste af disse tre analyser sig på ét af forfatterens tidligere arbejder (fra 1981).

De demonstrerede formstrategier er endvidere ganske forskellige i basal forstand: I den 3. symfonis finale (s. 408-415) fremtræder den som en proces der altovervejende hviler på hvad Robert Simpson har kaldt "progressiv tonalitet": en bevægelse fra et indledende, og i dette tilfælde længe kun impliceret tonalt centrum (g-mol) til slutningens tonika-variant D-dur. Formideen er med andre ord en storformal og, som det viser sig, en stringent gennemført omend "fraktallignende", umådeligt extensivt disponeret udkomponering af en plagal kadence. I slutsatsen fra den 6. symfoni (s. 418-431) er der tale om et principielt uafsluttet dialektisk spil mellem især dynamisk set højst ulige formkræfter, hhv. motiviske gestalter eller komplexer. Det indebærer at denne finalesats ikke i så høj grad som de fleste øvrige afsluttes med en kronende apoteose af værkets "supertema". Endelig betegner i den 8. symfonis finale (s. 431-443) formprocessen en "kategorial udfoldelse" (begrebet forklares s. 432) – her gennem en udvikling hvor to i starten forholdsvis ligestillede (og fra 1. sats afledte) temakomplexer gennemgår hhv. en exilering og en vækstproces der resulterer i "supertemaets" fremkaldelse og endelige overtagelse af scenen. – En "exkurs til Brahms" (s. 415-418), i form af en analyse af hans *Intermezzo* op. 118 nr. 1 for klaver, viser hvordan den selvsamme formidé som Bruckner udfoldede i finalen fra sin 3. symfoni exponeres *en miniature* af en komponist præget af en grundlæggende helt anderledes musikalsk tænkemåde.

I afhandlingens kortfattede *Slutbemærkninger* (s. 443-446) nås der til nogle sammenfattende og mere generelle vurderinger af arten af Bruckners formale processualitet (reflekteret i lyset af komponister som Brahms, Janáček og Debussy), og herud fra til en forklaring på hvorfor den analytiske "beretning" i det afsluttende kapitels langsgående satsanalyser har fået den særlige, til dels hermeneutisk prægede karakter som tilfældet er. Endelig berøres, med særlig adresse til finalesatsens kulminerende, apoteotiske slutstadium, spørgsmålet om forholdet mellem musikalsk evidens og analytisk anstrengelse, sådan som det har rejst sig for forfatteren ud fra netop denne formale detalje. På den ene side erkendes en berettiget forventning om at kunne fremlægge en stringent forklaring af dette, i Bruckners tilfælde så uomgængelige, sats- og værkmoment som en begrundet syntese i kompositorisk henseende. På den anden side øjnes, som en måske mere nærliggende mulighed, det unødvendige ved at skulle sandsynliggøre, hvad der nok snarere er et "rent" æstetisk moment, på et analytisk grundlag.